新版

日本語使いさばき辞典

東京書籍編集部 編

東京書籍

新版刊行にあたって

一九九五年に初版が、二〇〇六年に改訂増補版が刊行された「日本語使いさばき辞典」（あすとろ出版発行）は、多くの方々の支持を受けて着実に増刷を重ねてまいりました。

日本語の財産ともいえる豊富な語彙をキーワードから引ける「シソーラス」（語彙を意味に拠って分類した辞書）として、高い評価をいただいておりますが、改訂増補版の刊行から既に八年の歳月が過ぎております。

このたび、弊社よりこの新版を発行するに当たりましては、全ての掲載単語について見直しを行いました。改訂増補版刊行以降に常用されるようになった新語なども含め、新たに約一六〇〇語を追加、全体の掲載語数もおよそ八〇〇語増やしました。

時に応じて、また場合に即して、豊富な語彙の中から適切な言葉を選び出せる辞典として、手紙などの文章作りや、作歌・句作などに活用していただけることと思います。

本書が読者の皆様にとって、日本語を豊かに使いさばく一助となることを心より願っております。

二〇一四年文月

東京書籍編集部

この辞典の構成と内容

・検索のためのキーワードとして「愛・愛する」「健やか・健康」など、基本的な日常語一二九を見出し語として設定し、探したい語を簡単に引けるようにしました。

・配列はキーワードの五十音順としました。

・目次は「五十音順目次」の他に「分類キーワード目次」（巻末・横組み）を設けました。キーワードを「自然・自然物・自然現象」「からだ・感覚と性格・才能」などの六項目に分類して、テーマからの検索をし易くしました。

・キーワード内の縁戚語は〔発言の様態からみた「言う」〕〔言い方・話しぶりからみた「言う」〕…のように、様態・種別・形態・程度などのグループに分類して、検索する際の目標としました。

・各グループ内は、▽に意味内容の簡潔な解説を示し、その後ろに意味内容に対応する単語群を配しました。単語群には、和語・漢語・カタカナ語、近年常用されている新語など幅広く採録しました。また、作歌や句作に役立つ基

この辞書の構成と内容

本古語や歌語も取り上げました。

・単語群には一般的に▽で示した意味で使われるものを配しましたが、意味が完全に一致する語だけではなく、ほぼ同じ意味のものや近い意味のものなども含めています。

・「疾風（はやて）」と「早手（はやて）」のように、読みも意味も同じで文字が異なる語や、「東風」のように意味も文字も同じで幾通りもの読みがある語（「とうふう」「ひがしかぜ」「こち」「こちかぜ」…）も、利用する場面を考慮して列記しました。

・キーワードには、内容に応じて「擬音語・擬態語」や「動詞・形容詞」、また関連する「成句」（慣用句・故事・成語・ことわざ）を示したものもあります。

・一部の単語については、その語の由来や誤用例など参考となる情報を掲載しました。

・煩をいとわず、すべての単語に読み仮名をつけました。

・巻末には、四季・新年の主要な季語を項目別に示した「主要季語選」を載せました。

この辞典の使い方

キーワードである基本語に関連した言葉について、「この意味の言葉」そのものでだけではなく、それに関連した単語（例えば、ちょっと気の利いた言葉や語感が異なる言葉、短歌や俳句に使える言葉など）を見つけ出すことができます。

例えば、キーワード「月」に関する言葉で、「雲に隠れて、霞んで見える月」に関連する言葉を知りたい場合は、次のような手順で該当ページを調べると効率的です。

❶「五十音順目次」で「**月**」の項目を引きます。

⬅

❷内容見出しの〈**気象・天候などからみた「月」**〉に見当を付けます。

⬅

❸該当ページの▽で示された解説を一覧して**「雲に覆われて、はっきり見えない。また、淡く光る」**の部分に目を付けます。

❹そこに列記されている「朧月（おぼろづき）・朧月（ろうげつ）・淡月（たんげつ）・澹月（たんげつ）」の中から、内容や文脈上で適切なものの選択します。なお、項目の前後には意味内容の近い言葉が掲載されていますので、これらも参考にしてください。

❺目的の言葉以外に、注目するべきものがあるか一覧して、気になる言葉があればマーカーなどでしるしを付けておくか、別にメモをしておくとよいでしょう。

※どのようなキーワードがあるのかは、巻末の「分類キーワード目次」でテーマ別に一覧できるようにしています。

※単語の厳密な意味を確認したい場合には、『国語辞典』あるいは『漢和辞典』を援用してください。

五十音順内容目次

五十音順内容目次

五十音順内容目次

五十音順内容目次

五十音順内容目次

五十音順内容目次

五十音順内容目次

五十音順内容目次

五十音順内容目次

笑う・笑い　613

愛（あい）・愛（あい）する

様態からみた「愛・愛する」

▽いとおしく大切に思う
愛（あい）する・愛（め）でる・慈（いつく）しむ・愛（うつく）しむ・慈（うつく）しむ・愛（いと）しむ・愛（いと）おしむ・可愛（かわい）がる

▽愛する心
愛情（あいじょう）・情愛（じょうあい）・愛念（あいねん）

▽いつくしみ愛する
慈愛（じあい）・慈愛（うつくしみ）・慈愛（うつくしび）

▽めぐみいつくしむ
仁愛（じんあい）・恵愛（けいあい）・慈恵（じけい）・情（じょう）・恩愛（おんあい）・思（おも）い遣（や）り

▽いつくしみあわれむ
愛憐（あいれん）・憐愛（れんあい）

▽愛し慕う
愛慕（あいぼ）・思慕（しぼ）

▽親しみ愛する
親愛（しんあい）・親眷（しんけん）

▽非常に
愛（め）で覆（くつがえ）る・鍾愛（しょうあい）・至愛（しあい）・切愛（せつあい）・熱愛（ねつあい）・渇愛（かつあい）

▽特別に
時（とき）めかす・寵（ちょう）・寵愛（ちょうあい）・寵（ちょう）・眷（けん）・殊寵（しゅちょう）・嬖愛（へいあい）・寵（ちょう）す

▽深く
深愛（しんあい）

▽最も
最愛（さいあい）

▽むやみに
溺愛（できあい）・盲愛（もうあい）・愛（め）で痴（し）る・猫可愛（ねこかわい）がり

▽目を掛けて引き立てる
愛顧（あいこ）・眷顧（けんこ）・殊眷（しゅけん）・殊遇（しゅぐう）・眷愛（けんあい）・贔屓（ひいき）・贔負（ひいき）

▽かわいがって育てる
愛育（あいいく）

▽愛して大切にする
愛重（あいちょう）

▽愛着をもって大切にする
惜愛（せきあい）

▽大切にかわいがる
愛玩（あいがん）

▽好み楽しむ
愛好（あいこう）

▽真心を尽くして
忠愛（ちゅうあい）

▽尊敬し
敬愛（けいあい）・畏愛（いあい）・愛敬（あいけい）

▽広く平等に
博愛（はくあい）・汎愛（はんあい）・兼愛（けんあい）

▽私欲が無い純粋な
無我愛（むがあい）

▽愛にひかれて思い切れない
愛（お）しむ・愛着（あいじゃく）・愛著（あいじゃく）・愛着（あいちゃく）・愛惜（あいせき）・愛執（あいしゅう）

▽貪欲（どんよく）に愛し、それにとらわれる
愛染（あいぜん）・煩悩（ぼんのう）

▽ひそかに
私愛（しあい）

▽片寄って
偏愛（へんあい）・専愛（せんあい）

▽信用して
信愛（しんあい）

▽なでて
愛撫（あいぶ）

▽かわいがり保護する
愛護（あいご）

▽なぐさみものにする
弄（いじ）る・弄（もてあそ）ぶ・玩（もてあそ）ぶ・翫（もてあそ）ぶ

▽憎むことと愛すること
憎愛（ぞうあい）・愛憎（あいぞう）

種別からみた「愛・愛する」

▽自らを　自愛・自己愛・自重

▽人種や国籍を問わず人類全体を　人類愛

▽身近な人びとへの　隣人愛

▽子に対する母の　母性愛

▽子に対する父の　父性愛

▽自分の子をかわいがること。また、その人　子煩悩

▽親がかわいがっている子　愛児・愛子・愛し子・愛息・愛嬢・愛娘

〘参〙「愛娘」は自分の子にも他人の子にも使うが、「愛息」「愛嬢」は上に「ご」をつけて他人の子に使う。

▽妻を愛し大切にすること。また、その妻　愛妻

▽友人に対する　友愛・友情・友誼

▽自分より他人の利益や幸福を願う　他愛・愛他・利他

▽故人が愛したこと。また、そのもの　遺愛

▽君主が内々に　内寵

▽君主から受ける　君寵・君愛

▽天子のいつくしみ　天寵

▽昔の事物を好む　好古

▽愛読している本　愛書・愛読書

▽故郷を愛する　愛郷

▽国を　愛国

▽好んで使う　愛用

▽歌などを好んで歌う　愛唱

▽詩歌などを好んで口ずさむ　愛誦・愛吟

▽物を大切にしまう　愛蔵・秘蔵

▽惜しいものを省略する　割愛

〘参〙「割愛」を「不要なものを切り捨てる」の意で使うのは誤用。

▽愛するがゆえに与える叱責　愛の鞭

「かわいい」の様態からみた「愛」

▽小さくて、いじらしくほほえましい　可憐・愛愛しい・愛らしい・可愛・可愛い・かわゆい・かわゆらしい・かわゆい・愛しい・可愛らしい・懐かしい・しおらしい・いじらしい・美しい・愛し・愛し・あどけない・あどなし・あどけなし

▽にこやかで

愛・愛する

▽ 愛嬌・愛敬・愛敬

▽非常に　愛くるしい・愛くろし

▽小さくて　幼気・幼気ない

▽ふっくらとかわいいさま　ほちゃほちゃ・ぽちゃぽちゃ・ぽっちゃり

男女間からみた「愛・愛する」

▽恋心を抱く　見初める・見初む・恋初める・ときめく・恋に落ちる

▽一目見ただけで　一目惚れ

▽はじめて恋仲になる　馴れ初める・馴れ初む

▽異性に関心がある　思し召し・気がある・憧れる

▽男女間の愛情　恋・恋愛・愛恋・思い・情愛・恋路・ラブ・ロマンス

▽恋い慕う　恋慕・懸想・恋する・愛する・惚れる・ほの字

▽恋い慕う心　思慕の情・慕情・恋情・恋心・愛情・情け

▽深く重い恋心のたとえ　恋河・恋風・恋の奴・恋の重荷

▽恋を、いつも身から離さない衣にたとえて　恋衣

▽異性に強くひかれる　首っ丈・頸っ丈・執心・恋着・べた惚れ・惚れ込む・のぼせる

▽恋い慕ってもだえる　焦がれる・思い焦がれる・恋い焦がれる・眷恋

▽恋のため病気になったような状態　恋の病・恋煩い・恋患い・狂恋

▽恋のため理性を失った状態をたとえて　恋の闇

▽愛を求める　求愛

▽恋が成就する　得恋

▽心の中で思う　下恋

▽初めての　初恋

▽純粋な　純愛

▽純粋で精神的な　プラトニックラブ

▽思い乱れた　乱れ恋

▽互いに愛し合う　相思・相愛・相惚れ・諸恋・相思相愛・両思い・

恋仲

▽夫婦が相手を慕う　**夫恋・妻恋**

▽一方だけが恋い慕う

片思い・片恋

▽恋の競争相手　**恋仇・恋敵**

▽気まぐれな恋心

徒情け・仇情け

▽他の異性に心を移す

浮気・蹌踉めく

▽他人の恋人をひそかに慕う

岡惚れ・傍惚れ・横恋慕

▽道にはずれた恋

邪恋・不倫・不義・密通・不貞

▽男女間の情愛に関すること

情事・色・色事・色恋・色道・濡れ事・艶・艶事・粋事

▽演劇などで情事を演じる場面

濡れ場・ラブシーン

▽男女間の本能的な

愛欲・愛慾・性愛・欲望・情欲・性欲・色情・色欲・春情・肉欲

▽火のように激しい情欲

情火・情炎

▽恋が破れる　**失恋**

▽未練がましいさま　**恋恋**

▽悲しい恋　**悲恋**

▽特別に深い関係がある異性

愛人・情人・情婦・情夫

▽思いを寄せる。または、寄せた相手

恋人・思い人・彼・彼氏・彼女

「愛・愛する」に関する成句

【秋風が吹く】

男女間で愛情がさめること。「秋」を「飽き」にかけて言う。類「秋風が立つ」

【思いを懸ける】

恋い慕う。また、望みをかけること。

【思いを寄せる】

異性に恋心をいだく。

【心を寄せる】

ある人を恋い慕う。

【子故の闇】

子どもに対する愛にひかれて迷い、親が思慮分別を失うこと。

【情が移る】

ふだん接しているうちに、段段と愛情を感じるようになること。

【情が深い】

愛する気持ちがふつうではない。類「情が厚い」

【蝶よ花よ】

子どもを非常にかわいがって育てるようす。

【胸を焦がす】

恋い慕ってもだえ苦しむ。類「身

を焦がす」「身を焼く」

【目の中に入れても痛くない】
非常にかわいがっているようす。

【愛は屋烏に及ぶ】
人を愛すれば、その家の屋根の烏まで好きになるほど、その人に関するものすべてに愛情が及ぶことのたとえ。類「痘痕も靨」「惚れた欲目」

【恋に上下の隔てなし】
恋することは、人間の本性に根ざしたものであって、人の身分や地位の上下によって左右されるものではないの意。

【恋の病に薬なし】
恋の病は、いわゆる病気ではないから、それを治す薬などはないの意。

【恋は思案の外】
恋は、常識や理性では考え及ばないもので、とりこになれば思慮分別も失ってしまうものだということ。

【近惚れの早飽き】
惚れっぽくて、すぐに飽きる性格のこと。または、そのような人。惚れやすい人は飽きやすいものだという意味でも使う。「近惚れ」は惚れやすいこと。類「早好きの早飽き」

【落花流水】
男女がお互いに慕い合うことのたとえ。落花に流水と共に流れたい気持ちがあり、一方、流水には落花を浮かべて流れたい情があるの意から。

あう……合・会・逢・遇・遭

二つ以上のものが一緒になる意の「あう」

▽あわさって一つになる

合う・合す・合わさる・結合・合一・合体・合同・コンビネーション

▽二つ以上のものを一つにする

合併・併合

▽二つ以上のものが一つの組織・団体になる

連合・聯合

▽心を同じくする人々が同じ目的で一つにまとまる

団結

▽別々のものを一つにまとめる

総合・綜合・統合

▽ある条件・事情によく当てはまる

ぴったり・合致・ぴたり・吻合・契合・符合・一致・適合・該当・マッチ・フィット

[参]「マッチ」は二つ以上のものが調和することで、「バッグと靴の色がマッチしている」のように使う。

「フィット」は大きさや型が合うことで、「洋服が体にフィットする」のように使う。

▽知らず知らずのうちに一つになる
冥合（みょうごう）

▽一つに集めてまとめる
糾合（きゅうごう）・**鳩合**（きゅうごう）・**結集**（けっしゅう）

▽一つにまとめて束ねる　**結束**（けっそく）

▽整い、一致する　**整合**（せいごう）

▽よくその場にあっている
調和（ちょうわ）・**ハーモニー**

▽二つのものを比べ調べる
照合（しょうごう）・**照らし合わす**（てらしあわす）・**照らし合わせる**（てらしあわせる）・**照り合わせる**（てりあわせる）

▽二つの物事が互いに関連して対応しあっている
照応（しょうおう）・**照り合う**（てりあう）

▽とけて一つになる
溶け合う（とけあう）・**解け合う**（とけあう）・**融け合う**（とけあう）・**融合**（ゆうごう）・**融和**（ゆうわ）・**解け合い**（とけあい）

▽つなぎあわせる　**接合**（せつごう）

▽偶然に物事が　**暗合**（あんごう）

▽一か所に集まる
集合（しゅうごう）・**寄り合い**（よりあい）・**集まり**（あつまり）

▽離れたり集まったりする
離合（りごう）・**集散**（しゅうさん）・**聚散**（しゅうさん）

▽二つ以上の川、団体があわさる
合流（ごうりゅう）

▽多くの人が一緒に歌う
合唱（がっしょう）・**コーラス**・**斉唱**（せいしょう）

〔参〕違う旋律を複数の人数で歌うのが「合唱」で、同じ旋律を複数の人数で歌うのが「斉唱」。

▽目的をもって多くの人が同じ宿に泊まる
合宿（がっしゅく）

▽いくつかの数をまとめて数える
合計（ごうけい）・**合算**（がっさん）

▽混じり　**混合**（こんごう）

▽二つ以上のものを組みあわせる
配合（はいごう）

▽二つ以上のものをあわせて一つのものをつくる
合成（ごうせい）

▽互いに性格がよく
合性（あいしょう）・**相性**（あいしょう）・**性合い**（しょうあい）

▽互いに意気・心が
投合（とうごう）・**合意**（ごうい）・**情合い**（じょうあい）

▽互いの話が　**口合い**（くちあい）・**合口**（あいくち）

▽よく話し　**談合**（だんごう）・**相談**（そうだん）

▽互いに仲よくする　**和合**（わごう）

▽抱き　**抱合**（ほうごう）・**抱擁**（ほうよう）

▽傷口が治ってふさがる　**癒合**（ゆごう）

▽傷口などを縫いあわせる　**縫合**（ほうごう）

▽複数の人や団体が力をあわせて物事を行う
共同（きょうどう）・**協同**（きょうどう）

▽二つ以上の物質があわさって別の物質になる
化合（かごう）・**化合物**（かごうぶつ）

あう……合・会・逢・遇・遭

▽二つ以上の国をあわせて一つの国とする　合邦(がっぽう)

▽薄い板を張りあわせた板　合板(ごうはん)

▽二種類以上のものを混ぜあわせる　調合(ちょうごう)

▽二種類以上の薬品を調合した薬　合剤(ごうざい)

▽複数の楽器で同じ曲を演奏する　合奏(がっそう)・アンサンブル

▽共同して作る　合作(がっさく)・コラボレーション

▽両手をあわせて礼拝する　合掌(がっしょう)

▽数冊の本を一冊にまとめる　合本(がっぽん)

▽登記簿上で複数の区画の土地を一区画にまとめる　合筆(がっぴつ)・合筆(ごうひつ)

▽二柱以上の神や霊を一つの神社にまつる　合祀(ごうし)

▽複数の死者を一つの墓に葬る　合葬(がっそう)

▽多くのものが集まって一つになるさま　翕然(きゅうぜん)

▽音楽の音律などがよく　翕如(きゅうじょ)

▽毛抜きの先をあわせるように、ぴったりあわせる　毛抜(けぬ)き合(あわ)せ

▽釣りあいがとれている　見合(みあ)う・似合(にあ)う・釣(つ)り合(あ)う・釣(つ)り合(あ)い・プロポーション・見合(みあ)い・似合(にあ)い・均衡(きんこう)・権衡(けんこう)・平衡(へいこう)・平均(へいきん)・相応(そうおう)・相当(そうとう)・相応(ふさわ)しい

▽手で寄せる　掻(か)き合(あ)わせる

互いに顔をあわせる意の「あう」

▽互いに顔をあわす　面会(めんかい)・対面(たいめん)・面接(めんせつ)・対顔(たいがん)

▽初めて顔をあわす　初会(しょかい)・生面(せいめん)・初対面(しょたいめん)・顔合(かおあ)わせ・一見(いちげん)

▽呼び寄せて　引見(いんけん)・引接(いんせつ)・接見(せっけん)・延見(えんけん)・召見(しょうけん)

▽迎えて　歓迎(かんげい)・奉迎(ほうげい)

▽外に出て人に　出会(しゅっかい)・出合(であ)い・出会(であ)い・遭逢(そうほう)・出(い)で合(あ)い

▽他人に顔をあわせる　顔向(かおむ)け

▽人を他人に引きあわせる　引接(いんせつ)・引(ひ)き合(あ)わせ

▽客に　対客(たいかく)・対客(たいきゃく)

▽後日また　後会(こうかい)・再会(さいかい)

▽人が寄り集まる　会合(かいごう)・集会(しゅうかい)・会同(かいどう)・寄(よ)り合(あ)い

▽一つの集まり。法会（ほうえ）など。また、一度の出会い
一会（いちえ）

▽公式にあって話を　**会談（かいだん）**

▽一定の所で人に
会見（かいけん）・インタビュー

▽ひそかに　**密会（みっかい）**

▽男女がひそかに
逢瀬（おうせ）・忍び逢い（しのびあい）

▽男女が日時を決めひそかに
逢い引き（あいびき）・媾曳き（あいびき）

▽男女が一緒に過ごすために
デート

▽男女が結婚を前提にして
見合い（みあい）

▽あうことを謙遜していう女性語
目文字（めもじ）・御見（ごけん）・御目文字（おめもじ）・御見文字（ごけんもじ）

〔参〕「目文字」は宮中に仕える女官が使った隠語的な言葉（女房言葉）で、接頭語の「お」を付けて丁寧にしたり、語の最後に「もじ」を付けてえん曲的な表現にしたりした。

▽七夕の夜に牽牛星と織女星が
星合い（ほしあい）

▽葬式に
踏み合い（ふみあい）・踏み合せ（ふみあわせ）・触穢（しょくえ）・触穢（そくえ）・行き触れ（ゆきぶれ）・行き触れ（いきぶれ）

目上・高貴な人に顔をあわせる意などの「あう」

▽目上・高貴な人に
拝謁（はいえつ）・御見参（ごけんざん）・謁見（えっけん）・面謁（めんえつ）・謁（えつ）・上謁（じょうえつ）・拝顔（はいがん）・拝眉（はいび）・拝芝（はいし）・御見（ぎょけん）・御目見（おめみえ）・御目見得（おめみえ）・目見得（めみえ）・目通り（めどおり）・御目通り（おめどおり）

▽そば近くでお目にかかる　**咫尺（しせき）**

〔参〕「咫尺」は中国の周の時代の長さの単位。咫は八寸、尺は十寸でごく短い長さや距離を表す。

▽来てお目にかかる
来謁（らいえつ）・参謁（さんえつ）

▽迎えてお目にかかる　**迎謁（げいえつ）**

▽内々の謁見（えっけん）
内謁（ないえつ）・内謁見（ないえっけん）・内接見（ないせっけん）

▽親しくおあいなさる　**親見（しんけん）**

▽朝廷に上がって天子に
朝謁（ちょうえつ）・朝見（ちょうけん）・朝覲（ちょうきん）

▽面会を申し込む　**請謁（せいえつ）**

▽私事のために　**私謁（しえつ）**

「あう」に関する動詞・複合動詞

▽顔と顔をあわす
会う（あう）・出会う（であう）・出合う（であう）・出向かう（でむかう）・逢う（あう）・接する（せっする）・会する（かいする）・見る（みる）

▽顔と顔をあわせる
会わせる（あわせる）・見える（まみえる）

あう……合・会・逢・遇・遭

▽「あう」の謙譲語　見える

▽「あう」の丁寧語

お目に掛かる

▽道の途中などで顔をあわす

行き合う・行き逢う

▽一か所であうことを決めて、そこで

落ち合う・待ち合わせる

▽その場に出席して　立ち会う

偶然にあう意の「あう」

▽思いがけず

出会す・出交す・出喰す・際会・逢着・奇遇・遭遇・邂逅・会遇・ぶつかる・搗ち合う・巡り合う・巡り会う・鉢合せ・巡り会い・巡り合い

▽災難・事故などに

遭難・受難・遇う・遭う

▽とても苦しい目に　窮命

▽たまたまそこにいて

居合わせる

▽たまたま来ていて

来合わせる

▽たまたま乗っていて

乗り合わせる

▽その場で　差し当たる

▽偶然に出あうさま

ひょっくり・ひょっこり

「あう」に関する成句

【阿吽の呼吸】

吐く息と吸う息の意で、一緒に何かをするときの、お互いの微妙な調子や気持ちをいう。また、それの一致すること。類「阿吽の息」

【憂き目に遭う】

つらく悲しいことに出会う。「遭う」は、良くないことに「あう」場合に使う。類「痛い目に遭う」

【馬が合う】

お互いに気持ち・心が一致する。類「息が合う」「気が合う」「調子が合う」「肌が合う」

【顔を合わせる】

共演する。対戦相手となる。面と向かい合う。

【口裏を合わせる】

示し合わせて、話の内容を一致させる。類「口を合わせる」

【口に合う】

飲食物の味が好みに合っている。

【心を合わせる】

気持ちを一致させる。類「腹を合わせる」

【帳尻を合わせる】

収支が合うようにする。

【調子を合わせる】

相手の出かたに合うようにして逆らわない。類「ばつを合わせる」

【辻褄(つじつま)が合(あ)う】筋道が合っている。前後が合う。

【時(とき)に遇(あ)う】よい時機にめぐりあう。

【馬鹿(ばか)を見(み)る】つまらない目に遭う。

【鼻(はな)を突(つ)き合(あ)わせる】人が非常に近くに寄り合う。

【符節(ふせつ)を合(あ)わせる】両方がぴったりと一致する。

【門前払(もんぜんばら)いを食(く)う】面会を断られる。

【会(あ)うは別(わか)れの始(はじ)め】たとえ親・兄弟であろうとも、いつかは死によって別れの時がくる。出会った者は必ず別れる運命にあるものだ、という人生の無常をいった言葉。類「合(あ)わせ物(もの)は離(はな)れ物(もの)」「会者定離(えしゃじょうり)」

【一期一会(いちごいちえ)】一生に一度だけのこと。また、人との出会いは一生に一度しかないのだという気持ちで常に誠意や全力を尽くせということ。

【挙国一致(きょこくいっち)】国中がこぞって一体となること。

【蛟竜雲雨(こうりょううんう)を得(う)】英雄や豪傑が時にめぐりあって大いに器量を発揮することのたとえ。

【三位一体(さんみいったい)】三つのものが結びついて、まるで一つのようであること。

【死(し)に別(わか)れより生(い)き別(わか)れ】死によって別離を味わうのはあきらめもつくが、互いに生きていながら別れなければならないのはつらいものだということ。

【千載一遇(せんざいいちぐう)】千年に一度しか出会えないほどの、めったにない機会。「千載」は千年、長い年月のこと。

【同気相求(どうきあいもと)む】気心の合った者は自然に親しみ集まること。

【時(とき)に遇(あ)えば鼠(ねずみ)も虎(とら)となる】時の運に遇えば、つまらない者でも勢いを得るということ。

【離合集散(りごうしゅうさん)】離れたり合ったり、集まったり散ったりすることで、互いに協同したり、また、逆に反目したりすることをいう。

明(あか)るい・明(あき)らか

光からみた「明るい・明らか」

▽光が十分差していて物がよく見える
明(あか)るい・明(あき)らか

▽光が明るい
耿耿(こうこう)・皓皓(こうこう)・晈晈(こうこう)・耿然(こうぜん)・

明るい・明らか

皓然（こうぜん）・皎然（こうぜん）・明（さや）か・清（さや）か

▽光り輝いて
煌（きら）めく・煌煌（こうこう）・晃晃（こうこう）・爛爛（らんらん）・爛漫（らんまん）・灼灼（しゃくしゃく）・爍爍（しゃくしゃく）・灼爍（しゃくしゃく）・爛然（らんぜん）・灼然（しゃくぜん）・煌然（こうぜん）・燦然（さんぜん）・的皪（てきれき）

▽暗いことと明るいこと
明暗（めいあん）・晦明（かいめい）・幽明（ゆうめい）

▽光が明るくなったり暗くなったり
明滅（めいめつ）

▽暗闇を照らす明るい光
明（あ）かり・光明（こうみょう）・光明（こうめい）

▽光をあてて明るくする
照明（しょうめい）・ライティング

▽明るい感じの色　明色（めいしょく）

▽色の明るさの度合い　明度（めいど）

『参』「明度」は「彩度（さいど）」「色相（しきそう）」とともに、色の三属性のうちのひとつ。

▽かすかに
微明（びめい）・薄明（はくめい）・薄明（うすあ）かり

▽ほのかに
朧（おぼろ）・朧朧（ろうろう）・仄（ほの）か・仄（ほの）めく・仄明（ほのあ）かり・仄仄（ほのぼの）・ぼんやり・ぼーっと・薄（うっす）り・薄（うっす）ら・ほんのり

▽明るい所　明（あか）るみ

▽きわめて　明明（めいめい）・明明（あかあか）

▽窓から差し込む明かり
窓明（まどあ）かり

▽日光が明るい　杲杲（こうこう）・燦燦（さんさん）

▽月などが　朗朗（ろうろう）

▽星や電灯などがきらきらと
煌煌（こうこう）・晃晃（こうこう）

▽月光の明るさ
月明（つきあ）かり・月明（げつめい）

▽星の光による　星明（ほしあ）かり

▽元日のあけぼのによる
初明（はつあ）かり

▽明け方に東天がかすかに明るくなる
時明（ときあ）かり

▽だんだん明るくなる
白白（しらしら）・白白（しらじら）

▽日没後の明るさ
夕明（ゆうあ）かり・残照（ざんしょう）・西明（にしあ）かり

▽満開の桜による　花明（はなあ）かり

▽積もった雪による　雪明（ゆきあ）かり

▽川面（かわも）のほの明るさ　川明（かわあ）かり

▽川の水が日・月によって美しく輝く
水明（すいめい）

▽燃えている火による明るさ
火明（ひあ）かり

▽薪（たきぎ）などをたばねて立て、照明としたもの
立（た）て明（あ）かし・立（た）ち明（あ）かし

▽火災による明るさ
火事明（かじあ）かり

▽歌舞伎で俳優の顔をよく見せるための明かり
面明（つらあ）かり・面火（つらび）・差（さ）し出（だ）

し

▽神仏の前に供える灯火
御灯明(おとうみょう)・灯明(とうみょう)・御明(みあ)かし・御灯(みあかし)・御灯明(みあかし)・御明(みあ)かり

あざやか・透明からみた「明るい・明らか」

▽透き通って
明(あか)るい・透明(とうめい)・玲瓏(れいろう)
〔参〕「玲瓏」の「玲」は玉の鳴るすずしげな音。「瓏」は玉や金属が擦れ合ったときのすんだ音。主としてすみきった明るい音色の美しさをいうが、玉などの曇りのない輝きにもいう。

▽少し透き通って見える　半透明(はんとうめい)

▽澄みきって
澄明(ちょうめい)・明澄(めいちょう)・明浄(めいじょう)

▽晴れて　清朗(せいろう)・晴朗(せいろう)

▽清く　清明(せいめい)

▽あざやかで　鮮明(せんめい)

▽非常にあざやかなさま
くっきりと

▽ひどく目立つさま　際(きわ)やか

性格からみた「明るい・明らか」

▽ほがらかで陽気なさま　明(あか)るい

▽心がはればれして　晴(は)れやか

▽明るく楽しい
朗(ほが)らか・朗(ほが)ら・明朗(めいろう)

▽明るく元気　快活(かいかつ)・活発(かっぱつ)

▽にぎやかで　陽気(ようき)

▽陽気な性質　陽性(ようせい)

▽心配事もなく
晴(は)れ晴(ば)れ・伸(の)び伸(の)び

▽自由で、あけっぴろげなさま
開放的(かいほうてき)

▽のびのびとして　暢明(ちょうめい)

▽さっぱりしている
さくい・気(き)さく・淡泊(たんぱく)・淡白(たんぱく)・洒脱(しゃだつ)・洒落(しゃらく)

▽心が広く快活で、物事にこだわらない
磊落(らいらく)・闊達(かったつ)・豁達(かったつ)

▽元気で活気のあるさま
生(い)き生(い)き・活(い)き活(い)き・精彩(せいさい)・生彩(せいさい)

物事の「明るい・明らか」

▽明らかなこと、また、明らかなさま
在(あ)り在(あ)り・有(あ)り有(あ)り・分明(ぶんみょう)・明明(めいめい)・明(あき)らか・明瞭(めいりょう)・明白(めいはく)・明晰(めいせき)・明亮(めいりょう)・昭昭(しょうしょう)・昭明(しょうめい)・まざまざ・彰彰(しょうしょう)・歴(れき)とした・歴歴(れきれき)・歴然(れきぜん)・了了(りょうりょう)・了然(りょうぜん)・亮然(りょうぜん)・あからさま・瞭然(りょうぜん)・判然(はんぜん)・はっきり・

明るい・明らか

▽神仏の霊験や薬効などが明らかなさま
炳然・的然・昭然・炳焉・端的・顕明・章章・照照・炳乎・クリア
灼か

▽明らかでないこと、また、そのさま
不明

▽明らかになる
判明・分明・修明

▽詳しく　精明・詳明

▽分かりやすく　平明

▽簡単で　簡明

▽公正で隠しだてなく　公明

▽厳しく　厳明

▽著しく　著明・顕然

▽筋道が明らかですっきりしている
明快・クリア

▽はっきりとあらわれる
顕彰・顕著

▽明らかな証拠　明徴・申証

▽確かで　明確

▽それ自身　自明

▽区別がはっきりしている
画然・劃然・截然・分明・きっかりと
〔参〕「画」は境界線を入れること、「劃」は刀で区切りのしるしを刻むこと、「截」は刃物で断ち切ること。

▽他と区別してはっきり分かるよう浮き出させる
浮き彫り

▽言葉や論旨がはっきりしている
明暢・明鬯

▽考えや決意を明らかにする
宣明・表明

▽意見や立場を公に発表する
声明

▽言葉にしてはっきり言う
言明・明言・明弁

▽はっきりと決断する
明断・明決

▽はっきりと答える　明答

▽行き届いて明らかにしてある
詳審

▽細かな点まではっきりさせる
克明・丹念

▽はっきり見抜く　明察・審察

▽分からないことを明らかにする
解明・解き明かす

▽意味が分かるように述べる
説き明かす・説き明らめる・説明・解説

▽物事の意味や道理を明らかにする
発明

▽はっきりと解釈する　明解

▽理由や根拠を明らかにする
証明・立証・明証

▽自分の言行など説明して理解を求める

弁明(べんめい)・弁解(べんかい)・言い訳(いいわけ)・釈明(しゃくめい)・疎明(そめい)・疏明(そめい)

▽隠さずに語る
打ち明かす(うちあかす)・打ち明ける(うちあける)

▽よく調べ意義を明らかにする
講明(こうめい)

▽道理や真理を追究して明らかにする
究明(きゅうめい)

▽罪や悪事を追及して明らかにする
糾明(きゅうめい)・糺明(きゅうめい)・糾問(きゅうもん)・糺問(きゅうもん)

▽不明瞭だったことをはっきりさせる
闡明(せんめい)

▽はっきりと書く　明記(めいき)

▽はっきり示す　明示(めいじ)

▽はっきりと文章に書き示す
明文化(めいぶんか)

知識・学問からみた「明るい・明らか」

▽ある事柄をよく知っている
精通(せいつう)・詳しい(くわしい)・明るい(あかるい)・通(つう)

▽広く物事を知っている
物知り(ものしり)・博通(はくつう)・博識(はくしき)・該博(がいはく)・造詣(ぞうけい)・博学(はくがく)・碩学(せきがく)・多識(たしき)・博聞(はくぶん)

▽知り抜いている
通明(つうめい)・通暁(つうぎょう)・暁通(ぎょうつう)

▽すぐれて賢い　秀発(しゅうはつ)・英発(えいはつ)

▽熟練して上手になる
熟達(じゅくたつ)・通達(つうたつ)・練達(れんたつ)

▽賢くて正しい判断ができる
賢明(けんめい)・明敏(めいびん)・利発(りはつ)

▽賢くて物分かりの早い
聡悟(そうご)・聡敏(そうびん)・英悟(えいご)・穎悟(えいご)

▽賢くて事理に
聡慧(そうけい)・聡明(そうめい)・明達(めいたつ)・明哲(めいてつ)・叡哲(えいてつ)・睿哲(えいてつ)・聡察(そうさつ)・英明(えいめい)・英邁(えいまい)

▽有徳で賢明　高明(こうめい)

▽天子のすぐれて賢明なこと
叡聖(えいせい)・英聖(えいせい)・聖明(せいめい)

▽知徳すぐれ事理に明るい人
聖哲(せいてつ)

▽人知の明らかなこと　文明(ぶんめい)

▽知識が開け、文化が進む　開明(かいめい)

▽広く学問に通じる　篤学(とくがく)

▽学芸に　本才(ほんざい)

▽道理に明るい人　目明き(めあき)

「明るい・明らか」に関する成句

【言わずと知れた】(い・し)
いちいち説明しなくても分かりきっている。

【浮き彫りにする】(う・ぼ)
ある物事をその背景や下地からはっきりさせる。

【隠れもない】(かく)
よく知られている。その事実が隠しようもなく明らかなさま。

【自明の理】説明しなくても分かりきったこと。

【掌を指す】手のひらの物を指す意で、物事が明らかなようす。

【種を明かす】手品などの仕掛けを見せて説明する。また、隠していた事情などを説明することをいう。

【火を見るよりも明らか】きわめて明白であることをいう言葉。

【紛れもない】間違いなどあるはずがない。はっきりしていること。

【紛う方なし】間違いようがない。実に明らかである。「紛う」は、「まがう」とも読む。

【論より証拠】物事は議論よりも証拠を示すことによって、より一段と明らかになるということ。

【論を俟たない】論じるまでもない意で、明らかなことをいう。

【一目瞭然】ひと目ではっきりと分かること。

【黒白分明】物事の是非・善悪がはっきりしていること。

【単純明快】簡単で筋道が明らかであること。

【明朗闊達】ほがらかで心の広いさま。類「明朗快活」

秋

暦の上での「秋」

▽陰暦では七月~九月、普通には九月~十一月の三か月間

秋

▽二十四節気の一。八月八日ごろ。秋の始まり

立秋

▽二十四節気の一。八月二十三日ごろ。暑さがおさまる

処暑

▽二十四節気の一。九月八日ごろ。秋の気配が強まる

白露

▽二十四節気の一。九月二十三日ごろ。昼と夜の長さがほぼ同じ

秋分

▽二十四節気の一。十月八日ごろ。寒くなり露をむすぶ

寒露

▽二十四節気の一。十月二十三、二十四日ごろ。霜が降りるころ

霜降（そうこう）

▽立春から二百十日め。九月一日ごろ
二百十日（にひゃくとおか）

▽立春から二百二十日め。九月十日ごろ
二百二十日（にひゃくはつか）

▽秋分を中心とする七日間
彼岸（ひがん）・**秋の彼岸**（あきのひがん）・**後の彼岸**（のちのひがん）

▽秋の彼岸の真ん中の日
秋分の日（しゅうぶんのひ）・**中日**（ちゅうにち）・**彼岸の中日**（ひがんのちゅうにち）

▽立冬の前十八日をいう
秋の土用（あきのどよう）

▽陰暦九月晦日（みそか）。秋の終わりを惜しんでいう
九月尽（くがつじん）

季節・時からみた「秋」

▽秋の季節
秋季（しゅうき）・**商秋**（しょうしゅう）・**白秋**（はくしゅう）・**素秋**（そしゅう）・**桂秋**（けいしゅう）・**秋つ方**（あきつかた）・**秋方**（あきざま）・**秋場**（あきば）・**秋日**（しゅうじつ）・**金秋**（きんしゅう）

▽秋の期間
秋期（しゅうき）

▽秋季の九十日間
九秋（きゅうしゅう）

▽秋季の三か月間
三秋（さんしゅう）

▽秋の初め
初秋（しょしゅう）・**初秋**（はつあき）・**孟秋**（もうしゅう）・**新秋**（しんしゅう）・**早秋**（そうしゅう）

〔参〕昔の中国では兄弟の順を「孟・仲・季」で表した。それを季節にも当てはめて、初めを「孟（秋）」、半ばを「仲（秋）」、終わりを「季（秋）」という。

▽秋になってのち
秋後（しゅうご）

▽秋になったばかり
秋口（あきぐち）

▽秋に近づく
秋片設く（あきかたまく）

▽秋になる
秋さり（あきさり）・**秋ざれ**（あきざれ）・**秋さる**（あきさる）・**秋立つ**（あきたつ）

▽秋らしくなる
秋さぶ（あきさぶ）・**秋づく**（あきづく）・**秋めく**（あきめく）

▽秋の盛り
盛秋（せいしゅう）

▽秋の気配が深まる
秋深し（あきふかし）・**深秋**（しんしゅう）

▽秋の半ば
仲秋（ちゅうしゅう）・**仲秋**（ちゅうじゅう）・**中秋**（ちゅうしゅう）

▽秋の末
秋の暮れ（あきのくれ）・**暮れの秋**（くれのあき）・**晩秋**（ばんしゅう）・**残秋**（ざんしゅう）・**暮秋**（ぼしゅう）・**季秋**（きしゅう）・**秋季**（しゅうき）・**行く秋**（ゆくあき）・**秋末**（あきずえ）・**梢の秋**（こずえのあき）

▽今年の
今秋（こんしゅう）

▽去年の
昨秋（さくしゅう）・**去秋**（きょしゅう）

▽翌年の
翌秋（よくしゅう）

▽秋の夜明け
秋暁（しゅうぎょう）

▽秋の夕方
秋夕（しゅうせき）

▽秋の晩
秋宵（しゅうしょう）

気象・様態などからみた「秋」

▽さわやかな　爽秋（そうしゅう）

▽清らかな　清秋（せいしゅう）

▽もの悲しい　悲秋（ひしゅう）

▽秋の日　秋日（しゅうじつ）

▽秋の日光　秋陽（しゅうよう）

▽立秋後の暑さ。秋まで残る暑さ　残暑（ざんしょ）

▽秋のすっかり晴れ渡った天気　秋晴れ（あきばれ）

▽秋らしい、晴れたよい天気　秋日和（あきびより）

▽秋の空　秋空（あきぞら）・秋天（しゅうてん）

▽空が澄んで広びろしたさま　秋高し（あきたかし）・天高し（てんたかし）

▽秋の涼しさ、涼しい風　秋涼（しゅうりょう）・涼秋（りょうしゅう）・新涼（しんりょう）

▽秋の中ごろを過ぎて感じる寒さ　うそ寒（さむ）・秋寒（あきさむ）・秋冷（しゅうれい）・肌寒（はださむ）・露寒（つゆさむ）・そぞろ寒（さむ）・やや寒（さむ）

〔参〕「うそ寒」の「うそ」は「薄」が転じたもの、また「そぞろ」は「すずろ」と同じで、いずれも「なんとなく」の意。

▽秋になって吹く風　秋風（しゅうふう）・秋風（あきかぜ）

▽秋の山あらし　秋嵐（しゅうらん）

▽秋から冬にかけて吹く強い風。特に、二百十日・二百二十日前後に吹く台風　野分け（のわけ）・野分き（のわき）

▽秋のころに出る雲　秋雲（しゅううん）・秋の雲（あきのくも）

▽秋空の曇り　秋陰（しゅういん）

▽秋に降る雨　秋雨（しゅうう）・秋雨（あきさめ）

▽秋の長雨　秋霖（しゅうりん）・秋黴雨（あきついり）・秋入梅（あきついり）・秋湿り（あきじめり）

▽秋の終わりころのしぐれ　秋時雨（あきしぐれ）

▽秋に普通より早く降りる霜　早霜（はやじも）

▽秋の末ごろに降りる霜　秋霜（しゅうそう）・秋の霜（あきのしも）

▽秋の晴れ晴れとのどかな陽気　秋麗（しゅうれい）

▽秋の空気のさわやかさ　秋爽（しゅうそう）

▽秋の風情　秋意（しゅうい）

▽秋の物思い　秋思（しゅうし）

▽秋を感じさせるもの　秋声（しゅうせい）・秋風（しゅうふう）・秋の声（あきのこえ）

▽秋のおもしろさ　秋興（しゅうきょう）

▽秋の気配、秋の景色　秋色（しゅうしょく）・秋気（しゅうき）・秋の色（あきのいろ）

▽秋の景色　秋景（しゅうけい）・秋容（しゅうよう）

農事からみた「秋」

▽秋に栽培、または収穫する作物

秋作（あきさく）
▽秋に種をまく、またその作物
秋蒔き（あきまき）
▽八月から十月までに施す肥料
秋肥（あきごえ）
▽秋の田。また、稲の実った田
秋田（あきた）
▽秋の実った稲穂
秋穂（あきほ）・**秋の毛**（あきのけ）
▽実りの　**出来秋**（できあき）
▽秋のとり入れ
秋収め（あきおさめ）・**秋収**（しゅうしゅう）・**秋稼**（しゅうか）・**秋穫**（しゅうかく）・**秋仕舞い**（あきじまい）
▽秋、綿の実の熟するころ　**綿秋**（わたあき）
▽秋のとり入れ後、すぐ畑を耕す
秋耕（しゅうこう）
▽稲刈り・とり入れがすむ
秋上がり（あきあがり）
▽稲作不良で秋に米価が高くなる
秋上げ（あきあげ）・**秋高**（あきだか）
▽収穫時に生育が悪くなり収穫が減る
秋落ち（あきおち）
▽豊作のため米価が下がる
秋落ち（あきおち）・**秋下げ**（あきさげ）
▽七月下旬から晩秋にかけて飼う蚕
秋蚕（あきご）・**秋蚕**（しゅうさん）

自然と生活からみた「秋」

▽秋の紅葉した葉　**秋つ葉**（あきつは）
▽秋に花の咲く草　**秋草**（あきくさ）
▽秋に熟する果物　**秋果**（しゅうか）
▽大豆の異称　**秋豆**（あきまめ）
▽秋の郊外、野辺　**秋郊**（しゅうこう）
▽秋に行う祭り。また、新穀を得たことの祝いの祭り
秋祭り（あきまつり）
▽秋に着る衣服
秋袷（あきあわせ）・**秋衣**（あきごろも）・**秋さり衣**（あきさりごろも）
▽秋の七種の草花（ハギ・ススキ・クズ・ナデシコ・オミナエシ・フジバカマ・キキョウ）
秋の七草（あきのななくさ）
▽紅葉した美しい　**錦秋**（きんしゅう）

「秋」に関する成句

【秋の香（あきのか）】

松茸など秋を感じさせるものの香り。また、そのもの。

【秋の日は釣瓶落とし（あきのひはつるべおとし）】

（⇒「太陽（たいよう）・日光（にっこう）」363ページ）

【身に沁みる（みにしみる）】

秋の冷気を痛切に感じる。「沁（し）みる」は「染（し）みる」とも書く。

【秋茄子嫁に食わすな（あきなすびよめにくわすな）】

秋茄子はおいしいので、姑が憎い嫁に食べさせたがらないということ。また、食べると体を冷やすからとも、秋茄子には種が少ないので嫁に子ができないと困るから、

ともいわれている。

【秋の日と娘の子はくれぬようでくれる】
秋の日は暮れそうになくても急に暮れる。それと同じように娘も嫁に容易にくれそうにもないようでいて、案外簡単にくれるものだということ。「暮れる」と「呉れる」をかけている。

【秋月春風】（⇒「月」406ページ）

【秋霜烈日】（⇒「はげしい」469ページ）

【秋風索寞】
秋になって吹く風であたりがものさびしくなるさま。また、勢いが衰え、落ちぶれるさまをいう。

【天高く馬肥ゆ】
秋の空は澄み渡って高く晴れ、気候もよいので馬も食欲がすすみ肥えるということで、秋のよい季節をいう。類「秋高くして馬肥ゆ」

朝夕

時・状況などからみた「朝」

▽夜が明けるころの
明け方・明け・夜明け・夜明け方・残夜・暁・早暁・払暁・曙・朝朗・黎明・晨明・押し明け方・遅明・天明・鶏鳴・薄明・暁旦・暁更・引き明け・旦明・朝明け・朝明・白白明け・白白明け・いなのめ・東雲

▽明け方の薄暗い時
彼は誰時・彼は誰そ時・彼は誰時・彼は誰
〔参〕薄暗いので顔がよく見えずに「彼は誰？」と尋ねる時間帯。夕暮れには「誰そ彼は？」から「たそがれ時」という。

▽夜が明けきらないころ
未明・未明・明け暗れ・朝まだき

▽早いころの
早朝・朝方・朝っぱら・朝腹・早天・早晨・早旦

▽夜がほのぼのと明けるころの
仄仄明け

▽日の出前のほの暗い時。また、月のない明け方
暁闇・暁闇・暁闇

▽月が残る夜明けころの
有明・有明方・朝月夜・朝月夜・暁月夜・暁月夜

▽夜明けから正午までの間をいう
朝・朝・朝旦・午前・上午

▽夜の十二時から昼の十二時までの間

朝夕

をいう
午前・上午

▽日が東の地平線上に出るころ
日の出・日出

▽ある朝　一朝

▽男女が逢った次の
後朝・衣衣・後の朝・後の朝・後朝・後朝・帰る朝

▽清らかに晴れた　清晨

▽夜明けから朝食までの　終朝

暦日・季節などからみた「朝」

▽年のはじめの
年の朝・元朝・元旦・初朝・正旦・三朝

〔参〕「旦」は早朝、日の出るころ。元旦は一月一日の朝。年賀状に「正月元旦」「一月元旦」と書くのは重複になる。

▽一日の　朔旦

▽今日の
今朝・今朝・今朝方・今旦

▽今日の明け方　今暁

▽明日の
翌朝・翌朝・明朝・明朝・翌旦・明旦・旦日・明くる朝・又の朝

▽次の日の明け方　翌暁

▽昨日の　昨朝・昨旦

▽昨日の明け方　昨暁

▽一昨日の　一昨朝

▽毎日の
朝な朝な・朝な朝な・毎朝・毎朝・毎旦

▽霜の降りた　霜朝・霜晨

▽春の明け方　春暁

▽秋の明け方　秋暁

「夜明け」に関する動詞・複合動詞

▽明るくなる　明ける・白む

▽あたり一面が明るくなる
明け渡る

▽明るくなってくる　明るむ

▽すっかり明ける　明け離れる

時・暦日などからみた「夕」

▽夜になろうとするころ
夕・夕べ・夕方・夕刻・暮れ・暮れ方・夕暮れ・夕間暮れ・晩・晩方・日暮・日暮れ・薄暮・夕さり・夕さりつ方・黄昏・黄昏時・晩暮・日夕・夕景・晩景・晩景・晩刻・薄晩・火点し頃・火点し頃

朝夕

▽夕べの薄暗い時
逢魔が時(おうまがとき)・おまんが時(とき)・逢魔時(おうまどき)・大禍時(おおまがとき)

▽夕方の薄暗さ
夕闇(ゆうやみ)・宵闇(よいやみ)

▽日が西に沈むころ
日の入り(ひのいり)・日没(にちぼつ)・入り相(いりあい)

▽夕日の没すること。また、その時
夕日隠れ(ゆうひがくれ)

▽日没ごろ、空が赤く染まる
夕焼け(ゆうやけ)・夕映え(ゆうばえ)・残映(ざんえい)・反影(はんえい)・返照(へんしょう)・反照(はんしょう)

▽月の出るころの
夕月夜(ゆうづくよ)・夕月夜(ゆうづきよ)

▽秋の
秋夕(しゅうせき)

▽今日の
今夕(こんせき)・今夕(こんゆう)・今晩(こんばん)・本夕(ほんせき)

▽明日の
明夕(みょうせき)・明夕(みょうゆう)・翌夕(よくせき)・明晩(みょうばん)・翌晩(よくばん)

▽昨日の
昨夕(さくせき)・昨夕(さくゆう)・昨晩(さくばん)

▽一昨日の
一昨夕(いっさくゆう)・一昨晩(いっさくばん)

▽毎日の
毎夕(まいせき)・毎夕(まいゆう)・毎晩(まいばん)

▽朝と
旦夕(たんせき)・明け暮れ(あけくれ)・朝夕(ちょうせき)・朝夕(あさゆう)・朝な夕な(あさなゆうな)・朝晩(あさばん)・早晩(そうばん)・朝暮(ちょうぼ)

「日没」に関する動詞・複合動詞

▽日が沈んで暗くなる
暮れる(くれる)

▽日が暮れ始める
暮れ掛かる(くれかかる)・暮れ初む(くれそむ)

▽日が暮れそうで暮れない
暮れ泥む(くれなずむ)

▽日が次第に暮れる
暮れ行く(くれゆく)

▽夕方になる
夕掛く(ゆうかく)

▽日暮れ後、しばらく明るさが残る
暮れ残る(くれのこる)

▽日がとっぷり暮れる
暮れ果てる(くれはてる)

▽あたり一面が暮れる
暮れ渡る(くれわたる)

▽途中で日が暮れる
行き暮れる(ゆきくれる)・行き暮らす(ゆきくらす)

「朝夕」に関する成句

【朝起き(あさおき)は三文(さんもん)の徳(とく)】

朝早く起きることは健康にもよく、何かと得をするというたとえ。「三文」は、わずかなもののたとえで、もともとは、早起きをしても三文の得にしかならないの意ともいわれる。「朝起き」は「早起き」ともいう。類「朝起(あさお)きは七(なな)つの徳(とく)あり」「朝寝八石(はちこく)の損(そん)」


【夕焼(ゆうや)けに鎌(かま)を研(と)げ】

夕焼けになると翌日は晴天になることが多い。だから、鎌を研いで、明日の稲刈りの準備をしておけということ。

貴方（あなた）・貴方（あなた）がた

相手が同等か目上のときの「貴方・貴方がた」

▽目上か同等の男女の相手をさす言葉。一般的に軽い尊敬の意を含む

貴方（あなた）

▽男性に対して　**貴男（あなた）・貴郎（あなた）**

▽女性に対して　**貴女（あなた）・貴女（きじょ）**

▽より丁寧に

貴方様（あなたさま）・貴男様（あなたさま）・貴女様（あなたさま）

▽目上の相手に尊敬をこめて。手紙文に多く使われる

尊台（そんだい）・貴台（きだい）・玉台（ぎょくだい）・高台（こうだい）・台鼎（たいてい）

▽男性に対して　**貴兄（きけい）**

▽女性に対して　**貴姉（きし）**

▽目上か同等の相手を敬って。手紙文に多く使われる

尊君（そんくん）・尊兄（そんけい）・尊堂（そんどう）・賢兄（けんけい）・大兄（たいけい）・尊公（そんこう）

▽年長の人を尊敬して。手紙文で

老台（ろうだい）・老兄（ろうけい）

▽学問上での先輩、同学の人について

学兄（がっけい）

▽それほど親しくない目上か同等の相手に用いる丁寧語

御宅（おたく）・御宅様（おたくさま）

▽主に同等の男性に手紙文で

貴下（きか）・尊下（そんか）

▽同等の男性を敬愛をこめて。主として手紙文で

雅兄（がけい）

▽同輩の文人、詩人を敬って

詞兄（しけい）・詞宗（しそう）・辞宗（じそう）

▽男性に対する尊敬語　**貴所（きしょ）**

▽同等に近い目上か目下に対する古い言い方

此方（こなた）

▽同等の相手に対する古い言い方

吾殿（わどの）・和殿（わどの）

相手が同等以下のときの「貴方・貴方がた」

▽一般的に同等または目下の人を親しみをこめて

君（きみ）

▽君より丁寧な言葉。男性に対して

貴君（きくん）

▽同等以下の人に、くだけた調子で

あんた

▽同等または目下の人に

貴公（きこう）・貴殿（きでん）

▽同等以下の相手をぞんざいな口調で

己（おのれ）・手前（てめえ）・手前（てまえ）・御前（おまえ）

▽親しい男性同士で同等または目下の相手を卑しめて

貴様（きさま）

［参］もともとは武士の書簡などで敬意を表す語だった。江戸時代に、一般の人々が話し言葉として使うよ

貴方・貴方がた

うになると敬意は薄れ、江戸後期には卑しめる語へと変化した。

▽同等かそれ以下の相手を古風な言い方で
汝（なんじ）・爾（なんじ）・御主（おぬし）・其方（そち）・其方（そなた）・御事（おこと）

▽やや丁寧な口調で
其様（そさま）・其方様（そなたさま）・吾主（わぬし）・御身（おみ）・御身（おんみ）・御前様（おまえさま）

▽主として、女性が手紙の宛名のそばにつけて
御許（おもと）・御許（おんもと）

▽同等か目下に敬意を表して。手紙文で
足下（そっか）

特定の人を呼ぶときの「貴方・貴方がた」

▽天皇、皇后、皇太后、太皇太后を敬って
陛下（へいか）

▽皇太子や皇族などを敬って　**殿下（でんか）**

▽皇族の妃を敬って　**妃殿下（ひでんか）**

▽主君を敬って　**殿（との）**

▽天皇や将軍など高貴な相手を敬って。現在では、領収書の宛名代わりに使われる
上様（うえさま）

▽高位高官の人に向かって
閣下（かっか）・閤下（こうか）・御前様（ごぜんさま）・御前（ごぜん）・台下（だいか）・第下（だいか）

▽学者・医者・師匠などに向かって
先生（せんせい）・大人（たいじん）・大人（うし）

▽目上の人や主人に向かって。他人の夫、また、妻が夫に向かって
旦那（だんな）

▽旦那のきわめて敬意の高い言い方
旦那様（だんなさま）

▽昔、同じ身分の武士同士が相手に向かって
君（きみ）・貴殿（きでん）・貴公（きこう）・御辺（ごへん）・御手前（おてまえ）・其方（そち）・其の方（そのほう）・其処許（そこもと）・其の許（そのもと）・其方（そなた）

▽昔の貴方の女房言葉。女性から男性にいう
其文字（そもじ）

▽職人などが親しみや、からかい・侮りなどを含めて相手をいう
大将（たいしょう）

▽弟子などにいう　**小子（しょうし）**

▽親しみをこめて、また、からかっていう
社長（しゃちょう）

相手が複数のときの「貴方・貴方がた」

▽その場にいる人全部に呼び掛けるときの尊敬語
皆様（みなさま）・皆様方（みなさまがた）・皆皆様（みなみなさま）

▽皆様のくだけた言い方
皆さん（みな）・皆さん方（みなさんがた）

▽多くの人に呼び掛けるときの敬語
諸公（しょこう）・諸賢（しょけん）

▽多くの人に呼び掛けるとき

諸氏(しょし)・**諸兄姉**(しょけいし)

▽多くの男性に呼び掛けるときの敬語

諸兄(しょけい)

▽多くの女性に呼び掛けるときの敬語

諸姉(しょし)

▽目下の複数の人に呼び掛けるとき

諸君(しょくん)・**諸子**(しょし)・**君達**(きみたち)

▽複数の人を相手にした手紙文に使う敬語

各位(かくい)

雨(あめ)

雨が降り出しそうな空模様から雨上がりまで

▽いまにも雨が降り出しそうな空模様

雨催い(あまもよい)・**雨催い**(あめもよい)・**雨模様**(あまもよう)・**雨空**(あまぞら)・**雨模様**(あめもよう)・**雨気づく**(あまけづく)・**雨曇り**(あまぐもり)・**雨景色**(あまげしき)・**雨気**(あまけ)・**雨気**(うき)・**雨意**(うい)

［参］「雨模様」は、本来まだ雨が降っていない状況を指すが、近年では「雨が降っている」ことをいう場合にも使われることがある。

▽雨が降る

雨降り(あめふり)・**降雨**(こうう)・**雨天**(うてん)・**雨下**(うか)・**下雨**(かう)・**落雨**(らくう)

▽空が曇り雨が降る　**陰雨**(いんう)

▽雨の降る天候・空　**雨空**(あまぞら)・**雨天**(うてん)

▽雨の降る日　**雨天**(うてん)

▽長く筋を引いて落ちてくる雨。また、雨が降りながら通り過ぎてゆく

雨脚(あまあし)・**雨脚**(あめあし)・**雨の脚**(あめのあし)・**雨脚**(うきゃく)・**雨足**(あまあし)・**雨足**(あめあし)

▽雨の粒　**雨粒**(あまつぶ)・**雨粒**(あめつぶ)

▽雨のしたたり

雨雫(あめしずく)・**雨の雫**(あめのしずく)・**雨滴**(うてき)・**雨の白玉**(あめのしらたま)

▽大粒の　**疎雨**(そう)

▽雨の水　**雨水**(あまみず)・**雨水**(うすい)・**天水**(てんすい)

▽雨が物の上に降り落ちる

降り掛かる(ふりかかる)・**降り懸かる**(ふりかかる)

▽地上に残る雨の降ったあと

雨跡(あめあと)

▽ひとしきり雨が降る　**一雨**(ひとあめ)

▽すぐには止みそうもない本格的な

本降り(ほんぶり)

▽天気が続いたあと降る適度の

御湿り(おしめり)

▽雨の降る中　**雨下**(うか)・**雨中**(うちゅう)

▽雨が一時降り止む

雨止み(あまやみ)・**小止み**(おやみ)・**小止み**(こやみ)・**小止む**(おやむ)・**降り止む**(ふりやむ)

▽雨が一時降り止んでいる間

雨間(あまあい)・**雨間**(あまま)

▽雨が降り止んだすぐあと

雨上がり(あまあがり)・**雨上がり**(あめあがり)・**雨後**(うご)・**雨余**(うよ)

▽雨が止んで空が晴れる　**雨晴れ**(あまばれ)

▽まだ降り残っている　残雨・名残の雨

▽雨中の景色　雨景色

▽雨が降るとき現れる雲　雨雲

▽雨気を含んだ雲　雨雲

▽雨気を含んだ風　雨風・雨風

▽雨の降っている地域　雨域

雨の量・強弱・降り方からみた「雨」

▽ほんの少し降る　小雨・小雨・小降り・涙雨・軽雨・微雨・零雨・袖笠雨・ぱらつく

〔参〕「袖笠」は着物の袖を頭上にかざして笠代わりにすることで、その程度でしのげる雨が「袖笠雨」。

▽降りしきる小雨　濛雨

▽静かにしとしとと降る　そぼ降る

▽まばらに降る　疎雨

▽降ったりやんだり　降りみ降らずみ

▽細かく降る　糠雨・小糠雨・細雨・霧雨・霧雨・糸雨

▽盛んに降る　降り頻る

▽しきりに降り掛かる　降り注ぐ

▽空が黒くなってしまうような大雨　黒雨

▽短時間に多量に降る　大雨・大雨・豪雨・多雨・盆雨

▽激しく降る　大雨・大雨・強雨・豪雨・猛雨・暴雨・沛雨・甚雨・篠突く雨・土砂降り・降り荒ぶ・降り荒む・スコール

〔参〕「篠突く雨」は、篠竹（群生する細い竹や笹）を束ねて突きおろすように、激しく雨が降るさまを言う。「静かに降る雨」の意で誤用されることがある。

▽強い風を伴って激しく降る　風雨・雨風・暴風雨・飛雨・吹き降り

▽激しく吹きつける　繁吹き雨・斜雨

▽風はそれほどでなく雨が強い台風　雨台風

▽ひとしきり強く降ってくる　群雨・群時雨・叢雨・叢時雨・村時雨・村雨

▽急に激しく降る大粒の　鉄砲雨

▽ますます激しく降る　降り募る・降り勝る

▽煙るようにかすんで降る　煙雨・霧雨

▽横なぐりに降る　横時雨・横雨・横雨

▽雷鳴と共に降る　雷雨（らいう）

▽日が照っているのに降る
日向雨（ひなたあめ）・照り雨（てりあめ）・日照り雨（ひでりあめ）・天気雨（てんきあめ）・狐の嫁入り（きつねのよめいり）

▽竜巻などで空に巻き上げられた物が雨と共に降ってくる
怪雨（かいう）

降るころ・降る様態・降る場所からみた「雨」

▽明け方に降る　暁雨（ぎょうう）

▽朝に降る　朝雨（あさあめ）

▽朝に降るしぐれ　朝時雨（あさしぐれ）

▽夕方に降る　夕雨（ゆうさめ）

▽夕方四時過ぎに降り出す
七つ下がりの雨（ななつさがりのあめ）

▽夕暮れに降る　暮雨（ぼう）

▽夕方に降るしぐれ　夕時雨（ゆうしぐれ）

▽夜に降る　夜雨（よさめ）

▽夜に降るしぐれ　小夜時雨（さよしぐれ）

▽雨の降る夜　雨夜（あまよ）・雨夜（うや）

▽明け方まで続けざまに降る
降り明かす（ふりあかす）

▽日暮れまで一日中降り続く
降り暮らす（ふりくらす）

▽前夜からの　宿雨（しゅくう）

▽正月三が日に降る　御下がり（おさがり）

▽雨の降る日が多い
雨がち（あめがち）・多雨（たう）

▽幾日も降り続く
長雨（ながあめ）・長雨（ながめ）・霖（ながめ）・陰雨（いんう）・淫雨（いんう）・雨続き（あまつづき）・霖雨（りんう）・宿雨（しゅくう）・積雨（せきう）・連雨（れんう）

▽一年のうち、いちばん多く雨の降り続く季節・時期
雨季（うき）・雨期（うき）

▽一年のうち、最も雨の少ない季節・時期
乾季（かんき）・乾期（かんき）

▽同じような強さで長く降り続く
地雨（じあめ）

▽強くはないが、止まずに降り続く
漫ろ雨（そぞろあめ）

▽突然降り出してほどなく止む
俄雨（にわかあめ）・通り雨（とおりあめ）・驟雨（しゅうう）・急雨（きゅうう）・夕立（ゆうだち）・群雨（むらさめ）・叢雨（むらさめ）・村雨（むらさめ）・繁雨（しばあめ）・屡雨（しばあめ）

▽局地的に降る　私雨（わたくしあめ）

▽ある場所だけに降っている
通り雨（とおりあめ）・そばえ・片時雨（かたしぐれ）

▽山に降る。また、山の方から降ってくる
山雨（さんう）

▽青葉に降り注ぐ
青雨（せいう）・緑雨（りょくう）・翠雨（すいう）

春夏秋冬の「雨」

▽春の　春雨（はるさめ）・春雨（しゅんう）

雨

▽桜の花の咲くころ降る
桜雨(さくらあめ)・花の雨(はなのあめ)
▽春に花の咲くのを促すように降る
催花雨(さいかう)
▽春の長雨　春霖(しゅんりん)・春霖雨(しゅんりんう)
▽暖かい雨、春の雨をいう　暖雨(だんう)
▽春のにわか雨
春時雨(はるしぐれ)・春驟雨(はるしゅうう)
▽菜の花の盛りのころ降る長雨
菜種梅雨(なたねづゆ)
▽穀物を潤す春の　穀雨(こくう)
▽夏の　夏雨(なつさめ)・夏雨(かう)
▽本格的な梅雨になる前のぐずついた天気
走り梅雨(はしりづゆ)・迎え梅雨(むかえづゆ)・梅雨の走り(つゆのはしり)
▽梅雨になる
入梅(にゅうばい)・梅雨入り(つゆいり)・梅雨入り(ついり)・入梅(ついり)
▽梅雨どきに降る
梅雨(つゆ)・梅雨(ばいう)・黄梅の雨(こうばいのあめ)・卯の花腐し(うのはなくたし)・黴雨(ばいう)・黴雨(つゆ)・梅霖(ばいりん)・五月雨(さみだれ)・五月雨(さつきあめ)
▽梅雨の間の一時的な晴れ
五月晴れ(さつきばれ)・梅雨晴れ(つゆばれ)・梅雨入り晴れ(ついりばれ)
［参］「五月雨」「五月晴れ」の「五月」は旧暦の五月（現在の六月）で梅雨どきに相当する。「五月晴れ」は新暦五月の晴れの日の意でも使われることがあり、「ごがつばれ」「さつきばれ」のいずれの読み方もされる。
▽陰暦五月二十八日に降る
虎が雨(とらがあめ)・虎雨(こうう)・虎が涙(とらがなみだ)・曽我の雨(そがのあめ)
▽麦の熟するころに降る　麦雨(ばくう)
▽梅雨が終わる
梅雨明け(つゆあけ)・梅雨上がり(つゆあがり)
▽梅雨の時期に雨があまり降らない
空梅雨(からつゆ)・旱梅雨(ひでりづゆ)・照り梅雨(てりつゆ)・枯れ梅雨(かれつゆ)
▽梅雨が明けて晴れる
梅雨晴れ(つゆばれ)・梅雨入り晴れ(ついりばれ)
▽梅雨が明けたあと再び梅雨と同じような天気になる
戻り梅雨(もどりづゆ)・返り梅雨(かえりづゆ)・残り梅雨(のこりづゆ)
▽夏の午後から夕方急に降り出す激しい
通り雨(とおりあめ)・夕立(ゆうだち)・夕立(ゆだち)・俄雨(にわかあめ)・白雨(はくう)
▽夏の土用のころ日照りが続いたあとに降る恵みの
恵みの雨(めぐみのあめ)・喜雨(きう)・慈雨(じう)・恵雨(けいう)
▽秋の　秋雨(あきさめ)・秋雨(しゅうう)・凄雨(せいう)
▽秋の長雨の季節に入る
秋入梅(あきついり)・秋黴雨(あきついり)
▽秋の長雨
秋霖(しゅうりん)・秋霖雨(しゅうりんう)・秋湿り(あきじめり)
▽秋の長雨のために空気が湿っぽい
秋湿り(あきじめり)

▽晩秋から初冬の冷たい　**氷雨**（ひさめ）

▽晩秋から初冬にかけて降る通り雨　**時雨**（しぐれ）・**時雨**（じう）・**時知る雨**（ときしるあめ）・**液雨**（えきう）

▽その年初めてのしぐれ　**初時雨**（はつしぐれ）

▽秋の末のしぐれ　**秋時雨**（あきしぐれ）

▽冬の　**冬雨**（とうう）・**寒雨**（かんう）・**凍雨**（とうう）

▽寒中の　**寒の雨**（かんのあめ）

▽寒に入って九日目に降る（豊年の兆しと喜ばれる）　**寒九の雨**（かんくのあめ）

▽冷たい雨が地面に落ちた途端に氷の皮膜となる　**雨氷**（うひょう）

人の暮らしと「雨」、「雨」への祈り

▽涼しく感じる　**涼雨**（りょうう）

▽冷たく感じる　**冷雨**（れいう）

▽気分がさわやかになるような　**快雨**（かいう）

▽ほどよいときに降る。降るべきときに降る　**喜雨**（きう）・**時雨**（じう）・**霊雨**（れいう）

▽穀物の生長を促す　**慈雨**（じう）・**恵雨**（けいう）・**恵みの雨**（めぐみのあめ）・**瑞雨**（ずいう）・**膏雨**（こうう）・**甘雨**（かんう）

▽大気中の窒素酸化物などが溶け込んで酸性度の強い雨　**酸性雨**（さんせいう）

▽雨でびしょ濡れになる　**降り濡つ**（ふりそぼつ）

▽雨に濡れるままにして置く　**雨曝し**（あまざらし）・**雨晒し**（あまざらし）

▽軒先などから落ちる雨水　**雨垂れ**（あまだれ）・**雨垂り**（あまだり）・**雨滴り**（あましたたり）・**雨滴り**（あましだり）・**雨雫**（あましずく）・**雨雫**（あめしずく）・**雨注ぎ**（あまそそぎ）・**雨滴**（うてき）・**玉水**（たまみず）・**点滴**（てんてき）

▽雨だれが落ちて打ち当たる所　**雨垂れ落ち**（あまだれおち）・**雨落ち**（あまおち）・**雨打ち**（あまうち）

▽雨が降ってできた水たまり　**雨潦**（うろう）

▽水がたまらず流れる。また、そのようにした所　**雨捌け**（あまはけ）・**雨疏**（あまはけ）・**雨吐き**（あまばき）

▽軒先から雨だれを受けて流す樋　**雨樋**（あまどい）

▽軒の雨水を受けるもの　**雨受け**（あまうけ）

▽雨だれの落ちる所に並べておく石　**雨落ち石**（あまおちいし）

▽防火用に雨水をためておく桶　**天水**（てんすい）・**天水桶**（てんすいおけ）

▽雨を防ぐための覆い　**雨覆い**（あまおおい）・**雨除け**（あまよけ）

▽風雨を防ぐための家の外の戸　**雨戸**（あまど）

▽雨戸の外に張り出した縁側　**雨縁**（あまえん）・**濡れ縁**（ぬれえん）

▽雨水のしみたあとの汚れ

雨

雨染み(あまじみ)

▽雨が降って中までしみ透る

降り染む(ふりしむ)

▽雨のために湿っぽくなる

雨湿り(あまじめり)

▽建物の中へ雨水が入るのを防ぐ

雨仕舞い(あまじまい)

▽屋根や天井から雨が漏る

雨漏り(あまもり)

▽雨の止むまで待つ。雨を避ける

雨宿り(あまやどり)・**雨避け**(あまよけ)・**雨除け**(あまよけ)・**雨止み**(あまやみ)・**雨隠れ**(あまがくれ)・**雨隠り**(あまごもり)

▽雨に妨げられて外出できない

雨障り(あまさわり)・**雨障**(あまつつみ)・**降り籠め**(ふりこめ)**られる**

▽雨の降る音

雨音(あまおと)・**雨声**(うせい)

▽その人が現れると雨になると冗談めかして言われる

雨男(あめおとこ)・**雨女**(あめおんな)

▽外出のとき雨に濡れない仕度

雨仕度(あまじたく)・**雨仕度**(あめじたく)・**雨装い**(あめよそおい)

▽雨のとき着物などの上にかけたり足にはいたりするもの

雨具(あまぐ)・**雨着**(あまぎ)・**雨衣**(うい)・**雨衣**(あまぎぬ)・**雨衣**(あまごろも)・**雨掛け**(あまがけ)・**雨羽織**(あまばおり)・**雨合羽**(あまがっぱ)・**雨靴**(あまぐつ)・**雨下駄**(あまげた)・**レインコート**・**レインシューズ**

▽雨天のときのかさ

雨笠(あまがさ)・**雨傘**(あまがさ)

▽ひでりのとき降雨を神仏に祈る

雨乞い(あまごい)・**請雨**(しょうう)・**祈雨**(きう)

▽降雨を神仏に祈るときの唄・踊り

雨乞い唄(あまごいうた)・**雨乞い踊り**(あまごいおどり)

▽ひでり続きのとき雨が降ると祝う

雨喜び(あまよろこび)・**雨祝い**(あまいわい)・**雨遊び**(あまあそび)・**雨降り正月**(あめふりしょうがつ)

「雨」の擬音語・擬態語・形容語

▽降り始める

ぽつぽつ・**ぽつりぽつり**・**ぽつんぽつん**

▽小雨や細かい雨が静かにあたりを湿らせる

しとしと・**しっとりと**

▽雨粒がまばらに落ちてくる

ぱらぱら・**ばらばら**・**ぱらりぱらり**

▽激しく連続して降る

ざーざー・**じゃーじゃー**・**じゃんじゃん**

▽激しく降り注ぐ

ざーっと・**わーっと**・**沛然**(はいぜん)**と**・**滂沱**(ぼうだ)**たる**

▽急に降ってくる

さーっと

▽長雨が湿っぽく

じとじと・**びしゃびしゃ**

▽小雨が陰気に降り続く

しょぼしょぼ

▽雨の量がたくさん

たっぷり

▽雨にひどく濡れる

ぐっしょり・しっぽり・びしょびしょ・びしょ濡れ・ずぶ濡れ

▽雨だれが軒から落ちる

ぽたぽた・ぼたぼた

「雨」に関する成句

【車軸を流す】 雨脚を車軸に見立てて大粒の雨が激しく降るさまをいう。類「雨車軸の如し」

【遣らずの雨】 客が帰ろうとしても帰さないかのように降り続く雨のこと。

【朝雨に傘要らず】 朝に降る雨は続かず、すぐに止むから、雨具などの用意は必要ないということ。

【朝雨は女の腕まくり】 朝雨はすぐに止むから、女の腕まくりと同じで少しも恐くないということ。

【朝焼けは雨夕焼けは晴れ】 朝の空が朝焼けになっていたら、その日は雨になる兆しであり、夕方に空が夕焼けしていれば、翌日天気がよい兆しであるということ。

【夕立は馬の背を分ける】 夏の夕立は馬の背の片側を濡らしても、もう一方の側は濡らさないほどに局地的に降るというたとえ。類「夏の雨は馬の背を分ける」

改める・改まる

新しく変える意の「改める・改まる」

▽古いものを変えて新しくする。また、新しくなる

改む・革む・改める・革める・改まる・変更・変改・革まる・変革・改変・改革・改易・改新・更改・更新・更始・更革・革新・革易

▽すべてを新しく。また、改まって新しくなる

一新・刷新・維新・イノベーション

▽また元のように変わる

改まる・直る

▽むやみにかき乱して新しく

紛更

▽古いのを改めて進歩をはかる

改進

▽政治や政令を　**新政**

▽国家権力を奪って政治体制を根本から

改める・改まる

革命（かくめい）

▽職の解任と所領の没収　**改易**（かいえき）

▽改めたり止めたりする　**改廃**（かいはい）

▽改まった年　**新年**（しんねん）・**改年**（かいねん）・**改歳**（かいさい）・**改暦**（かいれき）

▽年号を。また、年号が　**改元**（かいげん）・**改号**（かいごう）

▽月が　**月立つ**（つきたつ）

▽憲法を　**改憲**（かいけん）

▽暦を　**改暦**（かいれき）

▽宗旨を　**改宗**（かいしゅう）

▽装いや建物のようすを　**改装**（かいそう）

▽姓を　**改姓**（かいせい）・**改氏**（かいし）

▽名を　**改名**（かいめい）・**改称**（かいしょう）

▽称号を　**改号**（かいごう）

▽使っている印章を　**改印**（かいいん）

▽組織を　**改組**（かいそ）

▽案を　**改案**（かいあん）

▽銭（ぜに）を　**改銭**（かいせん）

▽書物などの題名を　**改題**（かいだい）

▽元の版を組み替える　**改版**（かいはん）

▽仕事や所属などを別のものに　**鞍替え**（くらがえ）

▽改めて嫁ぐ　**改嫁**（かいか）・**再縁**（さいえん）・**再婚**（さいこん）

▽一度納めた遺体や遺骨を、他の場所に移す　**改葬**（かいそう）

▽病状が急に悪化する　**革まる**（あらたまる）・**改まる**（あらたまる）

▽結婚当夜や披露宴の途中で花嫁が衣服を　**色直し**（いろなおし）

▽態度や居住まいをにわかに変え強気に出る　**居直る**（いなおる）・**開き直る**（ひらきなおる）

直す・吟味の意の「改める・改まる」

▽悪い点を正しく改める。改められる　**正す**（ただす）・**直す**（なおす）・**改める**（あらためる）・**改正**（かいせい）・**更正**（こうせい）・**革正**（かくせい）・**手直し**（てなおし）・**直る**（なおる）・**改まる**（あらたまる）

▽物事をよい方に　**改正**（かいせい）・**改良**（かいりょう）・**改善**（かいぜん）

▽改めることによって前より悪くする　**改悪**（かいあく）

▽元のように　**引き直す**（ひきなおす）

▽形態や状況を元どおりに戻す　**改復**（かいふく）

▽改めて定める　**改定**（かいてい）・**改訂**（かいてい）

▽補って　**補正**（ほせい）

▽物を作り直す　**改作**（かいさく）・**改造**（かいぞう）

▽字句などを　**添削**（てんさく）・**筆削**（ひっさく）・**斧正**（ふせい）・**点竄**（てんざん）・**改竄**（かいざん）・**改刪**（かいさん）・**改削**（かいさく）

〔参〕「斧正」は詩文の添削を依頼するときにへりくだって用いる語。「改竄」は、多くは「不正に改める」場合に使われる。

▽文章などの誤りを直す　**校正・校閲・修訂**
▽文章や内容をよりよく　**改訂・改定・更訂**
▽一度編集した書物などを　**改編**
▽書物などの内容を再度　**重訂・重訂・再訂**
▽原稿を　**改稿・リライト**
▽一度口に出した言葉を　**二言**
▽建造物などを　**改修**
▽コンピュータのプログラムなどを　**バージョンアップ**
▽一度出した命令を　**反汗**
▽悪習を日々　**日新**
▽過ちを悔い　**改心・改悛・悛悔・改悟・悔悛・改悔**
▽キリスト教などで悔い改めて正しい信仰に向かう　**回心**

▽急に心を改めるさま　**翻然**
▽もう一度する　**為直す・仕返す・遣り直す・仕替わる・出直す・蒔き直す**
▽鋳直す　**改鋳**
▽建物の一部または全部を建て直す　**改築・リフォーム・リノベーション・リニューアル**
▽選挙をし直す　**改選**
▽ある事を調べる。吟味する　**改む・改める**
▽切符などを検査する　**改札**
▽威儀を正す　**改まる**

「改める・改まる」に関する成句

【心を入れ替える】

それまでの考え方や行動を改める。改心する。


【手を入れる】

文章や内容の不足・不備なところを補い、よりよく改める。また、こっそり人に調べさせたり、手段を講じたりする。類「手を加える」


【年が改まる】

新しい年になる。年号が改まる。類「年が替わる」


【過ちて改めざる是を過ちと謂う】

人は自分の過ちに気づいたらすぐさま改めるべきで、改めないことこそ真の過ちなのである。出典は『論語』。類「過ちを飾る勿れ」


【過ちては改むるに憚ること勿れ】

過ちを犯したことに気づいたら、周りの人の思惑などを考えずに即刻改めることが大切だという教え。出典は『論語』。


【君子は豹変す】

君子が過ちを改めて善にうつるよ

うすは、ヒョウの皮のまだらな模様が目立つように、非常にはっきりしていること。転じて、人の考えや態度などが急変する、変わり身の早さをいう。出典は『易経』。

【朝令暮改】朝に出した命令を夕方には変えてしまうことで、いったん定められた法律・命令などが次々とすぐに改められるさまをいう。出典は『漢書』。類「朝改暮令」「朝改暮変」

【人の振り見て我が振り直せ】他人の言動のよしあしを見て、自分の姿や行動を反省し、改めるべき点は改めよという教え。類「他山の石」「人こそ人の鏡なれ」「人の上見て我が身を思え」

あらわす・あらわれる……表・現・顕

一般的な言葉からみた「表す・表れる」

▽考え・気持ちを外に **表出・表示・意思表示・表現・表顕・決意表明・表明・表白**

▽文字が意味を。また、意思を **表意**

▽心中の感情が顔付きに出る **表情**

▽広く公に **発表・披露・公表・リリース**

▽あらわし掲げる **表掲・掲示**

▽抽象的なものを外部にある具体的なもので **象徴・表徴・表象・シンボル**

▽形でわかりやすく **具象**

▽考えなどを具体的な形で **具体化・具象化**

▽はっきりと言葉で **明言・言明**

▽その状態を言葉で **名状**

▽考えを工夫して **発想**

▽思ったり感じたりしたことを具体的なもので **表現**

▽議案について賛否の意思を **表決**

▽意見を公に **鼓吹**

▽文字で書き **表記**

▽言葉による表現 **筆法・言い回し**

▽状態をたとえて **形容**

▽徳を世間に **彰徳**

▽立派な行いを　表徳（ひょうとく）
▽正義を　彰義（しょうぎ）
▽武力を　振武（しんぶ）
▽趣旨をあらわし示す　標致（ひょうち）
▽多数のものに代わって意思を　代表（だいひょう）
▽力・特性などを十分に　発揮（はっき）
▽慶祝の気持ちを　表慶（ひょうけい）
▽敬意を　表敬（ひょうけい）
▽実際よりも大げさに表現する　誇張（こちょう）
▽文字が音を　表音（ひょうおん）
▽一字一字が音をあらわす働きをする文字　表音文字（ひょうおんもじ）
▽一字一字が（音声のほかに）意味をあらわす文字　表意文字（ひょういもじ）
▽本・雑誌・新聞などを世間に　発行（はっこう）・発刊（はっかん）・刊行（かんこう）・上梓（じょうし）

〔参〕「上梓」の由来は、本を作る際に昔は梓（あずさ）の木を用い文字を刻んだことから。梓は、木質がやわらかく板木の材料に適していた。

▽内密にしたいことが世間に知られる　表沙汰（おもてざた）
▽目で笑いを　目笑（もくしょう）
▽微妙な言葉の表現　言葉の綾（ことばのあや）

「表す・表れる」に関する動詞・複合動詞

▽外部に具体的に　表す（あらわす）・表す（ひょうす）・表する（ひょうする）・出す（だす）
▽心の中などが外部に　表れる（あらわれる）・出る（でる）
▽書いて外部に　書き表す（かきあらわす）・描き表す（かきあらわす）
▽言葉で外部に　言い表す（いいあらわす）
▽公然と世間に知られる　表立つ（おもてだつ）
▽考え・気持ちを十分に　意を尽くす（いをつくす）
▽磨いて模様などを　磨り出す（すりだす）
▽染めて色や模様を　染め出す（そめだす）

一般的な言葉からみた「現す・現れる」

▽実際に　現出（げんしゅつ）・出現（しゅつげん）・実現（じつげん）・発現（はつげん）・来現（らいげん）
▽目の前に　現前（げんぜん）
▽再び　再現（さいげん）・再来（さいらい）
▽変わった形で　変現（へんげん）
▽具体的な形あるものとして　具現（ぐげん）・体現（たいげん）
▽姿や形が生き生きと　活現（かつげん）
▽目の前に出てくる不思議なしるし　現奇特（げんきどく）・現奇特（げんきとく）・験奇特（げんきどく）・験奇特（げんきとく）
▽神や仏が姿を　現形（げんぎょう）・影向（ようごう）

あらわす・あらわれる……表・現・顕

▽仮に人間となってこの世にあらわれた神　**現人神**（あらひとがみ）・**現つ神**（あきつかみ）・**現つ御神**（あきつみかみ）

▽神や仏が仮に他のものに姿を変えてこの世にあらわれたそのもの　**化身**（けしん）

▽化身となって　**応化**（おうげ）・**応現**（おうげん）・**応作**（おうさ）・**化現**（けげん）・**現化**（げんげ）・**権化**（ごんげ）・**権現**（ごんげん）・**下生**（げしょう）・**化作**（けさ）

▽神や仏が霊験を　**示現**（じげん）・**黙示**（もくし）

▽姿・形がはっきりと　**顕現**（けんげん）・**顕見**（けんげん）

▽開き　**開顕**（かいけん）

▽物事が形にあらわれて存在する　**顕在**（けんざい）

▽外部に　**剝き出し**（むきだし）・**顕露**（けんろ）・**露出**（ろしゅつ）・**裸出**（らしゅつ）・**顕**（あらわ）・**露**（あらわ）

▽隠れたりあらわれたりする　**隠顕**（いんけん）・**隠見**（いんけん）

▽あらわれることとあらわれないこと　**顕否**（けんぴ）

▽はっきりと目につく　**顕著**（けんちょ）

▽正しい仏の道を　**顕正**（けんしょう）

▽はっきりと　**顕然**（けんぜん）

▽心の中のことが自然に外部に　**発露**（はつろ）・**流露**（りゅうろ）・**露呈**（ろてい）

▽物事をあるがままに　**露骨**（ろこつ）

▽秘密や悪事などが　**露顕**（ろけん）・**露見**（ろけん）・**発覚**（はっかく）

▽悪事や秘密をあばく　**暴露**（ばくろ）・**曝露**（ばくろ）

▽自分の欠点など悪いことをわざと　**露悪**（ろあく）

▽隠れていた物事が　**表面化**（ひょうめんか）

▽頭をむき出しにする　**露頭**（ろとう）・**露頂**（ろちょう）

別の言葉で言い換えた「現す・現れる」

▽過去の経験・学習したことを再び　**再生**（さいせい）

▽しきりに　**頻出**（ひんしゅつ）

▽いろいろなものが数多く　**百出**（ひゃくしゅつ）

▽すぐれた面が外に　**煥発**（かんぱつ）

▽あらわし示す　**顕示**（けんじ）

▽めでたいしるしが　**発祥**（はっしょう）

▽夢の中に神や仏が　**夢想**（むそう）

▽新しい製品などが　**登場**（とうじょう）・**初登場**（はつとうじょう）

▽着物などを脱いで肌を　**肉袒**（にくたん）・**裸裎**（らてい）・**肌脱ぎ**（はだぬぎ）

▽一つのことに関連して類似したものが次々と出てくる　**芋蔓式**（いもづるしき）

▽突然頭を出すさま　**闖然**（ちんぜん）

▽明らかに

爛漫（らんまん）・爛曼（らんまん）・爛縵（らんまん）

「現す・現れる」に関する動詞・複合動詞

▽実在するものとして見える状態にする
現（あらわ）す・顕（あらわ）す・呈（てい）する・出（だ）す・示（しめ）す・呈（てい）す

▽実在し見えるような状態になる
現（あらわ）れる・顕（あらわ）れる・出（で）る

▽姿を
立（た）ち現（あらわ）れる・立（た）ち顕（あらわ）れる

▽性格などが自然と表に
滲（にじ）み出（で）る

▽表面にはっきりと
浮（う）かぶ・浮（う）かび上（あ）がる・浮（う）き出（で）る

▽一部分が外に　覗（のぞ）く・覘（のぞ）く

▽心に思うことが顔に
気色（きしょく）立（だ）つ・気色（けしき）立（だ）つ・気色（きしょく）付（づ）く・気色（けしき）付（づ）く・気色（きしょく）どる・気色（けしき）どる・気色（きしょく）ばむ・気色（けしき）ばむ

▽霊験が　験（げん）ず

▽中のものをすっかり出して
曝（さら）け出（だ）す・剝（む）き出（だ）す

▽人の秘密や弱点などを
明（あ）かす・ばらす・洗（あら）い立（た）てる・素（す）っ破（ぱ）抜（ぬ）く・暴（あば）く

▽人の秘密や弱点などが
ばれる・知（し）れる

▽茎がのびて節が
節（ふし）立（だ）つ・節榑（ふしくれ）立（だ）つ

「現れる」の擬態語

▽音もなく不意に
にゅっと・ぬっと

▽思いがけずに
ひょっくら・ひょっくり・ひょっこり

▽突然、出て行ったりあらわれたりする
ひょっこり・ふらっと・ふらりと・ふらふらっと

一般的な言葉からみた「顕す・顕れる」

▽善行・功績などをほめて世間に広く知らせる
表彰（ひょうしょう）・表章（ひょうしょう）・賞表（しょうひょう）

▽世間に広く知らせてほめ、表彰する
顕誉（けんよ）・顕彰（けんしょう）・顕賞（けんしょう）

▽世間に広く　表顕（ひょうけん）

▽善行を門戸に掲げ広く人に
標榜（ひょうぼう）

▽広く名を
宣揚（せんよう）・発揚（はつよう）・揚名（ようめい）・顕揚（けんよう）

▽人の善行を世間に
彰旌（しょうせい）・旌顕（せいけん）・表旌（ひょうせい）

▽手柄を世間に明らかにする

あらわす・あらわれる

彰功
▽名があらわれ栄える　**顕栄**
▽ごく小さいものを明らかにする
顕微
▽はっきりとあらわれるよい結果
顕報・陽報
▽世間に広く名の知られた人
顕者
▽名を世間に広く知らせる
顕す・売り出す・プロモートする・宣伝する
▽名が世間に広く知られる
顕れる

「あらわす・あらわれる」に関する成句

【頭をもたげる】

隠れていた物事が現れる。また、力量をのばし、人から注目されるようになる。


【陰影に富む】

言い表すことに変化や深みがある。


【地が出る】

生まれつきの性格・本性が表面に現れる。類「めっきが剝げる」「生地が出る」「地金が出る」


【尻尾を出す】

ごまかしていたのがばれる。正体を現す。類「尻が割れる」「馬脚を露わす」「化けの皮が剝がれる」


【氷山の一角】

表面に現れたのは、物事のほんの一部に過ぎないということ。


【片鱗を示す】

すぐれた才能の一部を現す。


【襤褸を出す】

隠していた欠点や短所が現れる。類「襤褸が出る」


【噂をすれば影が差す】

うわさ話をしていると、その当人が現れるものだ。「噂をすれば影」ともいう。


【思い内にあれば色外に現る】

何か心の中に思っていることがあると、それは知らず知らず表情や態度などに現れるということ。


【隠すより現る】

隠し事は、隠そうとすればするほどかえって他人の目を引いて早く知れ渡ってしまうということ。類「隠すことは現る」「隠れたるより見るるは莫し」


【名は体を表す】

人や物の名は、そのままその実体や性質などを的確に表しているものであるということ。「表す」は「現す」とも書く。類「名詮自性」「名実相応」


【破邪顕正】

間違った考えを否定して、正しい道をはっきりと表し示すこと。もともと仏教語であって、「破邪」は邪道を説き伏せる、「顕正」は正しい仏法、すなわち正道を表し示すの意。出典は『三論玄義』。

歩(ある)く・歩(ある)き

「歩く・歩き」の様態と歩くための道など

▽足で
歩(あゆ)む・徒歩(とほ)・徒歩(かちあり)き・かち歩(ある)き・徒行(とこう)・歩行(ほこう)・行(こう)歩(ほ)・運歩(うんぽ)・歩(ほ)・徒(かち)・ウォーキング

▽わずかな　寸歩(すんぽ)

▽歩きながら　歩歩(ほほ)

▽歩くようす
歩(ある)き様(ざま)・足取(あしど)り・歩(ある)き振(ぶ)り・足付(あしつ)き

▽人や馬が列をなして進むときの歩き具合
足並(あしな)み・歩調(ほちょう)・足取(あしど)り

▽互いに歩いて近寄る　歩(あゆ)み寄(よ)り

▽休みなく歩き続ける
歩(ある)き詰(づ)め・歩(ある)き通(どお)し

▽歩ける限り　足任(あしまか)せ

▽ひとりで
独(ひと)り歩(ある)き・独行(どっこう)・独歩(どっぽ)・単行(たんこう)

▽連れ立って　同行(どうこう)

▽天皇・皇后・皇太后の歩きの尊敬語
玉歩(ぎょくほ)

▽歩いて何歩あるか　歩数(ほすう)・歩数(ほかず)

▽何歩歩いたかを数える度数計
歩数計(ほすうけい)・万歩計(まんぽけい)

▽一歩で進む距離　歩幅(ほはば)

▽歩く速さ　歩速(ほそく)

▽速さや一歩の距離の程度　歩度(ほど)

▽道路上を歩いている人　歩行者(ほこうしゃ)

▽人の歩く道
歩道(ほどう)・人道(じんどう)・散歩道(さんぽどう)・遊歩道(ゆうほどう)・横断歩道(おうだんほどう)・プロムナード

▽歩行者が道路を横断するための橋
歩道橋(ほどうきょう)・渡道橋(とどうきょう)

▽歩いて渡る廊下
歩廊(ほろう)・回廊(かいろう)・廻廊(かいろう)

▽歩行を助ける用具　歩行器(ほこうき)

目的・内容のある「歩く・歩き」

▽郊外を散歩する　郊行(こうこう)

▽春、若草を踏んで野山を　踏青(とうせい)

▽山を
山行(さんこう)・山歩(やまある)き・山踏(やまぶ)み・縦走(じゅうそう)・尾根歩(おねある)き・トレッキング

▽遠い道のりを
遠足(えんそく)・遠歩(とおある)き・遠出(とおで)

▽各地を旅して
旅行(りょこう)・旅歩(たびある)き・旅(たび)

▽各地をめぐり
漫遊(まんゆう)・周遊(しゅうゆう)・歴遊(れきゆう)・巡(じゅん)

歩く・歩き

遊・遍歴・跋渉・巡行・巡回・行脚

▽遊び

遊行・遊行・行楽・遊楽

▽あちこち景色・風物などを見物して

物見遊山・遊山・遊覧・観光・遊山・ツアー

▽名物料理やおいしい食べ物をあちこち食べて回る

食べ歩き

▽花見や紅葉狩りなど山野を歩き回って遊ぶ

野遊び・野掛け・野駆け・野掛け遊び

▽景色のよい所を見物して

観光・探勝・済勝・済勝

▽道の歩きやすい所を選んで

拾い歩き・拾い足

▽ある地点を行ったり来たり

行きつ戻りつ・行きつ戻りつ・行き来・行き来・往き来・往き来・行き通う・行き通う・往来・低回・低徊・低徊

▽人に知られないよう、こっそり

密行・潜行・間行

▽地位のある人が他に知られないよう出歩く

微行・忍び歩き・御忍び

▽用事を言い付けられてあちこち

使い走り・使い歩き・使いっ走り

▽各地をめぐって事情を視察・調査して

見回る・巡見・巡察・巡検・巡視・巡回

▽警備のため見回って

巡邏・警邏・巡警・パトロール

▽夜、警戒のために回り

夜警・夜回り・夜巡り

▽自分の考えを各地に説いて

遊説・説き回る

▽長く困難な道のりを歩き抜く

踏破

▽足ならしをする

試し歩き・試歩

▽健康維持のために

ウォーキング

▽詩想を練りながら。また、詩歌を吟じながら

吟歩・吟行

▽人びとに広く告げて

触れ歩く・言い歩く

▽歩いて距離を測る

歩測

▽徒歩で戦う兵士

歩兵・歩卒

これといった目的・指向のない「歩く・歩き」

▽子どもが初めて

歩き初め・初歩き

▽足の向くままに　足任せ

▽あてどもなくさまよい
漫歩・徘徊・彷徨う・彷徨・漫ろ歩き・流浪・浪浪・彷徨い歩く・ぶらつく・うろつく・よろつく

『参』認知症による行動異常のひとつに「徘徊」があるが、本人にとっては「買物に行く」「家に帰る」など目的をもっている場合が多い。

▽定まった住居がなく、さまよい
浮浪・漂泊・旅烏

▽郷里を離れて他郷をさまよい
流離・流離・流浪・放浪

▽勝手気ままに　横行

▽用もないのに廊下をうろうろと。また、その人
廊下鳶

歩き方と「歩き」の生態

▽大股でゆっくり　闊歩

▽小股で、また、少しの距離を
小歩き

▽小さい歩幅で速く
刻み足・一寸足

▽足の裏をするようにして
摺り足

▽音を立てないように
抜き足・差し足・抜き足差し足・忍び足・抜き足差し足忍び足・盗み足・猫足・鷺足

▽ひざまずいて膝で
膝行・躄る・膝行る

▽横向きに
横歩き・横行・蟹行・蟹歩き・蟹の横這い

▽はだしで　跣行・徒跣

▽片方の足をひきずるようにして
跛行

▽足もとをさぐりながら　探り足

▽壁などに手をかけ沿うように
伝い歩き

▽普通の足並み　並み足

▽急ぎの足どりで
急ぎ足・早足・速足・足早・急行・疾行・疾歩・捷歩・急歩・速歩・疾足・逸足・俊足・駿足

▽ゆっくり
鈍足・鈍足・鈍鈍足・牛歩・徐行・徐歩・緩歩・寛歩

▽そぞろ
散歩・散策・漫ろ歩き・遊歩・拾い歩き・拾い足・間歩・閑歩・御拾い・逍遥

▽少しずつ進む　歩一歩

▽列になってゆっくりと

歩く・歩き

練り歩く
▽隊列を組んで歩き進む　**行進**
▽よろめき
千鳥足・蹌踉・蹌踉く・蹌蹌・蹣跚
▽酒に酔ってふらふら
千鳥足・酔歩
▽勝手気ままに、いばって
闊歩・伸し歩く
▽体を揺さぶりながら偉そうに
揺るぎ歩く
▽遊び気分であちこち
浮かれ歩く
▽心が落ち着かず　**浮かれ歩き**
▽あちこちと忙しく　**飛び歩く**
▽一か所に落ち着かずあちこちさすらう
流れ歩く・渡り歩く
▽あちこち歩き回る
ほつき歩く・ほっつき歩く
▽人々の間にまじって　**紛れ歩く**
▽夜、外を　**夜歩き・夜行**
▽美人のあでやかな
金蓮歩・蓮歩

特殊な「歩く・歩き」

▽一方の足が常に地面から離れないようにして速く歩行する競争
競歩
▽登山で尾根伝いに幾つかの山頂をきわめて
縦走・尾根歩き
▽僧が修行・教化のために各地をめぐり
行脚・遊行・巡錫・飛錫
［参］「錫」は僧や修験者が持ち歩くつえ「錫杖」のこと。頭部に数個の小環がついており，揺すると音が出るようになっている。
▽空海ゆかりの四国八十八か所の霊場などをめぐり
遍路
▽僧が修行のため経を唱えながら人びとの施しを受けて
托鉢
▽歌舞伎で俳優が誇張した足踏みで歩く演技
六方・六法
▽昔の遊女の八の字の歩き方
内八文字・外八文字・八文字

「歩く・歩き」の擬音語・擬態語

▽静かにゆっくり　**そろそろ**
▽小股で急いで、小刻みに
ちょこちょこ
▽足早に軽やかに
とことこ・すたすた・す

たこら

▽わき目もふらず、どんどん
とっとと・さっさと・一散に・一目散に

▽元気よく急ぎ足で　**たったと**

▽力強く、重々しく
のっしのっし・のしのし

▽身軽に体をゆするように
ひょこひょこ

▽ためらわずに進み出る
つかつか・ずかずか

▽気ぜわしく　**せかせか**

▽幼児などがたどたどしく
よちよち

▽力なく安定しない
ふらふら・よろよろ・よたよた

▽ぐずぐずと。てきぱきしない
のろのろ・のそのそ

▽大儀そうに
えっちらおっちら

▽しょんぼりと　**とぼとぼ**

▽荒々しく音をたてて
どたどた・どたばた

▽長い道のりを根気よく
てくてく

▽目的もなく、ゆっくりと
ぶらぶら・ぶらりぶらり・ぶらりと・ふらふら

▽あてもなく
うろうろ・うろちょろ

▽あてどもなく、さまよう
飄飄と・飄飄乎と

▽気まぐれに出入りする
ふらりと・ふらっと

▽気配りの必要な場所・場合におかまいなしに
のこのこ

▽気取って
しゃなりしゃなり

▽美しい女性の　**楚楚とした**

▽男性の元気で気持ちよい
颯爽とした

「歩く・歩き」に関する成句

【足が速い】
歩いたり走ったりするのが速い。また、食物が腐りやすい。商品の売れ行きがよい。

【足が向く】
知らず知らずにその方へ歩いて行く。

【足に任せる】
あてもなく気のままに歩いて行く。また、足の力の続く限り歩く。

【足を伸ばす】
（ある地点から、）さらにその先まで行く。

【足を運ぶ】
ある場所まで出掛ける。

【足を棒にする】足が疲れて感覚がなくなるほど歩き回る。

【歩を移す】歩く。歩みを進める。類「歩を進める」

【歩を転ずる】歩いて行く方向を変える。

【歩を運ぶ】歩き進む。出向く。

【横行闊歩】大手を振って大威張りで歩き回ること。また、勝手気ままに振る舞うこと。

【跼天蹐地】恐れかしこまって体をかがめ音を立てないで歩くこと。

【飄飄踉踉】ふらふらよろめくように歩くこと。類「蹌蹌踉踉」

言う

発言の態様からみた「言う」

▽口から言葉で表現する
言う・話す・物言う・吐く・喋る・発言

▽「言う」の尊敬語
仰る・宣う・仰有る

▽最上級の尊敬語　**仰せられる**

▽「言う」の謙譲語
申す・物申す・申し上げる

▽言い始める
言い掛ける・言い出す・切り出す・開口

▽終わりまで
言い終わる・言い切る・言い果つ

▽言いかけて途中でやめる
言い止す

▽言葉で説明する　**言説**

▽まとまった話をする
語る・物語る

▽話がそこに及ぶ　**言及**

▽うっかり　**口走る**

▽口から出るままに
出任せ・口任せ

▽思うままに
放言・放語・言い散らす

▽きっぱりと
言い放つ・言い放す

▽深く考えずに　**漫言・漫語**

▽おごり高ぶって　**慢言・慢語**

▽あたりはばからず公然と
公言・揚言

▽公の場ではっきりと
言明・表明・表白

▽方針などを広く世間に
宣言・声明

▽意見を言い、相手の意見を退ける
言い退ける・説破

▽盛んに言い触らす　喧伝

▽突飛な言動をする　飛び上がり

▽ひとこと　一言・一言

▽ひとりでものを
独り言・独語・独言

▽言うのをためらう　言い渋る

▽機会を逸して言えないままになる
言いそびれる

▽口を閉ざしてものを言わない
緘口・緘黙・箝口・鉗口

▽不利益にならないように口をつぐむ
黙秘

▽言い訳をして責任をかわす
言い逃れる・言い抜ける

▽発言させない
箝口・鉗口・口止め・口塞ぎ

▽何も言わない
黙る・黙する・黙りこくる・押し黙る・沈黙・無言・黙止・暗黙・ノーコメント

言い方・話しぶりからみた「言う」

▽ものの言い方
言葉付き・物言い・口舌・口付き・弁舌・口振り・口吻・舌尖・口前・舌端・口気・言い草

▽ものの言い方の癖　口癖

▽他人とそっくりな言い方
口写し

▽その場をとりつくろう
言い做す

▽本心ではなく表面だけの
口先・舌先・舌の先

▽口先がうまい
口上手・口達者・言好し・口才

▽鋭い弁舌　舌鋒

▽弁舌が達者　能弁

▽よどみなく
言い通す・流暢・滔滔

▽すらすらと言えるように練習する
口慣らし・口馴らし

▽せわしなく
急言・早口・疾言・口早・口速・口疾

▽舌を巻くようにして早口で
巻き舌

▽しきりに　喋喋・喃喃

▽勢いよく続けて
捲くし立てる

▽相手に余裕を与えず続けて
畳み掛ける

言う

▽従わせようとしていろいろと　口説(くど)く

▽言葉がすらすらと出る　口軽(くちがる)・軽口(かるくち)

▽調子にのってしゃべりまくる　言(い)い募(つの)る

▽言い過ぎる　過言(かげん)・過言(かごん)

▽口数が少ない　寡言(かげん)・寡黙(かもく)・無口(むくち)

▽うるさくあれこれ　口喧(くちやかま)しい

▽うるさく盛んに　言(い)い立(た)てる・言(い)い立(た)つ・鳴(な)らす

▽言葉巧みに　言(い)い熟(こな)す・言(い)い回(まわ)す

▽言葉を飾り巧みに　巧言(こうげん)

▽荒々しい口調で　口荒(くちあら)

▽激しい口調で　言(い)い昂(あが)る・言(い)い揚(あ)がる

▽強く言い張る　口強(くちごわ)

▽はっきりと断定して　言(い)い切(き)る・断言(だんげん)・明言(めいげん)・確言(かくげん)・道破(どうは)

▽遠回しにして　婉曲(えんきょく)・曲言(きょくげん)・諷(ふう)する

▽大げさに　誇張(こちょう)・誇称(こしょう)

▽取り立てて　言挙(ことあ)げ

▽小さな声でひとりごとを　呟(つぶや)く

▽小声でひそひそと　囁(ささや)く・さざめく・私語(ささや)く・私語(しご)

▽耳へ口を寄せて小声で　耳打(みみう)ち・耳語(じご)

▽男女が小声で絶え間なく語り合う　喃語(なんご)

▽すらすらと言えない　舌足(したた)らず・舌縺(したもつ)れ

▽甘えたような言い方　舌(した)たるい・舌(した)ったるい

▽言い方が下手　口下手(くちべた)・口不調法(くちぶちょうほう)

▽つまりながら話す　吶吶(とつとつ)・吶弁(とつべん)

▽たどたどしい言い方　片言(かたこと)・片言交(かたことま)じり

▽言い違いをする　失語(しつご)・失言(しつげん)

▽言葉が口からはっきりと出ない　言(い)い淀(よど)む・口籠(くちごも)る

▽言葉が軽く出ない　口重(くちおも)

▽共通語と異なる語調で　訛(なま)る

▽それとなく分かるように　匂(にお)わせる・仄(ほの)めかす

▽物事にかこつけて仄めかす　寓(ぐう)する

内容・程度からみた「言う」

▽理由をはっきりと説明する　申(もう)し開(ひら)き・弁明(べんめい)・弁解(べんかい)

▽こと細かく説明するさま　縷縷（るる）
▽こまごまと　縷言（るげん）・詳言（しょうげん）
▽おおよその要点のみを
略言（りゃくげん）・概言（がいげん）
▽道理にかなったことを　正言（せいげん）
▽要約して　約言（やくげん）
▽付け加え　言い足す（いいたす）・付言（ふげん）
▽言い足すの謙譲語
申し添える（もうしそえる）
▽他の言葉で言い換える
換言（かんげん）・別言（べつげん）
▽言い訳、言い掛かりの材料
口実（こうじつ）
▽本心や秘密を打ち明ける　告白（こくはく）
▽心をこめて、欠点や過ちなどを直すように
忠告（ちゅうこく）
▽秘密などをそれとなく
漏らす（もらす）・口外（こうがい）
▽言い損なう。言い過ぎる
過言（かげん）・過言（かごん）・逸言（いつげん）
▽言い返す　反言（はんげん）
▽無駄なことを　無駄口（むだぐち）・贅言（ぜいげん）
▽隠していた事などを人に　白状（はくじょう）
▽言ってはいけないことを　失言（しつげん）
▽秘密などを人に
他言（たげん）・他言（たごん）・口外（こうがい）
▽口から出まかせを
放言（ほうげん）・放語（ほうご）
▽大げさなことを
吹く（ふく）・嘯く（うそぶく）・大言（たいげん）・広言（こうげん）
『参』「嘯く」はもともと口をすぼめて声を出す、詩歌をくちずさむ意。「嘘ぶく」とするのは誤り。
▽偉そうなことを
高言（こうげん）・壮言（そうげん）・壮語（そうご）
▽負け惜しみや、言いたい放題のことを
減らず口（へらずぐち）
▽自慢して大口を叩く　舌長（したなが）
▽自信たっぷりに大きなことを
豪語（ごうご）
▽大げさに言い立てる　呼号（こごう）
▽うそをつく　食言（しょくげん）・妄語（もうご）
▽前後で矛盾したことを
二枚舌（にまいじた）・両舌（りょうぜつ）
▽気のきいたことを　洒落る（しゃれる）
『参』「洒」は「洗ったようにさっぱりしているさま」の意。「酒落る」とする誤表記が少なくない。
▽昔からそのように。また、口癖のように
言い習わす（いいならわす）
▽何度も言って珍しくない
言い古す（いいふるす）・語り古す（かたりふるす）
▽恋人や配偶者のことを嬉しそうに
惚気る（のろける）
▽口ぐちにほめるさま　嘖嘖（さくさく）
▽手ひどく　痛言（つうげん）
▽未来や吉凶を予測する
予言（よげん）・讖（しん）
▽神の神託を人びとに伝える

預言

▽死後のために言い残す
遺言・遺言・遺言

話す相手との関係からみた「言う」

▽口で直接に伝える
口伝え・口伝て・口移し

▽相手が納得するように説明する
言い聞かせる・言い含める

▽思うことを遠慮なく
直言・謇諤・蹇愕・侃諤

▽きっぱりと　喝破

▽まわりくどくなく、はっきりと
直截

▽言うことが手厳しい　辛辣

▽極端な言い方をする
極言・極論

▽相手の言い分を聞かずに
頭ごなし

▽分をわきまえない口のきき方をする
口幅ったい

▽文句を　ごねる・ごてる
〔参〕「ごねる」は「死ぬ・くたばる」の意。「ごてる」との混同から「文句を言う」の意が生じたといわれる。

▽不平不満を
愚痴る・零す・ぼやく

▽不平不満をぶつぶつ　愚図る

▽目上の人に逆らって言い返す
口答え

▽同じ愚痴を繰り返し　繰り言

▽人を悪く
悪口・悪口・口悪

▽悪口を
言い下す・言い腐す・腐す・貶す・毒突く・言い腐す・罵る

▽失敗などを言葉でごまかす
言い繕う

▽言い争って相手を黙らせる
遣り込める・言い籠める・言い負かす・言い伏せる

▽言葉巧みに信用させてだます
言い包める

▽憎まれるような口のきき方をする
悪たれ・悪たれ口・憎まれ・憎まれ口・悪態・悪態口

▽言い方に品がない
口汚い・口穢い・口さがない

▽きわめて痛烈な悪口　毒舌

▽人を陥れるためにうそや悪口を
讒言・讒口・讒説

▽人の秘密などをこっそりと他人に知らせる
告げ口

▽分を越えて口出しする
差し出口

▽傍（はた）から口を出す

容喙（ようかい）・干渉（かんしょう）・差（さ）し出口（でぐち）・傍言（ぼうげん）・傍語（ぼうご）

▽話の途中に言葉をはさみ、とりなす

口添（くちぞ）え

▽自分の代わりに人に言わせてときどき口添えする

端声（つまごえ）

「言う」の擬音語・擬態語

▽金属がひびくような高い声

きんきん

▽こうるさく、つまらないことを

ぺちゃくちゃ・ぺちゃぺちゃ

▽品のない感じでうるさく

べちゃべちゃ・べちゃくちゃ・ぺちゃくちゃ

▽軽薄な調子で、よく

べらべら・ぺらぺら

▽静かに心にしみるように

しんみり

▽小さくはっきりしない声で

ぼそっと・ぼそぼそ

▽口の中で不明瞭に何かを

むにゃむにゃ・もぐもぐ・ごにょごにょ

▽舌がもつれて何を言っているのか分からない

れろれろ

▽息がもれて、言っていることが分からない

ふがふが

▽人に聞かれないように声を小さくする

ひそひそ

▽歯切れよくはっきりと　**はきはき**

▽思ったことを遠慮なく

ずばずば・ずけずけ・つけつけ

▽短い言葉で核心をつく

ずばり・ずばっと

▽手厳しくはっきりと

ぴしゃっと・ぴしゃりと

▽言いにくいことを平気で

ぬけぬけ

▽強い調子で小言などを　**がみがみ**

▽必要以上に長く

くだくだ・くどくど・ぐずらぐずら

▽不愉快なことをうんざりするほど長たらしく

たらたら

▽不平不満をもらす

ぶつくさ・ぶつぶつ

▽不平や理屈などをうるさく

つべこべ・つべつべ・つべらこべら

「言う」に関する成句

【悪態(あくたい)をつく】強い調子で悪口を言う。

【油紙(あぶらがみ)に火(ひ)の付(つ)いたよう】ぺらぺらとよくしゃべるさま。

【言(い)い得(え)て妙(みょう)】実にうまく言い表されている。

【言(い)うに事欠(ことか)いて】ほかに適当な言い方があるだろうに、それを言わないで。

【曰(いわ)く言(い)い難(がた)し】なかなか簡単には言い表せない。

【言(い)わずもがな】言わない方がよい。言うに及ばない。

【嘘八百(うそはっぴゃく)を並(なら)べる】嘘ばかりを次々に言い立てる。

【有無(うむ)を言(い)わせず】相手の意思などは無視して、強引に自分の言う通りにさせるさま。

【得(え)も言(い)われぬ】何とも言い表すことができない。

【大口(おおぐち)を叩(たた)く】偉そうなことを言う。

【奥歯(おくば)に物(もの)が挟(はさ)まったよう】率直にものを言わず、何か言いたいことがはっきりと言えないでいるさま。

【お題目(だいもく)を唱(とな)える】口先だけで、もっともらしいことを言う。

【おだを上(あ)げる】得意になって勝手なことを盛んに言う。

【頤(おとがい)を叩(たた)く】悪口を言う。また、勝手なことをよくしゃべること。

【おべっかを使(つか)う】こびへつらいの言葉を言う。

【陰口(かげぐち)を叩(たた)く】本人のいないところで悪口を言う。類「陰口(かげぐち)を利(き)く」

【軽口(かるくち)を叩(たた)く】気軽に冗談などを言う。

【噛(か)んで含(ふく)める】よく分かるように、細かく説明して聞かせる。

【苦言(くげん)を呈(てい)する】本人のためを思い、言いにくいことをあえて言う。

【糞味噌(くそみそ)に言(い)う】むちゃくちゃに悪口を言う。類「味噌糞(みそくそ)に言(い)う」

【くだを巻(ま)く】きりのないことをいつまでも言い続ける。

【口(くち)が軽(かる)い】言わなくていいことまで言ってしまう。

【口(くち)が過(す)ぎる】失礼なことを言う。類「言葉(ことば)が過(す)ぎる」

【口(くち)が酸(す)っぱくなる】

同じ忠告などを繰り返し言う。

【口が滑る】
言ってはいけないことがつい出てしまう。類「口を滑らす」

【開いた口が塞がらない】
あきれてものが言えない。

【口が減らない】
口が達者である。

【口が悪い】
人に憎まれてもしかたのないことを、平気で言う。

【口と腹とは違う】
言っていることと思っていることとは違う。

【口にする】
口に出して言う。

【口に任せる】
前後を考えずに、ぺらぺらしゃべる。

【口を合わせる】
二人以上の間で言うことを同じにする。類「口裏を合わせる」

【口を利く】
ものを言う。しゃべる。

【口を極めて】
あらん限りの言葉を用い、力を込めて言うさま。

【愚痴をこぼす】
言ってもしかたのないことを、いつまでもくどくどと言う。

【口を揃える】
それぞれが同じことを揃って言う。類「声を揃える」

【口を出す】
人の話の中に、第三者が加わって意見などを言う。類「口を挟む」「嘴を容れる」「口を入れる」

【言を構える】
いい加減なことを言う。いろいろと口実を設ける。

【言を俟たない】
言うまでもない。分かりきっていること。

【声を尖らす】
とげとげしくものを言う。

【御託を並べる】
いつまでも自分勝手なことを言い立てる。

【言葉に余る】
言葉では言い尽くせない。

【言葉の綾】
微妙な言い回し。

【言葉の先を折る】
相手が言い続けようとするのをさえぎる。

【言葉を濁す】
自分に不都合なことなどをはっきりと言わない。

【四の五の言う】
うるさくあれこれと言う。

【啖呵を切る】
明解な口調でまくしたてる。

【直截に言う】
要点をすぐにきっぱりと言う。

【取って付けたよう】

言う

【謎を掛ける】 それとなく遠回しに言う。

【憎まれ口を叩く】 人の気にさわるような厭味な言い方をする。類「憎まれ口を利く」

【熱を吹く】 勝手に言いたい放題を言う。

【歯切れがいい】 言い方が明解で分かりやすいさま。

【歯に衣を着せない】 思ったままを率直に言う。

【平たく言えば】 分かりやすく言うと。

【屁理屈を捏ねる】 筋の通らない勝手な言い分を主張する。

【襤褸糞に言う】 手厳しく、悪く言う。

【本音を吐く】 本心を口に出して言う。

【無駄口を叩く】 くだらないことをあれこれと言う。

【持って回った言い方】 不自然に遠回しな言い方。

【野次を飛ばす】 人の言動に対して、からかったりひやかしたりする。

【与太を飛ばす】 いい加減なことをあちこちで言う。

【喇叭を吹く】 大げさにでたらめなことを言う。類「法螺を吹く」

【呂律が回らない】 酒に酔ったりして、舌がもつれてうまくしゃべれない。

【悪口雑言】 ひどい言葉で悪口を言うこと。「雑言」は「ぞうげん」とも読む。

【言いたい事は明日言え】 思ったときにすぐに言わずに、時間をおいてよく考えたうえで言えば、悔やむこともないという教え。

【言うは易く行うは難し】 言うだけならやさしいが、それをいざ実行するのはなかなか難しいことだという教え。出典は『塩鉄論』。

【一言居士】 何事にも、ひとこと自分の意見を言わないと気がすまない人。

【言わぬが花】 口に出して言わない方が、当たりさわりがなくて好都合である。類「言わぬは言うに勝る」

【言わねば腹膨る】 言いたいことを言わずに我慢していると、不満はたまる一方である。類「物言わねば腹膨る」「思う事言わねば腹膨る」

【顧みて他を言う】 斉の宣王が孟子の問いに答えられず、左右の臣下を見て他のことを言ったという故事から、返答に困ったときに、関係のないことを言って話をそらし、ごまかすこと。出典は『孟子』。

【舌先三寸】
口先だけでその場しのぎのことを言うこと。

【針小棒大】
小さなことを大げさに言い立てること。

【多言は一黙に如かず】
多くを話しても、しばらく黙っている者にはかなわないの意で、多弁よりも沈黙の方が、時として勝ることがあるということ。類「沈黙は金、雄弁は銀」

【多言は身を害す】
口数が多い人は余計なことも言ってしまい、他人に迷惑などをかけて、自分の信用を落としてしまうこともあるという戒め。

【罵詈雑言】
口をきわめて人をののしること。類「罵詈讒謗」

【目は口ほどに物を言う】
目は、口で伝えるのと同じくらいに、自分の気持ちを相手に伝えることができるというたとえ。

【物言えば唇寒し秋の風】
芭蕉の句で、人の短所を言ったり得意げに自慢したりした後は、不快な気持ちになったり災いを招いたりするものだということ。

【物も言いようで角が立つ】
何でもないことでも、話し方次第で相手の感情を害することがあるので、気をつけなくてはならないという教え。類「口は禍の門」

意向・意志・意思

何かを思っている心
「意」の様態

▽思っていること
意・存意・存念・意念・考え・気持ち

▽こころ
心意・精神

▽本当の気持ち
真意・本意・本心・実意

▽本当の気持ちと違う
不本意

▽本心から出た言葉
本音

▽心のうちの考え
内意・内心・内懐・意中

▽心の奥底
底・心底・心底・心の底・真底・胸底・胸奥・奥底・腹心・奥意・心肝・肝胆・肺腑・肺肝

▽心の奥に隠している考え
下心・底意

▽心に思う
所懐・所感・感想

何かするつもりの考えからみた「意向・意志・意思」

▽何かをしようとする思い・考え
意思・所思・心思・情思・意想・意相・思想・心想・念慮・旨意・思念

▽心の向かうところ
意向・意嚮・思わく・意見・心向け・心向き・志向・考え・意趣

〔参〕「意趣」は恨みの気持ちの意で使われることのほうが多い。「意趣晴らし」「意趣返し」など。

▽静かに考える　静思

▽考え出す　発意・発意

▽計画する　造意

▽思考をめぐらす
考える・図る

▽かねてからの考え　素意

▽熱心な気持ち
熱意・鋭意・意気込み・意気組み・心意気

▽ある事だけに心を向ける
専意・専心・一意・一心

▽最初の考え　初意

▽初めに抱いた思い
初志・初念・初一念

▽前もって考えていたこと
意図・心算・胸算用・胸算用・積もり・心積もり・心組み・腹積もり

▽その場で即座に考える　当意

▽いろいろ注意深く考える
思慮・思料・思量・分別・慮る

▽心を集中させて気をつける
注意・留意・着意

▽注意が足りない　不注意

▽深い考え
深慮・深思・尋思

▽心をくだく。また、心を深く用いる
刻意・苦心・腐心

▽気を配る
配意・配慮・心配り

▽同じ考えの意思表示
同意・賛同・賛成

▽賛成の　賛意

▽同意しない　不同意・不賛成

▽意見が一致する
合意・相対尽く

▽内々の　内意

▽感謝の　謝意

▽承諾の　諾意

▽辞職・辞退の　辞意

▽思いついたまま
恣意・肆意・意の儘・気儘・気の儘

▽自分の考え
吾が意・我が意・私意・

私見(しけん)・私心(ししん)・私考(しこう)・独見(どっけん)・私議(しぎ)・一存(いちぞん)・私説(しせつ)

▽自分の考えの謙譲語
愚意(ぐい)・愚考(ぐこう)・愚見(ぐけん)・愚案(ぐあん)・愚慮(ぐりょ)・愚存(ぐぞん)・愚察(ぐさつ)・卑見(ひけん)・鄙見(ひけん)・陋見(ろうけん)・管見(かんけん)・鄙懐(ひかい)・卑懐(ひかい)

▽押し通そうとする自分の考え
我意(がい)・我(が)

▽自分の気持ち・意見に固執する
執意(しつい)

▽自分の思い通りになる　如意(にょい)

『参』「如意」は、説法や法会のときに僧侶が持つ道具。もとは、背中をかく道具（孫の手）で「意の如くなる」ところからきた語。

▽思い通りにする
任意(にんい)・随意(ずいい)・適意(てきい)

▽思い通りにならない
不如意(ふにょい)・不随意(ふずいい)・不自由(ふじゆう)

▽生き長らえようとする　生意(せいい)

▽昔をなつかしむ　古意(こい)

▽死をいたみ、悲しむ　弔意(ちょうい)

▽祝う　祝意(しゅくい)

▽相手を敬う　敬意(けいい)・礼意(れいい)

▽親に孝行しようとする
孝志(こうし)・孝心(こうしん)

▽親切な志　篤志(とくし)・厚志(こうし)

▽他人のために良かれと思う
善意(ぜんい)・好意(こうい)

▽他人の親切心の尊敬語
芳意(ほうい)・芳志(ほうし)・芳情(ほうじょう)・芳心(ほうしん)

▽好ましいと思う
好意(こうい)・好感(こうかん)・好感情(こうかんじょう)

▽思いやりの　厚意(こうい)・厚情(こうじょう)

▽互いの気持ちにすき間のあること
隙意(げきい)

▽うそ偽りのない
誠意(せいい)・真心(まごころ)・至情(しじょう)

▽疎んじる　疎意(そい)・隔意(かくい)

▽わざとする　故意(こい)

▽故意ではない　無意(むい)

▽もののはずみで起こした悪心
出来心(できごころ)

▽他人に害を与えようとする
悪意(あくい)・悪心(あくしん)・害心(がいしん)・害意(がいい)・敵意(てきい)

▽よこしまな
邪意(じゃい)・邪心(じゃしん)・邪念(じゃねん)

▽罪を犯そうとする　犯意(はんい)

▽人を殺そうとする　殺意(さつい)

▽そむく
逆意(ぎゃくい)・逆心(ぎゃくしん)・叛心(はんしん)・反心(はんしん)・異志(いし)・異心(いしん)・他志(たし)・二心(ふたごころ)・弐心(ふたごころ)

▽別の考え
他意(たい)・他心(たしん)・他念(たねん)・別意(べつい)・余念(よねん)

▽訪問のわけ　来意(らいい)

▽目上の人の意向

意向・意志・意思

▽
御意・尊意・思し召し・尊慮・尊旨・芳慮・賢慮・貴意

▽目下の者の　下意

▽主君・支配者の　上意・主意

▽全員の　総意

▽人民の
民意・民心・人心・人意

▽大勢の人の　衆意

▽天子・天皇の
天意・天心・聖意・勅意・宸意・宸旨・宸慮・叡慮・聖慮・聖旨・大御心・叡旨・宸衷・宸襟・天慮・勅旨

▽神の　神意・神慮・神心

積極的な志からみた「意志」の様態

▽何かを成し遂げようとする心の働き
意志・心志・志・志向・志気・意気・意気地・意気地

▽本当の　本志

▽志を立てる　立志

▽意志を決めること。また、その意志
決意・決心・決志・覚悟

▽決心を変える　翻意

▽心の中で目標を決める
志す・思い立つ・志望・発心・志慮

▽心の中で準備する
心構え・心掛け・心得

▽目標に向かう
指向・目指す・目差す・狙う・目掛ける

▽一緒に成し遂げようとする
有志

▽戦おうとする　戦意・闘志

▽思い立ったときの初めの
初志・夙志・初心

▽積極的に何かしようとする
意欲

▽かねてからの考えや望み
宿意・宿志・宿願・宿望・宿望・本望・本懐・素志・前志・素心・素望・素懐

▽志すところ　所志

▽考えを固く守る　志操・志節

▽そうしようとする意志がある
有意

▽自発的な　自由意志

▽志を同じくする　同志

▽親しく付き合おうとする　懇志

▽わずかな
微志・微意・寸志・片志・寸意・寸心・寸情・寸衷・微衷

▽立派な　英志・高志

▽雄々しい、また、遠大な　大志・雄志・壮志・雄心・雄図

▽弱い　弱志・薄志

▽故人が生前抱いていた　遺志・遺意

「意向・意志・意思」に関する成句

【意気に感じる】

相手の強い意気込みに同感して自分もやる気になる。


【意気に燃える】

何かをやろうという意気込みがあふれている。


【意地を通す】

どこまでも心に決めたことを押し通す。


【意地を張る】

人とさからっても自分の考えを通そうとする。


【意を決する】

はっきりと心を決める。類「腹を固める」「腹を決める」「臍を固める」


【意を体する】

人の意思をよく飲み込んで、その考えに沿って実行する。「体する」はとり入れて身に付けること。


【意を尽くす】

考えていることをすべて表す。また、相手に分からせる。


【意志堅固】

物事をなすに当たって、簡単に相手に従ったり、また、動かされたりしないこと。


【燕雀安んぞ鴻鵠の志を知らんや】

小人物にとっては大人物のもつ遠大な志は分かるはずはないというたとえ。「鴻鵠」は、オオトリとクグイで、大きな鳥のこと。出典は『史記』。


【玩物喪志】

珍奇な物をもてあそび、それにのめり込んで大切な志を失うこと。


【箕山の志】

しりぞいて節操を守ろうとする心。隠遁の志のこと。類「箕山の節」「箕山の操」


【志ある者は事竟に成る】

やり遂げようとする強固な志をもった人は、どんなことでも必ずいつかは成功するということ。出典は『後漢書』。類「精神一到何事か成らざらん」


【青雲の志】

高い地位に到達しようとする心。または、立身出世して功名をあげようとする心。


【匹夫も志を奪うべからず】

身分がいかに低い男性であっても、その者のもつ志が堅固なものであるならば、だれもその志を動かすことはできないということ。

類「一寸の虫にも五分の魂」

【風雲の志】
大きく変動しようとする世の気運に乗じて、大事をなそうとする志。
類「風雲の望み」「風雲の思い」

【凌雲の志】
俗世から離れた高い理想、雲よりも高く上がった志の意。

偉人

偉大な人物としての「偉人」

▽はかり知れない才能や徳性をそなえた
偉人・大人物・偉器・大器・良器

▽人間の能力の限界を超越した理想的な人間像
超人・スーパーマン

▽品性や才能・学識の並はずれた
巨人

▽偉大な人物をたとえて　**巨星**

▽高徳をそなえ、行いの正しい
君子

▽君子と呼ぶにふさわしい
君子人

▽俗世間を逃れ、山林などに隠れ住む高徳の
隠君子・高士・隠者・隠子・世捨て人

▽徳高く、度量の大きい　**大人**

▽人並はずれた文武の才をもって難事を成し遂げる
英雄・英傑・雄傑・豪傑・ヒーロー

▽二人の　**両雄・竜虎**

▽多くの　**群雄**

すぐれた人物としての「偉人」

▽その仕事・役割・地位などにふさわしい立派な
人・材・人材・人才・人物・適材

▽すぐれた、優秀な
良材・良才・出来物・逸材・逸才・逸足・魁傑

▽特にすぐれた才能をもつ
偉材・偉才・異才

▽多くのすぐれた　**多士**

▽教養があり、ある程度の地位にある
人士・士人

▽名実共に備わった
雄・偉物・豪物・偉者

▽確固たる見識をもつ　**一人物**

▽すぐれた力をもつ不思議な
怪傑

▽並はずれてすぐれた

傑物・傑人・傑士

▽女性の傑物
女傑・女丈夫・女丈夫

▽才知の特にすぐれた
英傑・人傑・俊傑・才傑・豪俊

「偉人」に関する成句

【群雄割拠】 多くの英雄が各地に勢力を張っているさま。

【国士無双】 天下第一の人物のこと。「国士」は国中で特にすぐれた人、「無双」は二つとないこと。

【多士済済】 すぐれた人材が大勢いるさま。「済済」は、「さいさい」とも読む。

【両雄並び立たず】 英雄が二人現れれば必ず争いが起こり、いずれかが滅ぶ。

命

寿命と生命からみた「命」

▽生きて行く力
命・命・生・生・生命・性命・息の根・命根・一命・身命・息の緒・身命・命脈・玉の緒・命の綱・身命・身命

〔参〕「玉の緒」は、「玉」に「魂」をかけて「魂」を肉体につなぎとめる緒の意。

▽はかない
露命・露の命・露の身・命の露

▽生きている状態の長さ
寿命・命・命数・年寿

▽天から定められた
天命・天の命・天寿・天年

▽天命を知ること。また、五十歳
知命

▽天子の寿命・年齢　**聖寿**

▽因縁によって定まる人の寿命
定命

▽人の普通の寿命　**常命**

▽僧侶の　**法命**

▽短い　**短命・薄命**

▽長い
長命・長寿・長生き・長年・長齢・永寿・高寿・霞の命

〔参〕「霞の命」は、仙人は霞を食って生命を延ばすという俗説から。

▽これから死ぬまでの
余命・余生・余年・余齢・

命

残年(ざんねん)・残生(ざんせい)・残暦(ざんれき)

▽これから平均して何年生きられるかを示す年数　平均余命(へいきんよめい)

▽いたずらに長生きする人　命盗人(いのちぬすびと)

▽悟りのために命を捨てる　捨命(しゃめい)

▽天命を全うしない　非命(ひめい)

▽命をなくす　失命(しつめい)

▽命を落とす　落命(らくめい)

▽命が絶える　絶命(ぜつめい)

▽命をなくす原因となるもの　命取り(いのちとり)

長らえることからみた「命」

▽命を保つ、生存する　生(い)きる

▽生き長らえさせる　生(い)かす・活(い)かす

▽生きている、命がある　生(い)ける

▽生きて生活する　生息(せいそく)

▽動物がある場所に生活している　棲息(せいそく)・栖息(せいそく)

▽命を持続する、生きている　生存(せいぞん)・生存(せいそん)・存生(ぞんじょう)・存命(ぞんめい)・活命(かつめい)

▽人がこの世に生きている　在世(ざいせい)・在世(ざいせ)

▽長生きする　長生(ちょうせい)

▽損なうことなく天命を全うする　立命(りつめい)・立命(りゅうめい)

▽命を延ばす。また、死期の迫った患者の命を長らえさせる　延命(えんめい)

▽寿命を延ばす　延齢(えんれい)・延年(えんねん)

▽飢えや渇きで命が危うくなる　渇命(かつめい)・渇命(かつみょう)

▽命を救う　救命(きゅうめい)

▽命を助ける　助命(じょめい)

▽助命を頼む　命乞(いのちご)い・命貰(いのちもら)い

▽死と命。また、死ぬか生きるかの大事なところ　死命(しめい)

▽死ぬべき人が一命を取り留める　死(し)に損(そこ)なう

▽死ぬべきときに死ぬことができず　死(し)に後(おく)れる・死(し)に遅(おく)れる

▽死ぬような目にあって、運よく助かる　命拾(いのちびろ)い・命果報(いのちかほう)・命冥加(いのちみょうが)・取(と)り留(と)める・取(と)り止(と)める

▽やっと命だけは失わずに　命辛辛(いのちからがら)

▽苦しみを乗り越えて　生(い)き抜(ぬ)く

▽他の者が死んだあとも　生(い)き残(のこ)る・生(い)き止(と)まる・死(し)に残(のこ)る

▽死ぬべきところを死なずに　生(い)き延(の)びる

▽いたずらに　**生きはだかる**

▽長くこの世に　**長らえる・永らえる・存える・生き長らえる・生き存える**

▽年とって無為に　**老残**

▽夫婦が共に白髪になるまで　**共白髪・友白髪・諸白髪・偕老**

▽永久に死なない　**不死**

▽いつまでも　**万歳**

「命」を懸ける

▽命にかかわる事柄　**命沙汰**

▽命にかかわるような　**致命的**

▽命の続く限り　**命限り・命限り**

▽生死をかえりみず事をする　**命掛け・命懸け・懸命・一所懸命・一生懸命・死に物狂い・捨て身・死に身・必死・死に狂い・決死**

▽身の危険をかえりみず事に当たる。また、その人　**命知らず**

▽命を捧げて仏陀に帰依する　**帰命**

「命」に関する成句

【命を懸ける】 失敗すれば命を捨てる覚悟で物事に当たる。

【命を投げ出す】 死んだつもりになって一生懸命にやる。

【命を的にかける】 命懸けで物事をやる。

【九死に一生を得る】 ほとんど死ぬような危険な状態から生き延びる。

【身命を賭する】 命をなげうつ。

【体を張る】 自分の一身をなげうって行動する。

【命脈を保つ】 やっとのことで命がつながっている。

【目の黒い内】 生きているうち。存命中。類「目の玉の黒い内」

【命あっての物種】 生きていればこそ何事でもできる。命が何よりも大切だということ。類「命なりけり」

【命長ければ恥多し】 人間は長生きすると、それだけ恥をかくことも多くなるということ。出典は『荘子』。

【命より名を惜しむ】

自分の命より名誉を大切にするという意で、恥をかくくらいならいっそ命を捨てた方がよいということ。


【佳人薄命】

美しい女性は、とかく病弱で、寿命が短いということ。類「美人薄命」


【死生命有り】

人の生死は天命によって決まっていることで、人力ではどうすることもできない。


【息災延命】

（⇒「生死」339ページ）


【河豚は食いたし命は惜しし】

おいしいフグは食べたいが、その毒にあたって死ぬのは怖いの意から、いい思いをしたいが、後のことを考えると怖くて迷うようす。


【不惜身命】

仏法のためには命を惜しむことなく捧げること。

祈る・祈り

参拝することからみた「祈る」

▽社寺に神仏を拝みに行く
参る・詣でる・お参り・物詣で・参拝・参詣・詣拝

▽神社に
神詣で・神参り・参宮・宮参り・宮詣で・社参

▽伊勢神宮に
参宮・伊勢参り

▽寺に
寺詣で・寺参り・参堂

▽墓に
墓参り・墓詣で・墓参・展墓

▽新年に社寺に
初詣で・初参り

▽子どもが生まれて初めて神社に
産土参り・宮参り
［参］「産土参り」の「産土」は「産土神」の略で、生まれた土地の守り神のこと。

▽男子の三歳、五歳、女子の三歳、七歳に当たる年の十一月十五日に氏神に
七五三・七五三参り

▽毎日社寺に
日参

▽社寺の一定の場所を百回往復しながら
百度参り・御百度

▽千日間、同じ社寺に
千日参り・千日詣で

▽月に一度、社寺に
月参り・月詣で

▽午前二時ごろ人を呪い殺すために
丑の刻参り・丑の時参り

▽願がかなったお礼に
礼参り・御礼参り

▽本人に代わって社寺に

代参・代参り・代拝

▽寒中に社寺に
寒参り・寒詣で

▽寒夜に鉦を叩きながら寺に
寒念仏・寒念仏

▽社寺を次々に　**巡拝**

▽各地の神社に　**宮巡り**

▽各地の聖地・霊場を参拝して回る。また、その人
巡礼・順礼

▽空海ゆかりの四国八十八か所の霊場などをめぐる。また、その人
遍路・辺路

拝むの様態からみた「祈る・祈り」

▽神仏などを　**礼拝・礼拝**

▽キリスト教で　**礼拝**

▽頭を低く下げて神仏などを
拝礼・拝礼

▽掌を合わせ神仏などに拝礼する
拝む・拝する・合掌

▽額を地につけて
額衝く・叩頭く・額突く

▽体を低く伏しかがめて
平伏す・伏し拝む

▽座って　**座拝**

▽ひざまずいて　**拝跪・跪拝**

▽膝・肘・頭を地につけ手で相手の足を頂くようにして
五体投地・接足礼拝・接足礼・挙身投地・頂礼

▽二度繰り返して　**再拝**

▽三度繰り返して　**三拝**

▽四度繰り返して　**四度拝**

▽幾度となく　**三拝九拝**

▽はるか遠く離れた所から　**遥拝**

様態と儀式・行事からみた「祈る・祈り」

▽神仏に望みがかなうよう願う
祈り・禱り・祈願・祈念・祈禱・祈請・祈る・禱る・念じる・念ずる・念願

▽誓いを立てて神仏に願い事をする
誓願・願・発願・願立て・願掛け・願懸け・立願・立願・祈誓

▽勅命によって祈願する　**勅願**

▽神仏の加護を願う　**加持**

▽神仏に祈ってけがれ、罪障などを除き去る
祓う・祓え・清める・祓い清める・祓い・御祓い

▽お祓いを行う　**修祓**

▽古来、六月と十二月の晦日に行われた、万民のけがれ、罪障を祓うための神事
大祓え・大祓い・禊祓え

▽言葉を発せず、目を閉じて　**黙禱**

祈る・祈り

▽仏事を営んで冥福を
回向(えこう)・**廻向**(えこう)

▽霊に供物を供えて　**供養**(くよう)・**手向け**(たむけ)

▽仏前で香をたいて　**焼香**(しょうこう)

▽密教で護摩木をたいて仏に祈る儀式
護摩(ごま)

▽ある期間、社寺にこもって
籠り(こもり)・**隠り**(こもり)・**御籠り**(おこもり)・**参籠**(さんろう)

▽災難を払いのけるため神仏に
厄除け(やくよけ)・**厄払い**(やくはらい)・**厄落とし**(やくおとし)

▽悪魔を避けたり追い払ったりする力のあるもの
魔除け(まよけ)・**護符**(ごふ)・**呪符**(じゅふ)・**御守り**(おまもり)・**御札**(おふだ)・**守り札**(まもりふだ)・**破魔矢**(はまや)・**破魔弓**(はまゆみ)

▽祈願や病気回復のために作る千羽の折鶴
千羽鶴(せんばづる)

▽神仏の力によって授かる恵み
御利益(ごりやく)・**利生**(りしょう)・**神助**(しんじょ)・**慈悲**(じひ)・**冥利**(みょうり)

▽その年の豊作を神に　**祈年**(きねん)

▽牧師が礼拝式の終わりに行う祝福の
祝禱(しゅくとう)

▽恨みのある相手に災いがふりかかるよう神仏に
詛う(のろう)・**呪う**(のろう)・**詛い**(のろい)・**呪い**(のろい)・**呪詛**(じゅそ)・**調伏**(ちょうぶく)・**調伏**(じょうぶく)

▽神仏などの力によって災難を避けたり招いたりすることを
呪う(まじなう)・**呪い**(まじない)・**禁厭**(きんえん)・**厭勝**(えんしょう)・**符呪**(ふじゅ)・**呪法**(じゅほう)・**呪術**(じゅじゅつ)

▽願い事の約束の日数が満ちる
結願(けちがん)・**満願**(まんがん)

▽願い事がかなったお礼に参拝する
願解き(がんほどき)・**還願**(かんがん)・**お礼参り**(おれいまいり)・**返り詣で**(かえりもうで)

物を断っての「祈り」

▽魚・肉を絶って身を慎む
精進(しょうじん)・**精進**(そうじ)

▽神仏に祈願して、ある一定の期間、茶を飲まない
茶断ち(ちゃだち)

▽ある期間、塩気のあるものを食べない
塩断ち(しおだち)

▽修行・立願などのためにある期間、穀類を食べない
穀断ち(こくだち)

▽祈願して一定期間食物をとらない
断食(だんじき)・**願断ち**(がんだち)

修行からみた「祈り」

▽誓願と修行。誓いを立てて修行をする
願行(がんぎょう)

▽仏の名を唱える
念仏(ねんぶつ)・**唱名**(しょうみょう)・**称名**(しょうみょう)・**念誦**(ねんじゅ)・**念誦**(ねんず)

▽声を上げて経文を読む
読経（どきょう）・誦経（ずきょう）・誦経（じゅきょう）

▽毎日時を定めて、仏前で読経などをして
御勤め（おつとめ）・勤行（ごんぎょう）

▽浄土教で南無阿弥陀仏と唱える
念仏（ねんぶつ）

▽日蓮宗で南無妙法蓮華経と唱える
唱題（しょうだい）

▽寒中の三十日間、山野で声高く念仏を唱える
寒念仏（かんねぶつ）・寒念仏（かんねんぶつ）

▽心のこもらない口先だけの念仏
空念仏（からねんぶつ）・空念仏（そらねんぶつ）・空念誦（そらねんじゅ）

しきたりからみた「祈る」

▽神事の前に心身をきれいにする
潔斎（けっさい）

▽重大な神事を行う前などに川で身を清める
禊（みそぎ）

▽神仏に祈る前に冷水を浴びて身を清浄にする
垢離（こり）・水垢離（みずごり）

▽飲食・動作などを慎んで、心身を清める
斎戒（さいかい）・物忌み（ものいみ）・斎忌（さいき）

▽湯水で身を清める　**沐浴（もくよく）**

「祈る・祈り」に関する成句

【縁起（えんぎ）を祝う（いわう）】

よいことが到来するように祝い祈る。


【縁起（えんぎ）を担ぐ（かつぐ）】

縁起のよしあしを気にする。

類「御幣（ごへい）を担ぐ（かつぐ）」


【御百度（おひゃくど）を踏む（ふむ）】

神仏に百度参りをする。また、頼みごとをするのに何度も同じ所を訪ねる意にも使われる。「百度参り」「百度詣で」ともいう。


【菩提（ぼだい）を弔う（とむらう）】

死者の冥福を祈る。


【一路平安（いちろへいあん）】

旅に出る人を見送るときの言葉で、旅立つ人の一路（道筋）が平安（無事）であることを祈って言う。


【加持祈禱（かじきとう）】

病気や災難を除くために神仏の加護を願って祈ること。


【追善供養（ついぜんくよう）】

死者の冥福を祈る。忌日などに仏事供養を営むこと。


【南無三宝（なむさんぼう）】

仏・法・僧の三宝に帰依すること。また、失敗したときや驚いたときに発する語。略して「南無三（なむさん）」ともいう。

美しい（うつくしい）

様態・種別からみた「美しい」

▽形・色・声などが快い感じを与える　美しい（うつくしい）・麗しい（うるわしい）

▽整った　綺麗（きれい）・奇麗（きれい）

▽うるわしい形、姿　麗容（れいよう）・麗姿（れいし）

▽規模が大きく整った　壮麗（そうれい）

▽交じり気がなく清らかな　純美（じゅんび）・醇美（じゅんび）・粋美（すいび）・浄妙（じょうみょう）

▽気高くうるわしい　壮美（そうび）・壮麗（そうれい）

▽しとやかで美しい　優美（ゆうび）

▽上品で優美な　雅やか（みやびやか）・風雅（ふうが）・風流（ふうりゅう）・はんなり・嫋やか（たおやか）・エレガント

▽すぐれた　瑰麗（かいれい）

〔参〕「瑰」は貴重な宝玉のことで、「すぐれる、美しい」などの意。

▽他よりすぐれた　秀美（しゅうび）・秀麗（しゅうれい）

▽この上ない　絶美（ぜつび）・絶佳（ぜっか）

▽何とも言いようがないほどの　美妙（びみょう）

▽よくて　善美（ぜんび）

▽精巧で　精美（せいび）

▽はでで目立つ　華やか（はなやか）・花やか（はなやか）・ビビッド

▽はなやかになる　色めく（いろめく）・華やぐ（はなやぐ）・花やぐ（はなやぐ）

▽ぜいたくで、はでな　華美（かび）・華麗（かれい）・ゴージャス

▽きらきらして　華華しい（はなばなしい）・花花しい（はなばなしい）

▽つやつやとして　匂やか（におやか）・匂いやか（においやか）

▽生き生きとして　鮮やか（あざやか）

▽あざやかな　鮮美（せんび）・鮮麗（せんれい）

▽見事で輝くばかりの　煌びやか（きらびやか）・絢爛（けんらん）

▽きらびやかな　綺羅（きら）

▽てぎわよく　手綺麗（てぎれい）・手奇麗（てぎれい）

▽音楽や文章がよどみなく滑らか（なめらか）で　流麗（りゅうれい）

▽景色が　明媚（めいび）

女性の魅力からみた「美しい」

▽小さくて愛さずにいられないような　可愛い（かわい）・可愛らしい（かわいらしい）・愛らしい（あいらしい）・愛くるしい（あいくるしい）・キュート

▽人をひきつける　魅力的（みりょくてき）・チャーミング

▽いじらしい　可憐（かれん）

▽憎めないかわいらしさ

美しい

愛嬌（あいきょう）・**愛敬**（あいきょう）・**愛敬**（あいぎょう）

『参』「愛敬」は、仏・菩薩の優しく穏やかな容貌や態度を表す「愛敬相（あいぎょうそう）」からきた語。

▽汚れのない　**清らか**（きよらか）・**清純**（せいじゅん）

▽清らかで　**清楚**（せいそ）・**楚楚**（そそ）・**清麗**（せいれい）

▽飾り気がなくさっぱりした　**瀟洒**（しょうしゃ）・**瀟灑**（しょうしゃ）

▽つやがあって若々しい　**瑞瑞しい**（みずみずしい）

▽しとやかで優美な　**婉美**（えんび）・**嫋やか**（たおやか）・**しなやか**

▽やさしくうるわしい　**優麗**（ゆうれい）

▽はなやかな　**美麗**（びれい）・**美美しい**（びびしい）

▽美しくうるわしい　**佳麗**（かれい）

▽上品な　**優美**（ゆうび）・**淑やか**（しとやか）

▽上品であでやか　**清艶**（せいえん）

▽色気があって、あでやかな　**艶やか**（つややか）・**艶美**（えんび）・**美艶**（びえん）・**艶めかしい**（なまめかしい）・**艶っぽい**（つやっぽい）

▽ひどく色っぽい　**婀娜**（あだ）・**婀娜っぽい**（あだっぽい）

▽あでやかで美しい　**妍**（けん）・**妍妍**（けんけん）・**妍艶**（けんえん）・**艶麗**（えんれい）

▽あでやかでつやっぽい　**艶麗**（えんれい）・**麗艶**（れいえん）・**濃艶**（のうえん）

▽肉付きがよくあでやか　**豊艶**（ほうえん）・**豊麗**（ほうれい）・**豊満**（ほうまん）・**グラマー**・**肉感的**（にくかんてき）

▽ぞっとするほどの　**凄艶**（せいえん）

▽なまめかしくうるわしい　**嬌艶**（きょうえん）

▽男心を惑わす女の怪しい　**妖美**（ようび）・**妖麗**（ようれい）

▽怪しいまでにあでやか　**妖艶**（ようえん）・**妖婉**（ようえん）

▽顔貌（かおかたち）の　**見目麗しい**（みめうるわしい）・**美貌**（びぼう）・**美顔**（びがん）・**美形**（びけい）・**妍麗**（けんれい）・**娟麗**（けんれい）・**花顔**（かがん）・**見目好い**（みめよい）・**眉目良い**（みめよい）・**佳容**（かよう）・**妍容**（けんよう）・**娟容**（けんよう）・**玉容**（ぎょくよう）・**美色**（びしょく）

▽容貌が整った　**端正**（たんせい）

▽形や姿が整った　**端麗**（たんれい）・**典麗**（てんれい）

▽肉体の曲線の優美な　**曲線美**（きょくせんび）

▽脚の線の優美な　**脚線美**（きゃくせんび）

▽なまめかしくなる　**色めく**（いろめく）・**色付く**（いろづく）

▽色っぽく見える　**艶めく**（つやめく）・**艶めく**（なまめく）・**婀娜めく**（あだめく）

▽容貌の美しい女性　**美人**（びじん）・**美女**（びじょ）・**美姫**（びき）・**麗人**（れいじん）・**佳人**（かじん）・**明眸**（めいぼう）・**器量好し**（きりょうよし）・**見目好し**（みめよし）・**別嬪**（べっぴん）

▽絶世の美女　**傾城**（けいせい）・**傾国**（けいこく）

▽化粧をした美人　**粉黛**（ふんたい）

「美しい」に関する成句

【垢が抜ける】洗練されて美しくなる。「垢抜ける」「垢抜けする」ともいう。類「渋皮が剝ける」「一皮剝ける」

【絵になる】見た目がいい。その場にぴったりはまっている。

【錦上花を添える】美しいものの上にさらに美しいものを加える。

【妍を競う】大勢の美女が美しさを張り合うこと。

【卵に目鼻】色白でまるくてかわいい女性。

【水の滴るような】みずみずしく、美しいようす。美男・美女・役者についていう。

【目もあや】光り輝くように美しいようす。

【鬼も十八番茶も出花】年ごろの女性はみんな美しいということ。

【解語の花】美人のたとえ。類「物言う花」

【迦陵頻伽】声がとても美しいもののたとえ。極楽に棲むという想像上の鳥の名で、美しい声で啼くという。

【才色兼備】すぐれた才能をもち、容貌もまた美しいこと。特に女性についていう。

【山紫水明】山や川の景色が清らかで美しいこと。類「風光明媚」

【人面桃花】美人の顔と桃の花。内心思いながらも、会うことのできない女性のこと。出典は唐の崔護の句の「人面桃花相映じて紅なり」から。

【立てば芍薬座れば牡丹歩く姿は百合の花】美人の立ち居振る舞いをたとえた言葉。

【沈魚落雁】美人の前では、魚はそれを見て深く隠れ棲み、雁は見とれて列を乱し落ちてしまうの意。絶世の美人の形容。類「閉月羞花」

【八面玲瓏】どの方面から見ても美しいこと。「八面」はすべての方面の意。類「八方美人」

【明眸皓歯】澄んだ瞳と白い歯で、女性の顔かたちがとても美しいことをいう。類「朱唇皓歯」

【目元千両口元万両】目元は千両の値打ちがあるほど美しく、口元は万両の値打ちがあるほど愛らしい。美人の形容。類「靨万両」

海(うみ)・波(なみ)・潮(しお)

広い・大きいからみた「海」

▽大きい。ひろびろとした
大海(たいかい)・大海(おおうみ)・海洋(かいよう)・大洋(たいよう)・巨海(こかい)・海の原(わたのはら)・海原(うなばら)・大海原(おおうなばら)

▽青々として大きい
青海原(あおうなばら)・青海(あおうみ)・碧海(へきかい)・滄海(そうかい)・蒼海(そうかい)・溟海(めいかい)

様態からみた「海」

▽波の高い、荒れた
荒海(あらうみ)・荒海(あるみ)・灘(なだ)

▽深い
深海(しんかい)・海溝(かいこう)・海淵(かいえん)

▽浅い　浅海(せんかい)・潟(かた)

▽海岸から遠くまで浅い　遠浅(とおあさ)

▽広く穏やかな　庭(にわ)

▽泥交じりの濁った　泥海(どろうみ)

▽一面に氷が張った　氷海(ひょうかい)

位置・地形からみた「海」

▽大陸の外縁にあり半島や島などで囲まれていて、部分的に閉じた
縁海(えんかい)

▽陸地近くの
辺海(へんかい)・近海(きんかい)・沿海(えんかい)

▽陸地に囲まれた
内海(ないかい)・内海(うちうみ)・内洋(ないよう)

▽陸地に入り込んだ
湾(わん)・入海(いりうみ)・入江(いりえ)・浦(うら)・裏海(りかい)

▽細長い湾の　峡湾(きょうわん)

▽幅の狭い
海峡(かいきょう)・瀬戸(せと)・水道(すいどう)

▽四方の　四海(しかい)・四方の海(よものうみ)

▽四方を海に囲まれていること。また、その海
環海(かんかい)

▽荒磯のある　荒磯海(ありそうみ)

▽外に広がる
外洋(がいよう)・外海(がいかい)・外海(そとうみ)

▽遠くの　遠海(えんかい)・遠洋(えんよう)・絶海(ぜっかい)

▽南極、北極の近くの海洋　極洋(きょくよう)

▽岸から離れた
沖(おき)・沖合(おきあい)・沖つ海(おきつうみ)

▽主権のある　領海(りょうかい)

▽主権の及ばない　公海(こうかい)

▽領土に沿った一定の範囲の海で、領海の主要部分
沿岸海(えんがんかい)

▽海と接する陸地　海岸(かいがん)・海辺(うみべ)

▽海や湖の波が打ち寄せる場所
波打ち際(なみうちぎわ)・渚(なぎさ)・浜(はま)・浜(はま)
辺(べ)・磯(いそ)・磯辺(いそべ)

海・波・潮

▽潮が引いたときにできる浅瀬　干潟(ひがた)・潮干潟(しおひがた)

▽大陸周辺の比較的浅い平らな海底　大陸棚(たいりくだな)

形状・地形からみた「波」

▽水面に起こる波の総称　波浪(はろう)

▽大きい　大波(おおなみ)・大浪(おおなみ)・波濤(はとう)・巨濤(きょとう)・鯨波(げいは)・うねり

〖参〗「波」は小さな波、「浪」は大きな波、「濤」は長く連なる波を表す。

▽小さい　漣(さざなみ)・小波(こなみ)・小波(さざなみ)・細波(さざなみ)・微波(びは)

▽低く弱い方の　女波(めなみ)・女浪(めなみ)

▽高い　高波(たかなみ)

▽高低で高い方の　男波(おなみ)・男浪(おなみ)

▽峰のとがった　三角波(さんかくなみ)

▽波のあたま　波頭(はとう)・波頭(なみがしら)・波頂(はちょう)・波の穂(なみのほ)

▽波と波との間　波間(なみま)

▽磯辺を打つ　磯波(いそなみ)

▽荒磯を打つ　荒磯波(ありそなみ)

▽浦の　浦波(うらなみ)

▽岩を打つ　岩波(いわなみ)

▽瀬に立つ　門波(となみ)・戸浪(となみ)

▽沖の　沖波(おきなみ)・沖つ波(おきつなみ)

▽海の　海波(うみなみ)

▽川の　川波(かわなみ)

様態・色調からみた「波」

▽打ち寄せてくる波　寄せ波(よせなみ)

▽沖に向かって引いていく波　引き波(ひきなみ)

▽白い　白波(しらなみ)・白浪(しらなみ)

▽青々とした　蒼波(そうは)・蒼浪(そうろう)

▽激しい　早波(はやなみ)・早浪(はやなみ)・荒波(あらなみ)・激浪(げきろう)

▽荒れ狂う　怒濤(どとう)・狂濤(きょうとう)・狂瀾(きょうらん)

▽濁った　濁浪(だくろう)

▽流れにさからう　逆波(さかなみ)・逆浪(さかなみ)

▽風と　波風(なみかぜ)・風波(ふうは)・風浪(ふうろう)・風濤(ふうとう)

▽次々と寄せる　千波(せんぱ)・万波(ばんぱ)・千波万波(せんぱばんぱ)・千重波(ちえなみ)

▽金銀に輝く　金波銀波(きんぱぎんぱ)

▽風が凪(な)いでも静まらない　余波(なごり)・名残(なごり)・余波(よは)

▽夕方に立つ　夕波(ゆうなみ)

▽地震による　地震津波(じしんつなみ)・津波(つなみ)・津浪(つなみ)・海嘯(つなみ)

▽波が寄せたり引いたりして立てる音

波音（なみおと）・潮音（ちょうおん）・海潮音（かいちょうおん）・濤声（とうせい）

海水の流れと動きからみた「潮」

▽海水の流れ　海流（かいりゅう）・潮流（ちょうりゅう）・潮（しお）・汐（しお）・潮（うしお）・潮瀬（しおせ）

▽めぐる　環流（かんりゅう）

▽水温が高い　暖流（だんりゅう）

▽水温が低い　寒流（かんりゅう）

▽渦を巻く　渦潮（うずしお）

▽異なる二つの潮流が接する　潮境（しおざかい）

▽異なる二つの潮流が接する海面にできる帯状の筋

潮目（しおめ）

『参』寒流と暖流の出合う付近などに多く見られ、好漁場となることが多い。

▽海面の昇降

潮（しお）・潮（うしお）・汐（しお）・潮汐（ちょうせき）

▽潮のみちひ　干満（かんまん）・満ち干（みちひ）

『参』「潮のみちひき」は「潮の満ち引き」。「潮の満ち干き」とするのは誤り。

▽潮が満ちる

満潮（まんちょう）・満ち潮（みちしお）・上げ潮（あげしお）・差し潮（さしお）・出潮（でしお）

▽朝満ちてくる潮　朝潮（あさしお）

▽夕方満ちてくる潮　夕潮（ゆうしお）

▽潮が引く

干潮（かんちょう）・引き潮（ひきしお）・下げ潮（さげしお）・入り潮（いりしお）・退潮（たいちょう）・落ち潮（おちしお）・潮干（しおひ）

▽満潮と干潮の時に、満ち引きが一時的にとまる

潮止まり（しおどまり）

▽潮の先　潮頭（しおがしら）

▽干満が大きい　大潮（おおしお）

▽干満が小さい　小潮（こしお）

▽満潮で海面が最も高い　高潮（こうちょう）

▽干潮で海面が最も低い　低潮（ていちょう）

▽干満の速さ　潮足（しおあし）

▽潮の主流　真潮（ましお）

▽潮の主流の方向と逆　逆潮（さかしお）

▽潮が引いたあと岩礁の上などにできる水たまり

潮溜まり（しおだまり）

▽潮が引いたあと岩礁の上などに残っている海水

忘れ潮（わすれじお）

▽台風や強い低気圧で海面が著しく上昇する

高潮（たかしお）

▽潮がさしてくるときのとどろき

潮騒（しおさい）・潮騒（しおざい）

季節・行事などからみた「海・波・潮」

▽力強い春の潮　春潮（しゅんちょう）・春の潮（はるのしお）

◇海で泳いだり、海辺で日光浴をしたりする
海水浴(かいすいよく)

◇夏になり、海水浴場を開場すること。また、その日
海開き(うみびらき)

◇干潟をあさって貝などをとる遊び
潮干(しおひ)・**潮干狩**(しおひがり)

◇陰暦三月三日ごろ潮の引いた磯で遊ぶ行事
磯遊び(いそあそび)

◇陰暦四月の波
卯波(うなみ)・**卯浪**(うなみ)・**卯月波**(うづきなみ)

◇陰暦五月の波
五月波(さつきなみ)・**皐月波**(さつきなみ)

◇土用のころ立つ、うねりの高い波
土用波(どようなみ)

◇陰暦八月十五日の名月の大潮
初潮(はつしお)・**初汐**(はつしお)

「波・潮」の擬音語・擬態語

◇濁流が連続して鳴りひびく
ごーごー

◇かたまりとなって勢いよく迫る
どっと

◇濁流が一気に迫る
どどっ・どどーん

◇ゆっくり連続してうねる
のたりのたり

◇連続して軽く打ち当たりながら迫る
ひたひた

運(うん)・巡(めぐ)り合(あわ)せ

様態などからみた「運・巡り合せ」

◇人の力では変えることのできない善悪吉凶の、自然の成り行き
運(うん)・**天**(てん)・**数**(すう)・**命**(めい)・**星**(ほし)・**運命**(うんめい)・**運歳**(うんざい)・**宿命**(しゅくめい)・**宿運**(しゅくうん)・**命運**(めいうん)・**命数**(めいすう)・**約束事**(やくそくごと)・**定数**(ていすう)・**暦数**(れきすう)・**歴数**(れきすう)・**約束**(やくそく)・**仕合せ**(しあわせ)・**定め**(さだめ)・**巡り合せ**(めぐりあわせ)・**回り合せ**(まわりあわせ)

◇天から与えられた
天運(てんうん)・**運祚**(うんそ)・**天命**(てんめい)・**天数**(てんすう)

◇天の理にかなった
理運(りうん)

◇時の
時運(じうん)・**世運**(せうん)・**時の運**(ときのうん)・**機運**(きうん)・**気運**(きうん)・**運気**(うんき)・**時勢**(じせい)・**天歩**(てんぽ)

◇盛んな
昌運(しょううん)・**隆運**(りゅううん)・**盛運**(せいうん)・**進運**(しんうん)

◇衰えてゆく
衰運(すいうん)・**頽運**(たいうん)

◇強い運をもっている
強運(きょううん)

◇運が向いてきている
開運(かいうん)

◇運命に任せる

運尽く・運任せ

▽運を天に任せて思いきって　**伸るか反るか・一か八か**

〔参〕「伸るか反るか」は矢作りのため乾燥させた竹がまっすぐに伸びるか反り返るかに由来。「乗るか反るか」とするのは誤表記。

▽損な　**貧乏籤**

▽終わりに近づいた　**末運**

▽運があるかないか　**運不運**

▽運不運のめぐり合せ　**運勢**

▽運が向いているかどうか試す　**運試し**

▽ある人のめぐり合わせた　**境遇**

▽苦しい　**逆境・窮境**

▽あわれな　**悲境・悲運**

▽運命を決めるという本命星の　**運星・星回り**

▽本命星の吉凶を占う　**星見・星占い**

▽その年の　**年回り**

▽その月ごとの　**月回り**

よしあしからみた「運・巡り合せ」

▽よい　**好運・幸運・高運・福運・好命・有命・佑命・吉命・有卦・付き・ラッキー**

▽運のよい人　**運者**

▽よくない　**不運・否運・非運・悪運・薄運・微運・逆運・厄運・数奇・薄福**

▽幸運と不運　**運否**

具体的な対象を表した「運・巡り合せ」

▽天子の　**聖運・皇運・宝運**

▽国の　**国運・国歩**

▽平和な時の　**泰運**

▽学問や芸術などが盛んな気運　**文運・奎運**

〔参〕「奎」は二十八宿（古代中国で、黄道に沿う天空の部分を二十八に分けて基準となる星座を設定した）の一つ。文章をつかさどる星座とされた。

▽戦いでの勝ち負けの運。また、武士としての　**武運**

▽勝負に勝つ　**勝運**

▽一家が栄えるかどうかの　**家運**

▽会社が栄えるかどうかの　**社運**

▽商売上の　**商運**

▽女性にとって男性との　**男運**

▽男性にとって女性との　**女運**

▽金銭についての　**金運**

▽籤に当たるかどうかの　**籤運**

▽干支などによる人がもって生まれた運気

運勢・運性

「運・巡り合せ」に関する成句

【いい目を見る】

幸運に出会う。


【有卦に入る】

（⇩「幸・不幸」222ページ）


【運が尽きる】

めぐり合せが悪くなり、もはやこれまでという状態になる。類「命運が尽きる」「運の蹲」


【運が強い】

苦しい立場にあっても事態が好転したり、思いがけない幸運に恵まれたりする。


【運が開く】

めぐり合せがよくなり、よいことが続くようになる。「運が開ける」ともいう。類「運が向く」


【泣き面に蜂】

不運の上に、さらに不運が重なること。「泣き面」は「泣きっ面」ともいう。類「弱り目に祟り目」「踏んだり蹴ったり」


【間がいい】

運がいい。ころあいがちょうどよい。対「間が悪い」


【明暗を分ける】

喜ぶべきことと悲しむべきことなど、運不運がはっきりする。


【山を掛ける】

運にまかせて成功をねらう。試験などで問題に出そうな所を予測する。類「山を張る」


【運根鈍】

成功するための教えで、幸運であることと根気強いこと、そして小さいことにこだわらない鈍感さ・愚直さが必要だということ。「ん」のつく語呂合せ。「運鈍根」ともいう。


【運は天にあり】

人の運は天命であり、人の力では変えられない。また、最善を尽くした結果は天の決めるところであるということ。


【運は寝て待て】

幸運は自然とやって来るのを待つべきで、あせらずに待てば必ずやって来るものだということ。類「果報は寝て待て」


【運否天賦】

人の運不運は天が決めるということ。転じて運を天に任せること。


【運を天に任せる】

事の成り行きは自然に任せておくということ。「運を天道に任せる」ともいう。


【禍福は糾える縄の如し】

禍と思っていたものが福になったり、その逆に福と思っていたものが禍となったりするように、人の運不運も縄をより合わせたもののように常に表裏をなし、変転きわまりないものだというたとえ。類「人間万事塞翁が馬」

【勝負は時の運】勝ち負けはそのときの運次第で決まるもので、強い方が必ず勝つというわけではなく、予測がつかないということ。

【武運長久】戦士としての命運が長く続くこと。

行う・行い

意識的な行為としての「行う・行い」

▽ある目的のために物事をする
身熟し・行い・行為・人為・仕業・行動・振る舞い・動作・所行・所業・業・挙・所為・挙動・挙止・所作・施為・所在・アクション・モーション

▽仏教における行為や行動　業

▽迅速な　早業

▽人間離れした　神業

▽人の力でなしうる　人間業・人事

▽学問や芸術、武道などに励む　修行

▽知ることと行うこと　知行・知行

▽言うことと行うこと　言行・言動・云為

▽一つ一つの　一挙一動・一挙手一投足

▽一つ一つの言動　一言一行

▽あらゆる　百行

▽ただ一回の　一行・単行・一挙

▽無益な　徒事

▽取るに足らない　細行

道徳の観点からみた「行う・行い」

▽日ごろの身の処し方　行い・身持ち・所行・品行・行状・操行・素行・常行・行跡・行迹

▽性質と日ごろの　性状・性行

▽私生活上の　私行

▽節操のある　節行

▽篤実な　篤行

▽真っすぐ正しい　直行・正行

▽気宇壮大な　壮挙・快挙

▽よい　善行・美行・徳行・好事・美徳・モラル

▽正義のための　義挙

▽仏教で善果をえるべき

行う・行い

善業(ぜんごう)・功徳(くどく)・善根(ぜんこん)・善根(ぜんごん)

▽褒めるべき美しい　美挙(びきょ)

▽道理にはずれた
妄挙(ぼうきょ)・心得違(こころえちが)い

▽道理に背いた
背徳(はいとく)・悖徳(はいとく)・悪徳(あくとく)・不義(ふぎ)・非道(ひどう)・無道(むどう)・横道(おうどう)

▽よこしまな
邪行(じゃこう)・邪道(じゃどう)・外道(げどう)

〔参〕「外道」は、仏教の信者からみて仏教以外の教えやその信者をさす。「外道」に対して、仏の教えやその信者を「内道（ないどう）」という。

▽世間から非難を浴びるような
沙汰(さた)

▽犯罪を　犯行(はんこう)

▽不正な　曲行(きょっこう)

▽悪い
悪行(あっこう)・悪行(あくぎょう)・罪悪(ざいあく)・非行(ひこう)・失行(しっこう)・悪事(あくじ)・過(あやま)ち・悪逆(あくぎゃく)

▽この上なく悪い
極悪(ごくあく)・大悪(だいあく)・至悪(しあく)

▽悪い報いを招く　罪業(ざいごう)

▽ふしだらな
不行跡(ふぎょうせき)・不行状(ふぎょうじょう)・濫行(らんこう)・乱行(らんこう)・不品行(ふひんこう)・乱行(らんぎょう)・不身持(ふみも)ち

▽みだらな　淫行(いんこう)

▽人間にあるまじきみだらな　獣行(じゅうこう)

▽好色な　好(す)き業(わざ)・好(す)き事(ごと)

▽恥ずべき　醜行(しゅうこう)

▽道にはずれた汚い　汚行(おこう)

▽奇抜な　奇行(きこう)

▽軽薄な　軽挙(けいきょ)・薄行(はっこう)

▽愚かな　愚行(ぐこう)・愚挙(ぐきょ)

▽男気のある　侠行(きょうこう)

▽暴力的な
暴行(ぼうこう)・乱行(らんこう)・乱行(らんぎょう)・乱暴(らんぼう)・暴挙(ぼうきょ)・狼藉(ろうぜき)・亡状(ぼうじょう)・亡状(むじょう)・無状(むじょう)

▽野蛮な　蛮行(ばんこう)

▽凶悪な　凶行(きょうこう)・兇行(きょうこう)

▽質素・倹約にする　倹徳(けんとく)

▽信を重んじて務めを果たす　信義(しんぎ)

▽善行を重ねる　積善(せきぜん)

▽人知れず徳行を重ねる　陰徳(いんとく)

▽よく親に仕える
孝行(こうこう)・親孝行(おやこうこう)・孝養(こうよう)・孝養(きょうよう)

▽人の目を盗んで
盗(ぬす)む・盗(ぬす)まう

▽道にはずれた
不届(ふとど)き・破廉恥(はれんち)

▽人に知られない悪事・悪行
隠悪(いんあく)・私慝(しとく)・隠慝(いんとく)・隠匿(いんとく)

▽以前に犯した悪事
旧悪(きゅうあく)・宿悪(しゅくあく)・前非(ぜんぴ)・先非(せんぴ)

▽仏教での前世の悪事　悪業(あくごう)

▽仏教での前世の行い。その報い

宿業（しゅくごう）

▽悪事を行う。また、その人
極道（ごくどう）・獄道（ごくどう）

▽積もり積もった悪事　積悪（せきあく）

▽分別なく　妄動（もうどう）・盲動（もうどう）

実践・実行の様態からみた「行う・行い」

▽ある物事をする
行う（おこなう）・遊ばす（あそばす）・仕出かす（しでかす）・為す（なす）・為る（する）・致す（いたす）・遣る（やる）・遣らかす（やらかす）・遣っ付ける（やっつける）・遣って退ける（やってのける）・仕る（つかまつる）・聞し召す（きこしめす）・使う（つかう）・遣う（つかう）・営む（いとなむ）

▽人前である事を
演じる（えんじる）・演ずる（えんずる）

▽心にとめて　体する（たいする）

▽ある手段をもって
講ずる（こうずる）・講じる（こうじる）

▽物事をある状態にする
為成す（しなす）・為做す（しなす）

▽実際に物事を
実行（じっこう）・践行（せんこう）・履行（りこう）・実践（じっせん）・履践（りせん）・躬行（きゅうこう）

▽決めたことを実際に
実行（じっこう）・執行（しっこう）・実施（じっし）・施行（しこう）・施行（せこう）

▽決まりを厳しく守って　厳行（げんこう）

▽言った通りに　践言（せんげん）

▽ある目的を達するために前もって
根回し（ねまわし）・工作（こうさく）

▽先に　先行（せんこう）・前行（ぜんこう）

▽現に　現行（げんこう）

▽代わってことを行う。また、その人
代行（だいこう）

▽正式に行う前にあらかじめ　予行（よこう）

▽ある物事を初めて。また、その人
草分け（くさわけ）・草創（そうそう）

▽いつもすること　慣行（かんこう）

▽逆らわず　順行（じゅんこう）・順行（じゅんぎょう）

▽特別なことを　事立つ（ことだつ）

▽ある物事を標準にして
準行（じゅんこう）・準依（じゅんい）・準由（じゅんゆう）

▽承って心にとめて　奉体（ほうたい）

▽自分だけの判断で
受け張る（うけばる）・専行（せんこう）

▽自分の力だけで
取り切る（とりきる）・独行（どっこう）・独歩（どっぽ）・単行（たんこう）

▽思ったことを曲げずに　径行（けいこう）

▽思ったままに　恣行（しこう）

▽二つのことを兼ねて　兼行（けんこう）

▽直ちに　即行（そっこう）

▽当事者だけで　相対（あいたい）

▽力を合わせて
為合う（しあう）・催合う（もやう）・最合う（もやう）・協力（きょうりょく）・共同（きょうどう）・協同（きょうどう）・提携（ていけい）・タイアップ・コラボ

レーション
▽中心になって　主動（しゅどう）
▽命令に従って　循行（じゅんこう）・遵行（じゅんこう）
▽努力して　励行（れいこう）
▽つらさに耐えて　苦行（くぎょう）
▽並々ならぬ努力をして
力行（りっこう）・力行（りきこう）
▽無理を承知で
断行（だんこう）・強行（きょうこう）・決行（けっこう）・敢行（かんこう）・果断（かだん）・進取（しんしゅ）・敢為（かんい）
▽容赦なく事を　張行（ちょうぎょう）
▽何の手だてもなく　無手（むて）
▽試しに　試み（こころみ）・試行（しこう）
▽命懸けで
捨て身（すてみ）・必死（ひっし）・決死（けっし）・死に物狂い（しにものぐるい）・死に狂い（しにぐるい）
▽体を投げ出して真剣に
挺身（ていしん）・体当たり（たいあたり）
▽どこまでも意志を強く
押し通す（おしとおす）・遣り抜く（やりぬく）
▽最後まで
為し遂げる（なしとげる）・為遂げる（しとげる）・為果せる（しおおせる）・為抜く（しぬく）・遣り遂げる（やりとげる）・為済ます（しすます）・遣り抜く（やりぬく）・遣り切る（やりきる）・遣り通す（やりとおす）・遂行（すいこう）・完遂（かんすい）・成就（じょうじゅ）・成業（せいぎょう）・達成（たっせい）・貫徹（かんてつ）・全うする（まっとうする）
〔参〕「貫徹」を「完徹」と表記するのは誤り。「完徹」は「完全な徹夜」を略したもので、徹夜を強めた言い方。
▽続けて　続行（ぞっこう）
▽後から続いて　追行（ついこう）
▽何度も念入りに　糾返す（あざかえす）
▽一度失敗したことを再度　再挙（さいきょ）
▽人のした失敗を繰り返して
二の舞（にのまい）
〔参〕「二の舞を演じる」のように使う。「二の舞を繰り返す」とすると、「繰り返す」が重複するので誤り。また、「二の舞を踏む」も誤り。
▽他よりも先に　先駆ける（さきがける）
▽他人のすきに乗じて先に
出し抜く（だしぬく）・抜け駆け（ぬけがけ）
▽予告なしに突然　抜き打ち（ぬきうち）
▽手順・手続きを踏まずに
差し越す（さしこす）
▽定められた期日より早く
取り越す（とりこす）
▽工事を　施工（しこう）・施工（せこう）
▽儀式・行事などを
行う（おこなう）・執り行う（とりおこなう）・挙げる（あげる）・開く（ひらく）・催す（もよおす）・執行（しっこう）・挙行（きょこう）・挙式（きょしき）・催し（もよおし）・開催（かいさい）
▽旅行会社などが、主催する旅行を計画通りに
催行（さいこう）
▽料金を取って、芸能やスポーツなどの催しを
興行（こうぎょう）
▽事務などを　執行（しゅぎょう）・執行（しっこう）

▽事務などを代わりに　摂行(せっこう)

「行う・行い」に関する成句

【裏(うら)を返(かえ)す】同じことをまたする。

【禍福(かふく)を擅(ほしいまま)にする】権威をかさに、人の賞罰などを勝手にする。

【胸臆(きょうおく)を行(おこな)う】思っていることをそのままに行う。「胸臆」は心の中の意。

【地(じ)で行(い)く】うわべを飾ることなく、自分本来の姿で事を行う。

【手(て)を下(くだ)す】自分で直接事を行う。類「手懸(てが)ける」「手懸(てが)く」

【手(て)を汚(よご)す】好ましくない事を自ら行う。

【肌(はだ)を脱(ぬ)ぐ】身を入れて尽力する。類「一肌脱(ひとはだぬ)ぐ」

【見切(みき)り発車(はっしゃ)】比喩的に用い、準備不足ながら実行に移すことをいう。

【向(む)こう見(み)ず】前後を考えずに事を行うこと。類「無手(むて)っ法(ぽう)」「無鉄砲(むてっぽう)」

【物(もの)は試(ため)し】物事はやってみなければ成否は分からない。あきらめずにやってみることである。

【両刀遣(りょうとうづか)い】二つのことを一人が同時にすること。また、その人。

【一気呵成(いっきかせい)】文章や詩などをひと息に作り上げること。また、物事をひと息に成し遂げること。

【乾坤一擲(けんこんいってき)】運を天に任せて事を行うこと。類「伸(の)るか反(そ)るか」「一(いち)か八(ばち)か」「一六(いちろく)勝負(しょうぶ)」「一擲乾坤(いってきけんこん)を賭(と)す」

【実践躬行(じっせんきゅうこう)】自分自身で実際に行うこと。「躬」は、自らの意。

【善(ぜん)は急(いそ)げ】よいと思ったことはためらわずにすぐ行えという教え。類「善(ぜん)は急(いそ)げ悪(あく)は延(の)べよ」「思(おも)い立(た)ったが吉日(きちじつ)」「旨(うま)い物(もの)は宵(よい)に食(く)え」

【千万人(せんまんにん)と雖(いえど)も吾往(われゆ)かん】自ら省りみて考えや行いが正しいと思ったら、千万人の反対があっても恐れることなく我が道を進んで行こう。類「水火(すいか)を辞(じ)せず」

【直情径行(ちょくじょうけいこう)】感情を包まずに自分の思うがままに行動するさま。

【独立独歩(どくりつどっぽ)】人に頼らず、また人の意見にも動かされずに、自分の信じることを行うこと。類「独立独行(どくりつどっこう)」

【断(だん)じて行(おこな)えば鬼神(きじん)も之(これ)を避(さ)く】断固として行えば、鬼神さえも恐れて邪魔をしないように、誰もこれを妨げるものはないということ。出典は『史記』。

【為せば成る】（なせばなる）
その気になって真剣に行えば、どんなことでもできないことはない。

【傍若無人】（ぼうじゃくぶじん）
そばに人がいても、まるでいないかのように勝手放題に振る舞うさま。

【無理無体】（むりむたい）
相手の考えに逆らって、強引に事を行うこと。また、そのさま。
類「無理矢理（むりやり）」「無理遣り（むりやり）」

怒る（おこる）・怒り（いかり）

程度・様態からみた「怒る・怒り」

▽興奮して気が荒くなる
怒り（いかり）・憤り（いきどおり）・腹立ち（はらだち）・立腹（りっぷく）

▽激しく
激怒（げきど）・激憤（げきふん）・憤激（ふんげき）・痛憤（つうふん）・憤怒（ふんど）・憤怒（ふんぬ）・忿怒（ふんど）・忿怒（ふんぬ）・赫怒（かくど）・瞋怒（しんど）・瞋恚（しんい）・瞋恚（しんに）・瞋恚（しんね）・震怒（しんど）・大立腹（だいりっぷく）・怒火（どか）・激昂（げきこう）・激昂（げっこう）・激高（げっこう）

▽ちょっとした、わずかな　**小忿（しょうふん）**

▽積もり積もった　**積怒（せきど）・積憤（せきふん）**

▽心の中の　**内憤（ないふん）**

▽心の中に積もり積もった　**鬱憤（うっぷん）**

▽怒り始める　**発憤（はっぷん）**

▽急に　**暴発（ぼうはつ）**

▽大声で　**号怒（ごうど）・怒号（どごう）・叫怒（きょうど）**

▽むかむかと
向か腹（むかばら）・向かっ腹（むかっぱら）

▽悲しみ　**悲憤（ひふん）**

▽憤り嘆く　**慷慨（こうがい）**

▽うれい　**憂憤（ゆうふん）**

▽怒りうらむ
憤怨（ふんえん）・憤恨（ふんこん）・忿怨（ふんえん）・忿恨（ふんこん）

▽怒りねたむ　**憤嫉（ふんしつ）**

▽怒りもだえる
憤懣（ふんまん）・忿懣（ふんまん）・憤悶（ふんもん）

▽まだ残っている　**余憤（よふん）**

▽とがめ　**譴怒（けんど）・譴責（けんせき）**

▽怒りののしる　**怒罵（どば）**

▽怒りのあまり死ぬ　**憤死（ふんし）**

▽腹を立てたくなる　**癪（しゃく）**

▽怒りやすい性質。また、その怒り
癇癪（かんしゃく）・癇癪玉（かんしゃくだま）

▽怒って機嫌を悪くする
御冠（おかんむり）・不機嫌（ふきげん）

▽喜びと　**喜怒（きど）・喜憤（きふん）**

▽怒りの気持ち　**怒気（どき）**

▽怒った顔付き
慍色（おんしょく）・慍色（うんしょく）・膨れ面（ふくれつら）・脹れ（ふくれ）

面・膨れっ面・脹れっ面

▽怒りのため血が頭にのぼって取り乱す
逆上

▽怒るさま
憤然・忿然・憤憤

対象・種類からみた「怒る・怒り」

▽忠義の心から出た　**忠憤**

▽義のための　**義憤**

▽自分ひとりで世を　**孤憤**

▽公事についての
公憤・公腹立たし

▽私事についての　**私憤**

▽心から恥じてうらみ　**慚恚**

▽不正・不当なものに　**憤慨**

▽負けたために　**負け腹**

▽敵に対しての。また、その気持ち
敵愾・敵愾心

▽無実の罪を　**冤憤**

▽天子の。また、目上の人の激しい
逆鱗
〔参〕出典は「韓非子」。伝説上の神獣である竜のあごの下に逆鱗（逆さに生えているうろこ）があり、これに触られた場合には激昂し、触れた者を殺すとされた。

▽怒りで逆立った髪　**怒髪**

▽酔うとすぐ怒り出す人
怒り上戸

▽怒って関係のない人にまで当たり散らす
八つ当たり

「怒る・怒り」を表す動詞

▽興奮して気が荒くなる
怒る・怒る・憤る

▽怒って不機嫌な顔をする
膨れる・脹れる・剝れる

▽憤りの気分になる
嘆く・歎く

▽怒りや思いを表情に出す
気色ばむ

▽せき込んで　**息巻く**

「怒る・怒り」の擬態語

▽激しく
かんかん・ぷんぷん

▽急に怒りが込み上げてくる
むかっと・むかむか・むらむら

▽急に怒り出し、のぼせ上がる
かっかと・かーっと・かっと

▽腹が立って気持ちがおさまらない
むしゃくしゃ

▽態度で怒りを示している

怒る・怒り

ぶりぶり

▽激しい怒りを我慢しきれないでいる

ぷりぷり

▽怒りを口に出さないで我慢している

むっと

▽怒ってふくれっ面をしている

ぷんと

「怒る・怒り」に関する成句

【青筋を立てる】
激高すると、こめかみの静脈が浮き出ることから、激しく怒るさま。

【頭から湯気を立てる】
かんかんになって怒る。

【頭に来る】
かっとなる。

【怒り心頭に発する】
激しく怒ること。「心頭」は、心の中、心の底の意。

【色をなす】
怒って顔色を変える。

【堪忍袋の緒が切れる】
我慢していた怒りがこらえきれずに、爆発する。

【冠を曲げる】
怒って機嫌を悪くする。

【口を尖らす】
不平・不満で怒った表情をする。類「小鼻を膨らませる」「頬を膨らます」

【小腹が立つ】
わずかだけ怒る。類「生腹立つ」「小腹を立てる」

【癪に障る】
気に入らなくて怒る。類「腹が立つ」「かちんと来る」「神経に障る」

【席を蹴る】
激しく怒って、その場を立ち去る。

【鶏冠に来る】
「頭に来る」の俗な言い方。

【無い腹を立てる】
わずかなことに怒る。類「向きになる」

【腹に据えかねる】
怒りを抑えることができない。

【腹の虫が納まらない】
腹が立って、どうにも我慢できない。類「腹の虫が承知しない」

【腸が煮え繰り返る】
我慢できないほど腹が立つ。

【満面朱を濺ぐ】
激しく怒って顔を真っ赤にするさま。

【向かっ腹を立てる】
むしゃくしゃして怒る。

【目くじらを立てる】
些細なことに怒る。

【目に角を立てる】
怒った目つきで見る。

【目を三角にする】
怒って険しい目つきをする。

【目を吊り上げる】

怒って目じりを上げる。


【目を剝く】

怒って目を大きく見開く。


【柳眉を逆立てる】

美人が眉を吊り上げて激しく怒るさまの形容。「柳眉」は柳の葉のような細くて美しい眉のこと。


【烈火の如く】

烈しく燃える火のように、非常に怒る。


【怒りは敵と思え】

怒りをおもてに出すと人の恨み・反感を招いてしまうから、怒りは自分を滅ぼす敵だと思って身を慎むべきだという戒め。


【怒れる拳笑顔に当たらず】

怒って拳を振り上げた人も笑顔で接すると拍子抜けがして打ち下ろせなくなるように、やさしい態度で接する方が効果的だということ。


【切歯扼腕】

激しく怒ったり残念がったりするさま。「切歯」は歯ぎしり、「扼腕」は自分の腕を握りしめること。出典は『史記』。


【怒気起こらば手を引け】

腹を立てて怒りたくなったら手を出さず、いったん身を引いて気を落ち着かせるべきである。


【怒髪天を衝く】

頭髪を逆立てた、激しい怒りの形相。「怒髪冠を衝く」ともいう。


【仏の顔も三度】

どんなに寛容な人でも、何度もひどい仕打ちをされれば、しまいには怒り出すということ。

教える・教え

教育の様態からみた「教える・教え」

▽知識・技芸などを学び取らせる
教う・教える・仕込む

▽知識・技芸などを　**教授・指南**

〔参〕「指南」は、古代中国で作られた方向を示す「指南車」に由来する。指南車は、車の上に置かれた人形の指が常に南の方角を示すように作られていた。

▽学問などの内容や意味を口頭で
講義

▽具体的に示し
教示・教示・示教・指教

▽口づたえに
口授・口授・口伝

▽人を教え育てる
教育・教え・教養・育
英・訓育・指導

▽英才を　**育英**

▽学問・技芸などの初歩的段階を
手解き・手引き

▽念入りに

教える・教え

教え込む・仕込む

▽教え習わせる　**教習**

▽学校で知識・技術などを　**授業**

▽技芸・武芸などの奥義・秘伝を
伝授・奥伝・奥許し

▽師が弟子の所に出向いて　**出稽古**

▽公的性格を持つ教育　**公教育**
『参』本来は、国家や地方公共団体による教育を指すが、現在では私立学校での教育や社会教育も公共性があることから、公教育に含められている。

▽小学校に入る前の
幼児教育・就学前教育

▽才能のすぐれた児童・生徒に対する特別な教育
英才教育

▽初歩的・基本的な普通教育
初等教育

▽学校教育の最高段階の教育
高等教育

▽初等教育と高等教育との中間の教育
中等教育

▽学校教育で、学習段階に応じて教育内容を系統的に配列した計画
教育課程・カリキュラム

▽学校教育で、学習させようとする内容を系統的に組織した一定の分野
教科

▽教育していく際の手順や方法
教程

▽物事を教える上での規則　**教則**

▽知識や思考力を身に付けさせる教育
知育・智育

▽道徳心を高めるための教育
徳育

▽身体機能を向上させるための教育
体育

▽食に関する知識や健全な食生活を実践する力を身に付けさせる
食育

▽主として軍事に関する教育訓練
教練

▽人に教えてもらう
教わる・受業

▽口づたえに教えを受ける
口受・口受

▽技芸の奥義などを師から直接教え授けられる
師伝・直伝

▽秘密にして、特定の人にしか教えない。また、その事柄
秘伝

▽師から技芸の奥義などのすべてを教え授けられる
皆伝

▽技芸などが代々教え継がれていく
相伝

▽教えることと学ぶこと　**教学**

教師と教え子の関係での「教える・教え」

▽教育に携わっている者　教育者（きょういくしゃ）

▽児童・生徒・学生などを教える職業　教職（きょうしょく）・教導職（きょうどうしょく）

▽学校に勤めて子弟の教育にあたる者　教師（きょうし）・教員（きょういん）・教職員（きょうしょくいん）・教官（きょうかん）・講師（こうし）

▽学習塾や専門学校、予備校などで教える　講師（こうし）

▽自動車の運転など特定の技能を教える　教官（きょうかん）

▽幼稚園や小・中・高校の正規の教員。旧制中学の教員　教諭（きょうゆ）

▽旧制の小学校教員　訓導（くんどう）

▽大学・研究所などで専門的研究を行いつつ、知識・技術を教え授ける者　教授（きょうじゅ）・准教授（じゅんきょうじゅ）・助教（じょきょう）

▽教える相手　教え子（おしえご）・児童（じどう）・生徒（せいと）・学生（がくせい）・弟子（でし）・門人（もんじん）・門弟（もんてい）

▽教師が教える場所　学校（がっこう）・学園（がくえん）・学舎（がくしゃ）・学び舎（まなびや）・教えの庭（おしえのにわ）・杏壇（きょうだん）・塾（じゅく）・学問所（がくもんじょ）・講堂（こうどう）

▽教室内の教師の立つ所　教壇（きょうだん）

▽教えるときに使う材料　教材（きょうざい）・教科書（きょうかしょ）・副読本（ふくどくほん）・副読本（ふくとくほん）・教本（きょうほん）・教則本（きょうそくぼん）・教具（きょうぐ）・教え草（おしえぐさ）・教弁物（きょうべんぶつ）

善導などからみた「教える・教え」

▽言い聞かせて理解させる。過ちを犯さないように注意する　教う（おしう）・教える（おしえる）・諭す（さとす）・説教（せっきょう）・垂訓（すいくん）・教訓（きょうくん）・説諭（せつゆ）・諭告（ゆこく）・告諭（こくゆ）・訓諭（くんゆ）・意見（いけん）

▽教え諭す言葉　教え（おしえ）・教訓（きょうくん）

▽教えて善の方に向かわせる　善導（ぜんどう）・教導（きょうどう）・教化（きょうか）・教令（きょうれい）・補導（ほどう）・輔導（ほどう）

▽徳をもって教え導く　風教（ふうきょう）

▽教育を通じて人を正しい方向に導く　文教（ぶんきょう）

▽知識などを広めることによって教え導く　啓発（けいはつ）・啓蒙（けいもう）

▽それとなく教える、そそのかす　示唆（しさ）・示唆（じさ）

▽人に悪事を教えてそそのかす　教唆（きょうさ）

▽人を教え戒める　教戒（きょうかい）・教誡（きょうかい）・教誨（きょうかい）・訓戒（くんかい）・訓誡（くんかい）

▽受刑者の徳性を高めるために教え導く　教誨（きょうかい）

▽不良行為をした、あるいはする恐れのある児童を教育保護する

教える・教え

教護(きょうご)

▽目下の者に教え示す。その言葉

訓示(くんじ)

▽強い口調で教え諫める　**強諫**(きょうかん)

▽誠意をもって人の過ちなどを戒め諭す

忠告(ちゅうこく)・**忠言**(ちゅうげん)

▽堅苦しいが、教訓となる話

説教(せっきょう)

▽立派な教え。相手の教えを敬って

高教(こうきょう)

▽故人の言いのこした　**遺訓**(いくん)

▽家代々に伝わる　**家訓**(かくん)

▽家庭の教訓　**庭訓**(ていきん)

宗教の見地からみた「教える・教え」

▽信仰の内容が言葉として表現され、人に示されたもの

教え(おしえ)・**教義**(きょうぎ)・**教理**(きょうり)・**教**(きょう)

説(せつ)・**教条**(きょうじょう)・**ドグマ**

▽人を説いて仏道に向かわせる

教化(きょうけ)・**教化**(きょうげ)

▽修行と教化　**行化**(ぎょうけ)

▽教義などを説いて聞かせる

説教(せっきょう)・**説法**(せっぽう)

▽教えのおもむき、内容

教旨(きょうし)・**教趣**(きょうしゅ)

▽教えの根本　**教本**(きょうほん)

▽釈迦の説いた

仏法(ぶっぽう)・**教法**(きょうほう)・**教法**(きょうぼう)・**経法**(きょうぼう)

▽教えの基本となる書物

経典(きょうてん)・**教典**(きょうてん)・**教範**(きょうはん)

▽経典に示された　**経教**(きょうぎょう)

▽言葉をもって示した仏の

言教(ごんきょう)・**教跡**(きょうしゃく)・**教迹**(きょうしゃく)・**仏法**(ぶっぽう)

成句
「教える・教え」に関する

【知恵(ちえ)を付(つ)ける】
何も分からない人に悪事を教える。
類「悪知恵(わるぢえ)を付(つ)ける」「入(い)れ知恵(ぢえ)する」

【手取(てと)り足取(あしと)り】
一つ一つ丁寧に教えるさま。

【範(はん)を垂(た)れる】
人に模範を示す。手本となることをして見せる。

【道(みち)を付(つ)ける】
後進を教え導く。

【蒙(もう)を啓(ひら)く】
無知な人を教え導く。

【負(お)うた子(こ)に教(おし)えられて浅瀬(あさせ)を渡(わた)る】
川を渡るときに背負った子に浅い所を教えられることがあるように、ときには自分より未熟な人に教えられることがあるということ。

【教(おし)うるは学(まな)ぶの半(なか)ば】
人に教えることは、その半分は自分の勉強のためになることなのである。

【率先垂範】

人に先立って模範を示すこと。


【二度教えて一度叱れ】

子どもは失敗を繰り返しながら成長していくものだから、いちいち叱りつけないで根気よく教え諭すことが大切である。


【百日の説法屁一つ】

百日間も仏の教えを説いて信者をありがたがらせた坊さんが、思わずもらしたおならのために台無しになってしまったということで、長い間の苦労がちょっとした失敗で全くむだになってしまうことのたとえ。


【孟母三遷の教え】

子弟の教育には環境を選ぶことが非常に大切であるという孟子の母の故事にちなむ教え。出典は『列女伝』。

音・響き

程度・様態からみた「音・響き」

▽耳に聞こえる物の振動
音・音・音声・音声

▽音の大きさの度合い
音量

▽音の高さ
音高

▽楽器など発音体の違いや、音の出し方の違いによる感覚的な特性
音色・音色

▽二つの音の高さの隔たり
音程

▽音楽で使われる音を、一定の基準に沿って高さの順に並べた
音階

▽高さの違う二つ以上の音が同時にひびくときできる
和音・協和音

▽二つ以上の音を同時に鳴らしたとき、不安定な感じがする
不協和音

▽音を出しているもと
音源

▽小さな音、小さな声
小音

▽大きな音、大きな声
大音・大音声

▽大きな音
大音響

▽音が大きく鳴り渡る
轟き・轟然

▽とどろき渡る
轟音

▽楽器などが発する音のうち振動数の最も少ない
基音・基本音

▽高い
高音

▽低い
低音

▽振動として感じるような重々しく低い
重低音

▽力の入った低い
唸り

▽かすかな
微音

音・響き

▽弱い　弱音（じゃくおん）
▽心に訴える小さくて美しい　音（ね）・音色（おんしょく）・音色（ねいろ）
▽とてもよい　好音（こうおん）・好音（こういん）
▽美しい　美音（びおん）・妙音（みょうおん）
▽聞いていて快い　快音（かいおん）
▽澄んだ音色　清音（せいおん）
▽周囲に伝わる音の振動　音響（おんきょう）・響き（ひびき）・響み（とよみ）・響み（どよみ）・響めき（とよめき）・響めき（どよめき）・響動めき（とよめき）・響動めき（どよめき）
▽音・声とひびき　音韻（おんいん）・声韻（せいいん）
▽鳴り終わっても、あとまで残る音のひびき　残響（ざんきょう）・余音（よいん）・余韻（よいん）・余響（よきょう）
▽音が物に当たってはね返ってくる　谺（こだま）・木霊（こだま）・反響（はんきょう）・天彦（あまびこ）・山彦（やまびこ）
▽音が交じってひびき合う　交響（こうきょう）
▽音が聞こえる　音聞き（おとぎき）

▽遠くからの。また、遠くまで聞こえる　遠音（とおと）・遠音（とおね）・遠鳴り（とおなり）
▽うるさくて騒がしい　雑音（ざつおん）・騒音（そうおん）・噪音（そうおん）・ノイズ
▽鳴る。また、騒がしい物の　鳴り（なり）
▽何かの　物音（ものおと）・物の音（もののね）
▽物を続けて打つ　打打（ちょうちょう）・丁丁（ちょうちょう）
▽実際には鳴っていないのに聞こえる気がする　空音（そらね）
▽雑音などを消す　消音（しょうおん）
▽音が外に漏れないようにする　防音（ぼうおん）・遮音（しゃおん）・吸音（きゅうおん）

対象・種別からみた「音・響き」

▽風が鳴る　風音（かぜおと）・風音（かざおと）・風声（ふうせい）・風籟（ふうらい）・風韻（ふういん）・天籟（てんらい）
▽風が物に触れて鳴る。また、笛の穴から発する　籟（らい）
▽地上で発する音・ひびき　地籟（ちらい）
▽人工で出す笛や尺八などの　人籟（じんらい）
▽天籟・地籟・人籟の三つの籟の総称　三籟（さんらい）
▽風に当たっていろいろの物が鳴る　万籟（ばんらい）・衆籟（しゅうらい）
▽秋を感じさせるものさびしい風の　秋声（しゅうせい）・秋の声（あきのこえ）
▽松風の　松籟（しょうらい）・松韻（しょういん）
▽波の音にたとえた松風の　松濤（しょうとう）
▽山風が樹木に当たってざわざわする　山籟（さんらい）
▽木の葉が風などで触れて出す　葉音（はおと）
▽雨や雪の降る音、風の吹く音、落葉の音など　淅瀝（せきれき）

▽雨の降る　**雨音**(あまおと)・**雨声**(うせい)

▽激しい風や波の　**怒号**(どごう)

▽雷の　**雷鳴**(らいめい)

▽急に鳴る雷の　**霹靂**(へきれき)

▽雷が鳴りひびく　**轟轟**(ごうごう)・**殷殷**(いんいん)

▽地震や火山の噴火などで地盤が揺れるときの　**地響き**(じひびき)・**地鳴り**(じなり)・**鳴動**(めいどう)

▽家が鳴りひびく　**家鳴り**(やなり)

▽山が鳴動する　**山鳴り**(やまなり)

▽水の流れる。また、物が水の中に落ち込んだとき出る　**水音**(みずおと)・**水声**(すいせい)

▽水が流れ注ぐ　**淙淙**(そうそう)

▽川が流れる　**川音**(かわおと)

▽川が浅瀬を流れる　**瀬音**(せおと)・**せせらぎ**

▽滝の　**瀑声**(ばくせい)

▽波が寄せたり引いたりするときに起こす　**波音**(なみおと)・**濤声**(とうせい)・**唸り**(うなり)

▽沖から寄せるうねりの　**海鳴**(かいめい)・**海鳴り**(うみなり)

▽潮が満ちるとき立つ波のざわめき　**潮騒**(しおさい)・**潮騒**(しおざい)

▽爪をはじいたときに出る。また馬の蹄(ひづめ)や琴の　**爪音**(つまおと)

▽歩く　**足音**(そくおん)・**足音**(あしおと)・**跫音**(きょうおん)

▽人がいる気配、人の歩く足の　**人音**(ひとおと)

▽靴の　**靴音**(くつおと)

▽人が来る足音がするさま　**跫然**(きょうぜん)

▽着物の裾(すそ)などが触れ合う　**衣擦れ**(きぬずれ)

▽鳥が羽を打つ　**羽音**(はおと)

▽蚊が多く集まって鳴く　**蚊雷**(からい)・**蚊鳴り**(かなり)

▽鳥の鳴く声の高い　**高音**(たかね)

▽むちを打つ　**鞭声**(べんせい)

▽音楽での高い　**高音**(たかね)

▽さえた音楽の　**錚錚**(そうそう)

▽楽器の　**楽音**(がくおん)・**物の音**(もののね)

▽金属楽器の　**金声**(きんせい)

▽楽器・玉の鳴る音を形容して　**瑲瑲**(そうそう)

▽琴や金属の　**錚然**(そうぜん)

▽三味線などの　**弦声**(げんせい)・**絃声**(げんせい)

▽撥(ばち)で引き鳴らす　**撥音**(ばちおと)

▽鼓や太鼓の　**鼓声**(こせい)

▽茶の湯で湯が沸騰する最適の湯相の　**松風**(まつかぜ)

▽刀などで打ち合う　**刃音**(はおと)・**太刀音**(たちおと)・**打打発止**(ちょうちょうはっし)

▽よく鍛えた鉄などのひびき　**錚錚**(そうそう)

▽固い物を打ち合う　**戛戛**(かつかつ)・**鏗鏗**(こうこう)

▽寺の鐘が鳴りひびく

音・響き

鯨音（げいおん）・**鐘声**（しょうせい）・**鏗鏗**（こうこう）

▽矢が風を切って飛ぶ　**矢音**（やおと）・**羽音**（はおと）

▽弓を射る　**弓音**（ゆみおと）

▽矢を放ったとき弦が鳴る　**弦音**（つるおと）・**鞆音**（ともね）

▽爆発したときの音。また、飛行機の　**爆音**（ばくおん）

▽鉄砲・大砲の弾を打ち出す　**筒音**（つつおと）

▽大砲を撃ったときに出る　**砲声**（ほうせい）

▽銃を撃ったときに出る　**銃声**（じゅうせい）

▽合図に撃った大砲などの　**号音**（ごうおん）・**号砲**（ごうほう）

▽サイレン・汽笛などの　**吹鳴**（すいめい）

▽バットやラケットでボールを打ったときに出る　**球音**（きゅうおん）

▽たたいて出す　**打音**（だおん）

▽重い物が落ちたり通過したりするとき大地が揺れる　**地響き**（じひびき）

▽地ひびきをたてる　**轟轟**（ごうごう）

▽船をこぐ楫（かじ）の　**楫音**（かじおと）

▽艪（ろ）をこぐ　**艪声**（ろせい）・**櫓声**（ろせい）

▽槌で物を叩いたときに出る　**槌音**（つちおと）

▽心臓が脈打つ　**心音**（しんおん）

▽心音のひびき　**鼓動**（こどう）

▽実際の音に似せて人工的につくり出した　**擬音**（ぎおん）

▽金属をたたいたりこすったりするときに出る甲高い　**金属音**（きんぞくおん）

▽電子回路で電気的に作り出された　**電子音**（でんしおん）

▽携帯電話や電子メールなどで着信を知らせる　**着信音**（ちゃくしんおん）

「音・響き」に関する動詞・複合動詞

▽音が聞こえる。音が広がっていく　**響く**（ひびく）

▽音がする。音が高くひびく　**鳴る**（なる）・**高鳴る**（たかなる）

▽物と物とがこすれて音を出す　**軋む**（きしむ）・**軋めく**（きしめく）・**軋る**（きしる）・**がたつく**

▽鈍い音が低く長く鳴りひびく　**唸る**（うなる）

▽あたり一面に音がひびく　**響めく**（どよめく）・**轟く**（とどろく）・**響き渡る**（ひびきわたる）・**鳴り響く**（なりひびく）・**鳴り渡る**（なりわたる）

▽音を聞こえさせる、出させる　**響かせる**（ひびかせる）・**轟かせる**（とどろかせる）・**鳴らす**（ならす）・**響む**（とよむ）・**響む**（どよむ）・**響もす**（とよもす）

▽床などを踏んで鳴りひびかせる　**踏み鳴らす**（ふみならす）

▽楽器などの音がさえて聞こえる

澄む・清む

▽音がはっきりしなくなる　濁る

▽音が細く高くひびく　甲走る

▽にぎやかな音をたてる　さざめく・さんざめく・さんざらめく

▽戸をたたく音がする　ほとめく

驚く・驚き

様態・程度からみた「驚く・驚き」

▽意外なことに出くわして、心の平静を失う　驚く・魂消る・喫驚・吃驚・一驚・サプライズ・びっくり

▽突然のことに　飛び上がる

▽非常に　驚愕・驚駭・打っ魂消る・驚倒・仰天

▽ひどく　愕然・駭然・驚き入る・おどろおどろし

▽あまりも意外なことに　呆れる・恐れ入る

▽ひどくあきれる　呆れ返る・呆れ果てる

▽驚きあきれて何も言えない　唖然・呆然

▽驚きあわてる　錯愕・動転・動顛・驚動

▽驚いて、あわてふためく　周章・狼狽・驚慌

▽驚いて飛び起きる　驚起

▽意外な事に驚きあきれる　憮然

▽驚き恐れる　驚懼・驚怖

▽驚き震え上がる　震驚・震駭

▽思いがけないことに出会い驚き喜ぶ　驚喜

▽非常に驚き感心する　驚き入る・驚嘆・驚歎

▽驚くほど素晴らしい　驚異

▽驚くほど詩文にすぐれている　警策・警策

驚かすからみた「驚く・驚き」

▽相手をびっくりさせる　驚かす・脅す・脅かす・驚破・サプライズ

▽相手のすきをついて事を行う　闇打ち

▽世間をひどく　動地

「驚く・驚き」の擬態語

驚く・驚き

▽不意をつかれて　**ぎくりと**

▽急に驚き恐れる　**ぎくっと・どきっと・どきんと・どきりと**

▽驚き恐れて身震いする　**びくっと**

▽驚いて心が動揺する　**あっと・はっと・ぎょっと**

▽一瞬、恐怖を感じて　**ひやっと**

▽あっけにとられている　**きょとんと**

▽驚きあわてふためいている　**どぎまぎ・へどもど**

「驚く・驚き」に関する成句

【開いた口が塞がらない】
相手が示した態度や行為に対して驚きあきれて、ものが言えない。

【呆気に取られる】
意外なことを目のあたりにして、驚きあきれる。

【あっと言わせる】
意外なことをして、感心させる。

【泡を食う】
突然のことに驚き、あわてふためく。

【息を呑む】
はっと驚く。

【一驚を喫する】
すっかり驚いてしまう。「一驚」は驚くこと、「喫する」は「受ける」「こうむる」の意。

【意表に出る】
意外なことをしたり言ったりして、相手を驚きあわてさせる。類「意表を衝く」

【上を下へ】
驚きあわてふためくさま。

【肝を潰す】
突然のことに驚いて、冷や汗をかく。類「肝が潰れる」

【血相を変える】
ひどく驚いたり怒ったりして、顔色が変わる。

【声を呑む】
非常に驚いて、声が出なくなる。

【腰を抜かす】
非常に驚いて、体が動かなくなる。

【舌を巻く】
人の行いや力量などに、驚き感心する。

【耳目を驚かす】
世間の人の注意を集め驚かせる。

【尻毛を抜く】
相手のすきに付け込んで、驚きあわてさせる。

【心臓が止まる思い】
あまりの突然の出来事で、驚きのショックで死ぬかと思うほどのさま。

【前後を忘れる】
ひどく驚いて、状況判断ができなくなる。

【度肝を抜く】

相手の思いもかけないことをして、ひどく驚かせる。類「生き肝を抜く」

【毒気を抜かれる】驚かされて、意気込みをはぐらかされる。

【二の句が継げない】驚きあきれて、次の言葉が出ない。

【寝耳に水】突然意外なことを聞いて、びっくりすること。

【蜂の巣をつついたよう】突然の出来事に驚き、みながあわてふためくさま。

【一泡吹かせる】相手を驚きあわてさせる。

【不意を食う】だしぬけに、びっくりするような目にあう。

【耳を疑う】突然驚くべきことを聞いて、それが信じられない。

【胸が潰れる】驚いて胸がどきどきする。

【胸を突く】驚いてはっとする。

【胸を冷やす】突然のことに驚き、ぞっとする。類「肝を冷やす」

【目が飛び出る】値段などが非常に高くて驚くさま。類「目の玉が飛び出る」

【目を疑う】驚きのあまり、自分の見たものが信じられない。

【目を白黒させる】思いもかけなかった出来事に出会って、驚きあきれるさま。

【目を丸くする】驚いて、目を大きく見開く。類「目を見張る」

【薮から棒】だしぬけに驚くようなことを言ったり行ったりすること。類「窓から鑓」。

【驚き桃の木山椒の木】「おどろき」の語呂合せ。これは驚いたの意。

【驚心動魄】非常に心を驚かせ、魂をゆさぶるさま。人の心を感動させること。

【驚天動地】天を驚かし地を動かすことから、世間をひどく驚かすこと。類「震天動地」

【周章狼狽】とてもうろたえ、あわてふためくこと。

【鳩に豆鉄砲】突然のことに驚いて、呆然としているさま。「豆鉄砲」は、えんどう豆を鉄砲の玉にして遊ぶおもちゃ。類「鳩が豆鉄砲を食ったよう」

【風声鶴唳】敗れた兵が風の音や鶴の鳴き声を敵かと思うことから、おじけづいた人が、ささいなことに驚き恐れることをいう。

思う・思い

心の働きの中の「思う・思い」

▽物事を感じとったり理解したりするために心を働かす
思う・念じる

▽思いめぐらす
考える・思案・惟る・思考・思惟・考思・思念・思惟・思議・千思

▽筋道を立てて考えを進める
思索・思惟・思惟

▽思うこと。思っていること
思い・考え・思わく・心・所思・心思・感・所存・所懐・所見・意想・意相・心想

▽自分ひとりだけの考え　一存

▽思う・考えるの尊敬語　思し召す

▽思い・考えの尊敬語
思し召し・御意
［参］「御意」は「御意のとおり」の略語として、目上の人の発言に同意したり、命令に従う意志を示したりする返答としても用いられる。

▽思う・考えるの謙譲語
存じる・存ずる

▽思っていること、意見の謙譲語
存じ寄り

▽天皇の意思
勅旨・聖旨・聖慮・叡慮

▽故人の生前の意思　遺意

▽心、思い
心頭・念頭・情懐・衷懐

▽心の中で思っていること
手の内・心中・心事・心裏・意中・内意・心情・懐・胸中・胸裏・腹の中・腹の中・胸臆・胸襟・胸懐・胸次・心腹・胸間

▽自分の心中の
存心・存意・下思い

▽自分の本心　本音

▽本心などの謙譲語　微衷・微意

▽心に抱く
抱懐・懐抱・含む

▽深く心中に銘記した　憶念・臆念

▽深く考え
思慮・心慮・深慮・熟慮・熟考・沈思・潜思・深念・深思・三思

▽つくづく思いめぐらす　熟思

▽静かに　静思

▽深く静かな　幽思

▽俗念を払った寂静な

寂念（じゃくねん）・禅定（ぜんじょう）

▽あてどもない
漫ろ心（すずろごころ）・漫ろ心（そぞろごころ）

▽よこしまな　邪念（じゃねん）

▽雑多な　雑念（ざつねん）

▽他の　余念（よねん）・他念（たねん）

▽世間一般に共通している　通念（つうねん）

▽道徳の観念
道念（どうねん）・道義心（どうぎしん）・モラル

▽理性によって到達する最高の概念
理念（りねん）・イデア・イデー

▽生き方にかかわるものの見方・考え方
思想（しそう）

▽思想の流れ　思潮（しちょう）

▽ある時代の思想傾向
時代思潮（じだいしちょう）

心に感じて判断する意からみた「思う・思い」

▽心に感じ
感（かん）・感想（かんそう）・所感（しょかん）・感懐（かんかい）

▽いろいろな感想
断想（だんそう）・随感（ずいかん）・雑感（ざっかん）

▽ふと心に　偶感（ぐうかん）

▽いろいろな　万感（ばんかん）

▽同じように　同感（どうかん）

▽折りに触れて起こるさまざまな
情緒（じょうしょ）・情緒（じょうちょ）・情思（じょうし）

▽思い立つ　発起（ほっき）

▽あることをしようと心に決める
決心（けっしん）・決意（けつい）

▽はっきりと心を決める
決断（けつだん）・英断（えいだん）

▽心に決めておく　思い置く（おもいおく）

▽めいめい自分の思う通りに
思い思い（おもいおもい）

▽一度決めたことを考え直す
再思（さいし）・再考（さいこう）・思い返す（おもいかえす）・思い直す（おもいなおす）

▽考え迷う　当惑（とうわく）

▽心に悲しいと
心悲しい（うらがなしい）・痛む（いたむ）

▽悲しい　悲懐（ひかい）

▽感じて心を痛める　感傷（かんしょう）

▽人に対して抱く不快感　悪感情（あくかんじょう）

▽不思議に
訝る（いぶかる）・訝しがる（いぶかしがる）・怪しむ（あやしむ）・怪訝（かいが）

▽言いにくく思って悩む
言い煩う（いいわずらう）・言い侘ぶ（いいわぶ）

▽物思いして嫌になる
思い倦む（おもいうむ）・思い倦んず（おもいうんず）

▽春の　春思（しゅんし）・春愁（しゅんしゅう）・春心（しゅんしん）

▽秋の　秋思（しゅうし）・秋意（しゅうい）

▽うれい
愁思（しゅうし）・愁意（しゅうい）・物思い（ものおもい）・やむ・思い侘ぶ（おもいわぶ）

▽心に染み込んで忘れない
思い染む（おもいしむ）

思う・思い

▽気がめいる
憂鬱(ゆううつ)・沈鬱(ちんうつ)・思(おも)い屈(くっ)す・思(おも)い撓(たわ)む・グルーミー・ブルー・メランコリー

▽心が晴れない　鬱然(うつぜん)・鬱鬱(うつうつ)

▽焦って苛立つ　焦思(しょうし)・焦慮(しょうりょ)

▽旅先での
旅情(りょじょう)・旅心(たびごころ)・客思(かくし)・客思(きゃくし)・客意(かくい)・客意(きゃくい)・客情(かくじょう)・客情(きゃくじょう)・旅愁(りょしゅう)

▽みやびやかな　雅懐(がかい)

▽実際よりも自分をえらいと
思(おも)い上(あ)がる・自惚(うぬぼ)れる・己惚(うぬぼ)れる・思(おも)い驕(おご)る

▽自分で自分をえらいと　自尊(じそん)

▽自分の才能などに自信や誇りを持つ　自負(じふ)

▽自ら適任だと　自任(じにん)

▽物事を肯定的に、好都合に見る　楽観(らっかん)

▽否定的に見る　悲観(ひかん)

心に思い浮かべ、考える意からみた「思う・思い」

▽経験していないことを
想像(そうぞう)・想見(そうけん)・察(さっ)する・イマジネーション

▽心に　想念(そうねん)・存念(ぞんねん)

▽心に浮かぶ思い、その記録　随想(ずいそう)・随感(ずいかん)

▽ある物事から他の物事を　連想(れんそう)・思(おも)い渡(わた)す

▽思い付き　着想(ちゃくそう)・発想(はっそう)・工夫(くふう)・思(おも)い付(つ)き・アイデア

▽それからそれへと続けて　思(おも)い流(なが)す・連想(れんそう)

▽黙って思いを凝らす　黙想(もくそう)・黙思(もくし)・黙考(もっこう)

▽心を静めて思いを凝らす　観想(かんそう)

▽目を閉じて静かに考える　瞑想(めいそう)

▽夢に思い見る　夢想(むそう)

▽現実離れした想像　空想(くうそう)・白昼夢(はくちゅうむ)・白日夢(はくじつむ)・デイドリーム

▽根拠のない空想　幻想(げんそう)・ファンタジー・イリュージョン

▽根拠のない想像　妄想(もうそう)

▽仮定して想像する　仮想(かそう)

▽思い描く最善の状態　理想(りそう)

▽物事などの事情を推し量る　推察(すいさつ)・推量(すいりょう)・推測(すいそく)

▽分かっていることをもとに未知のことを推察する　推理(すいり)・推論(すいろん)

▽相手の推察の敬称　高察(こうさつ)・賢察(けんさつ)

▽相手の推察を敬服していう語　明察(めいさつ)

▽自分の推察の謙称　拝察(はいさつ)

▽推し測って考える
推考(すいこう)・推測(すいそく)

▽物事の成り行きを推測する　端倪(たんげい)

▽人の気持ちを推察する　忖度(そんたく)

▽想像をもとにしたいい加減な推測
憶測(おくそく)・臆測(おくそく)・当(あ)て推量(すいりょう)・当(あ)てずっぽう

▽勝手に推測して判断する
思(おも)い当(あ)て・思(おも)い做(な)し

▽比べ合わせて考える
思(おも)い準(なずら)う・思(おも)い合(あ)わせる

▽よけいな推測
過慮(かりょ)・思(おも)い過(す)ごし

▽ひがんで推測する
邪推(じゃすい)・勘繰(かんぐ)る

▽将来のことを前もって思いめぐらす
予想(よそう)

▽前もって推測する
予測(よそく)・見込(みこ)む・見通(みとお)す

▽前もって期待や覚悟をする
予期(よき)・思(おも)い設(もう)ける

▽心に深く思う。信じ切る
思(おも)い込(こ)む

▽思い違い
勘違(かんちが)い・考(かんが)え違(ちが)い・誤解(ごかい)

▽まったく予想もしない
思(おも)い掛(が)けない

▽予想や推測がはずれる
誤算(ごさん)・当(あ)て外(はず)れ

▽思いもよらない
意外(いがい)・案外(あんがい)・予想外(よそうがい)・意想外(いそうがい)・思(おも)いの外(ほか)・望外(ぼうがい)・意表(いひょう)

▽過去のことを思いめぐらす
回想(かいそう)・回顧(かいこ)・追憶(ついおく)

▽自分の行為や物事の経緯を省みる
省思(せいし)

▽過去のことや去った人を思い出して慕う
追想(ついそう)・追思(ついし)・追懐(ついかい)・追慕(ついぼ)・偲(しの)ぶ

▽昔のことを懐かしく
懐古(かいこ)・懐旧(かいきゅう)・レトロ

▽過去のことを思い出す
思(おも)い起(お)こす・想起(そうき)

▽過去の出来事を思い出す
思(おも)い出(で)・想(おも)い出(で)

▽故郷を懐かしく
懐郷(かいきょう)・望郷(ぼうきょう)・思郷(しきょう)・ノスタルジー・ホームシック

▽自分の経験などを思い浮かべ、なるほどと気づく
思(おも)い当(あ)たる・思(おも)い合(あ)わせる

心をひかれ、心を向ける意からみた「思う・思い」

▽こうしたいと心に
願(ねが)う・望(のぞ)む・念(ねん)じる・思(おも)う

▽願い望むこと。願っていること

思う・思い

願い事（ねがいごと）・思い事（おもいごと）・願望（がんぼう）・念願（ねんがん）・希望（きぼう）

▽願望を抱く　夢見る（ゆめみる）

▽平素の思い・願い　素志（そし）・素懐（そかい）・素願（そがん）・宿願（しゅくがん）

▽かねてからの念願　蓄念（ちくねん）

▽あこがれる　憧憬（しょうけい）・憧憬（どうけい）

▽あることをしようと心に決める　志す（こころざす）

▽初めに思い立った気持ち・考え　初心（しょしん）・初志（しょし）・初一念（しょいちねん）・初念（しょねん）

▽心を奮い起こす　思い起こす（おもいおこす）・奮起（ふんき）

▽深く思いを寄せる　思い入れ（おもいいれ）・一念（いちねん）・執念（しゅうねん）・執心（しゅうしん）

▽一心に念ずる　専念（せんねん）

▽思いっ切り　思う存分（おもうぞんぶん）

▽思い切る。あきらめる　断念（だんねん）

▽いつも心にかけている　思念（しねん）

▽人の身について思いやる　同情（どうじょう）・察する（さっする）・顧慮（こりょ）

▽気の毒だと　哀れむ（あわれむ）・憐れむ（あわれむ）

▽気の毒だと思う気持ち　哀れみ（あわれみ）・憐憫（れんびん）・憐愍（れんびん）・哀憐（あいれん）・不憫（ふびん）・不愍（ふびん）・憐情（れんじょう）

▽悲しみ惜しむ　哀惜（あいせき）

▽深く愛し、かわいく　慈しむ（いつくしむ）・愛惜（あいせき）・愛おしむ（いとおしむ）

▽心から敬い慕う　心酔（しんすい）

▽心をひかれ恋しく　慕う（したう）・思慕（しぼ）・思恋（しれん）・眷恋（けんれん）

▽異性を恋い慕う　恋慕（れんぼ）・懸想（けそう）

▽あこがれ慕う　渇仰（かつごう）

▽思い慕う気持ち　慕情（ぼじょう）

▽情愛の　情思（じょうし）

▽人知れず思いをかける　下延ふ（したはふ）

▽思う気持ちのありったけ　思いの丈（おもいのたけ）

▽思ってはならないのに抑えることができない　有らぬ思い（あらぬおもい）

▽恋しく思っているようなようす　思い顔（おもいがお）

▽互いに恋しく　思い交わす（おもいかわす）

▽互いに思い慕う　相思（そうし）

▽人や物への思いを断ち切れない　執着（しゅうちゃく）・愛着（あいちゃく）・愛着（あいじゃく）・愛著（あいじゃく）・愛執（あいしゅう）

▽固く執着する　固執（こしつ）・固執（こしゅう）

▽迷いから起こる執念　妄念（もうねん）・妄執（もうしゅう）・妄心（もうしん）

▽俗事にひかれる心　俗念（ぞくねん）・俗情（ぞくじょう）

▽心配のたね。また思い人　思い種（おもいぐさ）

▽思いが深く絶えないことをたとえて　思い川（おもいがわ）

▽あれこれ考えて悩む　思い悩む（おもいなやむ）・思い煩う（おもいわずらう）・思い迷う（おもいまよう）・思い惑う（おもいまどう）・思い

倦ねる

▽思い悩んで処理できなくなる

思い余る

▽いろいろに苦心する　**思い砕く**

▽気をもたせるような言葉や態度で期待をもたせる

思わせ振り

▽心配して悩み苦しむさま

憂悶・悶悶

▽うれい　**憂思**

▽嘆き悲しむ　**愁傷**

▽うらみに思う気持ち　**怨念・遺恨**

▽残念に　**遺憾**

「思う・思い」に関する成句

【一日千秋の思い】
一日が千年にも感じられるほどの待ち遠しい思い。

【思いが募る】
思いがますます激しくなる。

【思い半ばに過ぎる】
（⇩「知る・分かる」299ページ）

【思いも寄らない】
（⇩「考える・考え」188ページ）

【思いを致す】
（⇩「考える・考え」188ページ）

【思いを馳せる】
心の中であれこれと想像をめぐらす。

【思いを晴らす】
長い間思っていたことを成し遂げる。

【思いを寄せる】
（⇩「愛・愛する」36ページ）

【思う壺】
あらかじめ思っていた通りの結果になる。

【気持ちを汲む】
相手の気持ちを推し量る。

【気を回す】
相手の気持ちをあれこれと想像する。

【首を長くする】
あることが実現されるのを待ち遠しく思っているさま。

【下種の勘繰り】
ひがんで、あれこれと邪推すること。

【心に描く】
心に思い浮かべる。類「胸に描く」

【察しが付く】
相手の心中がほぼ推測できる。

【青天の霹靂】
予想もしなかった事件や衝撃。

【念頭に置く】
いつも心の中で忘れずにいる。

【端なくも】
思いがけず。

【腹を読む】
相手が思っていることを推察する。

【瓢箪から駒】
意外なところから思いがけないも

のが出る。

【胸の火】
胸中のやるせない思い。

【夢を描く】
理想的な生活などについて、あれこれと空想する。

【磯の鮑の片思い】
自分だけが相手を恋い慕うだけで、相手が自分を何とも思わないことをいう。アワビが片貝であることと「片思い」をかけて言う。

【一念発起】
物事を成し遂げようと強く思い立つこと。

【思い内にあれば色外に現る】
（⇩「あらわす・あらわれる」69ページ）

【思い立ったが吉日】
（⇩「はじめる・はじめ」476ページ）

【思う念力岩をも通す】
必死の思いでやれば、どんな困難なことでも成し遂げることができるというたとえ。

【揣摩臆測】
なんの根拠もなく自分の心だけでいい加減な推量をすること。
類「当て推量」

【思慮分別】
（⇩「考える・考え」189ページ）

【学びて思わざれば則ち罔し】
（⇩「学ぶ・習う」543ページ）

【無念無想】
仏教で無我の境地にはいり、一切の妄念を捨て去ること。転じて何も考えないこと。

親子

「親」のさまざまな呼称、「親」のつく言葉など

▽自分を生んだ人

親・二親・二親・両親・実親・実親・父母・実父母・父母・父母・怙恃・足乳根・垂乳根・生みの親・産みの親

▽血のつながりのない

継父母・継親・養親・養い親・養父母・仮親・育ての親

▽親権を行使する　**親権者**

『参』親権は、監護教育権と財産管理権からなる。監護教育権は、子の監護及び教育をする権利を有し義務を負い、財産管理権は、子の財産を管理し、その財産に関する法律行為を子に代わって行う権利。

▽結婚式などで一時的に親の役をする

仮親・仲人親

▽実の親が死んだあと、親とも頼む

後の親

▽親に代わり養育・世話をする

▽親代わりになって他人の子の世話をする
親様（おやざま）・**親代わり**（おやがわり）・**親代**（おやしろ）
里親（さとおや）

▽名前をつけてくれた
名親（なおや）・**名付け親**（なづけおや）

▽他人の親を敬っていう
親御（おやご）・**親御前**（おやごぜ）

▽親御よりさらに丁寧な語
親御様（おやごさま）

▽両親のうち、父あるいは母　**片親**（かたおや）

▽両親のうち、片方しかいない
片親（かたおや）・**単親**（たんしん）

▽年とった　**老親**（ろうしん）

▽死んだ　**亡親**（ぼうしん）

▽死んだ父と母　**考妣**（こうひ）

▽親と子　**親子**（おやこ）

▽本当の親と子
肉親（にくしん）・**骨肉**（こつにく）・**骨肉**（こつじく）

▽一家を支えている人　**親柱**（おやばしら）

▽子が親によく仕える
親孝行（おやこうこう）・**孝行**（こうこう）・**孝養**（こうよう）

▽親を大切にせず心配をかける
親不孝（おやふこう）・**不孝**（ふこう）
〔参〕「親不孝」を「親不幸」とするのは誤り。

▽親から譲り受けた気性・性格など
親譲り（おやゆずり）

▽親が子を溺愛（できあい）するあまり愚かなことをする。また、その親
親馬鹿（おやばか）

▽親の子への愛（いと）しみの心　**親心**（おやごころ）

▽苦しい状況から生命を救ってくれた恩人
命の親（いのちのおや）

「祖父」のさまざまな呼称

▽両親の父と母　**祖父母**（そふぼ）

▽父母の男親
祖父（そふ）・**祖父**（じじ）・**祖父**（おおじ）・**大父**（たいふ）・**大父**（おおちち）・**阿翁**（あおう）

▽父と　**父祖**（ふそ）

▽母方の　**外祖**（がいそ）・**外祖父**（がいそふ）

▽養親の父　**養祖父**（ようそふ）

▽死んだ祖父の尊敬語　**王父**（おうふ）

▽祖父を親しみをこめて呼ぶ
御祖父さん（おじいさん）

▽御祖父さんをさらにくだけた調子で呼ぶ
御祖父ちゃん（おじいちゃん）

▽天皇の　**皇祖**（おうじのみこと）

▽天皇の亡くなった　**皇祖考**（こうそこう）

▽祖父母の男親
曾祖父（そうそふ）・**曾祖父**（ひおおじ）・**曾祖父**（ひいじじ）・**曾祖**（そうそ）

「父」のさまざまな呼称

▽両親のうち男の人

親子

父(ちち)・男親(おとこおや)・父親(ちちおや)・父親(てておや)・
親父(おやじ)・家父(かふ)・家厳(かげん)・家君(かくん)・
足乳男(たらちお)・垂乳男(たらちお)
▽父を親しみ敬っていう
慈父(じふ)・阿父(あふ)・大人(たいじん)
▽父の尊敬語
父上(ちちうえ)・父君(ちちぎみ)・父君(ててき)・父君(ててぎみ)・
厳父(げんぷ)
▽自分の父を謙遜していう　愚父(ぐふ)
▽父が自分の子に対していう自称
乃父(だいふ)
▽一般的に子が父に呼び掛ける
御父(おとう)さん・父(とう)さん・パパ
▽やや敬意をこめて子が父に呼び掛ける
御父様(おとうさま)・父上様(ちちうえさま)
▽御父さんよりくだけていう
御父(おとう)ちゃん・おっとう・
親父(おやじ)
▽年少の子が父に呼び掛ける
父(とう)ちゃん・父(とと)・ちゃん
▽他人の父の尊敬語
尊父(そんぷ)・父御(ててご)・父御(ちちご)・父君(ちちぎみ)・
父君(ふくん)
▽他人の父の称　乃父(だいふ)
▽血のつながりのある、本当の
実父(じっぷ)
▽血のつながりのない　継父(けいふ)・継父(ままちち)
▽仮の　仮父(かふ)
▽義理の　義父(ぎふ)
▽母が同じで父が違う　異父(いふ)
▽父が同じ　同父(どうふ)
▽養子先の　養父(ようふ)
▽年とった　老父(ろうふ)
▽主君と　君父(くんぷ)
▽夫の　舅(しゅうと)・舅親(しゅうとおや)
▽妻の　岳父(がくふ)・外舅(がいきゅう)
▽妻が夫の父を呼ぶときの称　阿翁(あおう)
▽帝王の　王父(おうふ)

▽天皇が亡くなった父をいう　皇考(こうこう)
▽死んだ祖父と父をいう　祖考(そこう)
▽死んだ
亡父(ぼうふ)・亡(な)き父(ちち)・先父(せんぷ)・先考(せんこう)
▽君主に対して自分の亡父をいう
先臣(せんしん)
▽いつくしみ深い、やさしい　慈父(じふ)
▽厳しい　厳父(げんぷ)
▽がみがみと口やかましい
雷親父(かみなりおやじ)
▽手紙などで自分の父を他人にいう
父(ちち)・親父(おやじ)・老父(ろうふ)・愚父(ぐふ)・
家父(かふ)・家翁(かおう)・家厳(かげん)・実父(じっぷ)
▽手紙などで自分の亡くなった父を他人にいう
亡父(ぼうふ)・亡(な)き父(ちち)・先代(せんだい)
▽手紙などで相手の父を相手にいう
御父様(おとうさま)・御父上(おちちうえ)・父君(ふくん)・
御尊父(ごそんぷ)
▽手紙などで相手の亡くなった父を相

手にいう
御先父様（ごせんぷさま）・御先考様（ごせんこうさま）

「祖母」のさまざまな呼称

▽両親の母と父　祖父母（そふぼ）

▽父母の女親
祖母（そぼ）・祖母（ばば）・祖母（おおば）・太母（たいぼ）

▽母方の　外祖母（がいそぼ）

▽養親の母　養祖母（ようそぼ）

▽死んだ祖母の尊敬語　王母（おうぼ）・祖妣（そひ）

▽祖母を親しみをこめて呼ぶ
御祖母（おばあ）さん

▽御祖母（おばあ）さんをさらにくだけた調子で呼ぶ
御祖母（おばあ）ちゃん

▽天皇の祖母で、皇后だった方
太皇太后（たいこうたいごう）

▽天皇の亡くなった　皇祖妣（こうそひ）

▽祖父母の女親
曾祖母（そうそぼ）・曾祖母（ひおおば）・曾祖母（ひいばば）

「母」のさまざまな呼称

▽両親のうち女の人
足乳根（たらちね）・垂乳根（たらちね）・足乳女（たらちめ）・垂乳女（たらちめ）・母（はは）・母（おも）・女親（おんなおや）・女親（めおや）・母親（ははおや）・家母（かぼ）・親母（しんぼ）・北堂（ほくどう）

▽母を親しみ敬っていう
慈母（じぼ）・母者人（ははじゃひと）・母人（ははびと）

▽母の尊敬語
母御前（ははごぜ）・母御前（ははごぜん）・母刀自（おもとじ）・母刀自（ははとじ）・母上（ははうえ）・母君（ははぎみ）・母御（ははご）

▽自分の母を謙遜していう　愚母（ぐぼ）

▽自分の母を謙遜していう（昔は尊敬語）
御袋（おふくろ）

▽子が母に呼び掛ける
御母（おかあ）さん・母（かあ）さん・ママ

▽やや敬意をこめて子が母に呼び掛ける
御母様（おかあさま）・母上様（ははうえさま）

▽御母（おかあ）さんよりくだけていう
御母（おかあ）ちゃん・おっかあ・御袋（おふくろ）さん

▽年少の子が自分の母に対して呼び掛ける
母（かあ）ちゃん・母（かか）

▽他人の母の尊敬語
尊母（そんぼ）・母御（ははご）・母君（ははぎみ）・令堂（れいどう）・母堂（ぼどう）

▽自分を生んだ　生母（せいぼ）・実母（じつぼ）

▽血のつながりのない
継母（けいぼ）・継母（ままはは）

▽義理の　義母（ぎぼ）

▽養子先の　養母（ようぼ）

▽父が同じで母が違う　異母（いぼ）

▽母が同じ　同母（どうぼ）

▽父の正式の妻　嫡母（ちゃくぼ）・嫡母（てきぼ）

親子

▽離縁された生母　出母（しゅつぼ）

▽年とった　老母（ろうぼ）

▽天皇の母、また、皇后　国母（こくも）・国母（こくぼ）

▽夫の　姑（しゅうとめ）・姑（しゅうと）

▽妻の　岳母（がくぼ）・丈母（じょうぼ）

▽天皇が亡くなった母をいう　皇妣（こうひ）

▽死んだ　亡母（ぼうぼ）・先妣（せんぴ）

▽いつくしみ深い　慈母（じぼ）

▽賢い　賢母（けんぼ）

▽キリストの生母　聖母（せいぼ）

▽母に代わって子に乳を飲ませたり世話したりする女性　乳母（うば）・乳母（めのと）

▽母に代わって母のように後見する人　母代（ははしろ）

▽手紙などで自分の母を他人にいう　母（はは）・老母（ろうぼ）・愚母（ぐぼ）・御袋（おふくろ）

▽手紙などで自分の亡くなった母を他人にいう　亡母（ぼうぼ）・亡き母（なきはは）

▽手紙などで相手の母を相手にいう　御母様（おかあさま）・御母上（おははうえ）・御母君（おははぎみ）・御母堂（ごぼどう）・御賢母様（ごけんぼさま）

▽手紙などで相手の亡くなった母を相手にいう　亡き母上様（なきははうえさま）・御先妣様（ごせんぴさま）・御亡母様（ごぼうぼさま）

「子」のさまざまな呼称

▽両親の間に生まれた　子（こ）・子供（こども）・子女（しじょ）・吾子（あこ）・吾が子（わがこ）・吾子（わこ）・和子（わこ）・二世（にせい）・児女（じじょ）

▽自分が生んだ　実子（じっし）・生みの子（うみのこ）・産みの子（うみのこ）

▽親が大切にかわいがって育てている　愛児（あいじ）・寵児（ちょうじ）・愛し子（いとしご）・愛子（あいし）・秘蔵っ子（ひぞっこ）

▽親にとって宝のような　子宝（こだから）

▽血のつながらない義理の　義子（ぎし）・継子（ままこ）

▽血のつながらない子を養子縁組にした　養子（ようし）

▽よその家に預けて養ってもらっている　里子（さとご）

▽両親の間にひとりだけしかいない　一子（いっし）・一人っ子（ひとりっこ）・独り子（ひとりご）・独りっ子（ひとりっこ）・一粒種（ひとつぶだね）

▽一人の母親から一度に二人生まれた　二子（にし）・双子（ふたご）・双生児（そうせいじ）

▽一つしか年の違わない　年子（としご）

▽初めての　初子（ういご）・初子（はつご）

▽二番目の　次子（じし）

▽一番下の　末子（まっし）・末子（ばっし）・末っ子（すえっこ）

▽血筋を継ぐもの　子種(こだね)

▽正妻が生んだ子で家督を継ぐ　跡継ぎ(あとつぎ)・跡取り(あとどり)・嫡子(ちゃくし)・嫡出子(ちゃくしゅつし)・嗣子(しし)・宗子(そうし)

▽妻以外の女性から生まれた　庶子(しょし)

▽神や仏に祈って生まれた　申し子(もうしご)

▽貴人と正妻でない女性との間に生まれた　落胤(らくいん)・落とし胤(おとしだね)・落とし子(おとしご)

▽親の死後残された　遺児(いじ)・遺子(いし)・忘れ形見(わすれがたみ)

▽法律上の婚姻関係にない男女の間に生まれた　私生児(しせいじ)・私生子(しせいし)

▽両親を亡くしてしまった　孤児(こじ)・孤子(こし)・孤児(みなしご)

▽父親の死後に生まれた　忘れ形見(わすれがたみ)

▽天皇の　御子(みこ)

▽親に孝行を尽くす　孝子(こうし)

▽親不孝な　賊子(ぞくし)

「息子」のさまざまな呼称

▽自分の男の子　男(だん)・男子(だんし)・倅(せがれ)・悴(せがれ)・男の子(おとこのこ)・男の子(おのこ)・息子(むすこ)・息男(そくなん)

▽兄弟がいない　一人息子(ひとりむすこ)・一男(いちなん)

▽一番上の　長子(ちょうし)・長男(ちょうなん)

▽長男　総領(そうりょう)・惣領(そうりょう)・総領息子(そうりょうむすこ)

▽二番目の　次男(じなん)

▽大切にかわいがって育てている　愛息(あいそく)・秘蔵息子(ひぞうむすこ)

▽自分の男の子を謙遜していう　愚息(ぐそく)・豚児(とんじ)・餓鬼(がき)

▽他人の　子息(しそく)

▽他人の男の子の敬称　愛息(あいそく)・令息(れいそく)・御子息(ごしそく)・賢息(けんそく)・賢郎(けんろう)

▽嫡出の　嫡男(ちゃくなん)

▽皇位を継ぐべき位置にある　太子(たいし)・皇太子(こうたいし)・東宮(とうぐう)・春宮(とうぐう)

▽天皇の　皇子(おうじ)

▽皇子・皇孫の　親王(しんのう)・御子(みこ)

▽王・王族の男の子。また、親王とならない　王子(おうじ)・プリンス

▽貴族の　公子(こうし)・公達(きんだち)・貴公子(きこうし)・御曹子(おんぞうし)・若様(わかさま)

▽息子としての身分、親がかり　息子株(むすこかぶ)

「娘」のさまざまな呼称

親子

▽自分の女の子
女(おんな)・女子(じょし)・娘(むすめ)・娘子(むすめご)・娘の子(むすめのこ)・女の子(おんなのこ)・女の子(めのこ)・児女(じじょ)・子女(しじょ)

▽姉妹がいない
一人娘(ひとりむすめ)・一女(いちじょ)・一女(いちにょ)

▽一番上の　長女(ちょうじょ)

▽長女　総領娘(そうりょうむすめ)

▽二番目の　次女(じじょ)

▽一番年下の　末娘(すえむすめ)

▽女の子をもらって自分の子とした
養女(ようじょ)・貰い娘(もらいむすめ)・取り娘(とりむすめ)

▽婿を迎える家の
婿取り(むことり)・聟取り(むことり)・婿取り娘(むことりむすめ)・聟取り娘(むことりむすめ)

▽大切にかわいがって育てている
愛嬢(あいじょう)・愛娘(まなむすめ)・箱入り娘(はこいりむすめ)・秘蔵娘(ひぞうむすめ)

▽他人の娘の敬称
御息女(ごそくじょ)・御令嬢(ごれいじょう)・御嬢様(おじょうさま)・愛嬢(あいじょう)・令嬢(れいじょう)・御嬢(おじょう)・御嬢さん(おじょうさん)

▽娘の美称　姫(ひめ)

▽娘の尊敬語　娘御(むすめご)

▽若い娘。また、若い娘を軽蔑していう　小娘(こむすめ)

▽若い　乙女(おとめ)・少女(おとめ)

▽弁天のように美しい　弁天娘(べんてんむすめ)

▽町中で評判の美しい　小町(こまち)・小町娘(こまちむすめ)

▽店先にいて、客を引き付けるような美しい　看板娘(かんばんむすめ)

▽世間なれしていない初々(ういうい)しい、うぶな　生娘(きむすめ)・おぼこ娘(むすめ)

▽天皇の　皇女(こうじょ)・皇女(おうじょ)・姫御子(ひめみこ)

▽嫡出の皇女。また、皇位を継ぐべき位置にある男子の　内親王(ないしんのう)

▽王、王族の娘。また、内親王とならない皇族の　王女(おうじょ)・王女(おうにょ)・プリンセス

▽貴族の　姫(ひめ)・媛(ひめ)・姫君(ひめぎみ)・姫御前(ひめごぜん)・姫御前(ひめごぜ)

▽孝行な　孝女(こうじょ)

▽娘らしい初々(ういうい)しい気立て　娘気質(むすめかたぎ)・娘気(むすめぎ)・娘心(むすめごころ)

▽娘として最も美しい年ごろ　娘盛り(むすめざかり)

「孫」のさまざまな呼称

▽子の子　孫(まご)・孫(うまご)・孫(むまご)

▽孫である男の子　孫息子(まごむすこ)

▽孫である女の子　孫娘(まごむすめ)

▽子と　子孫(しそん)・児孫(じそん)・孫子(まごこ)

▽他人の孫の尊敬語　令孫(れいそん)

▽他人の孫をやわらかい口調でいう　**御孫様**（おまごさま）・**御孫さん**（おまごさん）
▽自分の跡取りから生まれた子　**内孫**（うちまご）・**内孫**（ないそん）
▽嫡子の嫡子　**嫡孫**（ちゃくそん）・**総領孫**（そうりょうまご）
▽嫁いだ娘の生んだ子　**外孫**（そとまご）・**外孫**（がいそん）
▽初めて生まれた　**初孫**（はつまご）・**初孫**（ういまご）
▽同じ祖父母をもつ、いとこどうし　**相孫**（あいまご）
▽孫の子　**曾孫**（そうそん）・**曾孫**（ひまご）
▽曾孫の子　**玄孫**（げんそん）・**玄孫**（やしゃご）
▽玄孫の子　**来孫**（らいそん）
▽すえの　**末孫**（ばっそん）・**末孫**（すえまご）
▽天皇の　**皇孫**（こうそん）
▽将来、天皇の位につくべき　**太孫**（たいそん）・**皇太孫**（こうたいそん）
▽王侯の　**公孫**（こうそん）
▽かわいがっている　**愛孫**（あいそん）
▽孝行な　**孝孫**（こうそん）
▽死んだ　**亡孫**（ぼうそん）

「親子」に関する成句

【いつまでもあると思うな親と金】

頼りに思う親はいつまでも生きてはおらず、お金もまたいつまでもあるものではなく、いつかはなくなってしまう。だから将来をしっかり見すえていまの生活を送るべきだということ。人を頼ることを戒め、また、倹約すべきことの大切さを教えた言葉である。


【生みの親より育ての親】

自分を生んだだけの親よりも長い間苦労して育ててくれた養い親に、より深い恩義を感じるということ。類「生みの恩より育ての恩」「後の親が親」「生んだ子より抱いた子」


【老いては子に従え】

年をとったならば何事も子に任せて、それに従った方がよいということ。


【親思う心に勝る親心】

親のことを思う子の孝心よりも、親が子のことを思う愛情の方がより深いということ。


【親が親なら子も子】

親がだめなら、その子も似たようにだめだということ。親子を非難していう言葉。類「親も親なり子も子」「親が鈍すりゃ子も鈍する」「親に似ぬ子なし」


【親子は一世】

親子の関係は現世だけのものであるということ。


【親に似ぬ子は鬼子】

子は親に似るものだから似てない子は人間ではなく鬼の子だということ。転じて、子が親よりも劣る場合、悪い振る舞いなどをする場合に言う。類「親に似ぬ子は芋の子」「親に似ぬ子は茗荷の子」「親に似ぬ子は島流し」

親子

【親の因果が子に報う】

親の悪業の報いが子に及んで、子が苦しむということ。


【親の恩は子で送る】

親から受けた恩には自分が子を立派に育て上げることで報いるということ。類「親の思いは子に送る」「親の恩は次第送り」


【親の心子知らず】

親の子に対する愛情を子は理解せずに勝手に振る舞うということ。


【親の光は七光】

親の威光・名声が大きいとその子に及んで、いろいろと恩恵を受けるということ。親の名声・社会的地位が子にとって大きな助けとなるということ。類「親の七光」


【親の目は贔屓目】

親は子を実際よりもよく見てしまうということ。類「親の欲目」


【親は親子は子】

親は立派でも子が悪い場合、その逆の場合があって、子が親に似るとは限らないということ。また、親は親、子は子それぞれ別の考え方・生き方があるということ。類「親は親だけ子は子だけ」「形は生めども心は生まぬ」


【親はなくとも子は育つ】

実の親がいなくても子はどうにか大きくなっていくものだ。世の中のことはそれほど心配することはないということ。


【可愛い子には旅をさせよ】

かわいければかわいいほどその子を甘やかせて育てるよりも、世の中に出して苦労させた方がよいということ。類「獅子の子落とし」


【孝行のしたい時分に親はなし】

親の苦労が分かり、親に孝養を尽くそうと思った年代には、もう親が亡くなってこの世にはいないということ。親が生きているときに孝行しなさいという教え。類「子養わんと欲すれども親待たず」


【子に勝る宝なし】

子は何物にも代えがたい宝だということ。類「子宝千両」「千の倉より子は宝」「万の倉より子は宝」


【此の親にして此の子あり】

父親がすぐれているから、こうした立派な子が育つということ。反対の意味で、「親が親なら子も子」と同じように用いられることも多い。


【子は親を映す鏡】

子は親に似て、親を見て育つから、その子を見れば親の人柄や教養などが分かるということ。類「子は親に似る」


【子は鎹】

二つの材木をつなぎ止める鎹のように、子どもへの愛情によって夫婦仲が悪くなったときでもその仲を保たせるものだということ。類「縁の切れ目は子で繋ぐ」


【子は三界の首枷】

人間の情愛は深いもので、子への

愛着・苦労のためにその一生を束縛されるということのたとえ。「三界」は過去・現在・未来。

【子を持って知る親の恩】
自分が親となり子を持って、初めて親の恩愛の深さやありがたさが分かるということ。

【立っている者は親でも使え】
急ぎの用事があるときには、近くに立っている人が親であっても遠慮せずに手伝ってもらえ、ということ。

【冷や酒と親の意見は後の薬】
冷や酒は飲んだあと時間が経ってから利き始め、親の意見も後日になってから思い当たり、そのありがたさが分かるということ。

【娘三人持てば身代潰す】
娘が三人いれば嫁入り仕度に全財産がなくなってしまうということ。嫁入りさせるのには莫大な費用がかかるということ。

恩

種別から見た「恩」

▽いつくしみ、めぐみ
仁恵・恩恵・仁恩・恵沢・恩沢・徳沢・恩愛・仁慈・慈仁・恩寵・慈善・恩徳・恩顧・恩眷・恩波・賑給・徳

▽厚い、大きな
重恩・高恩・厚恩・鴻恩・洪恩・至恩・大恩・厚徳・高義

▽ありがたい　**恩典**

▽わずかばかりの　**寸恩**

▽特別に受けた
殊恩・特恩・殊眷・殊遇・特恵・特典

▽目下の者へかける恩愛の情
恩情
〔参〕同じ読みの「温情」は、「思いやりのある心」の意で一般的に使われる。

▽いつくしみの
慈恩・寵恩・愛恵

▽報いるべき義理のある
恩義・恩誼

▽返す
恩返し・報恩・返報・報徳・報謝・報いる・報じる・報ずる

▽私情からの　**私恩・私恵**

▽名誉をたたえた待遇　**栄典**

▽与える　**加恩**

▽ある一家や一族への　**家恩**

▽昔受けた　**旧恩**

▽他人から受けた　**芳恩・御恩**

恩

▽先人からのこされた　遺恩(いおん)・遺徳(いとく)・遺沢(いたく)・余徳(よとく)・余沢(よたく)

▽主君や親などの威光による　七光(ななひかり)

▽主人・主君の　主恩(しゅおん)

▽君主の　君恩(くんおん)・君寵(くんちょう)

▽先生の　師恩(しおん)

▽国家の　国恩(こくおん)

▽国家の恩に報いる　報国(ほうこく)

▽天子の　天恩(てんおん)・皇恩(こうおん)・聖恩(せいおん)・朝恩(ちょうおん)・皇沢(こうたく)

▽天の　天眷(てんけん)・天恩(てんおん)

▽神の　神徳(しんとく)・神恵(しんけい)・恩賚(みたまのふゆ)・恩頼(みたまのふゆ)

▽仏の　仏恩(ぶつおん)・仏恩(ぶっとん)

▽神仏の　冥加(みょうが)・冥利(みょうり)・冥助(みょうじょ)・利生(りしょう)・利益(りやく)・霊寵(れいちょう)・御蔭(おかげ)・御陰(おかげ)

▽仏の広大な慈悲　大慈大悲(だいじだいひ)

▽恩を忘れる　忘恩(ぼうおん)・恩知らず(おんしらず)

▽恨みと　恩讐(おんしゅう)

めぐむからみた「恩」

▽めぐむ　給す(きゅうす)・潤す(うるおす)

▽大きなめぐみ　雨露(うろ)

▽天皇や主君から物を賜る　恩賜(おんし)

〔参〕恩賜公園は、第二次世界大戦前に宮内省が御料地として所有していた土地が公に下賜（恩賜）され、整備された公園。

▽救いめぐむ　救恤(きゅうじゅつ)・義捐(ぎえん)・義援(ぎえん)・賑恤(しんじゅつ)

▽あわれみ　憐恤(れんじゅつ)・恩恤(おんじゅつ)・撫恤(ぶじゅつ)

▽いつくしみ　慈恵(じけい)

▽手厚く　優恤(ゆうじゅつ)

▽相互に　互恵(ごけい)

▽まずしい人に　喜捨(きしゃ)

▽人に物を　布施(ふせ)

▽金品を目下の者に　恵賜(けいし)

▽僧や巡礼に物を　報謝(ほうしゃ)

▽天が人間に　天恵(てんけい)

▽君主や神仏の　恵雨(けいう)

感謝の意からみた「恩」

▽恩を感じる　感恩(かんおん)・感佩(かんぱい)

▽受けた恩に感謝の気持ちを表す　謝恩(しゃおん)

▽感謝の気持ちを表す言葉　礼(れい)・謝礼(しゃれい)・謝辞(しゃじ)・畏まり(かしこまり)

▽礼の丁寧語　御礼(おれい)・御礼(おんれい)

▽感謝の気持ち　謝意(しゃい)

▽謝意を表す礼儀　謝儀(しゃぎ)

▽礼の言葉を述べる
礼謝・拝謝・謝する
▽ありがたく思い謝意を表す　**感謝**
▽深く感謝する　**深謝**
▽厚く礼を言う
鳴謝・万謝・厚謝・多謝

「恩」に関する成句

【足を向けて寝られない】

人からの恩をいつも忘れない気持ちを表す言葉。


【恩に着せる】

恩を与えたことをことさら相手に意識させ、ありがたがらせる。類「恩に掛ける」


【恩に着る】

人から受けた恩をありがたいと思うこと。類「恩に受ける」


【恩を仇で返す】

恩を受けた人に感謝するどころか、ひどい仕打ちをする。類「情けを仇で返す」「後足で砂をかける」「陰にいて枝を折る」


【恩を売る】

相手からの見返りを見込んで親切にし、ありがたく思わせる。


【恩を知る】

恩を受けたありがたさが分かる。


【干天の慈雨】

日照りのときの恵みの雨。また、待望していたことの実現や苦しいときの救いなどのたとえ。「干天」は「旱天」とも書く。


【親の恩より義理の恩】

親から受ける恩に報いるより、恩義を受けた義理のある他人の恩に報いる方が先決であるということ。


【大恩は報ぜず】

小さな恩は、ありがたいと感じて恩返しもするが、大き過ぎる恩はかえって気づかなかったり、分かったとしてもあまりに大き過ぎて恩返しをすることもできないものだということ。


【父の恩は山よりも高く母の恩は海よりも深し】

父母から受ける恩というものは、途方もなく大きいことのたとえ。


【猫は三年飼っても三日で恩を忘れる】

猫は、犬と違って人に飼われた恩をすぐに忘れてしまうものだということ。対「犬は三日飼えば三年恩を忘れぬ」

書く（か）

筆・ペン・鉛筆などで文字を写し出す「書く」

▽文字を　記（き）・書写（しょしゃ）・筆写（ひっしゃ）・書記（しょき）・筆記（ひっき）

▽文字を。また、筆と硯（すずり）　筆硯（ひっけん）・筆研（ひっけん）

〔参〕中国で文人が使用する文房具のうち、重要な紙・墨・筆・硯の四種を、「文房四宝（ぶんぼうしほう）」という。特に硯が重んじられ、多くの文人の賞玩の対象となった。

▽筆で思うことを書いて述べる　筆述（ひつじゅつ）

▽書き始める　筆頭（ひっとう）・起筆（きひつ）

▽最初に　初筆（しょひつ）・初筆（しょふで）

▽書くのをやめる　絶筆（ぜっぴつ）

▽書画を　翰墨（かんぼく）

▽書き記す。また、そのもの　題署（だいしょ）

▽書き入れる　記入（きにゅう）

▽読むことと書くこと　読み書き（よみかき）

▽文字を太く。また、その文字　筆太（ふでぶと）

▽目立つように。特に、取り立てて　特筆（とくひつ）・特記（とっき）・大書（たいしょ）

▽目立つように。また、書いてすぐ　書き立て（かきたて）

▽文字を細かく。また、詳しく　細書き（こまがき）・細書（さいしょ）

▽葦がふるえているように文字を　角葉書き（つのはがき）

▽文字の尾を長く引き延ばして、水が流れるように　水手（みずて）

▽勢いよく　達筆（たっぴつ）・健筆（けんぴつ）

▽とても乱暴に。自分の字をへりくだっていう　乱筆（らんぴつ）・乱れ書き（みだれがき）・粗筆（そひつ）・楚筆（そひつ）

▽はやく字を　速筆（そくひつ）・早筆（そうひつ）・早書き（はやがき）・走り書き（はしりがき）

▽話している内容を素早く記号などを使って　速記（そっき）

▽筆にまかせて。また、書いたもの　捨て書き（すてがき）・殴り書き（なぐりがき）・擲り書き（なぐりがき）・書き散らし（かきちらし）

▽筆にまかせて。また、気晴らしに　筆荒び（ふですさび）

▽気晴らしに　筆慰み（ふでなぐさみ）

▽思いつくまま、それとなく書きつづる　漫筆（まんぴつ）・随筆（ずいひつ）・書き散らし（かきちらし）・漫録（まんろく）

▽あまり考えもせずにさらさらと　書き流し（かきながし）

▽書きっぱなし　書き捨て

▽必要なところを抜き出して。その文書・記録

抜き書き・抄・抄書・抄出・摘録・摘記

▽必要なところだけを

略筆・略記

▽聞いたそのままを。また、その記録

打ち聞き・打ち聴き・聞き書き

▽一つのことを二度

弥書き・重ね書き

▽心をこめて　謹書

▽詳しく　詳記

▽足りないところを補い、加えて

補筆・加筆

▽二つ以上のことを並べて

併記・列記

▽はっきりと　明記

▽間違って　誤記・誤写

▽ちょっと書きつける

一筆・一筆

▽つけたして書きつける

付記・附記

▽あとから書き加える　追記

▽本文のほかに　別記

▽本文の意味を理解させるために注を記する。また、その記したもの

注記・註記

▽別のものに書き移す　転記

▽後日の証拠とするために別に書いて取って置く。そのもの

控え

手段・方法・筆跡などからみた「書く」

▽漢字を形成している一つの点、一つの画のこと。わずかのこともゆるがせにしないこと

一点一画・一措一画

▽毛筆で文字の書き方・技術を学ぶ

書道・習字

▽書道の専門家　書家・書師

▽書道の名人の敬称　書聖

▽「永」の一字に含まれる八通りの筆法

永字八法

〘参〙側（点）、勒（横画）、努（縦画）、趯（はね）、策（右上がりの横画）、掠（左はらい）、啄（短い左はらい）、磔（右はらい）の八法。

▽文字の書き方　書法

▽筆で文字を

染筆・潤筆・揮毫・弄翰

▽毛筆の文字の書きぶり

書風・筆付き

▽途中で墨つぎをしないで一気に

一筆・一筆

▽墨つぎをしないで一気に。また、書いたもの

一筆書き・一筆書き

書く

▽筆を紙に押し付けるように　**躙り書き**（にじりがき）

▽筆を垂直に立てて。また、事実をありのままに　**直筆**（ちょくひつ）

▽筆を傾けて　**側筆**（そくひつ）

▽筆で字を書くその時をいう　**筆下**（ひっか）

▽楷書（かいしょ）・行書（ぎょうしょ）・草書・篆書（てんしょ）・隷書（れいしょ）をいう　**書体**（しょたい）

▽草書で　**草筆**（そうひつ）

▽草書か行書で。また、字画を略して　**崩し書き**（くずしがき）**・崩し字**（くずしじ）

▽順に下の方へ　**書き下し**（かきくだし）

▽文節のまとまりで分けて。また、語と語を一字ずつあけて　**別ち書き**（わかちがき）**・分かち書き**（わかちがき）**・粒粒**（つぶつぶ）**・粒粒書き**（つぶつぶがき）**・放ち書き**（はなちがき）

▽短冊・色紙などに一行の長さを適当に、また行間を広く狭く、字をとびとびにあけるなどして　**散らし書き**（ちらしがき）**・葦手書き**（あしでがき）**・葦手**（あしで）**・水手書き**（みずでがき）**・水手**（みずで）

▽ひらがな・かたかななど仮名で。また、書いたもの　**仮名書き**（かながき）

▽漢字だけで　**真名書き**（まながき）

▽漢字と仮名とを交互に　**仮名交じり**（かなまじり）

▽漢字よりも仮名を多く使う　**仮名勝ち**（かながち）

▽文中に貴人の名が出てきたときなどに、次の行の上方にその文字を　**平出**（へいしゅつ）

▽本文の途中に二行に小さく　**割り書き**（わりがき）**・別ち書き**（わかちがき）**・分かち書き**（わかちがき）

▽本文の前に書き添える　**前書き**（まえがき）

▽書物の本文の上に注・解釈などを書き添える　**頭書き**（かしらがき）**・頭注**（とうちゅう）**・標注**（ひょうちゅう）

▽歌舞伎（かぶき）・浄瑠璃（じょうるり）・草子などの題名の上に二行で内容を簡単に書き添えたもの　**角書き**（つのがき）

▽脚本で、登場人物の動作、場面の状況等をせりふの間に「ト…」の形で書き入れたもの　**ト書き**（とがき）

▽注などを細かく。また、能・狂言などで演出上の指定を小さな字で書き入れる　**小書き**（こがき）

▽直接自分の手で　**直筆**（じきひつ）**・自筆**（じひつ）**・手書き**（てがき）**・肉筆**（にくひつ）**・親筆**（しんぴつ）**・手書**（しゅしょ）**・自書**（じしょ）**・自記**（じき）**・手記**（しゅき）

▽自分の手で書き抜く。また、そのもの　**手抄**（しゅしょう）

▽本人に代わって　**代筆**（だいひつ）**・代書**（だいしょ）

▽代書する人　**代書人**（だいしょにん）

▽自分の氏名を
手署(しゅしょ)・自署(じしょ)・署名(しょめい)・サイン・記名(きめい)

▽何人かの名前を並べて
連名(れんめい)・連署(れんしょ)・連署(れんじょ)

▽朱で。また、そのもの
朱書(しゅしょ)・朱墨(しゅぼく)

▽決意を示すために自分の血で文字を
血書(けっしょ)

▽全面にぎっしり　べた書き(がき)

▽一枚の紙に何人かが絵や文字などを。また、そのもの
寄せ書き(よせがき)

▽書物の本文の初めに成立事情・内容などを
端書き(はしがき)・前書き(まえがき)・序(じょ)・諸言(しょげん)・緒言(ちょげん)・緒言(しょげん)・序言(じょげん)・序文(じょぶん)・叙文(じょぶん)

▽書物の終わりに書き添える
後書き(あとがき)・後記(こうき)・後序(こうじょ)・跋(ばつ)・跋文(ばつぶん)

▽新年に初めて
始筆(しひつ)・試筆(しひつ)・書き初め(かきぞめ)

▽手本を見て　臨書(りんしょ)

▽すでに書いてある文字の上をたどって
なぞり書き(がき)

▽正式に書く前に試しに。また、そのもの
下書き(したがき)

▽きれいに書き改める
清書(せいしょ)・清書き(きよがき)・清め書き(きよめがき)・浄書(じょうしょ)

▽文字を黒板に　板書(ばんしょ)

▽酒に酔って。また、そのもの
酔筆(すいひつ)

▽都合よく事実をゆがめて　曲筆(きょくひつ)

▽文字を正しく書く練習
書き取り(かきとり)

▽書いた文字のさま
筆跡(ひっせき)・筆跡(ふであと)・墨跡(ぼくせき)・書き様(かきざま)・筆札(ひっさつ)・筆様(ふでさま)・筆致(ひっち)・筆調(ひっちょう)・筆の跡(ふでのあと)・書き振り(かきぶり)・手跡(しゅせき)・手蹟(しゅせき)・水茎(みずくき)

▽文字を書くさま
運筆(うんぴつ)・筆の運び(ふでのはこび)・筆遣い(ふでづかい)

▽文字が書かれている掛物
書軸(しょじく)・書幅(しょふく)

▽とても美しい筆跡　麗筆(れいひつ)

▽当人が書いた真実の筆跡　真筆(しんぴつ)

▽天子の筆跡
宸筆(しんぴつ)・勅筆(ちょくひつ)・宸翰(しんかん)

▽他人の筆跡の尊敬語　尊筆(そんぴつ)

▽欺く(あざむく)ために他人の筆跡に似せて。また、そのもの
贋書き(にせがき)・偽書き(にせがき)・偽書(ぎしょ)・偽筆(ぎひつ)

▽書類などに気づいたことや趣旨を書き添える。また、その文章
添書(てんしょ)・添え書(そえしょ)

書き方の上手・下手からみた「書く」

▽上手な字
達筆(たっぴつ)・能筆(のうひつ)・名筆(めいひつ)・良筆(りょうひつ)・健筆(けんぴつ)・能書(のうしょ)

▽下手な字　**悪筆(あくひつ)**

▽下手な筆跡。自分の筆跡を謙遜していう
拙筆(せっぴつ)・粗筆(そひつ)・楚筆(そひつ)

▽筆遣いの勢い
筆勢(ひっせい)・筆力(ひつりょく)

▽品のない筆跡。下手な筆跡をばかにしていう
俗筆(ぞくひつ)

▽ミミズが這(は)い回った跡のような下手な字
蚯蚓(みみず)書(が)き

▽文字を書くのが上手な
能書(のうしょ)・能筆(のうひつ)

記載する意からみた「書く」

▽書類などに必要なことを書いて記す
記載(きさい)

▽公式の書類のある決まった書き方
書式(しょしき)

▽文書などの表面に
表書(ひょうしょ)・表書(おもてが)き・表記(ひょうき)・上(うわ)書(が)き・上付(うわづ)け・上文(うわぶみ)

▽文書などに書かれた内容
書面(しょめん)・文面(ぶんめん)

▽文書などの裏面に表面に記載したものに対する注記などを
裏書(うらが)き

▽「但」という字を付け加えて、前文の補足、例外などを。また、そのもの
但(ただ)し書(が)き

▽幾つかの項目に分けて
箇条書(かじょうが)き

▽一つ…、一つ…と各項目ごとに箇条書きする。また、そのもの
書(か)き立(た)て・一(ひと)つ書(が)き

▽一件ごとに区別して　**筆別(ふでわ)け**

▽書物の小口側の上あるいは下に文字を
小口書(こぐちが)き

▽上方に書き記してある。その文
上記(じょうき)

▽下方に書き記してある。その文
下記(かき)

▽前に書き記してある。その文
前記(ぜんき)

▽後に書き記してある。その文
後記(こうき)

▽左側に書き記してある。その文
左記(さき)

▽右側に書き記してある。その文
右記(うき)

▽天子の自筆の詔書　**手詔(しゅしょう)**

▽印刷のための版などをつくるため、

清書した文字や絵　版下(はんした)

▽筆を口にくわえて書画を　口書き(くちがき)

▽文字で書いて答える　筆答(ひっとう)

▽計算することと字を書くこと　算筆(さんぴつ)

▽刷毛(はけ)のような筆でかすれたように書いたもの　飛白(ひはく)

▽書き損じていらなくなったもの　書きほぐし(かきほぐし)・反古(ほご)・反故(ほご)

▽会合の席などで即興的に書画を　席書き(せきがき)

▽文字を書くことを職業とする人　筆生(ひっせい)・写字生(しゃじせい)

記録する意からみた「書く」

▽書き記された文書　記録(きろく)

▽詳しく記す。また、その記録　詳記(しょうき)・詳録(しょうろく)

▽筆で記録する。そのもの　筆録(ひつろく)

▽抜き書きして記す。また、その記録　抄録(しょうろく)

▽あとから書き加えて記録する。また、そのもの　追録(ついろく)

▽もう一度記録する。また、そのもの　再録(さいろく)

▽取り入れて記録する　収録(しゅうろく)

▽取り上げて記録する　採録(さいろく)

▽資料などを集めて記録としてまとめる。そのもの　集録(しゅうろく)

▽所蔵や展示などされている品目を整理して書き並べたもの　目録(もくろく)

▽日々の出来事や感想などの記録　日記(にっき)・日誌(にっし)・日録(にちろく)

▽事実のありのままの記録　実記(じっき)・実録(じつろく)・ドキュメント

▽身辺の出来事や意見などを、日記の形式で書き込むインターネットのサイト　ブログ

▽心に浮かんだことなどいろいろなことをとりとめもなく記した記録　雑録(ざつろく)・散録(さんろく)・漫録(まんろく)・漫筆(まんぴつ)

▽文字で記してあとまで残しておく　書留(かきとめ)

文章に関する様態からみた「書く」

▽文章を　執筆(しっぴつ)・記述(きじゅつ)・書き物(かきもの)・筆紙(ひっし)

▽詩文を　鉛槧(えんざん)

▽文字や書画を　揮毫(きごう)

▽文章の書き方　行文(こうぶん)

▽上手な文章を。また、文才がある　才筆(さいひつ)

▽上手な文章を　健筆（けんぴつ）

▽原稿を書き始める　起稿（きこう）

▽原稿を書き終える　脱稿（だっこう）

▽筆をおき書くことをやめる。書き終える　擱筆（かくひつ）

▽文章を書くのが遅い。また、その人　遅筆（ちひつ）

▽忘れないように書いておく文章　覚え書き（おぼえがき）・備忘録（びぼうろく）・メモ

〔参〕「備忘録」は「忘れたときに備える記録」で、動詞が先にくる漢字の構造からするとこれが正しいが、「忘備録（ぼうびろく）」という語もかなり使われている。

▽紙切れなどに書いておく覚え書き　端書き（はがき）・葉書（はがき）

▽人を呼び出す文書　召書（しょうしょ）

▽手紙の本文の末尾に付け加えて書く文　追而書き（おってがき）・尚尚書き（なおなおがき）・追伸（ついしん）

▽文章を加筆・削除する　筆削（ひっさく）・添削（てんさく）・訂正（ていせい）

▽文章や手紙を面倒がらずに。また、その人　筆忠実（ふでまめ）

▽文章や手紙を面倒がってなかなか書かない。また、その人　筆不精（ふでぶしょう）・筆無精（ふでぶしょう）

▽和歌の前書き　詞書（ことばがき）

▽進物の上包みに、のしの代わりに、「のし」と書いたもの　書き熨斗（かきのし）

▽漢文を仮名交じり文に書き改める　書き下し（かきくだし）

▽用事などを紙に。そのもの。また、遺書　書き置き（かきおき）

▽勝利を知らせる書状　捷書（しょうしょ）

▽たわむれに書いた文章　戯書（ぎしょ）・戯れ書き（たわむれがき）・落書（らくしょ）・落書き（らくがき）・無駄書き（むだがき）・徒書き（むだがき）・悪戯書き（いたずらがき）

▽筆で記載する人　筆工（ひっこう）・筆者（ひっしゃ）・筆師（ふでし）

▽文章を書く人　書き役（かきやく）・物書き（ものかき）・書記（しょき）・書き手（かきて）

▽文章を書くことを仕事にしている人　文筆家（ぶんぴつか）・著作家（ちょさくか）・著述家（ちょじゅつか）・物書き（ものかき）・ライター

▽清書や写字で報酬を得る　筆耕（ひっこう）

▽文筆に従事する　鉛槧（えんざん）・操觚（そうこ）

▽死んだ人が生前に書いた最後の作品　絶筆（ぜっぴつ）

▽書いた文章の内容で災難を受ける　筆禍（ひっか）

「書く」の動詞・複合動詞

▽筆・ペン・鉛筆などで文字を写し出す　書く（かく）・記す（しるす）・書き付ける（かきつける）・

認(したた)める・録(ろく)する

▽のちのちに備えて書いて残す
控(ひか)える・書(か)き留(と)める

▽書き始める
書(か)き出(だ)す・書(か)き起(お)こす

▽書き終える
書(か)き上(あ)げる・書(か)き果(おお)す

▽残りなく全部　書(か)き尽(つ)くす

▽目立つように　書(か)き立(た)てる

▽記入する
書(か)き込(こ)む・書(か)き入(い)れる

▽内容などを新しくするため書き改める
書(か)き換(か)える・書(か)き直(なお)す

▽補いの語句を追加して
書(か)き添(そ)える・書(か)き込(こ)む・書(か)き入(い)れる

▽一部を書かないまま残す
書(か)き残(のこ)す

▽書き入れることを忘れる
書(か)き漏(も)らす・書(か)き落(お)とす

▽手を休めずに書く。また、余白がないまで
書(か)き詰(つ)める

▽他と匹敵するうまさで
書(か)き並(なら)べる

▽続けて、また並べて
書(か)き連(つら)ねる

▽大切な事項を抜き出して
書(か)き出(だ)す・書(か)き抜(ぬ)く

▽筆にまかせて無造作に
書(か)き散(ち)らす・書(か)き流(なが)す

▽手当たり次第に。また、乱暴に
書(か)きなぐる・書(か)きのめす

▽あちこちに　書(か)き散(ち)らす

▽いろいろなものを交ぜて
書(か)き交(ま)ぜる

▽誰が書いたのか、分からないように
書(か)き紛(まぎ)らわす

▽区別して　書(か)き分(わ)ける

▽書くのを間違える
書(か)き損(そこ)なう・書(か)き損(そん)じる

▽そっくりそのまま
書(か)き写(うつ)す・書(か)き取(と)る

▽下手な字や歌などをやたらに
ぬたくる

▽小説・随筆・脚本などを新しく
書(か)き下(お)ろす

「書く」の擬態語

▽全面にいっぱい詰めて
ぎっしり・びっしり

▽文字が整っていて誤りがない
きっちり

▽休みなく文字を　こつこつ

▽筆の運びがよどみなく進む
さらさら・すらすら

▽時間をかけて念入りに
じっくり

▽相手の急所、物事の核心をついて
ずばり

▽ゆっくりと際限なく文字・文章を
だらだら・のろのろ

「書く」に関する成句

【金釘流】
下手な字をばかにしていう言葉。

【健筆を揮う】
上手な文章を書く。類「麗筆を揮う」

【朱を入れる】
朱筆で訂正したり、文章を書き加えたりする。

【手を加える】
文章を加筆・訂正する。類「手を入れる」「筆を加える」「筆を入れる」

【禿筆を呵す】
うまくない文章を書く。

【筆硯を新たにする】
構想を新たにして文章を書く。

【筆が滑る】
書いてはいけないことを書いてしまう。

【筆が立つ】
文章を書くのがうまい。

【筆に任せる】
気の向くままに書く。

【筆を擱く】
書くことをやめる。書き終える。「擱筆する」ともいう。

【筆を折る】
文筆活動をやめる。類「筆を断つ」「筆を捨てる」「筆を拭う」

【筆を染める】
執筆に取り掛かる。初めて書物を書く。

【筆を執る】
文章を書き始める。

【筆を走らせる】
すらすらと書く。

【筆を揮う】
文章を書く。

【蚯蚓がのたくったよう】
ミミズが這い回った跡のような下手な字。

【弘法にも筆の誤り】
三筆の一人である弘法大師のような書道の名人でも書き損じることがある。どんなにその道の名人でも時には失敗することがあるということのたとえ。類「猿も木から落ちる」「河童の川流れ」

【弘法筆を択ばず】
書の名人はどんな筆でも上手に字を書く。その道の権威は道具や材料などは問題にしないということのたとえ。類「能書筆を択ばず」

【書は言を尽くさず言は書を尽くさず】
文字に書かれたものは言いたいことを十分に述べ尽くしていない。また、言葉は心に思ったことを十分に言い尽くすことはできないということ。

【文はやりたし書く手は持たず】

恋文をやりたいが字が書けない。さりとて、人に依頼できない。気をもむこと。

【墨痕淋漓】
筆のあとが水のしたたるようであるということから、筆勢の盛んなことをいう。

【魯魚の誤り】
魯の字と魚の字とは似ていて書き誤りやすいことから、文字の書き間違いのことをいう。

賢い・愚か

賢明・聡明の意からみた「賢い」

▽才能・思慮・分別などがすぐれている
賢い

▽賢くて道理にも明るい **賢明**

▽すぐれて **英発・秀発**

▽頭の回転が早く物事を巧みにこなす
利口・利巧・悧巧・怜悧・伶俐・利発・発明・機才・頓知頓才・頓智頓才・クレバー

〔参〕「頓知・頓智」は、とっさの時にすばやく働く知恵。「頓」は「とみ」とも読み、「急な」の意を表す。

▽理解することが早い **聡い**

▽物事にさとく道理にも明るい
聡明・明哲・聡慧・聡察・明察・睿哲・叡哲

▽才知にすぐれていて事理にも明るい
英明

▽道理に明るく頭の働きが素早い
明敏・敏捷

▽才知にすぐれていて悟りが早い
穎悟・英悟・聡悟・敏慧・慧悟

▽賢くて善良 **賢良**

▽生まれつき賢い **利根**

▽さとく考え深い **聡叡**

▽天子のすぐれて賢明なこと
叡聖・英聖

▽頭がよくて思考力がある
頭脳明晰

▽才知が非常にすぐれている
英哲・穎哲・英俊・英邁・奇才・鬼才

▽知性や知識に富む
知的・理知的

▽知性を重視する **主知的**

鋭敏・小利口の意からみた「賢い」

▽物事に感じやすく鋭い
敏い・敏感

▽才知が鋭くさとい **鋭敏**

▽素早く気が付く

賢い・愚か

目敏い（めざとい）・目賢い（めがしこい）

▽聴覚が鋭い　耳聡い（みみざとい）

▽物事を聞き付けるのが早い

早耳（はやみみ）・近耳（ちかみみ）

▽頭が鋭くてすばしこい

俊敏（しゅんびん）・英敏（えいびん）・鋭利（えいり）・慧敏（けいびん）

▽精密で敏捷　精敏（せいびん）

▽聡明で俊敏　聡敏（そうびん）・聡警（そうけい）

▽時に応じて素早い対応をする

機敏（きびん）

▽その場の状況に応じた知恵が働く

機警（きけい）・気の利（き）いた

▽気がきいて身の処し方が巧み

利口（りこう）・利巧（りこう）・悧巧（りこう）

▽その場しのぎの目先のことに気付き抜け目がない

小利口（こりこう）・猿賢い（さるがしこい）・猿利口（さるりこう）

▽利口そうに振る舞う

賢しい（さかしい）・賢しら（さかしら）・賢立て（かしこだて）

▽利口ぶって生意気

小賢しい（こざかしい）・生賢しい（なまざかしい）・生賢い（なまかしこい）・小慧（しょうけい）

▽浅ましいほど小利口　あざとい

▽ずるくて抜け目ない。悪知恵が働く

狡賢い（ずるがしこい）・悪賢い（わるがしこい）

▽世渡りの才に長けている

世知賢い（せちがしこい）・世知がまし

様態からみた「愚か」

▽考えが浅い、足りない

浅はか（あさはか）・浅薄（せんぱく）・短慮（たんりょ）・馬鹿（ばか）・阿呆（あほう）・愚か（おろか）・愚かしい（おろかしい）・愚（ぐ）・愚痴（ぐち）無知（むち）・軽率（けいそつ）・軽はずみ（かるはずみ）・軽々しい（かるがるしい）

［参］「軽率」を「軽卒」と表記する例もあるが、一般的には「軽卒」は身分の低い兵士を表す別語。

▽ひどく愚かである

大馬鹿（おおばか）・大愚（たいぐ）・下愚（かぐ）・蠢愚（しゅんぐ）

▽知識や知恵がない。能力がない、乏しい

無知（むち）・無智（むち）・無能（むのう）・愚鈍（ぐどん）・拙い（つたない）

▽思慮分別がない

心無い（こころない）・無分別（むふんべつ）

▽道理がわからない

愚昧（ぐまい）・愚蒙（ぐもう）・暗愚（あんぐ）・愚闇（ぐあん）・愚暗（ぐあん）・愚痴（ぐち）

▽子をかわいがるあまり親が愚かに見える

親馬鹿（おやばか）

▽生まれつき才知のにぶい　鈍根（どんこん）

▽平凡で愚かである

凡愚（ぼんぐ）・庸愚（ようぐ）

▽頑固で愚かである

頑愚（がんぐ）・頑鈍（がんどん）

▽世間知らずで愚かである　迂愚（うぐ）

▽ばからしくてくだらない

愚劣・愚陋
▽人をばかにする　愚弄
▽賢いことと愚かなこと。知者と愚者
賢愚・利鈍・愚知・愚智

「賢い」に関する成句

【機知に富む】その場の状況をよくするようにとっさに知恵が働く。

【機転が利く】物事の動きに応じた素早い心の働きができる。

【小才が利く】ちょっとしたことに働く才知・知能がある。

【如才ない】人の気持ちをそらさない。「如才がない」ともいう。類「そつがない」

【世故に長ける】世間の事情をよく知っている。

【先見の明がある】将来のことを前もって見通したり、予言したりする見識がある。類「目先が利く」

【抜け目がない】よく気が付き、ずる賢く立ち回るさま。類「要領がいい」

【物が分かる】人情や道理などをよくわきまえている。

【融通が利く】状況に応じて物事をうまく処理できる。類「小回りが利く」

【一を聞いて十を知る】物事の一部分を聞いただけで、全体を理解する。理解が早くて賢いたとえ。

【才気煥発】頭の働きが活発であり、かつ早いこと。また、才気が盛んに外に向かって現れるさま。「煥発」は外に輝き現れる意。類「才気横溢」

【臨機応変】その時どきで成り行きに応じた適切な対応をすること。情勢の変化に応じて素早い判断力で適切な方法をめぐらすということ。

「愚か」に関する成句

【頭隠して尻隠さず】悪事などの一部を隠しているにすぎないのに、全部を隠したつもりでいる愚かさをいう。
【独活の大木】体は人並み外れて大きいが、取り柄がなくて役に立たない人間のたとえ。「独活」は約二メートルに成長する植物だが、柔らかくて木材のような利用価値がないことから。
【愚者の一得】（⇩「考える・考え」189ページ）
【愚の骨頂】ばかばかしくて話にもならないこ

と。

【上知と下愚とは移らず】

生まれながらに賢明な者と、学ぶことを知らない者とは、教育や環境の変化などで変わるものではない。出典は『論語』。

【貧すれば鈍する】

貧乏をして生活に疲れると、頭の働きが鈍くなり、心もさもしくなる。

【間が抜ける】

肝心なところが抜けている。

風

【吹く勢い・様態・性状からみた「風」】

▽風の異称。また、すべての罪やけがれを吹き払う風

科戸の風・級長戸の風

〔参〕級長戸辺命の名から。日本の神話で風の神とされている。

▽空を吹く

天風・天つ風

▽そよそよと吹く

微風・微風・戦ぐ風・軟風・軽風

▽穏やかな

和風・景風

▽さっとひと吹きする

一陣・一陣の風・通り風

▽激しく吹く

疾風・疾風・早手・疾風・陣風

▽疾風と激しい雷　**疾風迅雷**

▽強く吹く

強風・勁風

▽非常に強く吹く

烈風・猛風・狂風・大風

▽建物などに被害を及ぼすような激しく強く吹く

暴風・悪風・暴風雨・嵐・台風・颱風・野分・颶風・あからしま風・あかしま風・暴風・ハリケーン・サイクロン

〔参〕「ハリケーン」は大西洋西部のカリブ海やメキシコ湾で発生する台風。インド洋や太平洋南部で発生するものは「サイクロン」と呼ばれる。

▽小規模の台風　**豆台風**

▽凄まじい　**凄風**

▽激しく吹きまくる　**風巻**

▽突然強く吹く　**突風・天狗風**

▽渦巻き状に強く吹く

旋風・旋風・旋風・竜巻・辻風・旋風・回風・廻風・飄風・飆風・天狗風・トルネード

▽爆発によって起こる激しい

風

爆風（ばくふう）

▽日光を覆うほどの渦巻いて強く吹く
黒風（こくふう）

▽暖かい　暖風（だんぷう）・温風（おんぷう）

▽熱い　熱風（ねっぷう）・炎風（えんぷう）

▽清らかな　清風（せいふう）・清籟（せいらい）

▽強く気持ちのよい　雄風（ゆうふう）

▽風が寒い。また、陰暦十一月の称
風寒（ふうかん）

▽寒くて冷たい
寒風（かんぷう）・寒風（さむかぜ）・冷風（れいふう）

▽霜で凍った地面を渡って吹く　霜風（しもかぜ）

▽そよそよと涼しい
涼風（りょうふう）・涼風（すずかぜ）

▽雨を降らせそうな湿った。また、雨を伴った
雨風（あまかぜ）・雨風（あめかぜ）

▽雨と　風雨（ふうう）・雨風（あめかぜ）

▽塵・ほこりを吹きつける　塵風（じんぷう）

▽松に当たる。また、その音
松風（しょうふう）・松風（まつかぜ）・松籟（しょうらい）・松濤（しょうとう）

▽風の吹く速さ　風速（ふうそく）

▽風が物体に与える圧力　風圧（ふうあつ）

吹く方向・地域などからみた「風」

▽風の吹いてくる方向
風位（ふうい）・風向（ふうこう）・風向き（かざむき）・風向き（かぜむき）

▽最も多く吹く風向きの
卓越風（たくえつふう）・主風（しゅふう）・常風（じょうふう）

▽一定の方向に吹く　恒風（こうふう）

▽風が吹いてくる方向　風上（かざかみ）・風上（かざうえ）

▽風が吹いていく方向　風下（かざしも）・風下（かざした）

▽東から吹く
東風（とうふう）・東風（ひがしかぜ）・真東風（まこち）・東風（こち）・東風（こちかぜ）・東風（あゆ）・東風（あい）・正東風（まこち）・谷風（こくふう）

▽朝吹く東風　朝東風（あさごち）

▽西から吹く
西風（せいふう）・西風（にしかぜ）

▽南に片寄った東風　南東風（みなみごち）

▽南から吹く
南風（なんぷう）・南風（みなみかぜ）・南風（はえ）・凱風（がいふう）・薫風（くんぷう）・南薫（なんくん）

▽南または南寄りの　真風（まじ）

▽南西から吹く　日方（ひかた）

▽北から吹く
北風（ほくふう）・北風（きたかぜ）・北打ち（きたうち）・朔風（さくふう）・北げ（きたげ）

▽朝吹く北風　朝北（あさきた）

▽北に片寄った東風　北東風（きたごち）

▽南北の極圏内で吹く
極風（きょくふう）・極偏東風（きょくへんとうふう）

▽砂漠などで砂を含んで激しく吹きつける
砂嵐（すなあらし）

▽中緯度地方を年中吹く西寄りの
偏西風（へんせいふう）・ジェットストリーム・ジェット気流（きりゅう）

〔参〕「ジェット」は英語で「噴出・噴射」。強い風が狭い場所に集中して、噴き出るような勢いで流れることからつけられた。

▽山を越えて吹き下ろす　山背(やませ)・山背風(やませかぜ)

▽横ざまに吹く　横しま風(よこしまかぜ)・横風(よこかぜ)

▽熱帯地方で赤道に向かって年中吹く　貿易風(ぼうえきふう)・恒信風(こうしんふう)

▽山から吹いてくる、山で吹く　颪(おろし)・山風(さんぷう)・山風(やまかぜ)・山籟(さんらい)・山颪(やまおろし)・深山颪(みやまおろし)

▽山の下を吹く。山から麓へ吹く　山下風(やましたかぜ)

▽夕方山から吹く　夕山風(ゆうやまかぜ)

▽山の斜面沿いに吹く　山谷風(やまたにかぜ)・山谷風(さんこくふう)

▽川を吹く　川風(かわかぜ)

▽岸辺を吹く　辺つ風(へつかぜ)

▽海辺を吹く　浦風(うらかぜ)・浜風(はまかぜ)

▽海辺にある山を吹く　浦山風(うらやまかぜ)

▽海から吹く　海風(かいふう)・海風(うみかぜ)・沖つ風(おきつかぜ)・潮風(しおかぜ)

▽陸から海の方へ吹く　出し風(だしかぜ)・出し(だし)・陸風(りくふう)・陸軟風(りくなんぷう)

▽船が進む方向へ吹く　順風(じゅんぷう)・追い風(おいかぜ)・時つ風(ときつかぜ)・追風(おいて)・帆風(ほかぜ)・便風(びんぷう)・便風(べんぷう)

▽船が進む方向から吹いてくる　逆風(ぎゃくふう)・向かい風(むかいかぜ)・向こう風(むこうかぜ)・仇の風(あだのかぜ)

▽朝吹く　朝風(あさかぜ)・晨風(しんぷう)・暁風(ぎょうふう)

▽夕暮れに吹く　晩風(ばんぷう)・夕風(ゆうかぜ)

▽夜吹く　夜風(よかぜ)

▽夜吹く強い　夜嵐(よあらし)・小夜嵐(さよあらし)・夜半の嵐(よわのあらし)

▽高層の建物の周辺で吹く強い　ビル風(ビルかぜ)

▽戸や障子などのすき間から吹き込んでくる　隙間風(すきまかぜ)

春夏秋冬の「風」

▽季節初めに吹く　初風(はつかぜ)

▽春先に吹く穏やかな　春風(はるかぜ)・春風(しゅんぷう)・和風(わふう)・恵風(けいふう)

▽うららかに晴れた春の日に吹く　光風(こうふう)

▽春先に吹く激しい　春嵐(はるあらし)・春嵐(しゅんらん)・春疾風(はるはやて)・春荒れ(はるあれ)

▽春の初めにその年最初に吹く強い南風　春一番(はるいちばん)

▽涅槃会(ねはんえ)（三月十五日）前後に一週間ほど吹き続く西風　涅槃西風(ねはんにし)・涅槃西風(ねはんにしかぜ)

▽陰暦二月二十日ごろに吹く西風
貝寄せ（かいよせ）・**貝寄せの風**（かいよせのかぜ）

▽桜の花の盛りに吹く　**花風**（はなかぜ）

▽夏冬によって風向きが変わる
季節風（きせつふう）・**モンスーン**

▽夏の　**夏風**（なつかぜ）・**南風**（なんぷう）・**南風**（はえ）

▽陰暦五月に吹く南東風
黄雀風（こうじゃくふう）

▽梅雨時のどんより曇った日に吹く南風
黒南風（くろはえ）

▽梅雨明けのころ南から吹く
白南風（しらはえ）・**白南風**（しろはえ）

▽青葉のころに吹くやや強い
青嵐（せいらん）・**青嵐**（あおあらし）

▽初夏の青葉を吹き渡る
薫風（くんぷう）・**緑風**（りょくふう）

▽初秋のころに吹く　**初秋風**（はつあきかぜ）

▽秋に吹く
秋風（あきかぜ）・**秋風**（しゅうふう）・**金風**（きんぷう）・**商風**（しょうふう）・**悲風**（ひふう）・**西風**（せいふう）

▽陰暦十月に西から吹く
神渡し（かみわたし）・**神立風**（かみたつかぜ）
［参］神々が出雲に集まる神無月に吹く西風は、神々を出雲へ送っていく風だという意から。

▽晩秋から初冬に吹く冷たい
木枯らし（こがらし）・**凩**（こがらし）

▽冬に吹く
冬風（ふゆかぜ）・**寒風**（かんぷう）・**陰風**（いんぷう）

▽冬に吹く強い
ならい・**ならい風**（ならいかぜ）

▽冬に雨雪を伴わないで強く吹く
空風（からかぜ）・**乾風**（からかぜ）・**空っ風**（からっかぜ）・**乾っ風**（からっかぜ）

「風」の吹き方の動詞・複合動詞

▽風が通っていく　**吹く**（ふく）

▽静かに　**そよ吹く**（そよふく）

▽雨交じりの風が強く
繁吹く（しぶく）・**重吹く**（しぶく）

▽絶えず　**吹き通す**（ふきとおす）

▽しきりに　**吹き頻る**（ふきしきる）

▽強く
吹き立つ（ふきたつ）・**吹き付く**（ふきつく）・**吹き付ける**（ふきつける）・**吹き着ける**（ふきつける）

▽物を吹き払い飛ばす　**吹き払う**（ふきはらう）

▽激しく
吹き荒れる（ふきあれる）・**吹き荒ぶ**（ふきすさぶ）

▽激しく吹きまくる　**風巻く**（しまく）

▽紙などをまくるように長時間盛んに
吹き捲る（ふきまくる）・**吹き惑う**（ふきまどう）

▽吹き方がますます激しくなる
吹き募る（ふきつのる）

▽逆の方向に　**吹き返す**（ふきかえす）

▽吹く方向が一定しない
吹き迷う（ふきまよう）

▽風が激しく雪が乱れ降る
乱吹く（ふぶく）・**吹雪く**（ふぶく）

「風」の擬音語・擬態語

▽風が吹きつけて物が軽く触れ合って鳴る
さわさわ・さやさや
▽風が吹いて木の枝葉が音をたてる
ざわざわ
▽かすかに吹く　そよと
▽静かに吹く　そよそよ
▽風が吹き過ぎる　ひゅー
▽風が強く吹き過ぎる
びゅー・ぴゅー
▽激しく強く吹き続ける
ひゅーひゅー
▽激しく吹き荒れている
びゅーびゅー
▽鋭く吹きすさぶ
ぴゅーぴゅー
▽木の葉を乱れ舞わすかのように吹いている
ひゅるひゅる

「風」に関する成句

【風薫る】
初夏の若葉の中を風がさわやかに吹くさま。

【風冴ゆる】
冬の風が身に凍みるほどに冷たく吹く。

【風死す】
盛夏の暑いさ中に風が全然吹かないこと。

【風に付く】
風にゆだねる。

【風光る】
春の陽光の中を風が吹き渡るさま。

【雲の返しの風】
雨雲を吹き払う風。類「雲の返しの嵐」

【黄塵万丈】
強い風に吹かれて土ぼこりが空高くのぼるさま。「黄塵」は黄色い土煙のこと。

悲しむ・悲しみ

様態・程度・種類からみた「悲しむ・悲しみ」

▽心が痛んで泣きたくなるような気持ち
悲しみ・嘆き・歎き・愁い・憂い・嘆・歎・嗟嘆・嗟歎・咨嘆・嗟咨
▽嘆き
悲嘆・悲歎・愁嘆・愁歎
▽悲しみ痛む。痛み
悲痛・悲傷・哀傷・傷嘆・傷歎・痛傷

▽悲しみ憤る　悲憤(ひふん)

▽うれえ　憂愁(ゆうしゅう)

▽悲しみあわれむ　哀憫(あいびん)・哀愍(あいびん)・哀憐(あいれん)・哀憫(あいみん)・哀愍(あいみん)

▽しみじみとした　哀れ(あわれ)

▽もの悲しさ　哀愁(あいしゅう)

▽もの悲しい感じ　哀感(あいかん)・ペーソス

▽悲しく痛ましい　悲惨(ひさん)・悲酸(ひさん)

▽うれえ痛む　愁傷(しゅうしょう)

▽悲しくあわれ　悲哀(ひあい)

▽とても悲しい　哀絶(あいぜつ)

▽悲しみとうれい　悲愁(ひしゅう)

▽深く嘆き　長嘆(ちょうたん)・長歎(ちょうたん)・痛嘆(つうたん)・痛歎(つうたん)・歎(たん)・深痛(しんつう)・痛哭(つうこく)・断腸(だんちょう)・断魂(だんこん)・哀哀(あいあい)・嘆息(たんそく)・歎息(たんそく)

▽悲しみ惜しむ　哀惜(あいせき)

▽非常にあわれでもの悲しい　哀切(あいせつ)

▽うれえ嘆く　慨嘆(がいたん)・慨歎(がいたん)

▽悲しみ慕う　哀慕(あいぼ)

▽勇ましくも悲しい　悲壮(ひそう)

▽喜びと　休戚(きゅうせき)・悲喜(ひき)

〔参〕「休」には「喜ばしい」、「戚」には「憂える」の意がある。

▽大いに嘆く　浩歎(こうたん)

▽大きな、長いため息をついて嘆く　大息(たいそく)・長大息(ちょうたいそく)・長嘆息(ちょうたんそく)・長歎息(ちょうたんそく)

▽つらくて悲しい　憂き節(うきふし)

▽嘆き訴える　哀訴(あいそ)・哀願(あいがん)・愁訴(しゅうそ)

▽うらみ嘆く　怨嗟(えんさ)

▽嘆きの原因　嘆き種(なげきぐさ)

具体的に対象のある「悲しむ・悲しみ」

▽悲しみ、傷ついた心。悲しく感じる　傷心(しょうしん)

▽声を上げて泣き　悲慟(ひどう)・哀哭(あいこく)・慟哭(どうこく)

▽人の死を悲しみ痛む　悲悼(ひとう)・哀悼(あいとう)・痛悼(つうとう)・追悼(ついとう)・哀傷(あいしょう)・哀惜(あいせき)

▽悲しい別れ。別れを　哀別(あいべつ)・離愁(りしゅう)

▽天子の嘆き　叡嘆(えいたん)・睿歎(えいたん)

▽世間のありさまを見て嘆く　慨世(がいせい)

▽物事がうまくいかず失望する　悲観(ひかん)

▽秋のあわれを　悲秋(ひしゅう)

▽悲しい運命　悲運(ひうん)

▽悲しい知らせ　悲報(ひほう)

▽人生の悲惨な出来事　悲劇(ひげき)

▽悲しみを表した歌。また悲しみ歌う　悲歌(ひか)・エレジー

▽悲しみで終わる恋　悲恋(ひれん)

悲しむ・悲しみ

「悲しむ・悲しみ」を表す動詞・複合動詞

▽心が痛み泣きたいような気持ちになる、気持ちを見せる
悲しむ・哀しむ・嘆く・歎く・痛める・痛む・悲しがる・哀しがる・嘆き入る

▽よくないことになりはしないかと悲しみ嘆く
憂う・憂える・愁える・寂しがる

▽嘆きうれえる　**慨する**

▽嘆いていろいろ言う
託つ・零す・溢す

▽人の死を悲しむ　**悼む**

▽一晩中嘆いて朝を迎える
嘆き明かす

▽嘆いて月日を過ごす
嘆き暮らす

▽長い間嘆き続ける　**嘆き渡る**

▽嘆いても嘆いても嘆ききれない
嘆き余る

「悲しむ・悲しみ」を表す形容詞

▽心が痛む　**悲しい・哀しい**

▽何となく心が痛む
心悲しい・物悲しい

▽悲しみで胸がいっぱい
切ない・遣る瀬無い

▽嘆きたくなるような
嘆かわしい

「悲しむ・悲しみ」に関する成句

【血の涙】

とてもつらい悲しみにあって流す涙。涙が涸れて血が流れ出すほどの耐えがたい悲しみをいう。


【悲嘆に暮れる】

深く悲しみ嘆く。類「悲しみに暮れる」


【胸が裂ける】

悲しみや悔しさなどで胸が破れそうな思いがする。


【胸がつかえる】

深い悲しみや心配事で胸がいっぱいになる。類「胸が塞がる」「胸が潰れる」


【哀毀骨立】

親などとの死別に、とても悲しむこと

【鼓琴の悲しみ】

心を許し合った親友に死に別れた悲しみのこと。中国の晋の張翰が親友が死んだことを悲しみ、親友が生前愛していた琴をひいて慟哭したという故事から。


【楽しみ尽きて哀しみ来る】

(⇩「楽しい・楽しむ」386ページ)


【断腸の思い】

我慢しきれないほどの、つらくて悲しい気持ち。「断腸」は、はらわ

たがちぎれる意。類「九回腸」

【悲喜交交】悲しいことと喜ばしいこととが入り交じっていること。類「人生の哀歓」

【悲憤慷慨】世の中の不義・不正を悲しみ憤って嘆くこと。

【風樹の嘆】子どもが親孝行をしたいと思ったとき、もうすでに親は亡くなっていて、孝養を尽くすことはできないという嘆き、悲しみをいう。出典は『韓詩外伝』。類「風木の嘆」

体

主な言葉
「全身」に関する

▽頭から足の先まで
体・体・人体・身体・身躯・身・身骨・人身・骨身・肌身・身

▽生きている
肉体・肉・肉塊・肉塊・肉叢・肉身・生体・生身・生き身・現し身

▽自分の　**一身**

▽天皇・貴人の　**玉体**

▽カトリックでキリストの　**聖体**

▽頭・頸・胸・手・足、または頭と両手・両足。全身
五体

▽体全体
全身・満身・総身・総身・渾身・満腔

▽腰を中心にした上半分と下半分
上下

▽全身の半分。特に上半分　**半身**

▽体の上半分
上半身・上体

▽体の下半分　**下半身**

▽体の中　**身内・体内**

▽頭と手足を除いた部分
胴・胴体

▽手足。手足と体　**肢体**

▽両手両足　**四肢**

▽足と腰　**足腰**

▽外からの体の格好
体格・体付き・図体・恰幅・体躯・筋骨・がたい

▽体格の型　**体型**

▽身長と体付き
背格好・背恰好・背格好・背恰好

▽体の骨の組み合わせ。体全体の感じ
骨格・骨組み・骨柄・骨っ節

▽背が高い　**長身・長躯**

体

▽体が大きい
大柄（おおがら）・巨体（きょたい）・巨躯（きょく）・大兵（たいひょう）
▽背が高くも低くもない　中背（ちゅうぜい）
▽背が低い　短身（たんしん）・短躯（たんく）・矮躯（わいく）
▽体格が小さい
小柄（こがら）・小兵（こひょう）・小作り（こづくり）・小粒（こつぶ）
▽体の肉付きがよい
豊満（ほうまん）・丸丸（まるまる）・むっちり・ぽっちゃり・ぽちゃぽちゃ・ころころ
▽体が少し太っている　小太り（こぶとり）
▽体が太っている
肥満（ひまん）・でっぷり・太り（ふと）じし・太（ふと）っちょ
▽肉付きが固くしまって太っている
固太り（かたぶとり）・堅肥り（かたぶとり）
▽太って大きい
肥大（ひだい）・大兵肥満（たいひょうひまん）
▽筋肉がよくしまって盛り上がっている
隆隆（りゅうりゅう）
▽ほどよい肉付き　中肉（ちゅうにく）
▽身長が頭長の八倍ある体型
八頭身（はっとうしん）
▽ほっそりとした体形　優形（やさがた）
▽やせた体付き
痩身（そうしん）・痩躯（そうく）・痩せ形（やせがた）・痩せ型（やせがた）・痩せ・スリム
▽ひどくやせている
痩せぎす（やせぎす）・痩せっぽち（やせっぽち）・骨と皮（ほねとかわ）・骨皮筋右衛門（ほねかわすじえもん）・ガリガリ
▽身体が活動したり、疾病（しっぺい）を防御したりする力
体力（たいりょく）
▽生まれながら受けついだ体の性質
体質（たいしつ）
▽子どもを身ごもっている体　母体（ぼたい）
▽母親の体内　母胎（ぼたい）
▽弱い体　弱体（じゃくたい）
▽病気の体
病体（びょうたい）・病身（びょうしん）・病躯（びょうく）
▽老人。老人の体
老体（ろうたい）・老身（ろうしん）・老躯（ろうく）・老骨（ろうこつ）
▽衣服をつけていない裸の体
裸体（らたい）・裸身（らしん）・裸身（はだかみ）
▽死んだ体
骸（むくろ）・躯（むくろ）・身（むくろ）・屍（しかばね）・尸（しかばね）・屍（かばね）・死屍（しし）・死体（したい）・遺体（いたい）・遺骸（いがい）・死骸（しがい）・亡き骸（なきがら）
▽取り残された死体　残骸（ざんがい）
▽脂肪分が蝋（ろう）のようになった死体
屍蝋（しろう）
▽乾燥して原形を保った死体
ミイラ・木乃伊（みいら）

「頭・首」に関する主な言葉

▽頸部（けいぶ）から上の部分　頭（あたま）
▽頭の異称

頭・頭・頭・頭・頭・頭・首・首・天窓・脳天・頂・御頭・御頭・天天

▽首の尊敬語　御首・御頭

▽頭または首の俗称　雁首

▽頭のてっぺん

頭頂・頭頂・脳天・脳頭・頭角

▽頭の両側　側頭

▽大きい

大頭・巨頭・頭でっかち

▽丸い　擂り粉木頭

▽頭の部分　頭部

▽頭の前面　前頭

▽頭の後面　後頭

▽額と後頭部の出ている

才槌頭・才槌頭

▽上部が大きく下部の小さい

外法頭・外法頭

〔参〕「外法」は七福神のうちの一つである、福禄寿の異名。

▽凸凹の　花梨頭

▽固い　石頭・金槌頭

▽頂上に毛を残して周囲をそった小児の

芥子坊主・髻

▽白髪交じりの

胡麻塩頭・斑白

▽白髪の

白髪頭・白頭・白首・皓首

▽髪を切り下げたままの

散切り頭・残髪頭

▽髪の毛の短い。または剃髪した

毬栗頭・円頭・坊主頭・丸坊主・くりくり坊主・毬栗・スキンヘッド

▽髪が抜け落ちた

禿げ頭・禿頭・光頭・薬缶頭・蛸入道・金柑頭・茶瓶頭・禿げ茶瓶・つんつるてん

▽乳幼児の頭骨のすき間が脈につれて動く部分

顋門・踊り子・顖門・顖門・顖門・泉門・踊り

▽何もかぶらない

素頭・露頂

▽頭と胴をつなぐ部分

首・頸・馘・頸玉・首玉

▽首を俗っぽく言った言葉

首っ玉・頸っ玉

▽首の部分　頸部

▽首の後ろ

項・項・項根・首筋・襟・襟首・襟頸・領頸・襟元・首根っこ・頸根っこ・後ろ首・後ろ頸・身柱元

▽首の後ろの髪の生え際

襟足・領脚

▽項の中央のくぼんでいる所

盆(ぼん)の窪(くぼ)・盆(ぼん)の窪(くど)・盆(ぼ)の窪(くぼ)

▽長い　**長頸(ちょうけい)・鶴首(つるくび)・鵞鳥首(がちょうくび)**

▽短い　**猪首(いくび)・入り首(いくび)・短頸(たんけい)**

▽細い　**細首(ほそくび)**

▽鎌のように曲がった。蛇などにいう　**鎌首(かまくび)**

▽首の喉(のど)に当たる部分　**喉頸(のどくび)**

▽喉の中間にある甲状軟骨の突き出た所　**喉仏(のどぼとけ)・喉骨(のどぼね)**

『参』形状が座禅を組んでいる仏に見えることから、「喉仏」と呼ばれるようになったといわれている。西洋では「アダムの林檎(りんご)」と呼ばれている。

▽寝ている人の　**寝首(ねくび)**

▽相手をののしっていう　**素首(そくび)・素っ首(くび)**

▽切り取った　**斬り首(きりくび)・切り首(きりくび)・掻き首(かきくび)**

▽切り取ったばかりの　**生首(なまくび)**

▽討ち取った　**首級(しゅきゅう)・首(しるし)・御首(みしるし)**

▽さらした　**竿首(かんしゅ)・梟首(きょうしゅ)・晒し首(さらしくび)・獄門首(ごくもんくび)**

「髪」に関する主な言葉

▽頭に生えている毛　**髪(かみ)・頭髪(とうはつ)・毛髪(もうはつ)・髪(かみ)の毛(け)**

▽頭髪の尊敬・丁寧語　**御髪(おぐし)・御髪(みぐし)**

▽頭に生えている自分の　**地髪(じがみ)・地毛(じげ)**

▽髪の毛の一本一本　**毛筋(けすじ)**

▽一本の髪の毛　**一髪(いっぱつ)**

▽頭の左右側面の　**鬢(びん)**

▽びんの先　**小鬢(こびん)**

▽びんの耳の前　**揉み上げ(もみあげ)**

▽えり首あたりの　**襟髪(えりがみ)・領髪(えりがみ)**

▽髪の毛が渦巻き状に　**旋毛(つむじ)・辻毛(つじげ)**

▽固い髪の毛　**剛毛(ごうもう)**

▽猫の毛のように柔らかい　**猫っ毛(ねこっけ)**

▽細い　**毫髪(ごうはつ)・毫毛(ごうもう)**

▽先が枝のように裂けた　**枝毛(えだげ)**

▽縮れた　**縮れ毛(ちぢれげ)・癖髪(くせがみ)・縮れっ毛(ちぢれっけ)・癖毛(くせげ)**

▽少ない　**寡髪(かはつ)**

▽まばらに生えた　**疎髪(そはつ)・薄毛(うすげ)**

▽髪の毛が抜け落ちること。その毛　**抜け毛(ぬけげ)**

▽額の前に垂れ下がる　**前髪(まえがみ)**

▽頭の後方の　**後ろ髪(うしろがみ)**

▽女性が髪を結ったり束ねたりしたとき、両びんやえり足に残って垂れ下がった生え際(ぎわ)の短い毛　後れ毛(おくれげ)・後れ髪(おくれがみ)

▽垂らし下げた　垂れ髪(たれがみ)

▽毛を一緒に束ねて結んだ所　髻(もとどり)・髻(たぶさ)

▽日本髪の後方に張り出した　髱(たぼ)・髱髪(たぼがみ)

▽頭頂で束ねて、折り返したり曲げたりした　髷(まげ)

▽髪を結うときに添える　入れ髪(いれがみ)・入れ毛(いれげ)・髢(かもじ)・髪文字(かもじ)

▽もとある頭髪を補ったり、別の髪型に見せたりするための人工的な　鬘(かつら)・かつら・つけ毛(げ)・ウイッグ・ヘアピース・ヘアエクステンション

▽乱れた　乱髪(らんぱつ)・乱れ髪(みだれがみ)・解れ毛(ほつれげ)・蓬髪(ほうはつ)・頭蓬(とうほう)

▽寝て乱れた　寝乱れ髪(ねみだれがみ)・寝腐れ髪(ねくたれがみ)

▽寝ている間についたくせ　寝癖(ねぐせ)

▽洗ったばかりの　洗い髪(あらいがみ)・濡れ髪(ぬれがみ)

▽怒りのために逆立った　怒髪(どはつ)

▽亡くなった人の形見の　遺髪(いはつ)

▽黒ぐろとしてつやのある　黒髪(くろかみ)・緑の黒髪(みどりのくろかみ)・烏の濡れ羽色(からすのぬればいろ)・烏羽玉藻(うばたまも)

▽半分白い　胡麻塩(ごましお)・斑白(はんぱく)・半白(はんぱく)・頒白(はんぱく)

▽白髪交じりの乱れた　吹雪(ふぶき)

▽白くなった　頭の雪(かしらのゆき)・年の雪(としのゆき)・白髪(はくはつ)・白髪(しらが)・霜(しも)・皓髪(こうはつ)・頭の霜(かしらのしも)・霜雪(そうせつ)

▽若いときから生えている白い　若白髪(わかしらが)

▽白くて美しい　銀髪(ぎんぱつ)

▽老女の白い　九十九髪(つくもがみ)

▽老人の黄色い　黄髪(こうはつ)

▽西洋人の赤い　紅毛(こうもう)・赤毛(あかげ)

▽西洋人の金色の　金髪(きんぱつ)

▽染色や脱色した茶色や金色の　茶髪(ちゃぱつ)

「顔・ひげ」に関する主な言葉

▽顔の全体　顔(かお)・顔(かんばせ)・顔面(がんめん)・面部(めんぶ)・面(おも)・輪(わ)・満面(まんめん)・容貌(ようぼう)・顔貌(がんぼう)・容顔(ようがん)・面(つら)・面(めん)・面(おもて)・面(おも)

▽髪の生え際から眉まで　額(ひたい)・前額(ぜんがく)

▽眉と眉の間　眉間(みけん)

▽眉のあたり　眉宇(びう)

▽耳の上の物をかむと動く部分　**顳顬**（こめかみ）・**蟀谷**（こめかみ）

〔参〕日本人の主食が米であり、「米を噛む」と動くことから「こめかみ」となった。「蟀」はコオロギのことだが、なぜこの漢字が使われているかは不明である。

▽目の下の部分　**頬**（ほお）・**頬っぺた**（ほっぺた）

▽笑うとできる頬のくぼみ　**靨**（えくぼ）

▽口の上下　**顎**（あご）

▽上あご　**上顎**（じょうがく）

▽下あご　**下顎**（かがく）・**頤**（おとがい）

▽皮膚が二重になったあご　**二重顎**（にじゅうあご）

▽唇の上に生える毛　**髭**（ひげ）・**口髭**（くちひげ）

▽あごに生える毛　**鬚**（ひげ）・**顎鬚**（あごひげ）

▽頬（ほお）の付近に生える毛　**髯**（ひげ）・**頬髯**（ほおひげ）

▽あごひげと頬ひげ　**鬚髯**（しゅぜん）

▽美しいひげ　**美髯**（びぜん）・**美鬚**（びしゅ）

▽量の少ない　**ちょび髭**（ひげ）・**小髭**（こひげ）

▽まばらで薄い　**泥鰌髭**（どじょうひげ）・**疎髯**（そぜん）

▽なまずのような　**鯰髭**（なまずひげ）

▽白い　**白髯**（はくぜん）・**白髯**（しらひげ）・**白鬚**（はくしゅ）・**白鬚**（しらひげ）・**霜鬚**（そうしゅ）

▽赤い　**赤鬚**（あかひげ）・**紅髯**（こうぜん）

▽銀白色の　**銀髯**（ぎんぜん）

▽鎌のようにはね上げた　**鎌髭**（かまひげ）

▽あごの下に長く垂れた　**山羊鬚**（やぎひげ）

▽ひげが伸びた　**髭面**（ひげづら）・**無精髭**（ぶしょうひげ）・**不精髭**（ぶしょうひげ）・**髭もじゃ**（ひげもじゃ）

▽作ったひげ。また、それを付ける　**付け髭**（つけひげ）

▽高く出ている額（ひたい）　**おでこ**

▽額の中央　**真っ向**（まっこう）

▽髪の生え際（ぎわ）が富士山のような形の額　**富士額**（ふじびたい）・**火灯額**（かとうびたい）・**雁額**（かりがねびたい）

「目・眉」に関する主な言葉

▽顔の前面にあって物を見る働きをする器官　**目**（め）・**眼**（め）・**眼**（まなこ）・**目の玉**（めのたま）・**目玉**（めだま）・**眼球**（がんきゅう）・**瞳**（ひとみ）・**眸**（ひとみ）・**眸子**（ぼうし）

▽目の玉の中にある黒い部分　**瞳**（ひとみ）・**眸**（ひとみ）・**瞳孔**（どうこう）

▽大きな目　**大目玉**（おおめだま）・**巨眼**（きょがん）

▽丸くてくりくりした　**団栗眼**（どんぐりまなこ）・**団栗目**（どんぐりめ）

▽眼球の入っている頭骨の穴　**眼窩**（がんか）・**眼窠**（がんか）

▽飛び出た　**出目**（でめ）・**出眼**（でめ）

▽くぼんだ　**奥目**（おくめ）・**金壺眼**（かなつぼまなこ）・**猿眼**（さるまなこ）

▽少し開いた　**細目**（ほそめ）・**薄目**（うすめ）

▽耳に近い方の目の端（はし）　**目尻**（めじり）・**眦**（まなじり）・**眥**（まなじり）

▽鼻に近い方の目の端（はし）　**目頭**（めがしら）

▽目尻が長い　切れ長(きれなが)

▽目尻が上がった　吊り目(つりめ)・上がり目(あがりめ)

▽目尻が下がった　垂れ目(たれめ)・下がり目(さがりめ)

▽眼球の上下を覆って開閉する皮膚　瞼(まぶた)・目蓋(まぶた)・眼瞼(がんけん)

▽上下の瞼のふちに生えている毛　睫毛(まつげ)・睫(まつげ)

▽目の下の皮膚の袋状のたるみ　目袋(めぶくろ)

▽目の縁(ふち)のこと　目縁(まぶち)

▽一重の　一重瞼(ひとえまぶた)

▽二重の　二重瞼(ふたえまぶた)・二皮目(ふたかわめ)

▽澄み切って美しい　明眸(めいぼう)

▽眼球の白い部分　白目(しろめ)・白眼(しろめ)・白眼(しろまなこ)・白目玉(しろめだま)・白眼玉(しろめだま)

▽眼球の黒い部分　黒目(くろめ)・黒眼(くろめ)・黒眼(くろまなこ)・黒目玉(くろめだま)・黒眼玉(くろめだま)

▽眼鏡・望遠鏡などを使わない人間自身の　肉眼(にくがん)

▽人工の眼球　義眼(ぎがん)・入れ目(いれめ)

▽白い斑点のある　星眼(ほしめ)・星目(ほしめ)

▽緑の　碧眼(へきがん)・緑眼(りょくがん)

▽西洋人の青い　青目(あおめ)・碧眼(へきがん)

▽赤い　赤目(あかめ)・赤眼(あかめ)・血目(ちめ)・血眼(ちめ)

▽両方の　両眼(りょうがん)・両目(りょうめ)・双眸(そうぼう)・双眼(そうがん)・諸目(もろめ)

▽片方の　隻眼(せきがん)・独眼(どくがん)・一つ目(ひとつめ)・片目(かため)

［参］「隻眼」の「隻」は、対になったものの片方のこと。

▽左の　左眼(さがん)・左目(ひだりめ)

▽右の　右眼(うがん)・右目(みぎめ)

▽左右の目のうち、はっきり見える方の　利き目(ききめ)

▽構造が簡単な　単眼(たんがん)

▽多くの個眼が集まった　複眼(ふくがん)

▽近視の　近眼(きんがん)・近目(ちかめ)

▽遠視の　遠眼(えんがん)・遠目(とおめ)

▽老いて衰えた　老眼(ろうがん)・老視(ろうし)

▽美しい眉　柳眉(りゅうび)・柳の眉(やなぎのまゆ)・遠山の眉(えんざんのまゆ)・愁眉(しゅうび)

▽三日月形の　三日月眉(みかづきまゆ)・曲眉(きょくび)・蛾眉(がび)・細眉(ほそまゆ)

▽長く横に引いた　連山の眉(れんざんのまゆ)

▽長くて湾曲し根の太い　地蔵眉(じぞうまゆ)

▽両方の　双眉(そうび)

▽うれいにしかめた　愁眉(しゅうび)

▽雪のように白い老人の　眉雪(びせつ)

▽黒く墨をさした　黒眉(くろまゆ)・鶯眉(うぐいすまゆ)・引き眉(ひきまゆ)・

黛（まゆずみ）・眉墨（まゆずみ）・作り眉（つくりまゆ）

▽濃くて太い　蚰蜒眉（げじげじまゆ）

▽緑色の美しい　翠眉（すいび）

「耳」に関する主な言葉

▽顔の左右にあって聞く働きをする器官　耳（みみ）・耳朶（じだ）

▽耳の下部の柔らかい部分　耳朶（みみたぶ）・耳埵（みみたぶ）・耳朶（みみたぼ）・耳埵（みみたぼ）

▽耳の外の部分。鼓膜まで　外耳（がいじ）

▽耳の鼓膜から内耳までの部分　中耳（ちゅうじ）

▽耳の最も奥の部分　内耳（ないじ）

▽頭の両側に突き出た外耳の貝殻状の部分　耳介（じかい）・耳殻（じかく）・耳翼（じよく）

▽耳たぶの大きい耳　福耳（ふくみみ）

▽耳たぶの垂れた　垂れ耳（たれみみ）

▽長い　長耳（ながみみ）・兎耳（うさぎみみ）

▽遠くの音もよく聞き取れる　遠耳（とおみみ）

「鼻」に関する主な言葉

▽顔の中央に隆起し、呼吸や嗅（か）ぐ働きをする　鼻（はな）

▽鼻の左右両側　小鼻（こばな）・鼻翼（びよく）

▽眉間から鼻の下まで　鼻筋（はなすじ）・鼻梁（びりょう）・鼻道（はなみち）・鼻茎（はなぐき）

▽鼻の中央を通る軟骨　鼻柱（はなばしら）・鼻準（びじゅん）

▽鼻の下　鼻下（びか）

▽鼻の下のみぞ　鼻溝（はなみぞ）・人中（じんちゅう）

▽鼻の先　鼻面（はなづら）・鼻っ面（はなっつら）・鼻先（はなさき）

▽鼻の穴　鼻孔（びこう）

▽鼻の穴の空間　鼻腔（びこう）・鼻腔（びくう）

▽眠ったときに鼻の穴から出る音　鼾（いびき）・鼻鼾（いびき）

▽鼻の穴から出る液体　洟（はな）・鼻液（びえき）・鼻汁（はなじる）・鼻水（はなみず）

▽大きな　大鼻（おおばな）・巨鼻（きょび）

▽高い　高鼻（こうび）・鼻高（はなだか）・隆鼻（りゅうび）

▽低くて横に広がっている　胡座鼻（あぐらばな）・胡坐鼻（あぐらばな）

▽低くて小鼻の開いた　獅子鼻（ししばな）・獅子っ鼻（ししっぱな）

▽すごく低い　鼻潰れ（はなつぶれ）・鼻（はな）ぺちゃ

▽先の丸い　団子鼻（だんごばな）・団子っ鼻（だんごっぱな）

▽先のとがった　尖鼻（せんび）・尖り鼻（とがりばな）

▽鼻筋が段になっている　段鼻（だんばな）

▽とがって曲がった　鷲鼻（わしばな）・鉤鼻（かぎばな）・鉤鼻（かぎはな）・鉤っ鼻（かぎっぱな）

▽酒や病気のために赤い

赤鼻（あかばな）・酒皶鼻（しゅさび）

▽赤くてぶつぶつの　石榴鼻（ざくろばな）

「口」に関する主な言葉

▽物を食べ、話す器官　口（くち）

▽大きく開いた口　大口（おおぐち）

▽横に大きい　鰐口（わにぐち）

▽怒ってとがった　尖り口（とがりぐち）

▽つぼめたかわいい
おちょぼ口（ぐち）・御壺口（おつぼぐち）

▽口の上下にあり薄い皮に覆われた
唇（くちびる）・脣（くちびる）・口唇（こうしん）

▽口の中　口腔（こうくう）・口腔（こうこう）

▽口の端（はし）　口角（こうかく）

▽口のあたり
口辺（こうへん）・口許（くちもと）・口元（くちもと）

▽口の先端　口先（くちさき）・吻（ふん）・口吻（こうふん）

「歯」に関する主な言葉

▽食物をかみ砕く器官　歯（は）

▽歯と牙（きば）　歯牙（しが）

▽口の前面にある上下各四本の歯
前歯（まえば）・門歯（もんし）

▽前面の上の
向こう歯（むこうば）・向か歯（むかば）

▽前面上の二本のうち左側の
大黒歯（だいこくば）

▽前面上の二本のうち右側の
恵比寿歯（えびすば）

〔参〕昔、神棚に恵比寿像と大黒像を奉る際に、神棚から見て右に恵比寿像、左に大黒像を奉ったことから名付けられたといわれている。

▽口の奥にあるうすのような形の
奥歯（おくば）・臼歯（うすば）・臼歯（きゅうし）

▽門歯と臼歯の間
犬歯（けんし）・糸切り歯（いときりば）

▽最も遅く生える奥歯
知歯（ちし）・智歯（ちし）・知恵歯（ちえば）・親不知歯（おやしらずば）・親不知（おやしらず）・第三大臼歯（だいさんだいきゅうし）

▽老人になって生える
瑞歯（みずは）・稚歯（みずは）

▽乳児のときに生えて六、七歳で抜ける
乳歯（にゅうし）・代わり歯（かわりは）・乳飲み歯（ちのみば）

▽乳歯と入れ代わりに生える
永久歯（えいきゅうし）・成歯（せいし）

▽歯の口内に出ている部分　歯冠（しかん）

▽歯茎の中に入っている部分
歯根（しこん）

▽歯の中の空所を満たす柔らかい組織
歯髄（しずい）

▽歯の付け根の肉
歯茎（はぐき）・歯肉（しにく）・歯齦（しぎん）

▽歯の根がはまっているあごの骨の穴

歯槽(しそう)

▽歯の並び具合　**歯並び(はならび)・歯列(しれつ)**

▽白く美しい　**皓歯(こうし)・白歯(しらは)**

▽玉を並べたように美しい　**玉歯(ぎょくし)**

▽黒く染めた　**御歯黒(おはぐろ)・鉄漿(おはぐろ)・染め歯(そめば)・涅歯(でっし)・涅歯(ねっし)**

▽重なって生えた　**八重歯(やえば)・添い歯(そいば)**

▽外へ突き出た八重歯　**鬼歯(おにば)**

▽斜めに突き出た前歯　**反っ歯(そっぱ)・出っ歯(でっぱ)**

▽不揃いな　**乱杙歯(らんぐいば)**

▽丈夫な　**堅歯(けんし)**

▽歯の硬組織が破壊された　**虫歯(むしば)・齲歯(うし)・虫齧め歯(むしかめば)**

▽子どもの黒くなって欠けた　**味噌っ歯(みそっぱ)**

▽人造の　**入れ歯(いれば)・義歯(ぎし)・差し歯(さしば)・継ぎ歯(つぎば)**

▽金で作った入れ歯　**金歯(きんば)**

▽歯の型　**歯型(はがた)**

「息」に関する主な言葉

▽空気を吸ったり吐いたりする　**息(いき)・呼吸(こきゅう)・気息(きそく)・息の根(いきのね)**

▽大きく息をする　**深呼吸(しんこきゅう)・大息(たいそく)**

▽腹で　**腹式呼吸(ふくしきこきゅう)**

▽鼻で　**鼻息(はないき)・鼻息(びそく)**

▽失望したりして　**溜め息(ためいき)・吐息(といき)**

▽困ったり弱ったりしてつくためいき　**青息吐息(あおいきといき)**

▽嘆いたときに　**嘆息(たんそく)・歎息(たんそく)**

▽長いため息　**長息(ちょうそく)・長嘆息(ちょうたんそく)・長大息(ちょうたいそく)**

▽大きく緩やかな　**太息(ふといき)**

▽激しい鼻息　**鼻風(はなかぜ)・鼻嵐(はなあらし)**

▽絶えそうに弱い　**片息(かたいき)・肩息(かたいき)・死に息(しにいき)・虫の息(むしのいき)**

▽今にも呼吸が止まりそう　**息の下(いきのした)・余喘(よぜん)**

▽息が詰まる　**窒息(ちっそく)**

▽咳(せき)が出て息苦しい病　**喘息(ぜんそく)**

▽息をするようす　**息遣い(いきづかい)**

▽息が止まったときに行う処置　**人工呼吸(じんこうこきゅう)**

▽眠っているときの呼吸　**寝息(ねいき)**

▽酒臭い　**酒息(さかいき)**

「息」に関する擬音語・擬態語

▽激しく動いた後などに苦しそうに息をする

はーはー

▽今にも死にそうな感じで激しい息遣いをする

はっはっ

▽疲れ切って苦しそうに大きく何度も吐く

ふーふー

▽短く軽く息を吐く　**ふっと**

▽安心して緊張がとけたときなどにため息をつく

ほっと

▽喘息や風邪などで苦しそうに息をする

ぜーぜー

「舌」に関する主な言葉

▽口の中にある味覚と言語をつかさどる器官

舌・べろ

▽舌の先

舌先・舌頭・舌尖・舌端

▽舌の付け根　**舌の根**

〔参〕「舌の根の乾かぬうちに」は「前言に反したことを、すぐに言ったり、行ったりするさま」を表す。「舌の先の乾かぬうちに」とするのは誤用。

▽舌の根の所に垂れ下がった円筒形の突起

小舌・喉彦・喉ちんこ・口蓋垂

▽舌の上面にできる苔状の付着物

舌苔

▽熱いものが食べられない　**猫舌**

「肩・背・尻」に関する主な言葉

▽腕と胴体をつなぐ部分の上部　**肩**

▽肩の格好　**肩付き**

▽肩の上の方　**肩頭**

▽肩の付け根に近い部分

肩口・肩先

▽両方の肩　**双肩**

▽衣服を脱いだ片方の　**片肌**

▽大きな　**巨肩**

▽なで下ろしたような形の　**撫で肩**

▽角張った　**怒り肩・差し肩**

▽野球などで球を遠くまで投げられる。また、その肩

強肩

▽四十～五十歳代から起こる肩関節の痛み

四十肩・五十肩

▽肩の筋肉のこわばりや、だるさ

肩こり

▽胸・腹の反対側の部分　**背・背中**

▽曲がった背　**猫背**

▽腰の後方の下の部分

尻・尻・臀部・尻っぺた・おいど・ヒップ

▽突き出た尻　**出っ尻・出尻**

▽消化器の末端で大便を排出する所　肛門（こうもん）

「手・腕・指」に関する主な言葉

▽肩から左右に出ている部分　手（て）

▽手と足　手足（てあし）・手足（しゅそく）

▽両手両足　四肢（しし）

▽手の全体　腕（うで）・腕（かいな）・上肢（じょうし）・大手（おおで）

▽腕と手の平のつながる部分　手首（てくび）・腕首（うでくび）

▽関節部分　肘（ひじ）・肱（ひじ）・臂（ひじ）

▽肩とひじ　肩肘（かたひじ）

▽肩からひじまで　二の腕（にのうで）・上膊（じょうはく）

▽ひじから手首まで　下膊（かはく）・前膊（ぜんはく）・小手（こて）

▽指の折れ曲がる方　手の平（てのひら）・掌（てのひら）・掌（たなごころ）・御手（おて）の窪（くぼ）

▽手の平の反対側　手の甲（てのこう）

▽手足の先に五本ずつ分かれ出たもの　指（ゆび）

▽指一本　一指（いっし）

▽指五本　五指（ごし）

▽指十本。両手の　十指（じっし）

▽第一指　親指（おやゆび）・拇指（ぼし）・巨指（きょし）・大指（おおゆび）

▽第二指　人差し指（ひとさしゆび）・食指（しょくし）・塩嘗め指（しおなめゆび）

▽第三指　中指（なかゆび）・高指（たかゆび）・丈高指（たけたかゆび）・高高指（たかたかゆび）・長指（ちょうし）

▽第四指　薬指（くすりゆび）・無名指（むめいし）・紅差し指（べにさしゆび）・紅付け指（べにつけゆび）

▽第五指　小指（こゆび）・季指（きし）

▽指の先端　指先（ゆびさき）・指頭（しとう）・手先（てさき）

▽親指・人差し指・中指の三本　三つ指（みつゆび）

▽指の内側の模様　指紋（しもん）

▽両方の　両手（りょうて）・両腕（りょううで）・両の手（りょうのて）・諸手（もろて）・双手（そうしゅ）

▽片方の　片手（かたて）・片腕（かたうで）・隻手（せきしゅ）・隻腕（せきわん）

▽片方のひじ　片肘（かたひじ）

▽右の　右手（みぎて）・右腕（うわん）・右手（めて）・馬手（めて）

▽左の　左手（ひだりて）・左腕（さわん）・左手（ゆんで）・弓手（ゆんで）

▽指を握りしめる　拳（こぶし）・拳固（げんこ）・拳骨（げんこつ）・握り拳（にぎりこぶし）

▽固いげんこつ　鉄拳（てっけん）

▽ひじの先で突きのける　肘鉄砲（ひじでっぽう）

▽開いた手の平　平手（ひらて）

▽手に表れた筋　手筋（てすじ）

▽失った手の代わりに作った人工の　**義手**（ぎしゅ）

▽女性の細くてしなやかな　**繊手**（せんしゅ）

▽手が長いこと　**手長**（てなが）

▽左右の手のうち、よく動く　**利き手**（きて）・**利き腕**（ききうで）

▽やせて力のない腕　**細腕**（ほそうで）・**痩せ腕**（やせうで）

「胸・乳房」に関する主な言葉

▽首と腹との間、乳房のある部分　**胸**（むね）・**胸部**（きょうぶ）

▽胸部を取り巻く骨格　**胸郭**（きょうかく）・**胸廓**（きょうかく）

▽胸部の内部　**胸腔**（きょうくう）・**胸腔**（きょうこう）

▽胸の中央のくぼみ　**鳩尾**（みずおち）・**鳩尾**（みぞおち）

『参』飲んだ水が落ちるところの「水落ち（みずおち）」からできた語。「鳩尾」の漢字は、その部分の形が鳩の尾に似ているところから当てられたものである。

▽胸の平らな部分　**胸板**（むないた）

▽胸のあたり　**胸元**（むなもと）・**胸間**（きょうかん）

▽胸の周囲。また、その長さ　**胸回り**（むねまわり）・**胸囲**（きょうい）・**バスト**

▽胸のみぞおちのあたり　**胸先**（むなさき）・**胸前**（むなさき）・**胸落ち**（むなおち）

▽ろっ骨とろっ骨の間　**肋間**（ろっかん）

▽前に突き出た胸　**鳩胸**（はとむね）

▽腕の付け根の下　**脇**（わき）・**腋**（わき）・**脇の下**（わきのした）・**腋の下**（わきのした）

▽わきの下のくぼんだ所　**腋窩**（えきか）

▽乳を出す器官　**乳房**（ちぶさ）・**乳房**（にゅうぼう）・**乳**（ち）・**乳**（ちち）・**おっぱい**

▽乳房の先の乳を出す部分　**乳首**（ちくび）・**乳首**（ちちくび）・**乳首**（にゅうしゅ）・**乳頭**（にゅうとう）

「腹・へそ」などに関する主な言葉

▽胸腔と骨盤との間で、胃腸等を包む部分　**腹**（はら）・**腹部**（ふくぶ）・**御腹**（おなか）・**土手っ腹**（どてっぱら）

▽腹の側面　**脇腹**（わきばら）・**横腹**（よこばら）・**片腹**（かたはら）・**脾腹**（ひばら）

▽腹の下の部分　**下腹**（したばら）・**下腹**（かふく）・**小腹**（しょうふく）

▽胴の周囲。また、その長さ　**胴回り**（どうまわり）・**ウエスト**

▽突き出ている大きな腹　**布袋腹**（ほていばら）・**太鼓腹**（たいこばら）

▽肥満で段がつくように突き出た腹　**三段腹**（さんだんばら）

▽皺の寄った老人の腹　**皺腹**（しわばら）

▽腹部の中央にある穴のようにくぼんだ所　**臍**（へそ）・**臍**（ほそ）・**臍**（ほぞ）

▽突き出た　**出臍**（でべそ）

体

▽男女の生殖器
陰部(いんぶ)・局部(きょくぶ)・前の物(まえのもの)・局所(きょくしょ)・前(まえ)

▽男性の外にあらわれた生殖器
陰茎(いんけい)・男根(だんこん)・一物(いちもつ)・陽物(ようぶつ)・魔羅(まら)・摩羅(まら)・末羅(まら)

▽陰茎の先端部　亀頭(きとう)・雁首(がんくび)

▽女性の外陰部にある小突起
陰核(いんかく)・陰挺(いんてい)・核(さね)

▽睾丸(こうがん)の入った皮膚の袋
陰嚢(いんのう)・陰嚢(ふぐり)

▽成人後も亀頭が皮で包まれた状態のもの
包茎(ほうけい)

「腰」に関する主な言葉

▽背の下、尻の上の部分
腰(こし)・腰部(ようぶ)・小腰(こごし)

▽腰の左右の細い所
弱腰(よわごし)・細腰(ほそごし)・帯縛り(おびしばり)・帯し(おびし)

▽腰のあたり　腰間(ようかん)・腰元(こしもと)

▽腰のあたりの格好
腰付き(こしつき)・腰ばせ(こしばせ)

▽腰部の周囲　腰回り(こしまわり)・ヒップ

▽細く弱々しい腰
細腰(ほそごし)・腰細(こしぼそ)

▽ハチのようにくびれた　蜂腰(ほうよう)

▽女性のしなやかな腰付き
柳腰(やなぎごし)・柳腰(りゅうよう)・腰細(こしぼそ)

▽老人の曲がった
海老腰(えびごし)・二重腰(ふたえごし)・腰折れ(こしおれ)

「足・脚」に関する主な言葉

▽腰から下全体
足(あし)・下肢(かし)・脚(あし)・脚(きゃく)

▽特に足首から爪先まで　足(あし)

▽他人の足の丁寧語　御御足(おみあし)

▽大きな　大足(おおあし)

▽足の踝(くるぶし)の上の部分、または下の称
足首(あしくび)・足頸(あしくび)

▽脚のひざから上
上腿(じょうたい)・大腿(だいたい)・股(もも)・股(また)・小股(こまた)

▽脚の付け根に近いもも　太腿(ふともも)

▽ももの内側
内腿(うちもも)・内股(うちもも)・内股(うちまた)

▽ももとすねの間の関節　膝(ひざ)・小膝(こひざ)

▽ひざの前面
膝頭(ひざがしら)・膝小僧(ひざこぞう)

▽左右のひざ　諸膝(もろひざ)

▽片方のひざ　片膝(かたひざ)

▽左右に開いたひざ。また、その座り方
割り膝(わりひざ)

▽ひざ頭の下のくぼんだ所　三里(さんり)

▽ひざから足首までの部分
脛(すね)・臑(すね)・脛(はぎ)・下腿(かたい)

▽すねの前側
向こう脛(むこうずね)・脛(すね)・臑(すね)・弁慶の泣き所(べんけいのなきどころ)

『参』ここを打つと、豪傑の弁慶でも涙を流すほど痛いとされることから。中指の第一関節から先の部分やアキレス腱も、「弁慶の泣き所」と呼ばれることがある。

▽すねの後ろ側 **脹ら脛**(ふくらはぎ)・**脛**(はぎ)・**腓**(こむら)・**腓**(こぶら)

▽毛が多く生えたすね **毛脛**(けずね)

▽急に走ったときなどに起こるふくらはぎのけいれん **腓返り**(こむらがえり)

▽足首の両側に突き出た所 **踝**(くるぶし)

▽足の上側 **足の甲**(あしのこう)

▽足の底の部分 **足の裏**(あしのうら)・**足裏**(あしうら)・**蹠**(あしうら)・**跖**(あしうら)・**足底**(そくてい)・**足蹠**(そくせき)

▽足の裏のくぼんだ所 **土踏まず**(つちふまず)

▽土踏まずがほとんどみられず足の裏が平らな足 **偏平足**(へんぺいそく)・**扁平足**(へんぺいそく)

▽足の裏の後部 **踵**(かかと)・**踵**(きびす)・**踵**(くびす)

▽足の指の先 **爪先**(つまさき)

▽脚と脚の間 **股**(また)・**股間**(こかん)

▽両脚をそろえて立った時、膝のところでO字形に曲がっている **蟹股**(がにまた)・**O脚**(オーきゃく)

▽両脚をそろえて立った時、膝から下が外側に開いてしまう **X脚**(エックスきゃく)

▽両脚を閉じてそろえること **閉脚**(へいきゃく)

▽両脚を開くこと **開脚**(かいきゃく)

▽両足を広く開くこと **大股**(おおまた)・**大足**(おおあし)

▽左右の足のうち、より自由のきく足 **利き足**(ききあし)

▽足が胴につながる内側の部分 **鼠蹊**(そけい)・**鼠径**(そけい)

▽両足を広げてできる空間 **股座**(またぐら)・**胯座**(またぐら)

▽両方の **両足**(りょうあし)・**両脚**(りょうあし)・**双脚**(そうきゃく)

▽片方の **片足**(かたあし)・**隻脚**(せっきゃく)

▽靴下などをはいていない足 **裸足**(はだし)・**跣**(はだし)・**素足**(すあし)・**赤脚**(せっきゃく)

▽失った足の代わりに作った人工の **義足**(ぎそく)・**義肢**(ぎし)

「骨・関節・肌・毛・血・便」などに関する主な言葉

▽頭の骨 **頭骨**(とうこつ)・**頭蓋**(ずがい)・**頭蓋骨**(ずがいこつ)

▽背骨 **脊柱**(せきちゅう)・**脊椎**(せきつい)

▽脊椎の中にある中枢神経 **脊髄**(せきずい)

▽頭蓋に包まれた意識・神経活動の中枢 **脳**(のう)・**頭脳**(ずのう)・**脳髄**(のうずい)・**脳味噌**(のうみそ)

▽骨と骨とをつなぐ可動の部分 **関節**(かんせつ)

▽あちこちの関節 **節節**(ふしぶし)

▽骨の関節 **骨っ節**(ほねっぷし)

▽内臓

腸(はらわた)・**腸**(わた)・**腑**(ふ)・**臓腑**(ぞうふ)・**五臓**(ごぞう)・**六腑**(ろっぷ)

▽内臓器官　**臓器**(ぞうき)

▽体の表面を包んでいる膜

皮膚(ひふ)・**皮**(かわ)・**肌**(はだ)・**肌**(はだえ)・**膚**(はだえ)

▽顔の表皮

面の皮(つらのかわ)・**面皮**(めんぴ)

▽皮膚にある黒暗褐色の小さい斑点

黒子(ほくろ)

▽主として顔にできる茶褐色の小さい斑点

雀斑(そばかす)・**夏日斑**(かじつはん)・**雀卵斑**(じゃくらんはん)

▽目尻にできる小皺

烏の足跡(からすのあしあと)

▽皮膚にできる赤・紫などの斑紋

痣(あざ)・**黶**(あざ)

▽皮膚にできる茶色の斑点

染み(しみ)・**肝斑**(しみ)・**肝斑**(かんぱん)

▽顔にできる小さな吹き出物　**面皰**(にきび)

▽頭の皮膚から分泌する皮脂が乾燥してできる白色のうろこ状のもの

雲脂(ふけ)・**頭垢**(ふけ)

▽皮膚・肌のようす　**肌付き**(はだつき)

▽白く美しい肌

美肌(びはだ)・**餅肌**(もちはだ)・**雪肌**(ゆきはだ)

▽柔らかな

柔肌(やわはだ)・**和膚**(にきはだ)・**柔膚**(にきはだ)・**和膚**(にこはだ)・**柔膚**(にこはだ)

▽生まれたままの　**素肌**(すはだ)・**素膚**(すはだ)

▽化粧されていない生地(きじ)の

地肌(じはだ)・**地膚**(じはだ)

▽上半身全部の

諸肌(もろはだ)・**諸膚**(もろはだ)・**両肌**(りょうはだ)

▽ざらざらした　**鳥肌**(とりはだ)・**鮫肌**(さめはだ)

▽かさかさした

荒れ肌(あれはだ)・**肌荒れ**(はだあれ)

▽あかじみた　**渋皮**(しぶかわ)

▽荒れやすい体質の　**荒れ性**(あれしょう)

▽脂ぎっている体質の　**脂性**(あぶらしょう)

▽皮膚の表面にある毛の生える穴

毛穴(けあな)・**毛孔**(けあな)

▽手・足などの皮膚の一部が絶えずこすられてできる固くて厚いもの

胼胝(たこ)

▽いつも座っているためできる足のたこ

座り胼胝(すわりだこ)・**坐り胼胝**(すわりだこ)

▽筋肉の一部が固まって盛り上がったもの

瘤(こぶ)・**たん瘤**(たんこぶ)

▽腕に力を入れたとき、二の腕に盛り上がる固い筋肉

力瘤(ちからこぶ)

▽こすれたため手足にできる水ぶくれ

肉刺(まめ)

▽皮膚の内出血のためにできる赤黒い豆状のもの

血豆(ちまめ)

▽足の裏などにできるまめ

底豆(そこまめ)・**魚の目**(うおのめ)・**鶏眼**(けいがん)

▽筋肉が凝(こ)り固まったもの

痼り（しこり）・**凝り**（しこり）

▽寒さなどにより手足の皮膚が腫れたり痒くなったりする　**霜焼け**（しもやけ）・**霜腫れ**（しもばれ）・**霜朽ち**（しもくち）

▽寒さなどにより手足の皮膚に生じる亀裂　**ひび・あかぎれ**

▽皮膚に生えている細い糸状のもの　**毛**（け）

▽体に生えている　**体毛**（たいもう）

▽胸に生えている　**胸毛**（むなげ）

▽わきの下に生えている　**脇毛**（わきげ）・**腋毛**（わきげ）

▽脛に生えている　**脛毛**（すねげ）

▽鼻の穴に生えている　**鼻毛**（はなげ）

▽陰部に生えている　**陰毛**（いんもう）

▽顔などに生まれたときから生えている薄く柔らかい　**産毛**（うぶげ）

▽柔らかい　**和毛**（にこげ）

▽体内を流れる赤い液体　**血**（ち）・**血液**（けつえき）

▽血管内の血の流れ　**血流**（けつりゅう）

▽血液の循環　**血行**（けっこう）・**血の巡り**（ちのめぐり）・**血の気**（ちのけ）

▽流れ出る。また、体内をめぐる　**血潮**（ちしお）・**血汐**（ちしお）

▽血が血管の外に流れ出る　**出血**（しゅっけつ）

▽血を流す。また、流れ出る血　**流血**（りゅうけつ）

▽血を吐くこと　**吐血**（とけつ）・**喀血**（かっけつ）

〘参〙「吐血」は、食道や胃など消化器系の病気によるもの。一方、「喀血」は、肺や気管などからの出血を指す。

▽体の組織内で起こる小さい出血　**溢血**（いっけつ）

▽体内の動脈の流れる部分に異常に血液が増す状態　**充血**（じゅうけつ）

▽臓器や組織に静脈血がたまった状態　**鬱血**（うっけつ）

▽体の内部で起こる出血　**内出血**（ないしゅっけつ）

▽水分が少なくなってねばねばした血　**血糊**（ちのり）

▽血が凝固する　**凝血**（ぎょうけつ）

▽外気に関係なく温かい　**温血**（おんけつ）

▽体温が低い　**冷血**（れいけつ）

▽生きた動物の　**生き血**（いきち）・**生血**（なまち）

▽色のあざやかな　**鮮血**（せんけつ）

▽人を斬ったときに飛び散る　**血煙**（ちけむり）

▽健康な人から採った血液を血管内に補う　**輸血**（ゆけつ）

▽輸血用の血液を無償で提供する　**献血**（けんけつ）

▽大便を排出する　**排便**（はいべん）・**便通**（べんつう）・**通じ**（つうじ）・**脱糞**（だっぷん）

▽無意識のうちに小便、大便をもらす　**失禁**（しっきん）

▽大便、小便をする　**用便**（ようべん）・**手水**（ちょうず）・**用**（よう）・**排出**（はいしゅつ）・

排泄（はいせつ）・用足し（ようた）

▽大便が出ない

便秘（べんぴ）・秘結（ひけつ）・糞詰まり（ふんづ）

▽小便をする

排尿（はいにょう）・放尿（ほうにょう）・小用（しょうよう）・小用（こよう）・小水（しょうすい）

▽眠っていて気付かないうちにする小便

寝小便（ねしょうべん）・遺尿（いにょう）・おねしょ

▽小便が近い　頻尿（ひんにょう）

▽小便の出をよくする　利尿（りにょう）

▽屁（へ）をする

放屁（ほうひ）・放る（ひ）・おなら

川（かわ）・滝（たき）

大小・地形などからみた「川」

▽地表のくぼみに沿って水が集まって流れるもの

川（かわ）・河（かわ）・河川（かせん）・河流（かりゅう）・江流（こうりゅう）

▽細い、小さな

小川（おがわ）・細川（ささらがわ）・細小川（いささがわ）・細小小川（いささおがわ）・細小川（いさらがわ）・細小小川（いさらおがわ）・細流（さいりゅう）・せせらぎ・せらぎ・小流（しょうりゅう）・細水（ほそみず）

▽大きな

大川（おおかわ）・大川（たいせん）・大河（たいが）・大江（たいこう）

▽地下を流れる

伏流（ふくりゅう）・水脈（すいみゃく）

▽谷間を流れる

谷川（たにがわ）・渓流（けいりゅう）・渓澗（けいかん）・渓水（けいすい）

〔参〕「渓澗」の「澗」には谷川の意があるが、十の三十六乗を表す数の単位でもある。

▽流れの細い谷川　細谷川（ほそたにがわ）

▽傾斜の急な地表を流れる　山流（さんりゅう）

▽深山（みやま）から流れる　深山川（みやまがわ）

▽河床が両側の平地より高い

天井川（てんじょうがわ）

▽傾斜のゆるやかな所を流れる　野流（やりゅう）

▽川底の浅い

瀬（せ）・湍（せ）・浅瀬（あさせ）・川瀬（かわせ）・高瀬（たかせ）

速さ・位置などからみた「川」

▽流れの速い　急流（きゅうりゅう）・早川（はやかわ）

▽流れの激しい

激流（げきりゅう）・奔流（ほんりゅう）・滝つ川（たきつがわ）・滝川（たきがわ）・懸河（けんが）

▽流れの速い瀬

早瀬（はやせ）・急湍（きゅうたん）・奔湍（ほんたん）・湍流（たんりゅう）

▽激しい早瀬　激湍（げきたん）

▽海などに流れ込む所

河口（かこう）・川口（かわぐち）・川尻（かわじり）・川裾（かわすそ）

▽水源に近い

上流（じょうりゅう）・川上（かわかみ）・水上（みなかみ）

▽流れの中間　中流（ちゅうりゅう）

▽海などに出るあたり

下流（かりゅう）・川下（かわしも）・水下（みなしも）・末（まつ）

川・滝

流（りゅう）**・末流**（ばつりゅう）

▽神社のそばを流れる　**御手洗川**（みたらしがわ）**・御手洗**（みたらし）

▽よどんで深い所　**淵**（ふち）**・深淵**（しんえん）

様態からみた「川」

▽水が絶え間なく流れる　**流れ川**（ながれかわ）**・流れ**（ながれ）

▽二つ以上の川が流れ込んで、一つになる　**合流**（ごうりゅう）

▽一筋の流れ　**一水**（いっすい）**・一流れ**（ひとながれ）

▽古くから流れている　**古川**（ふるかわ）**・古河**（ふるかわ）

▽清らかな　**清流**（せいりゅう）

▽清らかな流れの谷川　**清澗**（せいかん）

▽濁った　**濁流**（だくりゅう）

▽どぶのように汚れた小川　**溝川**（どぶがわ）

▽氾濫を起こしやすい　**暴れ川**（あばれがわ）

▽貫いて流れる　**貫流**（かんりゅう）

▽他の川とは反対に流れる　**逆さ川**（さかさがわ）**・逆さま川**（さかさまがわ）

▽めぐり流れる　**環流**（かんりゅう）**・周流**（しゅうりゅう）**・回流**（かいりゅう）**・廻流**（かいりゅう）

▽高緯度や高山で氷のかたまりが次第に流れ下る　**氷河**（ひょうが）

▽下流が途中でなくなっている　**末無し川**（すえなしがわ）**・尻無し川**（しりなしがわ）

▽降雨のときのほか流れのない　**水無瀬川**（みなせがわ）

種別・名称などからみた「川」

▽名高い　**名川**（めいせん）**・名水**（めいすい）

▽鵜飼いをする　**鵜川**（うかわ）

▽漁を禁止した　**留川**（とめかわ）**・御留川**（おとめかわ）

▽杣木（そま）を流し下す　**杣川**（そまがわ）

▽川のほとり　**岸**（きし）**・岸辺**（きしべ）**・水際**（みずぎわ）**・川岸**（かわぎし）**・河岸**（かし）**・河岸**（かがん）**・河畔**（かはん）**・川原**（かわら）**・川端**（かわばた）**・畔**（ほとり）**・辺**（ほとり）**・水辺**（みずべ）**・川辺**（かわべ）**・川縁**（かわべり）**・リバーサイド**

▽川の水面　**川面**（かわも）

▽下流に向かって右　**右岸**（うがん）

▽下流に向かって左　**左岸**（さがん）

▽土砂がたまって水面上に現れる　**州**（す）**・洲**（す）**・砂州**（さす）**・砂洲**（さす）

▽土砂がたまり、水面上に現れて島のようになった所　**中州**（なかす）**・中洲**（なかす）**・中州**（なかず）**・中洲**（なかず）

▽土砂が堆積して河口にできた三角形の地　**三角州**（さんかくす）**・三角洲**（さんかくす）

▽蛇行（だこう）により河道が切れてできた湖　**河跡湖**（かせきこ）**・三日月湖**（みかづきこ）

▽川が山地から平地に出てつくった扇形の地形

扇状地（せんじょうち）

▽水が流れる地面　**川床**（かわどこ）・**河床**（かしょう）

▽川の入江　**江川**（えがわ）・**江河**（えがわ）

▽港のある入江　**港江**（みなとえ）

▽水の濁った入江　**濁り江**（にごりえ）

▽水の流れ出るもと　**源**（みなもと）・**水源**（すいげん）・**源流**（げんりゅう）

▽川の折れ曲がって流れる所　**川曲**（かわわ）・**川曲**（かわわた）・**川隈**（かわくま）

▽主となる　**本流**（ほんりゅう）・**主流**（しゅりゅう）

▽分かれ流れる　**支流**（しりゅう）・**分流**（ぶんりゅう）・**枝流れ**（えだながれ）・**傍流**（ぼうりゅう）・**余流**（よりゅう）・**枝川**（えだかわ）

季節・行事からみた「川」

▽秋のころの澄んだ流れ　**秋水**（しゅうすい）

▽夏、河原の桟敷や川舟での納涼　**川涼み**（かわすずみ）

▽夏越（なごし）しの祓（はらえ）に行う夏の行事　**川祓**（かわはらえ）

▽五月雨（さみだれ）で増水して濁った　**五月川**（さつきがわ）

▽特に、夏に川で魚をとる　**川狩り**（かわがり）・**川猟**（かわりょう）・**川せせり**（かわせせり）

▽川の納涼初めを祝う行事　**川開き**（かわびらき）

様態からみた「滝」

▽高所から急激に流れ落ちる　**滝**（たき）・**瀑布**（ばくふ）・**飛泉**（ひせん）・**飛瀑**（ひばく）・**滝つ瀬**（たきつせ）・**白糸**（しらいと）・**垂水**（たるみ）

▽滝の水が流れ始める所　**滝口**（たきぐち）

▽滝の水が落ちるくぼんだ所　**滝壺**（たきつぼ）

▽一対の滝のうち大きい方　**雄滝**（おだき）・**男滝**（おだき）

▽一対の滝のうち小さい方　**雌滝**（めだき）・**女滝**（めだき）

▽水のなくなった　**涸れ滝**（かれたき）・**枯れ滝**（かれたき）

災害と利用からみた「川」

▽河川の水があふれ出る　**洪水**（こうずい）・**氾濫**（はんらん）・**大水**（おおみず）・**大水**（たいすい）・**出水**（しゅっすい）・**出水**（でみず）

▽堤防が切れて水があふれ出る　**決水**（けっすい）

▽洪水による災害　**水害**（すいがい）

▽河川の氾濫を防ぐ　**治水**（ちすい）

▽掘って水を通す　**堀**（ほり）・**堀川**（ほりかわ）・**堀割**（ほりわり）・**疎水**（そすい）・**疏水**（そすい）・**渠**（きょ）・**運河**（うんが）・**水路**（すいろ）・**溝渠**（こうきょ）

▽ふたをされていない水路　**明渠**（めいきょ）

▽覆いをした水路　**暗渠**（あんきょ）

▽飲料その他に使われる水を通す設備　**上水道**（じょうすいどう）・**水道**（すいどう）・**上水**（じょうすい）・**用水路**（ようすいろ）

▽汚水を流す設備　**下水道**（げすいどう）・**下水**（げすい）

▽川の中や湖に設けた水流を調節するしきり
堰（せき）・堰（いせき）・堰堤（えんてい）

▽貯水池や水路に設けた水流を調節する門
水門（すいもん）

▽水があふれないよう築いたもの
堤（つつみ）・堤（てい）・土手（どて）・堤防（ていぼう）・護岸（ごがん）

▽治水工事された河川で、普段水が流れていない
河川敷（かせんじき）

信仰や伝説からみた「川」

▽死後七日目に渡るという
三途の川（さんずのかわ）・三つ瀬川（みつせがわ）・渡り川（わたりがわ）・三途川（そうずがわ）・葬頭川（そうずがわ）

▽三途の河原　**賽の河原（さいのかわら）**

▽神仏に参拝する際にみそぎする
祓川（はらえがわ）

▽みそぎを行う　**禊川（みそぎがわ）**

▽河川を守護する神
河の神（かわのかみ）・河伯（かわのかみ）・河伯（かはく）

▽神話で天上界にある河原
天の河原（あまのかわら）

▽七月七日に牽牛星と織女星が渡るという
天の川（あまのがわ）・天の河（あまのがわ）・安の河（やすのかわ）・銀河（ぎんが）・銀漢（ぎんかん）・天漢（てんかん）・天河（てんが）・河漢（かかん）・天の戸河（あまのとがわ）・星河（せいが）・星漢（せいかん）・雲漢（うんかん）

▽陰暦六月と十二月の年二回行われる水神の祭り
川祭り（かわまつり）

「流れる」の擬音語・擬態語・形容語

▽よどみなく浅い所を　**さらさら**

▽水がとどまることなく流れる
滔滔（とうとう）

▽水が盛んに流れる。また、尽きることなく湧く
渾渾（こんこん）

▽水が激しく　**ざーざー**

▽川を渡るときなど水を絶えず動かす
ざぶざぶ

▽水が勢いよく
しゃーしゃー・しゃーっと

▽大量に水が勢いよく
じゃーじゃー

▽一度に多量に水が流れ込む
だーっと

▽少しの水が　**ちょろちょろ**

▽狭い所から流れ出る　**とくとく**

▽水が盛んに流れ出る　**どくどく**

▽大きくて重い物が水に浮き沈みながら
どんぶりこ・どんぶらこ

「川」に関する成句

【浅い川も深く渡れ】

浅い川でも渡るときは深い川と同様に用心して渡らなくてはいけないという教え。


【一衣帯水】

一筋の帯のように狭い川や海。二つのものがきわめて近接しているたとえ。


【川下三尺】

川の水は三尺も流れて行けば汚れがなくなるということ。「一尺」は、約三〇・三センチメートル。


【川虹立ったら川越すな】

川をまたいで虹が立ったら雨の前触れであるから、遠くまで行くなということ。


【金槌の川流れ】

金槌を川に落とすと、木の柄は浮くが頭の金属部分が重くて下になることから、頭の上がらないことのたとえ。また、出世の見込みのないことのたとえ。

考える・考え ……思考・意見

あれこれ考えをめぐらせる「考える・考え」

▽考える
思考・思惟・思惟・考思・思念

▽考え
思想・意想・意中・心慮・心底・存慮・旨意・思惑・論・念頭・料簡・了見・了簡

［参］「思惑」は「思ふ」のク語法（活用語の後ろに「く（らく）」を付けて名詞化する語法）「思はく」からできたもので「惑」は当て字。「しわく」と読む場合は、仏語で「修道で断ち切られる煩悩」の意になる。

▽よく
熟考・熟慮・熟思・勘考・思案・思考・考察・計慮・惟みる

▽いろいろ
思慮・思料・思い巡らす・思案・思議・百考・千慮・万慮・万考・慮る

▽筋の通った　**理屈・道理**

▽深く考える。またそのさま
沈思・深思・深慮・念慮・潜考・潜思・潜心・尋思・掘り下げる・考え深い・思慮深い・思案深い

▽子細に　**細思**

▽筋道を立てて深く　**思索・思惟**

▽ある物事についてのしっかりした
見識・識見・識見

▽あれこれの事柄・要素・条件などを考え合わせる
考慮・勘案・校勘・参考・参勘・考量・思量・商量・鑑みる

▽筋の通った考えかどうか判断する
分別

▽信じて疑わない　信念

▽固い信念　確信

新しい考え、指向性のある「考える・考え」

▽新しい考え
創意・創案・新機軸・新案・アイデア

▽よい手段・方法を考え出す
考案・案出・立案・発案・工夫・意匠・才覚

▽あることを考えつく
着想・着意・考え付く・思い付く・発想・思い付き・発意・発意

▽先ざきのことや細かいことまでよく考える
遠慮・深慮・知慮・智慮

▽のちのちのことを　後勘

▽深く考えて明らかにする
考究・探究・考覈

▽道理や事情などからおしはかって
推考・推察・推量

▽論理をおしはかって深く考えきわめる
推究

▽論じ考察を加える
論考・論攷

▽考え調べる　考査・勘審

▽考え評議する　思議

▽考えてはっきりさせる
考定・勘定・勘定・勘決

▽物事を理解して考えを決める
判断・判定

▽十分に考えて判断する
熟察・考量

▽こうしようと考える
意図・構想・ビジョン

▽どうしたいか、どうするつもりかという
意向・意嚮・意思

▽物事を考え処理していく能力
知恵・智慧・知力・智力・知能・英知・英智・叡知・叡智・インテリジェンス

▽多くのものの中から適否などを考えて選ぶ
選考・銓衡・ピックアップ

▽おもしろみやおもむきを出すための新しい
趣向

▽事の善悪・当否などを考え見分ける
勘弁

▽よく考えて物の道理をわきまえる

思弁(しべん)

▽昔のことについて　考古(こうこ)

▽古い事柄について調べ考え、証拠をあげて説明する　考証(こうしょう)

賢愚・正誤・考え直しなどからみた「考える・考え」

▽賢明な　賢慮(けんりょ)

▽良い　妙案(みょうあん)・名案(めいあん)

▽平凡な　凡慮(ぼんりょ)

▽愚かな　愚慮(ぐりょ)

▽考えや知識が浅く薄っぺらな　浅薄(せんぱく)・浅(あさ)はか

▽浅薄な　浅慮(せんりょ)・短慮(たんりょ)・浅見(せんけん)・短見(たんけん)・管見(かんけん)

▽道理にかなった正しい　正論(せいろん)

▽誤った　謬見(びゅうけん)・不所存(ふしょぞん)・考え違(かんがえちが)い・勘違(かんちが)い・思(おも)い違(ちが)い

▽迷っている　迷想(めいそう)・妄想(もうそう)

▽同じ事柄をもう一度　再考(さいこう)・再思(さいし)・考え直(かんがえなお)す・思い直(おもいなお)す

▽考え直す必要がありそう　考え物(かんがえもの)

▽よく考えねばならない場合　思案所(しあんどころ)・分別所(ふんべつどころ)

考え・意見の様態からみた「考える・考え」

▽あることについてもっている　思想(しそう)・意見(いけん)・所見(しょけん)・見解(けんかい)・所思(しょし)・存念(ぞんねん)・所存(しょぞん)・存意(ぞんい)・存慮(ぞんりょ)・存じ寄り(ぞんじより)・論(ろん)

▽物事の本質や成り行きを見通す、すぐれた判断力・意見　見識(けんしき)・識見(しきけん)・識見(しっけん)・知見(ちけん)・智見(ちけん)

▽確固とした　定見(ていけん)

▽常にもち続けている強い　主張(しゅちょう)・持論(じろん)・持説(じせつ)

▽ひとかどの見識のある意見。また、その人独自の意見　一家言(いっかげん)

▽今までにない新しい　創見(そうけん)

▽広く事情を見通した　達見(たっけん)・達識(たっしき)

▽人並みすぐれた　卓見(たっけん)・卓識(たくしき)・一見識(いちけんしき)・高見(こうけん)

▽通俗的な　俗見(ぞっけん)

▽浅薄な　浅見(せんけん)・管見(かんけん)・短見(たんけん)

▽正しい意見・主張　正論(せいろん)

▽誤った　謬見(びゅうけん)

▽勝手な推測による　臆見(おっけん)

▽公平を欠いた　偏見(へんけん)・僻見(へきけん)・僻見(びゃっけん)

▽前もってつくられた固定的な見解　先入観(せんにゅうかん)・先入主(せんにゅうしゅ)・先入見(せんにゅうけん)・色眼鏡(いろめがね)・思い込み(おもいこみ)

▽自分だけの　私見(しけん)・私考(しこう)・私意(しい)・私議(しぎ)・

自説・独見・我見・一存

▽自分の意見の謙譲語
私見・卑見・陋見・浅見・管見・愚見・愚考・愚案・愚意・愚慮・愚存・鄙懐・鄙見

▽他人の意見、またその尊敬語
高見・尊見・高慮・尊慮・賢慮・貴慮・芳慮・尊意・貴意・思し召し

▽他の人と同じ意見で、それを容認する
同意・同腹・同心・合意

▽他の人とは違った
異見・異存・異・異議・異論

▽全体に共通している　**総意**

▽世間の大多数の人の
世論・世論・世論・輿論・公論・公議・衆論

『参』「世論（よろん）」は、当用漢字制定時に「輿論」が書き換えられたもの。「世論（せろん・せいろん）」は、一般大衆の気分や人気という情緒的な意味合いがあったが、今は明確な区別はされなくなっている。

▽他の人びとの　**思惑**

▽目下の者の。また、大衆の
下意・衆慮

▽貴人の　**台慮**

▽主君や支配者の　**上意**

▽天皇や天子などの
天慮・聖慮・大御心・叡慮・宸慮・聖旨・叡旨・思し召し・宸旨・聖意・宸意

▽政治を行っていく上での　**政見**

▽物事の価値についての個人または集団の見解
価値観

人生についての見方からみた「考える・考え」

▽人生についての見解　**人生観**

▽世界および世界における人間のあり方についての意見
世界観

▽歴史的世界の構造や発展に関する見解
史観・歴史観

▽現実をよい方向に考え、人生は楽しいものであるとする見解
楽天観・楽天主義・楽観論・オプチミズム

▽物事を悪い方にばかり考え、人生を悲観する見解
厭世観・悲観主義・悲観論・ペシミズム

▽現実に即して合理的に事を処していこうとする見解
現実主義・リアリズム

▽理想的な人生を構築しようとする見

解
理想主義(りそうしゅぎ)・イデアリズム
▽すべての事象は運命的に決まっていて人間は無力であるという見解
宿命観(しゅくめいかん)・宿命論(しゅくめいろん)・運命論(うんめいろん)
▽人の世は変転きわまりなく生命ははかないものとする見解
無常観(むじょうかん)

さまざまな様態からみた「考える・考え」

▽静かに
静思(せいし)・静慮(せいりょ)・思(おも)い澄(す)ます
▽黙って深く
黙考(もっこう)・黙思(もくし)・黙想(もくそう)・黙念(もくねん)
▽目を閉じて心を集中し深く
瞑想(めいそう)・冥想(めいそう)
▽反省して
省察(せいさつ)・省察(しょうさつ)・省慮(せいりょ)・省思(せいし)
▽ある事をしようという考えを起こす
思(おも)い立(た)つ・考(かんが)え付(つ)く
▽ある考えを抱くようになる
思(おも)い寄(よ)る
▽ある考えに没頭する　思(おも)い耽(ふけ)る
▽繰り返し　覆考(ふっこう)
▽考えがそこまで達する
思(おも)い至(いた)る・思(おも)い及(およ)ぶ・考(かんが)え及(およ)ぶ
▽物事の進み具合が考えた通り
思(おも)い通(どお)り・思(おも)いの儘(まま)・思惑通(おもわくどお)り・案(あん)の如(ごと)く・案(あん)の定(じょう)
[参]「案の定」は、「案の定失敗した」などのように、多くは好ましくない物事について用いられる。
▽あらかじめ考えていたのと違う結果
意外(いがい)・意想外(いそうがい)・存外(ぞんがい)・案外(あんがい)・思(おも)いの外(ほか)・思惑違(おもわくちが)い
▽考える余地がなくなるほど
考(かんが)え尽(つ)くす・思(おも)い尽(つ)くす
▽考えを最後までおし進める
煎(せん)じ詰(つ)める・突(つ)き詰(つ)める
▽ある物事について徹底的に
考(かんが)え抜(ぬ)く
▽長い時間　長考(ちょうこう)
▽一度考えてみる　一考(いっこう)
▽ちょっと考えてみる　一顧(いっこ)
▽後日あらためて　後考(こうこう)

惑うことからみた「考える・考え」

▽物事の成り行きが気掛かりで考え悩む
苦慮(くりょ)・思(おも)い悩(なや)む
▽あれこれ考えて、どうしてよいか分からなくなる
思(おも)い惑(まど)う・思(おも)い迷(まよ)う・思(おも)い余(あま)る・考(かんが)えあぐねる
▽余分なことまで考え、くよくよする
思(おも)い過(す)ごし・思(おも)い過(す)ぎ
▽考え直してやめる

思い止まる
▽これ以上仕方がないと考える
思い切る

「考える・考え」に関する成句

【頭が固い】
固定観念にとらわれ、柔軟な考え方ができない。融通がきかない。類「石頭」「杓子定規」

【頭を抱える】
どうしたらいいか分からず考え込む。類「思い沈む」「思案に沈む」

【頭を絞る】
何かよい考えはないだろうかと、いろいろ考える。「絞る」は「搾る」とも書く。

【頭を悩ます】
考えあぐむ。類「思い煩う」「頭を痛める」

【頭を捻る】
分からないことや、よい方法を見つけようと考える。

【案に相違する】
予想していたことと異なる。考えが外れる。

【一計を案じる】
一つのはかりごとを考え出す。

【一考を要する】
改めて慎重に考えてみることが必要である。

【一歩を譲る】
自分の主張を一部引っ込めて、相手の考えを聞き入れる。

【意に適う】
考えに合う。

【意を酌む】
相手の考えを肯定的に察してやる。

【異を挟む】
他人の考えや意見に疑問を投げ掛ける。

【お伺いを立てる】
目上の人に考えや指図などをあおぐ。

【思いも寄らない】
考えもつかない。

【思いを致す】
考えをそのことに寄せる。そのことをよく考える。

【片意地を張る】
頑固に自分の考えを通す。類「鹿を指して馬となす」「這っても黒豆」

【強情を張る】
自分の考えなどをなかなか変えようとしない。

【首を捻る】
分からなくて考える。

【小首を傾ぐ】
首を傾けて考える。

【心を一にする】
たくさんの人が考えを一つにする。

【思案投げ首】
よい考えが浮かばず首をかしげるさま。

【思案に余る】どんなに考えてもよい知恵が浮かんでこない。

【視野が広い】考えの及ぶ範囲が広い。

【知恵が回る】頭の回転が早く、とっさにいい考えが浮かぶ。

【知恵を絞る】よい案はないか、考えに考える。

【脳味噌を絞る】できるだけの知恵をめぐらして懸命に考える。

【腹を探る】相手の考えを知ろうとする。類「意中を探る」

【胸に手を置く】よく考える。

【余念がない】一心になっていて、他のことを考えない。没頭している。類「余念もない」

【我が意を得る】自分の考えていた通りになって満足するさま。

【内股膏薬】きまった主張や意見がなく、あちこちに付き従うこと。また、その人。類「二股膏薬」「股座膏薬」

【机上の空論】実際には役に立たない案や意見。類「空理空論」

【奇想天外】思いもよらない変わった考え。

【愚者の一得】愚かな者でも時にはよい考えを出すときもあるということ。類「千慮の一得」

【再思三考】二度も三度も考えること。何度も考えること。

【時代錯誤】現代の傾向に合わない考え方。

【十人十色】人の好みや考えがそれぞれに違っていること。

【思慮分別】深く考えめぐらして判断すること。

【千思万考】いろいろと考えること。また、その考え。

【創意工夫】誰も思いつかなかった新しい考えや方法を編み出すこと。「創意」はまねではなく、新しい思いつき。

【沈思黙考】黙って深く考え込むこと。類「沈思凝想」

【当意即妙】その場で即座に気転を利かすこと。

【肺肝を摧く】いろいろと気を遣い、十分に考えをめぐらす。「肺肝」は肺臓と肝臓で心の意。出典は杜甫の詩『垂老別』。

【世の中は九分が十分】

物事は、自分の思い通りにいかないもので、望みの九分がかなえば十分であって満足すべきであるということ。

【理路整然】 物事や考えの筋道が整っているさま。

寒暖

暖かい・暑いの様態、季節からみた「寒暖」

▽気候や気温がほどよい
暖かい・暖かい・暖か・暖か

▽物の温度がほどよい熱さで気持ちよい
温かい・温かい・温か・温か

▽あたたかい気候。またあたたかみ
暖気・煖気・温気

▽気候などがあたたかい。また、そのさま
温暖・暄暖

▽気候があたたかでおだやか
温和・穏和・暖和

▽気温や水温などがあたたかい
温い・温し

▽少しあたたかい
温い・生暖かい・生暖かい・生温い

▽あたたかみ
温み・温もり・温まり

▽あたたかく気持ちよい　**温温**

▽春のあたたかさ　**春暖・春暄**

▽七月七日ごろ。暑気が強くなるころ
小暑

▽七月二十三日ごろ。一年で最も暑いころ
大暑

▽夏の暑い間。特に夏の土用の間
暑中

▽温度が高い　**熱い**

▽気温が高い　**暑い**

▽蒸されるような熱気
熅れ・熱れ

▽暑さに向かう　**向暑**

▽夏の暑さ　**暑・暑気**

▽初夏の　**薄暑・清暑**

▽夏の盛りの　**盛暑・盛熱**

▽蒸し暑い　**温気**

▽焼けるような　**灼熱**

▽きわめて
極熱・極熱・酷熱・酷暑・厳暑・激暑・劇暑・極暑・炎暑・炎熱・暑熱・炎天・大暑・猛暑・炎威

▽はなはだしい　**甚暑**

寒暖

▽焦げるような　焦熱（しょうねつ）・焦暑（しょうしょ）
▽蒸すような　蒸暑（じょうしょ）・炎蒸（えんじょう）
▽苦しい　苦熱（くねつ）・苦暑（くしょ）
▽秋になって残る　残暑（ざんしょ）・残熱（ざんねつ）・余炎（よえん）
▽暑さに敏感。また、その人　暑（あつ）がり・暑（あつ）がり屋（や）
▽夏の暑さのために体力が弱る　暑気中（しょきあた）り
▽夏の暑さを払いのけること。また、そのための方策　暑気払（しょきばら）い
▽夏の暑さを避けて涼しい土地で過ごす　避暑（ひしょ）

涼しいの様態・季節からみた「寒暖」

▽涼しさ　涼（りょう）・涼気（りょうき）・涼味（りょうみ）
▽さわやかな　清涼（せいりょう）・爽涼（そうりょう）
▽涼しさを味わう　納涼（のうりょう）・涼（すず）み
▽冷ややかな　冷涼（れいりょう）
▽木陰で涼む　下涼（したすず）み
▽夏の朝の　朝涼（あさすず）
▽夕方の　晩涼（ばんりょう）・夕涼（ゆうすず）
▽秋の初めの　新涼（しんりょう）・初涼（しょりょう）
▽秋の　秋涼（しゅうりょう）
▽秋の冷ややかさ　秋冷（しゅうれい）

寒冷の様態からみた「寒暖」

▽寒さに向かう　向寒（こうかん）
▽なんとなく感じる　漫（そぞ）ろ寒（さむ）し・うそ寒（さむ）い・薄（うす）ら寒（さむ）い
▽いかにも寒そうな　寒寒（さむざむ）・寒寒（さむざむ）しい
▽寒さを感じる　寒気立（さむけだ）つ・総毛立（そうけだ）つ・苛（いら）ぐ
▽寒さが強まる　冷（ひ）え込（こ）み・冷（ひ）え込（こ）む
▽寒さに敏感。また、その人　寒（さむ）がり・寒（さむ）がり屋（や）
▽肌に感じる　肌寒（はださむ）い・膚寒（はださむ）い
▽冷たく　冷寒（れいかん）・寒冷（かんれい）
▽体の芯（しん）まで冷える　底冷（そこび）え
▽非常に寒い。また、そのさま　大寒（だいかん）・苦寒（くかん）・酷寒（こっかん）・酷寒（こくかん）・極寒（ごっかん）・厳寒（げんかん）・凜冽（りんれつ）・凜烈（りんれつ）・凜凜（りんりん）・凜然（りんぜん）・峭寒（しょうかん）・寒冽（かんれつ）
▽厳しい　寒威（かんい）
▽凍って厳しい　冱寒（ごかん）
▽凍るほどの　凍寒（とうかん）
▽飢えと　飢寒（きかん）・饑寒（きかん）
▽冬の寒さを避けてあたたかい土地で過ごす　避寒（ひかん）
▽熱を出してぞくぞくする寒け

悪寒（おかん）

寒冷の気候・季節からみた「寒暖」

▽曇って寒い　霜折れ（しもおれ）

▽寒い日の空　寒天（かんてん）・冬天（とうてん）・寒空（さむぞら）・冬空（ふゆぞら）

▽夜の寒さ　夜寒（よさむ）

▽冬の寒さ　寒（かん）

▽寒になる。一月六日ごろ　小寒（しょうかん）・寒の入り（かんのいり）

▽一年で最も寒いころ。一月二十日ごろ　大寒（だいかん）

▽冬の寒さの厳しい時期。小寒から大寒の間　寒中（かんちゅう）

▽寒の時期が終わって春になる。二月四日ごろ　寒明け（かんあけ）・寒の明け（かんのあけ）

▽立春後の　余寒（よかん）・残寒（ざんかん）

▽春になっても残る　春寒（しゅんかん）・春寒（はるさむ）

▽春になって一時寒さがぶり返す　寒の戻り（かんのもどり）・寒返り（かんがえり）

▽春風の肌寒いようす　料峭（りょうしょう）

▽桜の咲くころの冷え込み　花冷え（はなびえ）

▽梅雨のころの　梅雨冷え（つゆびえ）・梅雨寒（つゆさむ）

▽朝、特に秋の朝のうすら寒さ　朝寒（あささむ）

▽秋になって感じる　秋寒（あきさむ）・うそ寒（うそさむ）・漫ろ寒（そぞろさむ）・稍寒（ややさむ）・肌寒（はださむ）

▽晩秋の　露寒（つゆさむ）

▽寒冷の候を迎える。また、陰暦八月の称　迎寒（げいかん）

▽寒い季節　歳寒（さいかん）・冬季（とうき）

▽風が寒い。風と寒さ。また、陰暦十一月の称　風寒（ふうかん）

▽冬の寒さ。また、寒さの厳しい冬　厳冬（げんとう）

▽平均気温が平年より高い冬　暖冬（だんとう）

対語の組み合わせからみた「寒暖」

▽冷たいこととあたたかいこと　冷暖（れいだん）

▽寒さとあたたかさ　寒暖（かんだん）・寒煖（かんだん）・寒暄（かんけん）

▽寒さと暑さ　寒熱（かんねつ）・寒暑（かんしょ）・暑寒（しょかん）

「寒暖」の擬態語

▽春の日の光がのどか　うらうら

▽ぬくみが感じられる

ほかほか・ほっかほか・ほっこり
▽あたたかな
ぽかぽか・ぬくぬく・ぬっくり
▽あたたかくて柔らかそうな
ほやほや
▽あたたかさにのんびり心がなごむ
ほんわか
▽蒸し暑さで息が詰まりそうになる
むっと
▽熱気が立ちこめる　**むんむん**
▽蒸し暑い　**蒸し蒸し**
▽一瞬冷ややかさを感じる
ひやっと
▽冷たい　**ひやひや**
▽冷気を感じる
ひんやり・ひやりと
▽冷えきっている　**冷え冷え**
▽寒さのため体が震える
ぞくぞく
▽一瞬寒さを強く感じる
ぞくっと

「寒暖」に関する成句

【鳥肌が立つ】
寒さや恐怖などを感じたとき、肌が鳥の皮のようにつぶつぶになる。
類「肌に粟を生ずる」

【身を切るよう】
寒さの非常に厳しいさま。

【暑さ寒さも彼岸まで】
春・秋の彼岸を過ぎると、しのぎよい気候になるということ。
類「暑い寒いも彼岸ぎり」

【三寒四温】
三日ほど寒い日が続き、のち四日ほど暖かい日が続くのを交互に繰り返す現象。冬や春先に著しい。

【頭寒足熱】
頭部を冷やし、足をあたためるのが健康によいという、古来からの健康法。

聞く・聞こえる

様態・種別などからみた「聞く・聞こえる」

▽自然に耳に感じる　**聞く**
▽しっかり意志をもって　**聴く**
▽音や声が耳に感じられる
聞こえる
▽聴き取る　**聴取**
▽あらかじめ　**下聞き**
▽静かに　**静聴**
▽聞くともなしに
傍耳・余所耳
▽聞きながら

聞く・聞こえる

聞く聞く・聞き聞き

▽うすうす　側聞・仄聞・仄聞く

▽ふと耳にする　漏聞・漏れ聞く・漏り聞く

▽探り　探聞・探聴

▽ひそかに盗み　盗聴・立ち聞き・盗み聞き・立ち聞く

▽誤って　誤聞・聞き違い

▽見たり聞いたりする　見聞・見聞き

▽初めて　初耳

▽人づてに　又聞き・伝聞・伝承・人聞き・伝え聞く・還り聞く

▽他人が　他聞

▽人が聞いたときの感じ　人聞き・外聞

▽実際に自分で　実聞

▽言いふらす　吹聴

▽聞くことの最後　聞き納め

▽言いつけを　奉命・受命

▽話を聞きに来る　来聴

▽会議・公判などで　傍聴

▽公に　公聴・聴聞

▽行政機関が広く意見や要望などを　広聴

▽講義を　聴講

▽自分の話を聞いてくれることの敬語　清聴・高聞

▽謹んで　敬聴・拝聞・敬承・拝承・拝聴・謹聴・承る・伺う

▽意見や願いを聞き入れる　聴納・聴許

▽目下の者に　下問・下聞

▽詔を承る　奉勅

▽君子が　天聴・叡聞・聞こし召す・上聞・上聴

▽貴人の耳に入る　台聴・台聞

▽天皇に申し上げる　奏聞・奏聞・奏上

▽音や声があまりよく聞こえない　難聴

▽聴力をなくす　失聴

▽耳が聞こえないこと　聾

▽耳が聞こえないことと、言葉が話せないこと　聾唖

▽実際にはない音や声が聞こえるように感じる。また、その音や声　幻聴・空耳

程度からみた「聞く・聞こえる」

▽見聞が狭い　寡聞・浅聞

聞く・聞こえる

▽内々で　内聞（ないぶん）

▽ちらっと　打ち聞く（うちきく）・打ち聴く（うちきく）

▽確実に　確聞（かくぶん）

▽耳を傾けて　傾聴（けいちょう）

▽広く聞いて知る　博聞（はくぶん）

▽多くの事物を　多聞（たぶん）・百聞（ひゃくぶん）

▽詳しく　諦聴（ていちょう）・詳聞（しょうぶん）

▽試しに　試聴（しちょう）

▽一方の言い分のみ　片聞き（かたぎき）・偏聴（へんちょう）

評判・話・うわさなどからみた「聞く・聞こえる」

▽世間の評判　名聞（めいぶん）・名聞（みょうもん）・聞こえ（きこえ）・名声（めいせい）・声聞（せいぶん）

▽遠くにまで評判が聞こえる　遠聞（えんぶん）

▽世間によく知られている　著聞（ちょぶん）・著聞（ちょもん）

▽珍しい話・うわさ　奇聞（きぶん）・珍聞（ちんぶん）・異聞（いぶん）

▽世間に知られていない珍しい話　逸聞（いつぶん）・遺聞（いぶん）

▽今まで聞いたことがなく、とても珍しい　前代未聞（ぜんだいみもん）

▽前に聞いた。また、古い　旧聞（きゅうぶん）

▽本筋からはずれたちょっとした話　余聞（よぶん）

▽聞いて書いたもの　紀聞（きぶん）・記聞（きぶん）・聞き書き（ききがき）

▽どこからともなく　風聞（ふうぶん）

▽根も葉もないうわさ。また、実のない名声　虚聞（きょぶん）

▽怪しいうわさ　怪聞（かいぶん）・怪説（かいせつ）

▽気持ちのよいうわさ　快聞（かいぶん）

▽よくないうわさ　醜聞（しゅうぶん）・スキャンダル

▽情事についてのうわさ　艶聞（えんぶん）

▽痛ましいうわさ　惨聞（さんぶん）

▽情報などを早く聞きつける　耳聡い（みみざとい）・耳聴い（みみざとい）

▽情報などをいち早く聞きつける。また、その人　早耳（はやみみ）・地獄耳（じごくみみ）

「聞く」の複合動詞

▽聞いて知る。また、聞いて理解する　聞き知る（ききしる）

▽何度も聞いて嫌になる　聞き飽きる（ききあきる）

▽間違えて　聞き誤る（ききあやまる）・聞き違える（ききちがえる）・聞き損なう（ききそこなう）・聞き違える（ききたがえる）

▽探り聞いてはっきりさせる

聞き顕す

▽熱心に　**聞き入る・聞き付く**

▽相手の話を聞くだけで自分の考えを言わない　**聞き置く**

▽うっかりして聞かないでしまう　**聞き落とす・聞き漏らす・聞き洩らす・聞き逃す・聞き外す・聞き損なう**

▽聞いて記憶している　**聞き覚える**

▽人づてに　**聞き及ぶ・聞き伝える**

▽一度聞いたことを再び尋ねる　**聞き返す・聞き直す**

▽深くは分からずうわべだけ　**聞き齧る**

▽お互い聞き合う　**聞き交わす**

▽それと意識して聞く　**聞き做す**

▽ほかから聞いて知る　**聞き込む・聞き付ける**

▽聞いて問いただしたり非難したりする　**聞き咎める**

▽中途で聞くのをやめる　**聞き止す**

▽我慢しながら黙って　**聞き忍ぶ**

▽終わりまで　**聞き済ます・聞き遂ぐ・聞き尽くす・聞き通す**

▽注意して　**聞き澄ます・聞き留む・聞き留める**

▽聞いて探る。また、聞き始める　**聞き出す**

▽質問して確かめる　**聞き質す**

▽続いて　**聞き継ぐ**

▽願いなどを承知する　**聞き届ける・聞き入れる**

▽聞いて心にとどめる　**聞き取る・聴き取る・聞き挿む**

▽聞いても心にとどめない　**聞き流す・聞き過ごす・聞き放つ・聞き捨てる**

▽いつも聞いて耳に慣れ親しむ　**聞き慣らす**

▽いつも聞いて耳に慣れる　**聞き慣れる**

▽終わりまで聞かない　**聞き外す**

▽聞いてその意のあるところを理解する　**聞き開く**

▽聞いてうっとりとする　**聞き惚れる**

▽聞いたり見たりする　**聞き見る・見聞く**

▽聞いて区別する、また、是非を判断

する
聞き分ける
▽機会を逸して、聞かないままになる
聞きそびれる
▽聞いておくべきことを忘れて聞かない。また、聞いたことを忘れる
聞き忘れる

「聞く・聞こえる」に関する成句

【音に聞く】
（⇒「評判」515ページ）

【聞きしに勝る】
話に聞いていた以上である。

【聞き捨てならない】
聞き流すわけにはいかない。聞いたことが無視できない。

【聞き耳を立てる】
注意を集中してよく聞こうとする。
類「耳を澄ます」「耳を欹てる」

【聞く耳持たぬ】
相手の言うことを聞こうとしない。

【耳目に触れる】
聞いたり見たりする。目や耳に入る。

【他聞を憚る】
他人に聞かれると、さしさわりがある。他人に聞かれるのを恐れる。

【耳が遠い】
耳がよく聞こえない。

【耳が早い】
物事を素早く聞き知っている。

【耳に入れる】
話を聞かせる。

【耳に胼胝ができる】
何度も同じことを聞かされて聞き飽きている。

【耳に付く】
飽きるほどに聞いている。

【耳に入る】
話などが自然に聞こえてくる。
類「耳に触れる」「耳朶に触れる」

【耳に挟む】
ちらっと聞く。類「小耳に挟む」「耳にする」

【耳を貸す】
相手の話を聞く。また、聞こうとする。

【耳を傾ける】
熱心に聞く。よく注意して聞く。

【耳を塞ぐ】
聞かないようにする。

【聞くは一時の恥聞かぬは末代の恥】
他人に聞くことが恥ずかしいからといって、知らないことをそのままにしておくと、一生知らないままになり、その恥は後の世までの大きなものになる。類「問うは一旦の恥問わぬは末代の恥」

【馬耳東風】
人の意見や批判などを聞き流して気にもとめないこと。類「馬の耳に念仏」

【話上手は聞き上手】
（⇒「話す・話」490ページ）

強弱（きょうじゃく）

力の優劣からみた「強弱」

▽力がある。猛だけしい　**強い（つよい）・強し（つよし）**

▽力が乏しい。強くない　**弱い（よわい）・弱し（よわし）**

▽力の強いと弱い　**強弱（きょうじゃく）**

▽力やその作用が大きい　**強力（きょうりょく）**

▽力が弱い　**微力（びりょく）・非力（ひりき）**

▽強さをさらに大きくする　**強化（きょうか）・増強（ぞうきょう）**

▽だんだん強くなる。また、増大する　**エスカレート**

▽他を圧倒する強い力　**威力（いりょく）**

▽すさまじい威力、強い勢い　**猛威（もうい）**

▽きわめて力が大きい　**屈強（くっきょう）・究竟（くっきょう）**

▽強い力で押しつける　**強圧（きょうあつ）**

▽強くて大きい　**強大（きょうだい）**

▽弱くて小さい　**弱小（じゃくしょう）**

▽力や権力の大きい人　**強者（きょうしゃ）**

▽力の乏しい人　**弱者（じゃくしゃ）**

▽相手として手に余る　**手強い（てごわい）・手強い（てづよい）**

▽強くて乱暴　**強暴（きょうぼう）・凶猛（きょうもう）・兇猛（きょうもう）**

▽制することができないほど強い　**彊梁（きょうりょう）・強梁（きょうりょう）・剛暴（ごうぼう）**

▽手強いこと。その人　**強豪（きょうごう）・強剛（きょうごう）・剛強（ごうきょう）**

▽手強い相手　**強敵（きょうてき）・強敵（ごうてき）・大敵（たいてき）**

▽悪強いこと。その人　**強禦（きょうぎょ）**

▽残忍で強い。また、その人　**梟雄（きょうゆう）**

〔参〕「梟」はフクロウ。日本と中国では、フクロウは母親を食べて成長する悪鳥とされていた。現在では、「不苦労」、「福郎」などの漢字を当てて、福を呼ぶシンボルとされている。

▽弱い相手　**弱敵（じゃくてき）**

▽国際社会で軍事力や経済力などにすぐれた国　**強国（きょうこく）・強邦（きょうほう）**

▽強大な国ぐに　**列強（れっきょう）**

▽力の弱い国　**弱小国（じゃくしょうこく）・小国（しょうこく）**

▽弱い国ぐに　**列弱（れつじゃく）**

▽強固な布陣　**強陣（きょうじん）・堅陣（けんじん）**

▽強い大将　**強将（きょうしょう）**

▽強い兵卒　**強卒（きょうそつ）・強兵（きょうへい）**

▽弱い兵卒　**弱卒（じゃくそつ）**

▽強大な権力　**強権（きょうけん）**

▽経済力に富み、かつ強い　**富強（ふきょう）・強盛（きょうせい）**

▽勢力が小さく弱い　**微弱（びじゃく）・虚弱（きょじゃく）・弱体（じゃくたい）**

▽力が強い。また、その人　**力持ち（ちからもち）**

強弱

体力の優劣からみた「強弱」

▽病気をしない　強い・強し

▽健やかでない　弱い・弱し

▽体が強く悪いところがない　健康・丈夫・達者・堅固・強健・強壮・頑丈・頑健・壮健・タフ

▽心身ともに強くたくましい　剛健・健剛

▽体が弱く病気がち　病弱・虚弱・薄弱・微弱・軟弱・弱体・惰弱・懦弱・蒲柳

▽見るからに弱々しい　貧弱・華奢・花車

『参』「華奢」「花車」はいずれも当て字。「華奢」を「かしゃ」と読むと「はなやかでおごっていること」という違う意味になる。

▽か弱い子ども　弱子

▽生まれつき弱い体質　弱質

▽勉強ばかりしていて病弱　文弱

▽年老いて体が弱まる　老弱

▽体力がめっきり弱まる　衰弱

▽意識が薄れて識別能力がきわめて弱まった状態　心神耗弱

▽胃の働きが弱い状態　胃弱

▽視力が弱い　弱視

▽肩が強い　強肩

意志力の優劣からみた「強弱」

▽心がくじけない　強い・強し

▽心がしっかりしていない　弱い・弱し

▽気が強い　強気・強腰

▽気が弱い　弱気・弱腰

▽気持ちがしっかりしている　気丈・強毅

▽しっかりしていて揺るぎない　牢乎

▽心の守りが固い　堅固

▽生活などがしっかりしていて危なげない　堅実

▽心が強く真っ正直である　強直・剛直

▽強情で、人の言うことを聞かない　屈強・勝気・頑固

▽かたくななまでに屈せず強い　頑強・強情・意地っ張り・強情っ張り・頑固一徹

▽安易に人に頭を下げない　強項

▽忍耐力がある　堅忍・腰強

▽意志が弱い　弱志・薄弱

▽小心で気が弱い　怯弱・臆病・怯懦

▽物事をやり通す気力がない

惰弱(だじゃく)・懦弱(だじゃく)・腰弱(こしよわ)・意気地(いくじ)なし・甲斐性(かいしょう)なし

▽気力が弱い　柔弱(にゅうじゃく)・気弱(きよわ)

長持ちする・しないの「強弱」

▽ある物が丈夫で長持ちする　強(つよ)い・強(つよ)し

▽もろくてすぐ壊れる　弱(よわ)い・弱(よわ)し

▽堅固でしっかりしている　丈夫(じょうぶ)・頑丈(がんじょう)・岩乗(がんじょう)・確固(かっこ)・磐石(ばんじゃく)・盤石(ばんじゃく)

▽強くて固い　強固(きょうこ)・鞏固(きょうこ)・堅固(けんご)

▽強くてしなやか　強靱(きょうじん)

▽作りが堅固で丈夫　堅牢(けんろう)・牢固(ろうこ)

▽堅固で壊れない　不壊(ふえ)

▽もろい点を補って強くする　補強(ほきょう)

▽もろくて弱い　脆弱(ぜいじゃく)

▽やわらかくて強固でない　軟弱(なんじゃく)

程度・度合からみた「強弱」

▽強さの程度。また、その度合　強度(きょうど)

▽強いところ　強(つよ)み・利点(りてん)・長所(ちょうしょ)・メリット

▽引け目となる弱いところ　弱(よわ)み・弱点(じゃくてん)・欠点(けってん)・短所(たんしょ)・デメリット・ウイークポイント・穴(あな)

▽程度が激しい　強烈(きょうれつ)・猛烈(もうれつ)

▽一番強い　最強(さいきょう)

▽すぐれて強い　精強(せいきょう)

▽人より劣って弱い　劣弱(れつじゃく)

「強弱」に関連する擬態語・形容語

▽物が堅固で力強い感じ　がっしり・がしっと

▽体格などが頑丈　がっちり・がちっと

▽互いにかぶさるようにして強く結合している　がっぷり

▽物事や気持ちなどが堅固　確(しっか)り・聢(しっか)り

▽容赦なく手厳しい　ぴしりと・ぴしっと・ぴしゃりと・緊緊(ひしひし)・犇犇(ひしひし)・緊緊(びしびし)・犇犇(びしびし)・緊緊(ぴしぴし)・犇犇(ぴしぴし)

▽猛烈な勢いで物事を進める　がんがん

▽力のかかり方が急速　ぐんと

▽一段と力を増して物事を行う　ぐんぐん

▽やわらかくてしまりのない　ふにゃふにゃ・ふにゃっと

強弱

▽調子がものやわらかなさま
やんわり
▽元気がなくさびしそうにしている
しょんぼり
▽気力を失い、ものわびしくしている
しょぼしょぼ・しょぼっと
▽老人がよろめき歩く　**よぼよぼ**
▽張りを失った。気力・体力が抜け落ちた
へなへな・へなっと

「強弱」に関する成句

【**青息吐息**】
弱りきったときに出るため息。
【**気が勝つ**】
負けん気が強い。勝ち気である。
【**老いの一徹**】
(⇩「性格・性質」331ページ)
【**気骨がある**】
(⇩「性格・性質」332ページ)
【**腰が弱い**】
弱気のため、最後まで頑張り通せない。意地がない。また、餅や麺類の粘り気がない。
【**筋金入り**】
筋金が入っているように精神・身体がしっかりとしていて強い。「筋金」は物を強くするために入れる細長い金属。
【**線が細い**】
外見がいかにも弱々しい感じがするようす。
【**敵もさる者**】
相手も相当なしたたか者だ。
【**歯が立たない**】
相手が強すぎてかなわない。類「太刀打ちできない」
【**鼻っ柱が強い**】
向こう意気が強く、自分の主張などにどこまでもこだわる。類「負けん気が強い」
【**弱音を吐く**】
困難や苦しみに我慢しきれず、意気地のないことをいう。類「音を上げる」
【**弱みに付け込む**】
他人の弱点を自分の都合のいいように利用して利益を図る。
【**鬼に金棒**】
もともと強いところに、さらに強力なものが加わって、いっそう強くなること。
【**弱肉強食**】
弱い者が、強い者の餌食になること。弱者の犠牲をもって強者が繁栄すること。類「適者生存」「優勝劣敗」
【**強き木はむず折れ**】
堅くて強い木は意外に折れやすいという意から、強そうに見える者ほど、もろくくじけやすいというたとえ。類「堅い木は折れる」
【**弱い味方より強い敵**】
たとえ味方であっても弱い者は頼

りないが、強い敵は相手にとって不足なく、心をひかれるものだということ。

【弱い者の空威張り（よわいもののからいばり）】 口先で威張ったり、威勢よく振る舞ったりするのは、実力がない弱い者であるということ。

【弱きを助け強きを挫く（よわきをたすけつよきをくじく）】 力は弱いが正しい生き方をしている者が、同じような弱者の味方になり、横暴な強い者をこらしめることをいう。類「強きを挫き弱きを助ける（つよきをくじきよわきをたすける）」

兄弟姉妹（きょうだいしまい）

種類・様態からみた「兄弟姉妹」

▽同じ母から生まれた子
同胞（どうほう）・同胞（どうぼう）・同胞（はらから）・兄弟（きょうだい）・同腹（どうふく）

▽同じ両親から生まれた二人以上の男の人
兄弟（けいてい）・兄弟（きょうだい）・弟兄（おととえ）・弟兄（おととい）・昆弟（こんてい）

▽兄と弟　**伯叔（はくしゅく）・伯仲（はくちゅう）**
〔参〕「伯仲叔季（はくちゅうしゅくき）」は兄弟姉妹の順序を表す語で、伯は長男（長女）、仲は次男（次女）、叔は三男（三女）、季は末子のこと。

▽両親のきょうだい　**伯叔（はくしゅく）**

▽両親のおじ、祖父母のきょうだい
大伯父（おおおじ）・大叔父（おおおじ）・従祖父（おおおじ）

▽同じ親から生まれた二人以上の女の人
姉妹（しまい）・女兄弟（おんなきょうだい）

▽同じ両親から生まれた男と女のきょうだい
兄弟（きょうだい）・兄弟姉妹（けいていしまい）・兄弟姉妹（きょうだいしまい）

▽父または母の異なったきょうだい
異兄弟（いきょうだい）

▽父が同じで母が異なるきょうだい
異母兄弟（いぼきょうだい）・異腹（いふく）・腹違い（はらちがい）・腹変わり（はらがわり）・行き合い兄弟（ゆきあいきょうだい）

▽母が同じで父が異なるきょうだい
異父兄弟（いふきょうだい）・行き合い兄弟（ゆきあいきょうだい）

▽妻や夫のきょうだい。また。姉妹の夫をまとめていう。義理のきょうだい
義兄弟（ぎきょうだい）

▽兄の妻　**兄嫁（あによめ）・嫂（あによめ）**

▽妻の姉妹　**外姉妹（がいしまい）**

▽妻の姉　**外姉（がいし）**

▽夫の姉　**姉姑（あねじゅうと）**

▽義によってきょうだいの約束をした者
義兄弟（ぎきょうだい）・兄弟分（きょうだいぶん）

▽血のつながりはないが、同じ女性の乳で育てられた者
乳兄弟（ちきょうだい）

▽配偶者の男のきょうだい。普通、婚家の場合にいう。

小舅（こじゅうと）

▽配偶者の女のきょうだい。普通、婚家の場合にいう。 **小姑（こじゅうと）・小姑（こじゅうとめ）**

▽兄と父 **父兄（ふけい）**

▽兄と妹 **兄妹（けいまい）**

▽姉と弟 **姉弟（してい）**

▽弟と妹 **弟妹（ていまい）**

一家族の中で年長の男性をいう「兄」

▽同じ両親から生まれた年上の男 **兄（けい）・兄（あに）・実兄（じっけい）・親兄（しんけい）・親兄（しんきょう）**

▽一番上の **長兄（ちょうけい）・大兄（おおえ）・大兄（おいね）・伯兄（はっけい）**

▽二番目の **次兄（じけい）・仲兄（ちゅうけい）**

▽同母から生まれた **母兄（ぼけい）**

▽父が同じで母が異なる **異母兄（いぼけい）・庶兄（ままあに）・継兄（ままあに）**

▽母が同じで父が異なる **異父兄（いふけい）**

▽妾腹の **庶兄（しょけい）**

▽夫や妻の **義兄（ぎけい）**

▽年老いた **老兄（ろうけい）**

▽死んだ **亡兄（ぼうけい）**

▽他人の **舎兄（しゃけい）・舎兄（しゃきょう）**

▽他人の兄の尊敬語 **令兄（れいけい）**

▽義によってきょうだいの約束をした者のうち、年上の方 **義兄（ぎけい）・兄分（あにぶん）・兄貴分（あにきぶん）**

▽父母の兄、父母の姉の夫 **伯父（おじ）・伯父（はくふ）**

「兄」のさまざまな呼称

▽一般的に **兄（にい）さん・お兄（にい）さん**

▽やや丁寧に **お兄様（にいさま）**

▽親しみをこめて **兄貴（あにき）・兄（にい）ちゃん・お兄（にい）ちゃん・あんちゃん・阿兄（あけい）**

▽尊敬の念をこめて昔風に **兄者人（あにじゃひと）・兄様（あにさま）・兄御（あにご）・兄御前（あにごぜ）**

▽昔、武士の家で **兄上（あにうえ）・兄君（あにぎみ）**

▽自分の兄を謙遜して他人に **愚兄（ぐけい）・舎兄（しゃけい）・舎兄（しゃきょう）・家兄（かけい）**

▽他人の兄を敬意をこめて **兄上（あにうえ）・兄君（あにぎみ）**

▽主に手紙で相手の兄を **令兄（れいけい）・賢兄（けんけい）・尊兄（そんけい）**

▽若者仲間で兄分の者を弟分が **兄貴（あにき）**

一家族の中で年長の女性をいう「姉」

▽同じ両親から生まれた年上の女 **姉（あね）・実姉（じっし）**

▽一番上の **長姉（ちょうし）・大姉（おおあね）**

▽二番目の **次姉（じし）**

▽父が同じで母が異なる　異母姉（いぼし）
▽母が同じで父が異なる　異父姉（いふし）・行き合い姉（ゆきあいあね）
▽夫や妻の　義姉（ぎし）
▽夫の　姉姑（あねじゅうと）
▽姉の夫　姉婿（あねむこ）
▽死んだ　亡姉（ぼうし）
▽父母の姉、父母の兄の妻　伯母（おば）・伯母（はくぼ）

「姉」のさまざまな呼称

▽一般的に　姉さん（ねえさん）・お姉さん（おねえさん）
▽やや丁寧に　お姉様（おねえさま）
▽親しみをこめて　姉ちゃん（ねえちゃん）・お姉ちゃん（おねえちゃん）・姉貴（あねき）・姉御（あねご）
▽尊敬の念をこめて昔風に　姉者人（あねじゃひと）・姉様（あねさま）・姉御許（あねおもと）・姉御前（あねごぜ）・姉御（あねご）
▽昔、武士の家で　姉上（あねうえ）・姉君（あねぎみ）
▽自分の姉を謙遜して他人に　愚姉（ぐし）
▽他人の姉を敬意をこめて　姉上（あねうえ）・姉君（あねぎみ）
▽主に手紙で相手の姉を　令姉（れいし）・貴姉（きし）

一家族の中で年下の男性をいう「弟」

▽同じ両親から生まれた年下の男　弟（てい）・弟（おとうと）・実弟（じってい）
▽すぐ下の　直弟（じきてい）・長弟（ちょうてい）
▽一番下の　末弟（ばってい）・末弟（まってい）
▽嫡出の　嫡弟（ちゃくてい）
▽夫や妻の　義弟（ぎてい）
▽義によってきょうだいの約束をした者のうち、年下の方　義弟（ぎてい）・弟分（おとうとぶん）
▽天皇の　皇弟（こうてい）
▽死んだ　亡弟（ぼうてい）
▽父母の弟、父母の妹の夫　叔父（おじ）・叔父（しゅくふ）

「弟」のさまざまな呼称

▽一般的に　弟（おとうと）
▽親しみをこめて　汝弟（なおと）
▽自分の弟を謙遜して他人に　愚弟（ぐてい）・舎弟（しゃてい）・家弟（かてい）・小弟（しょうてい）・少弟（しょうてい）
▽他人の弟を一般的に　弟さん（おとうとさん）
▽他人の弟を敬って昔風に　弟御（おとうとご）
▽手紙で相手の弟を　令弟（れいてい）・賢弟（けんてい）

一家族の中で年下の女性をいう「妹」

▽同じ両親から生まれた年下の女

妹・実妹

▽父が同じで母が異なる
異母妹・庶妹・継妹

▽夫や妻の　**義妹**

▽死んだ　**亡妹**

▽父母の妹、父母の弟の妻
叔母・叔母

「妹」のさまざまな呼称

▽一般的に　**妹**

▽自分の妹を謙遜して
愚妹・小妹・少妹

▽他人の妹を一般的に　**妹さん**

▽他人の妹を敬って昔風に　**妹御**

▽主に手紙で他人の妹を　**令妹**

成句
「兄弟姉妹」に関する

【姉女房は身代の薬】 年上の妻は、家計のやりくりがなにかとうまいのでその結果として財産がふえ、その上に夫を大事にするから夫婦仲はよく、家庭も円満になるということ。類「姉女房は倉が立つ」

【兄弟は他人の始まり】 血を分けた兄弟であっても、独立して家庭をもつと妻子への情が強くなり、やがて他人のような関係になったりすること。類「兄弟は他人の別れ」

【兄弟は両の手】 兄弟は両手のごとくお互いしっかり助け合わなければならないという教え。

【兄弟牆に鬩ぐも外其の務りを禦ぐ】 兄弟というものは、よく内輪げんかをするけれども、外部から侮辱を受けると力を合わせてそれを防ぐものだということ。「鬩ぐ」は互いに反目して争う意。出典は『詩経』。

霧・霞・靄

様態からみた「霧・霞・靄」

▽空気中の水蒸気が凝結して細かい水滴となって浮かび、視界が悪くなる
霧・狭霧・細小波・靄・霞

〔参〕霧と靄は同じ現象だが靄の方が薄い。気象学的には視程（水平方向での見通せる距離）が一キロメートル未満のものを霧、一キロメートル以上十キロメートル未満のものを靄としている。霞には気象学的な定義はない。季語としては、霧は秋、霞は春である。

▽薄くたなびいた霞　**薄霞**

▽薄くかかった霧　**薄霧・薄靄**

▽一条の霞　**一霞**

▽濃い霧　**濃霧・ガス**

▽霧が深いさまをしぐれにたとえて

霧・霞・靄

霧時雨（きりしぐれ）

▽雲と霞　雲霞（うんか）・雲霞（くもかすみ）

▽雲と霧　雲霧（うんむ）・雲霧（くもきり）

▽雲や霞の集まりたなびくさま
靄靄（あいあい）・靄然（あいぜん）

▽煙やちりなど小さい固体の微粒子が空気中に浮かび、視界が悪くなる
煙霞（えんか）・烟霞（えんか）・煙霧（えんむ）・スモッグ
〔参〕スモッグは、英語の煙（スモーク）と霧（フォッグ）の合成語。

▽たちこめた霧
大霧（たいむ）・濃霧（のうむ）・蒙霧（もうむ）・朦霧（もうむ）

▽群れたつ霞　群霞（むらかすみ）

▽水蒸気が凝結して霧のようにたちこめる
氷霧（ひょうむ）・氷霧（こおりぎり）

▽緑色をした霞　翠霞（すいか）

▽小雨に似た霧　雨霧（あまぎり）

▽霧のように細かな雨
霧雨（きりさめ）・霧雨（きりあめ）

地域・季節・時からみた「霧・霞・靄」

▽山にかかっている霧　山霧（やまぎり）

▽山を覆う靄　山靄（さんあい）

▽川にたつ霧
川霧（かわぎり）・河霧（かわぎり）・水霧（すいむ）

▽海にたつ霧　海霧（かいむ）・海霧（うみぎり）

▽地表近くにたつ霧　地霧（じぎり）

▽方向が分からぬほどの霧　迷霧（めいむ）

▽晴れた日の霞　晴嵐（せいらん）

▽朝にたつ霞・靄
朝霞（あさがすみ）・朝靄（あさもや）・朝靄（ちょうあい）

▽朝たちこめる霧
朝霧（あさぎり）・暁霧（ぎょうむ）

▽夕方にたつ霞
晩霞（ばんか）・夕霞（ゆうがすみ）

▽夕方にたつ霧
夕霧（ゆうぎり）・夕霧（せきむ）

▽夕方にたちこめる靄
晩靄（ばんあい）・夕靄（ゆうもや）・暮靄（ぼあい）

▽夜にたつ霧　夜霧（よぎり）

▽秋にたつ霧　秋霧（あきぎり）

▽新年になって野山にかかる霞
初霞（はつがすみ）・新霞（にいがすみ）

▽春にたつ霞・靄
春霞（しゅんか）・春霞（はるがすみ）・春の衣（はるのころも）・春靄（しゅんあい）・春靄（はるもや）・春嵐（しゅんらん）

「霧・霞」のつく動詞・複合動詞

▽雲霧などによって曇る　天霧る（あまぎる）

▽霧に姿が隠れる　霧隠る（きりがくる）

▽霧がかかって曇る　霧曇る（きりくもる）

▽霧がたちこめる　霧塞がる（きりふたがる）

▽霧があたり一面にかかっている
霧り渡る（きりわたる）・棚霧る（たなぎる）

▽霞がたつ　霞む（かすむ）

▽かすみ日が暮れる　霞み暮る（かすみくる）

▽霞がたちこめる　霞み籠む（かすみこむ）

▽その部分だけ霞がかかっていない
霞み残る（かすみのこる）

▽あたり一面にかすむ
霞み渡る・霞み敷く

「霧・霞・靄」の擬態語

▽ごく薄くかかっている
うっすら

▽湿気を含んでぬれる
しっとり

▽霧などが一気にはれる
すーっと

▽たちこめてはっきりしない
ぼーっと・ぼやっと

▽霞などがかすかにかかっている
ほんのり

▽霧などがたちこめて周りがぼやけてしまう
もやもや

「霧・霞」に関する成句

【霞に千鳥】
霞は春のもの、千鳥は冬のものなので、実際にはあり得ないことのたとえ。

【霧不断の香を焚く】
霧がいつも去来しており、絶え間なく香をたいているようであるということ。

着る

動作からみた「着る」

▽衣服を体に着ける
着る・着す・着ける・身に着ける・着用する・装う・着衣・被服・装束

▽「着る」の尊敬語
召す・お召しになる

▽上から着る
羽織る・被る・纏う

▽下から着る
穿く

▽靴・草履などを着用する
履く

▽サンダルなどを
突っ掛ける

▽帽子・冠などを着用する
被る・頂く

▽装身具を着用する
着ける・嵌める（指輪）

▽状況に合わせて着る
着替える・身繕いする・身支度する・身仕舞いする・身拵えする・拵える

▽「着替え」の尊敬語
お召し替え

▽衣服を体からとる
脱ぐ・脱ぎ捨てる・脱衣

▽衣服や装備を着たり脱いだりする
着脱

▽体に合うかどうか確かめるために着る

試着

様態からみた「着る」

▽はなやかに着る。格好よく着る

盛装する・着飾る・めかす・めかし込む・洒落る・お洒落する・ドレスアップ・綺羅を飾る・きめる・きめ込む・着こなす・美装を凝らす

▽改まった気持ちで着る　着込む

▽たくさん重ねて着る

着込む・重ね着

▽少なく着る　薄着する

▽着用している様子

身なり・出で立ち・装い・なり・風体・身支度・身仕舞い・身繕い・身拵え・拵え・服装・衣文・衣紋・御作り

対象から見た「着る」

▽着るもの

衣服・衣類・着類・着物・衣・衣・着衣・被服・服・衣装・装束・ウェア・アパレル

［参］「アパレル」はとくに既製服のことをいうが、言葉としては「アパレル業界」や「アパレル産業」などの熟語で使われることがほとんどである。

▽重ね着したとき一番上の　上着

▽肌に直接着る　下着・肌着

▽衣服と装身具

服飾・服装・ファッション

▽西洋風の服装

服・洋服・洋装

▽日本風の服装

着物・和服・和装

▽民族風の服装　民族衣装

▽特定の時代や民族などに特有の服装・服飾。また、演劇などの衣装

コスチューム

▽肌が透けて見える生地の服を着る

シースルー

▽身につけているもの一切　身包み

▽正式な服装

正装・礼装・式服・礼服・フォーマルウェア

▽家紋のついた　紋付き・紋服

▽やや正式な服装

略礼装・準礼装・セミフォーマル

▽晴の場に着る　晴れ着

▽唯一の。または一番上等の　一張羅

▽着る人を敬って、その着衣を　御召物

▽正式でない、普段の服装

着る

▽平服・略服・普段着・便服・便衣・街着・町着・遊び着・カジュアルウェア・タウンウェア
▽家で着る
部屋着・ホームウェア
▽寝るときに着る
寝間着・寝巻・パジャマ
▽学校・会社など、その団体に所属する人が着るように定められた
制服・ユニフォーム
▽旅の服装
旅装束・旅支度・旅装
▽喪中、弔問に着る
喪服
▽死者に着せる服
死に装束・経帷子・寿衣・経衣

作り方・季節からみた「着る」

▽布を衣服に仕立てること
縫い物・裁縫・仕立物・針仕事・洋裁・和裁
▽仕立て上げられて売られる
既製服・プレタポルテ・レディメイド
〔参〕「プレタポルテ」はフランス語。もとはパリの高級衣装店が売り出した既製服だが、今は有名デザイナーによる高級既製服全般を表す。
▽採寸して作ってもらう
仕立て服・オーダーメイド・テーラーメイド
▽自作の、また、家庭で作る
手作り服・ハンドメイド
▽一部採寸して作る
イージーオーダー
▽借り物の
借り着・貸衣装・レンタルウェア
▽中古の
古着・お下がり

▽春に着る
春着・春服
▽夏に着る
夏物・夏着・夏衣・夏衣・夏服
▽秋に着る
秋袷・秋衣・秋さり衣
▽冬に着る
冬物・冬着・冬衣・冬服
▽春秋に着る
間服・合服・間着・合着
▽気候にふさわしい
時服

「着る」に関する擬音語・擬態語・形容語

▽大きすぎる
ぶかぶか・だぶだぶ・ゆるゆる・だぼだぼ
▽小さすぎる
きちきち・きつきつ・ぱんぱん・ぱつぱつ

▽衣服の丈が短く、手足が出ている
つんつるてん・ちんちくりん
▽くたびれた。古びた
よれよれ・くたくた・ぼろぼろ

「着る」に関する成句

【襟を正す】

身なりを整える意から、気持ちを引き締める。


【兜を脱ぐ】

降参する。類「シャッポを脱ぐ」


【着の身着の儘】

身に着けている衣服のほかは何ひとつ着るものを持っていない。


【下駄を預ける】

相手に物事の処置などをまかせる。


【下駄を履かせる】

数量などを水増しして実際より多く見せる。


【袖にする】

親しくしていた人を冷淡にあしらう。「袖になす」、「袖にあしらう」ともいう。


【袖振り合うも多生の縁】

「多生」は仏教で何度も生まれ変わること。袖が触れ合うようなちょっとしたことも、前世からの因縁によるものだ。類「袖摺り合うも多生の縁」


【袂を分かつ】

（⇒「交際・付き合い」226ページ）


【無い袖は振れない】

実際に持っていないのだから出したくても出せない。


【錦を飾る】

美しい着物を着る意から、立身出世をして故郷に帰る。


【二足の草鞋を履く】

同じ人が本来両立し得ない職業を兼ねること。昔、博打打ちが捕吏を兼ねていたことをいった。


【歯に衣を着せない】

（⇒「言う」83ページ）


【襤褸を出す】

（⇒「あらわす・あらわれる」69ページ）


【馬子にも衣装】

だれでも外面を飾れば立派に見えること。

雲

様態からみた「雲」

▽一片の　**片雲・寸雲**
▽切り離れた
断雲・断雲・千切れ雲
▽雲が切れる
雲切れ・雲間・雲離れ

雲

▽凸レンズのような　レンズ雲（ぐも）

▽横にたなびいた　横雲（よこぐも）・棚雲（たなぐも）

▽旗のようになびいた　旗雲（はたぐも）・豊旗雲（とよはたぐも）

▽かすかな　有り無し雲（ありなしぐも）

▽薄い　薄雲（はくうん）・薄雲（うすぐも）・淡雲（たんうん）・疎雲（そうん）

▽どんよりした　陰雲（いんうん）・沈雲（ちんうん）

▽幾重にも重なった　八雲（やくも）・八重雲（やえくも）・八重棚雲（やえたなぐも）

▽密集している　密雲（みつうん）

▽群がっている　群雲（むらくも）・叢雲（むらくも）・叢雲（そううん）

▽動いて行く　行雲（こううん）

▽浮かんでいる　浮雲（ふうん）・浮き雲（うきぐも）

▽静かに浮かんでいる　閑雲（かんうん）

▽飛び行く　飛雲（ひうん）

▽乱れ飛ぶ　乱雲（らんうん）

▽多くの雲がたちのぼる意　八雲立つ（やくもたつ）・八雲さす（やくもさす）・やつめさす

▽高山の頂にかかる笠のような　笠雲（かさぐも）・一尺八寸（いっしゃくはっすん）

▽飛行機がつくる　飛行機雲（ひこうきぐも）・航跡雲（こうせきうん）

▽核爆発でできる　茸雲（きのこぐも）・原子雲（げんしぐも）

▽雲の動くさま　雲脚（うんきゃく）・雲足（くもあし）・雲脚（くもあし）

▽山頂や飛行機から見おろした雲が海面のように広がる　雲海（うんかい）

▽雲の行きかう道　雲の通い路（くものかよいじ）

▽雲の漂うさまを海路の波にたとえた語　雲の波路（くものなみじ）

天候・時・季節からみた「雲」

▽雲がたなびいて曇る　との曇る（とのぐもる）・棚曇る（たなぐもる）

▽虹と　雲霓（うんげい）

▽風が吹く前兆の　風雲（かざぐも）・風雲（かぜぐも）

▽雨気を含んだ　雨雲（あまぐも）

▽雪を含んだ　凍雲（とううん）・雪雲（ゆきぐも）

▽暁の　暁雲（ぎょううん）

▽夕暮れの　暮雲（ぼうん）・夕雲（ゆうぐも）

▽夕日で染まった紅色の　紅霞（こうか）・茜雲（あかねぐも）・夕焼け雲（ゆうやけぐも）

▽春の　春雲（しゅんうん）

▽夏の　夏雲（かうん）・夏雲（なつぐも）・岩雲（いわぐも）

▽夕立の　神立雲（かんだちぐも）・夕立雲（ゆうだちぐも）

▽夏に現れる山の峰のように湧きたつ　入道雲（にゅうどうぐも）・雲の峰（くものみね）・積乱雲（せきらんうん）・鼬雲（いたちぐも）・雷雲（らいうん）・雷雲（かみなりぐも）

▽積乱雲の上部にできる　鉄床雲（かなとこぐも）

▽秋の　秋雲（しゅううん）

▽冬空の　寒雲（かんうん）

▽ひでりの　旱雲（かんうん）

色彩・吉凶からみた「雲」

▽白色の　白雲（はくうん）・白雲（しらくも）・白さ雲（しらさぐも）

▽黄色の　黄雲（こううん）

▽黒色の　黒雲（こくうん）・黒雲（くろくも）

▽彩られた美しい色の　彩雲（さいうん）・鮮雲（せんうん）

▽青色を帯びた　青雲（せいうん）・青雲（あおぐも）・碧雲（へきうん）

▽空いっぱいに広がる灰色の　朧雲（おぼろぐも）

▽暗くなる厚い　暗雲（あんうん）

▽めでたいことのある兆しの　景雲（けいうん）・卿雲（けいうん）・紫の雲（むらさきのくも）・紫雲（しうん）・瑞雲（ずいうん）・祥雲（しょううん）・慶雲（けいうん）・霊雲（れいうん）

▽怪しい　妖雲（よううん）・怪雲（かいうん）

▽不吉な　邪雲（じゃうん）

▽巴形（ともえ）の雲。天候が定まるしるしとされる　日照り雲（ひでりぐも）

種別からみた「雲」

▽地上から約五～十三キロの　上層雲（じょうそううん）

▽上層雲の薄く筋状の白い　巻雲（けんうん）・絹雲（けんうん）・巻き雲（まきぐも）・捲き雲（まきぐも）・筋雲（すじぐも）

▽上層雲で小さく白い氷晶の　巻積雲（けんせきうん）・絹積雲（けんせきうん）・鯖雲（さばぐも）・鰯雲（いわしぐも）・斑雲（まだらぐも）・鱗雲（うろこぐも）・鱗雲（りんうん）

▽上層雲で白色の薄い氷晶の　巻層雲（けんそううん）・絹層雲（けんそううん）・笠雲（かさぐも）

▽地上から約二～七キロの　中層雲（ちゅうそううん）

▽中層雲で大きな丸みのある　高積雲（こうせきうん）・羊雲（ひつじぐも）

▽地上から二キロ以下の　下層雲（かそううん）

▽下層雲で底面が平らで上方が盛り上がる　積雲（せきうん）・綿雲（わたぐも）

▽積雲の乱れたもの　蝶蝶雲（ちょうちょうぐも）

▽下層雲で、水平にかかる霧のような　層雲（そううん）

「雲」の擬態語

▽軽やかに進む　すいすい

▽軽やかに浮かぶ　ぷかぷか

▽空中に浮かび上がる　ぷかりぷかり・ぷかりと

▽軽く浮き上がる　ふわっと

▽浮かび漂う　ふわふわ・ふわりふわり

▽軽くゆるやかに漂う　ふわり・ふんわり

▽雲が一つ軽く浮かんでいる　ぽかり・ぽっかりと

▽勢いよく湧き上がる　むくむく

▽次々と重なり合うように湧き上がる

もくもく

景色

眺めの様態からみた「景色」

▽あたりのようす　眺め・風景・景色・光景・風光・風色・風物・景趣・風致・風情・風情・ランドスケープ

▽実際の　真景・実景

▽その場の　場景

▽全体の　全景

▽小さな　小景

▽人物・動物などを添えた　点景・添景

▽目に映じた　情景

▽見渡す　眺望・展望・見晴らし・パノラマ

季節・地形・時からみた「景色」

▽春の　春景・春色・春景色・春光・煙景・烟景・春容・春ざれ

▽秋の　秋景・秋色・秋容

▽雪が降って、いかにも冬らしい　冬化粧

▽雪で白い　雪景・雪景色・雪化粧・銀世界

▽土地の　地景

▽野原の　野景・野色

▽山の　山景・山色

▽山と水のある　山水

▽谷の　渓光

▽川や湖沼などの　水色

▽夕方の　夕景・夕景色・晩景・暮景・暮色

▽夜の　夜景・夜色

遠近と美からみた「景色」

▽遠くの　遠景

▽近くの　近景

▽手前に見える　前景

▽背後の　背景・後景

▽ぼんやりとかすんで見える　煙霞・烟霞

▽すぐれた　景勝・形勝・名勝・絶

景・絶勝・勝景・勝地

〔参〕庭園や海浜、山岳などの景勝地の中で、芸術上また観賞上価値の高いものを、文部科学大臣が文化財保護法に基づいて、「名勝」および「特別名勝」の名で指定している。

▽よい、美しい
美景・美観・佳景・景観・致景

▽珍しい　**奇勝・奇観・異観**

▽景色が奥深く静かなさま　**幽邃**

▽絵になるような　**画趣**

▽壮大な
大観・壮観・偉観・盛観

▽庭園外の山や樹木をその庭のものであるかのように利用してある
借景

▽景色のいい所を見て歩く
探勝・済勝・済勝・観光

「景色」に関する成句

【一望千里】 眺めがよく、広びろとはるかかなたまで見渡されるということ。

【煙霞の癖】 自然の景を愛して執着し、旅を好む趣味。類「煙霞の痼疾」

【花鳥風月】 四季折々の美しい自然の景色。類「雪月風花」「風花雪月」「雪月花」

【山紫水明】 （⇒「美しい」99ページ）

【春花秋月】 （⇒「月」406ページ）

【深山幽谷】 人里離れた奥山や深い静かな谷間。ひっそりした自然のありさま。

【水天髣髴】 遠方の海上などでの水と空が続いて見えて、見分けにくいさま。

【晴好雨奇】 晴雨のどちらもそれぞれの異なった趣があり、景色のよいこと。北宋の詩人、蘇軾の詩から。

【長汀曲浦】 海辺が長く続いているさま。

【白砂青松】 白い砂と青い松。海岸の美しい景色。「はくさせいしょう」とも読む。

【風光明媚】 自然の景色がたいへんすばらしいこと。「明媚」は、景色が清らかで美しいさま。

【暮色蒼然】 夕暮れの景色が青く薄暗いさま。「蒼然」は、夕方の薄暗いようす。

【柳は緑花は紅】 春の景色の美しいことの形容。また、物事が自然のままにあることのたとえ。

結婚

形態からみた「結婚」

▽男女が夫婦の縁を結ぶ
結婚・婚姻・縁結び・縁定め・縁組み・縁付き・夫婦・婚媾・婚娶・ウエディング・マリッジ

▽結婚するのにふさわしい年ごろ
結婚適齢期・適齢期・婚期

▽民法に定められた結婚資格が生じる年齢
結婚年齢・婚姻適齢

▽結婚相手が見つからない　**縁遠い**

▽未だに結婚していない　**未婚**

▽すでに結婚している　**既婚**

▽結婚を前提に男女が、第三者の仲介によって面会する
見合い

▽見合いによって結ばれる
見合い結婚

▽恋愛から進んで結ばれる
恋愛結婚

▽結婚を申し込む
求婚・プロポーズ

▽結婚の約束をする。また、その約束
婚約

▽婚約成立の証に、両家が金銭または品物を取り交わす
結納

▽結婚によって新しい戸籍に記載される
入籍

▽結婚が成立する。また、貴人の
成婚

▽天皇の　**大婚**

▽皇女・王女が臣下に嫁ぐ　**降嫁**

▽よい縁組み　**良縁**

▽事実上結婚していながら、まだ正式に届を出していない状態
内縁・内縁関係・事実婚

▽夫婦が同居せず、夫または妻が相手の住まいを訪ねる
通い婚

▽初めての　**初婚・初縁**

▽再度の　**再婚・再縁**

▽すでに配偶者のいる者の
重婚・二重結婚

▽親類同士の間の
重縁・親族結婚・近親婚

▽年若いうちの　**早婚**

▽ある程度年をとってからの　**晩婚**

▽政治的に利用するために、本人同士の意思を度外視して結び付ける
政略結婚・政略婚

▽結婚の儀式
婚礼・婚儀・結婚式・華燭・祝言・ウエディング・

ブライダル

▽結婚の儀式のあとの宴会
結婚披露宴

▽結婚式を行う
挙式

▽結婚したてのころ
新婚・蜜月・ハネムーン

▽嫁入り、または婿入りした先の家
婚家

男性の側からみた「結婚」

▽婿にいく。その人
縁付く・婿入り・入り婿

▽妻を迎える
嫁取り・娶る・妻帯

女性の側からみた「結婚」

▽嫁にいく
縁付く・嫁ぐ・嫁する・嫁入り・輿入れ・婚嫁

▽再婚する
再嫁

▽婿を迎える
婿取り

親の側からみた「結婚」

▽二人を結婚させる
添わせる

▽娘を結婚させる
縁付ける・片付ける・娶せる・妻合わせる・妻合わす

▽娘を結婚させた状態
片付く

夫婦にとっての「結婚」

▽夫婦として暮らす
添う・連れ添う・連れ合う

▽終生夫婦として暮らす
添い遂げる

▽夫婦別れした二人がまた元の状態に戻る
復縁

「結婚」に関する成句

【所帯を持つ】結婚して一家を構える。類「身を固める」

【玉の輿に乗る】美しい輿に乗る意から、ごく普通の女性が地位や財産のある男性と結婚することのたとえ。

【手鍋提げても】好きな男性と結婚できるならば、どんな苦労も厭わないということ。

【元の鞘に収まる】夫婦別れした二人が、またもとの状態に戻る。類「縒りを戻す」

【月下氷人】結婚の媒酌人、仲人のこと。「月下老」と「氷上人」の故事から。出典は『続幽怪録』。

【釣り合わぬは不縁の基】 育ちや家柄などが違い過ぎる者同士の結婚は、やがてうまくいかず、離婚する場合が少なくないということ。

【破れ鍋に綴じ蓋】 割れ目のはいった鍋にもそれに似合う修繕した蓋があるように、どんな人にもその人にふさわしい結婚相手がいるということ。類「牛は牛連れ馬は馬連れ」

原因・結果

変化をもたらす元の意の「原因」

▽物事の始まり
起こり・起源・起原・起因・原因・契機・元・本・原・因縁・因由・由来・基・切っ掛け・オリジン

▽ある物事に変化をもたらすもの
原因・基因・元・本・原・因

▽ある物事が生じるもと
種・因・源泉

▽物事のよってくるところ
由来・来歴・由緒・由縁

▽物事が成り立つのに必要な原因
因子・要因

▽大本の　**素因**

▽主な　**主因**

▽二次的な　**副因**

▽直接的な　**近因**

▽間接的な　**遠因**

▽内部的な　**内因**

▽外部的な　**外因**

▽本当の　**真因**

▽一つの　**一因**

▽事の起こる　**起因・口火**

▽ある現象を引き起こす　**誘因・導因**

▽ある状態を招く直接の　**動因**

▽物事ができ上がるまでの　**成因**

▽偶然の　**偶因**

▽人の行動を決める意識的な
動機・モチベーション

▽勝利の　**勝因**

▽敗北の　**敗因**

▽病気の
病因・病根・病原・病源

▽死亡の　**死因**

原因によって生ずる「結果」

▽原因によってもたらされたある状態
結果・果・成果

▽物事の成り行きと　首尾
▽最後に到達した　結末・結局・終末・終局・帰結
▽よい　賜・賜物・効果・結実・甲斐・詮
▽よくない　始末
▽よい結果を得ようとして、かえって悪い結果を得る　逆効果
▽ある行為の　所為・所為
▽ある行為をした結果得られるもの　報い・応報・果報
▽はっきりとした形で報いが現れる　陽報
▽原因と　因果
▽原因と結果にある関係が互いに悪影響を及ぼし合って堂々めぐりしている状態　悪循環

「原因・結果」に関する成句

【因果を含める】事の成り行きを説明して諦めさせる。

【薬が効く】忠告などによってよい結果がでる。

【功を奏する】よい結果を得る。類「奏功」

【種を蒔く】物事を起こす原因をつくる。

【血と汗の結晶】忍耐と努力によって得た成果。

【波紋を投じる】ある事の結果が周囲に影響を及ぼす。類「影を落とす」

【火が付く】結果を受けて不都合なことが起こる。類「煽りを食う」「弾みを食う」

【引き金になる】物事が起こるきっかけとなる。類「起爆剤となる」「呼び水になる」

【実を結ぶ】努力の甲斐があってよい結果を得る。

【有終の美】最後までやり抜いて、その結果として立派な成果を収めること。

【悪事身に返る】自分が行った悪事は、やがては自分の身に戻ってきて苦しむことになるという戒め。類「自業自得」

【因果応報】人間の行いの善悪に応じて、それ相応の報いがあること。類「善因善果」「悪因悪果」

【風邪は万病の因】風邪はあらゆる病の大本である。風邪くらいと侮ることは戒めなくてはならない。類「風邪は百病の長」

【失敗は成功の因】

失敗をすれば、なぜ失敗したかを検討・反省し、新たに立ち向かうことができる。失敗を恐れていては成功はおぼつかないという教え。
類「失敗は成功の母」

【火のない所に煙は立たぬ】
火種のないところには煙は立つはずがないのと同じように、うわさが立つのはそのことを裏づける何らかの事実なり理由なりがあるからだということ。

【蒔かぬ種は生えぬ】
努力しないでよい結果は得られない。

賢人

聡明な人としての「賢人」

▽世間の物事を広く知っている
物識り・通人・知識人・インテリ・インテリゲンチャ

▽その道のことに精通していて、聞けば何でも答えられる
生き字引・ウオーキングディクショナリー

▽その道で豊富な知識を有する
博士・学者

▽豊かな知識と見識をそなえている
識者・有識者

▽その道を知り尽くしている　**通**

▽人情の機微や花柳界の事情などに通じている
通・通人・通客・粋人・粋士・粋者

▽知識が豊富で、賢い
知者・智者・賢哲・明哲

▽生まれつき卓越した才能をもつ
天才

▽世にもまれな才能をもつ　**奇才**

▽人間とは思えない才能をもつ　**鬼才**

▽多くの人より特にすぐれている
英俊・俊英・英哲・エリート

▽すぐれた才能をもつ
英才・穎才・大才

▽学問が広く深い
碩学・博学・博識

▽学才にすぐれている
俊茂・俊茂・秀才

▽才知がすぐれている
俊秀・俊才・俊士・俊彦・駿才・賢才・才子・才人・才物

▽才知がとりわけすぐれている
俊異・俊邁・俊逸・俊豪・俊傑・偉才・異才

▽才知の特にすぐれた少年
麒麟児・鳳雛・神童
［参］「鳳雛」は「鳳凰」の雛。「麒麟」

も「鳳凰」も中国の伝説上の霊獣・霊鳥で、聖人が世に出ると現れるとされる。

▽才知、人徳を兼ねそなえている
器量人（きりょうじん）

▽才知のすぐれた女性
才女（さいじょ）・**才媛**（さいえん）

▽才知がすぐれて賢い　**才賢**（さいけん）

▽賢い女性　**賢女**（けんじょ）

▽世界や人生の根本原理に通じている
哲人（てつじん）・**哲学者**（てつがくしゃ）・**哲士**（てっし）

▽昔のすぐれた哲人　**先哲**（せんてつ）・**前哲**（ぜんてつ）

▽西洋の哲人　**西哲**（せいてつ）

高徳の人としての「賢人」

▽知徳にすぐれ、万人が師と仰ぐ
聖（せい）・**聖**（ひじり）・**聖人**（せいじん）・**聖者**（せいじゃ）

▽知徳の最もすぐれた聖人　**大聖**（たいせい）

▽知徳をそなえ、僧俗共に範とする
聖人（しょうにん）・**上人**（しょうにん）・**聖**（ひじり）

▽煩悩を脱却し、道理を悟った
聖者（しょうじゃ）

▽仏道・悟りに教え導く
知識（ちしき）・**智識**（ちしき）・**善知識**（ぜんちしき）

▽高徳の僧　**智者**（ちしゃ）

▽徳が高い
賢人（けんじん）・**賢者**（けんじゃ）・**賢者**（けんしゃ）・**聖哲**（せいてつ）・**君子**（くんし）・**人格者**（じんかくしゃ）

▽昔の　**先賢**（せんけん）・**前賢**（ぜんけん）・**古賢**（こけん）

▽聖人に次ぐ　**亜聖**（あせい）

▽非常に賢い　**大賢**（たいけん）

▽聖人と　**聖賢**（せいけん）

▽仁者と　**仁賢**（じんけん）

▽多くの　**諸賢**（しょけん）

▽官職に登用されず民間にいる
遺賢（いけん）

「賢人」に関する成句

【賢者は考えを変えるが、愚者は決して変えない】

賢い人は自分に過ちがあるのに気が付けば、すぐに改めて正しい道に進むけれども、一方、愚かな者は自分の過ちを認めようともせず決して改めない。


【賢者は中道を取る】

賢い人間は、極端な方法はとらないで、誰もが認める方法を選ぶ。


【賢人は危うきを見ず】

賢い人は危ない所に近づくような愚行をあえてしないから、危ない目などにあうことは決してないという意。


【大賢は愚なるが如し】

すぐれて賢い人は、自分の才能をことさら表に出すことがないので、見掛けは愚か者と同じに見えるということから、外見で人を判断してはならないという戒め。類「大智は愚の如し」

幸・不幸

人の運命の様相からみた「幸」

▽心が満ち足りて快く感じられる状態
幸福・仕合せ・幸せ・倖せ・幸い・幸運・好運・幸・福祉・福祉・福祚・福禄・幸祐・福運・福・果報・ハッピー

『参』「仕合せ」はもともと「めぐり合わせ」の意味で、「仕合せが良い」「仕合せが悪い」のように、評価語を伴って使われていた。それが、江戸時代頃からは「仕合せが良い」この意味になった。また、「幸」の字は、もともと「手かせ」を意味していた。それが、手かせをはめられるような刑から免れたことを意味するようになり、運に恵まれた状況、つまり幸運・幸せの意味に広がったといわれる。

▽この上ない　至福・至幸・幸甚
▽清らかな　浄福・清福
▽思いも掛けない　僥倖・紛れ幸い・零れ幸い・ラッキー
▽幸せが多い　万福・万福・多福・多幸・福福・多祥
▽大きな　景福・大福
▽めぐり合わせが良い　利運・理運
▽天から授けられた　天幸・天福
▽待ちもうけた　待ち幸い
▽幸せなめぐり合わせにある者　幸せ者・果報者
▽長命で幸せである　寿福
▽多くの子どもをもつ　子福
▽男が女に愛される　艶福
▽めでたいことと　祥福・福祥・慶福・嘉幸・祥禎・慶事
▽利益と　利福・福利
▽善行によって得られる福利　福徳
▽先祖の功徳によって子孫が幸いを得る　余慶・御陰・御蔭・余光
▽頼みにならない　似非幸い
▽死後の　冥福・冥福
▽災いと　禍福
▽禍福の因縁　倚伏
▽福ぶくしい人相　福相

幸せでない状態としての「不幸」

▽幸せでない　不幸せ・不幸・不運・非運・不遇・数奇・薄命・

否運

〔参〕「数奇」の「数」は運命、「奇」はくい違うの意。「数奇な運命」「数奇な人生」といった場合は、「波乱に富んだ」という意味になり、不幸とは限らない。また、「すき」と読むと「風流の道を好むこと」という別の語になる。

▽幸せが少ない　**薄幸・薄倖**

▽不幸なめぐり合わせ　**悲運・因果**

▽幸せでない運命　**逆運・不運**

▽不幸な身の上　**悲境・逆境**

▽不幸な出来事　**災い・禍・災難・禍害・災厄・厄・厄難・難**

「幸・不幸」に関する成句

【命拾いする】
死にそうな目にあっていたのが幸運にも助かる。

【有卦に入る】
運が向いてきて、吉事が続く。

【幸先がいい】
幸運の兆しがある。

【幸いする】
ある事柄が、他の事柄にとってたいへんよい結果をもたらす。

【幸いにして】
都合よく。運よく。幸運にも。

【付きが回る】
幸運がめぐってくる。類「目が出る」「運が開く」

【不幸中の幸い】
災難にあいながらも、いくらか気持ちの休まる点があること。

【勿怪の幸い】
思いも掛けなかった幸運。

【開いた口へ牡丹餅】
努力も苦労もしないのに、思い掛けない幸運に恵まれることのたとえ。類「棚から牡丹餅」「鴨が葱を背負って来る」

【犬も歩けば棒に当たる】
何もしないでじっとしているだけでは得るものはないが、積極的に行動していれば思いの外の幸運に恵まれるというたとえ。

【果報は寝て待て】
幸運は求めて得られるものではない。人事を尽くして、焦らず気長に待っていれば、そのうち、必ずやってくるものだということ。類「待てば海路の日和あり」

【幸せは袖褄に付かず】
幸せはどこにでもあるわけではなく、得がたいものであることのたとえ。「袖褄」は着物の袖と褄。また、衣服の総称。

【不幸が幸せ】
不幸なことが逆に幸せになることもある。また、考え方によっては不幸の中にも幸せと思われるものがあるものだということ。

【弱り目に祟り目】

不幸の上にさらに不幸が襲うこと。
類「泣きっ面に蜂」「痛い上の針」

交際・付き合い

種別・程度からみた「交際・付き合い」

▽人と人との交わり
交際・付き合い・人付き・人付き合い・人交わり・交わり・交らい・行き来・行き来・往き来・往き来・交遊

▽わだかまりのない　淡交

▽美しい　蘭交・蘭契

▽親しい
親交・情交・誼・好・交誼・情誼・交情・近しい・

慇懃・昵懇・懇意・入魂・親密・蜜月・近付き

〔参〕「入魂」は「にゅうこん」と読むと、「精魂を注ぎ込む。ある物に魂を入れる。」という別の意になる。

▽仲がよい
仲良し・睦まじい

▽気楽に付き合える
心安い・気安い

▽親しみ合う
親睦・懇親・親和・睦む

▽心から親しい　厚誼

▽ごく親しい
莫逆・莫逆・別懇・高誼

▽この上なく親しい好意による
好誼・至交

▽深い　深交

▽昔からの
昔馴染み・旧知・旧識・旧交・旧好・旧誼・旧情

▽昔からの友だち　旧友

▽子どものころからの友だち
幼馴染み・竹馬の友

▽幼馴染みの男女　筒井筒

〔参〕伊勢物語・二十三段に由来。筒井筒（井戸を囲った筒状の枠）の周りで遊んでいた幼なじみの男女が、疎遠となったが相手を忘れられず、後に結婚をするという内容。

▽親しい友だち　親友

▽打ち解けて仲よくなる
融和・和合

▽許し合って仲よくなる　宥和

▽心を合わせて仲よくする　協和

▽打ち解けて共に楽しむ　交歓

▽親しみ仲よくする　親善

▽義理のための　義理付き合い

▽親類間の
親類付き合い・親戚付き合い

▽友だちとの　交友（こうゆう）
▽友だちに対するよしみ
友誼（ゆうぎ）・友好（ゆうこう）
▽隣家との
隣交（りんこう）・善隣（ぜんりん）・隣付き合い（となりづきあい）
▽近隣との　近所付き合い（きんじょづきあい）
▽世間との　社交（しゃこう）
▽国と国との
国交（こっこう）・外交（がいこう）・通交（つうこう）・国際（こくさい）
▽国と国との親しい
通好（つうこう）・和親（わしん）・修好（しゅうこう）・修交（しゅうこう）
▽隣国と仲よくする　善隣（ぜんりん）
▽外国との国交を開く　開国（かいこく）

実際の展開からみた「交際・付き合い」

▽思い掛けなく人に出会う
奇遇（きぐう）・遭遇（そうぐう）
▽長く会わない人に偶然出会う
邂逅（かいこう）
▽人に直接会う　面会（めんかい）
▽公式に人と会う
会見（かいけん）・インタビュー
▽相手と顔を合わせる
対面（たいめん）・対顔（たいがん）
▽交渉がない　没交渉（ぼっこうしょう）
▽間に立って知らない人同士を引き合わせる
紹介（しょうかい）・顔繋ぎ（かおつなぎ）
▽間に入って仲立ちする
仲介（ちゅうかい）・媒介（ばいかい）・斡旋（あっせん）・橋渡し（はしわたし）・口利き（くちきき）・取り持つ（とりもつ）

疎遠・絶交などからみた「交際・付き合い」

▽長い間便りや訪問をしない
無沙汰（ぶさた）・不沙汰（ぶさた）・音信不通（おんしんふつう）・音信不通（いんしんふつう）・無音（ぶいん）
▽自分の意見にこだわって譲らない
確執（かくしつ）・確執（かくしゅう）
▽うわべは敬って近づかない　敬遠（けいえん）
▽嫌って避ける　忌避（きひ）
▽連絡を絶つ　絶信（ぜっしん）
▽親しくない状態
疎い（うとい）・疎疎しい（うとうとしい）・余所余所しい（よそよそしい）・疎遠（そえん）
▽仲間からのけ者にされる
仲間外れ（なかまはずれ）・村八分（むらはちぶ）
〔参〕「村八分」は日本の村落社会で慣習的に行われていた差別的制裁。戦後、人権意識の高まりからほぼ消滅した。十種の共同行為のうち、葬式の世話と消火活動以外の交際を断たれたことが語源とされるが、諸説ある。
▽仲が悪い状態
仲違い（なかたがい）・不仲（ふなか）・不和（ふわ）・反目（はんもく）・軋轢（あつれき）・葛藤（かっとう）
▽関係をもたない　没交渉（ぼっこうしょう）
▽交際をやめる
絶交（ぜっこう）・断交（だんこう）・絶縁（ぜつえん）・断絶（だんぜつ）

交際・付き合い

▽関係がこわれる　破局

▽夫婦の縁を絶つ

離別・離婚・破婚・破鏡・夫婦別れ・三行半・三下り半

▽夫婦または養子などの縁を切る

離縁・絶縁・縁切り・不縁

▽親子、兄弟など肉親との縁を切る

義絶

▽子や弟子との縁を切る　勘当

▽世俗から離れる

絶俗・脱俗・超俗・絶塵・隠遁・高踏・浮世離れ

▽国家間の交際をやめる　断交

▽外国との交通・通商を禁じる

鎖国

「交際・付き合い」に関する成句

【足が遠のく】 頻繁に訪れていた仲が疎遠になる。

【当たりがいい】（⇒「性格・性質」331ページ）

【椀盤振る舞い】（⇒「食べる・飲む」398ページ）

【一席設ける】 人をもてなすために宴席を用意する。

【お愛想を言う】 相手に向かってお世辞を使う。類「味噌を擂る」

【顔が利く】 知っている間柄なので無理が通る。

【角が立つ】 人との関係がうまくいかない。

【殻に閉じ籠る】（⇒「性格・性質」332ページ）

【款を通じる】（⇒「親しい・親しむ」275ページ）

【気が合う】 互いに気持ちが通じ合う。類「馬が合う」

【気が置けない】 遠慮する必要がない。気楽に付き合える。「気配りや遠慮をしなくてはならない」という逆の意で誤用されることが多い。

【機嫌を取る】 相手に気に入られるように気を遣う。類「機嫌を伺う」

【義理一遍】 世間体を整えるだけで、形式的な付き合いですること。

【義理を立てる】 付き合いや恩義を第一に考えて交際する。類「義理立てをする」

【ぐるになる】 悪事の仲間に加わる。

【犬猿の仲】 犬と猿は仲が悪いとされることから、非常に仲の悪い間柄のこと。

【下にも置かない】 客などを丁重にもてなすさま。

類「下へも置かない」

【世間が狭い】
交際の範囲が狭い。対「世間が広い」「顔が広い」

【そつがない】
もてなし方や心配りが行き届いている。類「至れり尽くせり」「痒い所に手が届く」

【袖を連ねる】
行動を共にする。類「袂を連ねる」

【外面がいい】
身内の者にはともかく、外の人間に対しては応対のしかたが非常にいい。

【反りが合わない】
気性が合わず、仲が悪い。

【袂を分かつ】
行動を共にしてきた人と別れる。

【付かず離れず】
一定の距離を保って付き合うさま。

【手を切る】
交際を絶って別れる。類「手を分かつ」

【手を握る】
共通の目的のため、協力し合うことを約束する。

【徒党を組む】
ある事をもくろむために人が寄り集まる。

【波風が立つ】
平穏な付き合いが続いていたところに突然争い事が起こる。

【肌が合う】
気性や好みが似通っていて、うまくいく。

【八方美人】
どんな相手にも調子よく振る舞う人。

【罅が入る】
仲が悪くなる。類「溝ができる」「間隙を生じる」

【摩擦を生じる】
意見の対立などから仲たがいや紛争が生まれる。

【水入らず】
親しい間柄の者ばかりで、他人がいないこと。

【持ちつ持たれつ】
お互いに助け合う関係での付き合いのさま。

【縒りを戻す】
仲直りをして元の関係になる。類「元の鞘に収まる」

【渡りを付ける】
事がうまく運ぶように、話し合うきっかけをつくる。

【魚心あれば水心あり】
自分にその気があれば、相手もそれに応じた気持ちになってくれるというたとえ。

【肝胆相照らす】
心の底まで打ち明け合う非常に親しい交わりのたとえ。「肝胆」は肝臓と胆嚢のことで、心の奥底の意。

【管鮑の交わり】
中国の管仲と鮑叔という仲のよい

交際・付き合い

者同士が友人への援助を惜しまなかったという故事により、利害や打算のない親密な友人関係のたとえ。出典は『列子』。

【来る者は拒まず】
自分の考えなどに共鳴して寄ってくる者は拒絶しないで、その者の自由にさせるということ。「来る者は拒まず」ともいう。出典は『春秋公羊伝』。類「去る者は追わず」

【義理と褌は欠かされぬ】
男にとっての身に付けている褌と同様に、義理を欠いては一日たりともこの世間を渡ってはいけないという教え。

【金石の交わり】
金属や石のように固く、破れることなく続く友情のこと。出典は『漢書』。類『金石の交』「金蘭の契り」

【膠漆の交わり】
お互いに非常に親密な関係にあって離れがたい友情のたとえ。「膠漆」は、にかわとうるしのこと。出典は元稹『説剣』。

【去る者は日日に疎し】
（⇒「時・年月・期」427ページ）

【爾汝の交わり】
お互いに「おまえ」「きさま」のように呼び合うほど親密な間柄のこと。出典は王世貞『円機活法』。

【朱に交われば赤くなる】
人はその環境や友人によって、よくも悪くもなるというたとえ。よい友を選ぶことが大切だという教え。

【水魚の思い】
非常に緊密な交情のたとえ。

【水魚の交わり】
魚は水の中でしか生きていけないので水とは離れられないが、これと同様に離れることのできない友人関係のこと。出典は『三国志』。類「水魚の親」「水魚の因」

【断金の契り】
二人の友情の固さは、金をも断ち切るほどであるの意で、きわめて固い交友関係のたとえ。出典は『易経』。

【鬚の塵を払う】
他人のひげに付いた塵を取るの意から、目上の人にこびへつらうことのたとえ。出典は『宋史』。類「胡麻を擂る」

【不即不離】
付きもせず、離れもせずに一定の距離を保つこと。類「不離不即」

【刎頸の交わり】
友人のために自分の首をはねられてもいいと思うほどの友情ということで、固い信頼によって結ばれた友人関係のたとえ。出典は『史記』。

【忘形の交わり】
分け隔てのない親密な交際。「忘形」とは、容貌や地位などと関係なく親しく交わるの意。出典は『唐書』。

【忘年の交わり】
年齢の差に関係なく親密に交際すること。出典は『後漢書』。

【和光同塵】
仏や菩薩がこの世に仮の姿を現し、

俗世間の人びとと縁を結ぶ意から、転じて、すぐれた知恵、見識をもつ人が俗世間の人と別け隔てなく交わること。出典は『老子』。
類「塵に同ず」「塵に交わる」

【和して同ぜず】
仲よく交際はするが、自分の意思はきちんともち、何でもかんでも同じ行動は取らないこと。出典は『論語』。

声

性質からみた「声」

▽人が発声器官を使って出す音
声・音声・音声・声音

▽声の質・ようす
声柄・声色・声差し・声音・声様・声様・声付き・音吐

▽美しい　美声・佳音

▽かん高く鋭い
きいきい声・甲声

▽金属を切るようなかん高い
金切り声

▽低い　低音・低声

▽大きい
大声・大音声・雷声・雷声

▽大きく高い　声高・高声

▽荒々しい大声　蛮声

▽小さい　小声

▽鼻にかかった　鼻声

▽いびき　鼾声

▽渋みのある　錆声・寂声

▽口にこもっているような
含み声・くぐもり声・籠り声

▽ひびきの悪い　悪声

▽つやのないがらがらした
土器声・がらがら声

▽かすれた
嗄れ声・嗄れ声・嗄れ声・塩辛声・ハスキー

▽濁って下品な
濁り声・どら声・濁声・訛声

▽調子はずれで太く濁った
胴声・胴間声・胴間声・胴張り声

▽太くて濁った。また、すごみをきかせて低い
どす声

▽生まれたばかりの赤ん坊が泣く
呱呱

▽生まれつきの　地声

▽機械などを通さない　肉声

▽人民の　民声

声

▽天皇の　玉音（ぎょくおん）
▽神の　神籟（しんらい）・神声（しんせい）

状況・様態からみた「声」

▽話している　話し声（はなしごえ）・人語（じんご）
▽笑っている　笑い声（わらいごえ）・笑み声（えみごえ）
▽喜んでいる　歓声（かんせい）・歓呼（かんこ）
▽歌をうたう　歌声（うたごえ）・歌声（かせい）
▽ほめたときの　喝采（かっさい）・誉め声（ほめごえ）
▽興奮したときの　喚声（かんせい）
▽今にも泣き出しそうな　潤み声（うるみごえ）
▽取り乱して泣き出しそうな　おろおろ声（ごえ）
▽泣いている　泣き声（なきごえ）
▽涙ぐんでいるときの　涙声（なみだごえ）・湿り声（しめりごえ）
▽大声で泣く　慟哭（どうこく）
▽泣き叫ぶ　哭声（こくせい）・悲鳴（ひめい）

▽わめき叫ぶ　絶叫（ぜっきょう）・叫喚（きょうかん）
▽大声で叫ぶ　大呼（たいこ）・呼号（こごう）・大喊（たいかん）
▽続けざまに叫ぶ　連呼（れんこ）
▽大声で叱りつける　大喝（だいかつ）
▽怒って怒鳴るときの　怒声（どせい）・怒号（どごう）・怒鳴り声（どなりごえ）
▽あたりにひびく怒鳴り　雷声（かみなりごえ）
▽勇ましく叫ぶ　雄叫び（おたけび）・男建（おたけび）・雄誥（おたけび）
▽ののしってわめく　罵声（ばせい）
▽生まれて初めての　産声（うぶごえ）・初声（うぶごえ）
▽恐怖などから発する　悲鳴（ひめい）
▽震えながら発する　震え声（ふるえごえ）・戦慄き声（わななきごえ）・戦慄声（わななきごえ）
▽悲しみで沈んだ　湿り声（しめりごえ）
▽嘆きの　嘆声（たんせい）・悲しみ声（かなしみごえ）
▽ため息をついて嘆く　咨嗟（しさ）
▽わざとこしらえた　作り声（つくりごえ）

▽わざと出す高い　裏声（うらごえ）
▽普通でない　奇声（きせい）
▽若い女性などのかん高い　黄色い声（きいろいこえ）
▽女性のなまめかしい　嬌声（きょうせい）
▽人にこびるような　猫撫で声（ねこなでごえ）
▽風邪をひいたときの　風邪声（かざごえ）・風声（かざごえ）・風邪声（かぜごえ）・風声
▽小声でひそひそと　囁き（ささやき）・私語（ささやき）
▽忍んで出す　忍び音（しのびね）・忍び声（しのびごえ）
▽わびしそうな　侘び声（わびごえ）
▽うらんで嘆き悲しむ　怨嗟の声（えんさのこえ）
▽とげとげしい　尖り声（とがりごえ）
▽互いに呼ぶ　諸声（もろごえ）
▽調子をとったり、勢いをつけたりする　掛け声（かけごえ）
▽戦場で一斉にあげる

鬨の声・勝ち鬨・鯨波

▽詩歌などを吟ずる　**吟声**

▽読経・説法の　**法の声**

▽調和する　**諧声**

▽調子の整わない　**斑声**

▽万歳楽などを唱える。また、平和を祈る　**千歳の声**

▽鉄道員が信号などを確認して出す　**喚呼**

▽声帯が変化するため声が低く変わる　**声変わり**

▽犬や狼などが遠くに向かい長く尾を引いて鳴く　**遠吠え**

▽鳥獣が鳴く　**啼声**

▽鳥などがその季節になって初めて鳴く　**初音**

▽ガンが鳴く　**雁金・雁が音**

▽虫が鳴く　**虫の音**

▽鐘の音　**鐘声**

▽波の音　**濤声**

▽風の音　**風声**

▽一度だけ音を出す　**一声**

「声」の擬音語・擬態語

▽大勢の声が騒がしい　**ざわざわ・がやがや**

▽大勢の人が一斉に声をあげる　**どっと**

▽泣き叫んだりはしゃいだりする　**きゃーきゃー・ぎゃーぎゃー**

▽女性や子どもなどが喜び、またはたわむれて出す高くにぎやかな　**きゃっきゃっ**

▽やかましく騒ぎたてる　**わーわー**

▽大勢が一緒になって騒ぐ　**わいわい**

▽口やかましく叱りつける　**がみがみ**

▽人に聞こえないように話す　**ひそひそ・こっそり**

「声」に関する成句

【蚊の鳴くような声】
蚊の羽音のようなかすかな細い声。力なくたよりない声。

【絹を裂くよう】
女性が叫ぶ声の鋭くかん高いようす。

【声が潤む】
悲しみのあまり声が震えて涙声になる。

【声が潰れる】
声を出し過ぎて、かすれ声になる。

【声が弾む】

うきうきとした気分で、元気な声になる。

【声の下から】
言い終わってすぐ。

【声を落とす】
声の調子を下げて小さい声で話す。

【声を嗄らす】
大声で叫んでいて、かすれ声になる。

【声を曇らす】
心配そうな悲しそうな声になる。

【声を殺す】
人に聞こえないような小声で話す。
類「声を潜める」

【声を作る】
ふだんと違う飾った声を出す。

【声を呑む】
(⇩「驚く・驚き」123ページ)

【声を振り絞る】
できる限りの声を張り上げる。

【鈴を転がすよう】
女性の声の美しく澄んでいるようす。類「玉を転がすよう」

言葉

伝達手段としての「言葉」

▼人の考えや感情などを表現、伝達する手段
言・言・言語・言語・言葉・語・言辞・言詞・言説・言説・辞・言の葉

▼一つの
一言・一言・一言・一語・単辞

▼一つ一つの
言言・一言一言・言言句句

▼わずかの、ちょっとした
片言・隻語・隻句

▼短くて意味深い　寸言

▼ひとりでの
独言・独語・独り言

▼本人に代わって　代言

▼多くの
万言・千言・百万言

▼多くの人の
衆言・群言・衆口・群口・衆口

▼口に出す　言い草・言い種

▼早口の
早口・早口言葉・早言葉・早口そそり・早言

▼巧みに修飾した
詞華・詞花・詞藻・文藻

▼洗練された　雅語・雅言

▼すぐれた　名言

▼よい、うまい
美言・嘉言・佳言・美語

▼奥深いすぐれた　微言

▽言づての　伝言（でんごん）・嘱言（しょくげん）・託言（たくげん）・メッセージ

▽糸口の　緒言（しょげん）・緒言（ちょげん）

▽付け加える　付言（ふげん）・附言（ふげん）・付語（ふご）・附語（ふご）

▽前もっての　前言（ぜんげん）・予言（よげん）

▽目上の人の言葉の尊敬語　咳唾（がいだ）

▽天皇の　大御言（おおみこと）・詔（みことのり）・勅（みことのり）・勅（ちょく）・勅諭（ちょくゆ）・勅語（ちょくご）・勅諚（ちょくじょう）・大詔（たいしょう）・綸言（りんげん）

▽皇太子などの命令の　令旨（りょうじ）・令旨（れいし）

▽帝王・天皇ののこした　遺詔（いしょう）

▽君主が臨終のときのこす　顧命（こめい）

▽先人ののこした　先言（せんげん）・遺言（いげん）

▽文字・言葉の用い方や配置　措辞（そじ）

口語・文語などからみた「言葉」

▽日常会話の　口語（こうご）・話し言葉（はなしことば）

▽文章を書くときの　文語（ぶんご）・書き言葉（かきことば）

▽手紙や文章中の　文言（ぶんげん）・文言（もんごん）

▽昔の　古言（こげん）・古語（こご）

▽現代に使われる　現代語（げんだいご）

▽一般に使われる　通言（つうげん）・通語（つうご）

▽国内で通じる　共通語（きょうつうご）

▽一国の規範としての　標準語（ひょうじゅんご）・国語（こくご）・国言葉（くにことば）

▽自分が生まれた国や所属する国・民族等の　母語（ぼご）・母国語（ぼこくご）

▽外国の　外国語（がいこくご）

▽外国語で、日本語と同じように日常使われるようになった　外来語（がいらいご）

▽異国家・異民族間で共通して用いられる　国際語（こくさいご）・世界語（せかいご）・エスペラント

［参］「エスペラント」は一八八〇年代に、当時ロシア領だったポーランドのユダヤ人眼科医ザメンホフによって考案された。エスペラントを話す者は世界中で百万人程といわれている。

▽ある国語を他国語に訳した　訳語（やくご）

▽ある限られた地方だけの　方言（ほうげん）・御国言葉（おくにことば）

▽地方の世俗的な　俚言（りげん）・俗言（ぞくげん）・俚び言葉（さとびことば）・俚語（りご）・俗語（ぞくご）

▽戒めとなる　格言（かくげん）・金言（きんげん）・箴言（しんげん）・嘉言（かげん）・アフォリズム

▽土着の人びとの　土語（どご）

▽卑しい　卑語（ひご）・鄙語（ひご）・鄙言（ひげん）

▽特定の仲間だけの

言葉

隠語（いんご）・隠し詞（かくしことば）・隠し言葉（かくしことば）・スラング

▽一定範囲で使われる単語の総称

語彙（ごい）・ボキャブラリー

▽幼児期に特有な　幼児語（ようじご）

▽一般に習慣として使われる

慣用語（かんようご）・套語（とうご）・套言（とうげん）・常套句（じょうとうく）・常套語（じょうとうご）・きまり文句（もんく）

▽二つ以上の言葉が結合して特別の意味を表す

慣用句（かんようく）・慣用語（かんようご）・イディオム

▽音や様子を表す

擬音語（ぎおんご）・擬声語（ぎせいご）・擬態語（ぎたいご）・オノマトペア・オノマトペ

▽訛（なま）った

訛言（かげん）・訛語（かご）・訛言葉（なまりことば）

▽別語で、意義がほぼ同じの

同義語（どうぎご）・同意語（どういご）・シノニム

▽反対の意義をもつ

反義語（はんぎご）・反意語（はんいご）・反対語（はんたいご）・対語（たいご）・対語（ついご）・対義語（たいぎご）・アントニム

▽熟語で事物が相対している

対語（たいご）・対語（ついご）

▽類似の意義をもつ

類語（るいご）・類義語（るいぎご）

▽単語が結合して一語となった

熟語（じゅくご）・合成語（ごうせいご）・複合語（ふくごうご）・複合詞（ふくごうし）

▽接辞が付いたり語形が変化したりして、別の語になった

派生語（はせいご）

▽合図としてあらかじめ決めた

合言葉（あいことば）・符牒（ふちょう）・符帳（ふちょう）・符丁（ふちょう）

▽ある特定の分野で用いられる

用語（ようご）・術語（じゅつご）

▽現在使われなくなった

死語（しご）・廃語（はいご）

▽新しく使われ出した　新語（しんご）

▽ある一時期に世間で好んで用いられる

流行語（りゅうこうご）・流行り言葉（はやりことば）

▽芝居で述べる

台詞（せりふ）・科白（せりふ）・台詞（だいし）・科白（かはく）

▽相手なしで語る

独白（どくはく）・モノローグ

▽使用を避ける　忌詞（いみことば）・忌言葉（いみことば）

〔参〕日本では血や死を不浄とする傾向があり、これらの関係する語に「忌言葉」が多い。伊勢神宮の斎宮（さいぐう）では仏教用語が忌言葉とされた（斎宮の忌み詞）。また、婚礼では離婚が、受験関係では落第が連想される語などが避けられる。

事理・感情の交じった「言葉」

▽道理に適（かな）った正しい

正言（せいげん）・正辞（せいじ）

▽道理に適ったもっともな　至言（しげん）

▽道理をわきまえた　知言(ちげん)
▽道徳に適った　善言(ぜんげん)
▽高尚な　危言(きげん)
▽教えさとす　訓言(くんげん)・訓辞(くんじ)
▽いさめる　諫言(かんげん)・苦言(くげん)
▽細かいことを取り立てて叱る　小言(こごと)
▽他の事柄に仮託して意見や教訓などを言う　寓言(ぐうげん)・寓話(ぐうわ)・譬え話(たとえばなし)
▽そばから助ける　助言(じょげん)・助言(じょごん)・助語(じょご)・口添え(くちぞえ)・アドバイス
▽誓いの　誓言(せいごん)・誓言(せいげん)・誓言(ちかごと)・誓詞(せいし)
▽後日のあかしとなる　言質(げんち)・言質(げんしつ)・言葉質(ことばじち)
［参］「言質(げんしつ)」は誤読から生じた慣用的な読み方。
▽婉曲に悟らせる　諷言(ふうげん)
▽批評の　評言(ひょうげん)・評語(ひょうご)

▽やさしい　温言(おんげん)・温辞(おんじ)
▽巧みな　巧言(こうげん)・甘言(かんげん)・美言(びげん)・美辞(びじ)・甘辞(かんじ)
▽即興による言葉と巧みな　興言利口(きょうげんりこう)
▽奇抜な　奇言(きげん)・奇語(きご)
▽意気盛んな　壮言(そうげん)・壮語(そうご)・雄語(ゆうご)
▽意見や方針を広く表明する　宣言(せんげん)
▽思うがままの　放言(ほうげん)・放言(ほうごん)・放語(ほうご)
▽道理にはずれた気ままな　横言(おうげん)
▽隠さず公然と　公言(こうげん)
▽とりとめのない、たわむれの　戯言(ぎげん)・戯言(たわごと)・戯語(ぎご)・戯語(けご)・冗語(じょうご)・戯れ言(たわむれごと)・戯れ言(ざれごと)・冗談(じょうだん)・漫言(まんげん)・漫語(まんご)・漫ろ言(すずろごと)・漫ろ言(そぞろごと)・由無し言(よしなしごと)・河漢の言(かかんのげん)・ジョーク

▽おごり高ぶった　慢言(まんげん)・慢語(まんご)
▽大げさないばった　大言(たいげん)・高言(こうげん)・広言(こうげん)・荒言(こうげん)
▽侮(あなど)る　侮言(ぶげん)
▽人の言葉や判断を冗談めかしていう　御託宣(ごたくせん)・御宣託(ごせんたく)
▽自分勝手で偉そうな。また、くどくど言う　御託(ごたく)
▽前に言ったことと違った　二言(にごん)・二言(にげん)・両舌(りょうぜつ)・二枚舌(にまいじた)
▽言い触らす　声言(せいげん)・事触れ(ことふれ)・言触れ(ことふれ)
▽つかえがちで下手な　訥言(とつげん)・訥弁(とつべん)
▽言い過ぎの　逸言(いつげん)・過言(かげん)・失言(しつげん)
▽よけいな　贅言(ぜいげん)・贅語(ぜいご)・冗語(じょうご)
▽なまめいた　嬌言(きょうげん)・嬌語(きょうご)

言葉

▽みだらな
猥言・猥語・褻言・猥辞

▽世間のうわさ
聞こえ・物の聞こえ・世間口・風説・風評・風聞・巷説・世説・世評・巷議・外議・世話・取り沙汰・下馬評・呼び声・口の端・人言・人の口・人口・街談

▽根拠のないうわさ
流説・流言・飛言・飛語・蜚語・浮言・浮説・浮評・流説・空言・空言・虚説・虚聞・虚談・虚声・虚伝・デマ

▽事実無根の
造言・根無し言

▽でたらめな
痴れ言・空言・空言・虚言・虚言・虚声・虚語・虚談・虚偽・虚妄・嘘・虚説・虚伝・虚聞・妄言・妄語・妄言・妄語・偽言・法螺・空音・偽り

▽故意に事実を曲げた
誣言・誣言・誣語・誣説

▽大うその
駄法螺・虚誕

▽無益な
無駄口・徒口・無駄言・駄弁・徒言・閑言・閑語

▽繰り返し言う
繰り言

▽痛切な
切言

▽その人のいない所での
後言・陰言・陰口・後言・後言

▽へつらいの
佞言・諛言

▽あしざまな
悪口・悪口・悪言・悪言・暴言・毒言・毒舌・毒口・悪たれ口・雑言・雑言・野次

▽ののしる
罵詈・罵言

▽あざけりののしる
嘲罵

▽そしる
謗言・誹言・謗り言・毀言・謗り・譏り・誹り

▽中間にあって両方に相手を悪く言う
中言・中言・中口

▽人を陥れる
讒・讒言・讒言・讒口・姦言・横言

▽責任など逃れるための
遁辞・逃げ口上・逃げ言葉・逃げ口・逃れ辞

▽怪しい
妖言・怪辞

▽うらみの
怨言・怨語・怨み言

▽呪っての
呪言・呪言・呪い言・詛

い言

▽謝罪の　詫び言

▽思い悩んでの　侘び言

▽悲しい　悲語・悲言・悲辞

▽発熱などで発する　囈語・譫言・囈語・譫語・譫言

▽死に際の　遺命・遺言・遺言・遺言・顧命

挨拶の様態からみた「言葉」

▽書物の巻頭などの　題辞・題詞・題言・巻頭言

▽凡例に述べる　例言

▽式場での挨拶の　式辞・式言

▽ほめたたえる　賞詞・頌辞・賞辞・頌詞・褒辞・褒詞・褒称

▽お礼の　謝辞・謝礼

▽祝いの　祝辞・祝詞・賀詞・寿詞・祝言

▽神への　祝詞・祝詞・祝詞・神寿・神賀

▽神のお告げの　神託・預言・神語・神語・神言

▽弔意を述べる　弔詞・弔辞・誄

「言葉」に関する成句

【合いの手を入れる】話の途中に別の言葉を差しはさむ。

【売り言葉に買い言葉】相手の暴言に対して、同じような暴言を言い返すこと。

【うんともすんとも】まったく言葉の反応がないさま。類「うんともすっとも」

【鸚鵡返し】相手の言うことをそのままの言葉で繰り返すこと。

【口を衝いて出る】考えるでもなしに、言葉が次々に出てくる。

【言語に絶する】言葉では言い表せないほどに度を越している。

【言葉尻を捕らえる】他人の言葉遣いの誤りやあいまいな部分を取り上げ、ことさらに問題にする。

【言葉に甘える】他人の親切な言葉をそのまま受け取り、その好意に従う。

【言葉を飾る】言葉巧みな表現をする。または、

言葉

偽りを言う。

【何をか言わんや】 もはや言うべき言葉もない。

【二の句が継げない】（⇩「驚く・驚き」124ページ）

【半畳を入れる】 人の言動に対して、横からひやかしの言葉を投げかける。

【名状しがたい】 言葉では言い表しにくい。

【一言一句】 ひと言ひと言。

【一言半句】 ほんのちょっとした言葉。

【咳唾珠を成す】 口から出る一言一句が玉のように美しい。詩や文章の才能に富んでいるたとえ。出典は『晋書』

【狂言綺語】 人の気を引くような大げさに飾り立てた言葉。「綺語」は「きぎょ」とも読む。

【言言肺腑を衝く】 ひと言ひと言が聞いている人の心にしっかりとこたえるさま。

【巧言令色鮮し仁】 言葉が巧みで愛想のいい人間は、仁の心に欠けることが多いということ。「令色」は他人の気に入るように表情を飾ること。出典は『論語』。

【言葉は心の使い】 心の中に思っていることは、自然と言葉として表れるものであるということ。類「思うことは口に出る」「口は心の門」

【言語道断】 あきれはてて言葉も出ないほどにひどいさま。とんでもないこと。

【千言万語】 多くの言葉。類「千言万句」

【大言壮語】 自分の実力以上に大きなことを言うこと。また、その言葉。

【忠言耳に逆らう】 真心を尽くしていさめる言葉は、耳に痛いもので、素直に聞き入れることがむずかしい。

【佞言は忠に似たり】 こびへつらって言う言葉は、いかにも忠義であるかのように聞こえるという意で、へつらいの言葉への戒め。

【武士に二言なし】 武士は信義を重んじるので、一度言った言葉を取り消すようなことはしないということ。

【片言隻句】 ちょっとした言葉。ひと言。「隻句」は「せきく」とも読む。類「片言隻語」

【綸言汗の如し】 流れ出た汗が再び体内に戻らないように、君主が臣下に言った言葉は取り消すことができない。

この人（ひと）・この人達（ひとたち）

相手が同等か目上のときの「この人・この人達」

▽一人の男性の第三者を一般に　彼（かれ）

▽一人の女性の第三者を一般に
彼女（かのじょ）

▽自分に近い第三者
此の方（このかた）・此方（こちら）・此の御方（このおかた）・此方様（こちらさま）

▽話し相手に近い第三者
其の方（そのかた）・其方（そちら）・其の御方（そのおかた）・其方様（そちらさま）

▽話し手同士から離れた所にいる
彼の方（あのかた）・彼方（あちら）・彼の御方（あのおかた）・彼方様（あちらさま）

▽今、言及している第三者を指して
本人（ほんにん）・当人（とうにん）・同人（どうにん）・同人（どうじん）・同氏（どうし）

▽一度氏名を出した男性について改めて言う場合など
氏（し）

▽一人の男性の第三者を古めかしく
仁（じん）・御仁（ごじん）

▽今、言及している二人の人を
両人（りょうにん）・両氏（りょうし）・両所（りょうしょ）

▽二人以上の男性を
彼等（かれら）・彼氏達（かれしたち）

▽二人以上の女性を
彼女等（かのじょら）・彼女達（かのじょたち）

▽二人以上の男女を
彼の人達（あのひとたち）・彼の方達（あのかたたち）

相手が同等か目下のときの「この人・この人達」

▽自分に近い第三者　此奴（こいつ）

▽「こいつ」を古風に　此奴（こやつ）

▽話し相手に近い第三者　其奴（そいつ）

▽「そいつ」を古風に　其奴（そやつ）

▽話し手同士から離れた所にいる
彼奴（あいつ）・彼れ（あれ）・奴（やつ）・奴さん（やっこさん）

▽「あいつ」を古風に　彼奴（きゃつ）

▽今、言及している者について　同君（どうくん）

▽二人以上の「こいつ」を
此奴等（こいつら）・此奴達（こいつたち）・此奴共（こいつども）

▽「こいつら」を古風に
此奴等（こやつら）・此奴共（こやつども）

▽二人以上の「そいつ」を
其奴等（そいつら）・其奴達（そいつたち）・其奴共（そいつども）

▽「そいつら」を古風に
其奴等（そやつら）・其奴共（そやつども）

▽二人以上の「あいつ」を
彼奴等（あいつら）・彼奴達（あいつたち）・彼奴共（あいつども）・奴等（やつら）

▽「あいつら」を古風に
彼奴等（きゃつら）・奴等（やつら）・奴共（やつども）・奴輩（どはい）

相手が不定の第三者のときの「この人・この人達」

▽名前を知らない人を一般に
誰(だれ)・誰(たれ)

▽「だれ」を丁寧に言う場合
何方(どなた)・何方(どちら)・何方様(どなたさま)・何方様(どちらさま)

▽ぞんざいに言う場合
何者(なにもの)・何奴(どいつ)・何奴(なにやつ)

▽名前が不明なある人を指して。また、名前を伏せて
某(ぼう)・某(なにがし)・某(それがし)・某某(ぼうぼう)・何某(なにぼう)・某氏(ぼうし)・誰某(だれそれ)

▽二人以上の知らない人を
誰誰(だれだれ)・誰彼(だれかれ)

▽「だれかれ」をぞんざいに
何奴此奴(どいつこいつ)

▽どのような人もの意味で
何人(なにびと)・何人(なんぴと)

栄(さか)える・盛(さか)ん

様態からみた「栄える・盛ん」

▽発展する
繁栄(はんえい)・盛(さか)る・栄(さか)える

▽にぎわい
繁昌(はんじょう)・繁盛(はんじょう)・繁盛(はんせい)

▽栄えている
盛(さか)り・隆盛(りゅうせい)・隆昌(りゅうしょう)・昌盛(しょうせい)・盛昌(せいしょう)・盛(さか)ん・盛栄(せいえい)

▽にぎやかで盛んなありさま
盛況(せいきょう)

▽豊かに
賑(にぎ)わう・幸(さきわ)う

▽盛んにさせる
賑(にぎ)わす・賑(にぎ)わわす

▽よい時機にあって
乗(の)る・流行(はや)る・時(とき)めく・栄華(えいが)・栄花(えいが)・栄映(さかば)え・立(た)ち栄(さか)ゆ・ブーム

▽一時盛ん
一盛(ひとさか)り

▽共に
共栄(きょうえい)

▽次第に
末広(すえひろ)・末広(すえひろ)がり

▽ますます
栄行(さかゆ)く

▽いよいよ
弥栄(いやさか)

▽この上なく
盛大(せいだい)・全盛(ぜんせい)・最盛(さいせい)

▽勢いが最も盛んな時期
全盛期(ぜんせいき)・最盛期(さいせいき)

▽栄華を極める
世盛(よざか)り・全盛(ぜんせい)

▽一番の盛り
真盛(みざか)り・方(みざかり)・真盛(まさか)り・真(ま)っ盛(さか)り・真(ま)っ最中(さいちゅう)

▽きわめて
殷盛(いんせい)

▽一時衰えたものがまた
復興(ふっこう)・再興(さいこう)・返(かえ)り咲(ざ)き・帰(かえ)り咲(ざ)き・返(かえ)り咲(ざ)く・リバイバル・カムバック

▽栄えることと衰えること
浮沈・浮き沈み・起伏・消長・盛衰・栄枯・隆替・隆替

▽落ちぶれることと栄えること
窮達・窮通

▽人が多く集まって活気のあるさま
繁華・賑やか・賑わしい・賑賑しい・盛況

▽活気あふれて　殷賑

▽名があらわれ、栄え立身する
顕栄

▽立身出世する　栄達・栄進

▽君主から寵愛されて
寵栄・栄寵

▽盛んな名声　盛名

▽名を世間に広める　売り出す

勢い・意気などからみた「盛ん」

▽活力のあるさま　盛ん・壮

▽年若く元気で　盛壮

▽勢いの目立って　隆隆

▽勢いが盛んになる
高まる・強まる・盛り上がる・振う・奮う・勇み立つ・勢い付く

▽勢いを盛んにする
発揚・高める・強める・盛り上げる・逞しゅうする

▽ますます勢いが激しくなる
募る・高ずる・昂ずる・高じる・昂じる

▽威勢がいい
豪気・豪気・強気・豪儀

▽強くて　強盛

▽盛んな意気　気炎・気焔・気勢

▽意気が盛んにわき起こる
鬱勃

▽気持ちが奮い立つ　軒昂

〔参〕「軒」はもと、轅（牛車などの左右から前に突き出た二本のかじ棒）が高くはねあがった車を意味していた。牛車などには身分の高い人が乗ったので、高い・勢いがあることを表している。

▽活力・気力などが非常に
旺盛・元気旺盛・気力十分・気力充実・気力旺盛

▽気勢の盛んなさま　熾盛・熾盛

▽何かをしようと勢いを込める
意気込む・勢い込む・意気込み・意気組み・気負う・気張る・気負い・競い・勢い・気負い立つ・競い立つ・勇み立つ・逸り立つ・勇む・張り切る・逸る

▽勢いにのる　弾む

事物・人などからみた「盛ん」

▽物事を盛んにする
振興（しんこう）・振起（しんき）・振作（しんさく）・作興（さっこう）

▽物事の勢いが盛んになる
興隆（こうりゅう）・興起（こうき）・起こる（おこる）・勃興（ぼっこう）・興る（おこる）

▽物事が盛んに起こり立つ　勃勃（ぼつぼつ）

▽物事の盛んなさま　鬱然（うつぜん）・蔚然（うつぜん）

▽物事が勢いよく起こる
澎湃（ほうはい）・彭湃（ほうはい）

▽物事の一番の盛り　酣（たけなわ）・闌（たけなわ）

▽物事が次第に盛況に向かう
上り坂（のぼりざか）・登り坂（のぼりざか）

▽物事が絶え間なく盛んに活動する
生生（せいせい）

▽勇ましく意気盛ん
壮烈（そうれつ）・勇壮（ゆうそう）・壮絶（そうぜつ）

▽盛んな志　壮志（そうし）

▽意気盛んな人　壮士（そうし）

▽人の勢いなどの非常に強いたとえ
沖天（ちゅうてん）・冲天（ちゅうてん）

▽家業などが　盛業（せいぎょう）

▽会合などが盛大な　盛会（せいかい）

▽勢いが天を動かすほど　動天（どうてん）

▽学問・芸術が盛んになる勢い
文運（ぶんうん）

▽文化の盛んなさま　郁郁（いくいく）

奮起からみた「盛ん」

▽気力を奮い起こす
奮い立つ（ふるいたつ）・奮い起つ（ふるいたつ）・奮い起こす（ふるいおこす）・奮起（ふんき）・発奮（はっぷん）・奮発（ふんぱつ）

▽奮い立って進む　奮進（ふんしん）

▽感じて奮い立つ　感奮（かんぷん）

▽勇んで奮い立つ　勇躍（ゆうやく）

▽勇んで突き進む　邁進（まいしん）

▽勢いよく立ち上がる
決起（けっき）・蹶起（けっき）

▽激しく奮い立つ　奮迅（ふんじん）

「栄える・盛ん」に関する成句

【勝ちに乗じる】（かちにじょうじる）
勝つことによりいっそう勢いをつける。

【騎虎の勢い】（きこのいきおい）
虎に乗って走る者が途中で降りられないように、やめるにもやめられない激しい勢いのたとえ。

【気を吐く】（きをはく）
意気の盛んなことを見せる。

【調子付く】（ちょうしづく）
弾みがつく。

【調子に乗る】（ちょうしにのる）
勢いづいてうまく進む。

【飛ぶ鳥を落とす勢い】（とぶとりをおとすいきおい）
きわめて盛んな勢いのたとえ。「飛ぶ鳥も落ちる」ともいい、空を飛ぶ鳥が地上に落ちるほどに権勢が盛んなさまの意。

【破竹の勢い】 止められないほど盛んな勢い。

【一花咲かせる】 一時的に華やかに栄える。勢いの盛んな時代を出現させる。

【日の出の勢い】 朝日が東の空に昇るように、勢いの盛んなこと。類「旭日昇天の勢い」

【世に合う】 時勢にのってはぶりをきかせる。

【意気軒昂】 意気込みが盛んなさま。

【意気衝天】 意気込みが天を衝くほどに盛んなさま。類「意気天を衝く」

【栄華の夢】 夢がさめやすいように、栄華というものははかなく長続きしないということ。

【栄枯盛衰】 草木の茂ることと枯れることとの意から、勢いにも盛んな時と衰える時のあること。

【栄耀栄華】 華やかでぜいたくなこと。また、おごり高ぶること。「栄耀」は、「えよう」とも読み、権力を得て富み栄えること。

【枯れ木に花】 衰えたものが再び栄えることのたとえ。

【邯鄲の夢】 人世の栄枯盛衰は夢がさめるようにはかないものだというたとえ。唐の盧生という少年がわずかの間の夢の中で、栄華をきわめた自分の一生を見たという故事から。出典は『枕中記』。類「邯鄲の枕」「邯鄲夢の枕」「盧生の夢」「黄粱の夢」「黄粱一炊の夢」「一炊の夢」

【気炎万丈】 意気盛んなこと。また、そのさま。「気炎」は「気焔」とも書く。

【共存共栄】 互いに争うことなく、助け合って生存し、共に栄えること。「共存」は、「きょうぞん」とも読む。類「共存同栄」

【槿花一日の栄】 人の世の栄華のはかなく、長く続かないことのたとえ。「槿花」は、ムクゲの花で、朝咲いて夕べにはしぼんでしまうことから。出典は白居易『放言』。類「槿花一朝の夢」「槿花一晨の栄え」

【捲土重来】 一度敗れた者が勢いを盛り返して、再び猛烈に攻め寄せること。また、一度失敗した者が再び意気盛んに始めること。「重来」は、「じゅうらい」とも読む。

【獅子奮迅】 シシがあばれるように、激しい勢いで奮闘すること。

【花一時人一盛り】

何事も盛んなときは短いということの意であり、栄華は長続きしないことのたとえ。類「花も一時」「盛りの花も一時」

【燎原の火】 勢いが盛んであって止めることができないことのたとえ。

酒

質量・状態・用途などからみた「酒」

▽酒の異称 **酒・百薬の長・竹葉・竹の葉・美禄・天の美禄・黄雲・玉箒・忘憂・忘憂の物**

『参』「竹葉」は竹の葉の露が良酒になったという中国の故事に由来。「黄雲」は色が似ていることから。「玉箒」は、玉飾りのついたほうきのことで、憂いを払うほうきにたとえて酒の異称とされる。

▽酒の丁寧語 **御酒**

▽酒の美称 **豊御酒**

▽僧の間でいう **般若湯**

▽味のよい、うまい **美酒・旨酒・旨酒・緑酒・渌酒・味酒・味酒・甜酒・醽酒**

▽香りが高く味のよい **芳醇・芳純**

▽よい **良酒・玉酒・佳酒・嘉酒・名酒・上酒**

▽強い **鬼殺し・鬼好み**

▽澄んだ **清御酒・清酒・清み酒**

▽濃厚な **醇酒・醇酎**

▽うすい **薄酒・薄酒・醨・醪**

▽適当に温めた **燗酒**

▽燗した酒の冷えた **燗冷まし**

▽冷えた。また、燗をしない **冷酒・冷や・冷や酒**

▽品質の劣った **悪酒・粗酒・麁酒・駄酒**

▽樽に入れてある **樽酒・樽酒**

▽壺に入れてある **壺酒**

▽杯に満たした **杯酒・盃酒・卮酒**

▽枡などから滴ってたまった **滴み酒**

▽多量の。また一斗の **斗酒**

▽少量の。また二合五勺の **小半ら酒**

▽人をもてなす **振る舞い酒**

▽めでたいことを祝う **祝い酒**

▽酒の良否を知るため味を試す。また、その酒 **利き酒・聞き酒**

▽枡(ます)に満たした。また、枡売りの
枡酒(ますざけ)

▽酒を売買すること。また、その酒
沽酒(こしゅ)

▽田舎の、また、国もとの
村醸(そんじょう)・村酒(そんしゅ)・田舎酒(いなかざけ)・国酒(くにざけ)

▽その土地でつくる
地酒(じざけ)・所酒(ところざけ)

▽特別の名をつけた上等の
銘酒(めいしゅ)

▽名高い
名酒(めいしゅ)

季節・時期からみた「酒」

▽新年の、また、年始回りの客に勧める
年酒(ねんしゅ)

▽元旦に延命を願って飲む、屠蘇散(とそさん)のはいった
屠蘇(とそ)・屠蘇酒(とそしゅ)

▽春に造った
春酒(しゅんしゅ)・春醸(しゅんじょう)

▽花を観賞しながら飲む
花見酒(はなみざけ)

▽ショウブの根や葉などを浸した
菖蒲酒(しょうぶざけ)・菖蒲酒(あやめざけ)

▽菊を観賞しながら飲む
菊見酒(きくみざけ)

▽その年の秋にとれた米で造った
新酒(しんしゅ)・今年酒(ことしざけ)・新走り(あらばしり)

▽その年に収穫したブドウで作ったワイン
ヌーボー

▽菊の花を浸した
菊酒(きくざけ)・菊の酒(きくのさけ)・菊花の酒(きくかのさけ)・菊の水(きくのみず)

▽紅葉を観賞しながら飲む
紅葉酒(もみじざけ)

▽月を観賞しながら飲む
月見酒(つきみざけ)

▽雪を観賞しながら飲む
雪見酒(ゆきみざけ)

神仏からみた「酒」

▽酒宴を開いて祝う
酒祝い(さかほがい)・酒寿い(さかほがい)

▽神にささげる
神酒(しんしゅ)・神酒(みわ)・大御酒(おおみき)・御酒(みき)・神酒(みき)・御神酒(おみき)・清酌(せいしゃく)

▽大嘗会(だいじょうえ)などで神前に供えた白い
白酒(しろき)

▽白酒に臭木(くさぎ)の焼き灰を加え、大嘗(だいじょう)会などでお供え用とした
黒酒(くろき)・黒御酒(くろみき)

▽神仏に願をかけて禁酒する
願酒(がんしゅ)・酒断ち(さかだち)・酒断ち(さけだち)

▽神酒の醸造をつかさどった人
酒人(さかびと)・掌酒(さかびと)・酒人(さけびと)

醸造・種別などからみた「酒」

▽穀類や果実を発酵させて造った
醸造酒(じょうぞうしゅ)

▽醸造したての
新酒(しんしゅ)・早酒(わささ)・醅(わささ)

酒

▽米で造った日本固有の
清酒(せいしゅ)・日本酒(にほんしゅ)

▽何も加えない醸造したままの清酒
原酒(げんしゅ)

▽殺菌のための加熱処理をしていない
生酒(なまざけ)

▽六十パーセント以下に精米した原料の白米を低温発酵させた清酒
吟醸酒(ぎんじょうしゅ)

▽吟醸酒(ぎんじょうしゅ)のうち、五十パーセント以下に精米した白米を原料とした
大吟醸酒(だいぎんじょうしゅ)・大吟醸(だいぎんじょう)

▽混ぜ物のない
生酒(きざけ)・醇酒(じゅんしゅ)

▽混ぜ合わせた
混成酒(こんせいしゅ)・再製酒(さいせいしゅ)

▽自家で造った
家醸(かじょう)・手酒(てざけ)・手酒(てしゅ)

▽醸(かも)した
造り酒(つくりざけ)・醸酒(じょうしゅ)

▽酒を醸造する
造酒(ぞうしゅ)・酒造り(さかづくり)・酒造り(さけづくり)・酒造(しゅぞう)

▽何回も醸(かも)した
八塩折りの酒(やしおおりのさけ)

▽米と米麹(こうじ)のみで造った清酒
純米酒(じゅんまいしゅ)

▽上質米と麹で造った清酒
醇酎(じゅんちゅう)・諸白(もろはく)

▽白米のかゆに麹を混ぜた
甘酒(あまざけ)・醴(あまざけ)・醴(こざけ)・醴酒(れいしゅ)・一夜酒(いちやざけ)・一夜酒(ひとよざけ)

▽濃厚で白い
白酒(しろざけ)・山川酒(やまかわざけ)

▽糟(かす)をこさない白く濁った
濁り酒(にごりざけ)・神代酒(じんだいしゅ)・賢酒(けんしゅ)・諸味酒(もろみざけ)・醪酒(もろみざけ)・濁酒(だくしゅ)・濁り(にごり)・濁酒(どぶろく)・白馬(しろうま)・白酒(しろざけ)・白酒(はくしゅ)・濁醪(どぶろく)・醪(さかあぶら)・酒膏(さかあぶら)・醅(かすごめ)

▽清酒に蒸したもち米と麹を加え貯蔵発酵させた
練り酒(ねりざけ)・煉り酒(ねりざけ)・練貫酒(ねりぬきざけ)

▽多くの麹と少ない水で造った濃い甘みの清酒
甘露酒(かんろしゅ)・甘露(かんろ)

▽うるち米を原料として発酵させた赤くて甘い
赤酒(あかざけ)・赤酒(せきしゅ)・灰持ち酒(あくもちざけ)・灰酒(あくざけ)

▽麹をそのままみぞれのように浮かべている
霙酒(みぞれざけ)

▽白米と黒麹で造った
片白(かたはく)

▽発酵で造った酒をさらに蒸留した
蒸留酒(じょうりゅうしゅ)・火酒(かしゅ)

▽穀類やいも類などをアルコール発酵させ、蒸留して造った
焼酎(しょうちゅう)

▽もち米を蒸し、麹を加え焼酎で醸した
味醂(みりん)・味淋(みりん)

▽蒸した米かあられ餅を加え熟成させて造る味醂酒(みりんざけ)
霰酒(あられざけ)

▽味醂に焼酎を混ぜた
本直し(ほんなおし)・直し(なおし)・直し味醂(なおしみりん)・

酒

柳蔭(やなぎかげ)・柳陰(やなぎかげ)
▽醤油(しょうゆ)などで煮つめた　**煎り酒(いりざけ)**
▽酒に卵を混ぜた
卵酒(たまござけ)・玉子酒(たまござけ)
▽果汁を発酵させて造った。また、焼酎などに果実を漬け込んだ
果実酒(かじつしゅ)
▽ブドウを発酵させて造った
ワイン・葡萄酒(ぶどうしゅ)
▽発泡性のワイン
発泡(はっぽう)ワイン・スパークリングワイン
▽発泡性の白ワイン
シャンパン・シャンパン・シャンペン
『参』「シャンパン・シャンペン」は厳密にはフランスのシャンパーニュ地方原産のものを指す。
▽あぶったフグやタイなどのひれを入れ燗(かん)をした香りのよい
鰭酒(ひれざけ)
▽焼酎などに梅の実を漬け込んだ
梅酒(うめしゅ)
▽古い　**古酒(こしゅ)・古酒(ふるざけ)・老酒(ろうしゅ)**
▽薬用となる
薬酒(やくしゅ)・薬酒(くすりざけ)・薬用酒(やくようしゅ)
▽ひそかに造る
密造酒(みつぞうしゅ)・抜け酒(ぬけざけ)
▽酒の醸造元
造り酒屋(つくりざかや)・蔵元(くらもと)
▽酒を造る職人。また、その長
杜氏(とうじ)・杜氏(とじ)・酒杜氏(さかとうじ)・酒刀自(さかとうじ)
『参』「刀自」は主婦の意。古代、酒を醸(かも)すことは女性の仕事であったと考えられている。「とじ」の読みが受けつがれて「杜氏」となったといわれる。
▽ワインの専門知識を持った給仕
ソムリエ

飲むの様態からみた「酒」

▽酒を飲む
飲酒(いんしゅ)・飲酒(おんじゅ)・挙白(きょはく)・飲む(のむ)・呑む(のむ)・嗜む(たしなむ)・飲る(やる)
▽酒を杯につぐ　**酌(しゃく)・御酌(おしゃく)**
▽枡(ます)からじかに　**枡呑み(ますのみ)**
▽ひとりで　**独酌(どくしゃく)・手酌(てじゃく)**
▽晩の食事時に　**晩酌(ばんしゃく)**
▽就寝前に　**寝酒(ねざけ)**
▽杯を相手に差し出す
献杯(けんぱい)・献盃(けんぱい)・献杯(こんぱい)・献盃(こんぱい)
▽杯をやりとりする
献酬(けんしゅう)・差しつ抑えつ(さしつおさえつ)・差(さ)しつ差(さ)されつ
▽人に杯を差してすすめる
勧杯(かんぱい)・勧杯(けんぱい)・勧盃(かんぱい)・勧盃(けんぱい)
▽主君などから頂く
御流れ(おながれ)・御通り(おとおり)
▽何杯も　**重ね土器(かさねかわらけ)**
▽大量に
豪飲(ごういん)・痛飲(つういん)・牛飲(ぎゅういん)・暴(ぼう)

酒

飲(いん)・鯨飲(げいいん)・強酒(ごうしゅ)・豪酒(ごうしゅ)・大酒(たいしゅ)・大酒(おおざけ)

▽滝の水を飲むようにぐいぐい
滝飲(たきの)み

▽大量の酒を一息に飲み干す
一気飲(いっきの)み

▽度を越して　**深酒(ふかざけ)・飲(の)み過(す)ぎ**

▽始終　**酒浸(さけびた)り・酒浸(さかびた)り**

▽がぶがぶと、たて続けに
がぶ飲(の)み

▽向かい合って
対酌(たいしゃく)・対飲(たいいん)・相酌(あいじゃく)

▽献酬の順序や席順などに関係なく
打(う)ち越(こ)し酒(ざけ)・乱(みだ)れ酒(ざけ)

▽集まって　**会飲(かいいん)**

▽祝って　**乾杯(かんぱい)・乾盃(かんぱい)・祝杯(しゅくはい)**

▽自暴自棄に
自棄飲(やけの)み・焼(や)け飲(の)み・ふて飲(の)み

▽やけになって
自棄酒(やけざけ)・焼(や)け酒(ざけ)

▽次々と場所を変えて
梯子酒(はしござけ)・梯子飲(はしごの)み

▽居酒屋で　**居酒(いざけ)**

▽多くの人が酒を飲んで楽しむ
酒宴(しゅえん)・酒盛(さかも)り・宴会(えんかい)・宴(うたげ)・酒事(さかごと)・酒事(ささごと)・飲(の)み会(かい)

▽身分や地位の上下を無視して行う宴会
無礼講(ぶれいこう)

▽酒宴を開く　**置酒(ちしゅ)**

▽約束を固めるために
杯事(さかずきごと)・盃事(さかずきごと)・固(かた)めの杯(さかずき)

▽酒の席での振る舞い
酒振(さけぶ)り・酒振(さかぶ)り・酒振(ささぶ)り

▽酒盛りの終わりの杯　**御積(おつ)もり**

▽宴会などでの罰として強いて飲ませる
罰酒(ばっしゅ)・罰杯(ばっぱい)

▽酒を飲む代金
酒手(さかて)・酒代(さかだい)・酒代(さかしろ)・飲(の)み代(しろ)・呑(の)み代(しろ)・飲(の)み代(だい)・呑(の)み代(だい)

▽酒の肴(さかな)として初めに出す簡単な料理
御通(おとお)し・突(つ)き出(だ)し・通(とお)し物(もの)

▽飲酒で顔が赤焼けしたようになる
酒焼(さかや)け・酒焼(さけや)け

▽飲酒で太ること
酒太(さけぶと)り・酒肥(さけぶと)り・酒太(さかぶと)り・酒肥(さかぶと)り

▽酒をやめる
断酒(だんしゅ)・禁酒(きんしゅ)・酒断(さかだ)ち・酒(さけ)断(だ)ち

酔う・酒を飲む人からみた「酒」

▽酒を飲んで通常の状態でなくなる
酔(よ)う・酔(よ)っ払(ぱら)う

▽酒を飲んで酔っているようす。また、酒のにおう息

酒気

▽少し酔う
微酔い・微酔・微醺・生酔い

▽気持ちよく　陶酔

▽大いに　酩酊・めれん

▽ひどく
大酔・酣酔・泥酔・沈酔・酔い潰れる

[参]「泥酔」の「泥」はどろのことではなく、「骨がなく水から出るとぐにゃぐにゃになるといわれる」中国の『異物誌』に出てくる想像上の生物のこと。

▽酒にひたる
酒水漬く・酒浸り・酒浸り

▽ひどく飲んで乱れる　乱酔

▽酔って乱れ狂う
酒乱・酒狂・酗・酒狂い

▽酔ったとき出る癖
酒癖・酒癖・酒癖

▽多量に飲み翌日酔いが残る。また、酒毒にあてられる
宿酔・二日酔い・持ち越し・酒病・酒病

▽酔いがさめる
酔い覚め・酔い醒め

▽二日酔いをなくすために飲む
迎え酒

▽酔って歩く。また、その足
酔歩・千鳥足

▽酒を飲む人
酒飲み・酒飲み・酒家・飲み手・飲み師

▽酒の好きな
上戸・酒客・辛党・左党・酒徒

▽好んでよく飲む
飲み助・呑み助・飲ん兵衛・飲んだくれ

▽強い
酒豪・酒仙・左利き・大酒飲み・酒食らい・底抜け上戸・笊

▽酔った
虎・酒酔い・酒酔い・酔人・酔客・酔客・酔漢・酔いどれ・酔っ払い

▽あとをひく　後引き上戸

▽酔うとよく怒る　怒り上戸

▽酔うとよく笑う　笑い上戸

▽酔うとよく泣く　泣き上戸

▽たくさん飲んでも顔に出ない。また、その人
空上戸・盗人上戸

▽長期の飲酒習慣の結果、やめようとしてもやめられなくなる
アルコール依存症

▽酒も甘い物も好き。また、その人
両刀遣い・甘辛両党・雨風

飲む・酔うに関する擬音語・擬態語

▽大量に体に取り込むよう勢いよく
がばがば

▽勢いよく音を立てて　**がぶがぶ**

▽一度に大量に飲み込む
がぶっと

▽大きく口を開けて飲み込む
がぶりと

▽一息にぐっと　**きゅっと**

▽勢いよく続けて　**ぐいぐい**

▽一気に気持ちよく飲み下す
くくーっと

▽一気にあおる
ぐっと・ぐいっと

▽のどを鳴らしながらゆっくり
ぐびりぐびり・ぐびぐび

▽のどを鳴らして勢いよく続けて
ごくごく

▽一口で飲み下す
ごくん・ごくり

▽少しずつ続けて
ちびりちびり・ちびちび

▽酔って足がよろけている
ひょろひょろ

▽正体なく酔っている　**へべれけ**

▽酔ってしまりがない
べろべろ・ぐでんぐでん・べろんべろん

▽軽く気持ちよい程度に酔っている
ほろりと

▽酔って足下が危ない
よろよろ・よたよた

「酒」に関する成句

【御神酒(おみき)が入(はい)る】

酒を少し飲んで、ほろ酔い機嫌になっていること。


【杯(さかずき)をかわす】

酒を飲みかわす。


【杯(さかずき)を干(ほ)す】

酒を飲むこと。


【酒(さけ)に呑(の)まれる】

酒を飲み過ぎ酔っぱらって正気を失ってしまうこと。泥酔すること。


【虎(とら)になる】

ひどく酔う。酔って騒ぐ。


【酔(よ)いが回(まわ)る】

酔ってくること。ほろ酔い機嫌から泥酔するまで広く用いる。


【朝酒(あさざけ)は門田(かどた)を売(う)っても飲(の)め】

朝酒の格別のうまさをいったもの。「門田」は屋敷の入口にある田で、その家の最もよい田とされる。

類「朝酒後(あさざけあと)を引(ひ)く」


【羽化登仙(うかとうせん)】

中国の古い信仰で、人間に羽が生え、仙人となって昇天することから、酒などに酔い、よい気分になることのたとえ。類「壺中(こちゅう)の天(てん)」

「壺中の仙」


【御神酒上がらぬ神はない】

神様はみな御神酒を供えてもらって召し上がっているの意で、酒好きな人が自己弁護に使う言葉。

類「下戸の建てた蔵はない」


【鯨飲馬食】

大酒を飲み、大食いすること。

類「牛飲馬食」「暴飲暴食」


【酒なくて何の己が桜かな】

酒の出ない花見なんて何の意味もない。酒飲みの花見の弁。


【酒に別腸あり】

体格と酒量とは関係ないということ。昔、小さな体の大酒飲みがなぜそんなに酒が飲めるのかと尋ねられて、「私には食べ物を消化する腸とは別に、酒を飲む腸（別腸）があるからだ」と答えたという中国の故事から。出典は『通俗編』。


【酒飲み本性違わず】

どんな酒飲みであっても、その本性というものは失われないということ。


【酒は飲むとも飲まるるな】

酒を適度に飲むのはいいが、理性を失うほどに飲んではいけない。


【酒池肉林】

豪奢な酒宴の意。殷の紂王が酒宴に豪華な限りを尽くしたという故事による。出典は『史記』。


【酒嚢飯袋】

（⇒「食べる・飲む」399ページ）


【酔眼朦朧】

酒にひどく酔ってはっきり物が見えないさま。


【置酒高会】

盛大な宴会のこと。「置酒」は、酒盛りの意。


【長範が当て飲み】

他人の懐を当てにして失敗することのたとえ。大泥棒の熊坂長範が金を盗む前に、もう手に入れた気になって酒盛りをしたが、その夜牛若丸に退治されてしまったという故事から。


【杯盤狼藉】

酒宴のあとの散らかったさま。「杯盤」は、酒杯と料理皿。出典は『史記』。


【人酒を飲む酒酒を飲む酒人を飲む】

酒は最初は自制して飲めるが、酔ってくると酔いにまかせて飲み、最後には前後不覚になってしまうたとえ。類「一杯は人酒を飲む、二杯は酒酒を飲む、三杯は酒人を飲む」

さびしい ……寂・淋

様態からみた「さびしい」

▽人の気配がなくひっそりしていること。そのさま

さびしい……寂・淋

寂莫（せきばく）・寂莫（じゃくまく）・寂寞（せきばく）・寂寞（じゃくまく）・寂寥（せきりょう）・寂寂（じゃくじゃく）・寂寂（せきせき）・閑寂（かんじゃく）・落莫（らくばく）・落寞（らくばく）・索莫（さくばく）・索寞（さくばく）・索漠（さくばく）・寥寥（りょうりょう）・蕭寥（しょうりょう）・蕭条（しょうじょう）・蕭然（しょうぜん）・蕭索（しょうさく）・寂然（せきぜん）

▽静かでなんとなく
静寂（せいじゃく）・闃寂（げきじゃく）・莫然（ばくぜん）・莫莫（ばくばく）・寞寞（ばくばく）

▽荒れ果てて
寥落（りょうらく）・荒寥（こうりょう）・荒涼（こうりょう）

▽がらんとして　廓寥（かくりょう）

▽あわれで　淅瀝（せきれき）

▽ひとりぼっちで　孤独（こどく）・煢然（けいぜん）

▽何もすることがなくて
徒然（とぜん）・徒然（つれづれ）

▽さびしいさま　凄然（せいぜん）・凄然（せいぜん）

▽さびしく痛ましい
凄凄（せいせい）・凄凄（せいせい）

▽ものさびしく、ぞっとする
凄寥（せいりょう）・凄涼（せいりょう）

▽さびしくもの静かな思い
寂念（せきねん）・寂慮（せきりょ）・闃然（げきぜん）

▽奥深く物静かで　幽寂（ゆうじゃく）

具体的に対象のある「さびしい」

▽秋風が吹いて　蕭颯（しょうさつ）

▽秋の末のものさびしいさま　蕭殺（しょうさつ）

▽旅で感じるものさびしい思い
旅愁（りょしゅう）・客愁（かくしゅう）・客愁（きゃくしゅう）

▽ものさびしく静かな住居
寂寞（じゃくまく）の枢（とぼそ）

「さびしい」に関する動詞・形容語

▽人気（ひとけ）がなく、ひっそりしている。さびしくなる
寂（さび）る・荒（さ）びる・寂（さ）ぶ・荒（さ）ぶ・寂（さび）れる・荒（さ）びれる

▽さびしがる　寂（さび）しむ・淋（さび）しむ

▽人気（ひとけ）がなく、ひっそりしている。静かで頼りない
寂（さび）しい・寂（さみ）しい・淋（さび）しい・淋（さみ）しい

▽何となく
心細（こころぼそ）い・心寂（こころさび）しい・心淋（こころさび）しい・心淋（こころざみ）しい・心淋（こころさぶ）しい・心淋（うらさび）しい・物寂（ものさび）しい・物淋（ものさび）しい・うそ寂（さび）しい・うそ淋（さび）しい・小寂（こさび）しい

［参］「うらさびしい」を「裏淋しい」とするのは誤表記。「うら…」は「（心の中から）何となく」の意の接頭語で、仮名表記される場合も多い。

▽異性の肌に触れてなくて
肌寂（はださび）しい・肌寂（はだざみ）しい

▽さびしいさま　幽（かす）か・微（かす）か

▽さびしそうで元気なく
しょんぼり・しょんぼりと

▽静かに、ものさびしく

ひっそり・ひっそりと・しんと・ひっそりかん

▽ひとりだけで何もしないで

ぽつねんと

▽広い場所に何もなく、また、人がおらず空虚でさびしい感じがするさま

がらんと

▽心が沈んで

しんみり

「さびしい」に関する成句

【閑古鳥が鳴く】

人気がなく、ひっそりとさびしいようす。商売などがはやらないことにもいう。


【口が寂しい】

口に入れるものがなくてさびしい、物足りない感じがする。


【歯の抜けたよう】

ところどころ抜けており、まばらでさびしいようす。類「櫛の歯が欠けたよう」


【火の消えたよう】

活気がなくなり、急にさびしくなるようす。


【懐が寂しい】

所持金が少なくて心細い。持っている金が少ないこと。類「懐が寒い」


【形影相弔う】

ひとりぼっちで自分の影法師と慰め合うだけの意から、同情する人もなく、孤独でさびしいようすをいう。出典は李密『陳情表』。類「形影自ら相憐れむ」


【孤影悄然】

ひとりぼっちでさびしそうに見えるさま。


【満目蕭条】

草木も枯れはて、見渡す限り、ひっそりとしてものさびしいこと。「満目」は、見渡す限り、「蕭条」は、ものさびしいさま。類「満目蕭然」「満目荒涼」


【門前雀羅を張る】

門前で網を張り雀を捕まえられるほどに訪れる人がなく、さびれたさま。

色彩

色と光沢

▽光により目に映る感覚の一つ

色・色彩・彩り・カラー

▽色の明るさ・ぐあい

彩度・明度・色調・色気・色目・色合い・トーン

▽すべての色のもととなる三種の色

三原色・原色

『参』色の光を重ねて新しい色を作

色彩

る光の三原色は、通常赤・緑・青の三色。印刷や絵具の三原色は、黄、赤紫（マゼンタ）、青緑（シアン）。

▽原色以外の色
間色（かんしょく）・中間色（ちゅうかんしょく）・パステルカラー

▽暖かい感じの色　**暖色（だんしょく）・温色（おんしょく）**

▽冷たい感じの色　**寒色（かんしょく）・冷色（れいしょく）**

▽明るい感じの色　**明色（めいしょく）**

▽暗い感じの色　**暗色（あんしょく）**

▽澄んだ色　**清色（せいしょく）**

▽濁った色　**濁色（だくしょく）**

▽一つの色
単色（たんしょく）・一色（いっしょく）・一色（いっしき）・一色（ひといろ）・モノトーン

▽二つの色を組み合わせた
ツートーンカラー・ツートーン・ツートン

▽色調や濃淡の段階的な変化
グラデーション

▽光線の具合で緑色や紫色に見える
玉虫色（たまむしいろ）
『参』一つの色彩名では表せないことから、見方によっていろいろに解釈できるあいまいな表現などをたとえていう語でもある。

▽二色以上の色を混ぜ合わせた
混色（こんしょく）

▽さまざまな色
雑色（ざっしょく）・多彩（たさい）・五色（ごしき）・五彩（ごさい）・七色（なないろ）・七彩（しちさい）・千紫万紅（せんしばんこう）・色取り取り（いろとりどり）・カラフル

▽色調のはっきりした強い色　**原色（げんしょく）**

▽けばけばしい彩り　**極彩色（ごくさいしき）**

▽自然の色彩。また、映画や写真などで自然の色彩を表した
天然色（てんねんしょく）

▽外敵から身を守るため周囲の物に似せた体色
保護色（ほごしょく）

▽身分によって使用が禁じられた色
禁色（きんじき）

▽物が放つ輝き
光沢（こうたく）・手沢（しゅたく）・色艶（いろつや）・艶（つや）・照り（てり）・青光り（あおびかり）・黒光り（くろびかり）

赤系の色

▽アカネの根で染めた濃い赤（付録001）
茜色（あかねいろ）

▽アカネの根で染めた鮮やかな黄赤（付録002）
緋色（ひいろ）・緋（あけ）・真緋（あけ）・火色（ひいろ）・スカーレット

▽緋色に紫を加えた暗い赤。古代の服色に見える（付録003）
深緋（こきひ）・深緋（こきあけ）・黒緋（くろあけ）

▽緋色より薄い、やわらかい黄赤（付録004）
纁（そひ）・蘇比（そひ）・素緋（そひ）

▽架空の動物「猩猩（しょうじょう）」の血の色にたとえられた鮮やかな赤

色彩

猩猩緋（しょうじょうひ）

▽天然の鉱物から作られる鮮やかな黄赤（付録005）

朱色（しゅいろ）・**朱**（しゅ）・**朱**（あけ）

▽水銀と硫黄から作られる人工の明るい朱色。

銀朱（ぎんしゅ）

▽赤土から作られるやわらかい赤（付録006）

埴（はに）・**真赭**（まそほ）・**真朱**（まそほ）・**真朱**（しんしゅ）

▽ベニバナで染めた鮮やかな濃い赤（付録007）

紅（くれない）・**呉藍**（くれない）・**紅色**（べにいろ）

▽紅の美しさを強調した名称

韓紅（からくれない）・**唐紅**（からくれない）・**韓紅花**（からくれない）・**唐紅花**（からくれない）

▽燃えるような紅　**紅蓮**（ぐれん）

▽紅梅の花のような明るいピンク（付録008）

紅梅色（こうばいいろ）

▽ベニバナ一斤（いっきん）で絹一疋（いっぴき）を染めたピンク（付録009）

一斤染（いっこんぞめ）

▽ベニバナで染めたごく薄いピンク。身分の低いものが着用した場合は「たいこう」といった（付録010）

退紅（あらぞめ）・**褪紅**（あらぞめ）・**退紅**（たいこう）・**褪紅**（たいこう）・**薄紅**（うすくれない）

▽桜の花のようなごく淡いピンク（付録011）

桜色（さくらいろ）

▽ベニバナで染めた紫みの赤。平安時代の流行色（付録012）

今様色（いまよういろ）

▽トキの風切羽（かざきりばね）のようなやわらかいピンク（付録013）

鴇色（ときいろ）・**鴾色**（ときいろ）・**朱鷺色**（ときいろ）・**鴇羽色**（ときはいろ）・**鴾羽色**（ときばいろ）

▽紅サンゴのような明るいピンク（付録014）

珊瑚色（さんごいろ）・**珊瑚珠色**（さんごしゅいろ）・**コーラルピンク**

▽黒みがかった濃い紅色

真紅（しんく）・**深紅**（しんく）・**クリムゾン**

▽印刷などで赤として使われる明るい赤紫色

マゼンタ

▽スオウの木の心材で染めた紫みの赤（付録015）

蘇芳色（すおういろ）・**蘇方色**（すおういろ）

▽ヤマブドウのようなやわらかい紫みの赤（付録016）

葡萄色（えびいろ）・**海老色**（えびいろ）・**蝦色**（えびいろ）・**葡萄**（えびぞめ）・**蒲萄**（えびぞめ）・**ワイン色**

▽紫みの暗い赤（付録017）

臙脂色（えんじいろ）・**燕脂**（えんじ）・**燕支**（えんじ）

▽小豆のようなくすんだ赤

小豆色（あずきいろ）

▽ヒノキの皮のような暗い赤褐色（付録018）

檜皮色（ひわだいろ）・**檜皮色**（ひはだいろ）

▽インドのベンガルに由来する赤褐色（付録019）

紅殻色・弁柄色・紅柄色・紅殻色・インディアンレッド

▽赤土の代赭から作られるやわらかい赤褐色（付録020）

代赭色・褪赭色

▽赤レンガのようなやや黒みの赤褐色

煉瓦色・ブリックレッド

▽茶色みの強いオレンジ色（付録021）

蒲色・樺色

▽赤土で染めた鮮やかなオレンジ色（付録022）

丹色

▽皇太子の礼服として制定された鮮やかなオレンジ色（付録023）

黄丹・黄丹

▽古代に皇族の衣服の色とされたやわらかいオレンジ色（付録024）

朱華・唐棣・唐棣花・波禰受

▽柑橘系の果物のようなオレンジ色

橙色・蜜柑色・柑子色

▽熟した柿の実のような明るいオレンジ色（付録025）

照柿・柿色

▽柿渋で染めたにぶい赤茶色（付録026）

柿渋色・柿色・團十郎茶

▽朱色や柿色を洗い薄めたような淡いオレンジ色（付録027）

洗朱・洗柿

▽朝焼けの雲のようなやわらかいオレンジ色（付録028）

東雲色・曙色

黄系の色

▽カンゾウの花のような明るい赤みの黄色（付録029）

萱草色・萱草色

▽カリヤスで染めた明るい黄色（付録030）

刈安色・苅安色

▽クチナシの実の色素で染めたやわらかい黄色（付録031）

支子色・梔子色・山梔子色・謂はぬ色

『参』クチナシは果実が熟しても割れないため、「口無し」という名になったといわれる。口が無く、ものが言えないことから「謂はぬ色」とつけられた。

▽ヤマブキの花のような鮮やかな赤みの黄色（付録032）

山吹色・欸冬色・款冬色

▽キハダの樹皮から染めた澄んだ黄色（付録033）

黄蘗色

▽ウコンの根茎の色素で染めた濃い黄色（付録034）

鬱金色

▽仁明天皇が好んだ黄菊の花のような黄色（付録035）

承和色

▽琥珀のような透明感のある赤みの黄色（付録036）
琥珀色・アンバー

▽光によって微妙に色を変える黄褐色。九世紀以来天皇の礼服の色とされる（付録037）
黄櫨染

▽朽ちた落ち葉のような黄褐色（付録038）
朽葉色

▽草木が枯れたような、薄いくすんだ黄色（付録039）
枯色

▽モクラン（モクレン）のような黄褐色。僧尼の衣服に用いられた（付録040）
木蘭色・木蘭色

▽菜種油のようなくすんだ緑みの黄色
菜種油色・菜種油色・油色

▽ヒワの羽毛のような緑がかった黄色（付録041）
鶸色

▽くすんだ緑みの黄色。天皇の平服の色とされた（付録042）
山鳩色・麴塵・麴塵・麴塵・麴塵・青白橡・青白橡

茶系の色

▽赤みの濃い茶色。明治時代に女学生の袴の色に流行した（付録043）
海老茶・海老皮茶・葡萄茶

▽栗の実の皮のような赤茶色（付録044）
落栗・栗色・栗皮色・栗皮茶

▽赤みの強い栗色　**栗梅**

▽トビの羽根のような赤みの褐色
鳶色・飛色

▽金色がかった明るい茶色（付録045）
金茶

▽スズメの頭のようなやや赤みの茶色（付録046）
雀色・雀頭色・雀茶

▽白っぽい薄茶色（付録047）
白茶・薄茶・ベージュ

▽羊羹のような黒ずんだ茶色（付録048）
百塩茶・万塩茶・羊羹色

▽未熟なオリーブの実のような褐色
オリーブ色

▽黒みの暗いオリーブ色（付録049）
千歳茶・仙斎茶・千歳茶・仙斎茶・千哉茶

▽昆布のようなくすんだオリーブ色（付録050）
媚茶

▽鶸色がかった明るいオリーブ色
鶸茶

▽茶色がかった鶯色　**鶯茶**

▽歌舞伎役者二代目嵐吉三郎が好んだ暗いオリーブ色（付録051）
璃寛茶（りかんちゃ）

▽歌舞伎役者三代目中村歌右衛門が愛用した赤茶色（付録052）
芝翫茶（しかんちゃ）

▽歌舞伎役者二代目瀬川菊之丞から出た黄みの茶色（付録053）
路考茶（ろこうちゃ）

▽煤竹（すすたけ）のような黄みを含んだ暗い茶色（付録054）
煤竹色（すすたけいろ）

▽素焼きの土器のようなくすんだ茶色
土器色（かわらけいろ）

▽伽羅（きゃら）（香木の一種）の色のような暗いくすんだ茶色
伽羅色（きゃらいろ）

▽チョウジノキ（クローブ）の樹皮などから染めた薄茶色（付録055）
丁子色（ちょうじいろ）**・丁字色**（ちょうじいろ）**・丁子染**（ちょうじぞめ）**・香染**（こうぞめ）**・濃き香**（こきこう）**・こがれ香**（こう）

▽香木で染めたごく淡い薄茶色（付録056）
香色（こういろ）**・薄香**（うすこう）**・淡香**（うすこう）

緑系の色

▽芽吹く草木のような明るい黄緑（付録057）
萌黄色（もえぎいろ）**・萌木色**（もえぎいろ）**・萌葱色**（もえぎいろ）**・若草色**（わかくさいろ）**・浅緑**（あさみどり）

▽萌黄色より薄い黄緑
若苗色（わかなえいろ）**・苗色**（なえいろ）**・薄萌黄**（うすもえぎ）

▽濃い青に黄を重ねて染めた深い緑（付録058）
青丹（あおに）

▽海藻のミルのようなくすんだ暗い緑（付録059）
海松色（みるいろ）**・水松色**（みるいろ）

▽銅の表面に生ずる錆（さび）のような深い緑（付録060）
緑青（ろくしょう）**・銅青**（どうしょう）**・石緑**（せきろく）**・マラカイトグリーン**

▽白っぽい緑青（付録061）　**白緑**（びゃくろく）

▽柳の若葉のようなやわらかい黄緑（付録062）
柳色（やなぎいろ）**・柳葉色**（やなぎばいろ）**・裏葉柳**（うらばやなぎ）**・裏葉色**（うらはいろ）

▽常緑樹のみずみずしい緑（付録063）
常盤色（ときわいろ）**・常磐色**（ときわいろ）**・常盤緑**（ときわみどり）**・千歳緑**（ちとせみどり）**・深緑**（ふかみどり）**・エバーグリーン**

▽やわらかい青みの緑。竹の実物より鮮やかな色（付録064）
青竹色（あおたけいろ）

▽若い竹のような明るい緑（付録065）
若竹色（わかたけいろ）

▽灰みのくすんだ緑（付録066）
老竹色（おいたけいろ）

▽トクサの茎のようなくすんだ深い緑（付録067）
木賊色（とくさいろ）**・砥草色**（とくさいろ）**・かげ萌黄**（もえぎ）

▽松の葉のようなややくすんだ緑
松葉色

▽色あせた浅葱色のような薄い青みの緑（付録068）
千種色

▽コケのようなくすんだ濃い萌黄色（付録069）
苔色・モスグリーン

▽苔色よりさらに濃い、ウグイスの羽根のような萌黄色（付録070）
鶯色

青系の色

▽宝石の瑠璃のような深い紫みの青（付録071）
瑠璃色・碧瑠璃・紺瑠璃・ラピスラズリー・ウルトラマリン
『参』「ラピスラズリ」は中央アジアなどで産出する希少な鉱物。珍重されて金よりも高値で取引されたという。「ウルトラマリン」とは「ヨーロッパの外から海を越えてきた」という意味で、ラピスラズリの主成分。

▽藍銅鉱（アズライト）から作られる鮮やかな青（付録072）
群青・紺青

▽白っぽい群青（付録073）　**白群**

▽磁器の染付に用いる深みのある青（付録074）
呉須色

▽唐代の中国で焼かれた青磁のような淡い緑みの青（付録075）
青磁色・青瓷色・青磁・秘色

▽染料の藍の色のような濃い青（付録076）
藍色・インディゴブルー

▽ツユクサのような明るい青（付録077）
露草色

▽藍だけで染めた深い青（付録078）
縹色・花田色・花色

▽澄んだ水のような、やや緑みの薄い青
水縹・水色

▽晴れた空のような明るい青
空色・空天色・碧天・スカイブルー

▽深い紫みの青
紺色・ネイビーブルー

▽印刷などで青として使われる青緑に近い鮮やかな水色
シアン

▽瑠璃色がかった紺色　**瑠璃紺**

▽黒に近い、濃い藍色（付録079）
褐色・搗色・勝色

▽藍染の明るい緑みの青（付録080）
浅葱色・浅黄色

▽ややくすんだ薄い浅葱色
水浅葱・水浅黄

▽ツユクサで染めた浅葱色。鮮やかな青
花浅葱・花浅黄

▼藍染でもっとも薄い青（付録081）

瓶覗（かめのぞき）・甕覗（かめのぞき）・覗色（のぞきいろ）

▼深い緑みの青で、江戸時代の藍染の代表的な色（付録082）

御納戸色（おなんどいろ）・納戸色（なんどいろ）

▼灰みのくすんだ御納戸（おなんど）色

錆納戸（さびなんど）

▼鉄のような緑みの黒っぽい青（付録083）

鉄色（てついろ）

▼鉄色よりさらに暗い緑みの青

鉄紺（てつこん）・紺鉄（こんてつ）

▼藍染のいちばん濃い色で黒に近い紺色

留紺（とまりこん）

▼明治時代の新橋芸者に好まれた明るい緑みの青（付録084）

新橋色（しんばしいろ）・金春色（こんぱるいろ）

紫系の色

▼ムラサキ（ムラサキ草）の根で染めた濃い紫。古代、親王や一位の臣下の服色とされた（付録085）

濃色（こきいろ）・深紫（こきむらさき）・黒紫（こきむらさき）・濃紫（こきいろ）・濃紫（こいろ）

▼「濃色（こきいろ）」に対して、薄い紫（付録086）

薄色（うすいろ）・浅紫（うすむらさき）・赤紫（うすむらさき）

▼「濃色（こきいろ）」でも「薄色（うすいろ）」でもない中間の紫（付録087）

半色（はしたいろ）・端色（はしたいろ）

▼藍と呉藍（くれのあい）（紅）で染めた、ややくすんだ赤紫（付録088）

二藍（ふたあい）

▼灰みのくすんだ紫（付録089）

滅紫（けしむらさき）・滅紫（めっし）・滅色（けしいろ）

▼明るくはなやかな薄紫（付録090）

藤色（ふじいろ）・ラベンダー

▼明るい紫の美称　**若紫（わかむらさき）**

▼紅色がかった藤色（付録091）　**紅藤（べにふじ）**

▼カキツバタの花のような青紫（付録092）

杜若色（かきつばたいろ）・燕子花色（かきつばたいろ）

▼シオンの花のような青みの薄紫（付録093）

紫苑色（しおんいろ）・紫苑（しおに）

▼ショウブの花のような明るい赤みの紫（付録094）

菖蒲色（あやめいろ）・菖蒲色（しょうぶいろ）・菖蒲色（そうぶいろ）

▼キキョウの花のような濃い鮮やかな青紫（付録095）

桔梗色（ききょういろ）・桔梗色（きかういろ）・桔梗（きちかう）

▼スミレの花のような濃い紫

菫色（すみれいろ）・バイオレット

▼江戸好みの青みの紫（付録096）

江戸紫（えどむらさき）

▼京の伝統的な赤みの紫（付録097）

京紫（きょうむらさき）

▼濃く深い紫。優勝旗などに使われる（付録098）

紫紺（しこん）・紫根（しこん）

▼ナスの表皮のような濃い青みの紫

茄子紺（なすこん）

白・黒系の色

▽真っ黒
黒黒(くろぐろ)・墨色(すみいろ)・墨色(ぼくしょく)・漆黒(しっこく)

▽ヤシの一種の檳榔子(びんろうじ)で染めた、江戸時代の最高級の黒
檳榔子黒(びんろうじぐろ)

▽青みがかったつややかな黒(付録099)
濡色(ぬれいろ)・濡烏色(ぬれからすいろ)・烏羽色(からすばいろ)・烏(からす)の濡(ぬ)れ羽色(ばいろ)・濡(ぬ)れ羽色(ばいろ)

▽藍の色合いを含んだ黒(付録100)
藍墨茶(あいすみちゃ)

▽江戸時代の染匠、吉岡憲法が創案した黒茶色(付録101)
憲法色(けんぼういろ)・憲房色(けんぼういろ)・憲法色(けんぼういろ)・憲房色(けんぼういろ)・セピア色(いろ)

▽真っ白
純白(じゅんぱく)・雪白(せっぱく)・白妙(しろたえ)・白栲(しろたえ)

▽空木(うつぎ)の花、卯の花のようなやわらかい白(付録102)
卯花色(うのはないろ)

▽やや黄みのある白(付録103)
練色(ねりいろ)・鳥の子色(とりのこいろ)・乳白色(にゅうはくしょく)・象牙色(ぞうげいろ)・アイボリー

▽やや灰色がかった白(付録104)
灰白色(かいはくしょく)・亜麻色(あまいろ)・真珠色(しんじゅいろ)

▽墨のような黒に近いグレー
墨染(すみぞめ)

▽墨を薄めたようなグレー
薄墨色(うすずみいろ)

▽墨染よりも薄いグレー。平安時代の喪服の色(付録105)
鈍色(にびいろ)・鈍色(にぶいろ)・鈍(にび)・錫色(すずいろ)・錫紵(しゃくじょ)

▽やや青みのある鈍色(にびいろ)(付録106)
青鈍(あおにび)

▽ヌルデの枝に虫が寄生してできるこぶ(付子(ふし)または五倍子(ごばいし))で染めた薄墨色。喪服に用いられた(付録107)
空五倍子色(うつぶしいろ)

▽混じりけのない無彩色のグレー
素鼠(すねず)・素鼠(すねずみ)・鼠色(ねずみいろ)

▽灰汁(あく)のような濁ったやや黄色がかったグレー(付録108)
灰汁色(あくいろ)

▽銀のような光沢のある明るい鼠色
白鼠(しろねず)・白鼠(しろねずみ)

▽白鼠より少し暗い、薄いグレー(付録109)
銀鼠(ぎんねず)・銀鼠(ぎんねずみ)・銀灰色(ぎんかいしょく)・シルバーグレー

▽桜色がかったグレー
桜鼠(さくらねず)・桜鼠(さくらねずみ)・シルバーピンク

▽緑色がかったグレー(付録110)
利休鼠(りきゅうねず)・利休鼠(りきゅうねずみ)

▽粋(いき)な感じの水色がかったグレー(付録111)
深川鼠(ふかがわねず)・深川鼠(ふかがわねずみ)

▽藍色がかったグレー
藍鼠(あいねず)・藍鼠(あいねずみ)

▽ハトの羽根のような紫色がかったグレー(付録112)
鳩羽鼠(はとばねず)・鳩羽鼠(はとばねずみ)・鳩羽色(はとばいろ)

様態からみた色

▽色が付く
色付く(いろづく)・色めく(いろめく)・差す(さす)・染まる(そまる)

▽色を付ける
色付ける(いろづける)・彩色(さいしき)・着色(ちゃくしょく)・彩る(いろどる)・色取る(いろどる)・染色(せんしょく)・染める(そめる)

▽黒ずむ　くすむ

▽日光などに当たって変色する
焼ける(やける)・色焼け(いろやけ)・赤茶ける(あかちゃける)・白茶ける(しらちゃける)

▽色が薄れる、変わる
変色(へんしょく)・退色(たいしょく)・褪色(たいしょく)・色変わり(いろがわり)・移ろう(うつろう)・暈ける(ぼける)・剝げる(はげる)・褪める(さめる)・褪せる(あせる)・色褪せる(いろあせる)・色褪せ(いろあせ)・色落ち(いろおち)

▽色を抜き去る　脱色(だっしょく)・色抜き(いろぬき)

色の付いた成句

【青(あお)くなる】ひどく驚いたり恐れたりして、顔色が悪くなる。

【赤(あか)くなる】恥ずかしがったり、興奮したりして顔を赤くする。赤面する。

【赤(あか)の他人(たにん)】まったく血のつながりのない人。「赤」は、まったくの、の意。

【頭(あたま)の黒(くろ)い鼠(ねずみ)】その家にすんでいながら、家の中の物を盗んだりする者を鼠になぞらえて言う。

【紺屋(こうや)の白袴(しろばかま)】他人のために時間をとられて、自分自身のことをする暇がないことのたとえ。「紺屋」は、染物屋。紺屋は客の仕事で忙しく、自分の袴を染める時間もないことから。

【腹(はら)が黒(くろ)い】意地が悪く、ひそかに悪だくみを持っている。

【黒白(こくびゃく)を争(あらそ)う】(⇨「判断(はんだん)」506ページ)

【白(しろ)い目(め)で見(み)る】(⇨「みる」568ページ)

【満面(まんめん)朱(しゅ)を濺(そそ)ぐ】(⇨「怒(おこ)る・怒(いか)り」113ページ)

【出藍(しゅつらん)の誉(ほま)れ】(⇨「すぐれる」308ページ)

【青天白日(せいてんはくじつ)】(⇨「晴(は)れる・晴(は)れ」501ページ)

寺社(じしゃ)

仏像を安置した建造物「寺」

▽仏像を安置し、僧尼が修行・説法を行う所
寺・院・寺院・仏寺・仏刹・仏家・仏家・仏堂・仏閣・僧宇・僧寺・僧舎・僧家・僧家・梵刹・梵刹・梵閣・梵宮・法宇・仁祠・精舎・伽藍・浄院・寺観・檀林・山門・阿蘭若・蘭若・練若・金地・金田・仏宇・僧院・道場・浮屠・浮図

▽大きな
大寺・大寺・大伽藍・僧林・大刹・大刹・巨刹

▽古い　古寺・古寺・古刹

▽名のある　名刹

▽天皇の勅願による　勅願寺

▽禅宗の
禅寺・禅院・禅家・禅房・禅閣・禅林・叢林

▽戒律を専門とする寺院の称
僧坊・僧房

▽田舎の　村寺

▽野中の　野寺

▽山中の寺。また、立石寺の俗称
山寺

▽荒れ果てた　廃寺

▽住職のいない　無住寺

▽寺全体を指して　山

▽参拝する人のために作られた道
参道

▽寺の門。また、比叡山延暦寺の異称
山門

▽寺の建物
仏閣・堂・堂宇・仏宇・七道伽藍・伽藍

▽仏をまつる堂
仏堂・仏殿・持仏堂・祠堂・仏舎

▽本尊を安置する　本堂・金堂

▽禅寺の本尊を安置する　仏殿

▽説教や講義を行う　講堂

▽禅寺の説教や講義を行う　法堂

▽仏をまつる高い建造物
塔・寺塔・仏塔

▽鐘をつるした堂
鐘楼・鐘撞き堂・鐘楼

▽大蔵経が納められている
経蔵・経堂・経楼・経庫

▽禅寺の寺務所、また、厨房
庫院・庫堂・庫裏・庫裡

▽禅寺で僧が座禅を行う堂
僧堂・禅堂・撰仏場・選仏場・雲堂

▽寺の食堂　食堂

▽禅寺の仏殿の前に位置する門
三門・山門・空門・無相門・無願門

▽仁王像を左右に安置した門

寺社

仁王門（におうもん）・二天門（にてんもん）

▽寺の南にある正門　南大門（なんだいもん）

▽南大門の次の門　中門（ちゅうもん）

▽禅寺の風呂場　浴室（よくしつ）

▽禅寺の便所　東司（とうす）・東浄（とうちん）・東浄（とうじょう）

▽僧の住まい　坊（ぼう）

▽寺院付属の坊　僧坊（そうぼう）・僧房（そうぼう）・僧院（そういん）・坊舎（ぼうしゃ）・坊舎（ぼうじゃ）・宿坊（しゅくぼう）

▽禅寺の坊　禅坊（ぜんぼう）

▽寺に参詣した人の泊まる所　宿坊（しゅくぼう）・宿院（すくいん）

▽寺院の主要な七つの建物。南都六宗では、金堂（こんどう）・講堂・塔・鐘楼・経蔵（きょうぞう）・食堂または中門・僧坊を指す。　七堂（しちどう）・七堂伽藍（しちどうがらん）

▽禅寺における、仏殿・法堂（はっとう）・三門・庫院・僧堂・浴室・東司を指して　七堂（しちどう）・七堂伽藍（しちどうがらん）

▽七堂以外に僧の住居として建てられた堂　別院（べついん）

▽阿弥陀如来（あみだにょらい）を安置する堂　阿弥陀堂（あみだどう）

▽寺の長老や住職が起居する所　方丈（ほうじょう）・本坊（ほんぼう）・庫裏（くり）・庫裡（くり）

▽客を接待するための建物　客殿（きゃくでん）

▽大寺の境内にある小寺　塔頭（たっちゅう）・塔中（たっちゅう）・寺中（じちゅう）・子院（しいん）・脇寺（わきでら）

▽大寺に付属する小僧坊　庵（あん）・菴（あん）

▽山寺の僧が人里に建てた僧坊　里坊（さとぼう）

▽一宗一派を総括する　総本山（そうほんざん）

▽総本山の下にあって末寺を統括する　大本山（だいほんざん）・大本寺（だいほんじ）・本山（ほんざん）・本寺（ほんじ）・別格本山（べっかくほんざん）

▽本山以外に別に建てた　別院（べついん）

▽本山の管轄下にある　末寺（まつじ）

▽本山直属の末寺　直末寺（じきまつじ）

▽末寺から本寺を指して　本坊（ほんぼう）・本院（ほんいん）

▽祖師の法統を継承して、同じ法門にあるものを統括する。また、高貴な人が住職となっている　門跡（もんぜき）

▽江戸時代に門跡に準ぜられた　准門跡（じゅんもんぜき）・脇門跡（わきもんぜき）

▽奈良時代に勅願によって諸国に建てられた　国分寺（こくぶんじ）・国分尼寺（こくぶんにじ）

▽尼の住む　尼寺（あまでら）・尼寺（にじ）・比丘尼寺（びくにでら）・尼屋（あまや）・尼家（あまや）

▽皇女・公卿の息女などが出家して住職となった尼寺　比丘尼御所（びくにごしょ）・女王御所（じょおうごしょ）

▽江戸時代、夫のことで苦しむ女性などが駆け込んで助けを求めた

縁切り寺(えんきりでら)・**縁切り尼寺**(えんきりにじ)・**駆け込み寺**(かけこみでら)

『参』江戸時代、夫のことで苦しむ女などが駆け込み、実質二年在住すると寺法で離婚が成立した。鎌倉の東慶寺(とうけいじ)、群馬県の満徳寺(まんとくじ)は江戸幕府公認の縁切り寺だった。

▽檀家(だんか)として、法事などを営む

檀那寺(だんなじ)・**檀那寺**(だんなでら)・**檀寺**(だんでら)・**菩提寺**(ぼだいじ)・**菩提所**(ぼだいしょ)・**香華院**(こうげいん)

▽巡礼者がお札を受けたり納めたりする

札所(ふだしょ)

▽寺と神社

寺社(じしゃ)・**社寺**(しゃじ)・**神社仏閣**(じんじゃぶっかく)

▽朝廷や幕府によって願掛けのために建てられた寺社

祈願所(きがんじょ)

▽勅命によって国家鎮護などを祈願するために建てられた寺社

勅願所(ちょくがんしょ)

僧の呼称からみた「寺」

▽出家して仏道にはげむ

僧(そう)・**僧侶**(そうりょ)・**僧徒**(そうと)・**僧家**(そうか)・**僧家**(そうけ)・**僧門**(そうもん)・**沙門**(しゃもん)・**沙門**(さもん)・**出家**(しゅっけ)・**仏家**(ぶっけ)・**仏者**(ぶっしゃ)・**仏氏**(ぶっし)・**釈子**(しゃくし)・**釈家**(しゃっけ)・**釈氏**(しゃくし)・**禅侶**(ぜんりょ)・**禅師**(ぜんじ)・**坊**(ぼう)・**和尚**(おしょう)・**法師**(ほうし)・**聖**(ひじり)・**法師**(ほっし)・**法の師**(のりのし)・**経読み**(きょうよみ)・**世捨て人**(よすてびと)・**桑門**(そうもん)・**緇徒**(しと)・**緇衣**(しえ)・**緇衣**(しい)・**浮屠**(ふと)・**浮図**(ふと)・**比丘**(びく)・**乞士**(こつじ)・**大徳**(だいとく)・**大徳**(だいとこ)・**空門士**(くうもんし)

▽僧の異称

髪長(かみなが)・**円頂**(えんちょう)

▽僧の尊敬語

坊様(ぼんさま)・**貴僧**(きそう)・**御坊**(ごぼう)

▽高徳の僧の尊敬語

大師(だいし)

▽僧の謙譲語

愚僧(ぐそう)・**拙僧**(せっそう)・**愚禿**(ぐとく)・**野僧**(やそう)・**山僧**(さんそう)・**貧道**(ひんどう)・**野衲**(やのう)・**野衲**(やどう)

▽僧の俗語

坊主(ぼうず)・**坊様**(ぼんさん)・**主坊**(ずぼう)・**主坊**(ずぼ)

▽出家・剃髪(ていはつ)し仏道に入った。また、仏門に入った三位(さんみ)以上の者の称

入道(にゅうどう)

▽十三歳、また、十五歳以上で仏門に入った

道心(どうしん)

▽出家して十戒(じっかい)を受けた少年僧

沙弥(しゃみ)・**沙弥**(さみ)

▽年少の

小僧(こぞう)・**小坊主**(こぼうず)・**雛僧**(すうそう)・**雛僧**(ひなそう)

▽寺の

寺僧(じそう)

▽隠遁(いんとん)して修行にはげむ

聖(ひじり)

▽出家した女性

尼(あま)・**尼僧**(にそう)・**女僧**(にょそう)・**尼法師**(あまほうし)・**比丘尼**(びくに)・**禅尼**(ぜんに)・**禅定尼**(ぜんじょうに)

▽比丘尼になる以前の出家者

沙弥尼(しゃみに)

寺社

▽僧侶の仲間　緇流（しりゅう）・緇流（しる）
▽同じ法門の修行仲間　法眷（はっけん）・法眷（ほうけん）
▽師匠たる　師僧（しそう）・師（し）・師の坊（ぼう）
▽律宗での師僧　和尚（わじょう）
▽天台宗での　和尚（かしょう）
▽真言宗での　和尚（わじょう）・和上（わじょう）・真言師（しんごんし）
▽禅宗での　和尚（おしょう）・禅師（ぜんじ）
▽戒を授ける師僧　戒師（かいし）・戒の師（かいのし）
▽衆生（しゅじょう）を仏道に導く　導師（どうし）
▽法会（ほうえ）などのときに中心となる　導師（どうし）・上座（じょうざ）
▽法会などのときに上座に座る　上席（じょうせき）
▽律宗の　律僧（りっそう）
▽天台宗の　山法師（やまほうし）
▽延暦寺の　山法師（やまほうし）・山僧（さんそう）・山僧（さんぞう）・山徒（さんと）
▽禅宗の　禅僧（ぜんそう）・禅侶（ぜんりょ）
▽年老いた　老僧（ろうそう）
▽仏道にすぐれた老僧　名僧（めいそう）・長老（ちょうろう）
▽僧のうちで最もすぐれた者　法灯（ほうとう）・法灯（ほっとう）
▽禅定（ぜんじょう）に通達した師僧。または、徳の高い禅僧　禅師（ぜんじ）
▽徳、学識共にすぐれた　高僧（こうそう）・聖（ひじり）・名僧（めいそう）・大徳（だいとく）・大徳（だいとこ）・生き菩薩（いきぼさつ）・竜象（りゅうぞう）・生き仏（いきぼとけ）・生き如来（いきにょらい）・尊者（そんじゃ）・尊者（そんざ）・開士（かいじ）・大和尚（だいおしょう）・上人（しょうにん）・聖僧（しょうそう）
▽師範たるべき高僧　阿闍梨（あじゃり）・阿闍梨（あざり）
▽朝廷が高僧に授けた号　大師（だいし）・菩薩（ぼさつ）
▽菩薩（ぼさつ）の異称　開士（かいじ）
▽朝廷が高徳の禅僧に授けた号　禅師（ぜんじ）
▽一宗一派の創始者　祖師（そし）・開山（かいさん）・開基（かいき）・開祖（かいそ）・高祖（こうそ）・影堂（えいどう）
▽僧尼を統率し諸寺を管理する官職　僧綱（そうごう）
▽僧官（そうかん）の最上級　僧正（そうじょう）・大僧正（だいそうじょう）
▽仏と祖師　仏祖（ぶっそ）
▽その寺の創始者　開山（かいさん）・影堂（えいどう）
▽法統を継ぐ　法嗣（ほうし）・法嗣（ほっし）・法嗣（はっし）
▽一宗一派を管轄する長　管長（かんちょう）
▽一宗派の長　法主（ほうしゅ）・法主（ほっしゅ）・法主（ほっす）
▽真宗などの管長　法主（ほっす）・善知識（ぜんちしき）・善智識（ぜんちしき）・門跡（もんぜき）・御門跡（ごもんぜき）
▽一寺の主である

住持(じゅうじ)・住持職(じゅうじしょく)・住職(じゅうしょく)・院主(いんじゅ)・方丈(ほうじょう)

▽禅宗での住職の称　**長老(ちょうろう)・堂頭(どうちょう)・堂頭(どうとう)・堂上(どうじょう)・方丈(ほうじょう)**

▽皇子・貴族などが務める住職の称　**門跡(もんぜき)・門主(もんしゅ)・門首(もんしゅ)**

▽各宗本山や諸大寺の住持の敬称　**管主(かんしゅ)・貫首(かんじゅ)・貫首(かんず)・貫主(かんじゅ)・貫主(かんず)**

▽高僧や住職などに付き従う　**従僧(じゅうそう)・伴僧(ばんそう)**

▽寺に住む　**住僧(じゅうそう)**

▽妻子のある　**火宅僧(かたくそう)・妻帯僧(さいたいそう)**

▽山寺の　**山僧(さんそう)**

▽尺八を吹き布施を請いながら行脚修行する半僧半俗の　**虚無僧(こむそう)・薦僧(こもそう)**

種別・呼称などからみた「社」

▽神道の神をまつる所　**神社(じんじゃ)・社(やしろ)・宮(みや)・神垣(かみがき)・御室(みむろ)・御諸(みもろ)・三諸(みもろ)・神の御室(かみのみむろ)・神の宮(かみのみや)**

▽熱田(あつた)・橿原(かしはら)・香取・明治など神宮の号をもつ神社。また、伊勢神宮　**神宮(じんぐう)**

▽伊勢の皇大神宮の称　**内宮(ないくう)**

▽伊勢の豊受(とようけ)大神宮の称　**外宮(げくう)**

▽内宮と外宮の総称　**大神宮(だいじんぐう)・太神宮(だいじんぐう)・伊勢大神宮(いせだいじんぐう)・伊勢大廟(いせたいびょう)**

▽伊勢神宮の異称　**神廟(しんびょう)**

▽かつて、社格を大中小に分けた第一の社。あるいは旧官幣(かんぺい)社の第一位の社。また、出雲大社のこと　**大社(たいしゃ)**

▽他に神霊を分祀(ぶんし)したもとの　**本社(ほんしゃ)・本宮(ほんぐう)・本宮(もとみや)**

▽本社に属して本社の祭神と縁の深い神をまつる。本社と末社の中間に位する　**摂社(せっしゃ)**

▽本社から枝分かれした　**末社(まっしゃ)・枝宮(えだみや)・支社(ししゃ)・分社(ぶんしゃ)・別宮(べつぐう)・新宮(しんぐう)・若宮(わかみや)・今宮(いまみや)**

▽末社にまつられる神　**枝神(えだがみ)・裔神(えだがみ)**

▽本社の祭神の子を本社の境内にまつった　**若宮(わかみや)**

▽国内の数社の祭神を一か所に合祀(ごうし)した　**総社(そうじゃ)・惣社(そうじゃ)**

▽いくつかの小社を一つに合祀した　**寄せ宮(よせみや)**

▽その国第一の由緒ある　**一の宮(いちのみや)・総社(そうじゃ)**

寺社

▽一の宮に次ぐ　**二の宮**（にのみや）

▽明治に定められた旧社格の一つで、宮内省から幣物を供進（ぐしん）された格式の高い　**官幣社**（かんぺいしゃ）

▽旧官幣社のうち最も格式の高い　**官幣大社**（かんぺいたいしゃ）

▽旧官幣大社に次ぐ格式の　**官幣中社**（かんぺいちゅうしゃ）**・官幣小社**（かんぺいしょうしゃ）

▽旧官幣小社と同様の格式を有し、多く国家に功労のあった人びとをまつった　**別格官幣社**（べっかくかんぺいしゃ）

▽旧社格の一つで、国から幣物の供進を受けた神社。格式は官幣社に次ぎ、大社・中社・小社の別があった　**国幣社**（こくへいしゃ）**・国社**（こくしゃ）

▽旧官幣社と旧国幣社の総称　**官社**（かんしゃ）

▽府県から奉幣した神社。旧国幣社の下、郷社の上の位　**府県社**（ふけんしゃ）

▽府県社の下、村社の上に位した　**郷社**（ごうしゃ）

▽村から奉幣した神社。郷社の下、無格社の上に位した　**村社**（そんしゃ）

▽旧社格を有さない　**無格社**（むかくしゃ）

▽明治維新ころからの国家に殉じた人の霊をまつる　**招魂社**（しょうこんしゃ）**・護国神社**（ごこくじんじゃ）

▽延喜式（えんぎしき）で格式が定められた　**式内**（しきない）**・式内社**（しきないしゃ）**・式社**（しきしゃ）

［参］「延喜式」は、平安時代の中期に編纂された格式（律令の施行細則）で五十巻からなり、以降の律令制度の基本となった。

▽延喜式に記載のない　**式外**（しきげ）

▽八幡神（はちまんじん）を祭神とする　**八幡**（はちまん）**・八幡宮**（はちまんぐう）**・八幡宮**（やわたのみや）

▽五穀を司る倉稲魂神（うかのみたまのかみ）をまつる　**稲荷**（いなり）

▽その地を鎮め守る神をまつる　**鎮守**（ちんじゅ）**・鎮主**（ちんじゅ）**・鎮守の社**（ちんじゅのやしろ）

▽鎮守の社（ちんじゅのやしろ）の境内にある森　**鎮守の森**（ちんじゅのもり）**・鎮守の杜**（ちんじゅのもり）

▽参拝する人のために作られた道　**参道**（さんどう）

▽神社のある所・区域内　**宮居**（みやい）**・宮処**（みやどころ）**・神域**（しんいき）**・境内**（けいだい）**・神地**（しんち）**・社地**（しゃち）**・神領**（しんりょう）

▽境内にある庭　**神苑**（しんえん）

▽神社に通じる道　**神路**（しんろ）**・神路**（かみじ）

▽小さな　**祠**（ほこら）**・叢祠**（ほこら）**・神庫**（ほこら）**・神祠**（しんし）**・社祠**（しゃし）**・祠堂**（しどう）**・小祠**（しょうし）**・小社**（しょうしゃ）

▽路傍にある小さな　**妻社**（つまやしろ）**・端社**（つまやしろ）**・辻社**（つじやしろ）

▽俗信から邪神をまつった　**淫祠**（いんし）

▽神社の殿舎　**社殿**（しゃでん）

▽神体をまつっておく殿舎　**神殿**（しんでん）**・神殿**（かむどの）**・本殿**（ほんでん）**・正殿**（せいでん）**・社殿**（しゃでん）**・廟宇**（びょうう）**・社壇**（しゃだん）

▽正面の柱間(はしらま)が一つの神社本殿
一間社(いっけんしゃ)

▽社殿のかたわら。社殿のあたり
社頭(しゃとう)・**社前**(しゃぜん)

▽礼拝を行うための殿舎　**拝殿**(はいでん)

▽本殿と拝殿の間にあり、参拝者が幣帛(へいはく)をささげる殿舎
幣殿(へいでん)

▽神楽を奉納するための殿舎
神楽殿(かぐらでん)・**神楽堂**(かぐらどう)

▽社頭などにある神社の境域を示す一種の門
鳥居(とりい)

▽神社の事務などを管理する
社務所(しゃむしょ)

▽神社の祭礼で神輿(みこし)が本宮から渡御(とぎょ)して仮にとまる所
御旅(おたび)・**御旅所**(おたびしょ)・**御旅所**(おたびどころ)・**御旅の宮**(おたびのみや)・**神輿舎**(みこしやどり)・**仮屋**(かりや)

▽死者の霊魂をまつる建物
廟(びょう)・**霊屋**(れいおく)・**霊舎**(れいしゃ)・**霊社**(れいしゃ)・**御霊屋**(みたまや)・**霊廟**(れいびょう)・**廟社**(びょうしゃ)・**廟宇**(びょうう)・**霊殿**(たまどの)・**魂殿**(たまどの)・**御霊屋**(おたまや)・**霊屋**(たまや)

▽先祖の霊をまつる小さな堂　**祠堂**(しどう)

▽天皇の先祖をまつる廟　**宗廟**(そうびょう)

▽孔子をまつる廟
聖堂(せいどう)・**聖廟**(せいびょう)・**大成殿**(たいせいでん)・**孔廟**(こうびょう)

奉仕する人びとからみた「社」

▽神社の神事に仕える
神主(かんぬし)・**神主**(かむぬし)・**神主**(こうぬし)・**神職**(しんしょく)・**神官**(しんかん)・**神官**(かみづかさ)・**神官**(かむづかさ)・**主神**(しゅしん)・**主神**(かんづかさ)・**主神**(しゅじん)・**神役**(しんやく)・**神人**(かみびと)・**神司**(かむづかさ)・**神司**(かみづかさ)・**神の宮人**(かみのみやびと)・**神の祝**(かみのはふり)・**祠官**(しかん)・**社の司**(やしろのつかさ)・**社司**(しゃし)・**社家**(しゃけ)・**宮司**(みやづかさ)・**宮司**(ぐうじ)・**廟祝**(びょうしゅく)・**斎**(いわい)・**斎人**(いわいびと)・**斎主**(いわいぬし)

▽神社に仕える神職の長
神主(かんぬし)・**宮司**(ぐうじ)

▽大規模な神社などで、宮司と禰宜(ねぎ)の間に置かれる神職
権宮司(ごんぐうじ)

▽祭事の中心になる神職
神主(かんぬし)・**祭主**(さいしゅ)

▽神主の下、祝(はふり)の上に位する神職
禰宜(ねぎ)

▽大規模な神社などで、禰宜の下に置かれる神職
権禰宜(ごんねぎ)

▽禰宜より下級の神職
祝(はふり)・**祝子**(はふりこ)・**祝人**(はふりと)・**祝部**(はふりべ)・**巫祝**(ふしゅく)

▽神楽(かぐら)を奏し、神降ろしなどを行う
巫(かんなぎ)・**巫**(かみなぎ)・**巫**(こうなぎ)・**覡**(かんなぎ)・**覡**(かみなぎ)・**覡**(こうなぎ)

▽神楽を奏し、神降ろしなどを行う女性

巫女(みこ)・祝女(はふりめ)・巫(かんなぎ)・巫(かみなぎ)・巫(こうなぎ)・覡(かんなぎ)・覡(かみなぎ)・覡(こうなぎ)

▽郷社などの神職　**祠官(しかん)・社司(しゃし)**

▽社司の下に属する神職　**社掌(しゃしょう)・祠掌(ししょう)**

▽伊勢神宮に奉仕する職員　**神官(しんかん)**

▽伊勢神宮の神官の長　**祭主(さいしゅ)**

▽伊勢神宮の祭主に次ぐ大宮司・少宮司の総称　**宮司(ぐうじ)**

▽宮中の神事を司る　**宮主(みやじ)・宮主(みやぬし)**

▽神社の雑務を行う神職　**社人(しゃじん)・社人(しゃにん)**

▽清掃などの雑役を行う　**神奴(かみやっこ)・神奴(かみのやっこ)・神奴(しんど)・神の御奴(かみのみやつこ)**

「寺社」に関する成句

【伊勢(いせ)へ七度(ななたび)熊野(くまの)へ三度(みたび)】

あちこちの神社に何度もお参りに行くこと。信仰心の厚いことのたとえ。この後に「愛宕様(あたごさま)へは月参(つきまい)り」と続けて言うこともある。


【牛(うし)に引(ひ)かれて善光寺詣(ぜんこうじまい)り】

昔、信仰心のあまりない老婆が、干して置いた布を牛が引っかけて逃げて行くのを追って行くうちに善光寺に至り、これが機縁で熱心に善光寺にお参りに行くようになったという故事によるもので、自発的でない行いでも、結果的によい方向に導かれることがあることのたとえ。


【京都(きょうと)の人(ひと)に寺(てら)の自慢(じまん)するな】

京都にはいわれもあり立派な寺が多いので、自分の土地の寺の自慢をしても京都の人には感心してもらえないからやめた方がよいということ。


【京(きょう)に多(おお)きものは寺(てら)と女(おんな)】

京都には有名な寺と美人が多いということ。


【葷酒山門(くんしゅさんもん)に入(い)るを許(ゆる)さず】

（⇒「ゆるす・ゆるし」590ページ）


【尊(たっと)い寺(てら)は門(もん)から知(し)れる】

人びとが大勢参詣に訪れる由緒ある寺は、門構えからして立派であって、厳粛な宗教心に駆り立てられるということから、価値のあるものは外見だけでも分かるというたとえ。

静(しず)か

物音や声のしない「静か」

▽物音や声がせず、騒がしくない
静(しず)か・静(せい)・寂(じゃく)・寂(せき)・粛(しゅく)・寂静(じゃくせい)・静粛(せいしゅく)・粛静(しゅくせい)・静閑(せいかん)・閑静(かんせい)・間静(かんせい)・間(かん)

寂(じゃく)・閑寂(かんじゃく)・莫莫(ばくばく)・寞寞(ばくばく)・闃寂(げきじゃく)・静寂(しじま)

〔参〕「寂」の字の中の「叔(しゅく)」には細く小さいの意があり、「寂」は家の中の人声が細く小さくなったさまを表す。

▽静かなさま

寂然(じゃくぜん)・闃然(げきぜん)・粛然(しゅくぜん)・密(ひそ)やか

▽ひっそりしている

閒静(かんせい)・閑静(かんせい)・閒寂(かんじゃく)・粛粛(しゅくしゅく)・寂寞(せきばく)・寂寞(じゃくまく)・寂寂(せきせき)・寂寂(じゃくじゃく)・深閑(しんかん)・森閑(しんかん)

▽いかにも静かなさま　物静(ものしず)か

▽静かさ。また、その程度をいう

静(しず)けさ

▽静かなことと騒がしいこと　静躁(せいそう)

動きや変化の少ない「静か」

▽静かになって動かなくなる

静息(せいそく)・静止(せいし)

▽本来は動きのあるものが静止している状態。また、釣り合って動かない状態

静態(せいたい)

▽夜が静まり返ってふけてゆく

深深(しんしん)・沈沈(しんしん)・沈沈(ちんちん)

▽俗世間のわずらわしさを離れて

清閑(せいかん)

▽俗世間を離れ、清らかで。また、その場所

清幽(せいゆう)

▽物静かで、奥ゆかしい。また、土地・風景などが静かで風情(ふぜい)がある

閑雅(かんが)

▽景色などが奥深く　幽邃(ゆうすい)

▽庭園などが古びて奥ゆかしく

邃古(すいこ)

▽奥深くて

幽静(ゆうせい)・幽寂(ゆうじゃく)・幽閑(ゆうかん)・幽閒(ゆうかん)・幽深(ゆうしん)

▽動くことと静かなこと。人・物事の活動のようす

動静(どうせい)

穏やかで、落ち着いたようすの「静か」

▽静かで心身が穏やか　静逸(せいいつ)

▽心が安定していて　落(お)ち着(つ)き

▽静かで安らか

静安(せいあん)・安静(あんせい)・静泰(せいたい)・静寧(せいねい)・靖寧(せいねい)

▽落ち着いていて　平静(へいせい)・沈静(ちんせい)

▽落ち着いて静かな。また、気持ちをしずめ、落ち着かせる

鎮静(ちんせい)

▽心が落ち着いているさま

冷静(れいせい)・静虚(せいきょ)・虚静(きょせい)・心静(こころしず)か・恬静(てんせい)

▽静かに心を落ち着けて思う

静思（せいし）・静想（せいそう）

▽心を静めて考える　**静慮（せいりょ）**

▽深く静かな思い　**幽思（ゆうし）**

▽静かにして黙っている　**静黙（せいもく）・沈黙（ちんもく）**

▽静かで、のんびりとした　**長閑（のどか）**

▽静かで、穏やか　**静和（せいわ）・静穏（せいおん）・安穏（あんのん）・平穏（へいおん）・平（たいら）か・静謐（せいひつ）**

▽穏やかで変わりのない　**平和（へいわ）**

▽世の中が穏やかに治まる　**泰平（たいへい）・太平（たいへい）・平安（へいあん）・安泰（あんたい）・安寧（あんねい）**

▽心安らかなさま　**晏如（あんじょ）・恬然（てんぜん）**

▽心安らかで無欲　**恬淡（てんたん）・恬澹（てんたん）**

▽物静かで、しとやか　**静淑（せいしゅく）**

物事の「静か」

▽心身を静かに落ち着けて健康の回復をはかる　**静養（せいよう）**

▽河水の深くて流れの静かな所　**瀞（とろ）**

▽風がやんで波が静まる　**凪（なぎ）**

▽静止して動かない水　**静水（せいすい）**

▽静かな住居。また、静かに住む　**静居（せいきょ）**

▽心静かに学問を修める　**静修（せいしゅう）**

▽静かに観察すること。静かに物事の推移を見守る　**静観（せいかん）**

▽物静かな話　**閑話（かんわ）**

▽静かに聴く　**静聴（せいちょう）**

▽心を落ち着けて静かに座る　**静座（せいざ）・静坐（せいざ）**

▽動かない物、静止した物　**静物（せいぶつ）**

▽花・果物・器物など動かない物を題材にした絵　**静物（せいぶつ）・静物画（せいぶつが）**

「静か」に関する動詞・形容語

▽物音がやんで騒がしくなくなる。高ぶっていた気持ちなどがおさまる　**静（しず）まる・潜（ひそ）まる**

▽物音をたてないで騒がしくさせない。気持ちを穏やかにさせる　**静（しず）める・潜（ひそ）む・潜（ひそ）める**

▽静まるを強めて　**静（しず）まり返（かえ）る・押（お）し静（しず）まる**

▽人が皆眠ってしまって静かになる　**寝静（ねしず）まる**

▽心が安定して穏やかになる　**落（お）ち着（つ）く**

▽心を安定させて穏やかにさせる　**落（お）ち着（つ）ける**

▽高ぶっていた感情や気分が落ち着く　**冷（さ）める**

▽高ぶっている感情や気分を落ち着かせる

冷ます

▽何事もなく平穏で静か　穏やか

▽物静かで上品な　淑やか

▽静かでひっそりしている

しめやか

▽物音一つしないで

しん・しんと・ひっそり・ひっそりかん

▽静かで落ち着いている

しっとり

▽静かに物事をする

こっそり・しずしず・そと・そろり・そっと

▽体を動かさずに静かにしている

じっと

▽静かに進む　そろそろ

「静か」に関する成句

【嵐の前の静けさ】

変わったことが起こる前の、不気味な静けさのたとえ。


【虚静恬淡】

心静かにわだかまりをもたず、さっぱりしているさま。類「無欲恬淡」「雲烟過眼」


【四海波静か】

世の中が穏やかなさま。


【深山幽谷】

（⇩「景色」214ページ）


【静中の静は真の静にあらず】

静かな中にある静は本当の静ではなく、動きの中にある静こそが本当の静であるの意で、落ち着かない中で、平静さを維持すべきであるということ。出典は『菜根譚』。


【鳴りを静める】

物音や声をたてずに静かにする。しばらく活動を停止することにも使う。類「鳴りを潜める」


【水を打ったよう】

誰も口をきかず、一斉に静まり返ったようす。


【明鏡止水】

一点の曇りもない鏡と静かな水の意から、静かに澄んだ心境をいう。出典は『荘子』。

親しい・親しむ

程度・様態からみた「親しい・親しむ」

▽仲がよい

仲良し・仲好し・親しい・親しい・近しい・親・仲良し小好し・つうつう・つうかあ・懇意・昵懇・入魂・入魂・入魂

▽仲のよいさま

親しい・親しむ

睦(むつ)まじい・睦(むつ)まやか・睦(むつ)まか

▽親しみ　**親好(しんこう)・睦(むつ)び・睦(むつ)み・誼(よしみ)・好(よしみ)**

▽非常に仲がよい　**親密(しんみつ)・蜜月(みつげつ)**

▽特別に仲のよい。また、そのさま　**別懇(べっこん)**

▽親しみ合う　**親睦(しんぼく)・懇(ねんご)ろ・うながける**

▽打ち解けて仲よくする　**懇親(こんしん)・融和(ゆうわ)・和合(わごう)**

▽親しみ心を合わせる　**親和(しんわ)・協和(きょうわ)**

▽親しみなじむ　**親昵(しんじつ)**

▽親しみ愛する　**親愛(しんあい)**

▽親しみ近づく　**親近(しんきん)・昵近(じっきん)**

▽親しみ従う。なつく　**親付(しんぷ)・親附(しんぷ)**

▽やわらぎ仲よくする　**和親(わしん)・和熟(わじゅく)・輯睦(しゅうぼく)**

▽親しんでなれなれしくする　**親狎(しんこう)**

▽すぐになじむ　**人懐(ひとなつ)っこい・人懐(ひとなつ)こい・馴(な)れ馴(な)れしい**

▽親しんで目を掛ける　**親眷(しんけん)**

▽許して仲よくする　**宥和(ゆうわ)**

▽争いをやめて　**和睦(わぼく)・和平(わへい)**

▽親しんで感化を受ける　**親炙(しんしゃ)**

▽気遣いしなくてよい　**心安(こころやす)い・気安(きやす)い**

▽親しさになれて遠慮がない　**心安立(こころやすだ)て**

交わり方からみた「親しい・親しむ」

▽親しい、心のこもった交わり　**親交(しんこう)・情交(じょうこう)・交情(こうじょう)・交誼(こうぎ)・好誼(こうぎ)・慇懃(いんぎん)・好(よしみ)・誼(よしみ)**

▽昔からのよしみ、親しみ　**旧好(きゅうこう)・旧誼(きゅうぎ)**

▽親しく付き合う　**親接(しんせつ)**

▽親しく交わり楽しむ　**交歓(こうかん)・交驩(こうかん)**

▽心からの親しい交わり　**厚誼(こうぎ)**

▽真心のこもった　**情誼(じょうぎ)**

▽深い　**深交(しんこう)**

▽並々ならぬよしみ　**高誼(こうぎ)**

▽親しんで仲よくする　**親善(しんぜん)**

▽隣家や隣国が仲よくする　**善隣(ぜんりん)**

▽国と国とが親しく交わる　**修交(しゅうこう)・修好(しゅうこう)・通交(つうこう)・通好(つうこう)・和親(わしん)**

友人・親友などの関係からみた「親しい・親しむ」

▽友人のよしみ　**友誼(ゆうぎ)・友情(ゆうじょう)・友好(ゆうこう)**

▽親しい人　**親昵(しんじつ)・昵懇(じっこん)**

▽親しい仲の人。また、なれ親しむこと
馴染み

▽仲のよい人
親友・仲良し・仲好し・心知り・心合い・知音・知己

〔参〕「知音」は中国の故事から。春秋時代、琴の名手伯牙は琴の音をよく理解してくれていた親友鍾子期が死んだ後は、愛用していた琴の糸を切って再び弾じなかったという。

▽親しい人と疎遠な人。また、親しいことと疎いこと
親疎

▽親戚と旧友　**親旧**

▽昔、親しかった人　**昔馴染み**

▽幼い時、仲よかった友
幼馴染み・幼友達・童友達

男女・夫婦間の「親しい・親しむ」

▽初めて親しくなったきっかけ。恋のきっかけ
馴れ初め

▽男女の仲のこまやかなさま
しっぽり

▽男女の非常に深い間柄　**深間**

▽いつも一緒の仲のよい二人
御神酒徳利・御神酒徳利

〔参〕御神酒と徳利ではなく、神酒を入れて神前に供える一対の徳利を「御神酒徳利」ということから。

▽男女が仲睦まじいさま
ちんちんかもかも・いちゃいちゃ・いちゃつく・べたべた・ラブラブ

▽男女が仲よく語り合う　**しんねこ**

「親しい・親しむ」に関する動詞・複合動詞

▽仲よくする
親しむ・睦ぶ・睦む

▽親しい間柄になる
近付く・近寄る

▽親しませるようにする
近付ける・近寄せる

▽なれ親しむ。親しみなつく
睦る・馴れる・懐く・馴れ睦ぶ・馴れ睦む・馴染む・馴れ付く

▽なつかせる
懐ける・慣らす・馴らす

▽隔てがなくなって親しくなる
和らぐ・打ち解ける・解け合う・与する

▽なれ親しんで人なつこくする
甘える・纏わり付く

▽大いに甘える
甘たれる・甘ったれる

▽親しさが過ぎて礼を欠く状態になる
狎れる

「親しい・親しむ」に関する成句

【同じ釜の飯を食う】一緒に苦楽を共にした親しい間柄である。

【お安くない】男女の仲のよいのをうらやんでいう言葉。

【款を通じる】親しい関係を結ぼうと働きかける。「款」は、親しみ・よしみの意。類「誼を通じる」

【気が置けない】（⇒「交際・付き合い」225ページ）

【切っても切れない】いくら断とうとしても断ち切れないほど関係の深いさま。

【旧交を温める】古くからの友人と久しぶりに会って、昔通りの付き合いをすること。

【臭い仲】特別に親しいと疑われる関係。

【車の両輪】どちらも他方を欠いては成り立たないほど密接な関係にあること。

【心が通う】お互いの気持ちが通じ合う。類「気心が知れる」

【つうと言えばかあ】相手の気持ちがよく分かっていて、お互いすぐに通じ合うこと。

【意気投合】お互いの気持ちや考えがよく合うこと。

【傾蓋故の如し】ちょっと会っただけで、すぐに旧友のように親しくなること。孔子と程子が出会って車をとめ、絹傘を傾けて親しく話し合ったという故事から。出典は『史記』。

【喧嘩の後兄弟名乗り】けんかしたために、かえって親しくなること。類「雨降って地固まる」

【親戚知己】親類・知り合いなど、自分を理解してくれる身近な人びとの意。

【和して同ぜず】（⇒「交際・付き合い」228ページ）

情趣

おもむき・味わいの様態からみた「情趣」

▽そのものにあるしみじみとした

情・趣・情趣・情致・情緒・情緒・趣致・風情・風情・風趣・味わい・風致・風韻・風調・風格・韻致・小気味・雅致・興趣・興味・味・気味・気味合い・心延え・風

味(み)・一味(いちみ)

▽とてもすぐれた、まことの。また、深い　**妙趣(みょうしゅ)・妙味(みょうみ)・妙致(みょうち)・勝致(しょうち)・極致(きょくち)・真味(しんみ)・深趣(しんしゅ)・玄趣(げんしゅ)**

▽すべて簡素なものの中にあるひっそりと静かな　**侘(わび)**

▽古びておもむきがある　**寂(さび)**

▽しっとりとした　**潤(うるお)い**

▽しみじみとした　**哀(あわ)れ**

▽物事に触れて起こるしみじみとした　**物(もの)の哀(あわ)れ**

▽風雅な　**雅趣(がしゅ)・雅致(がち)**

▽物静かで上品な　**閑雅(かんが)**

▽気品の高い　**気韻(きいん)・高致(こうち)・匂(にお)い**

▽他と違った独特の　**一風(いっぷう)・乙(おつ)**

『参』「乙」は邦楽で甲(かん)より一段低い音のこと。甲に比べ、落ち着きや渋みがあることからこの意となったといわれる。

▽温かな心情を感じさせる　**情味(じょうみ)**

▽物事から感じる　**趣味(しゅみ)**

▽ありのままの　**情偽(じょうぎ)**

▽新しい　**新味(しんみ)**

▽人・物などに本来備(そな)わっている独特の　**持(も)ち味(あじ)**

▽名残の　**余情(よじょう)・余情(よせい)・余韻(よいん)・余音(よいん)**

▽おもむきが多い　**多趣(たしゅ)**

▽渋い程度に落ち着いた　**渋味(しぶみ)**

▽表面には表れない微妙な　**機微(きび)**

▽神々しいような　**神気(しんき)**

▽世俗を脱した上品な　**仙味(せんみ)**

▽下品な　**俗趣(ぞくしゅ)**

対象のある味わいの様態からみた「情趣」

▽秋の　**秋意(しゅうい)**

▽田園の　**野情(やじょう)・野趣(やしゅ)**

▽景色の　**景趣(けいしゅ)**

▽絵のような。絵になる景色　**画趣(がしゅ)**

▽姿と心ばえ。姿の　**姿情(しじょう)**

▽詩的な　**詩情(しじょう)・詩趣(ししゅ)**

▽俳諧的な　**俳味(はいみ)**

▽詩文・書画などが醸(かも)し出すすぐれた　**神韻(しんいん)**

▽詩歌を詠み、そのおもむきを味わう　**吟味(ぎんみ)**

▽茶道の　**茶味(ちゃみ)**

▽禅の。また、世俗を離れた枯淡の　**禅味(ぜんみ)**

▽書いた書画に表出した　**筆意(ひつい)・筆致(ひっち)・筆遣(ふでづか)い**

奥深いを意味する「情趣」

▽美しさ・味わいなどが奥深く、簡単には、はかり知ることができない

情趣

妙（みょう）・玄妙（げんみょう）・微妙（びみょう）・幽玄（ゆうげん）・深遠（しんえん）

▽奥深いさま
深奥（しんおう）・蘊奥（うんおう）・蘊奥（うんのう）・玄奥（げんおう）・深邃（しんすい）・深妙（しんみょう）・邃深（すいしん）・玄玄（げんげん）

▽奥深く遠い　幽遠（ゆうえん）・深遠（しんえん）

▽物静かで奥深い
幽深（ゆうしん）・幽静（ゆうせい）・幽寂（ゆうじゃく）

▽意味などに深みがあって含蓄の多い
深長（しんちょう）

▽物事の深い意味を味わう
含味（がんみ）・玩味（がんみ）

▽あっさりした中に深い味わいがある
枯淡（こたん）

みやびやかを意味する「情趣」

▽しとやかで美しい　優美（ゆうび）

▽上品で優美
雅（みやび）・風雅（ふうが）・風流（ふうりゅう）・風流（ふりゅう）・文雅（ぶんが）・優雅（ゆうが）・エレガント

▽俗でない　雅事（みやびごと）・都雅（とが）

▽整っていて　典雅（てんが）・端雅（たんが）

▽ゆったりとして優美　閑雅（かんが）

▽高貴な、上品な　貴（あて）・貴やか（あてやか）

▽気高く　高雅（こうが）

▽清らかで　清雅（せいが）

▽風雅な心、みやびやかな思い
雅懐（がかい）

▽性質などが穏やかで上品　温雅（おんが）

▽古風で　古雅（こが）

▽詩文をつくる風雅な道
文雅（ぶんが）・風騒（ふうそう）

▽風流な、みやびやかな言葉。上品な言葉遣い
雅言（みやびごと）・雅言葉（みやびことば）

▽風流な男　雅男（みやびお）

▽風雅な遊び　雅遊（がゆう）

気配・心地・おもしろ味などを表す「情趣」

▽それと見て分かるようす・ありさま
色（いろ）・気色（けしき）

▽気分・気持ち
情調（じょうちょう）・情緒（じょうちょ）・情緒（じょうしょ）・情（じょう）・感（かん）・ムード

▽何ともいえない味のある所
妙所（みょうしょ）

▽周りの気分・感じ
雰囲気（ふんいき）・佇まい（たたずまい）・空気（くうき）・ムード

▽心がひきつけられておもしろい
興趣（きょうしゅ）・興味（きょうみ）・興（きょう）

▽旅で感じる気持ち
旅情（りょじょう）・客情（かくじょう）・客情（きゃくじょう）・旅心（たびごころ）

「情趣」に関する動詞・形容語

▽奥深くなっている、奥ゆかしいさまである
奥まる

▽上品で深みがあり、心がひかれる
奥床しい

▽上品で優雅である　**雅ぶ**

▽落ち着いたおもむきがある　**渋い**

▽心ひかれるさま。興趣がある
面白い・興味深い

▽情趣を解する心がない　**心無い**

▽上品で優雅なさま　**雅やか**

▽深い味わいがある
味わい深い

「情趣」に関する成句

【鏡花水月】

鏡に映った花や、水に映った月のように、見えるだけで手にできないもの。詩歌などで、感知されても言葉に言い尽くせないすぐれた情趣のたとえとして使われる。


【情緒纏綿】

物事に触れて生ずるさまざまな感慨やおもむきがつきまとうこと。「情緒」は「じょうしょ」とも読む。「纏綿」は絡みつくこと。


【神韻縹渺】

きわめてすぐれたようす。また、詩文などが非常にすぐれており、不思議なおもむきを漂わすことをいう。


【風流韻事】

優美なおもむきや味わいのある遊び。自然に親しみ詩歌を作って遊ぶこと。「韻事」は風流な遊びの意。

類「風流三昧」


【文人墨客】

詩文や書画など、優雅なおもむきのあるものに親しむ人。「墨客」は、「ぼっきゃく」とも読み、詩文や書画にすぐれた人のこと。


【余韻嫋嫋】

心に残るおもむきや味わいなどがいつまでも続くこと。「嫋嫋」は、音や声が細く長く続くさま。出典は蘇軾『前赤壁賦』。

書物

一般的呼称からみた「書物」

▽文章や絵などを紙に記載または印刷して、一冊に綴じたもの
書・書・書物・書籍・書冊・書巻・文・書史・書帙・図書・図書・本・冊子・冊子本・書誌・文籍・典籍・載籍・物の本・巻・竹帛・竹素・ブック

書物

〔参〕「竹帛」「竹素」は、紙の発明以前に、中国では竹の札や織物に文字を記したことから。「帛」「素」は絹のこと。

▽販売または頒布（はんぷ）された　出版物（しゅっぱんぶつ）・刊行物（かんこうぶつ）

▽書物が多い　五車（ごしゃ）

▽一冊の。また、一部の　一書（いっしょ）・一本（いっぽん）

▽書物一冊　一編（いっぺん）・一篇（いっぺん）

▽内容のすぐれた、役に立つ　良書（りょうしょ）・善書（ぜんしょ）・善本（ぜんぽん）

▽なかなか手に入らない珍しい　稀書（きしょ）・希書（きしょ）・稀覯本（きこうぼん）・珍書（ちんしょ）・珍籍（ちんせき）

▽珍しい内容の　珍本（ちんぽん）・奇書（きしょ）

▽貴重な　宝典（ほうてん）

▽有名な、名高い　名著（めいちょ）

▽書名や内容の一部しか存在が分からない　逸書（いっしょ）・佚書（いっしょ）・軼書（いっしょ）

▽ただ一つだけ伝わった　孤本（こほん）

▽本物に似せて書いた　偽書（ぎしょ）

▽昔に書かれ、今でも文化的価値のある　古典（こてん）

▽古い時代に書かれた　古典（こてん）・古書（こしょ）・古本（こほん）・旧典（きゅうてん）

▽過去の時代の資料となる古い文書　古文書（こもんじょ）

▽中国の　漢書（かんしょ）・漢書（からぶみ）・漢籍（かんせき）・唐本（とうほん）

▽新しい　新本（しんぽん）・新刊（しんかん）

▽昔、出版された。また、読み古した　古本（ふるほん）・古本（ふるぼん）・古本（こほん）

▽昭和の初期に流行した一冊一円の　円本（えんぽん）

▽安値で売られる新しい　ぞっき本（ぼん）

▽代金をとって客に貸す　貸し本（かしほん）

▽わが国の、わが国の歴史の　国書（こくしょ）・国つ書（くにつふみ）・国典（こくてん）・国記（こっき）・国記（くにつふみ）

▽自分のもの。また、その書物　蔵書（ぞうしょ）・蔵本（ぞうほん）

▽自分の家の蔵書　家書（かしょ）

▽大切に所蔵されている。また、秘密にして人に見せない　秘書（ひしょ）・秘本（ひほん）

▽天子の蔵書　秘書（ひしょ）

▽書物を集めたがる癖。読書を好む癖　書癖（しょへき）

▽新しく編集した　新編（しんぺん）・新篇（しんぺん）

▽初めの一編　初編（しょへん）・初篇（しょへん）

▽続き物ができたとき、最初に作られた主体となる　正編（せいへん）・正篇（せいへん）・本編（ほんぺん）・本篇（ほんぺん）

▽正編・本編に続いている　続編（ぞくへん）・続篇（ぞくへん）

▽二編以上に分かれたもののうちで、前の　前編（ぜんぺん）・前篇（ぜんぺん）

▽二編以上に分かれたもののうちで、後の　**後編（こうへん）・後篇（こうへん）**

▽初めの巻　**首巻（しゅかん）**

▽最もすぐれた部分。また、小説・演劇などで全体のうち最もすぐれている部分　**圧巻（あっかん）**

▽要点を抜き出す　**抜粋（ばっすい）・抜萃（ばっすい）**

▽故人が生前に愛読した。また、故人が自ら書き込みなどをした　**手沢（しゅたく）・手沢本（しゅたくぼん）**

▽故事・成語・引用句などの出所となった。また、そのよりどころ　**出典（しゅってん）**

▽書物を読む　**読書（どくしょ）・読書（とくしょ）・書見（しょけん）**

▽書物を進呈する。また、その書物　**献本（けんぽん）**

▽内容に誤りが多い　**杜撰（ずさん）**

▽主として政治的な見地から出版・所有を禁じられた　**禁書（きんしょ）**

▽書物を焼き捨てる　**焚書（ふんしょ）**

書き表すことを主体としてみた「書物」

▽書き表す。また、その作品　**著述（ちょじゅつ）・著作（ちょさく）・著述書（ちょじゅつしょ）・著書（ちょしょ）・著作物（ちょさくぶつ）**

▽著作した人　**著述家（ちょじゅつか）・著作家（ちょさくか）・著者（ちょしゃ）・著述者（ちょじゅつしゃ）・著作者（ちょさくしゃ）・作者（さくしゃ）・作家（さっか）・筆者（ひっしゃ）・ライター**

▽自分が書いた　**自著（じちょ）**

▽自著の謙譲語　**拙著（せっちょ）・兎園冊（とえんさつ）**

〔参〕「兎園」は中国、梁（りょう）の孝王（こうおう）が築いた庭園。孝王の蔵書が俗語で書かれていたところから、「兎園冊」は卑近な書物の意にもなった。

▽新しく著した　**新著（しんちょ）**

▽最近の　**近著（きんちょ）**

▽その人の主な　**主著（しゅちょ）**

▽他人の著作物の敬称　**貴著（きちょ）・高著（こうちょ）**

▽後世にのこされた　**遺著（いちょ）・遺書（いしょ）**

型・外観などからみた「書物」

▽大形で、ページ数も多い　**大冊（たいさつ）・大巻（だいかん）**

▽ページ数が多く、冊数も多い　**大冊（たいさつ）・大部（たいぶ）・浩瀚（こうかん）**

▽分量も多く、内容もすぐれた　**大著（たいちょ）**

▽形が小さい　**小本（こほん）・小本（しょうほん）・豆本（まめほん）**

▽ページ数が少なく冊数も少ない　**小冊（しょうさつ）・小部（しょうぶ）・小冊子（しょうさっし）**

▽ポケットや袖（そで）に入るほどの小形の　**袖珍（しゅうちん）・袖珍本（しゅうちんぼん）・袖珍版（しゅうちんばん）・**

書物

巾箱(きんそう)・巾箱本(きんそうぼん)

▽印刷・造本などがぜいたくな　**豪華版(ごうかばん)**

▽装丁などの美しい　**美本(びほん)**

▽綴(と)じて作った　**冊子(さっし)・綴(と)じ本(ほん)・綴(と)じ巻(まき)**

▽革で綴じた　**韋編(いへん)**

▽横に綴じた　**横本(よこほん)**

▽半紙を縦に二つ切りにして横に綴じた　**枕本(まくらぼん)**

▽縦一八八ミリ、横一二七ミリ規格の　**四六判(しろくばん)**

▽縦二二〇ミリ、横一五〇ミリ規格の　**菊判(きくばん)**

〔参〕アメリカから輸入した紙の商標がダリアで菊に似ていたこと、また、菊は皇室の御紋章であること、また、この紙が新聞用紙に使われ、新聞の「聞」の字が「きく」と読むことなどにちなみ、菊の花を商標にし、菊印判として売り出されたことによる。

▽菊判の半分の大きさの　**菊半截(きくはんせつ)・菊半截(きくはんさい)**

▽縦一七三ミリ、横一〇五ミリ規格の　**新書判(しんしょばん)**

▽A六判の規格の　**文庫判(ぶんこばん)**

▽和紙を使い、和綴じで仕上げた　**和本(わほん)**

▽洋綴じの　**洋本(ようほん)・洋装本(ようそうぼん)**

▽パソコンなど電子機器の画面で読む　**電子書籍(でんししょせき)・デジタルブック**

本文の種類からみた「書物」

▽異本を校合(きょうごう)した、標準となる。また、筆者が手を入れて決定版とした　**定本(ていほん)**

▽翻訳や校訂などのもとにする　**底本(ていほん)・底本(そこほん)**

▽異本を校合する際、文字や文章の違いが一覧できるようにまとめた　**校本(こうほん)**

▽原語で書かれたもとの　**原書(げんしょ)・原本(げんぽん)**

▽翻訳・改作のもとになる　**原著(げんちょ)・原作(げんさく)**

▽外国語の書物を翻訳した　**訳書(やくしょ)・訳本(やくほん)**

▽西洋で出版された　**洋書(ようしょ)・洋本(ようほん)**

▽よりどころとなる　**原典(げんてん)・原本(げんぽん)・出典(しゅってん)・典拠(てんきょ)・テキスト**

▽著作する際、よりどころとする他人の　**種本(たねほん)**

▽書画の模範とする　**手本(てほん)・臨本(りんぽん)**

▽証拠となる　**証本(しょうほん)**

▽抜き書きした。また、歌集・漢籍などの注釈書　**抄本(しょうほん)・鈔本(しょうほん)**

▽筆などで書き写した　写本(しゃほん)・模本(もほん)・書き本(かきほん)・稿本(こうほん)・臨書(りんしょ)

▽仏典で本文とその注釈が合わせてある　会本(えほん)

▽漢籍などで、本文のみで注釈などをつけていない　素本(そほん)・素本(すほん)・無点本(むてんぼん)・白本(はくほん)

▽漢文に訓点のついている漢籍・仏典・国書　点本(てんぽん)・訓点本(くんてんぼん)

▽もともとは同一の書であるが、文字・語句などが多少違っている部分のある　異本(いほん)・異巻(ことまき)・異書(いしょ)

▽同一の原本から出た書物のうち、広く世間で見受けられる　流布本(るふぼん)・通行本(つうこうぼん)

▽日本語で書いてある　国書(こくしょ)・和書(わしょ)・大和文(やまとぶみ)・御国文(みくにぶみ)

▽オランダ語で書いてある　蘭書(らんしょ)

▽江戸時代の外国の本、特にオランダの書物をさす　蕃書(ばんしょ)

▽仏典以外の書物。また、低俗な　俗書(ぞくしょ)・兎園冊(とえんさつ)

▽各宗開宗の根本となる　本書(ほんじょ)・御書(ごしょ)

▽印刷した　印本(いんぽん)

▽印刷して出版した　刊本(かんぽん)

▽版木に彫って印刷した　版本(はんぽん)・板本(はんぽん)・刻本(こくほん)・刷り本(すりほん)・摺り本(すりほん)

▽活字版で刷った　活字本(かつじぼん)・活版書(かっぱんしょ)

▽元の版を縮小して刷った　縮刷版(しゅくさつばん)

▽古書や碑文を写真に撮り、製版・製本したもの　影照本(えいしょうぼん)・景照本(えいしょうぼん)・影印本(えいいんぼん)

▽原書の上に透明な薄い紙を載せて、透いて見える書画を上からなぞって書いた　影写本(えいしゃぼん)・影鈔本(えいしょうぼん)

▽手本として鑑賞するため、昔の名人による筆跡を紙に写し、石・木などに刻んで、これを石摺り(いしずり)にした折り本　法帖(ほうじょう)・搨本(とうほん)・法書(ほうしょ)・墨帖(ぼくじょう)・墨本(ぼくほん)

本文の内容からみた「書物」

▽歴史を記した　史書(ししょ)・史籍(しせき)・竹帛(ちくはく)・汗青(かんせい)・汗簡(かんかん)・殺青(さっせい)

▽真実のことを表した　真書(しんしょ)

▽国家が編纂した正式の歴史の　正史(せいし)

▽内容を事項によって分類、編集した。また、同じ種類の　類書(るいしょ)・類本(るいほん)

書物

▽手本となることを書いた　**宝鑑**（ほうかん）

▽虚構の人物や社会を散文体で書いた　**小説**（しょうせつ）**・ノベル・物語**（ものがたり）**・稗史**（はいし）

▽奇怪なこと、不思議なことなどを記した小説　**伝奇**（でんき）**・伝奇小説**（でんきしょうせつ）

▽読むための物。また、興味本位の書き方の　**読み物**（よみもの）

▽心のままに、いろいろなことを記した　**雑書**（ざっしょ）**・雑著**（ざっちょ）**・雑記**（ざっき）**・雑誌**（ざっし）**・雑編**（ざっぺん）**・随筆**（ずいひつ）**・漫筆**（まんぴつ）**・漫録**（まんろく）**・エッセー**

▽通俗的な、くだらない　**俗書**（ぞくしょ）**・凡書**（ぼんしょ）**・赤本**（あかほん）

▽読む価値のない　**愚書**（ぐしょ）

▽役に立たない、無駄な　**駄本**（だほん）

▽笑い絵（春画）の入った　**笑い本**（わらいぼん）**・枕草紙**（まくらぞうし）

▽性行為を煽情（せんじょう）的に描いた　**春本**（しゅんぽん）**・わ印**（じるし）

▽性に関するみだらなことを描いた　**猥書**（わいしょ）**・猥本**（わいほん）**・淫書**（いんしょ）**・淫本**（いんぽん）

▽ある人物の一生の事績を中心とした　**伝記**（でんき）**・一代記**（いちだいき）

▽人物の伝記を記録した　**紀伝**（きでん）

▽秘伝を記した。また、代々伝わった　**伝書**（でんしょ）

▽皇国の古典　**皇典**（こうてん）

▽法律に関する　**法書**（ほうしょ）**・法典**（ほうてん）

▽法律の六法に関する事項を収めた　**六法全書**（ろっぽうぜんしょ）

▽医学の　**医書**（いしょ）**・医籍**（いせき）

▽政府の公式の調査報告の　**白書**（はくしょ）

▽宗教上の教えのよりどころとなる。また、教育上の基本となる　**教典**（きょうてん）

▽神に関する。神が作ったという　**神書**（しんしょ）**・神典**（しんてん）

▽仏教に関する　**仏書**（ぶっしょ）**・仏典**（ぶってん）**・経典**（きょうてん）**・内典**（ないてん）**・内典**（ないでん）

▽仏教の教えを書き記した　**経**（きょう）

▽聖人・賢人の教えを記した。また、儒学の基本となる　**経書**（けいしょ）**・経籍**（けいせき）**・経典**（けいてん）**・経巻**（けいかん）

▽経書の古称　**青表紙**（あおびょうし）

▽儒学において特に重要とされる書物の総称　**四書五経**（ししょごきょう）

［参］四書は『大学』『中庸』『論語』『孟子』、五経は『易経』『詩経』『書経』『春秋』『礼記』。

▽その宗教の教義や教祖の言行などを記した。また、聖人が書いた　**聖典**（せいてん）**・聖書**（せいしょ）

▽キリスト教の経典　**聖書**（せいしょ）**・バイブル**

▽高僧・政治の指導者などの説き示した言葉を集めた　**語録**（ごろく）

▽仙人の術など人の知恵を超えた神妙霊気を記した秘書　**異書**（いしょ）

▽多くの和歌を集めた　**歌集**（かしゅう）・**和歌集**（わかしゅう）

▽個人の歌集　**家集**（かしゅう）・**私家集**（しかしゅう）・**家の集**（いえのしゅう）

▽歌集・歌学・歌論など和歌に関する　**歌書**（かしょ）

▽和歌の法則、奥義を述べた　**髄脳**（ずいのう）

▽俳句・連句を収めた　**句集**（くしゅう）

▽俳句の季語を集めた　**季寄せ**（きよせ）

▽俳句の季語を集め分類して解説や例句を付した。また、一年中の自然行事などを記した　**歳時記**（さいじき）

▽詩に関する。また、詩集。中国の『詩経』『書経』　**詩書**（ししょ）

▽詩を集めた　**詩書**（ししょ）・**詩集**（ししゅう）・**詩編**（しへん）・**詩篇**（しへん）

▽詩を抜き書きした　**詩抄**（ししょう）・**詩鈔**（ししょう）

▽浄瑠璃の全編を一冊にまとめた　**院本**（いんぽん）・**丸本**（まるほん）

▽浄瑠璃の一部分を抜粋した　**抜き本**（ぬきほん）

▽浄瑠璃・長唄など音曲の稽古などに用いる　**稽古本**（けいこぼん）

▽軍事上のこと、兵法について書かれた　**軍書**（ぐんしょ）・**軍学書**（ぐんがくしょ）・**兵書**（へいしょ）

▽戦争に関する　**戦記**（せんき）・**軍記**（ぐんき）

▽暦に関する　**暦本**（れきほん）

▽未来の吉凶を予言した　**図讖**（としん）・**未来記**（みらいき）

▽いろいろな印影を集めて編んだ　**印譜**（いんぷ）

▽紋の標本を集めた　**紋本**（もんぽん）・**紋帳**（もんちょう）

▽絵を主体とした　**絵本**（えほん）

▽絵画を集めた一冊の　**画集**（がしゅう）

▽歌舞伎で、俳優の名せりふを書き抜いた　**鸚鵡石**（おうむせき）
〔参〕役者の声色（こわいろ）の練習をするのに便利なようにせりふを抜粋して載せた小冊子。石にむかって声を出すと、その声のまねをするとされる石、「鸚鵡石」になぞらえて命名されたとされる。

▽室町時代を中心とした婦人・子ども向けの短編小説　**御伽草子**（おとぎぞうし）

▽江戸時代初期の通俗的小説の一つ。仮名で書かれ、婦人・子ども向けの　**仮名草子**（かなぞうし）

▽江戸時代初期〜中期の小説の一つ。当時の人情・世態・風俗を写実的に描いた　**浮世草子**（うきよぞうし）・**浮世本**（うきよぼん）

▽江戸時代後期に流行した通俗娯楽小説の総称　**戯作**（げさく）・**戯作本**（げさくぼん）

▽江戸時代後期の大衆向きの絵入り読

書物

み物

絵草紙（えぞうし）・絵双紙（えぞうし）・草双紙（くさぞうし）

▽江戸時代後期の草双紙（くさぞうし）の一つ。洒落と風刺が主体

黄表紙（きびょうし）

▽江戸時代の草双紙の一つ。絵を主とした、子ども向きの

赤本（あかほん）

▽ひな祭り・玩具用とされ、赤本を小さくした

雛本（ひいなぼん）

▽江戸時代の草双紙の一つ。婦女子の間で流行した

青本（あおほん）・黒本（くろほん）

▽江戸時代後期、草双紙の数巻分を一冊にした

合巻（ごうかん）・合巻本（ごうかんぼん）・合巻物（ごうかんもの）

▽江戸時代後期の文章を中心とした小説類

読本（よみほん）

▽江戸時代後期、遊郭を題材とした風俗小説

洒落本（しゃれぼん）

▽江戸時代後期の小説の一つ。庶民生活のこっけいぶりを収めた

滑稽本（こっけいぼん）・中本（ちゅうほん）

▽江戸時代後期から明治初年まではやった通俗小説の一つ。江戸町民の恋愛を描いた

人情本（にんじょうぼん）・中本（ちゅうほん）

▽日常生活や趣味などについての知識や技能を主とした

実用本（じつようぼん）・ハウツー物（もの）

▽複数の筆者の作品などを掲載して、定期的に刊行される

雑誌（ざっし）・マガジン

▽書籍と雑誌の性格を合わせ持った

ムック

『参』「ムック」は「マガジン」の頭文字Mと、「ブック」の語を組み合わせて作られた混成語。

▽機械や道具などの扱い方をまとめた

手引き書（てびきしょ）・取扱説明書（とりあつかいせつめいしょ）・マニュアル

全集・叢書などからみた「書物」

▽一冊一冊を単独に刊行した

単行本（たんこうぼん）

▽ある分野の事項をすべて集めた、また、欠けた部分のない完全な

全書（ぜんしょ）

▽ある人のすべての著書を集めた。また、同じ種類、同じ年代の著書を集めた

全集（ぜんしゅう）

▽同じ傾向・同じ種類・同じ形で編集され、続けて出された

叢書（そうしょ）・双書（そうしょ）・ライブラリー

▽一つの決まった主題のもとに書物を系統的にまとめたもので、叢書のようなもの

大系（たいけい）

▽数冊から成る書物の一冊

編（へん）・篇（へん）

▽全集などで全部揃っている

完本（かんぽん）・全部（ぜんぶ）・丸本（まるほん）

▽一揃いのうち、冊数の一部分が不足した
端本（はほん）・零本（れいほん）

▽巻数が揃っていない。全集・叢書などのうち欠けている巻
欠本（けっぽん）・闕本（けっぽん）

▽多くの論文を一つにまとめた
論叢（ろんそう）・論纂（ろんさん）・論集（ろんしゅう）

▽すぐれた詩歌・文章などを選び集めた
撰集（せんしゅう）・撰集（せんじゅう）・アンソロジー

▽ある人の著作の中から代表的なものを選び集めた
選集（せんしゅう）

▽詩歌や文章などの作品を集めて編集した。また、一家または諸家の漢詩文を集めた
文集（ぶんしゅう）・文集（もんじゅう）

▽多くの著作の中からある目的・意図で選び出した一連の
選書（せんしょ）

▽小形で携帯して読むのに便利で安価な叢書（そうしょ）
文庫（ぶんこ）・新書（しんしょ）

▽一つの書物を何冊かに分けること。また、分けた
分冊（ぶんさつ）

▽付録として別に刊行する
別巻（べっかん）・別冊（べっさつ）

教材・辞典などからみた「書物」

▽学校での教材用として編集された
教科書（きょうかしょ）・テキスト

▽国語の教科書。また、教科書・入門書を指す
読本（とくほん）

▽読本にそえて補助的に用いる学習用の
副読本（ふくどくほん）

▽技芸などの教科書　**教本（きょうほん）**

▽声楽・器楽などで基本的な技法を段階的に配列した
教則本（きょうそくぼん）

▽初めて学ぶ人に分かりやすいよう書かれた
便蒙（べんもう）

▽初めて学ぶ人の手引きとして書かれた
入門（にゅうもん）・入門書（にゅうもんしょ）

▽初心者に分かりやすく書かれた
案内書（あんないしょ）・手引き書（てびきしょ）・栞（しおり）・枝折り（しおり）・ガイドブック・ガイド・ハンドブック

〔参〕「しおり」は、山道などを歩く際に木の枝を折ることで帰りの道しるべとしたことから。転じて、書物にはさむ目印や手引書などを「しおり」というようになった。「栞」「枝折り」はいずれも当て字で、木をたわめる意の「撓る（しおる）」が語源とされる。

▽調査・研究・学習のため参考として用いる
参考書（さんこうしょ）・参考文献（さんこうぶんけん）

書物

▽文法を説明した　**文典**（ぶんてん）

▽口語の文法書　**語典**（ごてん）

▽西洋の音楽の楽理に関する教科書　**楽典**（がくてん）

▽言葉を集めて解説を施した　**辞書**（じしょ）・**辞典**（じてん）・**字書**（じしょ）・**字典**（じてん）・**辞林**（じりん）・**辞彙**（じい）

▽辞書・字書の俗称　**字引**（じびき）

▽事物の名称を集めて解説を施した　**事典**（じてん）・**事彙**（じい）

▽室町時代から江戸時代にかけて作られたいろは引きの国語辞典。また、辞書の総称　**節用集**（せつようしゅう）

▽漢字を韻によって分類配列した字書　**韻書**（いんしょ）

▽ある一定の範囲内の単語を一定の順序に配列した　**語彙**（ごい）

▽あらゆる分野の知識を一冊に収めた　**百科事典**（ひゃっかじてん）・**エンサイクロペディア**

▽図を中心に解説されている　**図鑑**（ずかん）・**図録**（ずろく）

▽ある分野の一年間の事件や各種統計を集めた年一回刊行の　**年鑑**（ねんかん）・**イヤーブック**

▽要点を分かりやすく、見やすくした　**要覧**（ようらん）

▽見るのに便利なようにまとめた冊子　**便覧**（べんらん）・**便覧**（びんらん）・**ハンドブック**

流通からみた「書物」

▽書籍などを印刷して世に出す　**出版**（しゅっぱん）・**刊行**（かんこう）・**発行**（はっこう）・**発刊**（はっかん）・**上梓**（じょうし）

▽書籍などを出版するところ　**発行所**（はっこうしょ）・**出版元**（しゅっぱんもと）・**版元**（はんもと）

▽同じ版を用いて出版しなおす　**再版**（さいはん）・**重版**（じゅうはん）・**重刻**（じゅうこく）

▽重版した書籍が販売されること　**重版出来**（じゅうはんしゅったい）

▽内容を改訂して出版しなおす　**改版**（かいはん）

▽一度出版した本の出版・販売をやめる　**絶版**（ぜっぱん）

▽発売禁止の処分を受けた　**発禁本**（はっきんぼん）

▽官府が印刷。また、出版した　**官本**（かんぽん）・**監本**（かんぽん）

▽民間で出版した　**私版**（しはん）・**坊本**（ぼうほん）

▽個人が営利を目的にせず自費で出版した　**私版**（しはん）・**私家版**（しかばん）・**自家版**（じかばん）・**自費出版**（じひしゅっぱん）

▽書物の多くあるところ。転じて書店　**書林**（しょりん）

▽書店が仕入れた本を出版社へ返す　**返本**（へんぽん）

「書物」に関する成句

【学の前に書来たる】

学びたいという気持ちがあれば、書物は自然に自分の手に入るということ。転じて、何かをやり遂げたいという意志があれば必要なものは自然に手に入るということ。類「学ぶ門には書来たる」


【壁を穿ちて書を読む】

壁に穴をあけて明かりを入れ読書するということ。貧苦の中で勉学に励むことをいう。類「壁を穿って光を引く」「蛍の光窓の雪」


【汗牛充棟】

車に積んで動かせば牛も汗をかき、積み上げれば家の棟木にまでとどくということで、蔵書が非常に多いさまをいう。


【尽く書を信ずれば則ち書なきに如かず】

どんなに立派な書物でもすべてが真実で、また完璧なものとも限らない。だから書物を読むときはそれを批判し見通せる力を養うことが大切だということ。出典は『孟子』。


【三日書を読まざれば語言味なし】

三日間読書をしなければ使う言葉にも味わいがなくなってしまうということ。書物を読むことの大切さをいう。出典は『世説新語』。


【書を校するは塵を掃うが如し】

書物の校合は、そのたびごとに誤りが見つかるだろうが、塵を払っても払い尽くせないように完全を期することはむずかしいということ。出典は『夢渓筆談』。


【読書三到】

(⇩「よむ」601ページ)


【読書三昧】

(⇩「よむ」601ページ)


【読書尚友】

(⇩「友人・知人」582ページ)


【読書百遍義自ずから見る】

(⇩「よむ」601ページ)


【虎の巻】

兵法の秘伝、芸道の奥義を述べた書物。転じて、教科書の内容を解説した参考書をいう。類「あんちょこ」


【焚書坑儒】

秦の始皇帝が行った言論統制政策で、主に儒家の経典を集めて焼き、多くの儒者を穴埋めにして殺したこと。言論・思想・学問などを弾圧することに使う。出典は『史記』。


【洛陽の紙価を高める】

書物の評判がよく、盛んに売れることのたとえ。中国の晋の時代に左思が『三都賦』を著したとき、これが評判となって洛陽の人びとが争ってそれを書き写したため、紙の値段が上がったという故事による。出典は『晋書』。

知らせ

物事が起こる気配としての「知らせ」

▽何事かが起ころうとする知らせ

兆・徴・兆候・徴候・徴・兆し・萌し・徴兆・前知らせ・前兆・知らせ・前触れ・先触れ・色・前表・先表・幸先・瑞相・縁起・祥・験・胚胎・萌芽・萌生

▽めでたいことの前兆

瑞・瑞兆・瑞祥・瑞象・祥瑞・瑞徴・瑞相・符瑞・嘉瑞・瑞験・吉祥・吉祥・祥・休祥・祥禎・符祥・善祥・吉兆・吉瑞・吉相・幸先・休徴・嘉兆

▽めでたいことの前兆として現れた不思議な現象

奇瑞・霊瑞

▽めでたいことの前兆として現れた雲

瑞雲・慶雲

▽天のくだした、めでたいしるし

天瑞

▽前途に見える明るい兆し

曙光

▽表に現れたしるし

表徴・標徴

▽占いに出たしるし

占形・卜兆・占象

▽天候に変化の兆しが見えてくるさま

催い

▽怪しいことの前兆

怪

▽凶事の起こる前兆

凶兆・けち

[参]「けち」の語源は不吉な事を意味する「怪事（けじ）」で、それが音変化したものとされる。

▽争いごとに負けそうな兆し

敗兆・敗徴・負け色・敗色

人に知らせる意での「知らせ」

▽人に物事、ようすなどを分からせる

知らせる・知らす

▽言葉によって人に事柄を分からせる

告げる・伝える

▽自分を理解してもらうために不平やうらみごとを人に告げる

訴える

▽意見・主張を広く世間に問い掛け知らしめる

呼び掛ける・アピール

▽活字・電波などで広く人に伝える

報じる・報道・ニュース

▽人に自分の意思を分かってもらう

通じる

▽主として官庁、役人が広く人に告げ知らせる

達する・布達・諭告・宣告・宣言・公告・宣布・布告

▽警告などを告げ知らせる
発する・命令

▽広く公に告げ知らせる
宣する・宣す・公表・広報・弘報

▽悪事などを言葉で人に知らせる
言い付ける

▽順々に事柄を知らしめていく
言い送る・申し送る

▽広く人びとに知られるようにする
広める・弘める・披露・広告・宣伝・キャンペーン・パブリシティ

▽口頭で広く知らせる。知らせてまわる
言い広める・触れる・触れ回る・言い触らす・吹聴・喧伝

▽身振りや事前に決めたやり方で
合図・サイン

▽視線の動きやまばたきなどで合図を送る
目配せ

▽物事を告げ知らせる
知らせ・通知・報知・通信・案内・告知・報告・報・通報・アナウンス・インフォメーション

▽急ぎの　急報・飛報

▽素早い　速報

▽確かな　確報

▽誤った　誤報

▽うその　虚報

▽うれしい　朗報

▽すばらしい　快報

▽めでたい　吉報・吉左右

▽勝った　勝報・捷報

▽負けた　敗報

▽悲しい　悲報

▽死亡の　訃・訃報・訃音

▽悪い　凶報

▽時刻の　時報

▽警戒の　警報・警告

▽官庁や上位者からの
達し・命令・触れ・通達・示達・示達・執達・申達・布令

▽官庁が公式に広く一般に
公報・公示・告示・公告

▽書面による一方的な　通牒

▽詳しい　詳報

▽簡単な内容の　一報

▽出来事などに関する
情報・インフォメーション・レポート

▽非公式な　内報

▽会社や報道機関などが出す　社告

▽よそから来る　来報（らいほう）

▽相手からの知らせの敬語　御報（ごほう）

▽会社や商店などが知らせを出すときの敬語　謹告（きんこく）・お知（し）らせ

▽命令や連絡事項を伝える　伝達（でんたつ）

▽上位の者が下位の者に自分の意思を伝え知らせる　下達（かたつ）

▽大事を上位の者に急ぎ知らせる　注進（ちゅうしん）

▽口頭で伝える　口達（こうたつ）・口伝（くちづた）え・口伝（くちづ）て・口伝（くでん）

▽厳しく通達する　厳達（げんたつ）

▽通達ずみ　既達（きたつ）

▽前もって推測して知らせる　予報（よほう）

▽前もって告げ知らせる　予告（よこく）・前触（まえぶ）れ

▽急いで告げ知らせる　急告（きゅうこく）

▽正式に告げ知らせる　通告（つうこく）

▽相手に通報する　連絡（れんらく）

▽こっそりと告げ知らせる　告（つ）げ口（ぐち）・密告（みっこく）

▽敵方にこちらの情報をこっそりと知らせる　内通（ないつう）

▽敵方の情報をこっそりと調べて知らせる　諜報（ちょうほう）

▽神が人に乗り移り神意を人に知らせる　託宣（たくせん）・神託（しんたく）・預言（よげん）・お告（つ）げ・オラクル

「知らせ」に関する成句

【音沙汰（おとさた）がない】知らせや連絡がない。

【虫（むし）が知（し）らせる】何かが起こりそうな予感がする。一般に、よくないことが起こりそうな場合に使われる。

【目顔（めがお）で知（し）らせる】目の表情で自分の意思を相手に知らせる。

調（しら）べる

明確にする意の調査からみた「調べる」

▽ある事を明らかにするため、探したり、問いただしたりする　調査（ちょうさ）・調（しら）べる・按検（あんけん）・案験（あんけん）・調（しら）ぶ・調（しら）む・取（と）り調（しら）べる・リサーチ

▽調べ考える　調法（ちょうほう）

▽調べ探す　検索（けんさく）・サーチ

▽最後まで調べ通す　突き詰める

▽実際に調べて証明する　検証

▽尋ねてはっきり確かめる
質問・質す・聞き質す・聞き糺す・聞き糾す・問い質す

▽細かなことまで尋ね
詮索・穿鑿・洗う

▽厳しく調べ考える　検覈・検考

▽詳しく
精査・審査・精覈・審覈・審理・研覈・研究・吟味

▽もう一度詳しく　再吟味

▽調べて確定する　調定

▽ひそかにようすを　探り・探る

▽考え
勘検・考験・考検・考査・考覈

▽考え比べること　勘校

▽探り　探査

▽実地に行って　踏査・実査

▽本当かどうか　実検

▽未知の土地を実地に
探検・探険

▽形跡・状況などを　検案

▽敵や相手のようすをひそかに
偵察・内偵・密偵・探偵

▽調査したうえで金額や等級などを決定する
査定

▽人物・才能などを調べて選ぶ
銓衡・選考

異常・不正・不備の検査からみた「調べる」

▽異常や不正の有無を
検する・閲する・閲する・改める・検める・検査・点検・検見・査検・査験・検閲・査閲・チェック

▽状況を実際に　査察

▽数え　簡閲

▽調べてよしあしをただす　按察

▽調べてよしあしを考える　検討

▽詳しく考え　精察・観察

▽ある事のためにあらかじめ
下調べ・下検分・内検・下見

▽開いて調べ、よく見る　披閲

▽照らし合わせ
照査・参校・参較・参照・照合

▽二つ以上のものの違いを調べるため見比べる
照らし合わせる・照らし合わす・照り合わせる

▽立ち会って
検分・見分・見届ける

▽もう一度検討。また、検査する
再検・再検討・再検査

調べる

▽検査して見つけ出す　検出(けんしゅつ)

▽品物を検査する　検品(けんぴん)

▽検査ずみの印　検印(けんいん)

▽検査し封印する。また、封印を　検封(けんぷう)

▽検査して合格かを決める　検定(けんてい)

▽監督し検査する　監査(かんさ)

▽鑑定し検査する　鑑査(かんさ)

▽印刷物などで本文を他の本と照合してその違いを知る　校合(きょうごう)・挍合(きょうごう)・校合(こうごう)・校書(こうしょ)・校書(きょうしょ)

▽文書・原稿などの誤りを調べただす　校閲(こうえつ)

▽現金・商品と帳簿とを照らし合わせて　帳合(ちょうあい)

▽調べ監督する　監察(かんさつ)

▽その場に臨んで検査する　臨検(りんけん)

▽その場に行って調べ見きわめる　視察(しさつ)

▽見回って　巡察(じゅんさつ)・巡検(じゅんけん)・巡閲(じゅんえつ)・巡按(じゅんあん)

▽最高位にある者が自ら検閲・閲兵する　親閲(しんえつ)

▽軍隊を検閲する　観閲(かんえつ)

▽整列させた軍隊を検閲する　閲兵(えっぺい)

▽一人一人名を呼んで人数を確かめる　点呼(てんこ)

▽メーターの目盛りを　検針(けんしん)

▽車両を検査する　検車(けんしゃ)

▽自動車の定期的な車体検査　車検(しゃけん)

▽病状を判断するため　診察(しんさつ)

▽病気かどうかを　検診(けんしん)

▽健康状態を　健康診断(けんこうしんだん)・メディカルチェック

▽顕微鏡で　検鏡(けんきょう)

▽体の発育状態や異常を　身体検査(しんたいけんさ)・体格検査(たいかくけんさ)

▽視力を　検眼(けんがん)

▽細菌があるかどうか痰(たん)を　検痰(けんたん)

▽病気診断のため尿を　検尿(けんにょう)

▽大便中に病原菌などがあるかどうかを　検便(けんべん)

▽伝染病予防のための検査などを行う　検疫(けんえき)

悪事・犯罪などからみた「調べる」

▽理非・曲直を明らかにするため問いただす　調(しら)べる・取(と)り調(しら)べる・尋問(じんもん)する

▽取りたてて問いただす　咎(とが)める・責(せ)める・非難(ひなん)する

▽疑わしい点がないか問いただす　検問(けんもん)

▽不審な人に声をかけて問いただす

誰何
▽警察官が不審な者などを呼び止めて質問する
職務質問・職質
▽職務質問の旧称　不審尋問
▽取り調べて罪の有無をはっきりさせる
糺す・糾す
▽相手を責めて問いただす
問い詰める・詰問
▽人を呼び出して問いただす　喚問
▽誤りや不正などの有無を　検察
▽審理のために問いただす　審問
▽事件の関係者を調べ問いただす
査問
▽口頭で問いただす　尋問・訊問
▽罪を問いただして責任を追求する
糾弾・糺弾
▽法に違うことをただす
糺正・糾正

▽罪を問いただして明らかにする
糺問・糾問・糾察・糺明・糾明・問罪・糺罪・糾罪
▽罪状を取り調べる
推覈・詮議・推問・審案・案問・按問・吟味・鞠問・鞫問・鞠訊・鞫訊・訊鞠
▽罪状をくわしく　審糾・審鞠
▽取り調べて罪を問いただす　勘問
▽不正をあばき追及する　弾劾
▽容疑者などの確認のため、実際にその人の顔を見る
面通し・面通し・面割り
▽犯人および証拠物を発見・確保する
捜査
▽証拠物を見つけるため身体・住居などを強制的に
捜索
▽容疑者や証拠を見つけるため住居の内外を捜索する

家宅捜索・がさ・がさ入れ
▽裁判所が証拠方法を調べ事実認定資料を得る
証拠調べ
▽原告と被告とを立ち合わせて審理する
対審
▽第一回の裁判所の審理
初審・一審
▽上級裁判所が行う第二回の審理
二審
▽上級裁判所が行う第三回の審理
三審
▽最後の審理　終審
▽審理が終了する　結審
▽判決の取り消しと再審理を求める
再審
▽実際に本人か否か　首実検
〔参〕「実検」は本物かどうかを実地に調べること。「首実験」とするのは誤表記。

▽検察官が変死体を
検死・検屍・検視
▽解剖して　剖検

「調べる」に関する成句

【顔色を見る】
表情を探る。「顔色」は、人の気持ちがうかがえる顔付きの意。

【鉦や太鼓で捜す】
大騒ぎをしてみんなで捜し回る。

【草の根を分けて捜す】
隅から隅まで徹底して捜す。「捜す」は「探す」とも書く。

【探りを入れる】
それとなくようすを調べる。

【鼻息を窺う】
こわごわ相手の意向や機嫌を探る。

【腹を抉る】
相手の考えを見通して厳しく問いただす。

【腹を探る】
（⇨「考える・考え」189ページ）

知る・分かる

認識・感知の意からみた「知る・分かる」

▽物事の本質やありさまをはっきりととらえる
捉える・知る・気付く・認める・分かる・悟る・認知
▽物事をはっきり知り、その意義を弁別・理解する
認識・識認
▽認識し直す　再認識
▽「知る」「覚える」の謙譲語
存じる・存ずる
▽「存じ」の尊敬語　御存じ
▽知ってその意をつかむ　知得
▽知っている
存知・存じ・承知
▽つくづく　思い知る
▽現状に満足する　知足
▽天命を　知命
▽死ぬ時刻を　知死期
▽世間に名を知られている　知名
▽言い方を会得する　言い知る
▽心に感じて　感知
▽聞いて　聞知
▽目で見て　見知・検知
▽関係があって　関知
▽探って
探知・探索・嗅ぎ出す
▽ひそかに事情を探って　諜知
▽推しはかって
察する・読む・察知・推

知(ち)・推測(すいそく)・推量(すいりょう)・端倪(たんげい)

▽判断して　**判知(はんち)**

▽考察や推理をしないで、瞬時に感じて
直感(ちょっかん)・直覚(ちょっかく)・直観(ちょっかん)

▽すでに知っている　**既知(きち)**

▽まだ知らない　**未知(みち)**

▽うかがい　**窺知(きち)**

▽はっきりと認める　**確認(かくにん)**

▽誤ってそれと認める　**誤認(ごにん)**

▽互いに顔を知っている
面識(めんしき)・相識(そうしき)

▽一度会って面識がある　**一面識(いちめんしき)**

▽前もって面識がある
見知り越し(みしりごし)

▽自分の能力や立場などをよく知っている
自覚(じかく)

▽意見などが相手によく通じる
疎通(そつう)

▽知っているのに知らない振りをする
知らん振り(しらんぷり)・しらばくれる

理解・精通の意からみた「知る・分かる」

▽物事の意味・内容・本質・情趣などをのみ込む
知る(しる)・分かる(わかる)・解る(わかる)・察する(さっする)・解する(かいする)・悟る(さとる)・理解(りかい)・知覚(ちかく)・呑み込み(のみこみ)

▽物事の内容が明らかになる
判る(わかる)・判明(はんめい)

▽理解できる　**解せる(げせる)・頷ける(うなずける)**

▽物事を正しく判断して見分ける
弁える(わきまえる)・心得る(こころえる)・弁別(べんべつ)・辨別(べんべつ)・識別(しきべつ)

▽世間の道理をわきまえる
分別(ふんべつ)・弁知(べんち)

▽しっかりと理解する
把握(はあく)・把捉(はそく)・摑む(つかむ)

▽物事や言葉の意味を理解する
解釈(かいしゃく)

▽物事や言葉の意味をよく考えて十分に理解する
咀嚼(そしゃく)

▽すっかり　**氷解(ひょうかい)**

▽自分で理解する　**自得(じとく)**

▽理解して自分のものにする
会得(えとく)・消化(しょうか)

▽見て会得する　**看取(かんしゅ)**

▽体験して身に付ける　**体得(たいとく)**

▽深く味わって身に付ける　**味得(みとく)**

▽はっきり感じて会得する　**感得(かんとく)**

▽体験して　**体認(たいにん)**

▽事情をよく知っている
熟知(じゅくち)・通暁(つうぎょう)・暁通(ぎょうつう)

▽知り尽くす
知悉(ちしつ)・知了(ちりょう)・知り抜く(しりぬく)

▽物事を詳しく
精通(せいつう)・審識(しんしき)・通じる(つうじる)

▽物事を深く

知る・分かる

通達(つうたつ)・通達(つうだつ)・熟達(じゅくたつ)

▽相手の事情を察する
了察(りょうさつ)・諒察(りょうさつ)

▽事情などをよく知っている
承知(しょうち)・案内(あんない)

▽認めて賛成する
首肯(しゅこう)

▽相手の事情が分かって要求などを聞き入れる
了解(りょうかい)・諒解(りょうかい)・領解(りょうかい)・領会(りょうかい)・承知(しょうち)

▽相手の要求などを理解し認める
了承(りょうしょう)・諒承(りょうしょう)・領承(りょうしょう)

▽相手の考えや行為を理解し認める
納得(なっとく)

▽十分に承知・納得する
得心(とくしん)・合点(がてん)・合点(がってん)

▽奥深く物事を見知る
玄覧(げんらん)

▽広く知れ渡っている
周知(しゅうち)

▽理解が早い
早分かり(はやわかり)・早呑み込み(はやのみこみ)

▽十分に理解しないで分かったつもりになる
早合点(はやがてん)・早合点(はやがってん)・早呑み込み(はやのみこみ)

▽自分では分かったつもりになる
独り合点(ひとりがてん)・独り呑み込み(ひとりのみこみ)

▽よく理解しないまま覚え込む
丸呑み(まるのみ)・鵜呑み(うのみ)

▽少し知っているが未熟
半解(はんかい)

▽よく知らないのに知っているふうに振る舞う
半可通(はんかつう)・半可(はんか)・知ったか振り(しったかぶり)

▽間違って理解する
誤解(ごかい)・思い違い(おもいちがい)

▽曲げて理解する
曲解(きょっかい)

▽別の意味に理解する
取り違える(とりちがえる)・履き違える(はきちがえる)

洞察・悟るの意からみた「知る・分かる」

▽隠れている事情や本質などを
看破(かんぱ)・看取(かんしゅ)・見抜く(みぬく)・見通す(みとおす)・見破る(みやぶる)・見透かす(みすかす)・見て取る(みてとる)

▽あらかじめ見通して
予知(よち)・前知(ぜんち)・先知(せんち)・予見(よけん)・予測(よそく)・逆睹(ぎゃくと)・逆覩(ぎゃくと)・逆睹(げきと)

▽物事の本質や将来を見抜く
洞察(どうさつ)・先見(せんけん)・洞見(どうけん)

▽全体の情勢を広い視点で見通すこと
達観(たっかん)

▽物事の真理を会得する
悟る(さとる)・覚る(さとる)・理会(りかい)

▽悟りを開く
開悟(かいご)・解悟(かいご)・知暁(ちぎょう)・暁悟(ぎょうご)・証悟(しょうご)・覚悟(かくご)・了悟(りょうご)・悟了(ごりょう)・了得(りょうとく)・了知(りょうち)・了覚(りょうかく)・覚知(かくち)・達観(たっかん)・諦観(ていかん)・諦視(ていし)

▽悟りを開いて真理を会得する
悟道(ごどう)・悟得(ごとく)・悟入(ごにゅう)

▽深く悟りを開く　大悟(たいご)・大覚(だいかく)
▽仏道を修めて悟りを開く　得道(とくどう)
▽自分の身をふりかえって誤りを悟る　省悟(せいご)
▽かつての誤りを悔いて悟る　悔悟(かいご)
▽あきらめて悟る　諦観(ていかん)
▽急に悟りに入る　頓悟(とんご)
▽はっきりと悟るさま　了然(りょうぜん)
▽人より先に悟り、世を導く。また、その人　先覚(せんかく)・先覚者(せんかくしゃ)
▽生まれながらに道理を　生知(せいち)
▽才知がすぐれていて悟りが早い　穎悟(えいご)・英悟(えいご)・聡悟(そうご)・敏慧(びんけい)・慧悟(けいご)
▽警告して心の迷いを覚まさせる　警醒(けいせい)
▽心の迷いや非を悟り、正気になる　覚醒(かくせい)
▽雑念や迷いを払って悟りを開く　成仏(じょうぶつ)・解脱(げだつ)
▽仏道の真理を悟る　開眼(かいげん)
▽仏道の正しい悟り　正覚(しょうがく)・正悟(しょうご)・妙覚(みょうかく)・妙覚(みょうがく)
▽悟りの知恵。究極の悟り　菩提(ぼだい)
▽悟りの境地　涅槃(ねはん)

知識・知恵の意からみた「知る・分かる」

▽知っていること　知識(ちしき)
▽新しい　新知識(しんちしき)
▽あらかじめ準備しておく　予備知識(よびちしき)
▽一般の人がもつべき　常識(じょうしき)
▽物事を的確に判断する　良識(りょうしき)
▽学問上の　学識(がくしき)・学殖(がくしょく)
▽蓄えた深い　蘊蓄(うんちく)
〘参〙「蘊」「蓄」はともにたくわえるの意。蓄えた知識を語ることを「蘊蓄を傾ける」という。「説教を垂れる」などとの混同から「蘊蓄を垂れる」とするのは誤用。
▽身に付けた　教養(きょうよう)・素養(そよう)
▽知識や知恵の多い　多識(たしき)・多知(たち)・多智(たち)
▽広く物事を知っている　物知り(ものしり)・物識り(ものしり)・博識(はくしき)・博聞(はくぶん)・博学(はくがく)・博雅(はくが)・該博(がいはく)
▽広く書物を読み、物事を　博覧(はくらん)
▽知識や学問のある　有識(ゆうしき)
▽学問や技芸に深い知識をもっている　造詣(ぞうけい)
▽すぐれた知恵　明知(めいち)・明智(めいち)
▽深遠な道理を悟るすぐれた才知　英知(えいち)・英智(えいち)・叡知(えいち)・叡智(えいち)
▽すべてのことに通達する知恵　全知(ぜんち)・全智(ぜんち)

「知る・分かる」に関する成句

知る・分かる

【得体が知れない】相手や物事の正体が分からない。

【岡目八目】当事者よりも関係のない人の方が、物事の是非がよく分かること。類「傍目八目」

【お里が知れる】ちょっとした立ち居振る舞いで、その人の生まれや育った環境が分かる。

【推して知るべし】容易に推測できる。考えてみればすぐに分かる。

【思い半ばに過ぎる】すべてのことを知らなくても、おおよそのことが分かる。

【気が知れない】相手が何を考えているのか理解できない。類「理解に苦しむ」

【気心が知れる】互いの気持ちが通じ、分かり合っている。

【口を拭う】知っていながら知らないふりをする。類「白を切る」「空を使う」「頬被りをする」

【自明の理】（⇩「明るい・明らか」47ページ）

【蛇の道は蛇】同類の者同士は、互いの間の事情には詳しいこと。

【知らぬ顔の半兵衛】知っていながら知らないふりをしてすましていること。また、その人をいう。

【先見の明がある】（⇩「賢い・愚か」154ページ）

【造詣が深い】広くて深い知識をもっていること。

【高が知れる】たいしたことのない程度と分かる。

【血の巡りが悪い】とっさに理解できない。

【東西を弁えず】物事の道理を理解できない。類「東西を弁ぜず」「東西を分かず」

【生兵法は大怪我のもと】少しばかり知っていると軽々しくそれに頼ってしまうから、かえって大失敗をする。

【西も東も分からない】その土地のようすや事情などがまったく分からない。類「西も東も知らない」

【百も承知】十分知っていること。

【身の程を知らない】自分の身分や能力をわきまえていない。類「身の程知らず」

【見る目がある】物事や人物の実力・本質を見抜く力がある

【目が利く】物事のよしあしを見分ける力がある。類「目が高い」

【目から鱗が落ちる】

ふとしたことで物事の本質が分かる。


【目を塞ぐ】

知っていながら見逃がす。


【物が分かる】

（⇒「賢い・愚か」154ページ）


【割り切れない】

納得できない。理解できない。

類「腑に落ちない」


【息の臭きは主知らず】

自分の口臭には気がつかないように、自分の欠点は分からないものだということ。類「我が身の臭さ我知らず」


【一知半解】

一つの知識しかないのに、その半分も理解していないの意から、浅はかな知識しかもっていないこと。


【井の中の蛙大海を知らず】

井戸の中にすむカエルは、外に広大な海があるのを知らないの意で、自分のみの狭い知識や見聞に固執して、それがすべてであると思い込んでいる狭量なことのたとえ。


【易者身の上知らず】

他人の運勢を占う易者も自分のことは分からないように、自分のことには正しい判断ができないということ。


【温故知新】

『論語』の中の孔子の言葉で、過去の事実や伝統を学んで、新しい知識や理論を見つけること。「故きを温ねて新しきを知る」ともいう。


【彼を知り己を知れば百戦殆からず】

敵と味方のことを十分に知っていれば何度戦っても負けることはない。出典は『孫子』。


【知って知らざれ】

よく知っていることでも、むやみに知ったふりをしない方が奥ゆかしいということ。


【知らざるを知らずと為せ是知るなり】

知らないことは知らないと正直に言うのが真に知ることにつながるのであって、実際は知らないのに知っているふりをしていたのでは学問も知識も上達しないという教え。出典は『論語』。


【知らぬが仏見ぬが秘事】

知らないでいればすむことなのに、秘密を知りたいと思うのが人の常で、知ってしまえば興ざめすることが多い。何事も知らない見ないにこしたことはないということ。

類「知らぬが仏」


【知らぬは亭主ばかりなり】

女房の浮気を世間では皆知っていて、知らないのはその亭主だけだの意で、亭主の間抜けぶりをやゆしたもの。当事者のうかつさをいうこともある。


【知る者は言わず言う者は知らず】

物事をよく知っている人は、その知識を軽々しく口に出さないが、よく知らない人に限って知ったかぶりをしておしゃべりをする。出典は『老子』。

【世間知らずの高枕】世の中を知ろうとしない者は安眠することから、世間の事情にうとく、のんきなことのたとえ。

【全知全能】どんなことでもよく分かり、行うことができる能力のこと。

【足ることを知る】人間の欲望にはきりがないので、自分の能力や環境を考えて分相応のところで満足することが大切であるということ。出典は『老子』。

【天知る地知る我知る人知る】誰も知らないと思ってしたことでも、天地の神々が知っているし、自分も相手も知っている。不正や悪事は必ず露見するものだということ。出典は『後漢書』。

【博覧強記】広く書物を読み、物事を覚えていること。知識が豊かなこと。

【恥を知らねば恥かかず】恥を恥と感じない者はどんなに恥ずかしいことをしても平気でいるから、恥を知らないことこそ本当の恥であるということ。

心配

不安・うれえるの意からみた「心配」

▽悪いことなどが起こらないかと気にかかること
心配

▽心配する
憂える・愁える・案ずる・案じる・物案じ・不安・思案・憂心・憂い・愁い・虞れ

▽天子が心を痛め、心配する　**軫念**

▽気に掛かる
気掛かり・心懸かり・気遣わしい・心置き・介意

▽物事を気に掛けてくよくよする
屈託

▽深く思案する　**慮る**

▽気に掛かって不安に思う
恐れる・懼れる・危ぶむ・懸念

▽心配し心を痛める　**心痛・痛心**

▽深い　**深憂・幽愁**

▽うれいわずらう。大きな　**憂患**

▽心配して思案する　**憂慮**

▽心配事が多く心が晴れない　**憂鬱**

▽心配そうな顔をする
憂色・愁色・愁眉

▽うれい悲しむ

▽うれい苦しむ
憂戚(ゆうせき)・憂愁(ゆうしゅう)・憂傷(ゆうしょう)

▽心配してもだえ苦しむ
憂苦(ゆうく)・愁苦(しゅうく)・煩憂(はんゆう)　憂悶(ゆうもん)

▽うれい憤る　憂憤(ゆうふん)

▽不安で心細い
頼り無い(たよりない)・頼み少ない(たのみすくない)・覚束無い(おぼつかない)・心許無い(こころもとない)

▽心配し恐れる　危惧(きぐ)・危懼(きぐ)

▽恐れや不安の念で、ぞっとする
寒心(かんしん)

▽後になって生じる　後患(こうかん)・後憂(こうゆう)

▽同じように心配している人　同憂(どうゆう)

▽この上もない大きな　大患(たいかん)・大憂(たいゆう)

▽内部または国内の　内患(ないかん)・内憂(ないゆう)

▽外部または外国からの
外患(がいかん)・外憂(がいゆう)

▽国の存亡にかかわるような
国患(こっかん)・国憂(こくゆう)・国難(こくなん)

▽国の現状や将来を
憂国(ゆうこく)・憂世(ゆうせい)・慨世(がいせい)

思いやり・配慮の意からみた「心配」

▽相手に対して心を配る
思いやり(おもいやり)・配慮(はいりょ)・配意(はいい)・顧慮(こりょ)・気配り(きくばり)・心配(しんぱい)・心配り(こころくばり)・気遣い(きづかい)・心遣い(こころづかい)

▽他人に対して気を使う
気兼ね(きがね)・遠慮(えんりょ)・頓着(とんちゃく)・頓着(とんじゃく)

▽気をつける　注意(ちゅうい)

▽あれこれと心遣いする
気苦労(きぐろう)・気骨(きぼね)・心労(しんろう)

▽余計なことまで心配する
思い過ごし(おもいすごし)・杞憂(きゆう)・取り越し苦労(とりこしぐろう)

▽前もって気を配る
用心(ようじん)・用意(ようい)・心構え(こころがまえ)・気構え(きがまえ)

▽相手の心配りを敬って言う言葉
御高配(ごこうはい)・御念(ごねん)・御配慮(ごはいりょ)・御心遣い(おこころづかい)

「心配」に関する成句

【意(い)に介(かい)する】
気に掛ける。

【顔(かお)を曇(くも)らせる】
心配そうな顔付きになる。類「顔(かお)が曇(くも)る」「額(ひたい)が曇(くも)る」

【気(き)が気(き)でない】
ひどく気になって落ち着かない。類「居(い)ても立(た)っても居(い)られない」

【気(き)が揉(も)める】
心配でやきもきする。

【鬼胎(きたい)を抱(いだ)く】
ひそかに恐れて心配する。

【気(き)に掛(か)かる】
あることが心から離れず心配である。

【気(き)にする】

心配

いつまでも気にとめて心配する。類「心に掛ける」「気に掛ける」

【気に病む】
心に引っ掛かってひどく心配する。

【屈託がない】
何も気に掛かることがない。心配してくよくよすることがない。類「屈託ない」

【後顧の憂い】
後の心配のこと。自分がいなくなった後を心配する気持ちのこと。

【心が騒ぐ】
不安で動揺する。類「胸騒ぎがする」

【頭痛の種】
心配のもと。

【寧日がない】
心配事があって心の休まる日がない。

【眉を曇らせる】
心配で顔をゆがめる。類「眉を寄せる」「額に皺を寄せる」「額に八の字を寄せる」

【胸を痛める】
どうなることかとひどく心配する。

【目の前が暗くなる】
将来が不安になる。

【もしもの事】
万が一のこと。不安にかられて案じられること。

【案じるより念じろ】
くよくよ心配するだけでは苦痛から逃れられないから、心から神仏にお願いしなさいということ。

【案ずるより生むが易し】
出産は何かと気掛かりなものだが、心配していたよりも簡単にすむことから、思い切ってやってみると事前に心配していたよりも案外たやすくできるものだということ。

【疑心暗鬼】
不安な気持ちでびくびくしていると、暗がりの中にいるはずもない鬼の姿を見るようになるの意で、疑い出したら何でもないことまで不安にかられるということ。

【杞憂】
中国の杞の国の人が、天が崩れ落ちてきたらどうしようかと心配したという故事から、無用の心配、取り越し苦労のことをいう。出典は『列子』。類「杞人の憂い」

【焦心苦慮】
心配していらだつさま。

【強迫観念】
打ち消そうとしても付きまとう不安をいう。

【心配は身の毒】
気に掛けていろいろ思いわずらうことは、体の健康にも害が及ぶということ。

【備えあれば憂いなし】
万一のために前もって用心すれば心配ないということ。

【内憂外患】
国内の心配事と国際的な心配事。その両方を同時に抱えているように、悩みの多い状態。

【人の疝気を頭痛に病む】
他人の腹痛を心配するあまり自分が頭痛を起こす意。自分に関係のないことでよけいな心配をすることをいう。

すぐれる ……秀・優・勝

他のものにまさっている意の「すぐれる」

▽他のものにまさっている
優越・優等・見事・美事・立派・良い・善い・好い・良い

▽すぐれている方　**右・上**

▽とりわけ
最勝・殊絶・殊勝・秀絶・秀逸・俊異・儁異・絶異・高大・究竟・究竟・究竟一・素敵・天晴れ・適・素晴らしい・目覚ましい・輝かしい・耀かしい・花花しい・華華しい・汀優り

〔参〕「あっぱれ」は、古語の「あはれ」が促音化して意味が強調された語。しみじみとした情緒・感情を表す「あはれ」に対し、賞賛する気持ちを表す言葉として用いられるようになったとされる。「天晴れ」は当て字で、「適」は国字である。

▽際立って
卓然・超然・挺然

▽この上なく
最高・至高・上乗・上上・極上・最上・無上・随一・絶妙・第一・天下一・不世出

▽ひときわ
秀優・優秀・一角・一廉・一角・一廉・異彩・卓異

▽すぐれていて目立つ　**光彩**

▽衆に抜きん出ている　**特立**

▽特にすぐれた事柄
特長・特色・長所

▽非常にすぐれている　**尤**

▽すぐれてよい
佳・優良・佳良・上等・御膳上等

▽最もよい
最良・最善・ベスト

▽最善ではないが比較的よい
ベター

▽この上なくすぐれてよい
佳絶・絶佳

▽立派ですばらしい
強気・豪気・豪儀・強気・

▽豪気（ごうき）・豪華版（ごうかばん）

▽あざやかで生き生きと目立つ　精彩（せいさい）・生彩（せいさい）

▽物事などがすぐれている　警策（きょうざく）・警策（きょうさく）

▽出来上がりがすぐれている　出来栄え（できばえ）・出来映え（できばえ）

▽すぐれて出来ばえのよい　傑作（けっさく）・結構（けっこう）

▽出来ばえのよい　上出来（じょうでき）・大出来（おおでき）

▽憎い気になるほど　心憎い（こころにくい）

▽代わって前者より　代わり映え（かわりばえ）

▽外から見て目立つ　見栄え（みばえ）・見映え（みばえ）

▽珍しく　奇抜（きばつ）・奇警（きけい）

▽すぐれて珍しい　奇特（きとく）・奇特（きどく）・奇妙（きみょう）

▽尊く　尊勝（そんしょう）

▽教養・能力が　高い（たかい）

▽才知が　才（さい）・俊（しゅん）・英才（えいさい）・穎才（えいさい）・殊才（しゅさい）・俊才（しゅんさい）・豪俊（ごうしゅん）・英発（えいはつ）・俊逸（しゅんいつ）・異才（いさい）・能才（のうさい）・俊秀（しゅんしゅう）・非凡（ひぼん）・秀才（しゅうさい）

▽才知がすぐれていて悟りが早い　穎悟（えいご）・英悟（えいご）・聡悟（そうご）・敏慧（びんけい）・慧悟（けいご）

▽識見が　具眼（ぐがん）

▽非常に知徳が　聖徳（せいとく）・至聖（しせい）

▽幼少から才能が　早熟（そうじゅく）

▽気力がすぐれて強い　豪健（ごうけん）・豪毅（ごうき）

▽世を覆い尽くすほど才能や気力が　蓋世（がいせい）

▽ある分野で最も　第一流（だいいちりゅう）・一流（いちりゅう）・大一級（だいいっきゅう）

▽学芸・技術などに　堪能（たんのう）

▽すぐれた大きな器量　偉器（いき）

▽容姿が清らかで　清秀（せいしゅう）

▽作品や品物などが　絶品（ぜっぴん）・逸品（いっぴん）・一品（いっぴん）

▽書物・催し物で最もすぐれた部分　圧巻（あっかん）

▽景色が　景勝（けいしょう）

▽景色が珍しく　奇勝（きしょう）

▽景色がとりわけ　勝絶（しょうぜつ）・絶勝（ぜっしょう）・絶佳（ぜっか）・絶景（ぜっけい）

▽優れたものが他に勝つこと　優勝（ゆうしょう）

▽優ることと劣ること　優劣（ゆうれつ）・長短（ちょうたん）・甲乙（こうおつ）・短長（たんちょう）・雌雄（しゆう）・出来不出来（できふでき）

▽二つがともにすぐれて優劣がつけられない　双璧（そうへき）

〘参〙「璧」は古代中国の玉器の一種、「双壁」は誤表記。

比較することからみた「すぐれる」

▽他のものよりも上である
勝る・優る・勝れる・優れる・秀でる・長じる・長ずる・長ける・闌ける・抜ける・抜け出る・過ぎる・越す・超す・勝つ・越える・超える・抜きん出る・抽んでる・擢んでる・立ち勝る・立ち増さる・打ち勝つ・滾る・逸出・立ち越える・上手・増し・超過・出頭

▽すぐれていると思う　見上げる

▽あるものをこえてそれ以上になる
凌ぐ・凌駕

▽多くの中でも際立って
図抜ける・頭抜ける・ずば抜ける・並外れる・抜群・逸群・絶群・出群・超群・卓爾・絶倫・絶類・秀抜・秀出・出色

▽一段と　出頭地

▽標準をはるかにこえて
超越・超越

▽際立って見える
目立つ・光る・引き立つ・際立つ・映える・栄える・輝く・耀く・赫く

▽抜きん出てたくましい
雄偉・卓偉

▽抜きん出て高く立つ　卓立

▽気高く衆に　高邁

▽他のものよりも飛び抜けて
傑出・特出・卓出・卓絶・卓抜・卓越・卓犖・超卓・挺出・超絶

▽才能が群を抜いて
穎脱・脱穎・錐脱

▽比較するものがないほどまれな
絶代・希代・稀代・希代・稀代・冠絶・無類・無比・無双・絶世・妙絶・独歩

▽昔から今まで並ぶものがない
未曽有

〔参〕「未(いま)だ曽(かつ)て有(あ)らず」の意。もとは、仏の功徳の尊さや神秘なことを賛嘆した言葉だったが、のちに原義が転じて、善悪の両方の意味で使われるようになった。現代では「未曾有の災害」のように悪い意味で使われることが多くなっている。

▽一段と抜きん出て偉大なさま
巍然

▽多くの中ですぐれた物
尤物・逸物

▽集団の中で主となる
重立つ・主立つ

▽世にすぐれ出る　超世・超世

▽弟子が師よりもすぐれるたとえ
出藍

▽劣っていた者が上位の者に勝る
追い越す（おいこす）・追い抜く（おいぬく）

▽地位や位置が他よりも　**優位（ゆうい）**

▽勢い・形勢が他よりも　**優勢（ゆうせい）**

▽成長するにしたがって
ねび勝る（まさる）・生い優る（おいまさる）

▽年を経てますます　**経優る（へまさる）**

▽子の能力が親よりもまさっている
親勝り（おやまさり）

▽遠くよりも近くで見る方がまさっている
近優り（ちかまさり）・近勝り（ちかまさり）

▽予想よりもすぐれている　**心勝り（こころまさり）**

▽打ち解けたときの方がとりつくろったときよりもすぐれて見える
打ち解け優り（うちとけまさり）

▽元服した顔かたちがこれまでよりすぐれて見える
上げ優り（あげまさり）

▽前よりも。また、他のものよりもまさって見える
見優る（みまさる）・見優り（みまさり）

▽力が他よりすぐれて強い
力優り（ちからまさり）・力勝り（ちからまさり）

▽女性が男性よりも気性が強くしっかりしている
男勝り（おとこまさり）

「すぐれる」に関する成句

【異彩（いさい）を放（はな）つ】
他のものよりきわだってすぐれている。

【一頭地（いっとうち）を抜（ぬ）く】
ほかの多くのものより一段とすぐれている。「一頭」は、頭一つ分の高さの意。類「一頭地（いっとうち）を出（いだ）す」

【上（うえ）には上（うえ）がある】
これが最上であると思っていても、必ずそれより上のものがあるものだということ。

【腕（うで）が利（き）く】
技量がすぐれている。類「腕（うで）が立（た）つ」

【上手（うわて）を行（い）く】
技能や学力などが人より一段とすぐれている。

【金（きん）の卵（たまご）】
将来に期待が持てる、若くてすぐれた人材。

【群（ぐん）を抜（ぬ）く】
大勢の中で、飛び抜けてすぐれている。

【毛（け）の生（は）えたよう】
ほんの少しまさっているが、たいして変わらない。

【雌雄（しゆう）を決（けっ）する】
優劣・勝敗をきめる。

【すこぶる付（つ）き】
ずば抜けてすぐれていること。「すこぶる」という語がつくほどという意から。

【光彩（こうさい）を放（はな）つ】
すぐれていて特に目立つこと。

【神（しん）に入（い）る】

演技などが、神業かと思えるほどすぐれている。

【精彩を放つ】 生気に満ちてきわだって見える。「精彩」は「生彩」とも書く。

【粒が揃う】 みんな揃ってすぐれている。

【頭角を現す】 学問などがほかの人びとよりも目立ってすぐれるようになる。

【堂に入る】 学問・技芸が非常にすぐれている。

【並ぶ者がない】 非常にすぐれていて、比べられる者がいない。

【引けを取らない】 負けることはない。劣ってはいない。

【非の打ち所がない】 完璧で非難する点がない。

【勝るとも劣らぬ】 すぐれていても劣ってはいない。

【磨きが掛かる】 技術・芸などが一段とすぐれたものになる。

【右に出る者がない】 その人に勝る者はいない。

【役者が一枚上】 掛け引きや計略などが一段とすぐれていること。

【水際立つ】 ひときわ目立ちあざやかである。

【蓋世の才】 世の中を覆い尽くすほどに才知が非常にすぐれていること。

【海内無双】 天下に並ぶ者がないこと。「海内」は、天下の意。

【金玉満堂】 才学がほかの人よりもすぐれていることのたとえ。

【鶏群の一鶴】 多くの平凡な人びとの中にいる一人のすぐれた人のたとえ。類「掃き溜めに鶴」「鶏群孤鶴」

【古今無双】 昔から今に至るまで並ぶ者がないということ。類「古今無比」

【出藍の誉れ】 弟子が師よりもすぐれていることのたとえ。類「出藍の青」「青は藍より出でて藍より青し」

【栴檀は双葉より芳し】 栴檀は発芽のころより香気があるように、大成する者は幼時よりずば抜けてすぐれている。

【嚢中の錐】 内に才能のある者はたちまち外に現れることのたとえ。

【伯仲の間】 いずれがすぐれているか、ほとんど差がなく優劣がつけにくいこと。出典は曹丕の論文。類「兄たり難く弟たり難し」

【飛耳長目】

物事の観察にすぐれ、よく通じていること。

健(すこ)やか・健康(けんこう)

体の様態からみた「健やか」

▽病気をせず、体がいたって元気
壮(そう)・健(けん)・壮健(そうけん)・健康(けんこう)・強健(きょうけん)・健勝(けんしょう)・健在(けんざい)・健全(けんぜん)・健(すこ)やか・達者(たっしゃ)・堅固(けんご)・丈夫(じょうぶ)・無病(むびょう)・健(すく)やか・健(すく)よか・忠実(まめ)

▽丈夫で勇ましく活動的
勁健(けいけん)・勇健(ゆうけん)・剛健(ごうけん)・壮健(そうけん)・元気(げんき)・頭堅(かしらかた)

▽健康で強い　**強壮(きょうそう)**

▽がっしりしていて丈夫　**頑健(がんけん)**

▽この上なく頑健　**至健(しけん)**

▽ずば抜けて丈夫で病気知らず　**不死身(ふじみ)**

▽心身が強くたくましい　**剛健(ごうけん)・健剛(けんごう)**

▽堅固で丈夫　**頑丈(がんじょう)・岩乗(がんじょう)**

▽日々元気に過ごしている　**健在(けんざい)**

▽体に異常がなく、何事もなく日を過ごしている　**息災(そくさい)・無事(ぶじ)・恙無(つつがな)い**

〔参〕「息災」の「息」には止めるの意があり、「息災」は仏の力で災いを止めること。「恙」は病や憂いの意。

▽元気いっぱいで躍進的なさま　**潑剌(はつらつ)・潑溂(はつらつ)**

▽気分がさっぱりとして　**清康(せいこう)**

▽太って精力が旺盛　**肥壮(ひそう)**

▽老いてますます盛ん　**矍鑠(かくしゃく)**

〔参〕「矍」はきびきびしている、「鑠」は生き生きして元気がよいの意。年老いた軍師馬援(ばえん)が出陣を望み、自分がまだ元気であることを馬に乗って示した。その様子に光武帝(こうぶてい)は「なんと矍鑠たる翁(おきな)よ」と感嘆したという中国の故事から。

▽年とっても丈夫　**老健(ろうけん)**

▽健康な肉体のもつ美しさ　**健康美(けんこうび)**

手紙の言葉からみた「健やか」

▽相手が健やかなことを祝う　**清勝(せいしょう)**

▽相手の無事、健康を祝う　**清適(せいてき)**

▽相手が元気でめでたく過ごしていることを祝う　**清祥(せいしょう)**

▽相手の健康と繁栄を祝う　**清栄(せいえい)**

健康を保つからみた「健やか」

▽健康を保つ　**保健(ほけん)**

▽身のまわりを清潔にして、健康を保つ

衛生

▽日常生活などを心がけ、健康に注意する

養生・摂生

▽健康を保つための食事の管理や運動など

健康法

▽健康によい　**ヘルシー**

▽健康・安心を意識して求める食品

健康食品・ヘルシーフード・保健機能食品・栄養機能食品・特定保健用食品・特保・自然食品・無農薬・無添加・有機・オーガニック・健康飲料・雑穀・五穀米・発芽玄米・ミネラルウォーター

▽補助的な食品

健康補助食品・栄養補助食品・サプリメント

▽「食」を考える

食育・スローフード・ロハス

▽健康的な減量

ダイエット・カロリーコントロール

▽ダイエットを中断して体重が増加する

リバウンド

▽森林を散策する健康法　**森林浴**

▽良い香りで心と体を癒す

アロマセラピー

▽江戸時代に儒学者の貝原益軒が書いた、健康的な暮らし方についての解説書

養生訓

「健やか」に関する擬態語

▽態度や行動が機敏で明るく、元気さがあふれている

きびきび

▽年の割に丈夫で、若者に伍して元気に立ち働く

しゃんしゃん

▽若さが満ちあふれて全身が活気に満ちている

ぴちぴち

▽勢いよく活動する　**ぴんぴん**

「健やか」に関する成句

【健康は富に勝る】

どんなに財産があっても、病弱だったら幸せな暮らしを送ることができない。健康が最も大切であるということ。

【健康は病気になるまで尊ばれない】

人間は健康で暮らしていると、健

康の大切さを感じないで、病気になってはじめて、そのありがたいことに気付くということ。

【質実剛健（しつじつごうけん）】派手さがなくまじめで、健やかで強いこと。

【無病息災（むびょうそくさい）】病気もせず、健康で達者なこと。

住（す）む・住（す）まい

【形態の相違からみた「住む」】

▽人が居と定めた所で生活を営む
住（す）む・住（す）まう・住（す）まい・住（じゅう）・住（じゅう）する

▽そこに　居住（きょじゅう）・在住（ざいじゅう）

▽居を定めて、落ち着いて
定住（ていじゅう）・住（す）み着（つ）く・居着（いつ）く

▽そこが気に入って　住（す）み成（な）す

▽そこに生まれて住み着いている
土着（どちゃく）

▽先に住んでいる　先住（せんじゅう）

▽現に住んでいる　現住（げんじゅう）

▽長く住んで、その土地の習慣などになれ親しむ
住（す）み慣（な）れる・住（す）み馴（な）れる

▽雇われて主人と共に
住（す）み込（こ）む・住（す）み込（こ）み

▽長く住み着く　永住（えいじゅう）

▽安らかに　安住（あんじゅう）・安居（あんきょ）

▽仮にしばらく
仮住（かりず）まい・仮寓（かぐう）・仮宿（かりやど）

▽他家に身を寄せて一時的に
寄留（きりゅう）・居留（きょりゅう）・寄宿（きしゅく）・寄寓（きぐう）・寄食（きしょく）

▽落ちぶれて他家に身を寄せる
落託（らくたく）・落魄（らくはく）

▽他家に住んで食べさせてもらう
居候（いそうろう）・食客（しょっきゃく）・食客（しょっかく）

▽借家に
借住（しゃくじゅう）・借居（しゃっきょ）・棚借（たなが）り・店借（たなが）り

▽同じ家に一緒に
同居（どうきょ）・共生（きょうせい）・同棲（どうせい）・相住（あいず）み

▽同じ家に複数の家族が　雑居（ざっきょ）

▽結婚していない男女が一緒に
同棲（どうせい）

▽夫婦が一緒に
妻籠（つまご）み・妻籠（つまご）め・夫籠（つまご）み・夫籠（つまご）め

▽家族同士別々に　別居（べっきょ）・離居（りきょ）

▽別に一家を構えて
別戸（べっこ）・別家（べっけ）・分家（ぶんけ）

▽夫または妻を亡くして
寡住（やもめず）み・寡暮（やもめぐ）らし

▽ひとり寂しく
独居（どっきょ）・索居（さっきょ）・独（ひと）り住（ず）まい・

侘び住まい・独り住み

▽世間の煩わしさから離れ静かにゆったりと

閑居・静居

▽家督を譲って閑居する

隠居・屏居

▽俗世を離れて、隠れ

幽棲・幽栖・幽居・隠棲・隠遁・潜居・巌棲・巌栖

▽庵に閑居する　庵住

▽世を逃れて山中に

山居・山伏・山臥

▽村里に住み暮らす

村居・僻在・田舎住まい・田舎住み

▽辺鄙な所に流されて住み暮らす

謫居

▽移り

移住・転居・引っ越し・住み替え・宿替え・転宅・転住・家移り

住んでいる場所の「住まい」

▽住んでいる所

住まい・住居・住所・所・居所・居所・居場所・家・住み所・在所・所在・居・住処・住家・所書き

▽現に住んでいる所

現住所・現住地

▽相手の住む所の敬称　貴所

▽相手の住む土地の敬称

貴地・御地

▽罪を得て流された所　配所

人の暮らす建物としての「住まい」

▽人がふだん生活する建物

住まい・住居・住居・住み処・住家・住宅・宅・居・家宅・家・住屋・屋宇・室家・家屋・房舎・宿・宿元・宿許・宿所

▽いつも住んでいる　居宅

▽自分の　自宅・私宅・内

▽家族がいつも住んでいる　本宅

▽屋敷の中の中心となる

母屋・母家・母屋

▽母屋から離れてある

離れ・離れ家

▽本宅以外に設けた　別宅

▽妾を住まわせる　妾宅

▽規模が大きく、造りがりっぱな

邸宅・豪邸・邸・館・屋敷・御殿・第宅・第館・邸第

▽住んでいる邸宅　居邸・居館

▽家屋が建っている敷地。また、家屋を建てるための敷地

住む・住まい

宅地

▽家屋と宅地　家屋敷・家宅

▽自分の屋敷　自邸・私邸

▽家族がいつも住んでいる屋敷　本邸

▽本邸以外に建てた屋敷　別邸・下屋敷

▽避暑・避寒などのために建てた別邸　別荘・別墅

▽山中の別荘　山荘

▽他人の住まいの敬称　金屋・玉堂・玉の枢・高厦

▽自分の住まいの謙譲語　寓居・寓・陋居・陋宅・僑居・荊扉・矮屋・草庵・蓬屋・蓬門・蓬戸・草の戸・草の扉・草の枢・草の扃・荒屋・茅舎・蓬が宿・葎の宿・葎の門・茅廬・環堵・蝸廬・拙宅・陋屋

〔参〕「蝸廬」は「蝸牛廬」の略。「蝸牛」は「かたつむり」で、かたつむりの殻のように小さい家の意。

▽仮に住んでいる所　仮住まい・仮寓・寓・寓居・僑居・僑寓・仮の宿・仮の宿

▽借りている　借家・借屋・借り家・借り住まい・借宅

▽官公庁から役人が借りている　官舎・公舎・宿舎・官宅・役宅・公邸・官邸

▽会社から社員が借りている　社宅

▽会社・大学などの共同の　寮・寄宿舎

▽所有している　持家

▽人に貸す　貸家・賃貸住宅・店・家

作

▽一定期間部屋を貸す　下宿・下宿屋

▽人に売る　売り家・売り家

▽人が住んでいない　空き家・明き家・空屋・空き巣・明き巣

▽住む人が無く、荒れ果てた　廃屋・廃家

▽新しく建てた、あるいは移った　新居・新宅

▽もと住んでいた　旧宅・旧居・故居・古巣・旧巣

▽静かな　閑居・閑宅・閑住・幽居・静居

▽隠居した者の　隠宅・隠居所

▽俗世を離れ、隠れ住む　隠れ家・隠れ処・隠れ所・

隠宅・草隠れ・幽棲・幽栖
▽山中の　山家・山居・仙居
終の住処・終の栖
▽一生を終える住まい
▽大きな建物　大廈高楼
僧坊・僧房・坊
▽寺院に付属している僧の
貧居・賤家・蓬戸
▽貧しい人の
▽一般の人々が住む　民家・人家
町屋・町家・町家
▽町の中の。また、商人の

建物の形態からみた「住まい」

戸建て・一戸建て
▽一戸ごとに独立して建てた
▽一階建ての　平屋
▽家を一戸ごとに独立して建てて売る。
またその家

建売・建売住宅
▽人々が集まって住む
集合住宅・共同住宅・団地・長屋・アパート・アパートメント・マンション・コーポラス・コンドミニアム・ハイツ・タウンハウス・メゾネット・ワンルームマンション
〔参〕「メゾネット」は、集合住宅で一つの住戸が二階以上の層を持ち、内階段でつながっているものをいう。
▽親と子の二世帯が、一つの建物でそれぞれ独立した生活ができる
二世帯住宅

機能からみた「住まい」

▽建物正面の入口部分
車寄せ・玄関・ポーチ・エントランス
▽家族がいつも使う部屋
居間・茶の間・居室・リビング・リビングルーム
▽客を接待するための部屋
客室・客間・応接室・応接間・客座敷
▽料理をするための空間
台所・勝手・調理場・炊事場・厨・厨房・厨庖・庖厨・キッチン
▽食事をするための部屋
食堂・ダイニングルーム
▽食堂と台所を仕切っていない部屋
ダイニングキッチン
▽食堂と居間を仕切っていない部屋
リビングダイニング
▽夜寝るための部屋
寝室・寝間・寝所・寝所・閨・閨房・ベッドルーム

住む・住まい

▽読書や勉学をするための部屋
書斎（しょさい）・書屋（しょおく）・書房（しょぼう）・明窓（めいそう）浄机（じょうき）

▽西洋風の部屋
洋室（ようしつ）・洋間（ようま）

▽日本風の部屋
和室（わしつ）・日本間（にほんま）

▽入浴のための設備
風呂（ふろ）・風呂場（ふろば）・浴室（よくしつ）・湯殿（ゆどの）・浴槽（よくそう）・バスルーム・ユニットバス

▽洗顔や衛生を保つための設備
洗面所（せんめんじょ）・化粧室（けしょうしつ）・手洗い（てあらい）・便所（べんじょ）・水洗便所（すいせんべんじょ）・トイレ・トイレット・レストルーム・ＷＣ（ダブリューシー）・ウオーター・クロゼット・厠（かわや）・雪隠（せっちん）・手水（ちょうず）・憚り（はばかり）・御不浄（ごふじょう）・サニタリー

▽物を収納するための空間
押し入れ（おしいれ）・物入れ（ものいれ）・クローゼット・天袋（てんぶくろ）・床下収納庫（ゆかしたしゅうのうこ）

▽物を収納するための小部屋
納戸（なんど）・物置（ものおき）・サービスルーム・ウォークインクローゼット

▽部屋の上層に設けられた小部屋
屋根裏部屋（やねうらべや）・グルニエ・ロフト

▽母屋に外接して張り出した部分
ベランダ・テラス・バルコニー・ルーフバルコニー・露台（ろだい）

▽木や草花を植えたりする敷地の一部
庭（にわ）・庭園（ていえん）・中庭（なかにわ）・裏庭（うらにわ）・花壇（かだん）・植え込み（うえこみ）・アトリウム・パティオ

▽建物の外回りの構造物
塀（へい）・垣（かき）・生け垣（いけがき）・外構（がいこう）・フェンス・エクステリア

▽建物の外回りの出入り口
門（もん）・門（かど）・門扉（もんぴ）・門口（かどぐち）・正門（せいもん）・表門（おもてもん）・裏門（うらもん）・ゲート・アーチ

「住む・住まい」に関する成句

【鰻の寝床（うなぎのねどこ）】
間口が狭く、奥行きのある細長い部屋や建物などの形容。

【居は気を移す（きょはきをうつす）】
住んでいる場所や環境は人の心に大きな影響を及ぼすものであるということ。

【九尺二間（くしゃくにけん）】
長屋で間口九尺、奥行二間に仕切った家のことで、非常に狭い家、貧しい人の住まいをいう。

【敷居が高い（しきいがたかい）】
義理を欠いたり迷惑をかけたりして、家に入りにくいこと。

【市中の閑居（しちゅうのかんきょ）】
名のある人が町なかで、人に知れ

ずにひっそり暮らしていること。

【住(す)まば都(みやこ)】どうせ住むのだったら都の方がよいということ。

【住(す)むばかりの名所(めいしょ)】名所や観光として有名な土地であっても、実際にそこに住んで暮らしている人には、単に生活を営んでいる場所に過ぎないものだ。

【住(す)めば都(みやこ)】どんな所でも、住み慣れてみれば都にいるような気持ちで快適に暮らせるものだということ。

座(すわ)る

形態・状態からみた「座る」

▽ひざを折って腰をおろす

座(すわ)る・坐(すわ)る・座(ざ)する・坐(ざ)する

『参』本来は「坐」がすわる動作を、「座」はすわる場所をあらわす語である。当用漢字表作成の際に「坐」が除外されたため、「座」はすわる動作の意味でも使われるようになった。

▽座ること　**座(すわ)り・坐(すわ)り**

▽座ったままその場を動かずにいる

座(すわ)り込(こ)む・坐(すわ)り込(こ)む・居(い)座(すわ)る・居坐(いすわ)る・座(すわ)り込(こ)み

▽座ることと立つこと

立(た)ち居(い)・起(た)ち居(い)・座作(ざさ)・坐作(ざさ)・起居(ききょ)

▽きちんと

正座(せいざ)・正坐(せいざ)・端座(たんざ)・端坐(たんざ)・危座(きざ)・危坐(きざ)・畏(かしこ)まる

▽座り直す。また、にわかに態度を荒々しいものに改める

居直(いなお)る

▽心を落ち着け、静かに

静座(せいざ)・静坐(せいざ)

▽どっかりと座っている　**鎮座(ちんざ)**

▽地面にひざまずいて礼をする

土下座(どげざ)

▽くたびれて座り込む

へたばる・へこたれる・へたる・へばる

▽ひざまずいて

跪座(きざ)・跪坐(きざ)・突(つ)い居(い)る

▽片ひざを立てて　**立(た)て膝(ひざ)**

▽片ひざを立て、手でそのひざを抱くようにして

搔(か)い膝(ひざ)

▽ひざを折り、体を丸くして

蹲(うずくま)る・踞(うずくま)る・踞座(きょざ)・蹲踞(そんきょ)・蹲居(そんきょ)・蹲踞(そんこ)・蹲居(そんこ)

▽腰を浮かして　**踞(しりうた)ぐ**

▽両足を投げ出して

箕踞(ききょ)・箕座(きざ)・箕坐(きざ)

▽足を横に出し姿勢を崩して

座る

横座り（よこずわり）・横坐り（よこずわり）

▽足を前に組んで

胡座（あぐら）・胡坐（あぐら）・胡床（あぐら）・胡坐（こざ）・趺坐（ふざ）・趺座（あぐら）・丈六（じょうろく）・足組み（あぐみ）・趺坐（あぐみ）・足組む（あぐむ）・趺む（あぐむ）・足組まう（あぐまう）

▽楽な姿勢で。また、あぐらをかく

安座（あんざ）・安坐（あんざ）・平ら（たいら）・平座（へいざ）・平坐（へいざ）

▽ずうずうしく大きくあぐらをかく

大胡坐（おおあぐら）・高胡坐（たかあぐら）

▽足を左右に出し尻をつけて

鳶足（とんびあし）

▽腰を下ろして両手で両膝を抱え込んで

体育座り（たいいくずわり）・体操座り（たいそうずわり）・三角座り（さんかくずわり）

▽足を崩して楽に座るようすすめる言葉

御平らに（おたいらに）

▽無言で　黙座（もくざ）・黙坐（もくざ）

▽ひとりで座っている

単座（たんざ）・単坐（たんざ）・孤坐（こざ）・独座（どくざ）・独坐（どくざ）

▽さびしくひとりで座っている

枯坐（こざ）

▽向かい合って

対座（たいざ）・対坐（たいざ）・掛け向かい（かけむかい）・差し向かい（さしむかい）・向かい座（むかいざ）・向かい坐（むかいざ）・対席（たいせき）

▽三人が向き合って

鼎座（ていざ）・鼎坐（ていざ）

〔参〕「鼎」は中国古代の煮炊き用の器で、三本の脚がついていた。そのため、「鼎」の字は数字の三をあらわす語としても使われた。

▽多くの人が円形に

円座（えんざ）・円坐（えんざ）・車座（くるまざ）・車坐（くるまざ）・団座（だんざ）・団坐（だんざ）・環座（かんざ）・環坐（かんざ）・円居（まどい）・団居（まどい）・輪坐（りんざ）・団欒（だんらん）

▽起き上がって　起座（きざ）・起坐（きざ）

▽序列を乱して　乱座（らんざ）・乱坐（らんざ）

▽人の家を訪問して長くいる

長座（ちょうざ）・長坐（ちょうざ）・長居（ながい）

▽屋根なしの所に　露座（ろざ）・露坐（ろざ）

▽隠れるようにして　居隠る（いかくる）

▽貴人のそば近くにひかえて

侍座（じざ）・侍坐（じざ）

▽禅宗で両足を組んで座り、悟りの境地を得ようとする修行

座禅（ざぜん）・坐禅（ざぜん）・燕座（えんざ）・宴座（えんざ）・宴坐（えんざ）

▽右足を左ももの上に、左足を右ももの上に組んで

結跏（けっか）・結跏趺坐（けっかふざ）・蓮華座（れんげざ）・蓮華坐（れんげざ）

着席・退席の様態からみた「座る」

▽座席に着く

着席(ちゃくせき)・着座(ちゃくざ)・着く(つ)

▽同じ席に居合わす
同座(どうざ)・同坐(どうざ)・同席(どうせき)・一座(いちざ)

▽知らない人と同席する
合い席(あいせき)・相席(あいせき)

▽目上に従って同席する　**陪席(ばいせき)**

▽その席に臨む
臨席(りんせき)・出席(しゅっせき)・参座(さんざ)・参列(さんれつ)・参会(さんかい)

▽人がその席に臨むことの尊敬語
来臨(らいりん)

▽貴人が座に出る　**出座(しゅつざ)**

▽しかるべき席に着く　**直る(なおる)**

▽椅子・台などに腰をおろす
腰掛ける(こしかける)

▽椅子・台などに腰をおろす
掛ける(かける)

▽その座に連なる
列座(れつざ)・列坐(れつざ)・居並ぶ(いならぶ)・連座(れんざ)・連坐(れんざ)・列席(れっせき)

▽集会などで中途で席を立つ
中座(ちゅうざ)・中座(なかざ)

▽席を離れる　**起座(きざ)・起坐(きざ)・離席(りせき)**

▽その座席から立ち去る
退座(たいざ)・退席(たいせき)

▽もとの座に帰る　**帰座(きざ)**

座席の様態からみた「座る」

▽座る場所
座(ざ)・座席(ざせき)・席(せき)・居敷(いしき)・筵(えん)・席(せき)・シート

▽会議などでの座席の順序
席次(せきじ)・席順(せきじゅん)

▽座の丁寧語　**御座(おざ)・御座(ござ)**

▽居るべき　**場席(ばせき)・場所(ばしょ)・場(ば)**

▽上位の
上座(じょうざ)・上座(かみざ)・上席(じょうせき)・座上(ざじょう)・坐上(ざじょう)・上段(じょうだん)・上座(かみくら)・座上(くらがみ)・高座(こうざ)

▽一番上位の
首座(しゅざ)・一座(いちざ)・主席(しゅせき)・首席(しゅせき)

▽下位の
末席(まっせき)・席末(せきまつ)・下座(しもざ)・下座(げざ)・座後(くらじり)・末座(まつざ)・末坐(まつざ)・末座(ばつざ)

▽二番目の　**次席(じせき)**

▽自分の　**自席(じせき)**

▽座る人がいつも決まった　**定席(じょうせき)**

▽本来の　**本座(ほんざ)**

▽正面の　**正座(しょうざ)・上座(じょうざ)・横座(よこざ)**

▽かたわらの　**側席(そくせき)**

▽隣の　**隣席(りんせき)**

▽別の　**別席(べっせき)**

▽あいている　**空席(くうせき)**

▽囲炉裏で主人が座る
横座(よこざ)・亭主座(ていしゅざ)

▽囲炉裏端(いろりばた)の客席

座る

寄り座（よざ）・**竪座**（たてざ）

▽周囲に幄（あく）（幕や天幕）をめぐらした　**幄の座**（あくのざ）・**幄座**（あくざ）

▽議会で議員が座る　**議席**（ぎせき）

▽客のための　**客座**（きゃくざ）・**客席**（きゃくせき）

▽寄り合いの　**会席**（かいせき）

▽酒宴の　**酒席**（しゅせき）・**御座敷**（おざしき）・**筵席**（えんせき）・**宴席**（えんせき）

▽宴席の美称　**瓊筵**（けいえん）

▽寄席など演芸者のための一段高くなっている　**高座**（こうざ）

▽見物人の　**観覧席**（かんらんせき）・**観客席**（かんきゃくせき）・**客席**（きゃくせき）・**見物席**（けんぶつせき）

▽列車や劇場などで、あらかじめ座る人が定められた　**指定席**（していせき）

▽列車や劇場などで、だれが座ってもよい　**自由席**（じゆうせき）

▽列車や劇場などで、満席のときに使用する簡易式の　**補助席**（ほじょせき）

▽電車やバスなどで、特定の人が優先して座れる　**優先席**（ゆうせんせき）

▽自動車などで、運転する人の隣の席　**助手席**（じょしゅせき）

▽自動車で、幼児の安全を守るために使用する　**チャイルドシート**

▽立ったまま見物する　**立見**（たちみ）・**立見席**（たちみせき）・**立ち席**（たちせき）

▽舞台際の　**齧り付き**（かぶりつき）

▽相撲や劇場でのます形の観客席　**升**（ます）・**枡**（ます）・**升席**（ますせき）・**枡席**（ますせき）・**仕切り枡**（しきります）

▽相撲で土俵際の観客席　**砂被り**（すなかぶり）

▽相撲などで高く作った見物席　**桟敷**（さじき）・**桟敷**（さんじき）

▽劇場などで土間より高くした見物席　**桟敷**（さじき）・**桟敷席**（さじきせき）

▽劇場で後方最上階の低料金の　**天井桟敷**（てんじょうさじき）

▽料金を取って貸す　**貸し席**（かしせき）・**貸し座敷**（かしざしき）

▽茶の湯の会の　**茶席**（ちゃせき）

▽詩歌・俳句などの会合の　**詩筵**（しえん）

▽すべての客席がふさがる　**満席**（まんせき）・**満員**（まんいん）

▽その座にいる人みんな　**挙座**（きょざ）・**満座**（まんざ）

▽講師が座る　**講座**（こうざ）・**講席**（こうせき）・**講筵**（こうえん）

▽便所の腰掛ける所　**便座**（べんざ）・**便坐**（べんざ）

▽饗宴で正客以外の相伴人が座る　**垣下の座**（えんがのざ）・**垣下の座**（えがのざ）

▽貴人が座る所　**御座**（おまし）・**御座**（みまし）

▽天子の

帝座（ていざ）・玉座（ぎょくざ）・王座（おうざ）・御座（ぎょざ）

▽天子が経書の講義を聴く、また、経書を講ずる

経筵（けいえん）

▽天皇・皇后・東宮などの座る

平敷の御座（ひらしきのおまし）

▽宮中で公事に公卿が連なった

陣の座（じんのざ）・仗座（じょうざ）・仗の座（じょうのざ）・陣（じん）

▽紫宸殿（ししんでん）の中央に設けた天皇の

高御座（たかみくら）

▽清涼殿にある御座

昼の御座（ひのおまし）・昼の御座（ひのござ）

▽椅子を設けて作った天皇の

倚子の御座（いしのおまし）

神仏関係の座席からみた「座る」

▽説法する者の　**法座（ほうざ）・法席（ほうせき）**

▽仏法を聴くための　**会座（えざ）**

▽法会（ほうえ）・法事の

法筵（ほうえん）・法の筵（のりのむしろ）

▽禅家の法会で勝手に席に着く

胡乱座（うろんざ）

▽禅宗で修行僧の中で第一席にある者

首座（しゅそ）・首座（しゅざ）

▽禅宗で説法のとき導師を高座に着かせる

引座（いんぞ）

▽蓮華の形に作った仏像の

蓮華座（れんげざ）・蓮華坐（れんげざ）・蓮華台（れんげだい）・蓮座（れんざ）・蓮坐（れんざ）・蓮台（れんだい）・華座（けざ）・蓮の座（はちすのざ）・法座（ほうざ）

▽仏の座る

仏座（ぶつざ）・猊座（げいざ）・獅子座（ししざ）

▽像を安置する台　**台座（だいざ）**

▽仏像を安置する壇

須弥座（しゅみざ）・須弥壇（しゅみだん）・須弥壇（すみだん）

▽岩をかたどった仏像の台座　**岩座（いわざ）**

▽神霊のいる所　**神座（しんざ）**

▽天孫の天上での座　**天の磐座（あまのいわくら）**

「座る」の擬態語

▽姿勢正しく背筋を伸ばして

しゃんと

▽小さくかしこまり

ちょこんと

▽小さくかしこまって静かに

ちょんと

▽揺るぐことなく腰をすえ堂々と

でんと

▽重々しく揺るぐことなく腰をおろす

どっかと

▽動くことなく重々しく、腰をすえて

どっかり

▽体に力がなくなって座り込む

へたへた・へなへな

▽尻を平らにくっつけて

ぺたりと・ぺたっと・べたりと

▽尻餅をついて

ぺたん・ぺったん

「座る」に関する成句

【胡座をかく】
足を組んで楽な状態にして座る。類「座を組む」「膝を組む」「陸に居る」

【結跏趺坐】
あぐらをかき、左右の大腿部の上にそれぞれの反対の足を置いて組む座り方。「跏」は、足の裏、「趺」は、足の甲。仏教での坐法の一つ。類「半跏趺坐」

【座が長い】
他人の家を訪ねて長居をする。

【座に直る】
自分の席に座る。

【座を構える】
着席する。また、行儀よく座る。

【座を占める】
着席する。

【座を外す】
用事などのために、席を立ってその場からいなくなる。類「席を外す」「座を立つ」

【只管打坐】
すべての雑念を払い、ただひたすら座禅に修行すること。「只管」は、ひたすらの意。

【席を改める】
話し合いや宴会などの場所を改めて別の所に移す。会場を変えること。

【席を譲る】
自分の座っている席に他の人を座らせる。

【膝を崩す】
正座の状態から楽な姿勢になって座る。

【膝を組む】
同席する。対座する。

【膝を進める】
座ったまま、膝で体を前に進めて近寄る。

【膝を正す】
行儀よく正座の姿勢で座る。

【膝を突き合わせる】
よく話し合うため、互いの膝が触れ合うほど近くに向かい合って座る。

性格・性質

種別からみた人のもつ「性格・性質」

▽その人特有の行動や考え方の傾向

性格・品格・品性・人柄・キャラクター・キャラ

▽生まれたときから身に備わっている

こと。生まれたときからの性質

先天・生来・性来・生まれ付き・天性・性分・賦性・資性・質・賦質・稟性・生得・生得・資・性・性・相・性・質・地・持ち前・資質・本性・天然・本然・人となり・本然・持ち来り・本性・徳・天授・天資・稟質・天質・天骨・天生・天賦・素質・性情

▽天から受けた性質や才能

天性・天成・天授・天稟・天稟・天質・天分・天賦・天機・天資・天与・天才・天賜・稟性・稟賦

▽生まれながらに身についている

先天性・先天的

▽生まれてから身についた

後天性・後天的

▽習慣によって身についた性質

習性・癖・習い・倣い・習癖・性癖

▽本来もっている性質や才能

素質・本領・本色・下地・地金

▽その人特有の性格や性質

個性・特性・特質・パーソナリティー

▽一般の人に共通する性質　通性

▽心のもちよう。ふだんの感情的傾向

気質・気立て・気質・心立て・気・気性・気象・心延え・性向・肌・肌合い・心馳せ・気前・気風・気っ風・心意気・心柄・性情・意気

▽その人の根本的な心のもち方、性質

根性・性根・根・心根・気心・土性骨・土性っ骨・土性根・ど根性・意地・底意地

〖参〗「ど根性」の「ど」は、「ど真ん中」など同じで、意味を強める接頭語。対応する漢字はなく、かなで表記される。

▽その人に備わっている性格や品性

人柄・人品・人格・風格・骨柄

▽個性が顕著な　個性的

▽同じ人が全く違った性格を現す

二重人格

▽人に自然に備わっている人格的雰囲気

品・品位・品格・気品・風格

▽その人に備わっている徳の高さ

天爵

▽ある人・物事に対する性格的な心のもち方

気構え・心構え・気宇・

性格・性質

▽心掛け（こころがけ）・心懸け（こころがけ）

▽人の人格的な大きさ　器量（きりょう）

▽人の言動を受け入れる心の広さ　度量（どりょう）

▽人の身に備わる威厳　貫禄（かんろく）・重み（おもみ）

▽損得にあまりこだわらない気性　気前（きまえ）・気っ風（きっぷ）

▽職業・身分などに応じた類型的な気風　気質（かたぎ）・形気（かたぎ）・容気（かたぎ）・形儀（かたぎ）

▽道徳的にすぐれた性格や行い　徳（とく）

▽その人に自然に備わった徳　人徳（じんとく）・人徳（にんとく）

▽冒しがたい威厳のある徳　威徳（いとく）

▽道徳的な性格　徳性（とくせい）

▽互いに気性が合う　性合い（しょうあい）・合い性（あいしょう）・相性（あいしょう）

▽日ごろの行状と　性状（せいじょう）

様態からみた「性質・気質」

▽人が本来もっている人間らしさ　人間性（にんげんせい）・人間味（にんげんみ）・人性（じんせい）

▽あることに向いている　適性（てきせい）

▽人とうまく交際できる　社交性（しゃこうせい）

▽父親らしい　父性（ふせい）

▽母親らしい　母性（ぼせい）

▽男らしい　男気（おとこぎ）・俠気（きょうき）

▽女らしい　女気（おんなぎ）・女子気（おなごぎ）

▽娘らしいうぶな　娘気（むすめぎ）・娘気質（むすめかたぎ）

▽学生特有の　書生気質（しょせいかたぎ）

▽商人特有の　商人気質（あきんどかたぎ）・商売気質（しょうばいかたぎ）

▽職人らしい　職人気質（しょくにんかたぎ）

▽美しい、また、すぐれた　美質（びしつ）・麗質（れいしつ）

▽異常な　変質（へんしつ）・アブノーマル

▽人を惑わす　魔性（ましょう）

▽たちの悪い　悪性（あくしょう）

▽動物的な　獣性（じゅうせい）

▽粗野な　野性（やせい）

▽物事に熱中する　凝り性（こりしょう）

▽飽きっぽい　飽き性（あきしょう）

▽すぐに照れる　照れ性（てれしょう）

▽すぐに気に病む　苦労性（くろうしょう）・心配性（しんぱいしょう）・貧乏性（びんぼうしょう）

▽忍耐強い　耐え性（たえしょう）・堪え性（こらえしょう）・怺え性（こらえしょう）

▽不潔・不正をひどく嫌う　潔癖（けっぺき）・潔癖性（けっぺきしょう）

▽物忘れしやすい　健忘症（けんぼうしょう）

▽神経が過敏な　神経質（しんけいしつ）

▽どこか人と違ったところのある　一癖（ひとくせ）

▽一風変わった　奇骨（きこつ）

▽陽気でせっかちで飽きっぽい

多血質（たけつしつ）

▽活気に乏しいが、粘り強い
粘液質（ねんえきしつ）**・粘着質**（ねんちゃくしつ）

▽意志が強く冷静だが、威張りちらす
胆汁質（たんじゅうしつ）**・胆液質**（たんえきしつ）

▽陰気で人に不信感をもちやすい
憂鬱質（ゆううつしつ）**・黒胆汁質**（こくたんじゅうしつ）

▽気分の浮き沈みが交互に現れる
躁鬱質（そううつしつ）

▽内向的で過敏な面と鈍感な面をもつ
分裂質（ぶんれつしつ）

陽気・陰気からみた「性格」

▽明るくにぎやかな　**陽気**（ようき）**・陽性**（ようせい）

▽陽気な
明（あか）**るい・朗**（ほが）**らか・明朗**（めいろう）**・根明**（ねあか）

▽明るく元気な　**快活**（かいかつ）

▽ありのままを見せて隠すことのない
開放的（かいほうてき）**・開**（あ）**けっ広**（ぴろ）**げ・開**（あ）**けっ放**（はな）**し**

▽物事にこだわらず、いつも明るい方に考える
楽天的（らくてんてき）**・楽天家**（らくてんか）**・オプチミスト**

▽物事を悲観的に考える
厭世的（えんせいてき）**・厭世家**（えんせいか）**・ペシミスト**

▽快活で細かいことにこだわらない
磊落（らいらく）

▽物事にこだわらずのびのびとした
闊達（かったつ）**・豁達**（かったつ）

▽心が広くて元気で生き生きとした
快闊（かいかつ）**・快豁**（かいかつ）

▽心が広く、こせこせしない　**豪放**（ごうほう）

▽ゆったりと落ち着きがあって、こせこせしない
大（おお）**らか・大様**（おおよう）**・鷹揚**（おうよう）

▽外部の事物に関心が強い
外向的（がいこうてき）

▽さっぱりとしていて明るく打ち解けやすい
気（き）**さく・さくい**

▽さっぱりとしていて欲のない
淡白（たんぱく）**・淡泊**（たんぱく）**・澹泊**（たんぱく）

▽さっぱりとしていて俗気のない
洒脱（しゃだつ）**・垢抜**（あかぬ）**け**

▽さっぱりとしていて物に執着しない
洒落（しゃらく）

▽落ち着きのない
上調子（うわちょうし）**・上**（うわ）**っ調子**（ちょうし）**・そそかしい・そそっかしい・軽率**（けいそつ）**・軽**（かる）**はずみ・慌**（あわ）**て者**（もの）**・おっちょこちょい・粗忽**（そこつ）

▽考えの浅い　**軽薄**（けいはく）

▽いたずら好きで明るい　**茶目**（ちゃめ）

▽おしゃべりで茶目
おちゃっぴい

▽明るく滑稽な　**剽軽**（ひょうきん）

『参』漢語としては「ひょうけい」と読み、すばやい、荒々しく軽薄なとの意。日本語の「明るく滑稽な」のような意味はなかった。

▽自分の心の中にこもりがちな
内向的・閉鎖的

▽感じやすく、すぐに涙を出すような
感傷的・涙脆い・ウェット・センチメンタル

▽一癖あって扱いにくい
気難しい

▽何にでも疑ってかかる
疑い深い・疑り深い

▽陰気で無口な
しんねりむっつり

▽物事に消極的で明るくない
陰性・暗い・陰気・陰気臭い・根暗

気が強い・弱いからみた「性格」

▽気が強く人に負けるのが嫌いな
勝ち気・聞かん気・利かん気・負けん気・負け嫌い・負けず嫌い

▽気が強い　**強気**

▽気性が強く信念を曲げない
剛直

▽容易に周りの圧力に屈しない強い意気込み
気骨・気概・骨っ節

▽気が強くしっかりした
気丈・気丈夫・気強い

▽男性以上に気丈な女性
男勝り・女丈夫・女丈夫・女傑

▽気が強くて一筋縄ではいかない強情な人
強か者

▽度量が大きい
寛容・開豁・寛大・広量・太っ腹

▽勇気があり強い。また、気が強くたくましい
剛勇・勇猛・剛健

▽豪放で勇ましい　**豪気・剛気**

▽意志が強く物事にくじけない
剛毅・豪毅・豪胆・大胆

▽決してくじけない
不抜・不撓・不屈

▽負けん気の強い一徹な気性
負けじ魂・張り魂

▽気骨がありしっかりした
骨っぽい

▽気骨があり意志を容易に曲げない
硬骨

▽時勢や権力などに従わない　**反骨**

▽やる気にあふれ、頼りになる
甲斐性・甲斐性

▽身内の前では強がり、他人には意気地がない

▽気が弱い
内弁慶(うちべんけい)・陰弁慶(かげべんけい)・炬燵弁慶(こたつべんけい)

▽度量が小さい
弱気(よわき)・気弱(きよわ)・心弱(こころよわ)い・脆(もろ)い
狭量(きょうりょう)

▽気骨がない　骨無(ほねな)し・柔弱(にゅうじゃく)

▽やる気がない　無気力(むきりょく)

▽意気地がない
弱虫(よわむし)・腰抜(こしぬ)け・腑抜(ふぬ)け・腑甲斐無(ふがいな)い・不甲斐無(ふがいな)い・惰弱(だじゃく)・軟弱(なんじゃく)・甲斐性無(かいしょうな)し

▽ぐずぐずして決断力に欠ける
優柔(ゆうじゅう)・因循(いんじゅん)

▽意気地や忍耐力に欠ける
弱腰(よわごし)・腰弱(こしよわ)

▽度胸がない
小心(しょうしん)・臆病(おくびょう)・小胆(しょうたん)

▽小さなことにこだわる
齷齪(あくせく)・偓促(あくせく)
[参]「齷齪」は、もともと歯と歯の間が狭いさまのことで、そこから心が狭いことを意味するようになった。「偓促」の「偓」はこだわる、「促」はせわしいの意。

▽引っ込みがちな
引(ひ)っ込(こ)み思案(じあん)・内気(うちき)・シャイ

素直・強情からみた「性格」

▽ひねくれたところがない
素直(すなお)・純真(じゅんしん)

▽素直で逆らわない
従順(じゅうじゅん)・柔順(じゅうじゅん)

▽鋭くぴりっとした　稜稜(りょうりょう)

▽根気がある　粘(ねば)り強(づよ)い

▽しつこい
ねちっこい・ねつい

▽意地を貫き通す
片意地(かたいじ)・依怙地(いこじ)・意固地(いこじ)・剛愎(ごうふく)

▽かたくなで片意地を張る
強気(つよき)・情張(じょうは)り・情張(じょうば)り・情(じょう)っ張(ぱ)り・意地(いじ)っ張(ぱ)り・強情(ごうじょう)っ張(ぱ)り・頑固(がんこ)・頑(かたく)な・一徹(いってつ)・強情(ごうじょう)・豪気(ごうき)・豪儀(ごうぎ)

▽いつまでもしつこい　くどい

▽粘り強くいつまでもこだわる
執拗(しつよう)

▽頑固で粘り強い　しぶとい

▽片よった考えに固執する
偏執(へんしゅう)・偏執(へんしつ)・パラノイア

▽ひねくれていて頑固
偏屈(へんくつ)・偏窟(へんくつ)・偏固(へんこ)・ひねくれ者(もの)

▽考えなどが古く狭くかたくなな
固陋(ころう)

▽古い習慣を頑固に守る　旧弊(きゅうへい)

▽昔風の頑固な
昔気質(むかしかたぎ)・昔堅気(むかしかたぎ)

▽頑固で融通がきかない　石頭(いしあたま)

性格・性質

▽頑固で道理に暗い　頑迷（がんめい）

▽頑固で人と相容れない　狷介（けんかい）

▽強情で人に逆らってばかりいる　臍曲（へそま）がり・旋毛曲（つむじま）がり

▽わざと人の言うことに逆らって片意地を通す人　天（あま）の邪久（じゃく）・天（あま）の邪鬼（じゃく）・天（あま）の邪鬼（じゃこ）

▽年齢などを考えず、出過ぎた言動をする　生意気（なまいき）

▽何かというと口出しして人に嫌われる　うるさ型（がた）

▽無遠慮に人のうわさや批評をする　口（くち）さがない

▽落語にある口やかましい家主　小言幸兵衛（こごとこうべえ）

▽何事も悪くとる、ねじけた性質　僻（ひが）み根性（こんじょう）

善良・卑劣からみた「性格」

▽好ましい品格　上品（じょうひん）・上品（じょうぼん）

▽うそやごまかしが言えない　正直（しょうじき）

▽まじめで正直な　真（ま）っ正直（しょうじき）・真（ま）っ直（す）ぐ

▽真っ正直で飾らない　真率（しんそつ）

▽人のよい　善良（ぜんりょう）

▽誠実で正直な　律義（りちぎ）・律儀（りちぎ）・実直（じっちょく）・忠直（ちゅうちょく）

▽うそや飾り気のない　直情（ちょくじょう）

▽無邪気な　頑是無（がんぜな）い

▽気がよくて善良な　お人好（ひとよ）し

▽人がよくて考えが甘い　御目出度（おめでた）い

▽飾り気がなく正直な　朴直（ぼくちょく）・朴実（ぼくじつ）

▽飾り気がなくまじめな　質実（しつじつ）

▽飾り気がなく素朴で善良な　淳良（じゅんりょう）

▽まじめで誠意がある　誠実（せいじつ）

▽真心を尽くしてよくつとめる　忠実（ちゅうじつ）

▽情に厚く誠実な　篤実（とくじつ）・篤厚（とっこう）・敦厚（とんこう）

▽真剣で誠実な　真面目（まじめ）

▽地味でまじめな　堅気（かたぎ）

▽人から受けた恩義などをおろそかにしない　義理堅（ぎりがた）い

▽飾り気がなく人情に厚い　醇厚（じゅんこう）・淳厚（じゅんこう）

▽慎み深く温厚な　謹厚（きんこう）

▽正直過ぎて融通がきかない　馬鹿正直（ばかしょうじき）・愚直（ぐちょく）

▽非常にまじめで融通がきかない　生真面目（きまじめ）・糞真面目（くそまじめ）

▽まじめでない　不真面目（ふまじめ）

▽性質がよくない　性悪（しょうわる）・さがない

▽品格・品性が劣る
下根(げこん)・下性(げしょう)・下機(げき)・下劣(げれつ)・下品(げひん)・下品(げぼん)・浅(あさ)ましい・卑(いや)しい・さもしい

▽ねじけた　邪気(じゃき)

▽意地が悪い
意地悪(いじわる)・腹黒(はらぐろ)い・腹汚(はらぎたな)い

▽たちが悪い　悪性(あくしょう)・悪質(あくしつ)

▽非常にたちが悪い　悪辣(あくらつ)

▽心がねじけていてずるい　卑劣(ひれつ)

▽やり方がずるい　卑怯(ひきょう)

▽心が卑しくて軽蔑すべき　陋劣(ろうれつ)

▽うわべは善良そうでいて心がねじけている
陰険(いんけん)

▽心がねじけていて悪い
邪悪(じゃあく)・姦悪(かんあく)

▽心がねじけていて悪賢く人にへつらう
姦佞(かんねい)

純真・狡猾(こうかつ)からみた「性格」

▽邪心のない
純(じゅん)・純情(じゅんじょう)・清純(せいじゅん)・純粋(じゅんすい)・無垢(むく)・無邪気(むじゃき)・純真(じゅんしん)・無心(むしん)

▽邪心がなくかわいらしい
あどけない・可憐(かれん)

▽世間ずれしていない
おぼこ・初(うぶ)・産(うぶ)・生(うぶ)・初心(うぶ)

▽自然のままで飾らない　天真(てんしん)

▽飾り気がなく自然のままである
素朴(そぼく)・素樸(そぼく)・質朴(しつぼく)・質樸(しつぼく)

▽素直で飾り気がない
純朴(じゅんぼく)・淳朴(じゅんぼく)・醇朴(じゅんぼく)

▽飾り気がなく無口である
朴訥(ぼくとつ)・木訥(ぼくとつ)

▽抜け目がない、悪賢い
小賢(こざか)しい

▽人に多く接して、ずるさが身に付く
人擦(ひとず)れ・人摺(ひとず)れ

▽人に交わって悪賢くなる
悪擦(わるず)れ

▽世間にもまれて悪賢くなる
世間擦(せけんず)れ
〔参〕「世間擦れ」を、「世の中の考えから外れている」という意で使うのは誤用。

▽世間ずれして純真さがなくなる
擦(す)れ枯(か)らし・擦(す)れっ枯(か)らし・擦(す)り枯(か)らし・阿婆擦(あばず)れ

▽すれっからしの女性　莫連(ばくれん)

▽人の迷惑など考えず平気な
図図(ずうずう)しい・厚(あつ)かましい

▽大胆で図々しい　太太(ふてぶて)しい

▽悪いと知りながらも平気でいる
横着(おうちゃく)

▽大胆で横着な　図太(ずぶと)い・野太(のぶと)い

▽恥を恥とも思わない
恥知(はじし)らず・無恥(むち)・破廉恥(はれんち)・

厚顔・鉄面皮

▽悪知恵がはたらく　悪賢い・狡い・狡い・狡っ辛い・狡賢い・横着・狡猾・狡獪

▽経験を積んで悪賢い　老獪

温和・粗野からみた「性格」

▽物静かで落ち着きのある　温和・穏和・穏やか・大人しい

▽おとなしくて従順　温順

▽穏やかで思いやりがある　優しい

▽穏やかで、やさしい　柔和

▽穏やかで素直な　温良・温柔

▽穏やかで真面目である　温厚

▽おとなしくて善良である　順良

▽穏やかで、しっかりした　穏健

▽心が広く温厚な　寛厚

▽落ち着いていて上品な　淑やか

▽貞操が固くしとやかである　貞淑

▽上品で深みがある　奥床しい

▽穏やかで、角を立てない　丸い・円満

▽角があり円満でない　角角しい・圭角

▽子どもがいたずらでわがままな　腕白・やんちゃ

▽女の子が男の子のように活発である　御転婆・御跳ね・御侠・跳ね返り・跳ねっ返り

▽男気があって威勢のいい気風　勇み肌・競い肌・伝法肌・伝法膚・男伊達・気風がいい

▽いきで勇み肌の気風　鯔背

［参］「鯔背銀杏」と呼ばれる魚のイナ（ボラ）の背中に似た髪型に由来。江戸の魚河岸の若者がこの髪形をしていたことから、彼らのように粋で勇み肌の者をいつしか「鯔背」と呼ぶようになった。

▽礼儀を知らない　無礼・無骨・無作法・粗野・不躾

▽いきでない　野暮・野暮天・無風流・無骨・野暮助・無粋・不粋

▽物事をするのをめんどうがる　物臭・無精・不精・ぐうたら

▽先のことを考えずに事を行う　無鉄砲・向こう見ず

［参］「無鉄砲」は当て字。「無点法（むてんぽう）」「無手法（むてほう）」の音変化ともいわれる。ちなみに、出かけたきり帰ってこないような人のことを「鉄砲玉」という。

▽荒っぽくて乱暴な　野蛮

粗暴（そぼう）・荒（あら）くれ

▽荒っぽくて落ち着きがない　**がさつ**

▽荒々しく強い　**剽悍（ひょうかん）・慓悍（ひょうかん）**

▽残忍な行為を好む　**嗜虐（しぎゃく）**

無欲・欲張りからみた「性質」

▽欲がない　**無欲（むよく）**

▽欲が少ない　**寡欲（かよく）**

▽あっさりしていて、物に固執しない　**恬澹（てんたん）・恬淡（てんたん）**

▽心が清らかで私欲のない　**清廉（せいれん）・廉直（れんちょく）・廉潔（れんけつ）**

▽後ろ暗いところがない　**潔白（けっぱく）**

▽品格が高く潔白である　**高潔（こうけつ）**

▽利害をこえて物事に打ち込む気風　**名人肌（めいじんはだ）・名人気質（めいじんかたぎ）**

▽利害によって態度を変える　**現金（げんきん）**

▽金のことで抜け目がない　**がめつい・世知辛（せちがら）い・こす辛（から）い・こすっ辛（から）い**

▽金を出し惜しむ　**しみったれ・渋（しぶ）い・吝（しわ）い・けち・吝嗇（りんしょく）**

▽いかにもけちな　**けち臭（くさ）い・みみっちい・せこい**

▽けちで心が狭い　**いじましい**

▽欲が深い　**欲張（よくば）り・欲深（よくぶか）・卑（いや）しい・意地汚（いじきたな）い**

▽ひどく欲が深い　**業突（ごうつ）く張（ば）り・強突（ごうつ）く張（ば）り・強欲（ごうよく）・貪欲（どんよく）・貪欲（とんよく）・貪婪（どんらん）・貪婪（とんらん）・胴欲（どうよく）**

▽切りがなく、欲が深い　**阿漕（あこぎ）**

『参』三重県津市の「阿漕ヶ浦（あこぎがうら）」の地名に由来。伊勢神宮に供する漁のみを行う禁漁区で、強欲な漁師が密漁を繰り返したことから、しつこく図々しいの意で使われるようになった。

気長・気短からみた「性格」

▽気が長い　**気長（きなが）**

▽落ち着いてあわてない　**悠長（ゆうちょう）**

▽のんびりと構えている　**呑気（のんき）・暖気（のんき）・暢気（のんき）**

▽気が短い、すぐ腹を立てる　**短気（たんき）・気短（きみじか）**

▽気が短く、すぐにあきる　**厭（あ）きっぽい・飽（あ）きっぽい**

▽気が短く、すぐに怒る　**怒（おこ）りっぽい・怒（おこ）りん坊（ぼう）**

▽気が短く、落ち着かない　**せっかち・性急（せいきゅう）**

「性格・性質」に関する擬態語

▽淡泊である　あっさり・さらりと
▽物にこだわらない　さっぱり・さばさば
▽湿っぽくて陰気な　じめじめ
▽だらしがない　でれでれ
▽頑固で融通がきかない　こちこち・こちんこちん
▽あっさりとせず、しつこい　ねちねち・ねっちり
▽無愛想で親切みのない　つんつん・つんけん・つんと・つっけんどん・ぎすぎす
▽厚かましく恥知らず　しゃあしゃあ
▽ずうずうしく抜け目のない　ちゃっかり・がっちり
▽無恥で厚かましくとぼける　ぬけぬけ
▽ぼうっとして気がきかない　もっさり・もさっと
▽落ち着いてしとやか　しっとり
▽粗野な　ごつごつ
▽貪欲な　がちがち・がつがつ
▽非常にけちな　けちけち
▽鈍感で動作も遅い　のそり・のさり・のっそり・ぐずぐず・もっそり・のそのそ
▽物事にこだわらずのんびりしている　あっけらかん
▽こせこせしない　おっとり
▽のんきで無頓着な　のほほんと
▽せっかちな　こせこせ

「性格・性質」に関する成句

【灰汁が強い】
性質などに独特の強い癖が感じられる。

【当たりがいい】
相手にいい印象を与えるように接する。類「人当たりがいい」

【意気地がない】
困難や苦難に耐えて、物事をやり通そうとする元気・気力がない。類「意気地なし」

【意地が悪い】
わざと人を困らせるようなねじけた性質をもつ。

【海千山千】
世間の裏も表も知り尽くした、したたかな人。

【老いの一徹】
反対にも耳を貸さずに、どこまでも自分の意志を押し通そうとする

老人の頑固さ。

【押しが強い】
自分の考えなどを無理に通そうとして、相手に譲らない。

【折助根性】
主人の目を盗んで怠ける奉公人根性。

【殻に閉じ籠る】
内向的で、心を外に開かない。

【借りてきた猫】
ふだんと違って非常におとなしいさま。

【気が早い】
よく確かめもせずにすぐ行動を起こす。

【気が回る】
周囲の細かいことによく気がついて、適切に対応する。類「気が利く」

【気骨がある】
強い信念をもち、周りの圧力に屈しない意地がある。

【肝が小さい】
臆病で度胸がない。類「肝っ玉が小さい」「腹がない」

【肝が太い】
度胸があって物おじしない。類「肝っ玉が太い」「肝が据わる」「度胸が据わる」

【性が合わない】
性格的にしっくりいかない。

【情が強い】
意地っ張りである。

【尻の穴が小さい】
度量が狭く、小さな失敗でもくよくよする。

【心臓が強い】
厚かましい。非常に図々しい。類「心臓に毛が生えている」「面の皮が厚い」

【清濁併せ呑む】
器量が大きく、どんな人とも同じように付き合う。

【線が太い】
小さなことにこだわらず大胆に行動する。

【総領の甚六】
初めの子どもはちやほやされて育つところから、お人好しで少しぼんやりした性格であること。

【そつがない】
（⇩「交際・付き合い」226ページ）

【外面がいい】
（⇩「交際・付き合い」226ページ）

【竹を割ったよう】
気性がさっぱりしているさま。

【血の気が多い】
興奮しやすい。けんかっぱやい。

【猫を被る】
本性を隠して、おとなしくする。

【八方美人】
（⇩「交際・付き合い」226ページ）

【腹が据わる】
物に動じない。

【腹が太い】
度量が大きく、小さなことにこだ

わらない。類「懐が深い」


【人が悪い】

人が困るようなことをして喜ぶ性格である。


【虫も殺さない】

虫も殺せないほど心やさしい。


【横紙破り】

自分の考えを無理にでも押し通そうとする性格。また、そういう性格の人をいう。類「片側破り」


【外柔内剛】

外見は弱々しいが芯はしっかりしていること。


【人面獣心】

人の顔をしているけれども、心は獣のようで、情けや恥を知らない人。冷酷な者、恩義を知らない者をののしって言う。「人面」は「にんめん」とも読む。


【性相近し習い相遠し】

人の生まれつきにはそれほどの違いはないのであるが、習慣や教育などの積み重ねによって大きな違いが生まれてくるということ。出典は『論語』。


【性に率う之を道と謂う】

天から与えられた人間の本性にしたがって行うのを道というの意。出典は『中庸』。


【性は善なり】

人間の本性は元来善であるという、孟子の唱えた性善説の言葉。対「性は悪なり」（荀子の説）

【清廉潔白】

心が清らかで、後ろ暗いところが一切ないこと。


【天空開闊】

空や海のように度量が大きいこと。


【天真爛漫】

自然のままで無邪気なさま。類「天衣無縫」


【習い性となる】

ある行いが習慣になれば、それは生まれながらの性格と同じであるの意。出典は『書経』。


【三つ子の魂百まで】

幼少のときの性質は一生変わらないということのたとえ。類「三つ子の魂は八十まで通る」


【優柔不断】

決断力がなく、意志が弱いこと。類「煮え切らない」

生死

生存・再生からみた「生」

▽生命を保つ
生きる・生存・生存・存生・存命・生活・生・生息・在世・在世

▽長く

長生・永生・長生き・長命・長寿・生き長らえる・生き存える・生き永らえる・存える・永らえる・生き延びる

▽残って
生き残る・生き止まる・死に残る・死に後れる・死に遅れる

▽いつまでも
万歳・不死

▽夫婦共に長く
偕老・共白髪・友白髪・諸白髪

▽寿命を延ばす
延命・延齢

▽再び生命を得る
生き返る・蘇る・生まれ変わる・再生・蘇生・復活・回生・転生・転生・再来

▽自分の力で生きる
自存

▽他人に頼って
寄生・パラサイト

▽いたずらに身の安全を保つ
瓦全・甎全

▽つまらなく生きる
生きはだかる

▽運よく生命が助かる
命拾い・取り留める・取り止める

▽生かすことと殺すこと
活殺・生殺

▽生きることと死ぬこと
生死・生き死に・生死・生死・死生・死活・死命

▽生死を繰り返す
輪廻・流転・多生

生命がなくなることの「死」

▽生命が尽きる
死・没・死去・死亡・死没・逝去・長逝・遠逝・没世・辞世・最期・不帰・不諱・物故・落命・絶命・失命・他界・帰泉・畢命・絶息・永眠・瞑目・成仏・往生・寂滅・長眠・永逝・事切れ・逝く・逝く・果つ・果てる・消ゆ・消える・死ぬ・往ぬ・去ぬ・罷る・身罷る・没す・終わる・畢る・竟る・引き取る・消え入る・消え果つ・消え果てる・絶え入る・息絶える・死に入る・死に果つ・死に果てる・旅立つ・亡くなる・瞑する

▽俗語で
くたばる・ごねる・押っ死ぬ

生死

▽天皇の
登霞・登遐・崩御・徂落・殂落・升遐・晏駕・昇遐

▽天皇・太皇太后・皇太后・皇后の
崩御・崩ず・崩ずる・神去る・神去る・神上がる・神上る・神登る・神上がり・神上がり

▽皇族または三位以上の人の
薨去・薨逝・薨ずる・薨ず

▽親王・女院・摂関・大臣の　薨御

▽四位・五位の人の
卒去・卒去・卒す

▽知徳ある人の　易簀

▽貴人の
隠る・隠れる・上僊・上仙・登仙・岩隠る・雲隠る・升遐・昇遐

▽釈迦または聖者の
入滅・入定・涅槃・円寂・寂滅・滅度・仏滅

▽高僧の　遷化・示寂

▽僧の
入滅・入寂・帰寂・円寂・寂す

▽キリスト教で信者の
昇天・天上

▽住み慣れた居を捨てて　捐館

▽旅先で　客死・客死

▽年若くして
夭死・若死に・夭折・夭逝・殤死・長殤・早世・早死に・短折・短命

▽才子・佳人が年若くして　玉折

▽事故や災難にあったその時点で
即死

▽突然に
急死・頓死・暴死・急逝・突然死

▽誰にもみとられずに
孤独死・孤立死

▽一見、死んだように見える　仮死

▽死にかかっている
瀕死・万死

▽死んだふり　空死に

▽心臓が完全に機能を停止した
心臓死

▽脳の機能が完全に止まり、回復することがない
脳死

▽死の間際
死に際・死に目・今際・往生際・臨終・末期・最期・断末魔・終焉・死に様

自ら死ぬことの「死」

▽自ら生命を絶つ
自殺・自害・自裁・自決・自尽・自死・生害

▽毒を飲んで
服毒自殺(ふくどくじさつ)

▽刀物を使って
自刃(じじん)・腹切り(はらきり)・切腹(せっぷく)・割腹(かっぷく)

▽二人が刺し違えて　耦刺(ぐうし)・耦刺(ぐうせき)

▽自ら首をはねて
自刎(じふん)・自刭(じけい)・刎死(ふんし)

▽水に身を投じて
投身(とうしん)・身投げ(みなげ)・入水(にゅうすい)・入水(じゅすい)

▽自分の体に火をつけて
焼身(しょうしん)・焼身自殺(しょうしんじさつ)

▽高い建物などから飛び降りて
投身(とうしん)・飛び降り自殺(とびおりじさつ)

▽電車や車などの前に飛び込んで。また、船や崖から水中へ飛び込んで
飛び込み自殺(とびこみじさつ)

▽首をくくって
経死(けいし)・縊死(いし)・首縊り(くびくくり)・頸吊り(くびつり)・首吊り(くびつり)・縊れる(くびれる)

▽責任を負って　引決(いんけつ)

▽強制的に切腹させられる　詰め腹(つめばら)

▽命をささげる　致命(ちめい)

▽主君の後を追って
殉死(じゅんし)・追い腹(おいばら)・供腹(ともばら)・殉じる(じゅんじる)・殉ずる(じゅんずる)

▽人をいさめて　諫死(かんし)

▽上奏するため覚悟して　昧死(まいし)

▽相思相愛の男女が共に
情死(じょうし)・心中(しんじゅう)・相対死に(あいたいじに)

▽死ぬ気のない相手と無理に
無理心中(むりしんじゅう)

▽仏道の修行者が自ら火の中に身を投じて
火定(かじょう)・火化(かか)

▽一命を捨てる　一死(いっし)

何らかの原因による「死」

▽病気で
病倒れ(やまいだおれ)・病死(びょうし)・病没(びょうぼつ)・病歿(びょうぼつ)・不起(ふき)・病み死に(やみじに)

▽体が弱って　衰死(すいし)

▽気が狂って　狂死(きょうし)・狂い死に(くるいじに)

▽年老いて
老死(ろうし)・老衰死(ろうすいし)・自然死(しぜんし)

▽注射などによって苦痛なく
安楽死(あんらくし)

▽過剰な延命措置をせずに、尊厳を保ちながら
尊厳死(そんげんし)

▽事故死や他殺など普通でない
変死(へんし)

▽原因がはっきりしない　怪死(かいし)

▽思い掛けない災害や災難などで
横死(おうし)・事故死(じこし)・人死に(ひとじに)・非命(ひめい)・非業(ひごう)・非業の死(ひごうのし)

▽極度の過労や仕事上のストレスなどで
過労死(かろうし)

▽凍えて　凍死(とうし)・凍え死に(こごえじに)

生死

▽火によって　焼死・焦死・焦がれ死に・焚死・爛死・焼け死ぬ

▽爆発などで　爆死

▽飢えて　餓死・飢え死に・乾死に・干死に・餓え死に

▽押しつぶされて　圧死

▽高い所から落ちて　墜死・転落死

▽車にひかれて　轢死

▽水におぼれて　水死・溺死・溺れ死に・浸死・溺没

▽川におぼれて　川流れ

▽雷にうたれて　震死

▽異常な状態で　変死・横死・怪死

▽国のために　殉国

▽職務のために　殉職

▽国や社会の危機を救おうとして　殉難

▽戦地にあって　討ち死に・戦死・戦没・戦歿・陣亡・陣没・散華

▽刀に切られて　斬死・切り死に・斬り死に

▽いさぎよく　玉砕・玉摧

▽甘んじて　甘死

▽もだえ苦しんで　悶死・悶え死に

▽むごたらしく　惨死・惨死

▽憤って　憤死

▽恥じ入って　慙死・慚死・愧死

▽人を恨んで　恨み死に・怨み死に

▽無駄に　徒死・浪死・犬死に・無駄死に・徒死に・朽ち果てる

▽人を恋い焦がれて　恋死に・焦がれ死に

▽倒れて　斃死・斃仆・倒れ死に

▽路上で　行き倒れ・行き倒れ・野垂れ死に

▽牢内で　牢死・獄死

▽刑に処せられて　刑死

「生死」に関する成句

【跡を追う】亡くなった人の後にすぐ死ぬ。

【息を引き取る】死ぬ。類「息が切れる」「お陀仏になる」「事切れる」

【息を吹き返す】生き返る。生まれ変わる。

【生ける屍】

体は生きているが、死んでいる人のように生気を失っている人。


【今際の際】

まさに死のうとしている、そのとき。死に際。類「今際の刻み」「今際の綴じ目」「今際の時」


【お隠れになる】

天皇・皇后・貴人などが亡くなることの尊敬語。


【お迎えが来る】

死期が近づく。仏が浄土から呼びにくる意。


【鬼籍に入る】

死ぬ。死ぬことを婉曲に言った言葉。「鬼籍」は過去帳で、死んだ人の法名・俗名・死亡年月日などを記入しておく。


【巨星堕つ】

偉大な人物が死ぬ。「巨星落つ」「巨星墜つ」とも書く。


【魚腹に葬られる】

溺死することをいう。


【死線をさまよう】

死ぬか生きるかの状況にいること。「死線」とは、牢獄の周囲に設けた限界線のこと。


【死出の旅】

死ぬこと。死出の山に赴くこと。「死出の山」は仏教の十王経で説く、死後初七日秦広王の庁に行くまでの間にある険しい山のこと。

類「帰らぬ旅」


【死に損なう】

死ぬべきときに死ねない。類「くたばり損ない」「死に損ない」


【死に花を咲かせる】

立派に死んで、死んだあと名誉を残すこと。


【死に水を取る】

人の死を看取ること。最後まで世話をすること。


【死人に口無し】

死んでしまった人は、証言も説明もできない。また、死人に無実の罪を着せても弁解できない。


【畳の上で死ぬ】

事故などでなく、自然な形で死ぬ。


【土になる】

死ぬ。ある土地で死に、そこに葬られる。「土となる」ともいう。


【冷たくなる】

死ぬ。死んで体温が下がる。


【天寿を全うする】

長生きして死ぬ。


【亡き数に入る】

死んだ人の仲間になる。


【不帰の客となる】

二度と帰らぬ人となる。死を婉曲にいう。


【骨になる】

死ぬこと。


【骨を埋める】

死ぬまでその土地で暮らす。


【身を投げる】

投身自殺する。

【命数が尽きる】死を迎える。

【藻屑となる】海で死ぬことをいう。

【世を去る】死ぬ。この世からいなくなる。

【異域の鬼】異国で亡くなった人のこと。

【生き身は死に身】生きているものは、遅かれ早かれ、いつかは死ぬということ。類「生者必滅」「生ある者は必ず死あり」

【一蓮托生】死後、あの世の蓮の花の上に一緒に座ろうの意から、死後までも行動を共にしようと契りを結ぶこと。

【気息奄奄】息も絶え絶えで、今にも死にそうなこと。

【去る者は日日に疎し】（⇩「時・年月・期」427ページ）

【死生命有り】（⇩「命」93ページ）

【死中に活を求める】助かる望みのないぎりぎりの状況の中で、なお生きる道を探し求めること。

【生死不定】人の生死の定めがたいことをいう。類「生死無常」

【死んで花実が咲くものか】枯れ木に花や実がつかないように、死んでしまえば何の幸福もない。苦しくても、生きていてこそ、よいことがめぐってくるというものだということ。類「死ねば死に損生くれば生き得」

【生生流転】万物が生まれては死に、死んでは生まれること。

【生は難く死は易し】苦難に耐えて生きることはつらいことではあるが、苦しさに負けて死を選ぶのは簡単なことだ。安易に死へ逃避することを戒める言葉。

【息災延命】災いをなくし、長生きすること。類「延命息災」

【半死半生】今にも死にそうな状態。生死の境をさまようの意味にも用いる。

【命朝夕に在り】今にも死にそうなこと。類「命旦夕に在り」

【薬石効無し】いろいろ治療しても効果がないこと。人の病死をいう。

【幽明境を異にす】死別する。「幽明」の「幽」は幽界（あの世）、「明」は顕界（この世）のこと。

【蘭摧玉折】賢人や美人の死をたとえていう。

【輪廻転生】

生まれ変わり、死に変わること。

【流転輪廻（るてんりんね）】人が生死の迷界をめぐり続けること。

葬儀（そうぎ）

様態からみた「葬儀」

▽葬儀を行う当主　**喪主（もしゅ）・喪主（そうしゅ）・施主（せしゅ）**

▽死者の家族、親族　**遺族（いぞく）**

▽死者を葬るのに先立ち、終夜故人をしのぶ　**通夜（つや）・仮通夜（かりつや）・本通夜（ほんつや）・夜伽（よとぎ）**

▽死者を葬る儀式　**葬儀（そうぎ）・葬式（そうしき）・後の業（のちのわざ）・葬（そう）・礼（れい）・弔い（とむらい）・弔い（とぶらい）**

〔参〕「弔」は、上から下にたれること。転じて他人に同情をたれることから、人の死を悼んで悔みを述べる意になった。

▽葬儀を行う場所　**斎場（さいじょう）**

▽神道による　**神葬（しんそう）・神葬祭（しんそうさい）**

▽儒教による　**儒葬（じゅそう）**

▽国が施主の　**国葬（こくそう）**

▽会社が施主の　**社葬（しゃそう）**

▽天皇・太皇太后・皇太后・皇后の　**大葬（たいそう）**

▽本式の　**本葬（ほんそう）**

▽仮の　**仮葬（かそう）**

▽内々で行う　**密葬（みっそう）・家族葬（かぞくそう）**

▽葬儀や告別式を行わずに火葬のみを　**直葬（ちょくそう）**

▽葬儀に参列する　**会葬（かいそう）**

▽死者の枕元で僧があげる読経　**枕経（まくらぎょう）**

▽死者の顔に化粧を施す　**死に化粧（しにげしょう）**

▽死者に着せる　**死に装束（しにしょうぞく）・経帷子（きょうかたびら）・経衣（きょうえ）**

▽死者を柩（ひつぎ）に納める　**納棺（のうかん）**

▽死者の霊をなぐさめ、冥福を祈る　**弔う（とむらう）・弔う（とぶらう）**

▽故人の霊に別れを告げる儀式　**告別式（こくべつしき）**

▽故人を弔うことば　**弔辞（ちょうじ）・弔詞（ちょうし）**

▽弔意を伝える電報　**弔電（ちょうでん）**

▽遺族を訪問して悔みを述べる。また、会葬して弔う　**弔問（ちょうもん）**

▽香の代わりに霊前に供える金品　**香典（こうでん）・香料（こうりょう）**

▽遺骸を納めた柩を送り出す　**出棺（しゅっかん）**

▽柩を運ぶ車　**霊柩車（れいきゅうしゃ）**

▽死者を火葬場または墓場まで見送る

葬儀

葬送・送葬・野辺送り・野辺の送り

▽葬送の行列　**葬列**

▽死者を焼き、遺骨を葬る　**火葬・荼毘**

▽火葬にした死者の骨を拾う　**骨揚げ・骨拾い・灰寄せ**

▽遺骨などを墓地に納める　**埋葬・納骨・葬る**

▽遺骨を二か所以上に分けて納める。また、その骨　**分骨**

▽死者が生前愛好した品物を遺骨などと共に葬る　**副葬**

▽一つの墓に二人以上をあわせ葬る　**合葬・合葬**

▽すでに遺骨が埋葬してある墓にさらに葬る　**重葬**

▽死者を焼かずに土中に葬る　**土葬**

▽死者を水中に葬る　**水葬**

▽死者を風雨にさらす　**風葬・曝葬**

▽遺骨を埋葬せず、海や山野にまく　**散骨**

▽遺骨を土中に埋葬し、墓標の代わりに樹木を植える　**樹木葬**

▽死後七日目。また、その日行われる仏事　**初七日・初七日・初七日**

▽死後四十九日目に当たる日。法事を行う　**四十九日・七七日・七七日・七七日・七巡り**

▽死者の追善供養のために行う仏事　**法要・法事・後の業**

▽近親者の死後、一定期間行いを慎む　**服喪・忌服・服忌**

▽近親者の死後、喪に服す期間　**忌中・喪中**

▽服喪の期間が終わる　**忌み明け・忌明け**

「葬儀」に関する成句

【火事と葬式に行けば勘当もゆりる】

火事があったり葬式があったりしたときに、かけつけてわびれば、勘当されていても許されるということ。「ゆりる」は、許されるの意。


【葬礼帰りの医者話】

葬式の帰り道などであの医者に診てもらえばよかったのになどと医者の話をする意から、いまさら言っても無益な後悔を口にするたとえ。


【荼毘に付す】

火葬にする。


【寺にも葬式】

葬式を執り行う寺でも死人が出れ

ば葬式を出すことから、冠婚葬祭はどんな家でもあるというたとえ。また、人の世話をすることもあれば、逆の場合もあるというのが、この世の常だとのたとえ。

増減

ふえる・ふやすの様態からみた「増」

▽ふえる。また、ふやす
増加・増・増大・増し・増える・殖える・増す・増さる・加わる・貯まる・増やす・殖やす・加える・貯める・繁殖・蕃殖・プラス

▽ふやして多くする　増殖

▽うみふやす　生殖

▽しげりふえる　繁殖・蕃殖・繁衍・蕃殖る・蕃衍・蕃息

▽勢いを増す　増進

▽わずかに　微増

▽一か所に集まって多くなる　溜まる

▽だんだんに増す　漸増・逓増・累増・累進

▽次第に加わり　逓加

▽いよいよ　弥増す・弥増さる

▽大いに　倍増・倍加

▽著しく　著増

▽飛躍的に　躍増

▽急に　急増・激増

▽ふえた分　増分

▽純粋にふえる。純粋にふえた分　純増

▽金額を　増額

▽元金が　利倍

▽利子を得て　利殖・殖利

▽分量が　増量・嵩む・嵩張る

▽体積を　膨張・膨脹

▽前よりいっそう程度を　倍旧

▽二倍に　倍増・倍加・倍増し・倍する

▽働いて金銭をもうけ出す　生み出す・産み出す

▽生産量を　増産

▽税金を　増税

▽給料を　増給・増俸・昇給・加給・賃上げ

▽武士の俸禄が　加増・加秩・加禄

▽収入・収穫が　増収

増減

▽利益が　増益（ぞうえき）

▽株式の配当率を増す。また、配給量を　増配（ぞうはい）

▽資本金を　増資（ぞうし）

▽財貨を　貨殖（かしょく）・殖財（しょくざい）・利殖（りしょく）・殖産（しょくさん）

▽時価の上昇で財産の評価額が　増価（ぞうか）

▽値段を　値増し（ねまし）・値上げ（ねあげ）

▽見かけだけを　水増し（みずまし）

▽水を加えて量を　水増し（みずまし）・水割り（みずわり）

▽水量が　増水（ぞうすい）・増し水（ましみず）

▽人員を　増員（ぞういん）

▽兵士の数を　増兵（ぞうへい）

▽設備や施設を　増設（ぞうせつ）

▽人や設備などをふやし強くする　増強（ぞうきょう）

▽臨時に乗り物の運転の本数をふやす。また、紙幣などの発行を　増発（ぞうはつ）

▽飛行機や船などの定期便の回数を　増便（ぞうびん）

▽人工的に毛髪を　増毛（ぞうもう）

▽江戸時代、体重の重い人を乗せたときのかご賃を　重た増し（おもたまし）

▽作付面積を　増反（ぞうたん）・増段（ぞうたん）

▽石炭の産出量を　増炭（ぞうたん）

▽魚や貝などを人工的に繁殖させる　養殖（ようしょく）

▽電流の振幅を　増幅（ぞうふく）

▽思いが　思い増す（おもいます）

へる・へらすの様態からみた「減」

▽少なくなる、また、少なくする　減少（げんしょう）・減（げん）・低減（ていげん）・減殺（げんさい）・減殺（げんさつ）・減耗（げんこう）・減耗（げんもう）・減損（げんそん）・減退（げんたい）・減却（げんきゃく）・損減（そんげん）・減る（へる）・減ずる（げんずる）・減じる（げんじる）・費える（ついえる）・減る（める）・減り（めり）・引く（ひく）・減す（へす）・減らす（へらす）・剝る（へずる）・損じる（そんじる）・損ずる（そんずる）・削る（けずる）・落とす（おとす）・マイナス

▽すれて　摩滅（まめつ）・磨滅（まめつ）

▽摩擦で　摩損（まそん）・摩耗（まもう）

▽かけてそこなわれる　虧損（きそん）・欠損（けっそん）

▽ちぢめ　縮減（しゅくげん）

▽軽く　軽減（けいげん）・減軽（げんけい）

▽そこなわれて　損耗（そんこう）・損耗（そんもう）

▽へらし省く　減省（げんしょう）・減省（げんせい）・省略（しょうりゃく）・省く（はぶく）

▽切り詰めて　節減（せつげん）・節約（せつやく）

▽けずり　削減（さくげん）・減削（げんさく）・削り取る（けずりとる）・削ぐ（そぐ）・殺ぐ（そぐ）

▽次第に　漸減（ぜんげん）・逓減（ていげん）

▽急に　激減（げきげん）・急減（きゅうげん）

▽一度に急に　どか減り
▽目立って　がた減り
▽分量が　減量・欠・目減り
▽使って　消耗・消耗・費やす・消費・費消・浪費
▽半分に　半減
▽米などをついて　搗き減り・舂き減り
▽収入・収獲が　減収
▽利益が　減益
▽ひでりで収穫が　旱損
▽生産量が　減産
▽等級を下げる　減等
▽税額を　減税
▽金額・数量などを　減額
▽給料を　減給・減俸・罰俸・賃下げ
▽資本金額を　減資

▽株式配当を　減配
▽貸金から利息や税金をあらかじめ　天引き・天引け
▽値段を　減価・値下げ
▽飛行機や船などの定期便の回数を　減便
▽はかりにかけたとき前より目方が　掛け減り・計り減り・量り耗り・斗耗り
▽生糸など練るときに目方が　練り減り
▽つまらないことに多くの金銭を使って　散財
▽作付面積を　減反・減段
▽人員を　減員
▽養わなければならない人数を　口減らし
▽点数を　減点
▽食事の量を　減食

▽健康や美容のために食事の量を　ダイエット
▽塩分の摂取量を　減塩
▽水量が　減水
▽速力を遅くする　減速
▽筆をはぶく　減筆
▽漢字の字画を一部はぶく　省筆・省文・省字・省画・略筆・略字
▽刑罰の重さを　減刑・減軽

加える・足すなどの様態からみた「増」

▽すでにある物に、さらに合わせてふやす、ふえる　加える・足す・添う・添える・副える・付ける・附ける・付く・付け加える・付け足す・差し加える・差し増す・添わる・付加・

増減

附加・添加

▽ある数量に別の数量を加える　加算・合算

▽おぎない　補足・補充・補給・塡補・補塡・増補・補い・継ぐ・補う

▽あとから増し　追加・追補・追い継ぎ・継ぎ足し・上塗り・継ぎ足す・注ぎ足す

▽付け加えたもの　付け足り・御負け

▽さらに手を　肉付け

▽重ね　累加・重なる・重ねる

▽加えて重くする　加重

▽重なり積もる　累積

▽前からあったものに付け　上乗せ

▽一組になるように中に入れる　組み入れる・組み込む・組み入れ

▽ある物の中に組み込む　繰り入れる・繰り入れ

▽一つの物事の中に他の物事を取り入れる　織り込む

▽いろいろな物を一緒に入れる　盛り込む

▽味わいを　加味

▽一方の余りで他方の不足を補う　差し引き・プラスマイナス・プラマイ

▽不足分を買って補う　買い足す

▽本俸以外に加える俸給　加俸

▽年功により本俸以外に俸給を　年功加俸

▽いくらか加えて最低水準を引き上げる　底上げ

▽一定の額にその幾割分かを　割増し

▽書いて　記入・加筆・書き込み・書き入れ・書き込む・書き入れる・書き足す・書き加える

▽手紙文のほかにさらに文句を　追伸・追申・添え書き・添え筆・尚尚書き・追而書き・追い書き

▽従来の注にさらに注を　増注・増註

▽年齢を　年取る・加齢

▽厄年を逃れるため実際の年齢に年を　貰い年

▽位階を上げる　加階

▽速度を速める　加速

▽無用な付け足し　蛇足

▽今ある建物に付け加えて
増築・建て増し・建て増す

▽写真を追加して焼き付ける
焼き増し

引く・除くなどの様態からみた「減」

▽へらす、減じる
控除・引く・引き去る・差し引く・差っ引く

▽取り
取り除く・取り去る・撥ねる・撥ね除ける・削除・除去・排除・除く・取る・払う

▽押し　排する

▽払って
振り払う・払い除ける

▽追い散らす　打ち払う

▽全部払い　一掃

▽追い払って　駆除

▽切って　切除・切り払う

▽焼いて追い払う　焼き払う

▽汚れなどふき去る
払拭・払拭・拭い去る・拭う

▽刃物などで横に打ち払う
薙ぎ払う

▽何分か割り引く
分引き・歩引き

▽決まった値段よりも幾割分か安くする
割引・値引き・割り引く・ディスカウント

▽金銭などの貸借関係をなくす
棒引き・帳消し

▽十分に生育させるために一部を
間引き・間引く

▽刈り　刈り除く

▽根本の原因を抜き去る　抜本

▽不用のものを　淘汰

▽内部の空気を除き去る　排気

▽内部の水を流し出す　排水

▽湿気を　除湿

▽害虫など駆除する　駆虫

▽予防して　防除

▽積もった雪を　雪掻き・除雪

▽機雷などを　掃海

対語の組み合せからみた「増減」と「加減」

▽増すこととへらすこと
増減・加減・増損・損益・損得

▽加えることと除くこと　加除

▽文章を加筆・削除する　添削

▽ほどよい度合
好い加減・好い加減

▽火の燃え具合　火加減

▽煮え具合　煮え加減
▽味具合　味加減
▽塩味のつけ具合　塩加減
▽湯の温度　湯加減
▽物事をあまり厳しくなく適当に扱う　手加減・匙加減

「増減」に関する成句

【一粒万倍】 一粒の種子をまくと万倍の粒になる意で、少しのものもふえてたくさんの数になるということ。

【錦上花を添える】（⇒「美しい」99ページ）

【飲むに減らで吸うに減る】 たまに飲む酒代では財産をへらすことはないが、始終吸うたばこ銭は、わずかな額でも積もれば財産をへらすほどになるという意で、小さな出費も積み重なれば多額になるということ。

【日向に氷】 だんだんへっていくことのたとえ。

【不増不減】 あらゆる事物は空であるからふえることもへることもないということ。

【減らぬものなら銭一貫】 使ってもへらないものであれば、金銭など余分になくともよい。一貫もあれば十分であるということ。
類「死なぬものなら子一人」「減らぬものなら金百両」

空

とらえ方・広さ・位置からみた「空」

▽すべての天体とそれを取りまく無限の空間
宇宙・コスモス
▽太陽・月・星など宇宙にある物体の総称
天体
▽天体に起こる諸現象
天文・天象
▽地上を覆う空間
空・天・宙・昊・旻・穹・霄・乾・皓・天・天空・天蓋・雲居・空路・宙六・天・スカイ
▽空の全体
全天・空一面・満天・一天
▽空の半分
半天
▽広々として大きな空
大空・大空・天つ空・天の空・天の原・昊天・普天・霄漢・青漢・青玄・蒼玄・天つ雲居・空冥・

虚空（こくう）・太虚（たいきょ）・大虚（たいきょ）

▽弓形に見える　穹天（きゅうてん）・天穹（てんきゅう）・穹蓋（きゅうがい）・穹昊（きゅうこう）・穹窿（きゅうりゅう）

▽小さい　壺天（こてん）

▽空の美称　み空（そら）・天（あま）つみ空（そら）

▽地球を取り巻く空間　天球（てんきゅう）

▽天体を取り巻く気体。地球を取り巻く空気　大気（たいき）

▽九方位に分けた天　九天（きゅうてん）・九天（くてん）

▽空の真ん中　鈞天（きんてん）・天心（てんしん）・中天（ちゅうてん）

▽東の　蒼天（そうてん）・東天（とうてん）

▽東北の　変天（へんてん）

▽北の　玄天（げんてん）・北天（ほくてん）

▽西北の　幽天（ゆうてん）

▽西の　顥天（こうてん）・昊天（こうてん）・西天（せいてん）

▽西南の　朱天（しゅてん）

▽南の　炎天（えんてん）・南天（なんてん）

▽東南の　陽天（ようてん）

▽観測者の真上　天頂（てんちょう）

▽空の高い所　上空（じょうくう）・高空（こうくう）・高層（こうそう）

▽天の高い所　天表（てんぴょう）・九天（きゅうてん）

▽空の低い所　低空（ていくう）

▽中ほどの　中空（ちゅうくう）・中空（なかぞら）・中天（ちゅうてん）・半天（はんてん）

▽地面を離れた空の中　宙（ちゅう）・空（くう）・空中（くうちゅう）

▽天と地　天地（てんち）・天地（あめつち）・天壌（てんじょう）・霄壌（しょうじょう）・乾坤（けんこん）

▽天と地の境の線　水平線（すいへいせん）・スカイライン・地平線（ちへいせん）

▽天と地の間の何もない　虚空（こくう）

▽水と空　水天（すいてん）

▽空に高くそびえ立つ　天聳（あまそそ）る

▽故郷の　郷天（きょうてん）

▽空の果て　天際（てんさい）・天涯（てんがい）・雲際（うんさい）・空際（くうさい）・天辺（てんぺん）

▽はるかな青い　遥碧（ようへき）

▽空の外、はるかに遠い所　天外（てんがい）・空外（くうがい）

▽空を海にたとえて　天（あめ）の海（うみ）

▽月を鏡に見立てて　空（そら）の鏡（かがみ）

▽宇宙の万物　天地人（てんちじん）・ユニバース

▽空の上にあって神など住む　天（てん）・天上（てんじょう）・天国（てんごく）・天界（てんかい）

▽大空を通る　天伝（あまづた）う

▽鳥や人の霊魂などが大空を飛び走る　天翔（あまが）ける・天翔（あまか）る

▽国家が領有する、領土・領海上の　領空（りょうくう）

▽どの国にも領有されていない　公空（こうくう）

▽飛行機などで空を飛行する　航空

▽飛行機などが空を飛行するコース　空路

▽飛行機などで、人や物資を輸送する　航空輸送・空中輸送・空輸

気象・時からみた「空」

▽地球をとりまく大気の諸現象　気象

▽晴れや雨など大気の状態　天候・空模様・天気・日和・空色・陽気・天色・空合い・天景

▽長期間にわたってみた天気の状態　気候

▽その季節の気候　季候・時候

▽天候の前ぶれとなる雲の動き　雲合い・雲行き

▽晴れて青々とした　青空・青天・晴天・青天井・蒼天・蒼空・碧空・碧天・青旻・青霄・青冥・蒼冥・碧落・碧虚・青雲・蒼蒼・蒼茫

▽弓形に見える青い　青穹・蒼穹・穹蒼・蒼弓

▽高く澄みきった　高空

▽天気がよい　好天・晴天

▽天気が悪い　荒天・悪天

▽曇りの　曇天・陰天

▽雨が降りそうな　雨意・雨気・雨気・雨模様・雨模様

▽雨の　雨空・雨天

▽雨上がりの空に見える　虹・霓・虹霓・虹蜺・レインボー

〔参〕中国で虹は竜の仲間の生き物と考えられていた。雌雄があり、オスが「虹」でメスが「霓」あるいは「蜺」とされた。

▽雪が降りそうな　雪空・雪意・雪気・雪気

▽空を吹く風　天つ風・天風

▽雲が浮かんでいる　雲居の空

▽雲の低い　低天

▽雲や霧などで空が一面に曇る　天霧る

▽涼しい　涼天・冷天

▽霜が降りそうな　霜天

▽明け方の　暁天・五更天・天明・曙天・東天・朝空

▽日の出のころ東の空が赤くなる　朝焼け・朝焼け空

▽日が沈むとき西の空が赤くなる　夕焼け・夕映え・夕焼け空・尼が紅

▽昼の　午天(ごてん)
▽夕暮れの　夕空(ゆうぞら)・暮天(ぼてん)
▽夜の　夜空(よぞら)
▽七夕の夜の　星合(ほしあ)いの空(そら)
▽天の川の見える　漢天(かんてん)
▽星が輝く　星空(ほしぞら)

春夏秋冬の「空」

▽四季の　四天(してん)
▽春の　蒼天(そうてん)・春空(はるぞら)・春空(しゅんくう)・春天(しゅんてん)
▽初春の　初空(はつぞら)
▽春の暗い曇り　春陰(しゅんいん)
▽花どきの曇り　花曇(はなぐも)り・養花天(ようかてん)
▽元旦の　初空(はつぞら)
▽元日の日の出前の朝焼け　初茜(はつあかね)
▽夏の　昊天(こうてん)・熱天(ねってん)・炎天(えんてん)・暑天(しょてん)・夏空(なつぞら)
▽梅雨どきの　梅雨空(つゆぞら)・梅天(ばいてん)・五月空(さつきぞら)
▽夏の太陽が照りつける　炎天(えんてん)
▽日照り続きの　干天(かんてん)・旱天(かんてん)
▽夏から秋への暑気と涼気とが行き合う　行(ゆ)き合(あ)いの空(そら)
▽秋の　旻天(びんてん)・秋空(あきぞら)・秋天(しゅうてん)・秋旻(しゅうびん)
▽秋の夜明け　秋暁(しゅうぎょう)
▽冬の　上天(じょうてん)・冬空(ふゆぞら)・冬天(とうてん)
▽寒ざむしい冬の　冬空(ふゆぞら)・寒空(さむぞら)・寒天(かんてん)

「空」に関する成句

【日月星辰(じつげつせいしん)】太陽・月・星の空を運行するものの意から、空のこと。

【天涯地角(てんがいちかく)】空の果てと地上のすみ。二つの土地が遠く隔たっていること。

尊敬(そんけい)

敬うの様態からみた「尊敬」

▽謹んで　敬(けい)・尊敬(そんけい)・敬命(けいめい)・敬虔(けいけん)・敬恭(けいきょう)・恭謹(きょうきん)・恭敬(きょうけい)・粛敬(しゅくけい)
▽あがめ　崇敬(すうけい)・崇敬(そうけい)・崇拝(すうはい)・崇奉(すうほう)・敬崇(けいすう)・敬拝(けいはい)・敬拝(きょうはい)・敬仰(けいぎょう)・尊崇(そんすう)・尊崇(そんそう)・瞻仰(せんぎょう)
▽おそれ　敬畏(けいい)・畏敬(いけい)
▽心から敬い慕う

尊敬

敬慕（けいぼ）・心酔（しんすい）・傾倒（けいとう）

▽いつくしみ　敬愛（けいあい）・愛敬（あいけい）・愛敬（あいぎょう）

▽心を穏やかに謹み深く　和敬（わけい）

▽尊敬し慕う　仰望（ぎょうぼう）・景仰（けいこう）・景仰（けいぎょう）・景慕（けいぼ）

▽尊敬し信じる　敬信（けいしん）・信敬（しんけい）・崇信（すうしん）

▽尊敬し感嘆する　敬嘆（きょうたん）

▽おしいただいて尊ぶ。あがめる　推尊（すいそん）・推戴（すいたい）

▽尊く気高い　崇高（すうこう）

▽厳かに謹む　荘敬（そうけい）

▽敬い重んじる　敬重（けいちょう）

▽敬いはばかる　敬憚（けいたん）

▽敬い謹むさま　翼翼（よくよく）

▽尊い。尊ぶ　尊貴（そんき）

▽尊くて厳かな　尊厳（そんげん）

▽尊いことと親しいこと　尊親（そんしん）

▽尊くすぐれている　尊勝（そんしょう）

▽尊び重んじる　尊重（そんちょう）・推重（すいちょう）・崇重（すうちょう）

▽身分が尊く高い　尊高（そんこう）

▽尊い威光　尊威（そんい）・御威光（ごいこう）

▽尊いことと卑しいこと　尊卑（そんぴ）

▽敬う気持ち、尊敬する気持ち　敬意（けいい）

敬う・尊ぶ対象の種類からみた「尊敬」

▽天を畏（おそ）れ　敬天（けいてん）

▽自然をあがめ　自然崇拝（しぜんすうはい）

▽神をあがめ　敬神（けいしん）・祇敬（ぎけい）・尊神（そんしん）

▽尊んで神仏を信仰する　尊信（そんしん）

▽神仏を信じ敬う　信心（しんじん）・信仰（しんこう）

▽仏を信仰し尊敬する　帰敬（ききょう）・帰敬（きけい）

▽天皇を　尊皇（そんのう）・尊王（そんのう）

▽主君を敬い忠実である　敬忠（けいちゅう）

▽老人を　敬老（けいろう）・尚歯（しょうし）

〔参〕「尚歯」の「尚」は尊ぶこと、「歯」は年齢を表す。牛や馬の年齢は歯を見ると分かるとされ、中国では「歯」を意味する言葉が「年齢」も表すようになった。

▽徳を仰ぎ　鑽仰（さんぎょう）・鑽仰（さんごう）

▽昔の文物・制度を　尚古（しょうこ）

▽武を　尚武（しょうぶ）

具体的に動作を表す「尊敬」

▽尊敬の念をもって人に従う　敬服（けいふく）

▽敬意を表す　表敬（ひょうけい）

▽敬意を表して礼をする。その礼　敬礼（けいれい）

▽身をかがめて礼をする　敬屈（きょうくつ）

▽敬って手厚くもてなす　敬待（けいたい）

▽敬い仕える　敬事（けいじ）
▽自分の人格を尊び品位を保とうとする　自敬（じけい）・自尊（じそん）
▽うわべは敬って近づかない　敬遠（けいえん）
▽師として敬い、教えを受ける　師事（しじ）
▽直接教えを受けていないが、ひそかに師と仰いで慕い学ぶ　私淑（ししゅく）
▽うやうやしく聴く　敬聴（けいちょう）
▽謹んで人の言うことを聴く。また、謹んで受け継ぐ　敬承（けいしょう）
▽金銭をこの上ないものとして尊ぶ　拝金（はいきん）
▽謹んで弔う　敬弔（けいちょう）
▽死後に尊号をおくる　追尊（ついそん）・追崇（ついそう）

具体的な対象からみた「尊敬」

▽尊い君主、主上など　尊主（そんしゅ）
▽尊い位、天子の位　尊位（そんい）・尊爵（そんしゃく）
▽この上なく尊いこと。また、天皇を指す　至尊（しそん）
▽身分の尊い人　尊者（そんじゃ）・尊者（そんしゃ）・尊人（そんじん）・尊貴（そんき）
▽尊い親　尊親（そんしん）
▽尊い像　尊像（そんぞう）
▽尊い姿、形　尊相（そんそう）
▽人や物を尊敬の念をこめて呼ぶ　尊称（そんしょう）
▽相手の国に対する尊敬語　貴国（きこく）
▽相手の神社や会社などの　貴社（きしゃ）
▽相手の家に対する　尊家（そんか）・貴家（きか）・尊宅（そんたく）・尊邸（そんてい）・尊堂（そんどう）

▽他人の来訪の　尊来（そんらい）・光来（こうらい）・光臨（こうりん）・来駕（らいが）・来駕（らいか）
▽仏や菩薩の形体。また、貴人の肖像の　尊儀（そんぎ）
▽写真や肖像などの　尊影（そんえい）
▽霊魂、また、亡魂の　尊霊（そんれい）・尊霊（そんりょう）
▽位牌の　尊儀（そんぎ）・尊牌（そんぱい）
▽相手の社の新聞・雑誌などの　貴紙（きし）・貴誌（きし）
▽相手の手紙に対する　尊書（そんしょ）・尊札（そんさつ）・尊翰（そんかん）・貴書（きしょ）・貴札（きさつ）
▽相手の手紙や筆跡に対する　尊筆（そんぴつ）・尊墨（そんぼく）
▽相手を敬って出す返事　貴酬（きしゅう）
▽他人が詠んだ詩歌の尊敬語　尊詠（そんえい）・貴詠（きえい）
▽尊んで呼ぶ称号。太上天皇、皇后・

尊敬

皇太后など　**尊号**（そんごう）

▽官吏である相手に対する尊敬語　**貴官**（きかん）

▽相手の使いに対する尊敬語　**貴使**（きし）

▽師を敬って　**尊師**（そんし）

▽目上の人を敬って　**尊者**（そんじゃ）・**尊上**（そんじょう）・**尊長**（そんちょう）・**長上**（ちょうじょう）

▽他人・目上・同輩などを敬って　**尊君**（そんくん）・**尊公**（そんこう）・**尊兄**（そんけい）・**貴兄**（きけい）

▽相手を敬って　**貴方**（きほう）・**貴方**（あなた）・**貴君**（きくん）・**貴殿**（きでん）・**貴下**（きか）・**尊堂**（そんどう）・**尊下**（そんか）

▽手紙などで相手を尊んで　**尊台**（そんだい）・**貴台**（きだい）・**高台**（こうだい）

▽老人の尊敬語　**尊老**（そんろう）・**尊翁**（そんおう）

▽他人の父親を呼ぶ尊敬語　**尊父**（そんぷ）

▽他人の母親を呼ぶ　**尊母**（そんぼ）

▽目上の婦人、相手の姉に対する　**貴姉**（きし）

▽他人の氏名の尊敬語。また、尊い称号　**尊名**（そんめい）

▽他人の氏名の尊敬語　**尊姓**（そんせい）

▽他人の体の　**尊体**（そんたい）

▽他人の顔の　**尊顔**（そんがん）・**尊面**（そんめん）

▽他人の容貌の　**尊容**（そんよう）

▽他人の命令の　**尊命**（そんめい）

▽他人の話の　**尊話**（そんわ）

▽人が見ることの　**尊覧**（そんらん）・**貴覧**（きらん）・**高覧**（こうらん）

▽相手の考えの　**尊慮**（そんりょ）・**貴慮**（きりょ）・**賢慮**（けんりょ）・**尊旨**（そんし）

▽他人の意見の　**尊意**（そんい）・**貴意**（きい）・**尊見**（そんけん）・**御意見**（ごいけん）

▽相手を敬ってへりくだる　**敬譲**（けいじょう）

▽へりくだって人を敬い謹む　**謙恭**（けんきょう）

▽高貴な人に対面することの謙譲語　**拝覲**（はいきん）

▽人に会うことの謙譲語　**拝顔**（はいがん）・**拝眉**（はいび）・**拝芝**（はいし）

▽人名・相手・相手方の事物に敬意を表す言い方　**敬称**（けいしょう）

▽敬意の言葉遣い　**敬語**（けいご）

▽「です」「ます」など、文末に丁寧語を使う文体　**敬体**（けいたい）

▽尊敬の意味を表す動詞の相　**敬相**（けいそう）

▽世間一般で尊ばれるもの　**達尊**（たっそん）

▽ある人からみて、先の世代の親族　**尊属**（そんぞく）

「尊敬」に関する動詞・形容詞

▽相手を大切に思い礼を尽くす　**敬う**（うやまう）・**敬する**（けいする）

▽敬って大切に扱う

尊ぶ・尊ぶ・尊む・貴ぶ・貴ぶ・貴む
▽尊び敬う **崇める**
▽尊敬する。敬う **仰ぐ**
▽敬い、かしこまる。敬って近づかない **畏れる**
▽徳や学問を敬ってそれにならおうとする **慕う**
▽尊敬の念をこめて見る **見上げる**
▽尊くて厳か。ものさびて尊い **神神しい**

「尊敬」に関する成句

【頭が下がる】

相手を心から敬服する。感心させられる。


【一目置く】

囲碁で弱い方が先に石を一つ置いて始める意から、すぐれた人に敬意を払って一歩を譲ること。


【帰命頂礼】

帰命（仏を礼拝するとき唱える語）して、自分の頭を仏の足につける最敬礼のこと。


【恐惶謹言】

（⇩「手紙」414ページ）


【敬して遠ざける】

相手を敬って近づかない。転じて、うわべは敬っているようにしているが、その実、相手を疎んじて近づかないこと。出典は『論語』。


【敬天愛人】

天を敬い、自分を愛する心で人を愛すること。


【尊い寺は門から知れる】

（⇩「寺社」269ページ）


【尊き者必ずしも富まず】

身分の高い立派な人がみんな富にめぐまれているとは限らないの意。


【唯我独尊】

この世の中で自分より尊いものはいないということ。転じて、自分だけがすぐれているとうぬぼれること、ひとりよがりのこと。

類「我独り尊し」「天上天下唯我独尊」

第一人者

その道で実力のある人としての「第一人者」

▽その道で他に比べる者のないほどすぐれた
第一人者・ナンバーワン・エース・トップ

▽その道で第一人者と認められる
権威・権威者・大家・最高峰・大御所・王者・チャンピオン・オーソリティー・オピニオンリーダー

▽ある分野で実際の権力や影響力をもっている
実力者

▽主として芸術方面で特に傑出した
大家・巨匠

▽老成したその道の大家
老大家・耆宿

▽その道の権威として世間から最も尊敬されている
泰斗
〔参〕「泰山北斗」の略。「泰山」は中国の名山、「斗」は北斗七星で、誰もが仰ぎ見るということ。

▽その道で絶大な勢力・能力をもつ
大物・帝王

▽ある分野で勢力をもち、重要な位置を占める
重鎮・大立て者

▽すぐれた腕前をもっていて名高い
名匠・名工

▽学問に秀でた
大学者・学匠

▽学問・技芸に秀でた
明匠・明匠

▽技芸の腕前の非常に秀でた
名人・名手・名家・マエストロ・マイスター・エキスパート

▽技芸の腕前が巧み
手足り・手足れ・手利き・利き手・巧手・巧者・功者・上手・テクニシャン

▽学問や技芸に熟達し、広く物事の道理に通じた
達人

▽長年経験を積み重ねて、その道に熟達した
老練家・古兵・古強者・ベテラン

▽物事の処理が手早く巧みな
切れ者・切れ手・遣り手・敏腕家・腕利き・腕扱き・腕っ扱き

▽働きがあり、幅をきかせている
利け者・利き者

▽すぐれた実力、腕前をもつ
手腕家

▽事業の運営・展開などが巧みな

仕事師・遣り手

▽ある分野を専門に研究し、精通した
専門家・スペシャリスト・エキスパート

▽技芸などに熟達した
玄人・プロフェッショナル

▽一般大衆を魅了する技芸や資質をもった
カリスマ

▽多くの専門家たち　諸家

▽相撲などで業に長じた　業師

▽剣術の腕前のすぐれた
剣客・剣客・剣豪・剣術使い・剣士

▽音曲・舞踊などの精進が認められ、師から芸名を名乗ることを許された
名取り

大小

形・規模などからみた「大」

▽容積などの占める割合が高い
大きい・大きな・大・大き・でかい・でっかい・大の・厳し・ビッグ・ラージ

▽倍の大きさ　倍大

▽特別に　特大

▽目立って　著大

▽非常に　厖大・鴻大・洪大

▽きわめて
巨大・絶大・極大・莫大・至大・どでかい・ジャンボ・マクロ・メガ

▽きわめて大きい体　巨体・巨躯

▽最も
最大・マキシマム・マックス

▽限りなく　無限大

▽多くのものを包み込むほど　恢恢

▽桁違いに　超弩級

〔参〕「弩」は一九〇六年に作られたイギリスの戦艦ドレッドノート号の頭文字に当てた字。当時では巨大な戦艦だったことから、それを上回る規模のものは「超弩級戦艦」と呼ばれた。

▽広く
広大・宏大・弘大・浩大・廓大・闊大・浩蕩・恢廓・浩瀚・恢弘・無辺・ワイド

▽長く　長大

▽高く　高大

▽強く　強大

▽りっぱで　壮大・盛大

▽建築などの規模が
大規模・大大的・大掛かり・

大小

大仕掛け（おおじかけ）

▽計画などの規模が　遠大（えんだい）
▽勇ましく規模が　雄大（ゆうだい）
▽すぐれて　偉大（いだい）・グレート
▽眺望のようすが大きくすばらしいさま　壮観（そうかん）
▽太って　肥大（ひだい）
▽体格が普通より　大柄（おおがら）・大兵（だいひょう）
▽顔や体つきが並はずれて　魁偉（かいい）
▽膨らんで　膨大（ぼうだい）
▽普通のものより　大振り（おおぶり）
▽形や嵩（かさ）が大きい　大型（おおがた）・大形（おおがた）
〔参〕「大形」は姿や形が大きい、「大型」は他の同種のものに比べて、規格や規模などが大きいこと。
▽粗くて大きい　粗大（そだい）
▽大き過ぎる　過大（かだい）
▽衣服が大き過ぎて体に合わない　だぶだぶ・だぼだぼ
▽大きいさま　摩訶（まか）
〔参〕「摩訶不思議（まかふしぎ）」のように他の語の上につけて、賛美したり強調したりするように使われることが多い。
▽大きく目立つ　でかでか

形・規模などからみた「小」

▽容積などの占める割合が低い　小（しょう）・小（ちい）さい・小（ちい）さな・小（ちさ）い・ちっさい・小（ちい）ちゃい・ちっぽけ・コンパクト・スモール
▽手のひらくらいの大きさ　掌大（しょうだい）
▽狭く　狭小（きょうしょう）・狭隘（きょうあい）
▽体格が普通より　小柄（こがら）・小粒（こつぶ）・小兵（こひょう）
▽普通のものに比べてやや　小振（こぶ）り
▽形や嵩（かさ）が小さい　小型（こがた）・小形（こがた）
▽小さくまとまっている　ちんまり・ちまちま
▽小さいなりによく整っている　小（こ）ぢんまり・細（ささ）やか
▽形などがきわめて　細（こま）かい・細（こま）か
▽小さくて細かい　細（ささ）やか
▽非常に細やかなさま　微微（びび）
▽いかにも小さい　細細（こまごま）しい・細細（こまごま）
▽きわめて　極小（きょくしょう）・微小（びしょう）・ミクロ
▽最も　最小（さいしょう）・ミニマム
▽規模が　小規模（しょうきぼ）
▽背丈が　矮小（わいしょう）
▽短くて　短小（たんしょう）
▽きわめて小さいさま　眇（びょう）・渺（びょう）
▽きわめて小さい物事のたとえ　兎（う）の毛（け）
▽多くの小さいもの　群小（ぐんしょう）
▽きめが細かい　密（みつ）・緻密（ちみつ）
▽非常に細かい

微（び）・微細（びさい）・零細（れいさい）・細微（さいび）

▽最も細かい　最微（さいび）

▽きわめて細かい
極微（きょくび）・極微（ごくび）・無限小（むげんしょう）・微塵（みじん）

▽大きいと小さい　大小（だいしょう）

▽大刀と小刀　大小（だいしょう）

▽大きいと細かい　細大（さいだい）・巨細（こさい）

▽名詞の上に付けて、「小さな」「小型の」の意を表す
小（こ）・豆（まめ）・ミニ・プチ

▽外来語の上に付けて、「微小な」の意を表す
マイクロ

▽名詞の上に付けて、「小さくてかわいらしい」の意を表す
姫（ひめ）・媛（ひめ）・雛（ひな）

▽きわめて小さいものをたとえて
芥子粒（けしつぶ）・粟粒（あわつぶ）・粟粒（ぞくりゅう）

事の程度などを示す「大小」

▽程度が甚だしい
大きい（おおきい）・大（だい）・多大（ただい）

▽事柄が大きい
重大（じゅうだい）・ど偉い（えらい）・由由しい（ゆゆしい）・重い（おもい）

▽程度が過大　酷い（ひどい）

▽非常に重大
甚大（じんだい）・深刻（しんこく）・事（こと）・大事（おおごと）・重度（じゅうど）

▽程度が取るに足らない
小さい（ちいさい）・些細（ささい）・瑣細（ささい）・些些（ささ）・瑣末（さまつ）・小（しょう）

▽小さく本質的でない
末節（まっせつ）・末事（まつじ）・微微（びび）・区区（くく）・小事（しょうじ）・細事（さいじ）

▽程度がごく小さい
微弱（びじゃく）・軽微（けいび）・軽い（かるい）・軽度（けいど）・軽軽（けいけい）

「大小」に関する成句

【大台（おおだい）に乗る】
大きな数字の桁に達する。

【大（だい）なり小（しょう）なり】
大きい小さいにかかわらずに。

【笑（わら）い事（ごと）ではない】
笑ってすませるような小事ではない。

【広大無辺（こうだいむへん）】
広く大きくて、限りなく果てしないこと。

【滄海（そうかい）の一粟（いちぞく）】
大海の中の一粒の粟の意から、天地間での人間がごく小さく、はかないものであることのたとえ。

【大事（だいじ）の前（まえ）の小事（しょうじ）】
大きい事をするときは小さな事を捨ててもよい。または、小さな事もゆるがせにしてはいけない。

【大事（だいじ）は小事（しょうじ）より起（お）こる】

つまらない小さな事が、えてして大きな事を引き起こす原因となるということ。

【大は小を兼ねる】

大きいものは小さいものの代わりができるという意から、小さいものより大きいものの方が役に立つということ。

太陽・日光

太陽の異称・美称と太陽の光・色など

▽太陽の異称・美称

日・日輪・火輪・烏輪・紅輪・天陽・九陽・陽日・天日・日天・赤日・金鴉・陽鴉・赤鴉・金烏・陽烏・赤烏・日華・天つ日・御日様・天道様・御天道様

〔参〕「鴉」「烏」はカラス。太陽の中に三本足のカラスがすむという中国の伝説から。中国では古来、太陽にはカラス、月にはウサギまたはヒキガエルが棲むとされていた。

▽太陽の光

日光・太陽光・照る日・日差し・陽射し・日の光・日影・日の目・陽の目・陽・陽光・天光・慈光・天日・天日・白日・日・サンシャイン

▽太陽の色

日色

▽戸外の日光

外光

▽太陽に向かっている方。日の当たっている側

陽

朝・昼・夕の「太陽・日光」

▽朝昇る太陽とその光

朝日・旭・朝影・朝陽・旭陽・旭日・曙日・暁日・紅日・初日・旭光・曙光・暁光・朝暉・旭暉

▽朝、太陽が昇る

日の出・日出・サンライズ

▽正月元旦の太陽とその光

初日・初日の出・初日影

▽高山などで尊いものとして迎える日の出

御来迎・御来光・御光・来光

▽昼間の太陽とその光

昼光・白光

▽日暮れ近く西に沈もうとする太陽とその光

夕日・夕日・入り日・夕

影・斜日・残日・仄日・西日・入日・入日影・夕付く日・夕陽・残陽・晩陽・斜陽・夕照・残照・反照・晩照・斜照・夕暉・残暉・晩暉・斜暉

▽日暮れ近く太陽が西に沈む

落日・入り日・日没・日の入り・落陽・日落・落暉・サンセット

春夏秋冬の「太陽・日光」

▽春の太陽・日光

春の日・春日・春日・春日・春光・春日影・春色・春陽・春の色

▽春分から太陽の出ている時間が長くなる

日長・長き日・日永・永日・長日・遅日・遅日・遅き日

▽春の日が暮れそうでなかなか暮れない

暮れ泥む

▽夏の太陽・日光

夏の日・夏日・夏日・夏日・夏影・真夏日・烈日・畏日

▽夏の太陽が強く照りつける

かんかん照り・直照り

▽秋の太陽・日光

秋の日・秋日・秋日・秋陽

▽冬の太陽・日光

冬の日・冬日・冬日・冬日・真冬日・愛日

▽冬の太陽の出ている時間が短い

短日・日短

様態と日光の現象からみた「太陽・日光」

▽太陽が地上を照らす

日照・日照り

▽日光が射るように当たる

日射・日差し・陽射し

▽家の中に日光が

差し込む・照り込む

▽激しく照りつける太陽　烈日

▽日光に映え輝く。日光が映る

日映り

▽日光が照り返す

照り返し・反照

▽一日のうち日差しが強いころ。特に、夏の午後にいう

日盛り

▽日光の弱い日差し

薄日・薄ら日・薄陽

▽日の当たっているところ

日向・日当たり・陽当たり・日面・日の面・日の面・日の面・

太陽・日光

▽冬、日がよく当たって暖かいところ

日溜り（ひだまり）

▽日光がさえぎられ、日光の当たらないところ

日陰（ひかげ）・日蔭（ひかげ）・日裏（ひうら）

▽木の葉の間から漏れて差す日の光

木漏れ日（こもれび）・木洩れ陽（こもれび）・葉漏れ日（はもれび）・葉洩れ陽（はもれび）

▽朝日で東の空が赤く染まる

朝焼け（あさやけ）・暁光（ぎょうこう）

▽日が沈むとき西の空が赤く染まる

夕焼け（ゆうやけ）・夕映え（ゆうばえ）・残映（ざんえい）・残紅（ざんこう）・反影（はんえい）・返照（へんしょう）・夕照（せきしょう）・紅霞（こうか）

▽日が沈んでもなお空に残っている光

残光（ざんこう）・残照（ざんしょう）・残霞（ざんか）・余光（よこう）

▽太陽が空を移り行く動き。また、その速さ

日脚（ひあし）・日足（ひあし）・日の脚（ひのあし）・日行（にっこう）

▽雲の切れ目や物の隙間から差し込む日の光

日脚（ひあし）・日足（ひあし）・日の脚（ひのあし）

▽太陽・月・地球の順で一直線に並び、太陽が月に隠されて見えなくなる現象

日蝕（にっしょく）・日食（にっしょく）・太陽蝕（たいようしょく）・太陽食（たいようしょく）・日帯蝕（にったいしょく）・日帯食（にったいしょく）

▽日食で、月の周りに太陽の光が輪のように見える

金環日蝕（きんかんにっしょく）・金環日食（きんかんにっしょく）・金環蝕（きんかんしょく）・金環食（きんかんしょく）

▽日食で、太陽が完全に見えなくなる

皆既日蝕（かいきにっしょく）・皆既日食（かいきにっしょく）

▽日食で、太陽の一部だけが見えなくなる

部分日蝕（ぶぶんにっしょく）・部分日食（ぶぶんにっしょく）

▽直射日光で地表に近い空気がゆらゆら立ち上るように見える

陽炎（かげろう）・陽炎（ようえん）・糸遊（いとゆう）・遊糸（ゆうし）・野馬（やば）・陽炎（かげろい）・陽炎（かぎろい）

▽太陽の周りにできる光の輪

暈（かさ）・暈（うん）・日暈（にちうん）・日暈（ひがさ）・日の暈（ひのかさ）

▽太陽と同じ高さで、太陽の左右で光る

幻日（げんじつ）

［参］「幻日」は、大気中に浮かぶ氷の粒が太陽の光線を屈折するために起こる大気現象のひとつ。月でも同様の現象が起こり、「幻月（げんげつ）」と呼ばれる。

影響・利用などからみた「太陽・日光」

▽太陽の照る日が続き雨が降らず、水がかれる

旱魃（かんばつ）・旱天（かんてん）・日照り（ひでり）・旱（ひでり）・渇水（かっすい）

▽太陽の直射で、肌・畳・衣服などが黒くなったり、色あせたりする

日焼け（ひやけ）・陽焼け（ひやけ）

▽日焼けを防ぐための化粧品

日焼け止め（ひやけどめ）

▽強い直射日光による体温上昇などでおこる病気

日射病（にっしゃびょう）・熱射病（ねっしゃびょう）・熱中症（ねっちゅうしょう）・霍乱（かくらん）

▽太陽によく照らされたものの特有のにおい
日向臭い（ひなたくさい）

▽日光の直射を避けるためのもの
日除け（ひよけ）・日避け（ひよけ）・日覆い（ひおおい）・日隠し（ひかくし）・簾（すだれ）・葦簀（よしず）・サンシェード

▽家の窓・縁側、出入口などに取り付けて日光や雨を防ぐもの
廂（ひさし）・庇（ひさし）

▽日光の直射を避けるためにさす傘
日傘（ひがさ）・パラソル

▽直射日光や紫外線から目を保護する眼鏡
サングラス

▽冬など日なたに出てあたたまる
日向ぼっこ（ひなたぼっこ）・日向ぼこ（ひなたぼこ）・日向ぼっこり（ひなたぼっこり）・日向ぼこり（ひなたぼこり）

▽物を乾かしたり肌を焼いたりするため日に当てたままにしておく
日晒し（ひざらし）・日曝し（ひざらし）

▽日に当てて乾かす
日干し（ひぼし）・日乾し（ひぼし）・天日干し（てんぴぼし）・天道干し（てんとうぼし）

▽健康増進のために体に日光を当てる
日光浴（にっこうよく）

▽日光に当てて殺菌する
日光消毒（にっこうしょうどく）

▽地球が太陽の周りを一回転する時間を一年とする暦
太陽暦（たいようれき）・陽暦（ようれき）

▽日光が当たってできる影の位置で時刻を知る装置
日時計（ひどけい）

▽日光が多く入るようにした部屋
サンルーム

▽太陽の光エネルギーを電気エネルギーに変換する装置
太陽電池（たいようでんち）・光電池（ひかりでんち）・光電池（こうでんち）・ソーラーセル

▽太陽の光エネルギーで発電する
太陽光発電（たいようこうはつでん）・ソーラー発電（はつでん）

▽他の語の上に付けて、「太陽の熱や光を利用する」の意を表す
ソーラー

「太陽・日光」に関する擬態語・形容語

▽太陽が光り輝く
燦燦と（さんさんと）

▽日光が明るく照る
杲杲と（こうこうと）

▽春の日光がのどかで明るい
麗か（うららか）・うらうらと

▽春の太陽の気持ちよいあたたかさ
ぽかぽかと・ほかほかと

▽焼けつくような夏の太陽の熱さ
灼熱の（しゃくねつの）

▽夏の太陽の激しい熱さ
かんかん・ぎらぎら・かっと・かっかと・じりじりと

▽秋の日光がほどよくあたたかく気持ちがいい
爽(さわ)やか

「太陽・日光」に関する成句

【秋(あき)の日(ひ)は釣瓶(つるべ)落(お)とし】
井戸の中へ釣瓶を落とすと、あっという間に沈んでしまうように、秋の日は急速に暮れていくということ。

【春日遅遅(しゅんじつちち)】
春の日の暮れるのが遅い。また、春の日がうららかでのどかなさま。

【日(ひ)が移(うつ)る】
太陽が東から西へ移動する。

【日(ひ)が高(たか)い】
太陽が空高く昇っている。夕暮れまでには時間がある。

多少(たしょう)

数量・分量からみた「多」

▽数量などが
多(おお)し・多(おお)い・大(おお)きい・繁(しげ)し・いっぱい・多(た)・多多(たた)・多(おお)く・多(おお)き・多分(たぶん)・数多(すうた)・数多(あまた)・幾多(いくた)・多数(たすう)・多量(たりょう)・衆多(しゅうた)・許多(きょた)・数(かず)・数数(かずかず)・大数(たいすう)・大量(たいりょう)・大(だい)・沢山(たくさん)・山程(やまほど)・八十(やそ)・百(もも)・千(ち)・百千(ひゃくせん)・百千(ももち)・千千(ちぢ)・万(よろず)

▽多くなるにしたがって。また、たくさん
多多(たた)

▽かなりの数量。たくさん
少(すく)なからず

▽かなりの数量。たくさん。また、いくらかの
若干(そこばく)

▽豊かで数多い　饒多(じょうた)

▽言葉などがくどくて　冗多(じょうた)

▽煩わしく　煩多(はんた)

▽用事が　多事(たじ)・繁多(はんた)

▽盛り込まれた内容や分量が　盛(も)り沢山(だくさん)

▽驚くほど　仰山(ぎょうさん)

▽はかりきれないほど多い分量　万斛(ばんこく)

▽非常に
多大(ただい)・夥(おびただ)し・夥(おびただ)しい・夥多(かた)・万万(ばんばん)・百千万(ひゃくせんまん)・巨万(きょまん)・億(おく)・億万(おくまん)

▽多くて盛んなさま　藹藹(あいあい)

▽数えきれないほど
千万(せんまん)・千万(ちよろず)・億兆(おくちょう)・巨億(きょおく)・無数(むすう)・無算(むさん)・数知(かずし)れぬ・数限(かずかぎ)りない

▽量が計りきれないほど　無量（むりょう）
▽取っても取り尽くせないほど　無尽蔵（むじんぞう）
▽ほとんど全部に近い　大多数（だいたすう）
▽最も　最多（さいた）
▽きわめて　莫大（ばくだい）
▽多過ぎる　過多（かた）・過剰（かじょう）
▽数量の多い意を表す　幾（いく）・百（もも）
▽書物の巻数や頁数が　大部（たいぶ）
▽書物が大部である　浩瀚（こうかん）
▽金額が　多額（たがく）
▽金額が非常に　巨額（きょがく）
▽給料が　高給（こうきゅう）
▽農作物の収穫が　豊作（ほうさく）・満作（まんさく）
▽漁の獲物が　大漁（たいりょう）・豊漁（ほうりょう）
▽狩猟の獲物が　大猟（たいりょう）
▽人数が
多人数（たにんずう）・多人数（たにんず）・大人数（おおにんずう）・大勢（おおぜい）・大衆（たいしゅう）・衆（しゅう）・多勢（たぜい）・多衆（たしゅう）
▽多くのものが集まっている状態
群れ（むれ）・群（ぐん）
▽動物などが非常に多く集まった群れ
大群（たいぐん）

「多」に関する擬態語・形容語

▽数多く、いっぱいある
うんと・たんと・どっさり・たんまり・しこたま・たっぷり
▽十分に　ふんだんに
▽たくさんすき間なく詰まっている
きっしり・ぎっしり・きっちり・ぎっちり・きちきち
▽一か所に集中してものがたくさんある。または大勢が騒がしく押しかける
わんさと・わんさか
▽多くのものがふさのように垂れる
総総（ふさふさ）・多多（ふさふさ）・房房（ふさふさ）
▽神楽鈴（かぐらすず）のように多くが群がっている
鈴生り（すずなり）
『参』枝に「鈴生り」になっているさまを、「実がたわわになる」とするのは誤り。「たわわ」は果実の多さに枝がしなるさまなので、「枝もたわわに実がなる」が正しい。
▽液体などが器にあふれるほど入っている
なみなみ
▽毛などが密生して乱れている
もじゃもじゃ
▽多くのものが転がっている
ごろごろ
▽多くのものが集まり、うごめく
うようよ
▽小さい虫などが数多く固まってうごめく
うじゃうじゃ
▽たくさんの物を取られたりする

ごっそり・ごそっと
▽多くの金を一度に手にしたり取られたりする
がっぽり
▽勢いよく金がもうかる
がばがば
▽たくさんの金が何度も懐(ふところ)に入ってくる
がっぽがっぽ
▽威勢よく金などを使う
じゃんじゃん・じゃかすか
▽大勢の人などが後から続いて動いている
ぞろぞろ・続続(ぞくぞく)
▽大勢の人が騒がしく出入りする
どやどや

数量・分量からみた「少」

▽数量などが
少(すく)なし・尠(すくな)し・寡(すくな)し・鮮(すくな)し・少(すく)ない・尠(すくな)い・寡(すくな)い・鮮(すくな)い・小(ちい)さし・小(ちい)さい・細(ほそ)し・細(ほそ)い・乏(とぼ)し・乏(とも)し・乏(とぼ)しい・羨(とも)し・羨(とも)しい・貧(まず)し・貧(まず)しい・薄(うす)し・淡(うす)し・稀(うす)し・薄(うす)い・淡(うす)い・稀(うす)い・浅(あさ)し・浅(あさ)い・聊(いささ)けし・足(たし)無(な)し・足無(たしな)い・足(た)りない・少(しょう)・少数(しょうすう)・少量(しょうりょう)・小量(しょうりょう)・下(した)・乏少(ぼうしょう)・乏少(ぼくしょう)・乏(ぼく)少(しょう)・寡少(かしょう)・菲薄(ひはく)
▽数量などが満たされない
少(すこ)し・少少(しょうしょう)・小小(しょうしょう)・一寸(ちょっと)・一寸(ちょっと)・鳥渡(ちょっと)・ちょいと・些(ち)と・些(ちっ)と・少(ち)と・些些(ささ)・聊(いささ)か・些(いささ)か
▽ほんの少しばかり
寸分(すんぷん)・寸分(すんぶん)・僅(わず)か・纔(わず)か・僅僅(きんきん)・些(いささ)か・聊(いささ)か・少(すこ)し

許(ばか)り・心許(こころばか)り・形許(かたちばか)り・一片(いっぺん)・一点(いってん)・一縷(いちる)・一毫(いちごう)・毫末(ごうまつ)・秋毫(しゅうごう)・細(ささ)やか・些(さ)少(しょう)・軽少(けいしょう)・些細(ささい)・瑣細(ささい)・厘毛(りんもう)・一二(いちに)・只(ただ)・唯(ただ)・たった・此(こ)れっぽっち・申(もう)し訳許(わけばか)り
▽数量がはっきりしないが少しばかり
幾(いく)らか・幾分(いくぶん)・多少(たしょう)・若(じゃっ)干(かん)・一抹(いちまつ)
▽ごくわずかな
露(つゆ)・微塵(みじん)・寸毫(すんごう)・零細(れいさい)・微細(びさい)・一分(いちぶ)・一厘(いちりん)・万分(まんぶん)の一(いち)・微少(びしょう)・僅少(きんしょう)・鮮少(せんしょう)・極少(きょくしょう)・微微(びび)・寥寥(りょうりょう)
▽ごくわずかな違い　紙一重(かみひとえ)
▽ごくわずかな差　僅差(きんさ)
▽まれで少ない　希少(きしょう)・稀少(きしょう)
▽最も　最少(さいしょう)
▽少な過ぎる　過少(かしょう)

▽ほんの少ししか持っていない
なけなし

▽物事を少しずつ処理していく
済し崩し（なしくずし）
〔参〕『会議は済し崩しに終わった』などのように、本来の意でなく「物事を曖昧にして終わっていくこと」という意で誤用されることが多い。

▽たくさんのものの中から少しずつ出す
小出し（こだし）

▽少しずつ継続する　**小刻み**（こきざみ）

▽商品が　**品薄**（しなうす）・**品不足**（しなぶそく）

▽人手などが　**手薄**（てうす）

▽金額が　**少額**（しょうがく）

▽給料が　**薄給**（はっきゅう）

▽利益が　**薄利**（はくり）

▽髪の毛が　**薄毛**（うすげ）

▽農作物の収穫が　**不作**（ふさく）

▽漁の獲物が　**不漁**（ふりょう）

▽狩猟の獲物が　**不猟**（ふりょう）

▽人数が
小人数（こにんずう）・**少人数**（しょうにんずう）・**人少な**（ひとすくな）・**寡**（か）・**小勢**（こぜい）・**無勢**（ぶぜい）

▽大勢の人と少ない人数　**衆寡**（しゅうか）

▽多いと少ない　**多少**（たしょう）・**多寡**（たか）

「少」に関する擬態語

▽分量などが少ない
ほっちり・ぽっちり

▽分量・時間・程度などがほんのわずかである
ちょっぴり・ちょびっと・ちょこっと

▽量や程度などがわずかで、まばらである
ちょぼちょぼ

▽数少なく、まばらである
ちらほら・ぽつぽつ

▽一つだけ孤立している
ぽつんと

▽一度に行わず少しずつ
ちびちび・ちびりちびり

▽すべて失って何も残っていない
すっからかん・すってんてん

▽人や物がほとんどない
がらがら・がらんと

ある基準からみた数量・分量の「多少」

▽ある範囲内に人や物が満ちあふれている
一杯（いっぱい）

▽食べ物で腹が満ちる
腹一杯（はらいっぱい）・**鱈腹**（たらふく）・**満腹**（まんぷく）
〔参〕「鱈腹」の漢字は、鱈の腹部が膨れていることからつけられた当て字。「足る」を表す「足らふ」が語源とされる。

多少

▽器に山のように多く盛る
山盛（やまも）り・てんこ盛（も）り・てこ盛り

▽燃料などが容量の限度まで入っている
満（まん）タン・満杯（まんぱい）

▽多くの物が高く積み重なっている
堆（うずたか）い・山積（やまづ）み・山積（さんせき）

▽不足なくたっぷりとある
豊（ゆた）か・豊富（ほうふ）・潤沢（じゅんたく）

▽水などが満ち満ちている　**満満（まんまん）**

▽水が満ち満ちて流れている　**洋洋（ようよう）**

▽広い範囲に水があふれている
浩浩（こうこう）

▽劇場などで客が大勢入る
大入（おおい）り・満員（まんいん）・満杯（まんぱい）

▽分量などがやや多い　**多（おお）め**

▽数量などが基準より多い
超過（ちょうか）・オーバー・上回（うわまわ）る

▽数量などが基準と同じか、基準より多い
以上（いじょう）

▽全体の半分より多い　**過半数（かはんすう）**

▽数詞に付けて、「以上」の意を表す
有余（ゆうよ）・超（ちょう）

▽数量などが不揃い　**半端（はんぱ）・端（はした）**

▽はみ出した数量・分量
余（あま）り・余（よ）・有余（ゆうよ）・余分（よぶん）・残（のこ）り・残余（ざんよ）・剰余（じょうよ）・余剰（よじょう）

▽端数を切り捨てたことを表す　**強（きょう）**

▽多くも少なくもない程度　**程程（ほどほど）**

▽余りも不足もない
丁度（ちょうど）・恰度（ちょうど）・正（しょう）・ジャスト

▽端数がない
かっきり・きっかり・きっちり・ちょっきり

▽ちょうどそれだけ　**こっきり**

▽限度いっぱいで余地がない
限（ぎ）り限（ぎ）り・目一杯（めいっぱい）・きちきち・すれすれ

▽二つのものがほぼ同程度である
とんとん・おっつかっつ・乙甲（おつかつ）

▽粉状のものを器にちょうどいっぱいにする
摩（す）り切（き）り・摺（す）り切（き）り

▽両手で一すくいする程度の量
一掬（いっきく）

▽分量などがやや少ない
少（すく）なめ・控（ひか）え目（め）・内輪（うちわ）・内端（うちば）

▽劇場などで客の入りが少ない
不入（ふい）り

▽数量などが基準と同じか、それより少ない
以下（いか）

▽数量などが基準より少ない
以内（いない）・内（うち）・未満（みまん）・下回（したまわ）る・切（き）る・割（わ）る

▽その数量に達しない

不足・足らず

▽その数量より少し少ない。また、端数を切り上げたことを表す

弱

▽多すぎることと足りないこと

過不足

程度・度合からみた「多少」

▽程度が甚だしい　**大**

▽程度がこの上ない　**千万**

▽かなりの程度に。はなはだ

少なからず

▽驚くほどの　**大した**

▽多く見ても　**精精・高高・高が**

▽程度ははっきりとしないが、少しは

幾らか・稍・漸・幾分

▽ほんの形ばかり　**細やか**

▽かろうじてその数量ぐらいの

そこそこ

▽かろうじて。やっと少しくらいは

僅かに・纔かに・多少

▽わずかな程度に

少し・少しく・少少・小小・多少・一寸・些と・ちょっぴり・些か・聊か・僅か・纔か・心持ち

▽程度がわずかである

小さし・小さい・小さな・薄し・薄い・淡し・淡い・浅し・浅い

▽打ち消しの語と共に。それほど。たいして

余り・余り

▽「少ない」の意を強める　**本の**

▽形・音・においなどがほんの少し分かる程度

微か・幽か・仄か

▽ぼんやりと分かるさま

仄かに・仄り・薄薄・薄ら・薄り

「多少」に関する成句

【唸るほど】
金品が驚くほどあるようす。

【雲霞の如く】
人が非常に多く集まるさま。

【多かれ少なかれ】
多くても少なくても。

【餓鬼も人数】
つまらぬ者でも大勢集まれば少しは役に立つこと。

【数を尽くす】
何から何まで残らず集める。全部揃える。

【蚊の涙】
量のごく少ないことのたとえ。類「雀の涙」

【腐るほど】
物がたくさんあるさま。

【十指に余る】
数えるとかなりの数になる。

【多勢に無勢】
大人数に対するのに小人数であること。

【爪の垢ほど】
ごく少ない量、ごくささいなことのたとえ。

【無きにしも非ず】
全然ないわけではなく、少しはある。

【引く手数多】
誘いをかけてくれる人がたくさんいること。

【枚挙に遑がない】
多くあり過ぎて、いちいち数え切れない。

【一紙半銭】
紙一枚と銭五厘というように、ごくわずかなもののたとえ。

【九牛の一毛】
たくさんの牛の中の一本の毛の意から、多数の中のごく少数のこと。

【千万無量】
はかることができないほどに数が多いこと。

【多事多端】
仕事が多く忙しいこと。

【多事多難】
世間が騒がしく事件が多いこと。

【多多益益弁ず】
多ければ多いほど、うまくやっていける。出典は『漢書』。類「多多益益可なり」

たすける・たすけ
……助・佑・輔・扶

一般的な様態を表す「たすける・たすけ」

▽力を添えて物事を成し遂げる。また、その人
助け・助

▽力を添えて物事を成し遂げる人
助っ人・助手

▽力を添えて
助力・助力・合力・合力・加勢・与力・助勢・支援・援助・助援・助長・佑助・扶助・扶翼・翼扶・扶掖・扶賛・賛翼・翼賛・味方・力添え・引き立てる・サポート・アシスト
〔参〕「助長」には、「苗の生長を早めようと思って、苗を引き伸ばして枯らしてしまった」という「孟子」の故事から、不必要な力添えをしてかえって害することの意もある。

▽互いに
協翼・提挈・協心・互助・協力・提携・タイアップ

▽たすけ合う。裁判所が互いに裁判事務について　共助(きょうじょ)

▽補いたすける。たすけ補う　補助(ほじょ)・補佑(ほゆう)・裨輔(ひほ)・裨補(ひほ)・裨助(ひじょ)

▽左右から　夾輔(きょうほ)

▽たすけまもる　擁護(ようご)

▽保護し　保佐(ほさ)

▽たすけ導く　輔導(ほどう)・補導(ほどう)

▽たすけとなる。有益である　裨益(ひえき)

▽ちょっとした、わずかな　一助(いちじょ)

▽強い者をこらしめ弱い者をたすける心　侠心(きょうしん)・義侠心(ぎきょうしん)

▽非を正し、足りないところを　匡弼(きょうひつ)・匡輔(きょうほ)

▽横から口を出して　助言(じょげん)・助言(じょごん)・アドバイス

神仏・人などによる救いを表す「たすける・たすけ」

▽天の　天助(てんじょ)・天佑(てんゆう)

▽神の　神助(しんじょ)・神佑(しんゆう)

▽知らず知らずのうちに受ける神仏の　冥助(みょうじょ)・冥加(みょうが)

▽神仏が人をまもり　加護(かご)

▽仏・菩薩の加護。他のものの　他力(たりき)

▽命を　救命(きゅうめい)

▽危険な所から　救助(きゅうじょ)・救出(きゅうしゅつ)・救い出す(すくいだす)・レスキュー

▽急病や事故などの急場の困難から救い　救急(きゅうきゅう)

▽救急搬送中の患者に救命措置を行う人　救急救命士(きゅうきゅうきゅうめいし)

▽殺される人の命を　助命(じょめい)

▽他人に頼らず自分で自分の身を　自助(じじょ)

▽救い出して保護する　救護(きゅうご)

▽危険や困難から救い　救援(きゅうえん)・リリーフ

▽災害や不幸などで苦しんでいる人を救い　救済(きゅうさい)

政治・仕事などの遂行を意味する「たすける・たすけ」

▽君主・天子の政事(まつりごと)を　輔弼(ほひつ)・補弼(ほひつ)

▽帝王を　王佐(おうさ)

▽君主をたすけて政事(まつりごと)をする人、宰相、大臣　相(しょう)・輔相(ほしょう)

▽君主をたすけて善を勧め、悪を捨てさせる　献替(けんたい)・献替(けんてい)

▽君主をたすけるよい臣　良弼(りょうひつ)

▽君主をたすける賢い臣　賢輔(けんぽ)・賢佐(けんさ)

▽たすけて物事を成就させる　助成(じょせい)・助成(じょじょう)・弼成(ひっせい)・輔成(ほせい)・翼成(よくせい)・賛成(さんせい)

▽人をたすけて物事を処理する。また、その人　輔佐(ほさ)・輔佐(ふさ)・補佐(ほさ)・輔翼(ほよく)・羽翼(うよく)・翼佐(よくさ)

▽導き　誘掖(ゆうえき)

▽そばでたすけて立派な仕事をさせる　守(も)り立(た)てる

▽他人の仕事をたすける。また、その人　手助(てだす)け・手伝(てつだ)い・助手(じょしゅ)・アシスタント

▽他人をたすける　人助(ひとだす)け

▽他人をたすける。また、他人の違法行為の実現を容易にするために助力する　幇助(ほうじょ)

▽産業を助成する。また、出産をたすけ、産婦・新生児の世話をする　助産(じょさん)

▽出産をたすけ、産婦・新生児の世話をする人　助産師(じょさんし)・助産婦(じょさんぷ)・産婆(さんば)

援助・支援などを意味する「たすける・たすけ」

▽力を貸して　支援(しえん)・サポート

▽かたわらにいてたすけ支える　扶持(ふじ)・扶将(ふしょう)・扶植(ふしょく)

▽たすけまもる　援護(えんご)

▽味方する。同意する　左袒(さたん)

▽主旨に賛成して　賛助(さんじょ)

▽力を添えて。また、味方する　荷担(かたん)・加担(かたん)

▽たすけ養う。生活の面倒をみる　扶養(ふよう)

▽たすけ育てる　扶育(ふいく)

▽費用を出して　給資(きゅうし)・資給(しきゅう)・給助(きゅうじょ)

▽貧困・罹災などを救い、恵む　救恤(きゅうじゅつ)

▽障害者などに就労の場を提供して生活を助ける　授産(じゅさん)

▽不幸・災害に遭って困っている人を　慈善(じぜん)・チャリティー

▽内部からの援助。特に、妻の夫の働きに対する　内助(ないじょ)

▽たすけに行く　赴援(ふえん)

▽後方から。また、資金・資材などを提供して　後援(こうえん)・バックアップ

▽来て　来援(らいえん)

▽他からの　外援(がいえん)

▽言葉を添えて　声援(せいえん)・エール

▽声援を送って　応援(おうえん)

▽人数をふやして　増援(ぞうえん)

▽たすけ、援助のないこと　**無援**

▽自分の主張のたすけとして他の文献や意見などを引用する　**援用**

▽そばから言葉を添えてとりなす　**口添え**

▽その人の利益となることを主張して　**弁護**

▽老人を　**扶老**

▽援助や応援をしてくれる人　**支援者・後援者・後見人・助っ人・サポーター・パトロン**

▽助勢の仲間　**助党**

▽手数をかけて助ける　**世話・面倒・厄介**

▽付き添っていろいろ手助けをする　**介添え・相・介護・介助・介錯**

▽付き添っていろいろ手助けをする人　**介護士・介護福祉士・ヘルパー・ホームヘルパー**

▽付き添っていろいろ手助けをする犬　**介助犬・盲導犬・聴導犬**

▽病人やけが人の世話をする　**介抱**

▽歌舞伎などで役者の後ろ楯になって世話する人　**黒子・黒衣・黒子・黒衣**

▽表面には出ずに人の世話をし、たすける。また、その人　**後見・後ろ見・後ろ楯・後ろ盾・背景**

▽荷車を後から押す、また、その人。助力する、また、その人　**後押し**

▽左右の　**翼**

▽同じような環境・境遇の人が互いに同情し合い　**相身互い・相身互い身**

▽危難の際、たすけてくれた命の恩人　**助け親・命の親**

▽仇討ち・果たし合いなどに加勢する。また、普通に加勢すること。その人　**助太刀**

「たすける」に関する動詞

▽間に入って　**介する**

▽そばから手を添えて　**佐ける・佑ける**

▽力を添えて　**助ける**

▽手で支え　**扶ける**

▽相談相手となって　**相ける**

▽神が　**佑ける**

▽誤りのないように　**弼ける**

▽手を引いて　**援ける**

▽物質的・金銭的に　**資ける**

▽そばに付き添って　**輔ける**

▽言葉を添えて　**賛ける・賛する・讃する**

▽翼のように、抱え　**翼**(たす)**ける**
▽補い　**裨**(たす)**ける**
▽力を添えて危難から　**救**(すく)**う**
▽人に衣食などを与えて　**貢**(みつ)**ぐ**
▽仲間となって　**与**(くみ)**する**
▽たすける、補助する、扶持する　**あななう**

「たすける・たすけ」に関する成句

【一臂(いっぴ)を仮(か)す】

ごくわずかの助力を与える。「一臂」は片ひじ・片腕の意。類「一臂(いっぴ)の力(ちから)を仮(か)す」


【陰(かげ)になり日向(ひなた)になり】

裏で支えたり、あるいは表面に出てかばったりして、人を何かにつけて助けるさま。


【肩(かた)を入(い)れる】

力添えをする。類「肩入(かたい)れする」


【肩(かた)を貸(か)す】

力を添える。援助する。類「片肌(かたはだ)脱(ぬ)ぐ」


【尻(しり)を押(お)す】

後方から援助する。類「腰(こし)を押(お)す」


【助(たす)け船(ぶね)を出(だ)す】

困っているとき助勢する。「助け船」は水上で遭難した人を助ける船のこと。


【力(ちから)になる】

何かをする人の支えになり、その人を助ける。


【力(ちから)を貸(か)す】

人の手助け、仕事の手伝いをする。類「手(て)を貸(か)す」


【手(て)を差(さ)し伸(の)べる】

困っている人を援助する。手助けを申し出る。


【梃入(てこい)れをする】

順調に行っていない物事に援助して立て直す。


【一肌(ひとはだ)脱(ぬ)ぐ】

本気になって援助する。


【左提右挈(さていゆうけつ)】

左右の手でたずさえること。手を引いて互いに助け合うこと。


【経世済民(けいせいさいみん)】

世の中を治め、民を救うこと。また、そういう政治をいう。類「救世済民(きゅうせいさいみん)」


【敵(てき)に塩(しお)を送(おく)る】

争っている相手が争いの本質でない物で困っているとき、その物を援助すること。


【天(てん)は自(みずか)ら助(たす)くる者(もの)を助(たす)く】

他人の力を借りずに自分自身で努力する者を、天は助けて成功させたり幸福にしたりするということ。


【内助(ないじょ)の功(こう)】

内部から得られた援助、特に妻が家庭にいて夫が外で十分働けるように助けること。また、その功績をいう。

正しい（ただしい）・正す（ただす）

対語の組み合わせからみた「正しい」

▽正しいことと正しくないこと
正否（せいひ）・正邪（せいじゃ）・邪正（じゃしょう）・曲直（きょくちょく）・正邪曲直（せいじゃきょくちょく）・白黒（しろくろ）・黒白（こくびゃく）・正誤（せいご）・清濁（せいだく）

▽よいことと悪いこと
是非（ぜひ）・善悪（ぜんあく）・白黒（しろくろ）

▽本当のことと偽りのこと
真偽（しんぎ）・真否（しんぴ）・実否（じっぴ）・実否（じっぷ）・虚実（きょじつ）

▽本物とにせ物　真贋（しんがん）

▽道理にかなうこととはずれること
当否（とうひ）・理非（りひ）・順逆（じゅんぎゃく）・逆順（ぎゃくじゅん）

▽評判と実際　名実（めいじつ）

▽正統とそうでないもの　正閏（せいじゅん）

▽正と負。陽極と陰極。正数と負数
正負（せいふ）

▽正と副　正副（せいふく）

道理・公正の意からみた「正しい」

▽道徳・規則・作法などの規範にかなっている
正しい（ただしい）

▽この上なく　至正（しせい）

▽正しい論理　道理（どうり）

▽真実の道理　真理（しんり）

▽中心となる道理　本筋（ほんすじ）

▽正しく道理にかなっている
正当（せいとう）・当（とう）・正道（せいどう）・順正（じゅんせい）・合理（ごうり）・陸（ろく）・碌（ろく）・リーズナブル

▽道理にかなっているさま
合理的（ごうりてき）

▽目的や要求などによく当てはまる
適当（てきとう）・適切（てきせつ）・適宜（てきぎ）・妥当（だとう）・順当（じゅんとう）

▽適当で　適正（てきせい）

▽普通の正しい状態
正常（せいじょう）・真面（まとも）・真っ当（まっとう）・本来（ほんらい）・ノーマル

▽そうあるべき
当然（とうぜん）・当たり前（あたりまえ）

▽きわめて当然　至当（しとう）

▽片寄らずに平等である　公平（こうへい）

▽立場が片寄らず
公正（こうせい）・中正（ちゅうせい）・フェア

▽考え方などが片寄らず正当である
中庸（ちゅうよう）・中正（ちゅうせい）

▽厳しく公正を守る
厳正（げんせい）・厳格（げんかく）・厳粛（げんしゅく）

▽正しく整ったさま　正正（せいせい）

▽態度やり方が正しく立派　正大（せいだい）

▽不正や隠し事がない　公明（こうめい）

▽正しい教え　正教（せいきょう）

▽正しい真理をあらわし示す　顕正（けんしょう）

▽道理にかなった議論　正論（せいろん）・正議（せいぎ）

▽常識では考えられない　論外（ろんがい）

▽理非が逆さま　天逆様（あまさかさま）・天逆様（てんさかさま）

真実・本物の意からみた「正しい」

▽間違いやうそでない　真実（しんじつ）・事実（じじつ）・真（しん）・誠（まこと）・本（ほん）真（ま）・実（じつ）・本当（ほんとう）・本物（ほんもの）

▽混じり気がない　純（じゅん）・醇（じゅん）・純粋（じゅんすい）・純一（じゅんいつ）・醇乎（じゅんこ）・生（き）・生っ粋（きっすい）・生一本（きいっぽん）・無垢（むく）

▽純粋で　純正（じゅんせい）・醇正（じゅんせい）

▽きわめて純粋　至純（しじゅん）

▽本物である　正真（しょうしん）・真正（しんせい）

▽正しくそのものである　正銘（しょうめい）

▽通常の確かな意識　正気（しょうき）・本気（ほんき）・本性（ほんしょう）・正体（しょうたい）・正念（しょうねん）・本心（ほんしん）

▽本当のところ　内実（ないじつ）・その実（じつ）・実（じつ）は

▽表現などが真に迫っている　迫真（はくしん）・リアル

▽事実として現れている事柄　現実（げんじつ）・実際（じっさい）・地（じ）・リアリティー

▽現実に即している　現実的（げんじつてき）・実際的（じっさいてき）・リアリスティック

▽実際の通りである　如実（にょじつ）

▽歴史上の事実　史実（しじつ）

▽事実に基づいた伝記　正伝（せいでん）

▽国家などが編纂（へんさん）した正式の歴史書　正史（せいし）

▽物事の実際の状況　真相（しんそう）・実状（じつじょう）・実情（じつじょう）・実態（じったい）

▽実際の場合　実地（じっち）

▽実際の物　実物（じつぶつ）・現物（げんぶつ）・現品（げんぴん）

▽そのものの実際の姿　正体（しょうたい）・本体（ほんたい）・実体（じったい）

▽そのものの実際の内容や性質　本質（ほんしつ）・実質（じっしつ）

▽ありのまま　有体（ありてい）・有態（ありてい）

▽本物の病気　真性（しんせい）・真症（しんしょう）

正式・正味の意からみた「正しい」

▽正しいやり方　正式（せいしき）・正規（せいき）・式正（しきしょう）

▽おおやけに定められたやり方　公式（こうしき）・オフィシャル

▽国や団体などが正式に認める　公認（こうにん）

▽正しい規則　正則（せいそく）

▽正しく間違いがない　正確（せいかく）・正真（せいしん）

▽詳しくて確か　精確（せいかく）

▽規則にかなっている

▽正格・正則・合法
▽簡略化しない規定通りの方法　正式・本式・本格・フォーマル
▽規定通りの方法に従う　本格的
▽正式な服装　正装・正服・フォーマル・ウェア・フォーマルドレス
▽正式な資格のある人　正員
▽法律で認められた正式な妻　正妻・本妻・正室
▽正規の課業　正課・正科
▽まともな、かたぎの仕事　正業
▽正しい答え　正解・正答
▽正しい読み方　正訓
▽正統とされている文字　正字
▽正しい系統・血筋　正系・正統
▽伝統的な正しい調子　正調
▽正調の音楽　正声

▽根拠となる原本　正本
▽いらない部分を取り去った中身　正味
▽中身の目方　正目・正味
▽掛け値のない値段　正札・正価・正味

整然・正規の意から　みた「正しい」

▽形などがきちんと整っている　正しい・整然・井然
▽整然としているさま　きちんと・ちゃんと
▽整いそろっている　斉一・一様
▽数量が一つにそろっている　均一
▽全体を同じように統一する　一律・画一
▽乱れがなくきちんとしている　端正・端直・方正

▽容貌が整っている　端整
▽厳格で折り目正しい　几帳面
▽まともに見る　正視
▽真っすぐ前に向いている。また、物の前面　正面
▽ちょうど正面にあたるところ　真正面・真向い
▽建物の正面にある門　正門
▽きちんと座る　正座・正坐

人道・道徳の面から　みた「正しい」

▽人として行うべき道　人道・人倫・道
▽人が社会の一員として守るべき行為の基準　道徳・徳・モラル
▽道徳上の義務　徳義
▽行動の規範となる道徳　倫理

正しい・正す

▽道徳にかなった立派な行い　美徳（びとく）
▽人としての正しい道　正道（せいどう）・大道（だいどう）・大道（たいどう）・公道（こうどう）・正経（せいけい）
▽天・地・人の正道　三正（さんせい）
▽人として常に守るべき五つの道徳（父子の親、君臣の義、夫婦の別、長幼の序、朋友の信）　五倫（ごりん）・五常（ごじょう）
▽人として行うべき正しい道　正義（せいぎ）・道義（どうぎ）・義（ぎ）
▽人として最も大切な道義　大義（たいぎ）
▽身分に応じて守るべき道義上のきまり　名分（めいぶん）
▽対人関係で行うべき道　義理（ぎり）・仁義（じんぎ）
▽約束を守り義理を果たす　信義（しんぎ）
▽公共の道徳　公徳（こうとく）
▽世の中で人が守るべき道徳　世道（せどう）

▽片寄らない中正の道　中道（ちゅうどう）
▽誠実で正しい　誠直（せいちょく）
▽素直でうそやごまかしがない　正直（しょうじき）・正直（せいちょく）
▽誠実で正直　誠直（せいちょく）・実直（じっちょく）・実体（じってい）・朴直（ぼくちょく）・樸直（ぼくちょく）・質直（しっちょく）
▽素直で純粋　質朴（しつぼく）・質樸（しつぼく）・純朴（じゅんぼく）・淳朴（じゅんぼく）・醇朴（じゅんぼく）
▽いつわりのない心　真心（まごころ）・真情（しんじょう）
▽心や行いがきれいで正直　廉直（れんちょく）・廉節（れんせつ）・廉潔（れんけつ）・清廉（せいれん）
▽心や行いが　方正（ほうせい）
▽品行が汚れなく清らか　潔白（けっぱく）・清白（せいはく）
▽女性が操（みさお）を固く守る　貞節（ていせつ）・貞操（ていそう）・貞烈（ていれつ）
▽操が固くしとやか　貞淑（ていしゅく）

▽心が潔く　廉正（れんせい）
▽正しい気風　正気（せいき）
▽気質が強く信念を曲げない　剛直（ごうちょく）・鯁直（こうちょく）
▽主君や国家に真心を尽くす　忠誠（ちゅうせい）・忠節（ちゅうせつ）・忠義（ちゅうぎ）

改め直す意からみた「正す」

▽誤りを改め正しくする　正す（ただす）・直す（なおす）
▽新しく改め定める　改定（かいてい）
▽物事をよい方に改める　改善（かいぜん）・改良（かいりょう）
▽不足のものを補い正しく直す　補正（ほせい）
▽規則に従って悪い点を改め　規正（きせい）
▽よくないところを改め　改正（かいせい）・修正（しゅうせい）

正しい・正す

▽改め　釐正(りせい)
▽誤りを　是正(ぜせい)・匡正(きょうせい)・糾正(きゅうせい)・正誤(せいご)
▽曲がった心などを　矯(た)める・矯正(きょうせい)
▽叱って　叱正(しっせい)
▽悪い風俗を　矯風(きょうふう)
▽自分の行いを正し、身を整える　修身(しゅうしん)
▽顔付きを　正色(せいしょく)
▽非を正し、足りないところを助ける　匡輔(きょうほ)・匡弼(きょうひつ)
▽悪い言行を正し、救う　匡救(きょうきゅう)・匡済(きょうさい)
▽厳しく取り締まり、不正を除く　粛正(しゅくせい)
▽厳しく取り締まり、反対者を追放して純化する　粛清(しゅくせい)
▽乱れたものをきちんと片付ける　繕(つくろ)う・纏(まと)める・整(ととの)える・整理(せいり)・整頓(せいとん)

書物や文章を改め直す意からみた「正す」

▽本の内容などを　改訂(かいてい)
▽最初の改訂　新訂(しんてい)
▽二度目の改訂　再訂(さいてい)
▽重ねて改訂する　重訂(じゅうてい)・重訂(ちょうてい)
▽古典の本文を他の伝本と比べて誤りを　校訂(こうてい)
▽修正・校訂する　修訂(しゅうてい)
▽改め　更訂(こうてい)
▽内容や字句の誤りを　訂正(ていせい)
▽基準となるものと写本や印刷物とを照らし合わせる　校正(こうせい)・校合(きょうごう)・校合(こうごう)・校書(きょうしょ)・校書(こうしょ)
▽正しいものに改める　更正(こうせい)
▽人の詩文などを加筆・訂正する　添削(てんさく)・筆削(ひっさく)・斧鉞(ふえつ)
▽人に詩文の添削を頼むときの謙譲語　斧正(ふせい)・叱正(しっせい)
▽批評して訂正する　批正(ひせい)
▽校正するために仮に刷った印刷物　校正刷(こうせいず)り・ゲラ刷(ず)り・プルーフ
▽校正刷りなどで文字の誤りを　校正(こうせい)
▽文書・原稿などの正誤・適否をみる　校閲(こうえつ)
▽人の校閲の尊敬語　高閲(こうえつ)
▽文字の校正　文字校正(もじこうせい)
▽文字だけでなく、色彩や色調などもみる校正　色校正(いろこうせい)

「正しい・正す」に関する成句

【筋を通す】原則を曲げないで押し通す。一貫して道理にかなうようにする。類「筋道を通す」

【正論を吐く】正しい議論をする。道理にかなった主張をする。

【大義名分】正しい立派な理由。また、人として守るべき正しい道。

【理に適う】道理に合っている。類「辻褄が合う」「当を得る」「筋が立つ」

【危言危行】言葉を正しくし、行いを正しくすること。「危言」は、言葉遣いが卑しくなるのを慎む、「危行」は、気高い行いのこと。

【規行矩歩】品行方正なこと。また、既存の法則やしきたりを守り続ける意にも使われる。

【公明正大】私心が入らず、心が潔白で正しく、広いこと。類「公平無私」「正正堂堂」

【正真正銘】うそいつわりのないこと。「正銘」は、正しい銘がある意で、本物であること。

【品行方正】心や行いが正しく立派なこと。「品行」は、道徳的に見た、よい・悪いの判断の対象となる行いの意。「方正」は、心や行いの正しいさま。

谷・崖

地形・自然・様態からみた「谷」

▽山と山との間のくぼんだ所
谷・谷・谷・谷・渓・谿・渓谷・谿谷・渓壑・谿壑・渓澗・山峡・山峡・山間・山間

▽谷・沢などの湿地
谷地・野地

▽谷の美称　み谷

▽谷のなか
谷間・谷間・渓間・峡間・狭間・迫間・谷懐・くら谷・溝壑

▽幅が狭く深くて険しい　峡谷

▽切り立った深い　崖谷

▽浸食作用でできた
浸食谷・浸蝕谷・水食谷・水蝕谷・圏谷・カール

▽断層や褶曲などの構造運動でできた
構造谷

▽横断面がV字形の　V字谷

▽横断面がU字形の　**U字谷**
▽谷の入口　**谷口・谷の戸**
▽谷のほとり　**谷辺**
▽谷のかげになって見えない所　**谷隠れ・谷蔭**
▽谷の最も深い所　**谷底**
▽底の深い　**深谷・幽谷**
▽谷間の低湿地　**谷深**
▽谷間のみち　**谷路**
▽谷川の水　**谷水・渓水・谿水**
▽谷間の川　**谷川・渓流・谿流・渓水・谿水**
▽谷に沿って流れ下る氷河　**谷氷河**
▽雨期以外は無水の　**涸れ谷**
▽山と　**山谷・巒壑**
▽山間にあって比較的小さな　**沢**
▽山の尾根の少し低くなっている所　**鞍部・撓り**
▽山間が懐のように入り込んだ所　**山懐**
▽山の尾根と谷とでひだのようになっている所　**山襞**
▽二つの断層崖でできた細長い低地　**地溝**
▽山脈の走っている方向と平行する　**縦谷**
▽山脈の主軸の方向と直角をなす　**横谷**
▽夏でも残った雪のある　**雪渓**
▽谷を吹く風　**谷風**
▽谷から吹き下ろす風　**谷下ろし・谷颪**
▽岸に湾入した　**湾渓**
▽陸の谷が沈降してできた湾　**溺れ谷**
▽谷から谷へと渡って行く　**谷渡り**
▽寂しい　**空谷**

地形・状態などからみた「崖」

▽山・海などで切り立った険しい所　**崖・厓・崖・岨・岨・断岸・崩岸・崩崖・岸壁・岸・山岸**
▽切り立った険しい　**断崖・絶崖・切り岸・絶壁・巉巌・懸崖・嶮崖・崖壁**
▽崖が険しいこと　**崖峭**
▽山の一方の　**片岨・片岨・片岨**
▽崖のはし　**崖端・崖っ縁**
▽崖の下　**崖下**
▽崖下に堆積物によってできる円錐状地形

崖錐

▽岩の　**岩壁・巌壁・石崖**

▽険しい岩壁のある所　**岩場**

▽石で崖の表面を固めたもの
石垣・石崖

▽水際の険しい　**崖岸**

▽崖につけた険しい細みち
崖路・崖道・崖路

▽崖に棚状につくってかけたみち
懸け路・懸け路・桟道・掛け橋・懸け橋・桟

▽崖に建物をつくること
崖造り・懸け造り・懸け造り・懸け造る

▽崖や岩の表面に彫りだした仏像
磨崖仏

▽断層によってできた　**断層崖**

▽波の浸食作用によってできた
海食崖

▽大雨・地震などで崖の土砂が崩れ落ちる現象
崖崩れ

▽好んで危険に近寄りたがる軽率な行動のたとえ
崖端歩き

楽しい・楽しむ

様態・状態などからみた「楽しむ」

▽満足して愉快な気持ちになる
楽しみ・楽しび・愉楽

▽十分に楽しむ　**満悦・満喫**

▽喜び
悦楽・悦予・歓楽・歓娯・怡怡

▽気ままに遊び
逸楽・佚楽・遊楽・遊興・般楽・般遊・大楽・宴安

▽安んじて。また、何もしないで
安逸・安佚・安穏

▽心穏やかに
和楽・和楽・楽易

▽皆と共に　**偕楽**

〔参〕孟子の「古の人、民と偕（とも）に楽しむ」が出典。水戸の偕楽園は第九代藩主徳川斉昭により、領民と偕に楽しむという趣旨で命名された。

▽互いに打ち解けて
交歓・交驩・合歓

▽自分、他人、そして万人と共に
真楽

▽自分だけで　**独楽**

▽何物にも束縛されずに、自分の意のままに
自適

▽我を忘れて思いのままに飲酒を
酣楽・酣娯

▽長く楽しむ。また、いつも楽しむ　長楽（ちょうらく）
▽人びとが楽しんだ後に　後楽（こうらく）
▽快楽にふけり　享楽（きょうらく）
▽酒色などの快楽にふけり　耽楽（たんらく）
▽十分に飲食する　満喫（まんきつ）
▽食に満足して　鼓腹（こふく）・腹鼓（はらつづみ）・腹鼓（はらづつみ）
▽目先の安楽にふけり　偸安（とうあん）
▽物が豊富で人びとが　豊楽（ほうらく）
▽見て　観賞（かんしょう）

様態・状況などからみた「楽しい」

▽心身が安らかで　楽（らく）・安楽（あんらく）・気楽（きらく）
▽気持ちよく　快楽（かいらく）
▽のびのびとして　暢楽（ちょうらく）
▽おもしろく　興（きょう）・興趣（きょうしゅ）

▽楽しいこと　楽事（らくじ）
▽いつでも変わらず苦しみなく安楽である　常楽（じょうらく）
▽家族や親しい人との楽しい会合　団欒（だんらん）
▽融和して楽しそうな。のどかなさま　融融（ゆうゆう）
▽安楽な。また、たやすい　楽楽（らくらく）
▽苦しみがなく幸福に満ちた場所　楽園（らくえん）・楽土（らくど）・楽天地（らくてんち）・天国（てんごく）・パラダイス

種類・対象からみた「楽しむ・楽しみ」

▽楽しみのこと　興（きょう）・法楽（ほうらく）・放楽（ほうらく）
▽永久に尽きない　永楽（えいらく）
▽わずかの楽しみ。一つのおもしろみ　一興（いっきょう）

▽仕事以外のことで楽しみとしている　道楽（どうらく）・趣味（しゅみ）・ホビー
▽おいしいものや珍しいものを食べて楽しむ　食道楽（しょくどうらく）・食い道楽（くいどうらく）・食悦（しょくえつ）
▽みだらな　淫楽（いんらく）
▽楽しみを俗っぽく言って　御慰み（おなぐさみ）
▽人を楽しませ、慰めるもの　娯楽（ごらく）・レジャー・レクリエーション・アミューズメント・エンターテインメント
▽悲しみと　哀楽（あいらく）
▽苦しみと　苦楽（くらく）・甘苦（かんく）・甘酸（かんさん）
▽骨折りと安楽　労逸（ろういつ）
▽人生を楽観する　楽天（らくてん）
▽とても楽しい状態にある。極楽浄土の略

楽しい・楽しむ

極楽（ごくらく）

▽酒盛りをして楽しむ。心がやわらぎ
燕楽（えんらく）**・宴楽**（えんらく）

▽野山などに出かけて楽しみ遊ぶ
行楽（こうらく）**・ピクニック**

▽月を見て　**月見**（つきみ）

▽花を見て　**花見**（はなみ）

▽山水画を横になって見て、その地に遊んだ気分で
臥遊（がゆう）

▽おもしろがる　**感興**（かんきょう）

▽変化のあるおもしろ味　**曲**（きょく）

心楽しいの意を含む快さからみた「楽しい」

▽楽しくて気持ちがよい
快（かい）**・快心**（かいしん）**・快意**（かいい）**・快感**（かいかん）

▽この上なく気持ちがよい
快絶（かいぜつ）**・愉絶**（ゆぜつ）**・痛快**（つうかい）**・快哉**（かいさい）

▽気分がはればれして
愉快（ゆかい）**・痛快**（つうかい）

▽気分がよく、のびのびする
快暢（かいちょう）

▽さわやかで　**爽快**（そうかい）

▽とてもうれしく気持ちがよい
欣快（きんかい）

▽はずむような気持ち　**軽快**（けいかい）

▽心や体に具合がよくて、とても気持ちがよい
快適（かいてき）

▽さっぱりして気持ちがよい　**明快**（めいかい）

▽堂々としていて、力があふれ見ていて気持ちがよい
豪快（ごうかい）**・壮快**（そうかい）

▽心楽しくうきうきする　**陽気**（ようき）

▽気分がさっぱりして心地よいさま
快然（かいぜん）

▽心地よい気分になるさま　**陶然**（とうぜん）

楽しみや慰みなどからみた「楽しい」

▽気分を晴らす。十分に楽しむ
慰（なぐさ）**み・慰**（なぐさ）**め**

▽苦労をねぎらって慰める
慰労（いろう）**・犒労**（こうろう）

▽慰めて心を穏やかにさせる
慰撫（いぶ）**・綏撫**（すいぶ）**・慰安**（いあん）**・安慰**（あんい）**・慰藉**（いしゃ）**・慰謝**（いしゃ）

▽心を慰める
気慰（きなぐさ）**み・心慰**（こころなぐさ）**み**

▽心のおもむくままの慰み
荒（すさ）**び・進**（すさ）**び・遊**（すさ）**び**

▽自ら慰める　**自慰**（じい）

▽訪ねて慰める　**慰問**（いもん）

▽死者を悼んで遺族を慰める　**弔慰**（ちょうい）

▽死者の魂を慰める　**慰霊**（いれい）

▽物や金銭を戦地に贈り兵士を慰める
恤兵（じゅっぺい）

▽慰みにするちょっとした遊び
手慰み・手遊び・手遊み・手遊び

▽老人が気晴らしをする
老の遊び・皺伸ばし

▽その場に楽しみを添えるための演芸。また、ちょっとしたたわむれ
座興

▽酒宴での座興。また、酒に酔って興に乗る
酒興

▽宴会などでする、ちょっとした演芸
余興

▽何かをして気分を楽しませる
心遣り・気保養・気晴らし・気散じ・レクリエーション

▽つらさ・苦しさを忘れさせ、気持ちを晴らす
憂さ晴らし・忘憂

「楽しい・楽しむ」に関する動詞・形容語

▽満足して愉快な気持ちになる
楽しむ・楽しぶ・うらぐ・エンジョイ

▽おもしろく思って楽しむ。楽しむ勢いがつく
興じる・興がる・打ち興じる

▽楽しくて心がはずむ
浮き浮きする・浮き浮き・浮かれる・浮き立つ・るんるん

▽楽しみを肌で感じる
味わう

▽笑って楽しそうに見える
笑み栄ゆ

▽さわやかで気持ちがよくなる
晴れる

▽気持ちが穏やかになる
和む

▽気分が晴れる
慰む・心行く

▽気分を晴らす
慰める・心遣る

▽機嫌をとってなだめ慰める
賺す

▽遊び慰める
荒ぶ・進ぶ・遊ぶ

▽骨折り・苦労を慰める
労う・犒う・労る

▽満ち足りて気持ちよい
楽しい・心楽しい

▽ひどく楽しい
転楽し

▽気持ちがよい
快い・心地好い・麗しい・清清しい

▽軽快な
軽い

▽陽気で軽やか
明るい

▽胸のつかえなどがとれて気持ちよい。胸がすっとする
小気味好い

▽楽しく愉快
面白い

楽しい・楽しむ

▽気持ちよい　**爽やか**

▽心がすっきりして明るい

朗らか・麗らか・晴れやか

▽さわやかで気持ちよい

さっぱり・晴れ晴れ

▽気持ちがさっぱりする

さばさば・すっきり・清清

▽心のわだかまりがとれ、さっぱりする

すっと

「楽しい・楽しむ」に関する成句

【命の洗濯】 日ごろの苦労から解放されてのんびり楽しむこと。

【歓を尽くす】 心ゆくまで楽しむ。

【興に入る】 夢中になって楽しむ。

【興に乗る】 楽しむ勢いがついて何かをする。

【興を添える】 何かをしていっそうその場を盛り上げ、楽しくする。

【胸がすく】 心につかえていたものがとれてさわやかになる。

【目の薬】 それを見て楽しむことのできる美しい物・珍しい物のこと。

【目の保養】 美しい物・貴重な物などを見て、大きな楽しみを感じること。

【益者三楽】 人には有益な三種類の楽しみがあるということ。礼儀と音楽を折り目正しく行い、人の行為の立派さをたたえ、賢い友と多く交わることの三つをいう。出典は『論語』。

【橘中の楽しみ】 囲碁をうつ楽しみ。

【曲肱の楽しみ】 清貧に甘んじて道を求める、楽しみはそんな中にあるということ。「曲肱」は肱を曲げて枕にするということで、貧しく生活が簡素な意。出典は『論語』。

【君子に三楽あり】 君子のもつ三つの楽しみのこと。父母が健在で兄弟も無事なこと、天や人に恥じる後ろめたい点のないこと、天下の英才を集めて教育することの三つ。出典は『孟子』。

【壺中の天】 酒を飲んで世を忘れる楽しみ。別世界、別天地の意。出典は『後漢書』。

【鼓腹撃壌】 腹鼓を打ち、大地を叩いて歌うこと。太平を楽しむさまをいう。出典は『十八史略』。

【寂滅為楽】 生死の苦に対して、寂滅が本当の楽しみとする意。「寂滅」は煩悩の世界から脱した悟りの境地。死を意味する。

【先憂後楽】 一般の人より先に世の安危を心配し、自分の楽しみは後にすること。為政者の心構えとされる。

【楽しみ尽きて哀しみ来る】 楽しみが絶頂に達した後には、悲哀の気持ちが生じるということで、楽しみはいつまでも続かないということ。出典は『長恨歌伝』。

【楽しみに女なし男なし】 楽しみを享受することにおいては、女性も男性も同じであるということ。

【楽しみは苦しみの種】 楽しいことにふけったあとには、とかく苦しいことが起こるものだということ。類「楽は苦の種、苦は楽の種」

【富貴にして苦あり、貧賤にして楽しみあり】 身分の高い金持ちにも苦しみがあり、身分の低い貧しい人にも楽しみがある。身分や金のあるなしで喜びや悲しみが振り分けられるのではないという教え。

【楽あれば苦あり】 楽すれば、そのあとで苦しむことになる。世の中は、そんなに楽しいことばかりではないということ。

【和気藹藹】 なごやかで楽しさが満ちあふれたさま。類「和気藹然」「和気洋洋」

田畑

耕地・耕作からみた「田畑」

▽農作物を耕作する土地
農地・耕地・田畑・田畠・田畑・田畠・田畠・田圃・田畝・田園・田疇・野良

▽田畑にすることを予定して囲った区画地
垣内・垣内・垣内・垣内

▽農業経営を行うのに必要な設備をもつ一定の場所
農場

▽主として園芸作物を作る農場
農園・ファーム

▽農業で生計を立てている世帯。また、その家屋
農家

▽地力を回復させるため休ませている耕地
休閑地

▽作物を作るため田畑を掘り返す
耕す・耕し・耕し・耕作

▽馬を使って田畑を耕す　**馬耕**

▽牛や馬を使って田畑を耕す
牛馬耕

▽田畑を耕す人　**耕人・農民**

▽農業に従事する男性

田畑

農夫・田子・田人・田夫・田夫

▽農業に従事する女性
農婦・田婦

▽田植えをする若い女性　早乙女

▽新年に耕作を始める行事
鍬初め・鍬始め・鍬入れ

地形・大小・様態などからみた「田」

▽稲を植える耕地
田・田地・田地・田圃・耕田・田所・田荘

▽水を入れた　水田・水田

▽水湿の多い　湿田

▽水が乾いた　堅田

▽収穫後畑にもなる　乾田・墾田

▽浅い　浅田

▽泥の深い
深田・深田・浮き田・沼田・沼田・沢田・泥田・深・泥田

▽地味の肥えた
沃田・上田・美田

▽荒れた
荒田・荒れ田・荒田・荒小田・新小田

▽稲を刈った後の
刈り田・刈り小田

▽稲を刈り取った後の株から出た稲の生えた
穭田

▽稲を刈り取った後そのままの冬の
冬田

▽前年の秋に稲を刈ったままの春の
春田

▽雑草の生えた　草田

▽遊ばせてある　間田

▽一時耕作を休む　休耕田

▽広大な
千町田・五百代小田

▽小さい　小田

▽狭い
十代・十代田

▽平坦な　平田

▽門前にある
門田・金門田

▽山にある
山田・峰ろ田・小山田

▽深山にある　深山田

▽谷地にある湿田
谷地田・谷津田

▽高い所にある
上げ・上げ田・高田

▽里にある　里田

▽野にある　野田

▽階段状の　棚田

▽くぼんだ所の　凹田・窪田

▽古い　古田

▽イノシシ・鹿などが荒らす

田畑

猪田(ししだ)・鹿田(ししだ)

▽広くて何もない　曠田(こうでん)

▽新たに開墾した田
初田(はつた)・新田(しんでん)・新田(あらた)

▽新たに田を開墾すること
新治(にいばり)・新墾(にいばり)・新墾治(あらきはり)・新治(にいはり)・新墾(にいはり)

▽新たに開墾した土地
新墾(あらき)・新開(あらき)・荒開(あらき)

▽水田の境に土を盛った細道
畦(あぜ)・畔(あぜ)・畔(くろ)

耕作からみた「田」

▽田を耕すこと　田作(でんさく)・田作り(たづくり)

▽春の初めに、耕作しやすいよう田を打ち返す
田打ち(たうち)・田起し(たおこし)

▽田植えの前に、田に水を入れて土を砕きかきならす
代掻き(しろかき)・田掻き(たかき)

▽田の土を畔に壁のように塗り付ける
畔塗り(あぜぬり)・畔塗り(くろぬり)

▽よく耕作された
熟田(じゅくでん)・熟田(こなた)・水田(こなた)

▽早稲(わせ)を作る
早稲田(わせだ)・早穂田(さほだ)・早稲田(わさだ)

▽田植え前の　代田(しろた)・黒田(くろた)

▽田植えの終わった　植え田(うえた)

▽稲を栽培する　稲田(いなだ)

▽もみを直(じか)まきする　蒔き田(まきた)

▽稲の苗を植えた
苗代(なわしろ)・苗代(なえしろ)・苗代田(なわしろた)

▽苗を間引(まび)きする　摘み田(つみた)

▽田草を取り除くこと　田草取り(たくさとり)

▽稲が青々とした　青田(あおた)

▽稲の実った　秋田(あきた)

▽稲の穂が出た　穂田(ほだ)

▽稲を刈る前に田の水を流し去る
落とし水(おとしみず)

▽麦を作ってある　麦田(むぎた)

▽ハスを植えた　蓮田(はすだ)

▽耕作すると病気など不幸があるとされる
病田(やまいだ)

地形・耕作などからみた「畑」

▽水を蓄えない農耕地
白田(しろた)・白田(はくでん)・畑(はたけ)・畠(はたけ)・畑(はた)・畑地(はたち)・陸田(りくでん)

▽新しく開墾した　新畑(しんばた)

▽山にある　山畑(やまはた)

▽山腹などを切り開いた　切り畑(きりはた)

▽野にある　野畑(のはた)

▽まだ開墾されていない山林・原野などを開発して畑地とする
開畑(かいはた)

▽草地・林地を焼いて、その後作物を

作る畑地
焼き畑（やきはた）・焼き畑（やきばた）・切り替え畑（きりかえばた）・焼い畑（やいばた）・焼き蒔（やきまき）・叢焼き（やぶやき）

▽放牧と耕作を交互に行う　牧畑（まきはた）

▽階段状の　段段畑（だんだんばたけ）・段畑（だんばた）

▽麦を植えた　麦畑（むぎばたけ）・麦畑（むぎはた）・麦畠（むぎばたけ）

▽桑を植えた　桑畑（くわばたけ）・桑畠（くわばたけ）・桑畑（くわはた）・桑田（そうでん）・桑原（くわばら）・桑園（そうえん）

▽瓜を植えた　瓜田（かでん）

▽野菜を栽培する　菜園（さいえん）・菜園（さえん）・野菜畑（やさいばたけ）

▽茶の木を植えた　茶園（ちゃえん）・茶園（さえん）・茶畑（ちゃばたけ）・茶の木畑（ちゃのきばたけ）・茶の木原（ちゃのきばら）

▽果樹を植えた　果樹園（かじゅえん）・果樹畑（かじゅばたけ）

▽草花を植えた　花畑（はなばたけ）・花畠（はなばたけ）

▽苗や苗木を育てる　苗床（なえどこ）

▽人工的に苗を発育させる　温床（おんしょう）・温床（おんどこ）

▽自然に苗を発育させる　冷床（れいしょう）

▽春、種まきの準備のために畑の土を掘り返す　畑打ち（はたうち）

▽土盛りした所　畝（うね）・畦（うね）

「田畑」に関する成句

【田植え女に秋男（たうえおんなにあきおとこ）】

米作りは、春の田植えのときには女性が中心に行い、秋の取り入れ時になったら、男性が中心になって行うということ。


【田植え半ばに栗の花（たうえなかばにくりのはな）】

田植えの季節になると、ちょうど栗が開花するということ。


【田の事すれば畑が荒れる（たのことすればはたけがあれる）】

田んぼの仕事をしていれば畑のほうがおろそかになって荒れてしまう。一方にかかりきれば他方がないがしろになり、両方が一度にできないたとえ。


【田畑の肥料は主人の足跡より良きはなし（たはたのひりょうはしゅじんのあしあとよりよきはなし）】

田畑の作物を作る際に大切なことは、そこの主人が先に立って手をかけてやることであって、肥料はその次に大切なことであるということ。

食べる・飲む

行為・行動からみた「食べる」

▽食べ物をかんで飲み込む　食う（くう）・喰う（くう）・食らう（くらう）・喰（く

らう・食べる・食ぶ・食む・食す・食する・喫す・喫する・認める・認む

▽食べるの尊敬語
召す・上がる・召し上がる・参る・聞こし召す

▽食べるの謙譲語
頂く・戴く・頂戴する

▽習慣としてものを
食・食事・食事・餉・飯・御飯・御飯・食膳・世事・飯・飯・喫飯・支度・仕度・認め

▽食事して備える　腹拵え

▽食べたり飲んだりする
飲み食い・飲食

▽ふだんよく食べている。食べ慣れる
食べ付ける

▽食べ物をかみ砕く　咀嚼

▽ぱくぱくと　ぱくつく

▽がつがつと　貪食・貪食

▽がつがつする　がっつく

▽ろくにかまずに急いでものを
掻き込む・掻っ込む

▽口にいっぱいものを入れて
頬張る

▽食べ物をほめながら
賞味・賞玩・賞翫

▽おいしいものや珍しいものを食べて楽しむ
食い道楽・食道楽・食悦

▽おいしいものをたくさん食べていて、おいしいものについての知識が豊富な
食通・美食家・グルメ・グルマン・ガストロノーム

▽ものを食べたい気持ち
食思・食欲・食い気

▽好んで　愛食

▽さまざまなものを少しずつ。また、食べ散らかす
食い散らす・食べ散らす

▽乱暴に　食い荒らす

▽一度にたくさん食べておく
食い溜め・食い置き

▽暖かい衣服を着て飽きるほど
暖飽

▽食べ飽きる　食傷

▽度を越して　暴食・過食

▽腹いっぱい　飽食・満腹

▽十分に飲み食いして満足する
満喫

▽残らず
食い切る・食い尽くす・平らぐ・平らげる・完食

▽食べたいだけ。また、どれほど食べてもよい
食い放題・食べ放題

▽意地きたなく何でも食べる人
食いしん坊

▽指でつまんでものを　撮み食い

食べる・飲む

▽試みに少しだけ　**味見（あじみ）・試食（ししょく）・毒味（どくみ）・毒見（どくみ）**

▽人にすすめる前に飲食して、毒物の有無を確かめる　**毒味（どくみ）・毒見（どくみ）**

▽主として動物がものを　**摂食（せっしょく）**

▽牛などが一度食べたものを口中に戻して、また　**反芻（はんすう）・齝む（にれかむ）・齝む（にげかむ）・齝む（ねりがむ）**

▽鳥などが嘴（くちばし）でつついて　**啄む（ついばむ）・突き食む（つきはむ）**

▽もぎ取って　**もり食む（もりはむ）**

形態・習慣などからみた「食べる」

▽食事をする時刻や時分　**食時（しょくじ）・飯時（めしどき）・飯時分（めしじぶん）・時（じ）**

▽米穀を断って木の実を食べて修行する　**木食（もくじき）**

▽僧が食事をしてはいけない時間。あるいは午後の食事　**非時（ひじ）・非食（ひじき）**

▽食べる時機を逃してしまう　**食い逸れる（くいはぐれる）・食いっ逸れる（くいっぱぐれる）**

▽生のまま　**生食（せいしょく）・生食（なましょく）**

▽ものを煮焚き（にたき）して　**火食（かしょく）・炊食（すいしょく）**

▽飲食店など家庭の外で　**外食（がいしょく）**

▽家庭で料理をして　**内食（うちしょく）・内食（ないしょく）**

▽弁当などを買って家や職場で　**中食（なかしょく）・中食（ちゅうしょく）**

▽立ちながら　**立食（りっしょく）・立ち食い（たちぐい）**

▽食べるのが早い。また、時間より早く　**早飯（はやめし）**

▽眠りと食事　**眠食（みんしょく）・寝食（しんしょく）**

▽着ることと食べること　**衣食（いしょく）**

▽食事を抜く　**欠食（けっしょく）**

▽食事の量を減らす　**節食（せっしょく）**

▽健康維持のために食事の量や質を制限する　**食餌療法（しょくじりょうほう）・ダイエット**

▽食事を断つ　**絶食（ぜっしょく）・断食（だんじき）**

▽食べ物に好き嫌いがある　**偏食（へんしょく）**

▽食べたことが無いのに嫌いと決めつける　**食わず嫌い（くわずぎらい）**

▽食行動の異常の総称　**摂食障害（せっしょくしょうがい）**

▽食べることを拒否して、病的に痩せる　**拒食症（きょしょくしょう）**

▽食べ過ぎたり、食べるのが止められなくなったりする　**過食症（かしょくしょう）**

▽本来食物でないものを好んで食べる　**異食症（いしょくしょう）**

▽大勢集まって　**会食（かいしょく）**

▽家族や友人と一緒に　**共食（きょうしょく）**

▽家族が一人ひとりばらばらの時間に
個食（こしょく）・孤食（こしょく）

▽会食の席に正客と共に饗応を受ける
相伴（しょうばん）・伴食（ばんしょく）

▽貴人の食事の相伴をする
陪食（ばいしょく）・侍食（じしょく）

▽賓客と共に食事を取る　接伴（せっぱん）

▽その土地の名物料理やおいしい食べ物を食べてまわる
食べ歩き（たべあるき）

▽いたずらに食べてばかりいる
素餐（そさん）・徒食（としょく）・居食い（いぐい）・座食（ざしょく）・坐食（ざしょく）・寝食い（ねぐい）・無駄食い（むだぐい）

▽いたずらに飲み食いして無為に日を過ごす人
無駄飯食い（むだめしぐい）・徒飯食い（むだめしぐい）・穀潰し（ごくつぶし）

▽飲み食いに金を使って貧乏になる
食い倒れ（くいだおれ）

▽飲食をして代金を払わない
食い倒す（くいたおす）・食い逃げ（くいにげ）・無銭飲食（むせんいんしょく）

▽食べる量が少ない
小食（しょうしょく）・小食（こしょく）・少食（しょうしょく）

▽たくさん
大食（たいしょく）・多食（たしょく）・大食い（おおぐい）・馬食（ばしょく）・健啖（けんたん）

▽一度にたくさん
どか食い（ぐい）・馬鹿食い（ばかぐい）・とち食らう（く）

▽食べ方が早い　早食い（はやぐい）・早飯（はやめし）

▽たくさん食べる人
大食漢（たいしょくかん）・大食い（おおぐい）・大食らい（おおぐらい）・大飯食らい（おおめしぐらい）・食らい抜け（くらいぬけ）

▽神前の供物を下げて　別当（べっとう）

▽人に隠れてものを
盗み食い（ぬすみぐい）・撮み食い（つまみぐい）

▽他人から物をもらって
貰い食い（もらいぐい）

▽子どもが菓子などを自分で買って
買い食い（かいぐい）

▽朝・昼・晩の三回の食事　三食（さんしょく）

▽一度の食事　一飯（いっぱん）・一食（いちじき）

▽一日に二度食事をする　二食（にじき）

▽朝夕二回の食事の時代の一食
片食（かたけ）・片食（かたき）

▽食事と食事の間に
間食（かんしょく）・間食い（あいだぐい）・口慰み（くちなぐさみ）

▽午後の間食　御八つ（おやつ）・御三時（おさんじ）

▽正月の三が日に鏡餅など固いものを食べる行事
歯固め（はがため）

▽精進の期間が終わって、魚肉などを
精進明け（しょうじんあけ）・精進落ち（しょうじんおち）・精進落とし（しょうじんおとし）

▽朝の食事
朝飯（あさめし）・朝飯（あさはん）・朝御飯（あさごはん）・朝飯（あさいい）・朝食（ちょうしょく）・朝食（あさげ）・朝餉（あさげ）・朝餐（ちょうさん）・ブレックファスト

▽朝、寝床の中で取る食事　蓐食（じょくしょく）

▽昼食と朝食を兼ねた食事
ブランチ

▽昼の食事
昼食・昼食・昼食・昼飯・昼飯・昼飯・昼・昼餉・昼餉・中食・中飯・昼養い・午餐・午飯・午餉・昼餐・昼御飯・ランチ

▽晩の食事
晩飯・晩食・晩御飯・晩餐・晩餉・夕飯・夕飯・夕御飯・夕食・夕食・夕餉・夜食・夜長・ディナー

▽僧の夜食
事

▽飲食物をたくさん出してもてなす
御馳走攻め

食の対象からみた「食べる」

▽食べるもの
食べ物・食い物・食物・食料・食品・食料品・食・食・食・飯・飯・飯・飯

▽料理の材料となる
食材

▽食事の尊敬語
御膳・召し上がり物

▽食べたり飲んだりするもの
飲食物

▽好きな飲食物
好物

▽主として病人が食べるもの
食餌・病人食・流動食

▽健康維持のための栄養補助食品
サプリメント

▽栄養価の高い食事。また、食品
栄養食

▽食塩の使用量を制限した食事
減塩食

▽一緒に食べると害になると信じられている食べ物の組み合わせ
食い合せ

▽その季節に初めて出回った魚・野菜など
走り・走り物・初物・初

▽魚・野菜などの味が最もよい時
旬

▽時期の終わり近くなって、初物と同様に珍重されるもの
終わり初物・穏座の初物

▽めったに味わえない、珍しくおいしい食物
珍味

▽人にすすめるときの、食事の謙譲語
粗飯・粗餐・口塞ぎ・口汚し

▽主として天皇の飲食物
供御・供御・供御・御物・御膳・御食・御饌

▽天皇の飲食物となるべきもの
御食つ物

▽仏家における食事

斎(とき)・斎食(とき)・斎食(さいじき)・時食(じじき)

▽禅寺における午後の斎食(さいじき)と翌朝のかゆとの間の簡単な食事。または正午時の斎食

半斎(はんさい)

▽主要な食べ物　主食(しゅしょく)

▽主食と一緒に食べるもの

副食(ふくしょく)・副食物(ふくしょくぶつ)・御数(おかず)・菜(さい)・御菜(おさい)・総菜(そうざい)・惣菜(そうざい)

▽ちょっとしたおかず　箸休め(はしやすめ)

▽汁を主にした食べ物　汁物(しるもの)

▽主食に代わる食べ物　代用食(だいようしょく)

▽ふだん食事として食べている

常食(じょうしょく)

▽食用にあてられるもの。主として主食物

食糧(しょくりょう)・糧食(りょうしょく)・糧(かて)・兵糧(ひょうろう)・兵粮(ひょうろう)

▽酒を飲むときに出す食べ物

撮み(つまみ)・撮み物(つまみもの)・酒菜(しゅさい)・肴(さかな)・酒肴(しゅこう)

▽酒と肴(さかな)

酒肴(さけさかな)・酒肴(しゅこう)・酒肉(しゅにく)

▽おいしい酒肴　嘉肴(かこう)・佳肴(かこう)

▽酒を飲み肴を　酒食(しゅしょく)

▽おいしい料理

馳走(ちそう)・御馳走(ごちそう)・美食(びしょく)・玉食(ぎょくしょく)

▽おいしいものを　美食(びしょく)

▽鳥獣の肉を　肉食(にくしょく)・肉食(にくじき)

▽仏教で、禁じられている獣肉を

悪食(あくしょく)・悪食(あくじき)

▽肉類を避け、野菜類のみ食べる。また、その人

菜食(さいしょく)・素食(そしょく)・精進(しょうじん)・ベジタリアン

▽江戸時代に、冬の保温と滋養のために獣肉を食べたこと

薬食い(くすりぐい)

▽植物を　草食(そうしょく)・植食(しょくしょく)

▽穀物を粒のまま調理して　粒食(りゅうしょく)

▽粉にして　粉食(ふんしょく)

▽普通の人が食べないようなものを好んで食べる

如何物食い(いかものぐい)・悪物食い(あくものぐい)・下手物食い(げてものぐい)・悪食(あくじき)

『参』「下手物」は工芸品などで粗悪な品の意もある。これに対して、精巧な品を「上手物（じょうてもの）」という。

▽粗末な食事

粗食(そしょく)・粗飯(そはん)・悪食(あくじき)・粗糲(それい)

▽簡単な食事　軽食(けいしょく)・スナック

▽食事の他に食べる嗜好品　菓子(かし)

▽果物　水菓子(みずがし)

『参』水ようかんなどを「水菓子」というのは誤り。ただし、一部業界では、業界用語として「水菓子」を水ようかんやくずもちなどの総称として使うこともある。

▽菓子などのあまい食べ物　甘味(かんみ)

▽食後に食べる菓子や果物

デザート

▽乳離れした幼児の食べ物

離乳食（りにゅうしょく）

▽すぐに食べられる

ファーストフード・ファストフード・インスタント食品（しょくひん）・レトルト食品（しょくひん）・デリカテッセン

▽ファーストフードと対照的な食べ物

スローフード

▽災害などに備えて準備しておく食べ物

非常食（ひじょうしょく）

▽そのままの状態で、長期間保存できる

保存食（ほぞんしょく）

▽農家などで、朝食前に一仕事するときの簡単な食事

茶の子（ちゃのこ）

▽本格的な食事

正餐（せいさん）・ディナー

▽正式の膳（ぜん）立ての日本料理

本膳料理（ほんぜんりょうり）・本膳（ほんぜん）

▽茶の湯の席で茶の前に出す簡単な料理

懐石料理（かいせきりょうり）・茶懐石（ちゃかいせき）・懐石（かいせき）

▽本膳料理を簡単にした酒宴の席の料理

会席料理（かいせきりょうり）

▽肉類を使わず、野菜類のみを用いた料理

精進料理（しょうじんりょうり）

▽正月や五節句などの節日（せちにち）に作る。特に、正月用の料理

お節（せち）・お節料理（せちりょうり）

▽飲食店などで、いくつかの料理をあらかじめ組み合わせた

定食（ていしょく）

▽日本風の食事

和食（わしょく）・日本料理（にほんりょうり）

▽西洋風の食事

洋食（ようしょく）・西洋料理（せいようりょうり）

▽漢方薬の材料を使った中国料理

薬膳料理（やくぜんりょうり）・薬膳（やくぜん）

▽飲食店で、あり合わせの材料で作る従業員の食事

賄い（まかない）・賄い料理（まかないりょうり）

▽学校や会社などで、児童や従業員などに供する

給食（きゅうしょく）

▽注文によって料理され届けられる料理

出前（でまえ）・仕出し（しだし）

▽外出先で食べる器に入った軽食

弁当（べんとう）

▽小さな握り飯とおかずを詰め合わせた弁当

幕の内弁当（まくのうちべんとう）・幕の内（まくのうち）

▽強飯（こわめし）を卵形に握ったもの。公家の握り飯

屯食（とんじき）・頓食（とんじき）・頓食（とじき）・屯食（とじき）

▽手で握った飯

握り（にぎり）・御握り（おにぎり）・握り飯（にぎりめし）・握り鮨（にぎりずし）・御結び（おむすび）

▽手づかみで食べる。また、握り飯

手(て)の窪(くぼ)

▽薬を飲んだ後、甘い菓子などを

口直(くちなお)し

「食べる」に関する擬音語・擬態語

▽あっという間にたくさんの料理を平らげる

ぺろっと・ぺろりと・ぺろぺろっと

▽空腹のため、むさぼり食う

がつがつ

▽食べてはすぐ次のものを食べるといったように、元気よく食べる

ぱくぱく

▽口を大きく開けて一気にものを口の中に入れる

ぱくり

▽咀嚼(そしゃく)の音が聞こえるくらいに勢いよく食べる

むしゃむしゃ

▽食欲が旺盛で、次から次へと食べ進む

もりもり

▽口中にものを入れて、口をつぐんで盛んにかむ

もぐもぐ・もごもご

▽大きい口を開けて口より大きいものにかみついたり飲み込んだりする

がぶっと・がぶり

▽ご飯に汁気の多いものをかけて、無造作にものを掻(か)き込む

ざくざく・さくさく・さらさら

▽口の中で盛んにかむ

くちゃくちゃ

▽たくあん漬など、主として漬物をかみ砕く

ばりばり

▽煎餅(せんべい)など、薄くて少々固いものを歯切れよく食べている

ぱりぱり

▽固いものを端からかじっている

ぼりぼり

▽落花生など、やや固くて小さいものを少しずつ食べている

ぽりぽり

▽薄くてすぐ折れてしまう感じのものをかみ砕く

かりかり

▽歯応えのあるものをかじる

がりがり

▽小さくて歯応えのあるものを歯切れよく食べる

こりこり

▽飲んだり食べたりするとき舌で出す

ぴちゃぴちゃ

行為・行動からみた「飲む」

▽口に入れた物をのどに通す

飲(の)む・呑(の)む・吸(す)う・飲用(いんよう)・

飲み込む・呑み込む・飲み下す・喫す・喫する

▽飲むの尊敬語

召す・上がる・召し上がる・参る・聞こし召す

▽飲むの謙譲語

頂く・戴く・頂戴する

▽飲んだり食べたりする

飲食・飲み食い

▽ふだんよく飲んでいる。飲み慣れる

飲み付ける

▽いつも飲んでいる　常飲

▽食べ物をかまずに

鵜呑み・丸呑み

▽酒や水などを立て続けに多量に

がぶ飲み

▽吸うように飲み込む　啜る

▽舌の先で味わうようにして、少しずつ

嘗める

▽度を越して多量に

暴飲・鯨飲・痛飲・牛飲

▽瓶に直接口を付けて

喇叭飲み・口飲み

▽互いに相手に酒をつぎながら、ともに飲む

酌み交わす

〘参〙「酒を呑(飲)み交わす」とするのは誤り。

▽注がれた酒などを完全に

飲み干す・飲み乾す・汲み干す・汲み乾す・飲み切る・飲み尽くす

▽大量の酒などを一息に飲み干す

一気飲み

▽一つの器を人から人へ回して飲む

回し飲み

▽好んで　愛飲

▽試みに少しだけ　試飲

対象別にみた「飲む」

▽飲むためのもの

飲み物・飲料・ドリンク

▽飲んだり食べたりするもの

飲食物

▽酒を

呑む・酌む・引っ掛ける・滑む・釃む・一杯やる

▽茶を

喫む・喫茶・喫茶・喫する・服する・一服

▽お茶を飲むのが好きなこと。また、その仲間

茶飲み・茶飲み友達

▽薬を

服用・服薬・内服・内用・喫する・服する・一服

▽誤って異物を

誤飲・誤嚥

▽子に乳を飲ませる

授乳・哺乳

「飲む」に関する擬音語・擬態語

▽多量の液体を続けて飲む

がぶがぶ・ごくごく・こくこく・ぐびりぐびり

▽液体を一口飲み下す

ごくっ・こくっ・ごくり・こくり・ごくん・ごっくん

▽舌で軽くたたくように

ぴちゃぴちゃ・ぺちゃぺちゃ

▽少しずつ啜（すす）るように　**ちびちび**

「食べる・飲む」に関する成句

【顎（あご）が落（お）ちる】

食べ物がたいへんおいしく感じる。

類「頬（ほ）っぺたが落（お）ちる」


【意地汚（いじきたな）い】

がつがつしている。特に飲食物に対する欲が、非常に強いこと。「汚（きたな）い」は「穢（きたな）い」とも書く。


【椀飯振（おうばんぶ）る舞（ま）い】

盛大な御馳走。人に気前よく食事や金品を振る舞うこと。「椀飯（おうばん）」は、「大飯（おおばん）」とも書く。


【渇（かつ）を癒（いや）す】

渇いたのどを潤す意から、欲求を満たす。かねてからの望みがかなって満足する。


【口（くち）が奢（おご）る】

美食に慣れて、おいしいものしか食べない。


【口（くち）にする】

食べる。食べてみる。


【舌（した）が肥（こ）える】

食べ物の味をよく知っていて味覚が鋭い。


【舌鼓（したつづみ）を打（う）つ】

おいしいものを食べて思わず舌を鳴らす。


【食（しょく）が進（すす）む】

食欲があり、たくさん食べられる。また、食事が進む。


【食（しょく）が細（ほそ）い】

食べる量が少ない。少食である。


【食（しょく）が細（ほそ）る】

食欲がなく、たくさん食べられない。


【茶腹（ちゃばら）も一時（いっとき）】

茶を飲んだだけでも、しばらくは空腹をしのげることから、ささいなものでも一時の間に合わせにはなるということ。


【手酌貧乏（てじゃくびんぼう）】

自分で酌をして飲むのはいかにも貧乏くさい。


【箸（はし）を付（つ）ける】

食べ始める。また、箸で食べ物に触れる。


【箸（はし）を取（と）る】

食事を開始する。


【腹（はら）を拵（こしら）える】

食事をして腹を満たす。

【痩せの大食い】
やせているのによく食べること。また、やせた人の方がよく食べること。

【朝腹の茶漬け】
腹がすいている朝飯前に茶漬けを食べても、あまり腹のたしにならない。少しもこたえない、また、ごくたやすいことのたとえ。

【渇しても盗泉の水を飲まず】
どんなに苦しく困ったときでも決して不正なことには手を出さない。「盗泉」は中国にあった泉の名。孔子はその名を嫌い、その水を飲まなかったという。出典は『淮南子』。

【錦衣玉食】
美しい衣服とりっぱな御馳走。また、ぜいたくな暮らしのこと。

【酒嚢飯袋】
酒ぶくろと飯ぶくろの意で、酒を飲み飯を食うばかりで、無為に暮らす人をののしる言葉。

【暖衣飽食】
暖かな衣服をまとい、飽きるほどに食べること。何の不足もない暮らし。

【飲む者は飲んで通る】
酒を飲むことは大きな浪費だが、酒飲みはそれでもなんとか食っていくものである。

【無芸大食】
身についた技芸もなく、ただ食べる量だけが多い。また、そのような無能な人。

【夜食過ぎての牡丹餅】
夜の食事で満足した後にうまい牡丹餅をもらってもありがたくないことから、時機が過ぎてしまって値打ちが下がったり、ありがたみが薄らぐたとえ。

昼夜

時・様態からみた「昼」

▽朝から夕方までの明るい間

昼・午・御昼・昼間・昼間・白昼・白日・日中・日の中・日中・昼中・昼日中・デイタイム

〔参〕江戸時代まで時刻は、今の二十三時から翌一時までを子（ね）の刻として、以下、丑（うし）、寅（とら）と十二支をあて、十一時から十三時までを午（うま）の刻としていた。

▽太陽が子午線を通過する時刻、昼の十二時

正午・午・午時・日の辻・亭午・日午・午天・零時・午後零時

▽昼の最中
真昼・真昼間・明昼

▽昼間を強めた語　真っ昼間

▽正午ごろ
昼時・昼時分・午時分・昼つ方・昼つ程

▽正午の前
昼前・小昼・上午

▽正午の後
昼過ぎ・昼後・下午

▽夜の十二時から正午まで
午前・上午

▽正午から夜の十二時まで
午後・午后・下午・昼後

▽正午を少し過ぎたころ　昼下り

▽昼と夜
日夜・昼夜・昼夜・夜昼・日夕・晦明

時・日にちなどからみた「夜」

▽日の入りから日の出までの時間
夜・夜・暮夜・夜分・夜陰・晩刻・小夜・晩・宵・夜さ・夜さり・夜さり・夜ら

▽日が暮れて間もないころ
宵・宵の口・イブニング

▽夕方の月の出るまで　夕闇

▽夜を三分した初めの時間
初夜・初夜・宵

▽夜を三分した真ん中の時間
中夜

▽夜を三分した最後の時間　後夜

▽夜になるころ
夕方・夕べ・夕暮れ・日暮れ・夜さりつ方・夜さりつ方・夜さり方

▽夜の間
夜中・夜中・夜間・夜間・夜分・夜陰・ナイト

▽夜の十二時
零時・午前零時・正子

▽夜の最中
夜半・夜半・夜夜中・真夜中・深夜・夜深・半夜・夜更け・夜深け・深更・夜降ち・夜籠る・ミッドナイト

▽夜の間中
終夜・終夜・夜すがら・夜中・夜通し・夜亘し・夜一夜・終宵・夜直・夜直・一晩中・夜っぴて・夜っぴとい・夜っぴとよ・夜がなよっぴて・オールナイト

▽どれほどの
幾夜・幾晩・夜頃・夜来

昼夜

▽多くの　千夜（ちよ）・百夜（ももよ）・幾夜（いくよ）

▽ひと晩ごとの　隔夜（かくや）・隔晩（かくばん）・夜交ぜ（よまぜ）・一夜交ぜ（ひとよまぜ）

▽その日の　同夜（どうや）・当夜（とうや）・即夜（そくや）

▽朝から晩まで　晨夜（しんや）・夙夜（しゅくや）・明け暮れ（あけくれ）・朝晩（あさばん）・朝夕（ちょうせき）・朝宵（あさよい）

▽今日の　今夜（こんや）・今晩（こんばん）・今夕（こんゆう）・今夕（こんせき）・今宵（こよい）

▽昨日の。前日の　昨夜（さくや）・昨夜（ゆうべ）・昨夜（ゆんべ）・昨夜（よんべ）・昨夜（ようべ）・昨夜（きぞ）・昨夜（よべ）・前夜（ぜんや）・前晩（ぜんばん）・昨夕（さくせき）・昨夕（さくゆう）・前夕（ぜんせき）・昨晩（さくばん）・前宵（ぜんしょう）・昨宵（さくしょう）・夜前（やぜん）

▽明日の。次の日の　翌夜（よくや）・明晩（みょうばん）・明夜（みょうや）・翌晩（よくばん）・明夕（みょうせき）・翌夕（よくせき）・又の夜（またのよ）

▽一昨日の　一昨晩（いっさくばん）・一昨夜（いっさくや）・一昨夕（いっさくゆう）

▽先日の　先夜（せんや）・先晩（せんばん）

状態・状況からみた「夜」

▽ある　一夜（いちや）・一夜（ひとよ）・一晩（ひとばん）・一夕（いっせき）

▽続く　夜夜（よよ）・夜夜（よるよる）・夜な夜な（よなよな）・夜毎（よごと）・新た夜（あらたよ）・毎夜（まいよ）・毎晩（まいばん）・連夜（れんや）・宵宵（よいよい）・夜並べて（よならべて）・夜去らず（よさらず）

▽晴れた　晴夜（せいや）

▽心地のよい　良夜（りょうや）・良宵（りょうしょう）

▽清く静かな　清夜（せいや）・清宵（せいしょう）

▽月の光のほのかにさす　朧夜（おぼろよ）・朧月夜（おぼろづくよ）・朧月夜（おぼろづきよ）・薄月夜（うすづきよ）

▽惜しむべき　可惜夜（あたらよ）

▽人を待つ　待宵（まつよい）

▽星明かりのある　星月夜（ほしづきよ）・星月夜（ほしづくよ）・星夜（せいや）

▽月の明かりのある　月夜（つきよ）・月夜（つくよ）・月夜（げつや）・月夕（げっせき）

▽宵の間だけ月明かりのある　宵月夜（よいづきよ）・宵月夜（よいづくよ）

▽いつも夜ばかりである　常夜（とこよ）・常夜（じょうや）・常闇（とこやみ）

▽夜の暗い　闇（やみ）・夜陰（やいん）・夜の帳（よるのとばり）

▽月明かりがなく、暗い　暗夜（あんや）・闇夜（あんや）・闇の夜（やみのよ）・闇夜（やみよ）・烏夜（うや）

▽涼しい　涼夜（りょうや）

▽雨の降る　雨夜（あまよ）・雨夜（うや）

▽雪の降る　雪夜（ゆきよ）

▽夜の温度がセ氏二十五度以上の　熱帯夜（ねったいや）

▽北極または南極に近い地方で日没後も薄明かりの
白夜（びゃくや）・**白夜**（はくや）

暦・行事からみた「夜」

▽陰暦で月の下旬の
下り闇（くだりやみ）・**下つ闇**（しもつやみ）

▽陰暦正月十五日の
元宵（げんしょう）・**元夕**（げんせき）

▽陰暦正月二十六日と七月二十六日の月待ちの
二十六夜（にじゅうろくや）

▽陰暦八月十五日の
十五夜（じゅうごや）・**三五**（さんご）・**三五夜**（さんごや）

▽陰暦九月十三日の　**十三夜**（じゅうさんや）

▽陰暦十四日の　**幾望**（きぼう）・**待宵**（まつよい）

▽陰暦十六日の
既望（きぼう）・**十六夜**（いざよい）・**十六夜**（じゅうろくや）

▽陰暦十六日から二十日までの宵のうちの闇
宵闇（よいやみ）

▽陰暦十九日の　**寝待ちの宵**（ねまちのよい）

▽陰暦二十三日に月待ちする
二十三夜（にじゅうさんや）

▽大晦日（おおみそか）の
除夜（じょや）・**除夕**（じょせき）・**年の夜**（としのよ）・**年越し**（としこし）・**宵の年**（よいのとし）

▽クリスマス前夜
聖夜（せいや）・**クリスマスイブ**

▽節分の　**年越し**（としこし）

▽子の生誕の日から七日目の祝いの
七夜（しちや）・**七夜**（ななよ）

▽仏家の習俗の庚申（こうしん）の　**庚申待**（こうしんまち）

▽庚申待の前夜
宵庚申（よいこうしん）・**宵庚申**（よいごうしん）

▽葬式・忌日の前夜　**逮夜**（たいや）

春夏秋冬の「昼夜」

▽その季節になって初めての夜
初夜（しょや）・**初夜**（そや）・**初夜**（はつよ）

▽春の昼間　**春昼**（しゅんちゅう）

▽春の昼間の長いこと
日長（ひなが）・**日永**（ひなが）・**遅日**（ちじつ）

▽春の宵　**春宵**（しゅんしょう）・**宵の春**（よいのはる）

▽春の短い夜
春夜（しゅんや）・**夜半の春**（よわのはる）

▽夏の卯の花の咲く月光の美しい夜
卯の花月夜（うのはなづくよ）・**卯の花月夜**（うのはなづきよ）

▽夏の日中の盛り　**日盛り**（ひざかり）

▽真夏の焼けつく昼　**炎昼**（えんちゅう）

▽夏の夜を戸外で涼む　**夜涼**（やりょう）

▽夏の短い夜
短夜（みじかよ）・**短夜**（たんや）・**明け易い**（あけやすい）

▽夏、五月雨（さみだれ）の降るころの夜の暗さ
五月闇（さつきやみ）

▽晩夏のころに夜だけ秋めいた気配がある
夜の秋（よるのあき）

▽秋の夜の寒さを感じる　**夜寒**

▽秋の夜　**秋夜・秋宵・夜半の秋**

▽日の暮れるのが早く、夜明けが遅い秋の夜　**夜長・長夜・長夜・長き夜・長夜**

▽冬の昼間の短い日　**短日・日短**

▽寒気が厳しい冬の夜　**寒夜**

▽寒く霜の降りる冬の夜　**霜夜**

「昼夜」に関する成句

【頃は三月夜は九月】
一年の中でいちばんよいのは、花が咲いて暖かな三月のころと、気候も涼しくて夜長の風情を楽しむことができる九月のころであるという意。三月、九月はいずれも旧暦を示す。「頃」は、「時」ともいう。

【昼夜を舎かず】
昼も夜も休まず。絶えず行う。
類「昼夜を分かたず」

【夜陰に乗ずる】
夜の闇にまぎれて事を行う。

月

「月」の異称・美称と「月」の満ち欠け、光など

▽月の異称・美称
月輪・月の輪・月天・月娥・月舟・月兎・月蟾・月魄・月代・玉輪・玉蟾・玉兎・玉桂・嫦娥・仙娥・蟾蜍・蟾魄・月桂・桂月・桂・桂男・桂男・金鏡・水鏡・月夜見・月夜見・月読み・月読み・月読み男・月読み男・月人・月人男・細好男・ムーン・ルナ

▽「つき」の古形　**月**

▽月の満ち欠けの度合いを表す
月齢
［参］「月齢」は、新月からの経過時間を、日を単位として表したもの。満月がほぼ十五に相当する。

▽全面がまるく輝いて見える
満月・望・望月・天満月・月の鏡・フルムーン

▽半分欠けた
半月・半輪の月・弦月・弓張り月・片割れ月・ハーフムーン

▽細い弓形の
三日月・新月・繊月・初

月（づき）・眉月（まゆづき）・眉月（びげつ）・月の眉（つきのまゆ）・月の剣（つきのつるぎ）・初三の月（しょさんのつき）・銀鉤（ぎんこう）・繊魄（せんぱく）

▽地球から見て月と太陽が同じ方向となり、月が見えなくなる
新月（しんげつ）・朔（さく）

▽新月から満月までの間の
盈月（えいげつ）・上弦（じょうげん）

▽満月から新月までの間の
虧月（きげつ）・下弦（かげん）

▽半月から満月に近づいてゆく
上り月（のぼりづき）

▽満月から半月に近づいてゆく
下り月（くだりづき）・降り月（くだりづき）

▽月の欠けることと満ちること
虧盈（きえい）・満ち欠け（みちかけ）・盈ち虧け（みちかけ）

▽月の光
月光（げっこう）・月華（げっか）・月気（げっき）・月色（げっしょく）・月影（げつえい）・月影（つきかげ）・月明かり（つきあかり）・月白（つきしろ）・月代（つきしろ）・ムーンライト

▽窓に差し込む月影　窓の月（まどのつき）

▽月の光のもと　月下（げっか）

▽月光に照らされて美しく映える
月映え（つきばえ）

▽月の光で見える虹　月虹（げっこう）

▽日と月
月日（げつじつ）・日月（じつげつ）・烏兎（うと）・両曜（りょうよう）

▽月と星と日　月星日（つきほしひ）・三光（さんこう）

▽春の夜の　春月（しゅんげつ）

▽夏の夜の　夏月（かげつ）

▽秋の夜の。また、秋の夜の澄み渡った
秋月（しゅうげつ）

▽冬の夜の　冬月（とうげつ）

▽冬の夜の寒ざむとした　寒月（かんげつ）

陰暦との関係からみた「月」

▽陰暦で月の初めの夜に見える
新月（しんげつ）・偃月（えんげつ）・三日月（みかづき）・繊月（せんげつ）・初月（はつづき）・上弦（じょうげん）・初弦（しょげん）

▽陰暦三日、四日ごろの夕方の
黄昏月（たそがれづき）

▽陰暦七日、八日ごろの半円の
半月（はんげつ）・弦月（げんげつ）・弓張り月（ゆみはりづき）

▽陰暦十四日の　小望月（こもちづき）・幾望（きぼう）

▽陰暦十四日以降の　老い月（おいづき）

▽陰暦十五日の夜に見える
満月（まんげつ）・望（ぼう）・望（もち）・名月（めいげつ）・明月（めいげつ）・望月（もちづき）・芋名月（いもめいげつ）・最中の月（もなかのつき）・三五の月（さんごのつき）

▽陰暦十五夜の十日前後の
半月（はんげつ）・弦月（げんげつ）・半輪（はんりん）・弓張り（ゆみはり）・弓張り月（ゆみはりづき）・片割れ月（かたわれづき）

▽陰暦十六日の夜に見える
十六夜の月（いざよいのつき）・十六夜（じゅうろくや）・十六夜（いざよい）・十六夜（いさよい）

▽陰暦十七日の夜に見える
立ち待ち（たちまち）・立ち待ち月（たちまちづき）・立ち待ちの月（たちまちのつき）

月

▽陰暦十八日の夜に見える
居待ち月（いまちづき）・居待ちの月（いまちのつき）・居待ち（いまち）

▽陰暦十八夜ごろから二十一日・二十二日夜にかけての
下り月（くだりづき）・降り月（くだりづき）

▽陰暦十九日の夜に見える
臥し待ち（ふしまち）・臥し待ち月（ふしまちづき）・寝待ち（ねまち）・寝待ち月（ねまちづき）

▽陰暦二十日に見える
二十日月（はつかづき）・亥中の月（いなかのつき）・更け待ち（ふけまち）・更け待ち月（ふけまちづき）

▽陰暦二十日後の
下の弓張り（しものゆみはり）・下つ弓張り（しもつゆみはり）・下弦（かげん）

▽陰暦二十三日の夜に見える
真夜中の月（まよなかのつき）

▽新月のうち、とくに陰暦八月初めの
初月（はつづき）

▽陰暦八月十五日の夜に見える
名月（めいげつ）・明月（めいげつ）・中秋の名月（ちゅうしゅうのめいげつ）・仲秋の名月（ちゅうしゅうのめいげつ）・名残の月（なごりのつき）・後の月（のちのつき）・月の名残（つきのなごり）・豆名月（まめめいげつ）・栗名月（くりめいげつ）

〔参〕「豆名月」「栗名月」は、枝豆・栗を月見の際に供えることから。

気象・天候などからみた「月」

▽清く澄み渡って輝く
名月（めいげつ）・明月（めいげつ）・皓月（こうげつ）・素月（そげつ）・白月（はくげつ）・朗月（ろうげつ）

▽冷たく冴えた　**寒月（かんげつ）**

▽氷のように冷たく輝く　**氷輪（ひょうりん）**

▽雲に覆われて、はっきり見えない。また、淡く光る
朧月（おぼろづき）・朧月（ろうげつ）・淡月（たんげつ）・澹月（たんげつ）

▽霞に隠れている　**烟月（えんげつ）**

▽雨が上がった後の　**霽月（せいげつ）**

▽雨の降る夜の
雨夜の月（あまよのつき）・雨月（うげつ）

▽水蒸気のため周りに油を流したように見える
油月（あぶらづき）

▽十五夜が曇りのため名月が見られない
無月（むげつ）

▽十五夜が雨のため名月が見られない
雨月（うげつ）

▽月の周りにできる光の暈（かさ）、光の強い点
月暈（げつうん）・幻月（げんげつ）

▽風と　**風月（ふうげつ）**

▽花と　**花月（かげつ）**

▽水と。また、水に映る月影　**水月（すいげつ）**

時間の推移に伴う「月」

▽夕方に見える　**夕月（ゆうづき）**

▽たそがれ時にしばらく見える
黄昏月（たそがれづき）

▽宵の間だけ見える　宵月（よいづき）

▽沈もうとする　落月（らくげつ）・斜月（しゃげつ）

▽東の空に輝き出た　新月（しんげつ）

▽夜明けにまだ残っている　有明（ありあけ）・有明月（ありあけづき）・有明の月（ありあけのつき）・残月（ざんげつ）・残んの月（のこんのつき）・残りの月（のこりのつき）・朝行く月（あさゆくつき）

▽月が出る　月立つ（つきたつ）

▽月が出ようとするとき、空が白んで見える　月白（つきしろ）・月代（つきしろ）

様態・種類からみた「月」

▽七夕の　七夜月（ななよづき）

▽ものさびしく見える　孤月（こげつ）

▽神代からずっと照り続けている　神代の月（かみよのつき）

▽小さく区切った田の面に一つ一つ映る　田毎の月（たごとのつき）

▽湖水に映る　湖月（こげつ）

▽川の上にかかる　江月（こうげつ）

▽月の表面　月面（げつめん）

▽天空における月の位置　月次（げつじ）

▽月の中にあるという宮殿　月宮（げっくう）・月宮（げっきゅう）・月宮殿（げっきゅうでん）

▽バラモン神話から仏教に入った神の一つ　月天（がってん）・月天子（がってんし）・名月天子（めいげつてんし）

▽月天子が領有するという月の世界　月天（がってん）

▽地球上で月を天頂に見る地点　月下点（げっかてん）

▽太陽・地球・月の順で一直線に並び、月が地球の影に入って欠けて見える現象　月食（げっしょく）・月蝕（げっしょく）

▽月食で、月の全部が欠けて見える　皆既月食（かいきげっしょく）・皆既月蝕（かいきげっしょく）

▽月食で、月の一部が欠けて見える　部分月食（ぶぶんげっしょく）・部分月蝕（ぶぶんげっしょく）

▽古代インドの太陰暦で一日から十五日まで　白月（びゃくげつ）

▽古代インドの太陰暦で十六日から月末まで　黒月（こくげつ）

「月」に関する成句

【秋月春風（しゅうげつしゅんぷう）】秋の月と春の風。転じて歳月のこと。

【春花秋月（しゅんかしゅうげつ）】春の花と秋の月。自然の美しい眺めのこと。

【月が満ちる（つきがみちる）】満月になる。また、産み月になる。

【月の鏡（つきのかがみ）】晴れわたった空にかかる満月。また、月を映す池の面を鏡にたとえた語。

【月の氷(つきのこおり)】月が澄んで、氷のように見えること。

【月の船(つきのふね)】大空を海とみて、月が空を行くさまを船にたとえた語。

【月を指せば指を認む(つきをさせばゆびをみとむ)】月を示そうと指をさしても、月を見ないで指を見ている。道理を説明しても、文字や言葉の端々にこだわり本旨を理解しないことをいう。

手紙(てがみ)

性質・性格からみた「手紙」

▽要件や自分の意思などを伝えるために他人に送る文書

手紙(てがみ)・手簡(しゅかん)・手翰(しゅかん)・手札(しゅさつ)・書(しょ)・書簡(しょかん)・書翰(しょかん)・書状(しょじょう)・書札(しょさつ)・書信(しょしん)・書面(しょめん)・書尺(しょせき)・書牘(しょとく)・文(ふみ)・文書(ぶんしょ)・信書(しんしょ)・状(じょう)・状文(じょうぶみ)・雁書(がんしょ)・雁札(がんさつ)・雁帛(がんぱく)・雁字(がんじ)・雁の使い(かりのつかい)・雁の文(かりのふみ)・雁の伝(かりのつて)・雁の便り(かりのたより)・雁の玉章(かりのたまずさ)・簡札(かんさつ)・簡牘(かんとく)・簡牘(かんどく)・尺牘(せきとく)・双魚(そうぎょ)・双鯉(そうり)・紙面(しめん)・文通(ぶんつう)・音信(おんしん)・音信(いんしん)・通信(つうしん)・訪れ(おとずれ)・便り(たより)・消息(しょうそく)・消息(しょうそこ)・消息文(しょうそこぶみ)・玉章(たまずさ)・玉梓(たまずさ)・寄せ文(よせぶみ)・水茎(みずくき)・葉書(はがき)・郵便葉書(ゆうびんはがき)・電報(でんぽう)・電子郵便(でんしゆうびん)・レタックス・レター・電子メール(でんしメール)・E(イー)メール・メール

〔参〕「双魚」「双鯉」は、遠方の客が持ってきた二匹の鯉の腹から手紙が出てきたという中国の故事から。

▽自分の手紙の謙譲語

愚書(ぐしょ)・愚札(ぐさつ)・寸書(すんしょ)・寸簡(すんかん)・寸紙(すんし)・寸楮(すんちょ)

▽相手の手紙の尊敬語

御手紙(おてがみ)・御状(ごじょう)・御書(ごしょ)・御書面(ごしょめん)・貴書(きしょ)・貴札(きさつ)・貴簡(きかん)・貴翰(きかん)・貴状(きじょう)・尊書(そんしょ)・尊札(そんさつ)・尊簡(そんかん)・尊翰(そんかん)・尊紙(そんし)・尊墨(そんぼく)・玉書(ぎょくしょ)・玉札(ぎょくさつ)・玉章(ぎょくしょう)・華翰(かかん)・華墨(かぼく)・華箋(かせん)・芳札(ほうさつ)・芳墨(ほうぼく)・芳書(ほうしょ)・芳翰(ほうかん)・芳信(ほうしん)・高書(こうしょ)・台墨(たいぼく)・台書(たいしょ)・台翰(たいかん)・懇書(こんしょ)・朶雲(だうん)・朶翰(だかん)

▽美しい文章で書かれた

藻翰(そうかん)

▽自筆の

手書(しゅしょ)・手簡(しゅかん)・手翰(しゅかん)・手録(しゅろく)

▽女性の書いた

女文(おんなぶみ)

▽天皇の直筆の

親翰(しんかん)・宸翰(しんかん)

▽天皇や元首の署名が入った、また、自筆の

親書(しんしょ)

▽親しい者同士の　打ち解け文（うちとけぶみ）

▽個人的で内密な　私書（ししょ）・私信（ししん）

▽自分の家からの　家書（かしょ）・家信（かしん）

▽故郷からの　郷書（きょうしょ）

▽返事を求める　往信（おうしん）

▽返事の　返信（へんしん）・返事（へんじ）・返辞（へんじ）・返り（かえり）・返書（へんしょ）・返札（へんさつ）・返状（へんじょう）・返章（へんしょう）・返簡（へんかん）・返り言（かえりごと）・返り事（かえりごと）・返り文（かえりぶみ）・立ち返り（たちかえり）・回章（かいしょう）・廻章（かいしょう）・回書（かいしょ）・回鯉（かいり）・報書（ほうしょ）・答書（とうしょ）

▽人からの返信の尊敬語　貴報（きほう）・尊報（そんぽう）

▽急ぎの　急書（きゅうしょ）・飛書（ひしょ）・飛札（ひさつ）・速達（そくたつ）・郵便（ゆうびん）・速達（そくたつ）

▽江戸時代、飛脚が江戸・京坂間を七日で届けた　早便り（はやだより）

▽短い　寸紙（すんし）・寸書（すんしょ）・寸札（すんさつ）・寸簡（すんかん）・寸楮（すんちょ）・寸牘（すんとく）・短簡（たんかん）・短箋（たんせん）・尺書（せきしょ）・尺紙（せきし）・尺楮（せきちょ）・尺素（せきそ）

▽郵便で送る　郵書（ゆうしょ）

▽初めて出す　新玉章（にいたまずさ）

▽毎日続けて出す　日文（ひぶみ）

▽送られてきた　来信（らいしん）・来書（らいしょ）・来状（らいじょう）・来簡（らいかん）・来翰（らいかん）

▽続けざまに送られてくる　矢文（やぶみ）

▽匿名の　飛書（ひしょ）

▽家の中に投げ込まれた匿名の　投げ文（なげぶみ）

▽中世の匿名の投書　落書（らくしょ）

▽特定の宛先に送らず、新聞・雑誌に掲載して公衆に示す　公開状（こうかいじょう）

▽にせの　贋手紙（にせてがみ）・偽手紙（にせてがみ）・贋文（にせぶみ）・偽文（にせぶみ）・贋筆（にせふで）・偽筆（にせふで）・偽筆（ぎひつ）・贋書き（にせがき）・偽書き（にせがき）・偽書（ぎしょ）・謀書（ぼうしょ）・拵え文（こしらえぶみ）・拵え状（こしらえじょう）

▽秘密の　密書（みっしょ）・私書（ししょ）

▽古い　故券（こけん）

▽後で人が読むために書き残す　置き手紙（おきてがみ）・書き置き（かきおき）・置き文（おきぶみ）

▽脅かして無理に書かせた　圧状（あつじょう）・圧状（おうじょう）

▽宛名を連記し、次々に回して用件や命令を伝える　回状（かいじょう）・廻状（かいじょう）・回章（かいしょう）・廻章（かいしょう）・回文（かいぶん）・回文（かいもん）・回らし文（めぐらしぶみ）・廻文（かいぶん）・廻文（かいもん）・回書（かいしょ）・回し文（まわしぶみ）・廻し文（まわしぶみ）・移文（いぶん）・移し文（うつしぶみ）・回報（かいほう）・廻報（かいほう）・散状（さんじょう）・諜状（ちょうじょう）

▽衆人に告げ回る　檄（げき）・檄文（げきぶん）・檄書（げきしょ）・触れ文（ふれぶみ）・

手紙

触れ書き（ふれがき）

[参]「檄」の本来の意からすれば、「檄を飛ばす」は自分の考えを広く伝えて、同意を求めたり決起を促したりするということ。「激励する」という意は本来の意にはないが、近年この意で使われることが多い。

▽急を要する檄
羽書（うしょ）・**羽檄**（うげき）・**飛檄**（ひげき）

形式・形態からみた「手紙」

▽封をした
封書（ふうしょ）・**封状**（ふうじょう）・**封緘**（ふうかん）

▽紙などに包んで封じた
包み状（つつみじょう）・**包み文**（つつみぶみ）

▽上包みのない。また封をしない
裸文（はだかぶみ）・**開封**（かいふう）・**開き封**（ひらきふう）

▽別に添えた封書
別封（べっぷう）

▽半切りの和紙にしたためた
切り紙（きりかみ）

▽折り紙にしたためた
折り紙状（おりがみじょう）

▽たたんで端を折った
結び文（むすびぶみ）・**結び状**（むすびじょう）

▽上包みの端を細く切って巻いて封をした
腰文（こしぶみ）・**切り封じ**（きりふうじ）

▽郵便制度で定められた規格に基づいた通信用紙
葉書（はがき）・**郵便葉書**（ゆうびんはがき）

▽往信用と返信用が一続きになった葉書
往復葉書（おうふくはがき）

▽裏面に絵や写真が印刷してある葉書
絵葉書（えはがき）

▽貴人宛の手紙で、遠慮してそばに仕える者宛とした
付け状（つけじょう）・**附け状**（つけじょう）

▽人を紹介したり物を贈ったりするとき、その旨を書き添えて送る
添え状（そえじょう）・**添え書**（そえしょ）・**添え手紙**（そえてがみ）・**添え文**（そえぶみ）・**付け状**（つけじょう）・**附け状**（つけじょう）・**添書**（てんしょ）

▽物を送るとき、物品の明細を記して送る
送り状（おくりじょう）・**仕切り状**（しきりじょう）

▽礼紙（らいし）で巻いた書状を白紙で縦に包み、上下それぞれを折り返したもの
立文（たてぶみ）・**竪文**（たてぶみ）・**式の立文**（しきのたてぶみ）・**捻り文**（ひねりぶみ）・**拈り文**（ひねりぶみ）

▽半切りにして書く捻り文（ひねりぶみ）
小文（こぶみ）

▽一通の
一書（いっしょ）・**一札**（いっさつ）・**一簡**（いっかん）・**一封**（いっぷう）

書かれる内容・目的からみた「手紙」

▽儀礼・親愛の情などをしたためた
挨拶状（あいさつじょう）

▽人を恋する気持ちを書いた
文（ふみ）・**恋文**（こいぶみ）・**色文**（いろぶみ）・**艶書**（えんしょ）・**艶書**（えんじょ）・**艶書**（えんぞ）・**艶文**（えんぶん）・**艶文**（つやぶみ）・**艶状**（えんじょう）・**懸想文**（けそうぶみ）・**優書**（やさぶみ）・**濡**（ぬ）

れ文・痴話文・付け文・通わせ文・ラブレター

▽祝いの
祝い状・祝賀状・賀状・賀書・グリーティングカード

▽新年を祝う
年賀状・賀状・年始状・新年状

▽誕生日を祝う
バースデーカード

▽クリスマスを祝う
クリスマスカード

▽知らせの
通知書・通知状・報知書・報知状・通報書・報書・案内状・案内書・通牒

▽依頼の
依頼書・依頼状

▽謝罪の
詫び状

▽紹介を頼む
紹介状

▽問い合せの
問い合せ状・照会状

▽人物などを第三者が推薦する
推薦状

▽あることを披露するための。また、目上の者に披露を依頼する
披露状

▽結婚を披露するための
結婚披露状

▽招待の
招待状・案内状・招状・請待状・招請状

▽お礼の
礼状・謝状

▽催促の
催促状・督促状

▽不承諾を伝える。また、事前に連絡をしておく
断り状

▽無事を伝える。また、ふつうの
平信

▽見舞いの
見舞い状

▽慰めの
慰問状

▽お悔やみの
悔やみ状・悔やみ文・弔書

▽葉書を使い、絵に簡単な文章を添えた
絵手紙

▽訴えを上申する
訴状

▽状況を説明する
陳状

▽犯罪の被害者本人が捜査機関に提出する
告訴状

▽犯罪を告発するために捜査機関に提出する
告発状

本文の書き出しの語からみた「手紙」

▽往信で一般的に用いる
拝啓

▽往信で、「謹んで申し上げます」の意
謹啓・粛啓・恭啓・粛呈・粛白・拝白

▽往信で、男性が用いる

手紙

一筆啓上

▽往信で、時候の挨拶などを省略する意

前略・冠省・前略御免・前文御免・略啓

▽往信で、急ぎの場合に用いる

急啓・急白・急呈

▽返信で用いる

拝復・復啓・御手紙拝見・啓復・拝答・拝誦・拝読・拝披・謹答・貴酬

▽「もう一度申し上げます」の意

再啓・再呈・追呈

本文の結びの語からみた「手紙」

▽冒頭の「拝啓」に対応して

敬具・拝具

▽冒頭の「謹啓」「粛啓」などに対応して

敬白・敬白・敬白・謹言・謹白・頓首・再拝

▽相手が親しい場合に

さようなら・いずれ・ではまた

▽相手が親しい場合男性が　失敬

▽冒頭の「前略」「冠省」などに対応して

草草・匆匆・不一・不一・不乙・不二・不尽・不宣・不悉・不備・不具

▽女性がもっぱら

恐・畏・賢・恐・畏・可祝・恐惶・穴賢・あらあらかしこ

▽慶事の際、女性がもっぱら

めでたくかしこ・めでたくかしこ

送る相手の呼称からみた「手紙」

▽相手の氏名・職位名の下に添える一般的な

様

▽相手の氏名・職位名の下に添え、やや公的・形式的な

殿

▽師事する人、目上に対する

先生・大人

▽先輩に対する

学兄・学兄・尊台・貴台・大兄

▽同輩・友人に対する

君・兄・大兄・雅兄・さん

▽官庁・会社など個人でないときの

御中・殿

▽多人数に対する　各位

宛名に書き添える語からみた「手紙」

▽封筒や本文の宛名の左下に書いて敬

意を表す言葉

脇付(わきづけ)

▽封筒に、普通の音信であることを表す
平信(へいしん)・平安(へいあん)・無異(ぶい)・無事(ぶじ)

▽封筒に、大切な用件であることを表す
要用(ようよう)・緊用(きんよう)・重要(じゅうよう)

▽封筒に、急ぎの用件であることを表す
至急(しきゅう)・急信(きゅうしん)・火急(かきゅう)・急用(きゅうよう)

▽封筒に、会社の用件であることを表す
社用(しゃよう)

▽封筒に、内容物を表す　…在中(ざいちゅう)

▽封筒に、他人が開封してはいけないことを表す
親展(しんてん)・親披(しんぴ)・直披(じきひ)・直披(ちょくひ)・親覧(しんらん)

▽封筒に、他人に託した物であることを表す
幸便(こうびん)・託幸便(たくこうびん)

▽封筒に、直接相手の所に送るのではなく、相手の立ち寄り先や関係のある場所などに送ることを表す
気付(きづけ)・気付(きつけ)・気附(きづけ)・気附(きつけ)

▽封筒・書中で、男性が一般的に相手に対して
机下(きか)・几下(きか)・案下(あんか)・足下(そっか)・座下(ざか)・梧下(ごか)・梧右(ごゆう)・座右(ざゆう)・硯北(けんぽく)・研北(けんぽく)

▽封筒・書中で、男性が目上の人に対して
侍史(じし)・侍曹(じそう)・玉案下(ぎょくあんか)・閣下(かっか)・尊下(そんか)・貴下(きか)・玉机下(ぎょくきか)

▽封筒・書中で、女性が一般的に相手に対して
御側(おそば)・御前(おまえ)・御前(おんまえ)に・御前(みまえ)に・御許(おんもと)・御許(おんもと)に・御許(みもと)に・御許(おんもと)へ・御手許(おてもと)・参(まい)る

▽封筒・書中で、師や長上に対して
函丈(かんじょう)

▽封筒・書中で、高貴な人に対して
玉案下(ぎょくあんか)・尊前(そんぜん)・台下(だいか)

▽封筒・書中で、学者や軍人に対して
虎皮下(こひか)

▽封筒・書中で、僧侶に対して
猊下(げいか)

▽封筒・書中で、男性が両親に対して
膝下(しっか)・御前(みまえ)に・御許(みもと)に

▽封筒・書中で、女性が両親に対して
御前(みまえ)に・御許(みもと)に

本文に付け足すことからみた「手紙」

▽手紙文の末尾に、付け加えて書く文
追伸(ついしん)・追申(ついしん)・追而書(おってが)き・尚尚書(なおなおが)き

▽追伸の冒頭の語
追伸(ついしん)・追申(ついしん)・尚(なお)・二伸(にしん)・二白(にはく)・追(お)って・追啓(ついけい)・追白(ついはく)・追陳(ついちん)・副啓(ふくけい)・尚尚(なおなお)・再伸(さいしん)・再白(さいはく)・追而(おって)・P.S.(ピーエス)・

手紙

封緘語（ふうかんご）からみた「手紙」

▽封筒のとじ目に普通書く　封（ふう）・緘（かん）・〆（しめ）

▽祝いの封筒のとじ目に書く　寿（ことぶき）・賀（が）

▽女性が封筒のとじ目に書く　蕾（つぼみ）

人間の行為との関連でみた「手紙」

▽手紙を書こうと思う　消息（しょうそこ）がる

▽面倒がらずに手紙を書く　筆忠実（ふでまめ）

▽面倒がって手紙をあまり書かない　筆無精（ふでぶしょう）・筆不精（ふでぶしょう）

▽相手に応じ「謹謹上・謹上・進上」などと名宛ての上に書く　上所（じょうしょ）

▽人に手紙を出す　寄書（きしょ）

▽手紙を急いで送る　飛書（ひしょ）

▽手紙のやり取り　文通（ぶんつう）

▽文通で結ばれている友人　ペンフレンド・ペンパル

▽電子メールで結ばれている友人　メル友（とも）

▽手紙で用件を済ませる　手紙使（てがみづか）い

▽新聞・雑誌などに自分の意見を書いて送る　寄書（きしょ）・投書（とうしょ）・投稿（とうこう）

▽封筒の中に手紙の他に何かを入れる　同封（どうふう）

▽手紙をポストに入れる　投函（とうかん）

▽恋文を送る　付（つ）け文（ぶみ）

▽手紙を出しても返事がない　梨（なし）の礫（つぶて）

［参］礫は小石の意。投げた石は返ってこないことから。「梨」は「無し」にかけたものだが、「無しの礫」とするのは誤表記。

▽手紙の封を切る　開封（かいふう）

▽人からきた手紙を何度も読み返す　圭復（けいふく）

▽手紙を書くための紙　便箋（びんせん）・書簡紙（しょかんし）・状紙（じょうし）・書簡箋（しょかんせん）・一筆箋（いっぴつせん）・葉書（はがき）

▽手紙を書くための縦に短く横に長い和紙　半切（はんき）り・半切（はんき）れ・半切（はんき）り紙（がみ）・半切（はんき）れ紙（がみ）・切（き）り紙（かみ）・手紙（てがみ）

▽揚屋（あげや）が遊女に渡す手紙用の半紙　揚屋紙（あげやがみ）

「手紙」に関する成句

【音信不通（おんしんふつう）】便りがないこと。音沙汰がない。「音信」は、「いんしん」とも読み、便りのこと。

【久闊を叙する】

久しぶりであることの挨拶をする。


【恐懼再拝】

「恐れ畏まり、二度拝します」の意を表す候文の手紙の結びに書く言葉。


【恐惶謹言】

「恐れながら申し上げます」の意。候文の手紙の結びに書く最高の敬意表現。類「恐惶敬白」「恐恐謹言」


【謹上再拝】

「謹上」は、「謹んで差し上げる」、「再拝」は、「二度続けて敬礼します」の意であって、手紙文の最後に、相手への敬意を表して書く言葉。


【誠惶誠恐】

手紙文の最後に添える、「心から恐れ畏まります」意を表す語の「誠惶」を、さらに丁寧にいう言葉。類「誠恐誠惶」


【草草不一】

「草草」も「不一」も手紙文の最後に書いて、走り書きで気持ちを十分に尽くしていない意を表す言葉。この二つを重ねて簡略な手紙であることをわびる意を表す。「草草」は、「匆匆」とも書く。


【便りのないのはよい便り】

人は何か問題が起こらない限り手紙を書いて寄こさないものだから、手紙が来ないということは何事もないという証拠で、結局はよい便りと同じことであるということ。


【頓首謹言】

「頓首」は、頭を地につけて敬意を表すこと、「謹言」は、「謹んで申し上げます」の意で、手紙文の最後に書いて、相手に対して敬意を表す言葉。


【頓首再拝】

「頓首」は、頭を地につけて敬意を表すこと、「再拝」は二度続けて礼拝することで、手紙文の最後に書いて、相手に対して敬意を表す言葉。類「草草頓首」

時・年月・期

比較的短い時を表す「時・時間」

▽過去から未来へと連続する自然の推移　**時・時・時間・光陰**
▽時の流れの長さ　**時間**
▽一時間ごと　**毎時**
▽長い時間　**長時間・長時・多時・長らく・長長と・長たらしく・長ったらしく**
▽短い　**短時間**
▽三、四時間　**数刻**
▽あることを行うのに要する　**暇・遑・手間**
▽ほんの少しの

時・年月・期

一時・一時・一時・暫し・暫し・暫く・須臾・須臾・一寸・鳥渡・些と・些と・暫時・少時・半時・片時・片時・片時片時・片時・束の間・時の間・時の程・時の間・玉響・露の間

▽ごくわずかな

一刻・寸刻・寸時・寸陰・寸秒・分秒・瞬間・一瞬・瞬時・瞬く間・咄嗟・刹那・造次・瞬刻・一瞬間・瞬息・弾指・弾指・一弾指・一弾指・モーメント

『参』「弾指」は仏語で、曲げた人差し指を親指の腹で弾き、音を出す所作。この所作からきわめて短い時間の単位とされ、一万二千弾指が一昼夜となる。

▽ある時と時との間

時間・光陰・間・間・暇・隙

▽ある物事が連続している間の途切れた短い時間

合間・相間・間合い・合間小間・絶え間・インターバル

▽取り立てて用事のない

暇・隙・暇・手透き・手隙・閑暇・余暇・手明き・レジャー

▽わずかな暇　寸暇・寸隙

『参』わずかな暇も惜しんで何かすることを「寸暇を惜しんで〜する」というが、これを「寸暇を惜しまず〜」とするのは誤用。「骨身を惜しまず」との混同によるものと思われる。

▽食事と食事との間　食間

▽雨が一時降りやんでいる間

雨間・雨間

▽雪が一時降りやんでいる間　雪間

▽演劇などの一幕が終わって次の幕が開くまでの間

幕間・インターバル・インターミッション

あることの寸前からついでまでの「時・時間」

▽ある物事・行為の行われるちょっと前

寸前・直前・際・間際・矢先・機先

▽これから出掛けようとする矢先

出際・出しな・出掛け・出立ち方

▽別れる間際　別れ際

▽会社などを退出しようとする間際

引け際・退け際

▽戦いの始まる間際　物前

▽死ぬ間際

死に際・往生際・今際の際・最期・末期・死に目・臨終

▽漠然とその時を表す
前後・頃・比・頃おい・程・辺り・時分・方

▽朝に近い　朝方・明け方

▽日暮れに近い　夕方・暮れ方

▽不定の時　何時・何時

▽問題のその時
時・折・際・節・段・度・期・砌・暁・場合

▽人に会う折　会う期

▽その時に過不足なく一致する
丁度・同時・きっかり・かっきり・ジャスト

▽その時に
其の折・其の節・其の際

▽ちょうどその時
恰も・宛も・折しも・折柄・折節・折も折・頃しも

▽その時すぐ
即時・即刻・即座・直様・直ぐに・透かさず・直ちに・立ち所に

▽その時思いがけず
ゆくりなく・端無く・偶・偶・適適・会会

▽その時幸せにも
折好く・運好く・都合好く

▽その時ちょうどよい具合に
恰も好し

▽その時具合の悪いことに
折悪しく・折もあろうに・運悪く・生憎

▽ただ今の時
現在・今・現時点・見在・只今・今時・方今・当今・現今・現下・目下・当下・刻下

▽現在の前後
今時・今頃・今時分・今のところ

▽ある物事・行為の直後の時
途端・拍子・弾み

▽起床したばかり
起き掛け・起き抜け・起きしな

▽寝ついたばかり
寝入り端・寝入り際・寝しな・寝際

▽出会った途端　出会い頭

▽ある場所を出た途端
出しな・出端・出端・出鼻・出際

▽風呂から出たばかり
風呂上がり・湯上がり

▽ある物事が始まったばかりの
序の口・冒頭・序盤・出端・当初・出出し

▽「その時一緒に」の意を表す
序で・がてら・旁旁・旁・手序で

時・年月・期

▽行くついでに
行き掛け(ゆきがけ)・行き掛け(いきがけ)

▽通るついでに
通り掛け(とおりがけ)・通り掛かり(とおりがかり)・通りすがり・行き摩り(ゆきずり)・行き摺り(ゆきずり)

▽来るついでに
来掛け(きがけ)・来しな(きしな)

▽帰るついでに
帰り掛け(かえりがけ)・帰りしな(かえりしな)

▽いつか別の時に
別時(べつじ)・異時(いじ)・他日(たじつ)

主体的な行為との関係からみた「時」

▽物事をするのに適した
時機(じき)・頃合い(ころあい)・潮時(しおどき)・折(おり)・潮(しお)・潮合い(しおあい)・機会(きかい)・好機(こうき)・機(き)・頃(ころ)・時(とき)・期(き)・期(ご)・間(かん)・瀬(せ)・好機会(こうきかい)・場合(ばあい)・時宜(じぎ)・機宜(きぎ)・時分(じぶん)・時節(じせつ)・タイミング・チャンス
〔参〕「潮時」は漁に出るとき潮の状況の最もよいときに船を出すことから。誤用で、「物事の終わり」の意で使われることが多い。

▽物事を始める時の勢い
切っ掛け(きっかけ)・契機(けいき)・機縁(きえん)

▽時の回り合わせ
機運(きうん)・時運(じうん)

▽変化するきっかけ
転機(てんき)・一転機(いちてんき)・一転機(いってんき)・分岐点(ぶんきてん)・ターニングポイント

▽その時の世の中の成り行き
気運(きうん)・世運(せうん)

▽ちょうどよい
適時(てきじ)・タイムリー

▽勝てそうな　勝機(しょうき)

▽戦って勝てそうな　戦機(せんき)

▽危険な　危機(きき)

▽せっぱつまった　急場(きゅうば)

▽何度も何度も　頻りに(しきりに)

▽勝負の決まる
先途(せんど)・瀬戸際(せとぎわ)・瀬戸(せと)・分け目(わけめ)

▽愛し合う男女が人に隠れて会う
逢瀬(おうせ)

▽男女が日時を決めて会う　デート

▽ある物事が行われている間
最中(さいちゅう)・最中(さなか)

▽物事がいちばん盛んな　酣(たけなわ)・闌(たけなわ)

▽仕事などが長い
長丁場(ながちょうば)・長町場(ながちょうば)

さまざまな状況での「時刻」

▽時の流れの中のある一点
時刻(じこく)・時(とき)・時(じ)・時点(じてん)

▽日のある間
日中(にっちゅう)・昼間(ひるま)・昼(ひる)・昼間(ちゅうかん)・デイタイム

▽日の落ちた後
夜間・夜・夜中・夜分・ナイトタイム

▽太陽の日周運動を基準に測る時刻
太陽時

▽経度０度の子午線を基準とした
世界時
『参』経度０度の子午線は本初子午線といわれ、ロンドン郊外にあるグリニッジ天文台跡からおよそ百メートル東に設定されている。

▽その地の子午線を基準とした
地方時・ローカルタイム

▽地方時で標準となる
中央標準時・スタンダードタイム

▽月のない明け方
暁闇・暁闇

▽朝方の薄暗い時刻
彼は誰・彼は誰時・彼は誰時・彼は誰そ時

▽夜の十二時から昼の十二時まで
午前

▽夜明けから十二時まで。または午前
上午

▽昼の十二時
正午・零時・午後零時・午時

▽正午ごろ
昼時・昼時分・午時分・昼つ方・昼つ程

▽正午前の時刻
午前・昼前

▽昼の十二時から夜の十二時まで
午後・午后・昼後

▽十二時から夕方まで。または午後
下午

▽正午のあと
昼過ぎ

▽正午を少し過ぎたころ
昼下がり

▽太陽の没するころ
夕方・夕暮れ・日暮れ・日暮れ方・黄昏・火点し頃・火点し頃・大禍時・逢魔が時・夕日隠れ・黄昏時

▽月の出ようとする時
月白・月代

▽夜の十二時
零時・午前零時・正子

▽定められた時刻
定刻・定時・刻限・時限

▽定められたぎりぎりの
刻限・時限

▽いつもの通りの
例刻・例時

▽のちの
後刻・後程

▽日付と時刻
日時

▽食事の
食事時・御飯時・飯時・飯時分・時分時

▽会社などを退出し家に帰ろうとする
引け時・退け時

▽それ以後は門の出入りを禁じる
門限

▽遊廓などの大戸を閉ざす　引け
▽潮のさしひきする　潮時・潮候
▽潮のさしてくる　潮先

昔使われた呼称からみた「時刻・時間」

▽今の二時間　一時
▽一時間　半時・片時・一点鐘・時半・時中
▽三十分　一刻・小半時
▽一昼夜を六分した時刻　六時
▽一夜を五分した称　五更・五夜
▽およそ今の午前七時から九時の間の時刻。または午前八時ごろ　辰・辰の刻・五つ時・五つ
▽およそ午前九時から十一時。または午前十時ごろ　巳・巳の刻・四つ時・四つ
▽およそ午前十一時から午後一時。または昼十二時ごろ　午・午の刻・九つ時・九つ・日中
▽およそ午後一時から三時。または午後二時ごろ　未・未の刻・八つ時・八つ
▽およそ午後三時から五時。または午後四時ごろ　申・申の刻・七つ時・七つ
▽およそ午後五時から七時。または午後六時ごろ　酉・酉の刻・六つ時・六つ・日没・暮れ六つ
▽およそ午後七時から九時。または午後八時ごろ　戌・戌の刻・五つ時・五つ・初夜・初夜・初更・甲夜
▽およそ午後九時から十一時。または午後十時ごろ　亥・亥の刻・四つ時・四つ・二更・乙夜・乙夜
▽人の寝静まる午後十時ごろ　人定
▽およそ午後十一時から午前一時。または夜の十二時ごろ　子・子の刻・九つ時・九つ・三更・三鼓・丙夜・午夜
▽午後十時から午前二時ごろ　中夜・半夜
▽およそ午前一時から三時。または午前二時ごろ　丑・丑の刻・八つ時・八つ・四更・丁夜
▽およそ午前三時から五時。または午前四時ごろ　寅・寅の刻・七つ時・七つ・後夜・五更・五夜・戊夜
▽午前三時から三時半ごろ　丑三つ・丑三つ時
▽およそ午前五時から七時。または午前六時ごろ　卯・卯の刻・六つ時・六つ・晨朝・晨朝・晨朝・明け

六つ（むつ）

▽夜の十二時から朝にかけて　後夜（ごや）

時の移ろいの中の「日」

▽暦の上での一日　暦日（れきじつ）

▽現在の　今日（きょう）・今日（こんにち）・本日（ほんじつ）

▽前の　昨日（きのう）・昨日（さくじつ）・前日（ぜんじつ）

▽昨日の前の　一昨日（いっさくじつ）・一昨日（おととい）・一昨日（おとつい）

▽一昨日の前の　一昨昨日（いっさくさくじつ）・一昨昨日（さきおととい）・一昨昨日（さきおとつい）・再昨（さいさく）

▽現在の日の次の　明日（あした）・明日（みょうにち）・明日（あす）・旦日（たんじつ）

▽今日と明日の　今明日（こんみょうにち）・一両日（いちりょうじつ）

▽その日の次の　明くる日（あくるひ）・翌日（よくじつ）

▽明日の次の　明後日（みょうごにち）・明後日（あさって）

▽明後日の次の　明明後日（みょうみょうごにち）・明明後日（しあさって）・弥の明後日（やのあさって）

▽近い過去の　先日（せんじつ）・過日（かじつ）・此の間（このあいだ）・先頃（さきごろ）・先達て（せんだって）

▽近い未来の　近日（きんじつ）・近近（ちかぢか）・近近（きんきん）・不日（ふじつ）

▽ある　一日（いちにち）・一日（いちじつ）・某日（ぼうじつ）

▽日ごとの　毎日（まいにち）・日毎（ひごと）・日日（ひび）・日日（にちにち）・連日（れんじつ）

▽一日おきの　隔日（かくじつ）

▽その日のずっと後の　後日（ごじつ）・又の日（またのひ）・他日（たじつ）・余日（よじつ）

▽月の終わりの　晦日（みそか）・末日（まつじつ）・晦（つごもり）・尽日（じんじつ）

［参］「つごもり」は、陰暦では月末に月が見えないので「月隠り（つきこもり）」からきたといわれる。「みそか」は「三十日」の古い表現。

▽一年で最後の　大晦日（おおみそか）・大晦（おおつごもり）

▽陰陽道で縁起のよい　大安（たいあん）・大安（だいあん）・大安日（たいあんにち）・大安吉日（たいあんきちじつ）

▽めでたい　吉日（きちにち）・吉日（きちじつ）・吉辰（きっしん）・吉旦（きったん）・佳日（かじつ）・嘉日（かじつ）・嘉辰（かしん）・佳辰（かしん）・令辰（れいしん）

▽安らかな　寧日（ねいじつ）

▽運の悪い　悪日（あくにち）・悪日（あくび）・凶日（きょうじつ）

▽陰陽道で勝負なしの　友引（ともびき）

▽陰陽道で災難の多い　厄日（やくび）

▽陰陽道でよくない　仏滅（ぶつめつ）・仏滅日（ぶつめつにち）

▽あることを行うと決めた　日取り（ひどり）・予定日（よていび）

▽生まれた　誕生日（たんじょうび）・生年月日（せいねんがっぴ）・バー

スデー

▽書類などに記載した　年月日(ねんがっぴ)・月日(がっぴ)・日付(ひづけ)・デート

▽多くの　幾日(いくにち)・幾日(いくか)・何日(なんにち)

▽日を重ねること　積日(せきじつ)・累日(るいじつ)・連日(れんじつ)

▽立春から八十八日目。五月二日ごろ　八十八夜(はちじゅうはちや)

▽梅雨に入ること。太陽暦の六月十一日ごろ　入梅(にゅうばい)・入梅(ついり)・入梅(つゆいり)・梅雨(つゆ)の入(い)り

時の移ろいの中の「月」

▽現在の　今月(こんげつ)・本月(ほんげつ)・当月(とうげつ)

▽その月に当たる　当月(とうげつ)・同月(どうげつ)

▽前の　先月(せんげつ)・前月(ぜんげつ)・去月(きょげつ)・後月(あとげつ)・客月(かくげつ)

▽先月の前の　先先月(せんせんげつ)

▽次の　来月(らいげつ)

▽その次の　翌月(よくげつ)・翌月(よくつき)・明(あ)くる月(つき)

▽来月の次の　再来月(さらいげつ)

▽去年の十二月。あるいは去年の暮れ　旧臘(きゅうろう)・客臘(かくろう)

▽月ごとの　毎月(まいつき)・毎月(まいげつ)・月月(つきづき)・月毎(つきごと)・各月(かくげつ)・例月(れいげつ)・月例(げつれい)・月次(つきなみ)・月並(つきなみ)・月次(げつじ)・月別(つきべつ)

▽月の初め　月初(げっしょ)・月頭(つきがしら)

▽月の終わり　月末(げつまつ)・月末(つきずえ)・月尻(つきじり)

▽ひと月おきの　隔月(かくげつ)

▽数か月にわたる　累月(るいげつ)・連月(れんげつ)

▽閏(うるう)に当たる　閏月(うるうづき)

▽めでたい　令月(れいげつ)

▽ある月　某月(ぼうげつ)

陰暦による呼称の「月」

▽一月　睦月(むつき)・睦(むつ)び月(づき)・睦(むつ)びの月(つき)・孟春(もうしゅん)・初春(しょしゅん)

▽二月　如月(きさらぎ)・如月(じょげつ)・衣更着(きさらぎ)・衣更着(きぬさらぎ)・更着(さらぎ)・仲春(ちゅうしゅん)

▽三月　弥生(やよい)・季春(きしゅん)・晩春(ばんしゅん)

▽四月　卯月(うづき)・初夏(しょか)・孟夏(もうか)・新夏(しんか)・夏半(かはん)・乏月(ぼうげつ)・中呂(ちゅうりょ)・仲呂(ちゅうりょ)・麦秋(ばくしゅう)・鳥待月(とりまちづき)・花残月(はなのこしづき)・花残月(はなのこりづき)・卯(う)の花月(はなづき)・夏初月(なつはづき)・夏端月(なつはづき)・木(こ)の葉(は)採(と)り月(づき)

▽五月　五月(さつき)・皐月(さつき)・皐月(こうげつ)・早月(そうげつ)・

早月（さつき）・早月（はやづき）・仲夏（ちゅうか）・悪月（あくげつ）・雨月（うげつ）・梅月（ばいげつ）・橘月（たちばなづき）・蕤賓（すいひん）・田草月（たぐさづき）・早苗月（さなえづき）・さくも月（づき）・賤間月（しずまつき）・吹雪月（ふぶきづき）・梅の色月（うめのいろづき）・月見ず月（つきみずつき）・仲の夏（なかのなつ）

▽六月
水無月（みなづき）・青水無月（あおみなづき）・涼暮月（すずくれづき）・常夏月（とこなつづき）・風待月（かぜまちづき）・夏越の月（なごしのつき）・鳴神月（なるかみづき）・松風月（まつかぜつき）・蟬の羽月（せみのはづき）・晩夏（ばんか）・季夏（きか）・溽暑（じょくしょ）・長夏（ちょうか）・林鐘（りんしょう）

▽七月
文月（ふづき）・文月（ふみつき）・文月（ふみづき）・孟秋（もうしゅう）・初秋（しょしゅう）

▽八月
葉月（はづき）・葉月（はつき）・仲秋（ちゅうしゅう）・仲秋（ちゅうじゅう）・中秋（ちゅうしゅう）・中秋（ちゅうじゅう）

▽九月
長月（ながつき）・長月（ながづき）・季秋（きしゅう）・晩秋（ばんしゅう）・涼秋（りょうしゅう）

▽十月
神無月（かんなづき）・神無月（かみなづき）・神無月（かみなしづき）・孟冬（もうとう）・初冬（しょとう）・小春（こはる）・初霜月（はつしもづき）

▽出雲国（いずもこく）での十月　神在月（かみありづき）

▽十一月
霜月（しもつき）・仲冬（ちゅうとう）・神帰り月（かみかえりづき）・霜降月（しもふりづき）

▽十二月
師走（しわす）・師走（しはす）・極月（ごくげつ）・極月（きわまりづき）・終月（しゅうげつ）・果ての月（はてのつき）・除月（じょげつ）・臘（ろう）・臘月（ろうげつ）・季冬（きとう）・晩冬（ばんとう）

時の移ろいの中の「年」

▽現在の
今年（ことし）・今年（こんねん）・本年（ほんねん）・当年（とうねん）・今茲（こんじ）

▽前の
昨年（さくねん）・去年（きょねん）・去年（こぞ）・客年（かくねん）・客年（きゃくねん）・旧年（きゅうねん）・前年（ぜんねん）・客歳（かくさい）

▽昨年の前の
一昨年（いっさくねん）・前前年（ぜんぜんねん）・一昨年（おととし）

▽一昨年の前の
一昨昨年（いっさくさくねん）・一昨昨年（さきおととし）

▽遠く過ぎ去った
先年（せんねん）・往年（おうねん）・昔年（せきねん）

▽過去の十年間を一つの単位として
昔（むかし）

▽最近の
近年（きんねん）・近来（きんらい）・近頃（ちかごろ）

▽次の
来年（らいねん）・明年（みょうねん）

▽その年の次の
明くる年（あくるとし）・翌年（よくねん）・翌年（よくとし）

▽来年の次の
明後年（みょうごねん）・再来年（さらいねん）

▽のちの
後年（こうねん）・他年（たねん）

▽年ごとの
毎年（まいとし）・毎年（まいねん）・年年（ねんねん）・年年（としどし）・例年（れいねん）・年毎（としごと）・連年（れんねん）・年次（ねんじ）・

年次(としなみ)・年並(としなみ)・累年(るいねん)・歴年(れきねん)

▽一年おきの　隔年(かくねん)

▽新しい　新年(しんねん)・ニューイヤー

▽新たに来る　来る年(くるとし)

▽過ぎ去る　行く年(ゆくとし)・流年(りゅうねん)

▽年号の改まった初めの　元年(がんねん)

▽初めの　初年(しょねん)

▽普通の　平年(へいねん)

▽閏(うるう)の　閏年(うるうどし)

▽年の初め　年頭(ねんとう)・年始(ねんし)・年初(ねんしょ)・年首(ねんしゅ)

▽多くの　多年(たねん)・長年(ながねん)・積年(せきねん)・永年(えいねん)・幾年(いくとせ)・幾年(いくねん)

▽生まれた　生年(せいねん)

▽死んだ　没年(ぼつねん)・歿年(ぼつねん)

さまざまな状況での「長い時の流れ」

▽ある観点で区分された相当の長さの期間　時代(じだい)

▽現在の時代　現代(げんだい)・当代(とうだい)・当世(とうせ)

▽西暦の百年を単位として年代を数える　世紀(せいき)

▽過ぎ去った時　過去(かこ)・往時(おうじ)・来し方(こしかた)・既往(きおう)・昔時(せきじ)・昔(むかし)

▽前に　以前(いぜん)・曾て(かつて)・都て(かつて)・嘗て(かつて)・先頃(さきごろ)・何時ぞや(いつぞや)

▽ずっと以前　昔(むかし)・遥か昔(はるかむかし)・大昔(おおむかし)・千古(せんこ)・太古(たいこ)・万古(ばんこ)

▽限りない　永久(えいきゅう)・永遠(えいえん)・久遠(くおん)

▽昔から現在まで　古今(ここん)・古来(こらい)・去来(きょらい)

▽長い時の後にまた　久久(ひさびさ)・久し振り(ひさしぶり)・久方振り(ひさかたぶり)・暫く振り(しばらくぶり)

▽過去のその時　当時(とうじ)・当代(とうだい)・一世(いっせい)・一時(いちじ)

▽過去のある時　一頃(ひところ)・一時(ひととき)

▽日々の経過した時間　時日(じじつ)・月日(つきひ)・日数(にっすう)・日数(ひかず)

▽経過した日の数　日数(にっすう)・日数(ひかず)・日日(ひにち)

▽時と日　時日(じじつ)

▽わずかな時日　一朝一夕(いっちょういっせき)・短時日(たんじじつ)

▽のんびりと暇な月日　閑日月(かんじつげつ)

▽長い時の流れ　年月(としつき)・年月(ねんげつ)・月日(つきひ)・歳月(さいげつ)・光陰(こういん)・日月(じつげつ)・星霜(せいそう)・春秋(しゅんじゅう)・年所(ねんしょ)・年代(ねんだい)

▽長い年月の間

長年・長年・多年・永年・永年・積年

▽非常に長い年月
永世・永代・永年・百年・千年・千歳・千歳・千載・千代・千秋・万年・万歳・万歳・万万歳・万万歳・万世・万世・万代・万代・百代・千秋万歳・万劫末代・千百秋・千五百秋・長秋・長五百秋・万歳

▽きわめて長い年月　劫・劫

▽人間の想像を超えた長い年月
永劫・永劫・万劫・万劫・曠劫・億劫・億劫

▽月日が経つ　流光

▽長い月日の　長の・永の

▽長い時を経ている　久しい

▽今後いつまでも変わらずに
幾久しく

▽いつまでも変わらない
永久・永久・常・常しえ・永久・常しなえ・永久・長久・恒久・悠久・悠遠・千古・万古・終古

▽永久といってよい　半永久

▽いつまでもある
不滅・不朽・不磨

▽永久に変わらない　常磐

▽限りなく久しく続く
永遠・尽未来・尽未来際

▽過去と未来と現在　去来今

ある限られた時の「時期・期間」

▽ある程度長い間の時間の区切り
時期・時分・折・時・時・節・期・期・期間

▽同じことが繰り返されるときのひと回り
周期・サイクル

▽初めのころの　初期

▽早い　早期

▽真ん中あたりの　中期・中頃

▽終わりごろの
末期・終期・尽期・末つ方

▽同じ　同期

▽一定の　定時・定期

▽時期が定まっていない　不定期

▽時期・時節からはずれた
不時・臨時

▽新しい時代や文化が始まろうとする
黎明期

▽ある時期から他の時期へ移り変わる
橋渡しの
過渡期

▽物事が入れ代わる　代わり目

▽物事が移り変わる　変わり目

▽適している　適期・佳期

時・年月・期

▽国運などが盛んな　**盛時**(せいじ)
▽最も盛んな　**最盛期**(さいせいき)
▽見るのにちょうどよい　**見頃**(みごろ)
▽花の咲く　**花期**(かき)・**花時**(はなどき)
▽桜の花の咲く　**花時**(はなどき)
▽買うのに最もよい　**買い時**(かいどき)
▽魚・野菜・果物が最もおいしい　**旬**(しゅん)
▽食べるのにちょうどよい　**食べ頃**(たべごろ)
▽商売が忙しい　**書き入れ**(かきいれ)・**書き入れ時**(かきいれどき)・**繁忙期**(はんぼうき)
▽商売などが閑な　**閑散期**(かんさんき)
▽漁業に最も適した　**漁期**(ぎょき)・**漁期**(りょうき)
▽魚が最もよくとれる　**盛漁期**(せいぎょき)
▽稲や麦を刈るのに適した　**刈りしお**(かりしお)
▽農家が忙しい　**農期**(のうき)・**農時**(のうじ)・**農繁期**(のうはんき)

▽新米が出回り始める直前の　**端境期**(はざかいき)
▽農家が暇な　**農閑期**(のうかんき)
▽雨の多い　**雨期**(うき)・**雨季**(うき)
▽雨の降らない　**乾期**(かんき)・**乾季**(かんき)
▽猟を行ってよい　**猟期**(りょうき)・**狩猟期**(しゅりょうき)
▽草木が霜枯れし始める　**霜枯れ時**(しもかれどき)・**枯れ方**(かれがた)
▽まだその時機でないのに、もう　**夙**(まだき)・**未だき**(まだき)
▽国がよく治まっている　**平時**(へいじ)
▽戦乱の　**戦時**(せんじ)
▽国が乱れ、道徳などが地に落ちた時代　**澆季**(ぎょうき)・**末世**(まっせ)・**季世**(きせい)
▽ある時期と他のある時期との間　**期間**(きかん)・**期**(き)
▽七日の期間　**週間**(しゅうかん)
▽十日の　**旬間**(じゅんかん)

▽ひと月の　**月間**(げっかん)
▽一年の　**年間**(ねんかん)
▽一年を単位として定めた　**年期**(ねんき)・**年度**(ねんど)
▽会計上の一定の　**会計年度**(かいけいねんど)
▽年度が改まる　**年度替わり**(ねんどがわり)
▽月の一日から十日までの十日間　**上旬**(じょうじゅん)
▽月の十一日から二十日までの十日間　**中旬**(ちゅうじゅん)
▽月の二十一日から末日まで　**下旬**(げじゅん)
▽企業などが期末の決算を行う　**決算期**(けっさんき)
▽年期の半分の　**半期**(はんき)・**半季**(はんき)・**半年**(はんとし)
▽年期の前半の　**前半期**(ぜんはんき)・**上期**(かみき)・**上半期**(かみはんき)
▽年期の後半の　**後半期**(こうはんき)・**下期**(しもき)・**下半期**(しもはんき)

▽年期の四分の一の　四半期（しはんき）
▽期間を幾つかに分けて初めの　前期（ぜんき）
▽期間を幾つかに分けて中ごろの　中期（ちゅうき）
▽期間を幾つかに分けて後の　後期（こうき）
▽一つの季節の半分　半季（はんき）
▽ある期間の終わり　期末（きまつ）
▽ある期間の初めから終わりまで　全期（ぜんき）
▽今の　今期（こんき）・当期（とうき）
▽前の　前期（ぜんき）
▽次の　次期（じき）
▽短い　短期（たんき）・短期間（たんきかん）・短日月（たんじつげつ）・短時日（たんじじつ）
▽長い　長期（ちょうき）・長期間（ちょうきかん）・長日月（ちょうじつげつ）
▽一定の　定期（ていき）・定限（ていげん）
▽期間に限りのある　有期（ゆうき）

▽期間に限りのない　無期（むき）
▽あらかじめ設定される期間の終わり　締め切り（しめきり）・期日（きじつ）・定日（ていじつ）・日限（にちげん）・日日（ひにち）・期限（きげん）・リミット・デッドライン
▽貸付の約束の期限　貸付期限（かしつけきげん）
▽質物の流れる　流期（りゅうき）
▽年単位で定めた　年限（ねんげん）
▽期限を定めない　無期限（むきげん）
▽品物などを納めなければならない　納期（のうき）
▽時間単位の　時限（じげん）
▽年単位の　年限（ねんげん）
▽奉公人との間で取り交わす勤続年数　年季（ねんき）
▽学年を区分した一定の期間　学期（がっき）
▽その任務を任された　任期（にんき）・任限（にんげん）
▽会が行われる　会期（かいき）

▽上告の　上告期間（じょうこくきかん）
▽控訴できる　控訴期間（こうそきかん）
▽刑に服する　刑期（けいき）
▽喪に服する　喪中（もちゅう）・忌中（きちゅう）
▽天皇がその父母の喪に服する　諒闇（りょうあん）・諒闇（ろうあん）・諒闇（みものおもい）・亮陰（りょうあん）・諒陰（りょうあん）・亮闇（りょうあん）
▽春の　春期（しゅんき）
▽夏の　夏期（かき）
▽秋の　秋期（しゅうき）
▽冬の　冬期（とうき）

「時・年月・期」に関する成句

【一刻（いっこく）を争（あらそ）う】
ほんのわずかな時間も惜しまれるほど、事態が差し迫っている。

【機（き）を逸（いっ）する】
大事な時機を逃す。

【潮時（しおどき）を見（み）る】

あることをするのに絶好の機をうかがう。

【時を稼ぐ】
準備が整うまで、時間を引き延ばす。類「時間を稼ぐ」

【時を待つ】
好機が到来するのを待つ。

【一刻千金】
わずかな時間が千金にも値するように、非常に貴重なこと。

【一寸の光陰軽んずべからず】
わずかな時間も、決して無駄にしてはいけないということ。出典は朱熹『偶成』。

【歳月人を待たず】
年月は人の都合などを待ってはくれないの意で、今の時を大切にして生きよという戒め。出典は陶潜『雑詩』。類「光陰矢の如し」「光陰に関守なし」「月日に関守なし」

【去る者は日日に疎し】
親しかった者同士でも遠く離れていれば次第に疎遠になる。また、死んだ人が月日が経つうちに次第に忘れられていくこと。

【時期尚早】
その事を行うには、まだ時期が早過ぎること。

【時機到来】
ある事を行うのに、適当な時がやってくること。

【造次顚沛】
わずかの間。「造次」はあわただしい、「顚沛」はつまずき倒れること。

【月日変われば気も変わる】
時が経てば、人の気持ちも自然に変わっていくものだということ。一時の感情で行動を起こしてはならないという戒めとしても用いられる。

【忙中閑あり】
忙しい最中にも、仕事から離れて、自分の楽しみをもつ時間はあるということ。

【物には時節】
何をするにも好機というものがある。それを逃すと、うまく事が運ばない。

努力

励む・尽力からみた「努力」

▽目的を達成するために力を尽くして励む
努力・努める・勉める・力める・尽力・頑張る・踏ん張る・注力・労する

▽心を奮い立てて行う　**励む**

▽心を奮い立たせるもの　**励み**

▽くたくたになるまで力を尽くす
尽瘁

▽努力することと怠けること
勤怠（きんたい）・勤惰（きんだ）

▽努力をする　労（ろう）・骨（ほね）・骨折り（ほねおり）

▽ひと通りの　一骨（ひとほね）

▽わずかな　小骨（こぼね）

▽一心に努力する
必死（ひっし）・懸命（けんめい）・一生懸命（いっしょうけんめい）・一所懸命（いっしょけんめい）・命懸け（いのちがけ）・精一杯（せいいっぱい）

▽苦しみに耐え非常に骨を折る
刻苦（こっく）

▽熱心に励む
勤しむ（いそしむ）・精進（しょうじん）・精励（せいれい）・精勤（せいきん）・勤勉（きんべん）

▽学業・仕事などに努め励む
勉強（べんきょう）・勉学（べんがく）・勉励（べんれい）

▽職務に励む
恪勤（かっきん）・精勤（せいきん）・勤労（きんろう）

▽一つのことだけに打ち込む
直向き（ひたむき）・一途（いちず）・ひたすら

▽自ら努め励む　自彊（じきょう）

▽奮い立ち、力いっぱい努力する
奮励（ふんれい）・奮闘（ふんとう）

▽無理をして　折角（せっかく）・態態（わざわざ）

▽力の限り努力する
粉骨（ふんこつ）・砕身（さいしん）・摧身（さいしん）

▽一生懸命に精を出して行う
大車輪（だいしゃりん）・車輪（しゃりん）

▽努め励むさま
せっせと・こつこつ・孜孜（しし）・孜（し）・営営（えいえい）・役役（えきえき）

苦労・忍耐からみた「努力」

▽あれこれと骨を折り苦しい思いをする
苦労（くろう）・労苦（ろうく）・勤苦（きんく）・労（ろう）する

▽成し遂げようとあれこれ苦労する
苦心（くしん）・腐心（ふしん）・砕心（さいしん）・摧心（さいしん）

▽非常に苦労する　辛労（しんろう）

▽苦心し、考え悩む　苦慮（くりょ）

▽苦しさや逆境をじっと我慢する
忍耐（にんたい）・辛抱（しんぼう）・忍苦（にんく）・堅忍（けんにん）・耐（た）える・堪（た）える・忍（しの）ぶ・耐（た）え忍（しの）ぶ

▽我慢して切り抜ける　凌（しの）ぐ

▽根気よく続ける　粘（ねば）る

▽困難に屈せず努力し続ける
頑張（がんば）る・踏（ふ）ん張る

▽苦しさや逆境をじっと我慢する
堪（こら）える

▽成し遂げようとする精神力
根性（こんじょう）・気力（きりょく）・気合（きあい）・根気（こんき）・気根（きこん）・根（こん）・精根（せいこん）・性根（しょうこん）・腰骨（こしぼね）・腰（こし）っ骨（ぽね）

「努力」に関する成句

【倦（う）まず撓（たゆ）まず】
途中で飽きたり怠けたりせず、あることに努力し続けるさま。

努力

【追い込みを掛ける】物事の最終段階に一段と努力して励む。

【犬馬の労をとる】主君や他人のために力を尽くす。

【心血を注ぐ】力の限り努力する。類「全身全霊を打ち込む」

【力を入れる】特にあることに熱心に努力する。類「力瘤を入れる」

【血と汗】非常な忍耐と努力のたとえ。

【血の滲むよう】非常に苦しくつらい努力をするようす。

【手を尽くす】考えられる限りの手段や方法を出し尽くす。

【馬力を掛ける】精力的に仕事をする。

【骨が折れる】努力を要する。

【骨身を惜しまない】労苦を嫌がらず努力する。

【本腰を入れる】本気になって物事に当たる。類「身が入る」「気を入れる」

【身を砕く】苦労して努力する。類「身を粉にする」

【労を執る】人のために努力する。

【一念天に通ず】強い信念をもって一心に努力し続ければ、必ず成し遂げることができるということ。

【一簣の功】最後の努力。山をつくるには最後のもっこ一杯の土が足りなくても完成したとはいえないという故事から。「一簣」は一つのもっこ。

【臥薪嘗胆】目的を達成するため、自らに試練を課し、厳しい苦労や努力をすること。中国春秋時代、夫差が薪の上に臥し、また、勾践は苦い胆を嘗めて恥辱を思い起こしたという故事から。出典は『十八史略』。

【肝胆を砕く】非常に苦心し、努力することのたとえ。「肝胆」は、肝臓と胆嚢で、転じて心の奥底・真心の意。

【下駄も阿弥陀も同じ木の切れ】出発点は同じであっても、その人の心がけや努力次第で、境遇に大きな差が出るということ。

【刻苦勉励】苦労しながらも努力すること。「刻苦」は、力を尽くし苦労すること。

【死して後已む】死ぬまで一生懸命努力し続ける。類「斃れて後已む」

【精神一到】精神を集中させて努力すれば、どんなことでもできないことはない。「一到」は、一つの事に集中するの意。「精神一到何事か成らざらん」ともいう。類「一念岩をも通す」

【使っている鍬は光る】
たえず努力している人は生き生きとして見えるというたとえ。

【点滴石を穿つ】
わずかな力であっても努力し続ければ成功につながる。類「雨垂れ石を穿つ」

【駑馬に鞭打つ】
頑張って努力することをへりくだっていう言葉。

【奮励努力】
目標に向けて気を奮い起こし、努め励むこと。物事を成功させるための心構えとして使われる。

【粒粒辛苦】
細かな努力を着実に積み重ねていって、物事の完成・実現を目ざすこと。

泣く

泣き方の様態からみた「泣く」

▽声を殺して
忍び泣き・締め泣き

▽声を出さないですすり　**飲泣**

▽しくしくと力なく　**啾啾**

▽心の中で自然に泣けてくる
心泣く・裏嘆く

▽激しく
絶泣・泣き入る・泣き沈む・泣き濡れる・甚泣く

▽ますます激しく　**泣き勝る**

▽正体なく
泣き崩る・泣き崩れる・泣き伏す

▽前後もわきまえぬまで
泣き惑う

▽涙を流して　**涕泣・泣涕**

▽さめざめと　**潸然**

▽長い間　**長泣き**

▽泣いてばかりいる　**泣き頻る**

▽悲しみ　**悲泣・悲啼・哀泣**

▽ひどく悲しんで激しく　**泣血**

▽すすりあげて
欷歔・歔欷・啜り泣き・啜り上げる

▽息を詰まらせて
噎ぶ・咽ぶ・噎び泣く・咽び泣く・噎せ返る・嗚咽・哀咽

▽しゃくりあげて
噦り泣き・噦り泣き・吃逆泣き・泣き噦る・噦り上げる・噦る・噦る

▽声を立てて　**啼泣**

▽大声を上げて

泣く

号泣・慟哭・哭する・号哭・啼哭・大泣き・泣き叫ぶ・泣き喚く・いさちる・いさつ

『参』「号泣」の「号」は「大きな声を出す」の意。泣き声を出さなくても「大量の涙を流して泣くこと」が「号泣」と誤用されることがある。

▽ひどく大声で　痛哭

▽大勢の人が大声で　泣き響む

▽見せかけの　空泣き・虚泣き・作り泣き・泣き真似・嘘泣き

▽悔しがって　悔し泣き

▽恨みに思って　託ち泣き

▽片方だけが　片泣き・独り泣き

▽じれったさに　心気泣き・辛気泣き・悶え泣き

▽感動して　感泣

▽うれしさのあまり　嬉し泣き・喜び泣き

▽他人が泣くのにつられて　貰い泣き

▽泣いてすがる　泣き込む・泣き付く・泣き落とす

▽声を上げて泣き悲しむ　哀哭

▽思い焦がれて　泣き焦がる

▽わびしがって　泣き侘ぶ

▽一日中。また、毎日泣いてばかり　泣き暮らす

▽一晩中　泣き明かす

▽ひどく泣いて目をはらす　泣き腫らす

▽泣きながら　泣き泣き・泣く泣く

▽子どもなどの泣き顔　べそ・泣きべそ

『参』圧し口（へしぐち・べしぐち）（口を「へ」の字に曲げること）が変じて「べそ」になったといわれる。

▽すぐ泣く人　泣き虫・泣き味噌

▽酔って　酔い泣き・酔い泣き・泣き上戸

▽男がこらえきれず　男泣き

▽女がさめざめと泣くさま　雨雫

▽子どものように　童泣き

▽赤ん坊が夜に　夜泣き

▽子どもがじれて　憤る・憤る・愚図る

▽生まれたばかりの赤ん坊の泣き声　呱呱・産声

▽浮かばれぬ死者の魂が　鬼哭

▽泣きながら別れる　泣き別れ

▽泣きながら笑う　泣き笑い・笑い泣き

涙の様態からみた「泣く」

▽涙のこと
空知らぬ雨（そらしらぬあめ）・身を知る雨（みをしるあめ）

▽涙と鼻水　涕泗（ていし）

▽涙が出そうになる
催涙（さいるい）・差し含む（さしぐむ）

▽涙を浮かべる
涙ぐむ（なみだぐむ）・溜め涙（ためなみだ）・涙目（なみだめ）・涙腺が緩む（るいせんがゆるむ）

▽涙を落とす　落涙（らくるい）・堕涙（だるい）

▽涙を流す
流涕（りゅうてい）・涙涕（るいてい）・涕涙（ているい）

▽すぐ涙を流す
涙脆い（なみだもろい）・涙勝ち（なみだがち）・涙っぽい・涙腺が緩い（るいせんがゆるい）

▽涙を流して泣く　涕泣（ていきゅう）

▽感動の涙　熱涙（ねつるい）・熱鉄の涙（ねってつのなみだ）

▽恋のために流す　恋水（こいみず）

▽喜びの　嬉し涙（うれしなみだ）

▽感激、感謝のあまりに流す　感涙（かんるい）

▽ありがたくて流す
有り難涙（ありがたなみだ）・忝涙（かたじけなみだ）・辱涙（かたじけなみだ）・随喜の涙（ずいきのなみだ）

▽おろおろして流す
おろおろ涙（おろおろなみだ）

▽なぜともなく出る　漫ろ涙（そぞろなみだ）

▽人知れず流す　暗涙（あんるい）

▽悲しみの　悲涙（ひるい）

▽袖にかかる
袖の雫（そでのしずく）・袖時雨（そでしぐれ）・袖の時雨（そでのしぐれ）

▽悔しくて流す　悔し涙（くやしなみだ）

▽痛切な思いで流す
血涙（けつるい）・血の涙（ちのなみだ）・紅涙（こうるい）・紅の涙（くれないのなみだ）

▽見せ掛けの　空涙（そらなみだ）

▽人に同情して流す
共涙（ともなみだ）・貰い涙（もらいなみだ）

▽別れを惜しむ　別涙（べつるい）

▽大粒の　粗涙（あらなみだ）

▽泣き出しそうな声　涙声（なみだごえ）

▽泣きながら
涙ながら（なみだながら）・涙混じり（なみだまじり）

▽強い同情・感心のあまり涙が出そうになるさま
涙ぐましい（なみだぐましい）

▽美人の　紅涙（こうるい）

「泣く」の擬音語・擬態語

▽声を上げて
おいおい・わんわん

▽しゃくりあげて　よよと

▽しきりに涙を流して　さめざめ

▽哀れげに弱々しく　しくしく

▽思い通りにいかず激しく

泣く

ひーひー・ぴーぴー
▽声を出さず静かに　**めそめそ**
▽大声でわめくように
わーわー・わんわん
▽急に大声を出して　**わっと**
▽涙が続いて静かに落ちる
はらはら・ほろほろ
▽涙があふれそうになる
うるうる
▽涙が静かに落ちかかる
はらりと
▽涙が次から次にこぼれる
ぼろぼろ・ぽろぽろ
▽深く同情して涙を流す
ほろり・ほろっと
▽涙が一滴落ちる
ぽろり・ぽろっと

「泣く」に関する成句

【血涙を絞る】憤りや悲しみのあまり、激しく泣くこと。

【紅涙を絞る】美人が強い悲しみなどのために涙を流して泣くさま。「紅涙」は美しい女性が流す涙の意。

【声涙倶に下る】激して、涙を流しながら話すこと。

【袖を絞る】涙でぬれた袖を絞る意から、涙を流して泣くこと。

【袂を絞る】涙でぬれた袂を絞る意からひどく泣くこと。

【泣き寝入り】泣きながら寝てしまうこと。また不服であるが黙ってあきらめること。

【泣きの涙】涙を流して泣くこと。ひどく悲しむさま。

【涙に暮れる】悲しみのあまり泣いて過ごす。

【涙に沈む】悲しみのためうちしおれて泣く。泣き伏す。

【涙に咽ぶ】声を詰まらせながら泣く。

【涙を抑える】泣くまいと我慢する。類「涙を堪える」

【火が付いたよう】赤ん坊などが激しく泣くさま。また、急であわただしいさま。「火の付いたよう」ともいう。

【目頭を押さえる】指で目もとを押さえて涙が流れ出ないようにする意で、感動したり、悲しかったりして泣きたくなるのを我慢するさま。

【泣いて暮らすも一生笑って暮らすも一生】泣いて暮らしても笑って暮らしても同じ一生なら、笑って暮らした方が得であるということ。

【泣く子は育つ】
赤ん坊が泣くのは元気な証拠で、よく泣く子ほど丈夫に育つということ。

【流涕焦がる】
涙を流して非常に悲しむ。「流涕」は、涙を流すこと。

夏

暦の上での「夏」

▽陰暦では四月〜六月、普通には六月〜八月の三か月間
夏

▽二十四節気の一。五月六日ごろ。夏の始まり
立夏

▽二十四節気の一。五月二十一日ごろ。陽気がよくなり、万物が満つる
小満

▽二十四節気の一。六月六日ごろ。田植えのころ
芒種

▽二十四節気の一。六月二十二日ごろ。昼が一日で最長
夏至

▽二十四節気の一。七月七日ごろ。暑気に入っていよいよ暑くなる
小暑

▽二十四節気の一。七月二十三、二十四日ごろ。最高の暑さ
大暑

▽陰暦四月十六日から七月十五日までの九十日間
一夏

▽雑節の一。夏至から十一日目
半夏・半夏生

▽夏の最も暑い期間　**三伏**

〔参〕「初伏」「中伏」「末伏」の三つを合わせて「三伏」。「三伏」は中国古代の五行説からきており、季節の性質と日の性質が合わないので凶日とされた。

▽夏至後の第三の庚の日　**初伏**

▽夏至後の第四の庚の日　**中伏**

▽立秋（八月八日ごろ）後の第一の庚の日
末伏

▽立秋の前十八日をいう
夏の土用

▽土用の初めの日　**土用の入り**

▽夏の土用に入った日から三日目。この日の天候が快晴なら豊年、雨なら凶年とする
土用三郎

季節・時からみた「夏」

▽夏の季節

夏

夏季(かき)・夏月(かげつ)・暑月(しょげつ)・夏時(かじ)・夏方(なつかた)・夏場(なつば)・夏日(かじつ)・夏景(かけい)・朱夏(しゅか)・炎陽(えんよう)

▽夏の期間　夏期(かき)

▽夏の暑い期間。特に、夏の土用の間
暑中(しょちゅう)

▽夏季の九十日間　九夏(きゅうか)

▽夏季の三か月間　三夏(さんか)・夏月(かげつ)

▽夏らしくなる
夏(なつ)さぶ・夏(なつ)めく

▽夏の初め
初夏(しょか)・初夏(はつなつ)・首夏(しゅか)・麦秋(ばくしゅう)・麦秋(むぎあき)・孟夏(もうか)

▽夏の半ば、盛り
中夏(ちゅうか)・仲夏(ちゅうか)・仲(なか)の夏(なつ)・真夏(まなつ)・盛夏(せいか)

▽夏の末
晩夏(ばんか)・季夏(きか)・夏(なつ)の暮(く)れ

▽今年の　今夏(こんか)

▽去年の　昨夏(さくか)・昨夏(さっか)

▽翌年の　来夏(らいか)

▽日の長い夏のころ　長夏(ちょうか)

気象・様態などからみた「夏」

▽夏の気候　夏気(かき)

▽一日の最高気温がセ氏二十五度以上になる日
夏日(なつび)

▽一日の最高気温がセ氏三十度以上になる日
真夏日(まなつび)

▽一日の最高気温がセ氏三十五度以上になる日
猛暑日(もうしょび)

▽夜間の最低気温がセ氏二十五度以上になる
熱帯夜(ねったいや)

▽夏の暑さ　暑気(しょき)

▽初夏のわずかな暑さ　薄暑(はくしょ)

▽空が晴れ渡ってすがすがしい夏の日
清夏(せいか)

▽夏の朝の涼しいとき　朝涼(あさすず)

▽気温の高い　暑夏(しょか)

▽気温の低い　冷夏(れいか)

▽非常に暑い。厳しい暑さ
酷暑(こくしょ)・極暑(ごくしょ)・大暑(たいしょ)・炎暑(えんしょ)・猛暑(もうしょ)・暑熱(しょねつ)・酷熱(こくねつ)・極熱(ごくねつ)・極熱(ごくねち)・炎熱(えんねつ)・劇暑(げきしょ)・激暑(げきしょ)・厳暑(げんしょ)・甚暑(じんしょ)

▽夏の焼け付くような天気、また、暑い空
炎天(えんてん)

▽青葉のころのやや強い風
青嵐(せいらん)・青嵐(あおあらし)

▽初夏に青葉のよい香りを送るおだやかな風
薫風(くんぷう)・緑風(りょくふう)

▽夏に湧く雲　夏雲(なつぐも)

▽夏に草木が茂ること　夏(なつ)の茂(しげ)り

▽夏のころ茂った木立　**夏木立**（なつこだち）

▽夏の物陰の涼しい所　**夏陰**（なつかげ）**・夏の陰**（なつのかげ）

▽一年中夏のような気候の　**常夏**（とこなつ）

自然と生活からみた「夏」

▽夏の景色　**夏景**（かけい）

▽草木が青々と茂る夏の山　**夏山**（なつやま）

▽夏に生い茂る草　**夏草**（なつくさ）

▽夏に生育して、秋または冬に収穫できる作物　**夏作物**（なつさくもつ）**・夏作**（なつさく）

▽夏に成熟する野菜　**夏野菜**（なつやさい）

▽草の茂った夏の野　**夏野**（なつの）

▽夏に行う祭り。また、病魔・けがれを払うため、夏に行う祭り　**夏祭り**（なつまつり）

▽夏らしい、趣のある服装　**夏姿**（なつすがた）

▽夏になって着る衣服　**夏着**（なつぎ）**・夏衣**（なつぎぬ）**・夏衣**（なつごろも）**・夏服**（なつふく）**・夏物**（なつもの）

▽夏に締める婦人帯（おび）　**夏帯**（なつおび）

▽夏に着る薄地の一重の羽織　**夏羽織**（なつばおり）

▽夏にかぶる帽子　**夏帽子**（なつぼうし）

▽夏用の薄い布団　**夏掛**（なつがけ）**・夏蒲団**（なつぶとん）

▽夏の土用に衣類・書籍などを干す　**夏干し**（なつぼし）**・虫干し**（むしぼし）**・土用干し**（どようぼし）**・虫払い**（むしばらい）

▽夏の暑さを切り抜ける　**消夏**（しょうか）**・銷夏**（しょうか）

▽夏の暑さをはらう。また、そのために講じる方法　**暑気払い**（しょきばらい）**・暑さ凌ぎ**（あつさしのぎ）

▽夏の暑さを避けて涼しい土地に行く　**避暑**（ひしょ）

▽夏の暑さのため、体力が弱ったり、食欲不振になったりする　**夏負け**（なつまけ）**・夏ばて**（なつばて）**・暑気中り**（しょきあたり）**・中暑**（ちゅうしょ）

▽夏の暑さのため、体力が弱ったり、食欲不振でやせたりする　**夏痩せ**（なつやせ）

▽夏の暑さを避けるための休み　**夏休み**（なつやすみ）**・夏期休暇**（かききゅうか）**・暑中休暇**（しょちゅうきゅうか）

▽暑中に知人など健康を気遣い訪問したり、手紙を出したりする　**暑中見舞い**（しょちゅうみまい）**・暑中伺い**（しょちゅううかがい）

［参］「見舞う」というのは、見舞う方が優位に立つことになり、失礼にあたる。目上に対しては「伺う」を使うのが本来のマナー。

▽夏に強い日光を長時間受けることなどで起こる　**日射病**（にっしゃびょう）**・熱射病**（ねっしゃびょう）

▽夏に高温や多湿の環境に長時間いることなどで起こる　**熱中症**（ねっちゅうしょう）

▽夏にひく風邪　**夏風邪**（なつかぜ）

▽夏の暑さをやわらげるため、涼しく

する
夏清

▽夏の時期に適する　夏向き

▽夏、特に八月ごろに見られる商売不振
夏枯れ

▽夏の暑さを感じない　夏無し

「夏」に関する成句

【夏沖の秋山】

夏は沖が晴れていれば天気がよく、秋は山の方が晴れていれば天気がよいということ。


【夏碁に炬燵俳諧】

夏は涼みながらの碁打ちを楽しむのがよく、冬は炬燵に入り暖をとりながらの俳諧づくりで楽しむのがよいという意。季節にふさわしい楽しみ方があるということ。

類「夏将棋に炬燵俳諧」


【夏の風邪は犬もひかぬ】

夏に風邪をひくほどつまらないことはないということ。類「夏の風邪は猿もひかぬ」

習わし

生活様式などからみた「習わし」

▽人びとに広く受け入れられ、受け継がれてきた伝統的な生活様式・風俗・習慣など
習わし・為来り・仕来り・習い・倣い・先例・習慣・風習・慣習・慣例・手振り・手風・風儀・風俗・風・風・振り・格例・習俗

▽古くからの
因習・流例・流俗・旧例・旧慣・旧習・積習・宿習・旧貫・旧風

▽民間の風俗・習慣や言い伝え
民俗

▽昔からの風俗
古俗・故俗・旧俗

▽今に伝わる風俗・習慣　遺風

▽古くから伝わる習慣・しきたりに従う
因襲

▽習わしや約束事として定められた形式
様式

▽世間でごく普通に行われている
習い・倣い・世の習い・世の倣い・世の常・決まり・御定まり・極まり・世習い・世倣い・人習わし・人倣わし・俗習・世俗・流俗・通俗・俗・定例

▽世の習わしとして行われている
慣行(かんこう)

▽生活上の習わしとなっている
性(さが)・相(さが)・慣れ(なれ)・馴染み(なじみ)・癖(へき)・習慣(しゅうかん)・習わし(ならわし)

▽古くから身にしみ込んだ
旧染(きゅうせん)・旧慣(きゅうかん)

▽習わしとなる　在り習う(ありならう)

▽世間で一般にいう　言い習わす(いいならわす)

▽昔のさま
古風(こふう)・古風(いにしえぶり)・昔風(むかしふう)・昔様(むかしよう)

▽今のさま
今風(いまふう)・今様(いまよう)・当世風(とうせいふう)・現代風(げんだいふう)

▽野蛮な
蛮習(ばんしゅう)・蕃習(ばんしゅう)・蛮風(ばんぷう)・蕃俗(ばんぞく)・蕃風(ばんぷう)

▽風変わりな風俗・風習　奇習(きしゅう)

▽悪い
悪習(あくしゅう)・弊習(へいしゅう)・弊風(へいふう)・弊俗(へいぞく)・悪風(あくふう)・悪癖(あくへき)・癖(へき)・陋習(ろうしゅう)・陋風(ろうふう)

▽その時代の悪い　時弊(じへい)

▽前々からの悪い　流弊(りゅうへい)

▽卑しい　陋風(ろうふう)・陋俗(ろうぞく)・陋習(ろうしゅう)

▽よい風俗・習慣
美風(びふう)・良風(りょうふう)・美俗(びぞく)・良俗(りょうぞく)

▽人情に厚い風俗　淳風(じゅんぷう)・醇風(じゅんぷう)

▽性的にみだらな風俗・風潮　淫風(いんぷう)

▽いまだに残っている
余習(よしゅう)・遺習(いしゅう)

▽昔から人びとの間で教訓めいて言い習わされている
諺(ことわざ)・俚諺(りげん)

▽心にしみ込んだ習慣　心習い(こころならい)

▽古い習わしによる弊害　旧弊(きゅうへい)

▽その国独特の風習や風俗
国風(こくふう)・国風(くにぶり)・国の風(くにのかぜ)

▽その土地の習わし
里俗(りぞく)・土俗(どぞく)・土地柄(とちがら)・所柄(ところがら)

▽その土地の人びとが共通してもっている気質
気風(きふう)・気っ風(きっぷ)

▽その地方の気風　人気(にんき)・人気(じんき)

▽田舎風の習わし　俚俗(りぞく)

▽その家の　家風(かふう)

▽その家代々の　家例(かれい)

▽日本の　和習(わしゅう)

▽日本在来の
和風(わふう)・日本風(にほんふう)・日本風(にっぽんふう)・日本流(にほんりゅう)・日本流(にっぽんりゅう)・和様(わよう)

▽中国の唐代の制度や様式に準じている。あるいは中国のものである感じがする
唐風(とうふう)・唐風(からふう)・唐様(からよう)

▽西洋の様式をそなえている
洋風(ようふう)・欧風(おうふう)

▽日本風と西洋風を取り合わせた
和洋折衷(わようせっちゅう)

▽古くからの習わしや考え方を頑固に守る

習わし

旧弊（きゅうへい）

▽世間の習わしや世間づきあいに関するさまざまな事柄

世故（せこ）

▽習わし・しきたりなどが代々受け継がれていく。または受け継がれた事柄

伝統（でんとう）・**伝承**（でんしょう）

▽受け継がれていく道筋

統（とう）・**系統**（けいとう）

▽仏法の伝統　**法統**（ほうとう）

儀式・行事などからみた「習わし」

▽以前からの決まり、規則

先規（せんき）・**先規**（せんぎ）・**前例**（ぜんれい）

▽一般の習わし　**通例**（つうれい）

▽習わし・しきたりの基準・根拠となる物事

例（れい）・**先例**（せんれい）

▽通例に当てはまらない　**例外**（れいがい）

▽例となる儀式などについての決まり

例格（れいかく）・**決まり**（きまり）・**極まり**（きまり）・**格式**（かくしき）・**格例**（かくれい）・**規則**（きそく）

▽以前に行われた例

先例（せんれい）・**前例**（ぜんれい）・**例**（ためし）・**様**（ためし）・**事例**（じれい）

▽よりどころとなる先例　**典例**（てんれい）

▽特別な典例　**特例**（とくれい）

▽めでたい先例

佳例（かれい）・**嘉例**（かれい）・**吉例**（きちれい）・**嘉躅**（かちょく）

▽悪い先例　**悪例**（あくれい）

▽実際にあった例　**実例**（じつれい）

▽前の時代の実例

例（れい）・**先蹤**（せんしょう）・**先例**（せんれい）・**前例**（ぜんれい）

▽前例の内容や事実　**事例**（じれい）

▽昔の慣例　**古例**（これい）

▽常の習わし　**常例**（じょうれい）・**常習**（じょうしゅう）

▽すでに定まっている習わし　**定例**（ていれい）

▽特別な例。定例と違った例外　**特例**（とくれい）

▽似通った例　**類例**（るいれい）

▽時間・場所などが決まっていて、いつも行われる

定例（じょうれい）・**為来り**（しきたり）・**仕来り**（しきたり）・**恒例**（こうれい）

▽いつも決まって行われる儀式や行事

恒儀（こうぎ）・**為来り**（しきたり）・**仕来り**（しきたり）・**常式**（じょうしき）・**恒例**（こうれい）

▽行う形式が定まっている儀式・儀礼

典礼（てんれい）・**定式**（じょうしき）・**定式**（ていしき）

▽昔の儀式などの決まり・慣例など

故実（こじつ）

▽朝廷や武家の習わしや官職などに関する知識。あるいはそれに通じている人

有職（ゆうそく）・**有職**（ゆうそこ）・**有職**（ゆうしょく）・**有職**（ゆうしき）

物事の行い方などからみた「習わし」

▽物事を処理する際の決まったやり方

定式（じょうしき）・**定式**（ていしき）・**常式**（じょうしき）・**定法**（じょうほう）・**定石**（じょうせき）・**方式**（ほうしき）・**スタンダード**

『参』「定石」はもともと囲碁の言葉で、ある局面で最善とされる、きまった石の打ち方。将棋の場合は「定跡」。

▽常と変わらぬ　**常道・常套・常軌**

▽今までやってきた習慣や癖　**惰性**

▽昔のままの。また、ありきたりの　**旧套**

▽昔からの　**旧式**

▽儀式・動作などの決まった　**法式・例式**

▽古くからの法式　**古式**

▽人間関係や社会生活のなかで、守るべき行動様式　**礼儀・行儀・作法・マナー・エチケット**

『参』社会や集団の規範を念頭に置いた場合は「マナー」、他人への配慮や思いやりを念頭に置いた場合は「エチケット」が使われることが多い。

▽礼儀作法に関する決まったやり方　**礼式・礼法・礼法**

▽物事を行うときの決まったやり方　**作法**

▽茶道での作法・儀式　**手前・御手前・点前・点前・建前**

▽技法の道で、その人、その一派が昔から行ってきた方法。または単にその人独特のやり方　**流儀・スタイル**

▽古い流儀　**古流**

▽他の門の　**他流**

▽その人独特の　**流・一流**

▽自分独特の　**我流・自己流・自流**

▽技芸の道などにおける伝統的な　**型**

▽神道にのっとっての　**神式**

▽仏教の法式　**仏式**

▽西洋にならっての　**洋式**

▽日本風の　**和式**

「習わし」に関する成句

【公序良俗】公共の秩序と善良の風俗のこと。社会的に妥当と認められている道徳観で、法律制定の基本理念とされる。

【郷に入っては郷に従え】人は新しい土地に行ったらその土地の風俗・習慣に従うのがいちばんよい。

【醇風美俗】人情の厚い風俗やすぐれた習慣。

【雀百まで踊り忘れず】小さいときに身についた習慣は年老いても忘れない。類「三つ子の魂百まで」「習い性となる」

【所変われば品変わる】土地が違えば習慣や言語も違うということ。

【百里にして習わしを異にす】

百里も遠く離れていると、その土地土地によって風俗や習慣が異なってくる。

【身(み)は習(なら)わし】 人間は習慣に従って行動するものであるから、日ごろの習慣によって生き方や考え方が変わってくるということ。類「身(み)は習(なら)わしもの」

願(ねが)う・望(のぞ)む

神仏への願いの様態からみた「願う」

▽神仏に祈り、思っていることの成就を頼む

願(がん)・祈願(きがん)・発願(ほつがん)・立願(りゅうがん)・祈誓(きせい)・祈ぎ事(ねぎごと)・祈請(きせい)・楽欲(ぎょうよく)・願立て(がんたて)・願掛け(がんかけ)・神頼み(かみだのみ)・心願(しんがん)

▽仏・菩薩がすべての生き物（衆生(しゅじょう)）の苦しみを救おうと誓いを立てる

誓願(せいがん)・発願(ほつがん)・願立て(がんたて)・願掛け(がんかけ)・本誓(ほんせい)

▽仏が衆生を救おうとする願い

大願(だいがん)・大願(たいがん)・本願(ほんがん)・仏願(ぶつがん)

▽仏が大慈悲心から発した誓願

悲願(ひがん)

▽願掛けするときに飲食物などを断つ

願断ち(がんだち)

▽神仏への願い事を書いた文

願文(がんもん)・発願文(ほつがんもん)・願書(がんしょ)

▽勅命による祈願、天皇自らの祈願

勅願(ちょくがん)

▽身分の高い人の祈願・立願を敬っていう語

御願(ごがん)

▽本人に代わって神仏などに祈願する。また、その人

代願(だいがん)・代参(だいさん)

▽仏を信仰して極楽往生を願う

後生願い(ごしょうねがい)・御生頼み(ごしょうだのみ)

▽神仏にかけた願いを解く

還願(かんがん)

▽願いがかなってのお礼参り

願解き(がんほどき)

▽日数を定めて催した法会(ほうえ)などが終わること。またその日

結願(けちがん)・結願(けつがん)

▽神仏に祈願する際に約束した日数が満ちること。また、願いがかなうこと

満願(まんがん)

▽長く日照りが続いたときに、雨が降るように神仏に祈る

雨乞い(あまごい)・雨請い(あまごい)・祈雨(きう)

▽長生きできるよう神仏に祈る

命乞い(いのちごい)

▽七夕に、願いを込めて竿(さお)にかける五色の糸

願(ねが)いの糸(いと)

一般的な願いの種類・様態からみた「願う」

▽心から願う、望む
願望(がんぼう)・願望(がんもう)・所願(しょがん)・至願(しがん)・懇願(こんがん)・悃願(こんがん)・熱願(ねつがん)・切願(せつがん)・請願(せいがん)・庶幾(そき)・庶幾(しょき)・思い(おもい)

▽大きな　大願(だいがん)・大願(たいがん)

▽もとからの　本願(ほんがん)

▽初めての、初めからの　初願(しょがん)

▽いつも心にかけて　念願(ねんがん)

▽心の中で　心願(しんがん)

▽是非とも達成しようという悲壮な
悲願(ひがん)

▽以前からの
素願(そがん)・素懐(そかい)・宿願(しゅくがん)・宿望(しゅくぼう)

▽前に出した願いに追加して出す
追願(ついがん)・追い願い(おいねがい)

▽願い出たことを取り下げる。また、頼まれても断る
願い下げ(ねがいさげ)

▽嘆き
嘆願(たんがん)・歎願(たんがん)・哀願(あいがん)・哀訴(あいそ)

▽物事を願う。物事の願い
物願い(ものねがい)

▽願う心持ち、その内容　願意(がんい)

▽自分を犠牲にしても、まず他人の幸福を願う
利他(りた)

役所などに申請する「願い」

▽書類などを国や公共団体などに提出して希望を願い出る
請願(せいがん)

▽書類などを国や公共団体に提出して許可・認可を願い出る
申請(しんせい)

▽訴え出て願う。また、行政処分が違法、あるいは不当と考える人が、その取り消しや変更を求めて上級官庁に訴える
訴願(そがん)

▽権力者に願い出る。また、面会を求める
請謁(せいえつ)

▽あることを希望して願い出る
志願(しがん)

▽情実を述べて願い出る　情願(じょうがん)

▽本人からの願いによる　依願(いがん)

▽許可を得るために、必要な願いの趣旨を書いて提出する書類
願書(がんしょ)

望みの種類・様態からみた「望む・望み」

▽あることが成就できるよう期待し
夢(ゆめ)・望み(のぞみ)・希望(きぼう)・希望(けもう)・冀望(きぼう)・所望(しょもう)

▽本来の　本望(ほんもう)・本懐(ほんかい)・本意(ほんい)

▽強く
渇望(かつぼう)・欠望(けつぼう)・闕望(けつぼう)・懇望(こんぼう)・懇望(こんもう)・切望(せつぼう)・熱望(ねつぼう)・万望(ばんぼう)・祈望(きぼう)・垂涎(すいぜん)・垂涎(すいえん)

▽かねてから持ち続けてきた　宿望（しゅくぼう）・宿望（しゅくもう）・素望（そぼう）・宿心（しゅくしん）・宿志（しゅくし）・素志（そし）・素意（そい）

▽大きな。また、身に過ぎた　大望（たいもう）・大望（たいぼう）・野望（やぼう）

▽身分や能力以上の高い　高望み（たかのぞみ）

▽身分不相応な　非望（ひぼう）・覬覦（きゆ）

▽望んだ以上によい　望外（ぼうがい）

▽普通とは違った　異望（いぼう）

▽我勝ちに　競望（きょうぼう）・競望（けいぼう）

▽望みをかける。期待する　嘱望（しょくぼう）・属望（しょくぼう）・要望（ようぼう）・注文（ちゅうもん）・註文（ちゅうもん）

▽将来に対して望みが多い　多望（たぼう）

▽待ち　待望（たいぼう）

▽企て　企望（きぼう）

▽首を伸ばして　翹望（ぎょうぼう）・翹首（ぎょうしゅ）

▽思い　思望（しぼう）

▽将来についての　志望（しぼう）

▽あることが到来するのを予期して　想望（そうぼう）・期待（きたい）

▽望みをすべて聞き入れる　望み次第（のぞみしだい）

▽望んだようになる　望み通り（のぞみどおり）

▽望みが持てない　望み薄（のぞみうす）

希求の意からみた「望む」

▽得たいと願い、強く求める　希求（ききゅう）・冀求（ききゅう）

▽喜んで仏の道を願い求める　欣求（ごんぐ）

▽仏の道を求めて修行する　求道（きゅうどう）・求道（ぐどう）・求法（ぐほう）

▽欲しがり求める　欲求（よっきゅう）

▽幸いを求める。また、仕えて禄を求める　干禄（かんろく）

願い依頼する意からみた「願う」

▽信じてすべてを任せる　信頼（しんらい）

▽何かをしてくれるよう人に　依頼（いらい）

▽ゆだねる。また、任せる　委嘱（いしょく）・依属（いしょく）・委託（いたく）・嘱託（しょくたく）・寄託（きたく）

▽相手を信じ　信託（しんたく）

▽金銭や有価証券などを政府の定めた機関に保管を　供託（きょうたく）

▽すべてを任せる　一任（いちにん）

▽頼まれたことを引き受ける　受託（じゅたく）

▽むりやりにする　無理頼み（むりだのみ）

▽人を間に立てて　又頼み（まただのみ）

▽直接に　直頼み（すぐだのみ）・直頼み（じかだのみ）

▽他人を当てにする　人頼み（ひとだのみ）

▽ひたすら　懇請（こんせい）

▽無理を言って金品を請い求める

無心・強請り

▽無理に　強請・強請

「願う・望む」に関する動詞・助動詞など

▽そうなって欲しいと心から求める
念じる・念ずる・欲する・願う・望む・思う・欲る・祈る・乞い願う・希う・冀う

▽願うことをへりくだって
願い上げる

▽願いを申し出る　**願い出る**

▽希望するものを手に入れようとする
求める

▽願う、望む、求める
請う・乞う・求ぐ・覓ぐ

▽強く求める　**迫る・逼る**

▽教えや命令・援助などを求める
仰ぐ

▽早くそうなることを望む
待つ・待ち望む

▽無理に頼む
せがむ・せびる・強請る

▽泣くようにして頼む
泣き付く・泣き込む

▽頼りにして他に任す　**頼む**

▽自分がすべきことを他に頼む
託する

▽しきりにあることを望んでいる
…たがる

▽そうなるのを願うところである、望むところである
願わしい・望ましい

▽願うところは
願わくば・願わくは・望むらくは

〔参〕「願わくは」は、「願う」の文語形「願ふ」を名詞化した「ねがはく」に「は」をつけたもの。現在では、「願わくば」と使われることが多くなっている。

▽相手に頼む気分を表す
何分・どうか・どうぞ・何卒

▽希望していう　**ひたすら**

「願う・望む」に関する成句

【貴方任せ】阿弥陀仏の誓願に任せること。他人の言うがままになることもいう。

【一縷の望み】ごくわずかにつながっている望み。「一縷」は「一本の細い糸すじ」で、わずかを意味する。

【願を掛ける】神仏に自分の思いがかなうように願い事をする。

【苦しい時の神頼み】ふだんは神への信仰心のない人が、

災難や困難にあったときだけ神に祈って助けを求めること。


【曙光を見出す】

暗い中に現れ始めた希望の兆し。


【注文を付ける】

条件を出して希望する。


【無い物ねだり】

かないそうもないことを願うこと。


【願ってもない】

願い、望んだこと以上に都合よく起こること。非常にありがたいと思うようす。


【願ったり叶ったり】

願った通り、望んだ通りに事が行われるようす。


【望みを属す】

ある事に希望をかけること。

類「望みを託す」


【望外の喜び】

望んでいた以上にうれしいこと。


【羨望嫉妬】

うらやんで、ねたむこと。


【欣求浄土】

極楽浄土に往生できることを心から願い求めること。「欣求」は、喜び求めること。


【心願成就】

心の中で願い続けていた希望や夢が達成されること。


【大願成就】

大願が成就したこと。願いがかなえられたこと。


【他力本願】

ひたすら仏にすがって成仏しようとすること。「他人任せ」というような悪い意味にも使う。


【棒ほど願って針ほど叶う】

棒ほどに大きな願いをもっていても、実際には針ほどの大きさだけかなえられるということ。願い・望みが思い通りにはいかないものであるということのたとえ。

類「富士の山ほど願って蟻塚ほど叶う」


【本願往生】

仏の誓願に救われて極楽往生すること。


【野心満満】

大望をもっていること。


【隴を得て蜀を望む】

一つの望みを遂げて、さらにその上を望むこと。出典は『後漢書』。

類「望蜀の嘆」

熱心

情熱・意欲の意からみた「熱心」

▼情熱をもって一心に物事に打ち込む
熱心・懸命

▼熱心である

ねつい・ねつこい

▽熱心な気持ち　熱意（ねつい）

▽真心を込めて物事をする
丹精（たんせい）・丹誠（たんせい）・極心（ごくしん）・極真（ごくしん）

▽熱心に行う
勤（いそ）しむ・努力（どりょく）する・努（つと）める・骨折（ほねお）る

▽燃えているような激しい感情
情熱（じょうねつ）・激情（げきじょう）・熱血（ねっけつ）・熱情（ねつじょう）・パッション

▽感情を激しく燃え上がらせる
情熱的（じょうねつてき）・熱（ねつ）っぽい

▽狂おしいほどの情熱　**狂熱（きょうねつ）**

▽感情が高ぶる
興奮（こうふん）・昂奮（こうふん）・亢奮（こうふん）・激昂（げっこう）・エキサイト

▽恐れに立ち向かおうとする意気
血気（けっき）

▽感情が高ぶりやすい性質　**熱性（ねっせい）**

▽深く思い込んで動かない心
執念（しゅうねん）・執着心（しゅうちゃくしん）・固執（こしつ）・固執（こしゅう）

▽心を込めて努める　**鋭意（えいい）**

▽物事を自ら進んで行う
積極的（せっきょくてき）・能動的（のうどうてき）・自発的（じはつてき）

▽積極的にやろうとする意志　**意欲（いよく）**

▽物事をさらに良くしていこうとする
建設的（けんせつてき）

▽物事に対する考え方が積極的
前向（まえむ）き

▽やってみようと思う気持ち
やる気（き）・乗（の）り気（き）・気乗（きの）り

▽進んでしようとする張り切った気持ち
意気込（いきご）み・意気組（いきぐ）み・気勢（きせい）

▽興奮して高まる雰囲気や意気込み
熱気（ねっき）

▽本気で取り組む
本腰（ほんごし）・真剣（しんけん）・真面目（まじめ）

▽まじめでひたむき　**真摯（しんし）**

▽死ぬ覚悟で全力を尽くす
必死（ひっし）・決死（けっし）・懸命（けんめい）・命懸（いのちが）け・死（し）に物狂（ものぐる）い・捨（す）て身（み）・死（し）に身（み）

熱中・夢中の意からみた「熱心」

▽一つのことに心を集中して向かっていく
直向（ひたむ）き・一途（いちず）・一心（いっしん）・一意（いちい）・一念（いちねん）・専一（せんいつ）・専念（せんねん）・ひたすら・専心（せんしん）・一筋（ひとすじ）に

▽一つのことに心を引かれて、そこから離れられない
執着（しゅうちゃく）・執着（しゅうじゃく）・執心（しゅうしん）

▽異性に心を引かれて、そこから離れられない
愛執（あいしゅう）・愛着（あいじゃく）

▽ただいちずに　**偏（ひとえ）に**

▽物事に心を奪われて自分を忘れる
忘我（ぼうが）

熱心

▽我を忘れてある物事に集中する
熱中・夢中・没頭・傾倒・傾注・逆上せる

▽一つのことに心を集中する
熱する・注ぐ・凝る・凝らす・傾ける

▽物事に興奮して熱中する
熱狂・フィーバー・クレージー

▽一つのことにふつうではないほど熱中する様子。また、その人
マニア・マニアック

▽熱中して感情が激しい
熱烈・烈烈・ホット

▽本気になって熱中する　**躍起**

▽一方だけに傾倒する　**一辺倒**

▽大喜びして夢中になる　**有頂天**

［参］仏教の天上界における最高の位置にある「天」が語源。「有頂点」とするのは誤り。

▽なりふりかまわず奮闘する　**大童**

▽度を越して熱中する
耽る・溺れる・淫する・惚ける

［参］「耽る」の「耽」（部首は「耳」）は、耳が上から下へ深く垂れ下がることから深入りするの意。「虎視眈々（こしたんたん）」の「眈」（部首は「目」）と間違えやすい。

▽好きな物事からどうしても離れられなくなる
嵌まる

▽人や物事に心を奪われ熱中する
心酔

▽異性などに深く引かれていることをひやかしていう
御執心・御熱

▽夢中になって分別を失う
耽溺・惑溺・没溺

物事を行う意からみた「熱心」

▽熱心に願う
熱願・熱望・切望・渇望

▽熱烈にほめたたえる
熱讃・絶賛・絶讃・激賞

▽熱のこもった話し方
熱弁・熱辯

▽熱心な議論　**熱論**

▽熱烈に愛する　**熱愛・切愛**

▽情熱を込めて歌う　**熱唱**

▽熱意を傾けて演じる
熱演・力演

▽熱のこもった試合　**熱戦・熱闘**

▽熱心な応援　**熱援**

▽力いっぱいたたかう
奮闘・奮戦・力闘・力戦

▽熱心に学問に励む　**篤学**

▽心を打ち込んで思索する　**沈潜**

「熱心」に関する擬態語・形容語

▽一生懸命に一つのことを行う
せっせと
▽たゆまず着実に努力する
こつこつ・営営と
▽休まずに忙しく働く　**あくせく**
▽持続して活動する　**しこしこ**
▽時間をかけて十分に物事を行う
じっくり
▽心をはずませて動作を急ぐ
いそいそ

「熱心」に関する成句

【憂き身をやつす】

苦労もいとわず物事に熱中する。


【気を入れる】

心を打ち込んで熱心にする。類「打ち込む」「本腰を入れる」「根を詰める」「身を入れる」「身が入る」


【心血を注ぐ】

（⇩「努力」429ページ）


【寝食を忘れる】

日常生活を営むのに欠かせない寝食を忘れてしまうほど熱心なようす。類「寸暇を惜しむ」


【精を出す】

物事を一生懸命にやる。類「力を入れる」「力瘤を入れる」「馬力を掛ける」「骨身を惜しまず」


【向きになる】

ちょっとしたことでも本気になって熱中する。また、何でもないことに腹を立てる。


【余念がない】

（⇩「考える・考え」189ページ）


【熱を上げる】

熱中する。類「心を奪われる」「逆上せ上がる」「血道を上げる」「熱に浮かされる」


【夜も日も明けない】

それがないとわずかな間も過ごせないほど執着する、また、深く愛するさま。


【脇目も振らず】

脇見もしないで熱中するさま。類「遮二無二」「無二無三」「一心不乱」「馬車馬のよう」「明け暮れる」


【一意専心】

熱中するさま。熱心に。


【韋編三絶】

何度も繰り返して書物を読むことで、読書に熱心なこと。「韋編三たび絶つ」とも読み、書物のひもが三度も切れたという意。出典は『史記』。


【虚仮も一心】

愚かな者も一心に事を行えばすぐれた事ができるということ。


【精励恪勤】

きわめて熱心に仕事に励むこと。


【無我夢中】

ある事に心を奪われて我を忘れること。

寝る・眠る

体を横にするの意からみた「寝る」

▽体を横にする、横に寝る
寝る・寐る・寝る・寐る・臥す・伏す・休む・臥す・臥やる・臥ゆ・臥せる・臥さる・寝ぬ・寝ぬる・さ寝・さ寝・さ寝る・横たわる・寝・寝・寝・寝・寐・枕・横寝・横臥・平臥・寝臥・伏臥

▽うつぶせに　偃臥

▽仰向けに　仰臥

▽横になって体を休める　偃息

▽楽な姿勢で横になる　安臥

▽疲れて横になる　困臥

▽ごろっと横になる
寝転ぶ・寝転がる・寝そべる

▽寝ながらあちこち転がる
臥し転ぶ

▽酒に酔って横になる
酔い臥す・酔い臥す

▽酔っぱらって寝転がる　酔臥

▽だらしなく寝転がる
ぬたうつ・のたうつ

▽だらしなくだらだらと　寝腐る

▽寝かせる　寝す・寝かす

▽寝床につく
臥床・就寝・就床

▽寝床から起き出す
起床・床離れ

▽夜、寝る　夜寝

▽「寝る」の尊敬語
お休みになる・寝す・臥やす・御寝る・御寝んなる・御寝るなる・御夜なる・御寝なる

▽貴人がお休みになる
殿隠る・大殿籠る

▽野に
野宿・露宿・露臥・露次・草臥し

▽物の下に横になる　下臥し

▽起きることと寝ること
起き臥し・起き伏し・起臥・寝起き

▽座ることと寝ること　坐臥・座臥

睡眠の様態からみた「眠る」

▽心身を休めるため自然に無意識の状態に陥る
眠る・睡る・眠る・睡る・寝る・寐る・寝る・寐る・寝ぬ・寝ぬる・潜まる・睡

眠(みん)・睡臥(すいが)・就眠(しゅうみん)・夢寐(むび)・寝(ね)付(つ)き・寝(しん)・寝(い)・寝(ぬ)・寐(ぬ)

▽眠りの世界に入る
寝付(ねつ)く・寝入(ねい)る・眠(ねむ)り込(こ)む・入眠(にゅうみん)

▽睡眠時に、現実の経験であるかのように感じる幻覚体験
夢(ゆめ)・夢路(ゆめじ)

▽夢の異称　寝(ぬ)る魂(たま)

▽眠って夢を見る　夢寐(むび)・夢路(ゆめじ)

▽夢の中　夢中(むちゅう)・夢裏(むり)・夢裡(むり)

▽眠気を催す　催眠(さいみん)

▽しばらくの間うとうととして
微睡(まどろ)む・疎眠(おろねぶ)る

▽ちょっと眠るさま　まんじり

『参』この意では、多く打ち消しの語を伴って「まんじりともせず」のように使われる。また、じっと見つめるさまや、何もせずにいるさまにも使われる語。

▽眠そうな目
眠(ねむ)り目(め)・眠(ねぶ)り目(め)・寝惚(ねぼ)け眼(まなこ)

▽眠そうな声
眠(ねむ)り声(ごえ)・眠(ねぶ)り声(ごえ)・寝惚(ねぼ)け声(ごえ)

▽座ったまま
居眠(いねむ)り・居眠(いねぶ)り・座睡(ざすい)・坐睡(ざすい)

▽ちょっとした眠り
一睡(いっすい)・一睡(ひとねむ)り・一眠(ひとねむ)り・一寝入(ひとねい)り・微睡(まどろみ)

▽眠ってしまうつもりでなく
転(うた)た寝(ね)・転(ころ)び寝(ね)・ごろ寝(ね)

▽短時間の眠りをとる
仮寝(かりね)・仮眠(かみん)・仮睡(かすい)

▽ぐっすり
寝込(ねこ)む・眠(ねむ)りこける

▽よく眠っている最中　寝込(ねこ)み

▽眠れない。また、眠らない　不眠(ふみん)

▽睡眠が足りない
寝不足(ねぶそく)・睡眠不足(すいみんぶそく)

▽眠ったふり
狸寝入(たぬきねい)り・狸寝(たぬきね)・狸(たぬき)・空(そら)寝(ね)・空眠(そらねむ)り・嘘寝(うそね)

『参』タヌキはびっくりすると一瞬気絶して、眠ったようになるといわれることに由来。人をだますとされている狸が気絶しているさまが、人をだますための空寝と考えられた。

▽前後不覚に
昏睡(こんすい)・熟睡(じゅくすい)・熟眠(じゅくみん)・旨(うま)寝(い)・熟寝(うまい)

▽心安らかに　高枕(たかまくら)

▽気持ちよく　安眠(あんみん)・快眠(かいみん)

▽うれいに沈んで　愁眠(しゅうみん)

▽ふてくされて　不貞寝(ふてね)

▽怠けて　惰眠(だみん)

▽泣きながら
泣(な)き寝(ね)・泣(な)き寝入(ねい)り

▽いびきをかいて　鼾睡(かんすい)

▽何度も寝返りする　輾転(てんてん)・展転(てんてん)

▽眠気を覚ますこと。その手段
眠気覚(ねむけざ)まし・眠(ねむ)り覚(ざ)まし・

寝る・眠る

眠り覚まし（ねぶざまし）

▽寝ているときの姿

寝相（ねぞう）**・寝姿**（ねすがた）**・寝様**（ねざま）

▽寝相が悪い、また、眠り込んでなかなか起きない

寝穢い（いぎたない）

［参］「いぎたない食べ方」のように「みっともない、だらしない」の意で使うのは誤用。

▽朝遅くまで

朝寝（あさね）**・朝寝坊**（あさねぼう）**・寝坊**（ねぼう）**・長寝**（ながね）

▽昼に　**午睡**（ごすい）**・昼寝**（ひるね）

▽何かをしている途中でうっかり

居眠り（いねむり）

▽宵の口から眠たがる

夕惑い（ゆうまどい）**・宵惑い**（よいまどい）**・宵寝惑い**（よいねまどい）**・夕寝惑い**（ゆうねまどい）

▽宵のうちから　**早寝**（はやね）**・宵寝**（よいね）

▽旅先で

旅寝（たびね）**・草枕**（くさまくら）**・草の枕**（くさのまくら）**・旅枕**（たびまくら）**・笹枕**（ささまくら）**・薦枕**（こもまくら）

▽船中で

浮き枕（うきまくら）**・楫枕**（かじまくら）**・波枕**（なみまくら）**・船宿り**（ふなやどり）

▽海辺近くで　**磯寝**（いそね）**・磯枕**（いそまくら）

▽眠りの状態が終わる

覚醒（かくせい）**・覚める**（さめる）**・醒める**（さめる）**・目覚める**（めざめる）**・起きる**（おきる）**・寝覚め**（ねざめ）

▽覚めるようにする

覚ます（さます）**・醒ます**（さます）**・起こす**（おこす）**・目覚ます**（めざます）

▽体を揺すって起こす

揺り起こす（ゆりおこす）

▽むりに起こす　**叩き起こす**（たたきおこす）

▽目を覚まして起きる。また、起きたばかりの

寝起き（ねおき）

共に寝るの意からみた「寝る」

▽一つ床に共に寝る

同床（どうしょう）**・同衾**（どうきん）**・一つ寝**（ひとつね）**・共寝**（ともね）

［参］「同衾」と「共寝」は、男女がいっしょに寝ることの意で使われることが多く、男女の交わりを表す場合もある。

▽新しい夫婦が初めて

床入り（とこいり）**・新枕**（にいまくら）

▽夫婦が愛情がさめて共寝をしなくなること

床離れ（とこばなれ）

▽そばにいっしょに

添い寝（そいね）**・側臥**（そくが）**・添い臥し**（そいぶし）

▽一人で

独り寝（ひとりね）**・徒寝**（あだね）**・独り臥し**（ひとりぶし）**・徒臥し**（あだぶし）**・侘び寝**（わびね）

▽何人もの人が入り交じって同じところに

雑魚寝（ざこね）

病床につくの意からみた「寝る」

▽病んで倒れる、寝込む
寝る・寐る・臥す・伏す・臥せる・臥さる・寝込む・寝付く・病臥・臥病・平臥・臥蓐・就蓐

▽病の床
病床・病牀・病褥・病蓐

▽床についたきり起きられない
寝たきり・寝たっきり

▽病がいえて病床から離れる
床離れ

「寝る・眠る」の擬音語・擬態語

▽簡単に寝付く
ころっと

▽大きな体の人が無造作に身を横たえる
ごろり

▽いびきをかいて熟睡する
ぐーぐー

▽疲れ切った人などが、いびきをかいて死んだように眠る
ぐーすか

▽深い眠りについている
ぐっすり

▽いつの間にか、眠りに引き込まれる
ころっと

▽何の悩みもなく、安心し切って眠りに入る
すーっと

▽いかにも気持ちよさそうに静かに眠っている
すやすや

▽眠気を催し、浅い眠りに入ったり目覚めたりを繰り返している
うつらうつら・うとうと

▽座ったままの状態で眠りに引き込まれて、頭や上半身が前後に揺れている
こくりこくり・こっくりこっくり

▽眠気に負け、しばらくの間まどろむ
とろとろ

「寝る・眠る」に関する成句

【川の字に寝る】
子どもを真ん中にして夫婦が寝るさまを「川」の字になぞらえていう。

【舟を漕ぐ】
居眠りをして、体を前後に動かす。

【枕を高くする】
安心して眠る。

【目が冴える】
頭の中がはっきりして眠くなくなる。類「寝そびれる」

【目の皮がたるむ】
眠くなる。眠気に襲われてまぶたが垂れ下がる意。類「睡魔に襲われる」

【夢を結ぶ】
眠っていて夢を見る。また、寝ること。類「夢路を辿る」

【夜を徹する】

徹夜する。夜の間中起きている。


【華胥の国に遊ぶ】

よい気分で昼寝をする。「華胥」は、昼寝の意で、黄帝が昼寝をして、「華胥氏の国」という理想郷の夢を見たという故事から。出典は『列子』。


【春眠暁を覚えず】

春の夜は、寝心地がすばらしく、朝になったのも分からずに寝入ってしまう。孟浩然の『春暁』という詩の一節。


【白河夜舟】

よく寝込んでしまって何も知らないことのたとえ。京都見物をしてきたふりをした者が京の地名、白河を尋ねられて、川の名と思い、夜舟で通ったから知らないと答えたということから。「夜舟」は「夜船」とも、また、「白河」は「白川」とも書く。


【寝る子は育つ】

十分に寝る子どもは丈夫に育っていくものだということ。


【寝る間が極楽】

寝ているときの安楽な思いを極楽にたとえて言っている言葉。


【早寝早起き病知れず】

夜には早く寝て、朝には早く起きるという健康的な生活をすれば、病気にはならないということ。

年齢

幼長・様態などからみた「年齢」

▽年齢の異称
年・生年・行年・年歯・年歳・齢・歯・年紀・年算・年の端・年端・年歯・

年齢・年齢・春秋

▽自分の年齢を謙遜して
馬齢・馬歯

▽天皇の年齢の尊敬語
宝算・宝寿・聖算・聖寿

▽生まれた年を一歳として数える
数え年

▽生まれてから実際に生存した年数で表す
満年齢

▽実際の
実年齢・実年

▽およその
年頃・年の頃・年延え・年回り・年配

▽外見から推測した
年格好・年恰好

▽顔の肌の艶や張りから推定された
肌年齢

▽骨の成熟度から骨の年齢が何歳相当であるのか示す

骨年齢

▽誕生日を起点とした暦の上の
暦年齢・生活年齢

▽知能の発達程度による
精神年齢・知能年齢

▽一月一日から四月一日までに生まれる
早生まれ

▽四月二日から十二月末日までに生まれる
遅生まれ

▽数え年で年齢をいうとき、その年の前半に生まれた
年強

▽数え年で年齢をいうとき、その年の後半に生まれた
年弱

▽年長者　**長老**

▽仲間の中で最年長　**年頭**

▽年上
年長・年嵩・年強・年配・シニア

▽年下
年少・年若・年弱・ジュニア

▽同じ
同い年・同年・同齢・同歯・同甲・同庚

▽同じ年齢のころ　**同年輩**

▽その年に生まれたこと　**当歳**

▽年齢にふさわしい思慮分別
年甲斐

▽年齢に応じて支払う給料
年齢給

▽その年の干支に当たる男性　**年男**

▽その年の干支に当たる女性　**年女**

▽同じ母親から一歳違いで生まれた子
年子

▽誕生日または新年を迎えて一歳年をとること
加齢・加年

▽老いる　**年寄る・年取る**

▽年を取るのに伴い生理機能が衰える
老化・加齢

▽少壮を過ぎて年をとること　**老大**

▽年寄るのを波にたとえて　**年波**

▽年をとってから生まれた子
年寄り子

▽夫婦が共に年老いて長命である
相老い

▽年をとって経験が豊か　**年の功**

▽年齢によって吉凶がある
年回り

▽凶に当たる年齢で、忌み慎む
厄年・厄・厄回り

▽最も大きな厄年　**大厄**

▽厄年の前の年　**前厄**

▽厄年の次の年　**後厄**

年齢層の呼称・事柄からみた「年齢」

年齢

▽年齢によって区分けした層
年齢層

▽生まれて間もない子ども
赤子・赤ん坊・赤ちゃん・嬰児・嬰児・緑児・稚児・乳児・乳飲み子・乳呑み子

〘参〙「みどりご」は、大宝律令によって年齢を六階級に区分し、三歳以下の男女を「緑」としたことから。「嬰児」は男女どちらにも使うが、「嬰」のもともとの字義は「貝飾りを首にまとった女性」。

▽生まれたばかりの赤ん坊
新生児・初生児

▽母子健康法で、生後四週間までの赤ん坊を
新生児

▽母子健康法で、一歳未満の赤ん坊を
乳児

▽生後一歳から一歳半ごろまで
乳児期

▽幼い子ども
幼年・幼児・小児・幼児・幼子・童子・稚児

▽幼い女の子ども
幼女・童女

▽幼いころ・就学前　**幼少・幼時**

▽乳児期以後で就学するまで
幼児期

▽子どものころ。小・中学生ごろ
少年・少女

▽小学校に入る義務が生じる　**学齢**

▽小学生　**児童・小人・学童**

▽幼年期の以後、六歳ころから十三歳ころまでの期間
児童期

▽児童期の後半で、少年少女のころ
少年期

▽大人と小人の中間
中人・中人

〘参〙現在は入場料や銭湯の入浴料の区分として使われている。

▽中学生・高校生　**生徒**

▽十歳から十九歳まで
十代・ティーンエージ・ティーンエージャー・ティーン

▽十歳代の前半　**ローティーン**

▽十歳代の後半　**ハイティーン**

▽まだ成年や一人前に達していない
未成年・弱小・弱齢・若年・若齢・年前

▽若いころ
早年・芳年・若者・少壮・若輩・年少・若い衆

▽若くて希望にあふれる時代
青春・芳春

▽青春期にある若い男女　**青年**

▽児童期の以降、十四歳ころから二十五歳ころまで
青年期

年齢

▽青年期の前半で、心身が成育し、異性への関心が強くなるころ　**思春期**

▽青年と少年の総称　**青少年**

▽二十歳以上。一人前に達した　**成年・成人・丁年・大人・大人**

▽女性の年が若い　**妙齢・芳紀**

▽若い女性として美しい年ごろ　**娘盛り**

▽そのことに適する　**適齢**

▽結婚にふさわしい　**適齢期・結婚適齢期・婚期・嫁期・桃夭・年頃**

▽娘盛りを過ぎ、四十歳ころまでの女性　**年増**

▽働き盛りの年ごろ　**壮年・年壮・年盛り・壮齢・壮者・盛年**

▽女性が心身ともに成熟した、最も美しい年ごろ　**女盛り**

▽男性が心身ともに充実した、最も活力のある年ごろ　**男盛り**

▽壮年の男性　**丁男・壮丁・丁壮**

▽青年と老年の間（四十～五十歳代）　**中年・ミドルエージ**

▽人生のなかで円熟した年ごろ　**熟年・実年**

〔参〕「実年」は一九八五年に当時の厚生省が「中高年」に代わる名称として公募で決めた、五十歳代・六十歳代の年齢層を指す言葉。一般にはあまり普及しなかった。

▽中年と高年。四十歳代後半から六十歳代の前半ころ　**中高年・シニア**

▽中年以上の　**年配・年輩**

▽中年から老年に入りかけの年ごろ　**初老**

▽年をとり、心身ともに老化が目立つころ　**老年・シルバーエージ**

▽人体が老年期にさしかかる時期。女性の閉経期　**更年期**

▽退職・退官する　**定年・停年**

▽年をとった人　**老年・老人・年寄り・年老・老輩・隠居**

▽男性の老人　**老翁・老爺・翁・翁・爺さん**

▽女性の老人　**老媼・老婆・媼・老女・婆さん**

▽年老いた男性の尊敬語　**老大人**

▽年齢が高い　**高齢・年高・高年・老齢・**

年齢

頽齢（たいれい）

▽経験豊かな老人の役割
年役（としやく）・**年寄り役**（としよりやく）

▽老人の境地　**老境**（ろうきょう）

▽年老いてのち　**老後**（ろうご）

▽死ぬまでに残された寿命
余年（よねん）・**余生**（よせい）・**余命**（よめい）・**余齢**（よれい）・**残年**（ざんねん）・**残生**（ざんせい）・**残暦**（ざんれき）・**残喘**（ざんぜん）

▽老齢で職を退くなどしてからの人生
余生（よせい）

▽一生のうちで終わりに近い時期
晩年（ばんねん）・**晩歳**（ばんさい）・**晩節**（ばんせつ）・**末年**（まつねん）・**暮年**（ぼねん）・**暮歯**（ぼし）・**末路**（まつろ）

▽いつまでも生きる。長寿などめでたいことを願ったり祝福したりしていう
万歳（ばんざい）

▽命が長い
長年（ちょうねん）・**長齢**（ちょうれい）・**長命**（ちょうめい）・**長寿**（ちょうじゅ）・**永寿**（えいじゅ）・**高寿**（こうじゅ）・**霞の命**（かすみのいのち）・**長生き**（ながいき）

▽死んだときの
享年（きょうねん）・**行年**（ぎょうねん）・**没年**（ぼつねん）
［参］「享年」は人が天から享（う）けた年数の意。本来、数え年の年齢で表し、年齢のあとに「歳」は付けないが、「享年九十歳」のように満年齢で「歳」をつけることもある。

▽命がある間の長さ
寿命（じゅみょう）・**年寿**（ねんじゅ）

▽天から授けられた寿命
天命（てんめい）・**天年**（てんねん）・**天寿**（てんじゅ）

▽仏教で、前世の因縁によって定まっているといわれる寿命
定命（ていめい）・**定命**（じょうみょう）

特定の呼称からみた「年齢」

▽十歳　**幼学**（ようがく）

▽十五歳　**志学**（しがく）

▽二十歳
丁年（ていねん）・**二十歳**（はたち）・**弱冠**（じゃっかん）

▽三十歳
而立（じりつ）（三十（さんじゅう）にして立（た）つ）・**三十**（みそじ）・**三十路**（みそじ）・**年壮**（ねんそう）

▽四十歳
不惑（ふわく）（四十（しじゅう）にして惑（まど）わず）・**四十**（よそじ）・**四十路**（よそじ）・**初老**（しょろう）・**強仕**（きょうし）

▽五十歳
知命（ちめい）（五十（ごじゅう）にして天命（てんめい）を知（し）る）・**艾年**（がいねん）・**五十**（いそじ）・**五十路**（いそじ）

▽六十歳
耳順（じじゅん）（六十（ろくじゅう）にして耳（みみ）順（したが）う）・**還暦**（かんれき）・**本卦還り**（ほんけがえり）・**六十**（むそじ）・**六十路**（むそじ）

▽六十歳または八十歳　**下寿**（かじゅ）

▽六十〜七十歳　**耆老**（きろう）

▽七十歳
古稀（こき）（人生（じんせい）七十（しちじゅう）古来（こらい）稀（まれ）なり）・**七十**（ななそじ）・**七十路**（ななそじ）

▽七十七歳　**喜寿**（きじゅ）

▽八十歳
八十・八十路・傘寿

▽八十歳または百歳　**中寿**

▽八十八歳　**米寿**

▽九十歳
九十・九十路・卒寿

▽九十九歳　**白寿**

▽百歳または百二十歳　**上寿**

「年齢」に関する成句

【春秋に富む】

年が若い。また、将来が長い。


【薹が立つ】

年ごろが過ぎる。また、盛りが過ぎる。


【年端も行かぬ】

年齢がまだ幼い。


【年を食う】

年齢を重ねる。年をとる。類「年を取る」「年取る」「年を拾う」


【馬齢を重ねる】

無駄に年をとること。「馬齢」は、自分の年を謙遜していう言葉。類「馬齢を加える」


【亀の甲より年の劫】

長い間の豊富な経験・知識はすぐれており、尊重すべきであるということ。年長者の人生経験を尊重すべきことのたとえ。「亀の甲」と「年の劫」はごろ合せ。「劫」は非常に長い時間。「年の功」とも書く。


【犬馬の齢】

つまらぬ犬や馬のようにただ年齢を重ねている意から、自分の年齢をへりくだっていう言葉。「齢」は、「歯」とも書く。出典は『漢書』。類「犬馬の年」


【三歳の翁百歳の童子】

年が若くても分別のある賢い者もいれば、年を重ねていても愚かな者もいることのたとえ。


【四十肩に五十腕】

人間も四十歳、五十歳ごろともなると、肩や腕など、あちこちが痛み出すことを言った言葉。


【七十にして矩を踰えず】

孔子が七十歳で到達したといわれる「心の欲する所に従えども矩を踰えず」を言い換えた言葉。老年になると、心のおもむくままに行動しても道徳の道からはずれることはないという境地を表したもの。出典は『論語』。


【人生七十古来稀なり】

七十歳まで生きる人は昔からきわめてまれであるということ。杜甫の詩『曲江』の一節。


【人生僅か五十年】

人の一生はわずか五十年だという、人生の短いことをいう。織田信長が好んだという言葉。


【男女七歳にして席を同じうせず】

七歳になったら男女の区別をはっきりしてみだりに親しくしてはいけないという儒教の教え。出典は

『礼記（らいき）』。

【十で神童十五で才子二十過ぎれば只の人】
幼い時は神童とまで言われてもてはやされた者も、年を重ねて大きくなるにつれて平凡な人になってしまうことが多いということ。

【七つ下がりの雨と四十過ぎての道楽はやまぬ】
七つ下がり（午後四時過ぎ）に降り始めた雨はやみにくいのと同様に、中年を過ぎて覚えた遊びはやめにくいものだ。

野原（のはら）

地形・季節からみた「野原」

▽平らな地　**平地（へいち）・平地（ひらち）**

▽広い平地　**野（の）・野（や）・野（ぬ）・原（はら）・原（げん）・野原（のはら）・野つ原（のっぱら）・原野（はらの）・原野（げんや）・小野（おの）・野外（やがい）・野面（のづら）・野面（のもせ）・野良（のら）・野辺（のべ）・野ろ（のろ）**

▽広びろとした　**平野（へいや）・平原（へいげん）・広野（ひろの）・広野（こうや）・広原（こうげん）・曠野（こうや）・曠原（こうげん）・大野（おおの）**

▽広い野原の中央　**中原（ちゅうげん）**

▽人家から離れた　**野離れ（のばなれ）**

▽郊外の　**郊野（こうや）・郊原（こうげん）**

▽山のふもとの傾斜した　**裾野（すその）**
〔参〕比喩的に、文化や社会などを「山」に見立て、頂点や全体を下支えする底辺の部分も「裾野」といわれる。

▽山の裏の　**陰野（かげの）**

▽周囲よりくぼんだ所　**凹地（くぼち）・窪地（くぼち）**

▽周囲を山に囲まれた平地　**盆地（ぼんち）・平ら（たいら）**
〔参〕「たいら」は「日本平（にほんだいら）」「善光寺平（ぜんこうじだいら）」などのように、地名のあとに付けて使われる。音は多くは「だいら」となる。

▽山に囲まれて入り込んだ　**入り野（いりの）**

▽山と　**山野（さんや）・野山（のやま）**

▽外輪山と中央火口丘との間の低地　**火口原（かこうげん）**

▽川沿いの平地　**川原（かわら）・河原（かわら）・磧（かわら）**

▽長期にわたる浸食作用でできたほぼ平らな地形　**準平原（じゅんへいげん）**

▽堆積作用によって形成された平野　**堆積平野（たいせきへいや）**

▽河川の堆積作用で川すじにできた平野　**沖積平野（ちゅうせきへいや）**

▽土砂が堆積した浅い海底の隆起などでできた平野

野原

海岸平野(かいがんへいや)

▽風により土砂が運搬され堆積してできた平野　**風成平野**(ふうせいへいや)

▽河川の付近で洪水時には浸水する低地　**氾濫原**(はんらんげん)

▽田畑と　**田野**(でんや)・**野畑**(のはた)・**野畑**(のばた)・**野畑**(のばたけ)

▽春の　**春野**(はるの)・**春郊**(しゅんこう)

▽夏の　**夏野**(なつの)

▽秋の　**秋郊**(しゅうこう)

▽秋の花の咲いている　**花野**(はなの)

▽冬の　**冬野**(ふゆの)

植物からみた「野原」

▽草の生えた　**草の原**(くさのはら)・**草原**(そうげん)・**草原**(くさはら)

▽草の深く茂った　**草深野**(くさぶかの)・**深野**(ふかの)

▽草木の茂った　**繁野**(しげの)

▽草木植物が中心の草原　**禾本草原**(かほんそうげん)

▽丈の短い草の生えた　**浅野**(あさの)

▽草木の青々と茂った　**緑野**(りょくや)

▽やぶになっている　**藪原**(やぶはら)

▽木の茂った　**木原**(こはら)

▽草の枯れた　**枯野**(かれの)・**枯野**(からの)・**朽だら野**(くだらの)

▽森林と　**林野**(りんや)

▽高山植物が群生している所　**高山草原**(こうざんそうげん)・**御花畑**(おはなばたけ)・**御花畠**(おはなばたけ)

▽アシの生えた　**葦原**(あしはら)・**葦原**(あしわら)

▽オギの生えた　**荻原**(おぎはら)・**荻原**(おぎわら)

▽カヤの生えた　**茅野**(かやの)・**萱野**(かやの)

▽クズの生えた　**葛原**(くずはら)・**真葛原**(まくずはら)

▽ササが生えた　**笹原**(ささはら)・**笹原**(ささわら)・**小笹原**(おざさはら)・**笹生**(ささう)・**笹生**(ささふ)

▽芝の生えた　**芝野**(しばの)・**芝原**(しばはら)

▽スゲの生えた　**菅原**(すげはら)・**菅原**(すがわら)

▽チガヤの生えた　**茅原**(ちはら)・**茅生**(ちふ)

▽チガヤがまばらに生えた。また、丈の低いチガヤが生えた　**浅茅原**(あさぢはら)・**浅茅が原**(あさぢがはら)・**浅茅生**(あさぢふ)

▽シノダケの生えた　**篠原**(しのはら)

▽ハギの生えた　**萩原**(はぎはら)・**萩原**(はぎわら)

▽杉の生えた　**杉原**(すぎはら)・**杉原**(すぎわら)

▽ヒノキの茂った　**檜原**(ひばら)

▽松の生えた　**松原**(まつばら)

▽小松の多く生えた　**小松原**(こまつばら)

▽染料としたムラサキ（ムラサキ草）を栽培していた　**紫野**(むらさきの)

様態からみた「野原」

▽地味の肥えた　**沃野**(よくや)

▽ウズラをとる　鶉野（うずらの）

▽放し飼いをする　牧野（ぼくや）

▽焼けた　焼け野（やけの）・焼け原（やけはら）・焼け野原（やけのはら）・焼け野が原（やけのがはら）

▽火を付けて野原を焼く　燎原（りょうげん）・野焼き（のやき）

▽枯草を焼いて黒くなった　末黒野（すぐろの）

▽人の手が入らない自然のままの　原野（げんや）

▽自然のまま荒れた　荒野（こうや）・荒野（あれの）・荒野（あらの）・荒原（こうげん）・曠野（あらの）・荒野ら（あらのら）・曠野ら（あらのら）

▽国有であり契約で地元住民に用益を認めた林野　共用林野（きょうようりんや）

▽農民の入会（いりあい）利用を禁じた　立野（たての）

▽皇室や貴人の所有で一般人の立ち入りを禁じた　標野（しめの）・禁野（きんや）

▽小石の多い平地　石原（いしはら）・石原（いしわら）

▽砂地の　砂原（すなはら）

▽乾燥地帯にできる荒野　砂漠（さばく）・沙漠（さばく）・乾荒原（かんこうげん）

▽湿気の多い土地に発達する草原　湿地草原（しっちそうげん）・湿原（しつげん）

▽雪が降り積もった原野　雪原（せつげん）・雪野原（ゆきのはら）

▽広びろと厚い氷で覆われた　氷原（ひょうげん）・氷野（ひょうや）

のべる……述・陳・宣

順を追って説く意などの「述べる」

▽申し述べる　申述（しんじゅつ）

▽天皇に申し上げる　奏上（そうじょう）・述奏（じゅつそう）

▽心中の思いを　述懐（じゅっかい）・吐露（とろ）・舒懐（じょかい）

▽公式の席で意見を　公述（こうじゅつ）

▽翻訳して内容を　訳述（やくじゅつ）

▽箇条分けにしてのべ説く　条陳（じょうちん）・分疏（ぶんそ）

▽よく分かるように　説明（せつめい）

▽詳しく説く　詳説（しょうせつ）

▽分析して説明する　解説（かいせつ）・コメント

▽説き　説述（せつじゅつ）

▽よく話をして相手に納得をさせる　説得（せっとく）

▽物事の意味や道理を説いて聞かせる　講釈（こうしゃく）

▽物事の筋道を説明する。また、謝まって事情を説明する　言い訳（いいわけ）

▽事情をのべ失敗などの言い訳をする

弁解（べんかい）・**弁明**（べんめい）・**陳弁**（ちんべん）・**申し開き**（もうしひらき）・**エクスキューズ**

▽秘密や自分の犯した罪を
白状（はくじょう）・**自供**（じきょう）・**自白**（じはく）

▽質問に対して答える　**答弁**（とうべん）

▽無理な言い訳をする　**強弁**（きょうべん）

▽説いて理解を求める　**釈明**（しゃくめい）

▽熱のこもった弁舌
熱弁（ねつべん）・**熱辯**（ねつべん）

▽大勢の前で自分の意見を
演説（えんぜつ）・**弁論**（べんろん）・**論弁**（ろんべん）・**スピーチ**

▽内々で意見などを　**内陳**（ないちん）

▽本人に代わって弁論する
代弁（だいべん）・**代言**（だいげん）

▽各地を回って自分の意見を説く
遊説（ゆうぜい）

▽論じ　**論述**（ろんじゅつ）・**論談**（ろんだん）

▽論じてそのことに言い及ぶ
論及（ろんきゅう）・**言及**（げんきゅう）

▽相手に理解させるために懸命に主張する
力説（りきせつ）・**強調**（きょうちょう）

▽人の心を動かすよう力強く話す
雄弁（ゆうべん）

主に文章で記す意の「述べる・叙べる」

▽文章に書き記す　**記述**（きじゅつ）・**筆術**（ひつじゅつ）

▽順序だてて　**叙述**（じょじゅつ）

▽順序だてて記録する　**叙録**（じょろく）

▽順序だてて論じる　**叙論**（じょろん）

▽文章でのべ説明する　**叙説**（じょせつ）

▽物事の是非を解説したり自説を論じたりする
論説（ろんせつ）

▽のべてある事柄　**所述**（しょじゅつ）

▽繰り返し　**屡述**（るじゅつ）

▽前にのべた
前述（ぜんじゅつ）・**上述**（じょうじゅつ）・**先述**（せんじゅつ）・**既述**（きじゅつ）・**叙上**（じょじょう）・**前掲**（ぜんけい）

▽前にのべた通り　**如上**（じょじょう）

▽後で　**後述**（こうじゅつ）

▽余分な部分を除いて　**刪述**（さんじゅつ）

▽要点だけを　**略述**（りゃくじゅつ）

▽詳しく
詳述（しょうじゅつ）・**縷述**（るじゅつ）・**縷陳**（るちん）・**具陳**（ぐちん）

▽文章などの叙述の方法　**叙法**（じょほう）

▽普通の語順で文章を書く　**平叙**（へいじょ）

▽並べて書く　**列叙**（れつじょ）・**列記**（れっき）

▽風景を文章や詩に書き表す　**叙景**（じょけい）

▽自分に関することを　**自叙**（じじょ）

▽ありのままに　**直叙**（ちょくじょ）

▽事実をありのままにのべ記す
叙事（じょじ）

▽戦い・事件などを客観的にのべた詩
叙事詩（じょじし）

▽感情をのべ表す　**抒情**（じょじょう）・**叙情**（じょじょう）

▽作者の情感を主題としてのべた詩
抒情詩（じょじょうし）・**叙情詩**（じょじょうし）

▽先人の業績を受け継いで学問を進める
祖述（そじゅつ）・継述（けいじゅつ）・紹述（しょうじゅつ）

▽先人の説をのべ伝えるとともに新説をたてる
述作（じゅっさく）

▽書物を書き著す
著述（ちょじゅつ）・著作（ちょさく）・撰述（せんじゅつ）・述作（じゅっさく）・作述（さくじゅつ）

▽資料を集めて著述する　纂述（さんじゅつ）

主張する・申し立てる意の「陳べる・申べる」

▽自分の意見や考えを強く言い張る
主張（しゅちょう）

▽意見を提示し主張する　提唱（ていしょう）

▽声高に唱える　高唱（こうしょう）

▽先に立って唱える
首唱（しゅしょう）・先唱（せんしょう）・唱道（しょうどう）・唱導（しょうどう）

▽中心となって唱える　主唱（しゅしょう）

▽広い見通しをもったすぐれた意見
達見（たっけん）

▽文書ではなく、口で述べる
口述（こうじゅつ）・口宣（こうせん）・口演（こうえん）・口頭（こうとう）・口状（こうじょう）・口上（こうじょう）

▽自分の意見や考えを口で言う
陳述（ちんじゅつ）・言述（げんじゅつ）・称述（しょうじゅつ）・口供（こうきょう）

▽人前で自分の意見を隠さず
開陳（かいちん）・披陳（ひちん）・披瀝（ひれき）・立言（りつげん）

▽被告人などが裁判官・検察官に事実や意見を
供述（きょうじゅつ）

▽訴訟で当事者などが裁判所に法律上の主張などをする
陳述（ちんじゅつ）

▽面前で陳述する　面陳（めんちん）・面述（めんじゅつ）

▽陳述の文書　陳状（ちんじょう）・陳述書（ちんじゅつしょ）

▽事情などを記して上に陳述する
疏陳（そちん）

▽訴訟の旨を陳述する　訴陳（そちん）

▽公的な機関に実情を訴えて施策を請う
陳情（ちんじょう）

▽事情をのべて訴える　陳訴（ちんそ）

▽事情をのべて弁解する
陳弁（ちんべん）・陳辯（ちんべん）

▽事情をのべてわびる　陳謝（ちんしゃ）

▽上役などに意見や事情を強く
具申（ぐしん）・建言（けんげん）・建白（けんぱく）

▽上役や役所などに意見を
進言（しんげん）・上申（じょうしん）・言上（ごんじょう）・献言（けんげん）・建議（けんぎ）

▽諮問機関が行政官庁へ意見を具申する
答申（とうしん）

▽官庁に申し出る　申告（しんこく）

▽計画などを上の人に　献策（けんさく）

▽事件を急いで上の人に報告する
注進（ちゅうしん）

▽内々に　内申（ないしん）

▽再び申し上げる（手紙で追記の文頭に書く語）

追申（ついしん）・追伸（ついしん）・追啓（ついけい）・追陳（ついちん）・追白（ついはく）・二白（にはく）・二伸（にしん）・再伸（さいしん）

▽天皇に意見を申し上げる　上奏（じょうそう）・奏聞（そうもん）

▽天皇・将軍などに直接訴える　直奏（じきそう）・直訴（じきそ）

行き渡らせる意の「宣べる」

▽公に知らせる。言い渡す　宣告（せんこく）

▽意見や方針を広く表明する　宣言（せんげん）・声明（せいめい）・ステートメント

▽広く示し知らせる　宣示（せんじ）

▽広く行き渡らせる　宣布（せんぷ）

▽ある物や主義主張などを広めていく　宣伝（せんでん）・コマーシャル・プロパガンダ

▽大勢の前で誓いの言葉をのべる　宣誓（せんせい）

▽のべて明らかにする　宣明（せんめい）

▽十分にのべ尽くしていない（手紙の末尾に添える語）　不宣（ふせん）・不尽（ふじん）・不一（ふいつ）・不一（ふいち）・不二（ふじ）・不悉（ふしつ）・不具（ふぐ）・不備（ふび）

▽民を教化する　宣化（せんか）

▽教えを世間にのべ広める　宣教（せんきょう）

▽広く仏法を行き渡らせる　広宣（こうせん）

▽君主などの意思を理解させて人心を安定させる　宣撫（せんぶ）

▽敵国に戦争開始の宣言をする　宣戦（せんせん）・宣戦布告（せんせんふこく）

▽天皇の勅命を広く知らせる　宣命（せんみょう）

▽天皇の命を伝える文書　宣旨（せんじ）

▽宣旨が下る　宣下（せんげ）

▽勅命の宣旨　勅宣（ちょくせん）

▽盛んであることを世の中にはっきり示す　宣揚（せんよう）

▽神仏のお告げ　宣託（せんたく）・託宣（たくせん）・神託（しんたく）・オラクル

「のべる」を意味する動詞・複合動詞

▽順を追って言い表す　述（の）べる・陳（の）べる・申（の）べる・言（い）う・話（はな）す・語（かた）る・物語（ものがた）る・説（と）く・告（つ）げる

▽のべる・言うの謙譲語　申（もう）し述（の）べる

▽天皇に申し上げる　奏（そう）する

▽よく分かるように　説（と）く・説（と）き明（あ）かす

▽人前で　弁（べん）じる・弁（べん）ずる

▽筋道を立てて説明する　論（ろん）じる・論（ろん）ずる

▽しきりに　述べ立てる
▽強調して　謳う
▽文章に書き表す　述べる・叙する
▽順序だてて書き表す　叙べる
▽心の思いを打ち明け書き　抒べる
▽弁明をする　申し開く・言い開く
▽説得する　説き伏せる・説き付ける
▽いちいち申し立てる　陳べる・申べる・述べる・陳ずる・陳じる
▽人に先立って主張する　唱える
▽官公庁や上役などに意見や希望を強く言う　申し立てる・言い立てる・申し出る
▽広く行き渡らせる　宣べる

▽公に広く告げ知らせる　宣する

はげしい……激・劇・烈

勢いが強い意を表す「はげしい」

▽勢いが強い　劇・猛・激・烈・強烈・猛烈・凄烈・威烈・猛威・熾烈
▽特に水の勢いが強い　激
▽強烈ではっきりしている　鮮烈
▽勢いよく進む　猛進
▽勢いよく追いかける　猛追
▽勢いよく奮い立つ　奮迅
▽勢いが強いさま　猛然
▽勢いよくぶつかる　激突
▽勢いのある強い声　激声
▽勢いのある強い言葉　激語

▽勢いのある川などの流れ
激流（げきりゅう）・急流（きゅうりゅう）
▽荒い波、逆巻く波　激浪（げきろう）
▽流れの早い瀬
激湍（げきたん）・奔湍（ほんたん）・早瀬（はやせ）・急湍（きゅうたん）
▽勢いよく降る雨　猛雨（もうう）
▽勢いよく燃える火
烈火（れっか）・猛火（もうか）・熱火（あつび）・猛火（みょうか）・武火（ぶか）
▽はげしく照りつける太陽　烈日（れつじつ）
▽勢いよく吹く風
烈風（れっぷう）・猛風（もうふう）・狂風（きょうふう）・大風（おおかぜ）

はなはだしい・ひどいの意を表す「はげしい」

▽きわめて
激甚（げきじん）・劇甚（げきじん）・激烈（げきれつ）・劇烈（げきれつ）
▽前よりはげしくなる
激化（げきか）・劇化（げきか）

▽はげしく起こる　激発（げきはつ）
▽はげしく動く　激動（げきどう）
▽はげしく動かす、揺れる
激盪（げきとう）・激蕩（げきとう）
▽はげしい論議　激論（げきろん）
▽はげしい談判　劇談（げきだん）
▽勇ましく　勇烈（ゆうれつ）
▽雄々しく　壮烈（そうれつ）
▽荒っぽくて　暴激（ぼうげき）
▽度が過ぎて　過激（かげき）
▽天候がひどく荒れる　大荒れ（おおあれ）
▽ひどい暑さ
激暑（げきしょ）・劇暑（げきしょ）・極熱（ごくねつ）・酷熱（こくねつ）・猛暑（もうしょ）・酷暑（こくしょ）・炎威（えんい）・厳暑（げんしょ）・極暑（ごくしょ）・炎暑（えんしょ）・炎熱（えんねつ）・暑熱（しょねつ）・大暑（たいしょ）
▽ひどい寒さ
厳寒（げんかん）・酷寒（こくかん）・酷寒（こっかん）・極寒（ごっかん）・寒烈（かんれつ）・凜烈（りんれつ）・凜冽（りんれつ）・凜凜（りんりん）・凜然（りんぜん）・峭寒（しょうかん）

▽ひどく怒る
激怒（げきど）・激憤（げきふん）・憤激（ふんげき）・激昂（げきこう）・激昂（げっこう）・激高（げっこう）・暴怒（ぼうど）・憤怒（ふんど）・憤怒（ふんぬ）・忿怒（ふんど）・忿怒（ふんぬ）・赫怒（かくど）
▽きわめて忙しい　繁劇（はんげき）
▽ひどいにおい　激臭（げきしゅう）・劇臭（げきしゅう）
▽香りが　芳烈（ほうれつ）
▽毒の作用が　劇毒（げきどく）・猛毒（もうどく）
▽はげしい格闘　活劇（かつげき）
▽はげしい爆撃　猛爆（もうばく）
▽はげしい攻撃　猛攻（もうこう）・猛撃（もうげき）
▽はげしい襲撃　猛襲（もうしゅう）
▽はげしく戦う　激戦（げきせん）・劇戦（げきせん）・激闘（げきとう）
▽はげしく撃つ　猛射（もうしゃ）
▽はげしい痛み　激痛（げきつう）・劇痛（げきつう）
▽病気の進行が早く、症状が重い　激症（げきしょう）・劇症（げきしょう）

▽はげしい地震。地震の旧階級で、現在の震度7に相当する　**激震**(げきしん)・**劇震**(げきしん)

▽激震よりやや弱い地震。地震の旧階級で、現在の震度6に相当する　**烈震**(れっしん)

〔参〕気象庁震度階級は一九九六年まで、無震・微震・軽震・弱震・中震・強震・烈震・劇震の8階級だった。現在は震度0から7まで（5と6は強と弱がある）の10階級となって、烈震などの語は使っていない。

▽作用が強く、少量でも死に至る薬　**劇薬**(げきやく)

▽値段が通常より著しく安い　**激安**(げきやす)

▽味がとても辛い。また、評価が手厳しい　**激辛**(げきから)・**辛烈**(しんれつ)

▽速度が並はずれて速い　**猛**(もう)**スピード**

▽死に至るほどはげしいさま　**殺人的**(さつじんてき)

厳しいの意を表す「はげしい」

▽厳しい　**厳格**(げんかく)・**厳重**(げんじゅう)・**厳密**(げんみつ)・**緊密**(きんみつ)

▽厳し過ぎる　**厳酷**(げんこく)・**厳刻**(げんこく)

▽非常に厳しい　**酷烈**(こくれつ)・**過酷**(かこく)・**苛酷**(かこく)・**苛刻**(かこく)

▽手厳しい　**痛烈**(つうれつ)・**辛辣**(しんらつ)

▽厳しくてはげしい　**厳烈**(げんれつ)・**峻厳**(しゅんげん)・**峭厳**(しょうげん)・**峻烈**(しゅんれつ)・**峻酷**(しゅんこく)・**峻刻**(しゅんこく)

▽きわめてむごたらしい　**惨烈**(さんれつ)

▽厳しく拒む　**峻拒**(しゅんきょ)

▽厳しく命令する　**厳令**(げんれい)・**厳命**(げんめい)

▽厳しく責める　**厳譴**(げんけん)

▽厳しい罰　**厳科**(げんか)・**厳罰**(げんばつ)

▽厳しい法令　**苛令**(かれい)

▽厳しく反省する　**猛省**(もうせい)

▽はげしく忙しい職　**激職**(げきしょく)・**劇職**(げきしょく)

▽はげしく忙しい務め　**激務**(げきむ)・**劇務**(げきむ)

気性・行動などからみた「はげしい」

▽感情が強く　**激情**(げきじょう)・**熱烈**(ねつれつ)

▽性質・気性が厳しく　**厳厲**(げんれい)・**峻厲**(しゅんれい)

▽勇ましく強い　**勇猛**(ゆうもう)

▽勇ましく強い人　**猛者**(もさ)

▽はげしい気性　**烈気**(れっき)・**猛気**(もうき)

▽気性が強く気が荒い　**猛悍**(もうかん)

▽気力がはげしいさま　**烈烈**(れつれつ)

▽思想・行動などが過激である　**矯激**(きょうげき)・**詭激**(きげき)・**先鋭**(せんえい)・**尖鋭**(せんえい)・**ラジカル**

▽行動などが急で　**急激**(きゅうげき)・**急劇**(きゅうげき)

▽気持ちがはげしく高ぶる

激高（げっこう）・激昂（げっこう）・激越（げきえつ）

▽忠義・正義の心が強く
忠烈（ちゅうれつ）・義烈（ぎれつ）

▽心を強く動かす　奮激（ふんげき）・激切（げきせつ）

▽はげしく怒ることの形容　烈火（れっか）

▽気性が強く節操を守る、信念を貫く男性
烈士（れっし）・列士（れっし）・烈夫（れっぷ）・烈丈夫（れつじょうふ）

▽気性が強く貞操を守る、信念を貫く女性
烈女（れつじょ）・列女（れつじょ）・烈婦（れっぷ）

励ます・急になどの意を表す「はげしい」

▽励ます。奮い立たせる　激励（げきれい）

▽励ましてすすめる　激奨（げきしょう）

▽大いにほめる
激賞（げきしょう）・激賛（げきさん）・激讃（げきさん）

▽急に変わる　激変（げきへん）・劇変（げきへん）

▽稲妻のように急に敵を攻撃する
電撃（でんげき）

▽急激にふえる　激増（げきぞう）

▽急激にへる　激減（げきげん）

▽物価や株価などが急激に上がる
暴騰（ぼうとう）

▽物価や株価などが急激に下がる
暴落（ぼうらく）

「はげしい」に関する動詞・形容語

▽はげしくなる。また、励ます
激（げき）する

▽はげしく言い立てる、怒る
息巻（いきま）く

▽物事の程度が
甚（はなは）だしい・手厳（てきび）しい・きつい・厳（きび）しい・酷（ひど）い・夥（おびただ）しい

▽物事の勢い・程度などがはなはだしい
凄（すさ）まじい・凄（すご）い・物凄（ものすさ）まじい・物凄（ものすご）い

▽当たりが強く、勢いが
荒（あら）い・手荒（てあら）い

▽刃物が突き刺さるように勢いが
鋭（するど）い

▽勢いが大きく　強（つよ）い

▽嫌になるほど程度がはなはだしい。感じがきつい
どぎつい

▽受けた損害などが手厳しくひどい
手痛（ていた）い

▽非常に　痛烈（つうれつ）

▽厳しく　屹度（きっと）・厳（げん）に

▽はげしく身に迫る。また、強く身にこたえる
緊緊（ひしひし）・犇犇（ひしひし）

▽はげしく迫る。また、しっかりと
緊（ひし）と・犇（ひし）と

▽容赦なくする
びしびし・ぴしぴし

「はげしい」に関する成句

【苛斂誅求（かれんちゅうきゅう）】 人民から税金などを厳しくとりたてること。「苛求（かきゅう）」ともいう。出典は『旧唐書（くとうじょ）』。

【叱咤激励（しったげきれい）】 強い言葉や大声で励ますこと。類「叱咤督励（しったとくれい）」

【秋霜烈日（しゅうそうれつじつ）】 草木を枯らしてしまう秋の霜や夏の太陽のことで、どちらもはげしく厳しいもののたとえ。

【鼻息（はないき）が荒（あら）い】 物事に対しての意気込みがはげしい。気負っている。

【波瀾万丈（はらんばんじょう）】 波の起伏がはげしいように、物事の変化や浮き沈みなどがはげしいこと。

はじめる・はじめ ……始・初

行動を起こすことを意味する「はじめる」

▽新たに行動を起こす
始（はじ）め・為始（しはじ）め・為初（しぞ）め・仕初（しぞ）め・手始（てはじ）め・手初（てはじ）め・開始（かいし）・経始（けいし）

▽物事を始める　**取（と）っ掛（か）かり**

▽工事などに取り掛かる
着手（ちゃくしゅ）・着工（ちゃっこう）・起工（きこう）

▽事をやり始める。また、やり始めた事がまだ途中である
仕掛（しか）かり・仕懸（しか）かり

▽学問を学び始める
初学（しょがく）・初学（ういまな）び・新学（にいまな）び

▽書き始める。また、書き出し
筆頭（ひっとう）・筆頭（ふでがしら）

▽原稿を書き出す　**起稿（きこう）**

▽原稿や文案などを書き始める
起草（きそう）

▽数え始める。数えはじめ　**起算（きさん）**

▽物事の起こりはじめ。また、旅立ちの時
起程（きてい）

▽物事を始めようとする、ちょうどその時
矢先（やさき）・途端（とたん）

▽仕事・授業を　**始業（しぎょう）**

▽古いものを改め、新しく　**更始（こうし）**

▽会議・会合などを　**開会（かいかい）**

▽図書館などが業務を。また、図書館・映画館などを開設する
開館（かいかん）

▽新設された官庁が業務を　**開庁（かいちょう）**

▽法廷で裁判を　**開廷（かいてい）**

▽新たに事業を　**起業（きぎょう）・創業（そうぎょう）**

▽学校を設置する　**開校（かいこう）**

▽事業をはじめて起こす

創業（そうぎょう）・創始（そうし）
▽寺社などをはじめて建てる
創建（そうけん）・草創（そうそう）
▽店などが営業を
開店（かいてん）・店開（みせびら）き・店開（たなびら）き・開業（かいぎょう）・オープン
▽芝居や劇などを
開演（かいえん）・開幕（かいまく）・幕開（まくびら）き・幕開（まくあ）き・幕開（まくあ）け
▽講義を　開講（かいこう）
▽戦いを　開戦（かいせん）
▽川の納涼始めを祝う　川開（かわびら）き
▽その年、はじめて海水浴場を開く
海開（うみびら）き・浜開（はまびら）き
▽その年、はじめて登山が許される
山開（やまびら）き
▽貝類や海藻などの採取が解禁される
磯開（いそびら）き
▽新舞台で演劇や演芸を
舞台開（ぶたいびら）き

▽役者などがはじめて舞台などで演技をする。また、公の場ではじめて物事を行う
初舞台（はつぶたい）
▽早苗を植え
早開（さびら）き・早苗開（さなえびら）き
▽労働組合などが闘争を始めるにあたり年始に開く会合
旗開（はたびら）き
▽動き。また、行動を起こす　発動（はつどう）
▽思いきって事を　発起（ほっき）・発起（はっき）
▽企業体・団体が活動し　発足（ほっそく）・発足（はっそく）
▽霜が降り　霜先（しもさき）
▽歌い始める。また、歌のはじめの部分。歌合せのときの最初の歌
歌（うた）い出（だ）し

物事の早い段階を意味する「はじめ」

▽物事の最も早い段階
初（はつ）・上（かみ）・始（はじ）め・初（はじ）め・始（はじ）まり・仰（のっ）け・最初（さいしょ）・初頭（しょとう）・劈頭（へきとう）・起首（きしゅ）・第一歩（だいいっぽ）・初段（しょだん）・序幕（じょまく）・嚆矢（こうし）・発端（ほったん）・糸口（いとぐち）・緒（いとぐち）・事端（じたん）・端緒（たんしょ）・口（くち）・初口（しょくち）・入（い）り口（ぐち）・口切（くちき）り・序（じょ）の口（くち）・序開（じょびら）き・口開（くちあ）け・口開（くちびら）き・取（と）っ付（つ）き・取（と）り付（つ）き・初（しょ）っ切（き）り・頭（あたま）
〔参〕「嚆矢」はかぶら矢（射放つと大きな音が生じる矢）のこと。昔、中国で合戦の合図にかぶら矢を敵陣に向けて射たことから。
▽物事の最も早い段階を俗っぽく言う
初（しょ）っ端（ぱな）・三番叟（さんばそう）
▽物事の最初、取り掛かる初期
真（ま）っ先（さき）・手始（てはじ）め・手初（てはじ）め・初手（しょて）・初天辺（しょてっぺん）・事始（ことはじ）め・皮切（かわき）り・立（た）ち上（あ）がり・出（で）出（だ）し・滑（すべ）り出（だ）し・振（ふ）り出（だ）し・出発（しゅっぱつ）・スタート

はじめる・はじめ…… 始・初

▽はじめ、はじめのころ　当初（とうしょ）

▽はじめて出てくる　初出（しょしゅつ）

▽何の前触れもない最初　打（ぶ）っ付（つ）け

▽はじめて発する。また、始発のこと　初発（しょはつ）・初発（しょほつ）

▽はじめて生まれる。また、生まれたばかりの　初生（しょせい）

▽物の出たはじめ。出たばかり　出始（ではじ）め・出初（ではじ）め・水端（みずはな）

▽はじめて見る　初見（しょけん）・見始（みはじ）め

▽はじめて聞く　初耳（はつみみ）

▽はじめてである。また、はじめての物　御初（おはつ）・初物（はつもの）

▽はじめの回。一番　初回（しょかい）・初度（しょど）・初番（しょばん）

何のという対象のある「はじめ」

▽多くあるものの中の最初　頭（かしら）

▽物事をはじめて起こす　草分（くさわ）け・草結（くさむす）び・創始（そうし）

▽はじめに思い立った心、最初の決心　初心（しょしん）・初志（しょし）・初一念（しょいちねん）・初念（しょねん）

▽最初の意見や考え　初意（しょい）

▽学問・技芸などの初期　初歩（しょほ）・入門（にゅうもん）・いろは・ABC（エービーシー）

▽習いはじめで未熟。また、その人　初心（しょしん）・初心者（しょしんしゃ）・ビギナー

▽囲碁や将棋、武道などの最初の段位　初段（しょだん）

▽武芸などで最初に伝授される　初伝（しょでん）

▽はじめての出産　初産（しょざん）・初産（ういざん）・初産（はつざん）

▽はじめての子　初子（ういご）・初子（はつご）

▽はじめての孫　初孫（ういまご）・初孫（はつまご）

▽はじめて子どもが歩く。また、その祝い事　歩（ある）き初（ぞ）め・歩（あり）き初（ぞ）め

▽子どもが生まれて百日目あるいは百二十日目にはじめて飯を食べさせる祝い事　食（く）い初（ぞ）め・箸初（はしぞ）め

▽生まれた子がはじめて迎える節句　初節句（はつぜっく）・節句始（せっくはじ）め

▽興行などの最初の日　初日（しょにち）

▽正月にはじめて謡（うたい）をうたう儀式　謡（うた）い初（ぞ）め

▽鳥などがその季節にはじめて鳴く　初音（はつね）

▽新年になってはじめて社寺に詣でる　初詣（はつもう）で・初参（はつまい）り

▽新年最初の商売　商（あきな）い初（はじ）め・初商（はつあきな）い

▽新年の売りはじめ。はじめて売る　売（う）り初（ぞ）め・初売（はつう）り

▽新年になってはじめて買う

買い初め・初買い（かいぞめ・はつがい）

▽新年になってはじめて笑う

笑い初め・初笑い（わらいぞめ・はつわらい）

▽新年になって子どもがはじめて泣く

泣き初め（なきぞめ）

▽新年になってはじめて筆で字を書く行事

書き初め（かきぞめ）

▽新年最初の便り　**初便り**（はつだより）

▽新年になってはじめて出る

出初め（でぞめ）

▽新年になってはじめて見る夢

初夢（はつゆめ）

▽元旦の日の出　**初日の出**（はつひので）

▽新年になってはじめて裁縫する

縫い初め（ぬいぞめ）

▽新年になってはじめて髪を結う

結い初め・初髪（ゆいぞめ・はつかみ）

▽新年になってはじめて乗り物に乗る。また、新しい乗り物に乗る

乗り初め・初乗り（のりぞめ・はつのり）

▽新しい橋をはじめて渡る

渡り初め（わたりぞめ）

▽官公庁などで新年になってはじめて仕事をする

御用始め（ごようはじめ）

▽新年になってはじめて仕事をする

仕事始め・初仕事（しごとはじめ・はつしごと）

▽新年になってはじめて宮中で行われる歌会

歌会始め・歌御会始め（うたかいはじめ・うたごかいはじめ）

▽茶道で、新年にはじめて釜をかける

初釜（はつがま）

▽はじめて后に立つ。また、皇居・神社などをはじめてつくる

宮始め（みやはじめ）

▽新築された劇場などで、その落成を祝って行う最初の興行

こけら落とし（こけらおとし）

▽十二月十三日をいう。正月の準備を始める日

正月始め（しょうがつはじめ）

▽物が出たはじめ。はじめて出たばかり

出始め（ではじめ）

▽その年はじめて実った稲穂。また、その年はじめて収穫した穀物・野菜・果物など

初穂（はつほ）

▽その年はじめてなった果実

初生り（はつなり）

▽はじめて会合を開く。会を組織して出発する

発会（はっかい）

▽新年になってはじめて商売用の荷を送り出す。また、その荷

初荷（はつに）

▽新年になってはじめて開く市

初市（はついち）

▽新年になって女子がはじめて化粧する

初鏡・初化粧（はつかがみ・はつげしょう）

▽新年になってはじめて男女が情を交

はじめる・はじめ……始・初

わす　姫始め（ひめはじめ）

▽はじめて親しくなった動機　馴れ初め（なれそめ）

▽はじめての恋　初色（はついろ）・初恋（はつこい）

▽はじめての月経　初潮（しょちょう）・初経（しょけい）

▽はじめてする体験。特に、はじめての性体験　初体験（はつたいけん）・初体験（しょたいけん）

▽男女がはじめて同じ床に寝る　初枕（はつまくら）・新枕（にいまくら）

▽最初の夜。特に、新婚夫婦の　初夜（しょや）

▽比喩（ひゆ）的に、物事がはじめて。一度も足を踏み入れていない　処女（しょじょ）

▽幼いころ。また物事のはじめのころ　二葉（ふたば）・双葉（ふたば）・嫩（ふたば）

▽終わりと　終始（しゅうし）・始終（しじゅう）・首尾（しゅび）

▽あることを始める時　始期（しき）

▽碁や将棋のはじめの段階。また、引き続いて行われることの早い段階　序盤（じょばん）

▽物事を始める機会　切っ掛け（きっかけ）

▽物事を始める時、手掛かりとなるもの　取っ掛かり（とっかかり）

▽演芸などの　大序（だいじょ）・序幕（じょまく）

▽鉢の使い　鉢開き（はちびらき）

▽茶道で風炉（ふろ）をやめて地炉（じろ）を使う。また、その年の囲炉裏の使いはじめ　炉開き（ろびらき）

▽新年の吉日に、その年はじめて蔵を開く　蔵開き（くらびらき）

▽ある人とはじめて会う　初対面（しょたいめん）・初会（しょかい）・初見（しょけん）・初見参（ういけんざん）

▽新しい職場ではじめてする仕事　初仕事（はつしごと）

▽はじめて職につく　初任（しょにん）

▽建国の　国初（こくしょ）

▽はじめて戦場に出る。また、はじめて試合や競技に出る　初陣（ういじん）

▽戦いの　戦端（せんたん）・兵端（へいたん）

▽年の　年初（ねんしょ）・年始（ねんし）・首歳（しゅさい）・歳首（さいしゅ）

▽年度の　年度初め（ねんどはじめ）

▽ある時代や時期の　初葉（しょよう）

▽一月一日（年・月・日のはじめの意）　三始（さんし）・三元（さんげん）

▽月の　月初（げっしょ）・月初め（つきはじめ）

▽月のはじめの十日間　初旬（しょじゅん）・上旬（じょうじゅん）

▽最初に行う動作　初動（しょどう）

▽はじめに書く　初筆（しょひつ）・初筆（しょふで）

▽習字の。また、けいこ事などの　手習い始め（てならいはじめ）

▽はじめて学ぶ人に初歩を教える　手解き(てほどき)
▽等級の　初等(しょとう)・初級(しょきゅう)
▽和歌や俳句などの最初の句　初句(しょく)・発句(ほっく)
▽文章などの書き　序出し(じょだし)・書き出し(かきだし)
▽論文や小説などの最初の章　序章(じょしょう)
▽文章のはじめに題意を書く　破題(はだい)
▽書物を開いた　巻頭(かんとう)・巻首(かんしゅ)
▽文章や詩歌などの　編首(へんしゅ)・篇首(へんしゅ)
▽文章や話などの。また、物事の　冒頭(ぼうとう)
▽本文のはじめに書いたもの　頭書(とうしょ)
▽出版された書物の最初の版　初版(しょはん)
▽はじめてつくり出す　創造(そうぞう)・創製(そうせい)・創作(そうさく)・肇造(ちょうぞう)・クリエーション
▽はじめてでき上がる　創成(そうせい)

▽はじめて会ったときの感じ。物事の最初　取り付き(とりつき)・取っ付き(とっつき)

物事の起こりを意味する「はじめ」

▽物事の起こり、もと　緒(しょ)・緒(ちょ)・原始(げんし)・元始(げんし)・原初(げんしょ)・本始(ほんし)・本初(ほんしょ)・本初(ほんじょ)・端(はし)・端(たん)・始原(しげん)・肇始(ちょうし)・起源(きげん)・起原(きげん)・濫觴(らんしょう)・権輿(けんよ)・オリジン・ルーツ

〔参〕「濫觴」は「揚子江(ようすこう)のような大河も、源は觴（さかずき）を濫（うか）べるほどの小さい流れにすぎない」という孔子の言葉から。「権輿」の「権」は秤（はかり）のおもり、「輿」は車軸の上に置いた台の意で、ともに初めに作る部分であることから。

▽物事の基(もと)となる　基本(きほん)・基根(きこん)・基礎(きそ)・土台(どだい)・ベース
▽家系や流派の。また、代々受け継がれる職位などの　初代(しょだい)・初世(しょせい)
▽物事の基(もとい)を開く。寺院や宗派を開く。また、その人　開基(かいき)・開元(かいげん)・肇基(ちょうき)
▽天地・世界のはじめ　開闢(かいびゃく)
▽天地の開けたはじめ。この世のはじめ、劫(ごう)のはじめ　太始(たいし)・太初(たいしょ)・劫初(ごうしょ)
▽はじめて世界をつくる。世界の出来はじめ　創世(そうせい)

「はじめる・はじめ」に関する動詞・副詞など

▽新たに物事を始める　起こす(おこす)
▽新たに物事が始まる　起きる(おきる)
▽新たにある物事を起こす

始める・立ち上げる

▽新たにある物事が起こる
始まる・発する・開く・開く

▽物事が起ころうとする気配がある
兆す

▽物事を始めようと心が動く
兆す・催す

▽物事をし
初める・出す・為初む・踏み出す・取り掛かる・乗り出す・乗り掛かる・仕出す・滑り出す

▽話をし
話し出す・言い始める・言い出す・言い初める

▽相手を恋し
思い初める・恋い初める

▽心に掛け　**思い初める**

▽花が咲き　**咲き初める**

▽散り　**散り初める**

▽知り　**知り初める**

▽なれ始める。恋仲となる
馴れ初める

▽はじめて見る。見て恋をする
見初める

▽打ち　**打ち出す**

▽物を売り　**売り出す**

▽字・文章を書き　**書き出す**

▽走り　**駈け出す**

▽泣き　**泣き出す**

▽乗り始める。乗って出発する。また、身を前に進める
乗り出す

▽乗り始める。また、上に乗ってもたれかかる
乗り掛かる

▽振り始める。また、為替や手形を発行する
振り出す

▽雨や雪などが降り　**降り出す**

▽し始める。また、仕事が途中になる
仕掛かる

▽物事をし始める。動作をしむける。装置を設定する
仕掛ける

▽新しく、新たに
初めて・始めて・甫めて

▽もとから、はじめから
頭から・天から・端から・土台・根から・根っから・元元・元・元より・固より・そもそも

「はじめる・はじめ」に関する成句

【いの一番】
はじめ。最初。「い」は「いろは」の「い」のことで、第一番にあることから。

【産声を上げる】

赤子が生まれて、はじめて泣き声を上げる。新しいものが誕生する。


【口火を切る】

最初に物事を始める。


【口を切る】

最初に言い始める。馬を歩かせ始める。


【賽は投げられた】

事をし始めたからにはやり遂げるほかはない。


【緒に就く】

事をし始める。事が実際に始まる。


【端を発する】

それが糸口・原因となって事が始まる。類「端を開く」


【手を染める】

事をし始める。物事に着手する。

類「指を染める」


【手を付ける】

新しく取り掛かる。


【旗を揚げる】

新しく事を始める。戦いを起こす。「旗揚げする」ともいう。


【火蓋を切る】

戦い、競技などを始める。


【蓋を開ける】

実際に事を始める。その結果を見る。


【幕が開く】

物事が始まる。


【神輿を上げる】

事に取り掛かる。腰を上げる。


【会うは別れの始め】

（⇒「あう」42ページ）


【兄弟は他人の始まり】

（⇒「兄弟姉妹」205ページ）


【思い立ったが吉日】

何かをしようと思ったら、すぐに始めるのがよいという教え。


【終始一貫】

はじめから終わりまで態度や行動などがずっと変わらないこと。

類「首尾一貫」「徹頭徹尾」


【初志貫徹】

最初にたてた志を最後までやり通すこと。類「初心忘るべからず」


【初め有らざること靡し克く終わり有ること鮮し】

人は皆、事をし始めはするけれども、その事をよく終わりまでやり通す者は少ない。出典は『詩経』。


【始め有るものは必ず終わり有り】

何事にもはじめと終わりがあるもので、生あるものは必ず死に、栄えるものは必ず衰えるということ。出典は『法言』。類「盛者必衰」「生者必滅」「生ある者は死あり」


【始めが大事】

物事はどのような方法で始めたかがあとまでひびくから、最初の段階でよく考え、慎重に行わなければならないという教え。出典は『易経』。類「始めよければ終わりよし」「始め半分」


【初めの煌めき】

物事は何でもはじめはきらきらして華やかだが、それも長くは続かないことをいう。

【天地開闢】世界のはじめ。

【揺籃の地】文明がはじめて発生して、発展・発達した土地。

【竜頭蛇尾】はじめは勢いがよいが、終わりは振るわないこと。

走る

動作・行為からみた「走る」

▽足早に動く
走る・馳せる・走る・奔る・奔る・馳す・走り・ランニング

▽速く
さ走る・駆く・駈く・駆ける・駈ける・駆け出す・駈け出す・飛ぶ・疾走・奔走・馳走・駆け足・駈け足・奔逸・奔馳・疾駆・韋駄天走り・稲妻走り・迅走

〔参〕「韋駄天」は、バラモン教の神が仏教に取り入れられて守護神となったもの。捷疾鬼(しょうしつき)という鬼が仏舎利を盗んで逃げた時に、追いつき捕まえたということから足の速い神とされる。

▽ちょっと
一走り・一っ走り

▽気が狂ったように　**狂奔**

▽気持ちがよいほど速く　**快走**

▽先を争って　**競走・競奔**

▽逆の方向に　**逆走**

▽定まった進路や予想された進路を通らずに
迷走

▽後を追って　**追走・追逐**

▽追いつ追われつ　**追逐**

▽人より抜きんでてひとり　**独走**

▽並んで走る　**並走・併走**

▽主人より先を走る従者　**先走り**

▽定められた所をそれて　**逸走**

▽横に　**横走る**

▽勢いをつけるために　**助走**

▽休まず　**直走る**

▽力の限り　**力走**

▽走る能力　**走力**

▽陸上競技などでの走り方　**走法**

▽歩幅を広くとって走る走法
ストライド走法

▽やや狭い歩幅で脚の回転を速くする走法
ピッチ走法

▽短い距離を全力で　**ダッシュ**

▽健康増進のためにゆっくり　ジョギング

▽競技などでよい走りをする　好走（こうそう）

▽あちこち走り回る　駆け回（かけまわ）る・駆けずる（かけずる）・馳せ回（はせまわ）る・駆けずり回（かけずりまわ）る・駆け巡（かけめぐ）る・飛び回（とびまわ）る・奔走（ほんそう）・馳駆（ちく）・奔命（ほんめい）

▽あちこち使いで走り回る　使い走り（つかいばしり）・使いっ走り（つかいっぱしり）・走り使い（はしりづかい）

▽君命によって奔走する　奔命（ほんめい）

▽走って目的の場所にやってくる　駆け付（かけつ）ける

▽大急ぎで参上する。また、馬を走らせ参上する　馳せ参（はせさん）じる

▽あわてて　遽走（そそばし）る・走り惑（はしりまど）う

▽歩幅を狭くして　小走り（こばしり）・犬走り（いぬばしり）・小股走り（こまたばしり）

▽後も見ずに急いで　逸散走り（いっさんばしり）・一散走り（いっさんばしり）・一目散（いちもくさん）

▽飛び上がりながら　騰奔（とうほん）

▽後から駆けつける　後れ馳せ（おくればせ）

▽走るのが速い　早走り（はやばしり）

▽急いで走らせる　駈（か）る・駆（か）る・飛（と）ばす・打っ飛（ぶっと）ばす

▽馬で疾走する　駆（か）く・駆（か）ける・駈（か）く・駈（か）ける

▽馬がやや速く　跑足（だくあし）・跑（だく）・諾足（だくあし）・鹿足（ししあし）・トロット

▽馬を速く走らせる　駆（か）け・駈（か）け・駆け足（かけあし）・駈け足（かけあし）・馳駆（ちく）・疾駆（しっく）・駆歩（くほ）・襲歩（しゅうほ）・ギャロップ

逃げるの意からみた「走る」

▽逃げ去る　走（はし）る・奔（はし）る

▽逃げ出す　駆け出（かけだ）す・ずらかる・飛（と）ぶ

▽走って逃げる　逃走（とうそう）・遁走（とんそう）・散走（さんそう）・奔逸（ほんいつ）

▽戦いに敗れて逃げる　潰走（かいそう）・敗走（はいそう）

▽脇目も振らず逃げなどするさま　一目散（いちもくさん）・逸散（いっさん）・一散（いっさん）

▽逃げていなくなる　走り（はしり）・失踪（しっそう）・失跡（しっせき）・出奔（しゅっぽん）・逐電（ちくでん）・逐電（ちくてん）・逃亡（とうぼう）・逃奔（とうほん）・奔竄（ほんざん）

▽後を追いかける　追逐（ついちく）・随逐（ずいちく）

▽逃げかえる　却走（きゃくそう）・卻走（きゃくそう）

▽駆け落ちをする　奔（はし）る

事物が自由に動くの意からみた「走る」

▽車などが動く　走る・走行
▽車などが速く　疾走
▽自身の動力で　自走
▽乱暴に　暴走
▽飛行機などが滑るように　滑走
▽船が水上を　航走
▽船が帆を張って風の力で　帆走
▽帆船が順風を受けて　順走
▽氷などの上を　滑る
▽車などが横向きに　横滑り
▽最後まで車などが走り通す　走破
▽小川などが速く流れる　走る・奔る
▽車などを速く動かす　走らす・走らせる

「走る」の擬態語

▽小さい子どもなどが落ち着きなく走り回る　ちょこちょこ・ちょろちょろ・ちょこまか
▽一目散に逃げて行く　すたこら・すたこらさっさ

「走る」に関する成句

【足がある】走るのが速い。脚力があること。この場合の「足」は、歩行の速さ・能力の意。

【宙を飛ぶ】空を飛んで行くこと。また、空中を飛んで行くように、非常に速く走ること。

【汗馬の労】物事をまとめようとあちこち走り回ってする労苦。また、戦場で活躍した功労をいう。出典は『史記』。

【櫛風沐雨】「風に髪をくしけずり雨にゆあみする」の意で、風雨にさらされながら走り回って苦労すること。出典は『晋書』。

【東奔西走】東に西に奔走する意から、あちこち忙しく駆け回るさま。類「南船北馬」「東走西奔」

話し合い

相談の意からみた「話し合い」

▽どうすればよいか話し合う　相談・談合・談義・計議・

話し合い

商議・諮る・計らう・談じる・談ずる・話し合い・打ち合せ

〔参〕「談合」には、入札や競売の際に複数の業者が、事前に入札価格や落札者などを話し合って決める「入札談合」の意もある。「入札談合」は法律で禁止されている。

▽前もって　**打ち合わせる・言い合わせる・示し合わせる**

▽集まって　**議する**

▽本式の話し合いの前にしておく相談　**下相談・下話・下打ち合せ**

▽その場での　**即談**

▽内輪の　**内談**

▽秘密の　**密談・密議**

▽借金の　**金談**

▽商取引の　**商談**

▽結婚の　**縁談**

▽はかりごとの　**謀議**

▽仲直りの　**和議・和談**

▽手紙の往復によってする　**文談**

▽直接相手と話し合う　**直談・直談・直談判**

▽よく相談する　**熟談**

▽心をこらして　**凝議**

▽表ざたにせずに話し合いで解決する　**示談**

▽決めた相談を取り消す　**破談**

▽公式に会って　**会談**

会議の意からみた「話し合い」

▽関係者が集まって相談する　**会議・議・合議・協議・談義・評議・商議・鳩首**

▽正式の会議　**本会議**

▽調べて相談する　**審議**

▽十分に審議する　**熟議**

▽再び　**再議**

▽先に　**先議**

▽後に　**後議**

〔参〕特に二院制議会で、他の議院に先立って法案を審議することを「先議」、他の議院のあとに審議することを「後議」という。

▽多人数で　**衆議**

▽会議で討議する内容　**議案・議事・議題**

▽会議に議案を出す　**発議・発案・提案・提議・提言**

▽会議の日程にのせる　**上程**

▽会議にかける　**付議・附議・上議・上程**

▽会議中に臨時に議案を出す　**動議**

▽会議で討議する　**議事**

▽会議で物事を決める

決議・議決・議定・議定

▽審議を終える　**議了**

▽本人に代わって討議する　**代議**

▽評議して物事を明らかにする　**詮議**

▽政治に関する議事に加わる　**参議**

▽国政に関する重要な　**国議**

▽党内の討議　**党議**

▽各大臣による　**閣議**

▽各省で開く　**省議**

▽朝廷で行われる　**朝議・廟議**

▽朝廷や幕府で行われる　**公議**

▽軍事に関する　**軍議**

▽組織や団体の責任者によって行われる　**サミット・首脳会議**

〘参〙「サミット」は主要国首脳会議のことで国際的な首脳会議のひとつ。米国・英国・フランス・ドイツ・イタリア・カナダ・日本・ロシア連邦の8か国の首脳と欧州委員会の委員長が参加、G8（ジーエイト）とも。首脳の地位を山頂になぞらえたもので、最高責任者同士の会議も「サミット」と呼ばれるようになった。

▽天皇の前で開く　**御前会議**

▽会議で事をうまく運ぶために、事前に手を打つ　**根回し・下工作**

〘参〙「根回し」は園芸用語で、樹木を移植する際、事前に生育している場所で根の一部を切断し細根の発生を促しておくこと。これをすると移植後の根付きがよくなることから、この意となった。

議論の意からみた「話し合い」

▽意見を述べて論じ合う　**論じる・論ずる・議論・論議・討論・討議・言議・ディスカッション**

▽提示された話題について、出席者全員が参加して公開で行う　**フォーラムディスカッション・フォーラム**

▽自分の意見や思想を表明する　**言論**

▽意見を主張して争う　**論争・争論・相論・争議・論戦・論判・舌戦・押し問答**

▽議論のための論の組み立て。論者の陣容　**論陣**

〘参〙「論陣を張る」は「論理を組み立て、議論を展開する」の意味だが、これを「論戦を張る」とするのは誤り。

▽議論の方法　**論法・ロジック**

▽前提が二つ、結論が一つからなる論法　**三段論法**

▽議論の勢い　**論鋒**

▽議論の主題　**論題**

▽議論の要点　**論点**（ろんてん）
▽議論の要旨　**論旨**（ろんし）
▽議論して決めた判断　**結論**（けつろん）
▽議論して結論を出す　**論結**（ろんけつ）
▽議論して決める　**論決**（ろんけつ）・**論定**（ろんてい）
▽議論の巧みな人　**論客**（ろんきゃく）・**論客**（ろんかく）
▽論争の相手　**論敵**（ろんてき）
▽はばからずに議論する　**放論**（ほうろん）
▽張り合って　**抗論**（こうろん）
▽はげしく　**激論**（げきろん）
▽でたらめな　**妄議**（ぼうぎ）
▽むだな　**徒論**（とろん）
▽他人とは異なった　**異議**（いぎ）・**異論**（いろん）・**異存**（いぞん）
▽熱心な　**熱論**（ねつろん）
▽道理にかなった正しい　**正論**（せいろん）
▽すぐれた　**名論**（めいろん）
▽議論がもつれる　**紛議**（ふんぎ）
▽議論が十分になされ結論の出る状態

煮詰まる（につまる）
〖参〗「煮えすぎて水分がなくなる」の意から転じて、「結論が出せない状態になる、行きづまる」というようにまったく反対の意味でも使われているようになってきている。
▽議論する価値もない　**論外**（ろんがい）
▽口で言い合う　**口論**（こうろん）・**口争い**（くちあらそい）・**口喧嘩**（くちげんか）・**諍い**（いさかい）・**口舌**（くぜつ）・**口舌**（くぜち）・**口説**（くぜつ）・**口説**（くぜち）
▽議論して是非を明らかにする　**論弁**（ろんべん）・**論判**（ろんぱん）・**論決**（ろんけつ）・**論断**（ろんだん）・**論う**（あげつらう）
▽是非を論じて批評する　**論評**（ろんぴょう）
▽そのことに論じ及ぶ　**論及**（ろんきゅう）
▽手厳しく論じる　**痛論**（つうろん）
▽極端な考え方で　**極論**（きょくろん）
▽詳しく　**詳論**（しょうろん）
▽細かく　**細論**（さいろん）
▽再び　**再論**（さいろん）

▽論を進めて物の道理をきわめる　**論究**（ろんきゅう）
▽論じて考察する　**論考**（ろんこう）・**論攷**（ろんこう）
▽反対の意見を申し入れる　**抗議**（こうぎ）
▽論じ返す　**反論**（はんろん）・**反駁**（はんばく）
▽議論して相手の説の誤りを攻撃する　**論駁**（ろんばく）・**駁論**（ばくろん）・**論難**（ろんなん）・**論破**（ろんぱ）・**弁駁**（べんばく）
▽互いに主張し合って決着がつかない　**水掛け論**（みずかけろん）
▽対立する意見のあいだでの、参加者が納得できる妥協点　**落とし所**（おとしどころ）
▽話し合いがまとまらないで終わる　**物別れ**（ものわかれ）
▽話し合いの妥協点が見いだせない　**平行線**（へいこうせん）
▽世間の口やかましい　**物議**（ぶつぎ）
〖参〗「世間の人々の議論を引き起こすこと」は「物議を醸す（かもす）」で、「物議を醸し出す」「物議を呼ぶ」とす

るのは誤用。

▽談話や　**談論**

▽宗派の教義上の論争　**宗論**

▽政治についての　**政論・政談**

「話し合い」に関する成句

【委曲を尽くす】 細大漏らさず詳しく説明する。

【議論の余地はない】 申し分ない。改めて検討するまでもない。

【議論を戦わす】 熱心に議論する。

【言を左右にする】 あれこれと言葉巧みにごまかして、はっきりとしたことを言わない。

【口角泡を飛ばす】 激しい論戦を繰り広げるさま。

【言葉を返す】 反対の意見を言う。口答えする。

【言葉を尽くす】 相手がよく理解できるように、精一杯に説明する。

【丁丁発止】 激しく真剣に議論を戦わせるさま。

【話が付く】 相談や交渉がまとまる。

【話に乗る】 相談相手になる。計画などに加担する。

【腹を合わせる】 示し合わせる。ぐるになる。

【膝を交える】 親しく話し合う。

【額を集める】 集まって相談する。

【右と言えば左】 つねに人の言うことに反対すること。

【水を差す】 そばから余計なことを言って、話の進行を妨げる。

【物言いが付く】 すでに決定されたことに対して反対意見が出る。

【横槍を入れる】 そばから口出しをして、話がまとまらないようにする。

【小田原評定】 いつまで経っても結論が出ない堂々めぐりの会議。

【鳩首凝議】 人びとが顔を突き合わせて相談すること。

【議論百出】 大勢の人からいろいろな意見が出され、議論が活発なさま。

【喧喧囂囂】 大勢の人が口やかましく議論を戦わせるさま。

【甲論乙駁】 一人がある意見を出せば別の者が

それに反対するという形で、議論がまとまらないさま。

【談論風発】盛んに意見が交わされ、場がにぎわうこと。

【百家争鳴】学説などが続出して、盛んに論争し合うこと。類「百花斉放」。

話す・話

発言の意からみた「話す・話」

▽相手に声に出してものを言って伝える　話す・語る・喋る・談ずる

▽口数多く　長舌・長広舌・広長舌・口忠実・弄舌・饒舌・多言・弄言・多弁・御喋り・囀る

〔参〕「広長舌」は仏の三十二相のひとつで、舌が広く長いことから大いに弁ずることの意となった。「長広舌」はそれから転じた語だが、こちらが使われることが多い。

▽さからって　抗言

▽大きな声で　高話

▽実力より大きなことを　大言・豪語・広言

▽遠慮せず極端な　極言

▽思うままに　放談・放言

▽横合いから第三者が　横槍・容喙

▽立ちながら　立談・立ち話

▽聴衆に向かって分かりやすく　講演・講話・講義・レクチャー

▽謹んで　謹話

▽仏の教えを説いて　説法・講説

▽道ばたで往来の人に説法する　辻説法・辻談義

▽酒食なしで　素話

▽他人に　他言・他言・口外

▽なぞ掛けして　謎立て・謎掛け

▽内密に声をひそめて　耳語・耳談合・耳相談・耳打ち・密談・密語・囁く・私語く・内緒話・内証話・ひそひそ話・こそこそ話

▽内々で　内談

▽覚めてから夢のことを　夢語り・夢物語・夢話

▽会合などで集まった人の前で　スピーチ

▽会食や集まりなどの際、自席でする短い

卓話・テーブルスピーチ

▽他人の話を敬って　高話

談話の意からみた「話す・話」

▽一緒に話し合う
談話・相談・話し合う・語らう・掛け合う

▽まとまった話をする　語る

▽互いに話をする
言い合う・言い交わす・話し合う・語り合う・語らう

▽物事の決着をつけるために　談判

▽間に人を入れないで、直接相手と談判する
直談判・直談・直談

▽本格的な話し合いの前にする
下相談・下話・下打ち合せ

▽話に夢中になる　話し込む

▽やって来て　来談

▽直接相手と　直話

▽電話機を用いて　電話・通話

▽自分の要求に応じさせる
強談・強談判

▽数人が座って形式ばらずに　座談

▽打ち解けて楽しく
歓談・款談・歓語・款語

▽重要な　要談

▽用向きの　用談

▽用件を文字に書いて　筆談

▽手を使って　手話
〔参〕「手談（しゅだん）」という言葉もあるが、これは囲碁のこと。

▽談話し議論する　談論・論談

▽政治に関する　政談

▽裁判にしないで当事者間で解決する
示談

▽話し合って解決する
話談・和議・和談

▽昔あったことを懐かしく
懐旧談

▽あたりかまわず　高談

▽いろいろの
雑話・雑談・お喋り・四方山話・世間話

▽くだらないお喋りを　弁駄る

▽むつまじく
睦言・睦語り・睦物語・情話

▽親しく打ち解けて
懇談・懇話

▽心静かに、のんびりと
閑談・閑話・間話・閑語

▽笑いながら
笑談・談笑・笑語

▽茶を飲みながら
茶話・茶話・茶飲み話・茶話

▽相対して

対話・対談・面話・会話・面談・応対

▽三人が向かい合って　鼎談・三者会談

▽いろりのそばでくつろいで　炉辺談話

▽家事の合間に主婦たちが集まって　井戸端会議

▽夜、話をする　夜話・夜語り・夜話・夜咄

▽夜通し話し合う　語り明かす

話す内容からみた「話」

▽話の材料　話題・話の種・談柄・話柄

▽普通の　平話・常談

▽得意になって聞かせる　自慢話・天狗咄・至り話・手柄話

▽苦心したさまを　苦心談・苦労話

▽役に立たない、たわいない　無駄話・徒話・無駄口・馬鹿話・閑談・閑話・間話・閑語・漫談・冗談・冗話・空談

▽本筋以外の　余談

▽ある事柄にまつわる興味深い　零れ話・余話・余聞

▽いつも決まって得意になって話す同じ内容の　一つ話

▽悩みなどを隠さずに　打ち明け話

▽一身上のことに関する打ち明け話　身の上話

▽心の奥底を打ち明けての　心底話

▽過去の過ちを悔いて打ち明ける　懺悔話

▽思い出を　思い出話

▽悲しい　悲話・哀話

▽明るい　朗話

▽内々の、仲間内の　内輪話・楽屋話・内話

▽入り組んでいるないしょの　魂胆話

▽実際の　実話・実況

▽まちの　街談・世間話・巷談・巷語・巷説

▽俗世間の　俗談・俗話

▽世俗を離れた高尚な　清話・清談

▽他人の話の尊敬語　高談

▽よい　良話・佳話・美談・善談

▽長時間にわたる　長談・長話・長談義・長

話す・話

物語
▽ふざけての、くだらない
戯れ言・戯言・戯れ・冗談
▽くだらない、とりとめのない
漫ろ言・漫ろ言・漫ろ物語・漫談
▽おどけた　狂談
▽こっけいな
笑い話・笑話・笑語
▽珍しく変わった
珍談・珍説・一つ話・椿説・奇談・奇譚・奇話
▽おもしろく仕組まれた　綺談
▽一般には知られていない　秘話
▽世間に知られていない興味のある
逸話・挿話・エピソード
▽一般には知られていない陰の事情の
裏話・インサイドストーリー
▽旅行中の見聞についての
土産話
▽事件などが一段落ついた後、どうなったかの
後日談・後日譚・後談
▽事実でない
虚談・虚説・妄言・妄語・妄語・妄言・空言・虚言
▽つくりごとの
作り話・作り物語・フィクション
▽風雅で上品な　雅談
▽世間の俗事に関する
世話・世語り・俗話・俗談・世間話・浮世話・浮世咄
▽どこからともなく聞こえてくる人の消息など
風聞
▽世間で根拠もなく言いふらされる
噂・噂話・風説・流言・蜚語・世評・浮説・流説・飛語・飛言・浮言・空言・空言・浮評・虚説・虚聞・虚談・虚声・虚伝・都市伝説
[参]「蜚語」の「蜚」は空を飛ぶ虫がもともとの意だが、「飛」とほぼ同じ意を表す。
▽縁組の　縁談
▽寝ながらの　寝物語
▽のろけて話す　惚気話
▽愚痴をくどくどと　愚痴話
▽男女の恋愛についての
情話・恋ばな
▽男女の色事についての
色話・艶話・濡れ話
▽恋人同士がたわむれての　痴話
▽男女の別れの
別れ話・手切れ話
▽みだらな　猥談

▽性や排せつなどの下品な　下ネタ（しもネタ）

▽金についての　金談（きんだん）

▽戦いについての　軍談（ぐんだん）

▽遊里のうわさ　御町話（おちょうばなし）・御町話（おまちばなし）

▽でたらめな　与太話（よたばなし）

〔参〕「与太」は「与太郎（よたろう）」の略。「与太郎」は江戸落語で間抜けな人の名に用いられていた。

▽ある物事にたとえて　譬え話（たとえばなし）・寓話（ぐうわ）

▽ある結果についての経緯や事情をふくめた　因縁話（いんねんばなし）

▽ことわざや成句などをもじってつくった文句　地口（じぐち）・口合い（くちあい）・語呂合せ（ごろあわせ）・語路合せ（ごろあわせ）・洒落（しゃれ）

文学・話芸などからみた「話」

▽ちょっとした　一口話（ひとくちばなし）・一口噺（ひとくちばなし）・一口咄（ひとくちばなし）・小話（しょうわ）・小話（こばなし）・小咄（こばなし）・小噺（こばなし）・寸話（すんわ）

〔参〕「咄」は本来、叱る声や舌打ちの音などを表す語だった。「噺」は国字で、耳新しい話の意。

▽文章に関する　文話（ぶんわ）・文談（ぶんだん）

▽俳諧の　俳談（はいだん）

▽和歌に関する　歌話（かわ）・歌談（かだん）・歌語り（うたがたり）

▽歌を主とした短い物語　歌物語（うたものがたり）

▽自分の芸に関する　芸談（げいだん）

▽歴史の　史話（しわ）・史談（しだん）

▽昔の　昔話（むかしばなし）・昔噺（むかしばなし）・昔語り（むかしがたり）・昔物語（むかしものがたり）・古語り（いにしえがたり）

▽人々の間で語り継がれてきた　説話（せつわ）

▽庶民の間で昔から語り継がれてきた　民話（みんわ）

▽神について語り継がれてきた　神話（しんわ）

▽特定の人物や事物について語り継がれてきた　伝説（でんせつ）・言い伝え（いいつたえ）

▽子どものための　童話（どうわ）・御伽噺（おとぎばなし）・御伽話（おとぎばなし）・御伽（おとぎ）・メルヘン

▽詩についての　詩話（しわ）・詩談（しだん）

▽化け物に関する　怪談（かいだん）・幻談（げんだん）・百物語（ひゃくものがたり）

▽仏法上の　法話（ほうわ）・法談（ほうだん）・法語（ほうご）

▽禅の修行のための　禅話（ぜんわ）・禅談（ぜんだん）

▽教え諭す　訓話（くんわ）

▽人の道を説いた　道話（どうわ）

▽教訓または風刺を含めた　寓話（ぐうわ）・譬え話（たとえばなし）

▽滑稽な、おどけた　戯け話（おどけばなし）・狂談（きょうだん）

話す・話

▽最後に落ちのついた滑稽な

落語・落とし話・落とし噺・軽口話・咄・噺・御笑い

▽落語で、人情・世情を題材にしたもの

人情話・人情噺

▽落語で、鳴り物のはいらない

素話・素噺

▽落語で、身振りを交えて演じる

仕方話・仕形話・仕方噺・仕形噺

▽短い落語。また、落語の冒頭で用いる笑話

小話・小咄・小噺

▽武勇談・政談・侠客伝などを調子をつけて語る

講談・講釈

▽往来で講談などをして聴衆から金をもらう

辻講釈・辻噺・大道講釈・辻談義

▽社会風刺・世相批判などを入れて語る落語風の

漫談

▽二人の芸人が掛け合いで滑稽な話を交わす

漫才・掛け合い漫才・掛け合い話

▽客から出された三つの題をつづり合わせて即席で落語にする

三題噺・三題咄

「話す・話」に関する成句

【大風呂敷を広げる】
自分にはできそうもないことまで、大げさに話す。類「大言壮語」「法螺を吹く」

【尾鰭が付く】
事実以外のことが加わって話が大げさになる。

【開口一番】
話を始めたとたんに。

【肝胆を披く】
互いに打ち解けて心の内を話す。類「胸襟を開く」

【聞こえよがし】
わざとその人に聞こえるように話すさま。

【口がうまい】
話し方や話の運び方が上手である。

【口の端に掛ける】
話題にする。

【口を割る】
隠していたことを話す。類「泥を吐く」

【立て板に水】
つかえることもなく、さっそうと話し続けるさま。

【手の内を見せる】
ひそかに心に思っていることを人に話す。

【問うに落ちず語るに落ちる】

人から問われたときは用心して話さないことも、何気なく話しているときに、ついうっかり話してしまうものだ。


【問わず語り】

人が問いもしないのに自分から勝手に話すこと。


【話が弾む】

次々と話題が広がって活気づく。


【話に花が咲く】

楽しい話題が次々に出て話に夢中になる。


【話に実が入る】

興味のあることなので話に熱中する。


【話の腰を折る】

調子よく進んでいる話を途中でさえぎる。


【話半分】

その話は半分くらいが本当のことだと思って聞けということ。


【腹を割る】

本当の気持ちを打ち明ける。

類「本音を吐く」「底を割る」


【話頭を転じる】

話題を変える。


【下手の長談義】

話下手な人がだらだらと話すさま。


【弁が立つ】

話し方が巧みで、説得力がある。


【弁舌爽やか】

話し方がよどみなく明快であるさま。


【一瀉千里】

弁舌がよどみなくさわやかであるさま。


【単刀直入】

前置きもなく、直接話の核心に入ってくるさま。


【街談巷語】

あまり根拠もなく、世間で言われている話。


【閑話休題】

無駄話はさて置いて。


【喋喋喃喃】

男女が小声で楽しそうに話すさま。


【道聴塗説】

いい加減な世間の受け売り話。出典は『論語』。


【話上手の聞き下手】

話の上手な人は自分の話に夢中になってしまい、相手の話を聞くゆとりもなく、つい一方的にしゃべってしまうということ。


【話上手の仕事下手】

口ばかり達者で、仕事となるとそれに伴わない人を皮肉っていう言葉。類「話は立っても足腰立たぬ」


【話上手は聞き上手】

話の上手な人は、相手の話にもよく耳を傾けるものだということ。


【話は下で果てる】

大抵の話は続けていくうちにだんだん下品になっていき、最後は性の話で終わることが多いということと。類「話(はなし)が下(しも)へ回(まわ)ると仕舞(しま)いになる」

はやい……早・速

速度からみた「はやい」

▽時間的に短い。動作が敏捷(びんしょう)である
速し(はやし)・速い(はやい)・疾し(とし)・疾い(はやい)・捷し(とし)・捷い(はやい)・迅速(じんそく)・疾速(しっそく)・迅疾(じんしつ)・迅駛(じんし)・スピーディー・クイック

▽はやいようす　速やか(すみやか)

▽はやい度合・程度
速さ(はやさ)・速度(そくど)・速力(そくりょく)・スピード

▽速度が大きい　高速度(こうそくど)・高速(こうそく)

▽速度がはやくなる　速まる(はやまる)

▽速度をはやくする　速める(はやめる)

▽速度を上げる。速度が上がる
加速(かそく)・増速(ぞうそく)

▽次第に増していく速さ　加速度(かそくど)

▽速度を落とす。速度が落ちる
減速(げんそく)・失速(しっそく)

▽速度が等しい　等速(とうそく)

▽出せる最大の速さ
全速力(ぜんそくりょく)・全速(ぜんそく)

▽一秒当たりの速さ　秒速(びょうそく)

▽一分当たりの速さ　分速(ふんそく)

▽一時間当たりの速さ　時速(じそく)

▽音が空気中を伝わる速さ　音速(おんそく)

▽光の速さ　光速度(こうそくど)・光速(こうそく)

〔参〕「光速度」は宇宙での最大速度。真空中で一秒間におよそ三十万キロメートル進む速さ。一般には「一秒間に地球を七周半する速さ」といわれている。

▽回転運動をする点の速さを中心に対する角度で表す
角速度(かくそくど)

▽水などの流れの速さ　流速(りゅうそく)

▽風の吹く速さ　風速(ふうそく)・風脚(かざあし)

▽歩く速さ　歩速(ほそく)

▽歩く速さの度合　歩度(ほど)

▽車などが走り始めるときの速さ
出足(であし)

▽船が進む速さ　船足(ふなあし)・船脚(ふなあし)

▽火が燃え移る速さ
火足(ひあし)・火脚(ひあし)

▽川などの水が増減する速さ　水足(みずあし)

▽物事の動きが非常に
急速(きゅうそく)・速急(そっきゅう)・迅急(じんきゅう)・急激(きゅうげき)

▽すばらしく　快速(かいそく)・軽快(けいかい)

▽川の流れが
急流(きゅうりゅう)・激流(げきりゅう)・奔流(ほんりゅう)

▽ききめが現れるのが
速効(そっこう)・即効(そっこう)

▽物事がとどこおることなく進む

早く・速く・疾っ疾と・疾く・さっさと・どんどん・ずんずん・どしどし

▽事態や状況が変わるのが
見る見る・見る間に・忽ち・瞬時・瞬く間

▽遅いと　遅速・緩急

▽非常に速いことのたとえ　脱兎

時期・時からみた「はやい」

▽まだその時期・時刻ではない
早い・早し・尚早

▽夜が明けて間もない　早い・早し

▽早朝に　夙に

▽ずいぶんと　早早・早くも

▽以前から
夙に・疾うに・疾っくに・疾うから

▽今すぐに　早速

▽今となっては
早・最早・もう

▽定められた時より少し前　早め

▽はやい時期　早く・まだき

▽予定より繰り上がる
早まる・早める

▽予定に遅れないようにはやくする
急ぐ

▽はやくさせようとする
急がせる・急がす・急く・急かす

▽予定の時期をはやめる
繰り上げる

▽予定の時期をはやめたりおくらせたりする
ずらす

▽時期が迫っている
切迫・急切・急迫

▽朝はやく旅立つ
早立ち・早行

▽朝はやく起床する
早起き・朝起き

▽夜はやく寝る　早寝

▽ふだんよりはやく出勤する　早出

▽はやい時間に出勤する番　早番

▽定刻よりはやめに食事をする
早飯

▽昼食時間前に弁当を食べる　早弁

▽会社などを定時よりはやく退出する
早退・早退け・早引け・早帰り

▽外泊して朝はやく自宅に戻る
朝帰り・早帰り

▽普通よりはやく咲く　早咲き

▽普通よりはやく発達する
早熟・早成

▽はやく死ぬ
早死に・早世・若死に・夭折・夭死・夭逝・殤

死・短折・短命

動作・行為からみた「はやい」

▽動作や行動が
素早し・素早い・鋭し・鋭し・鋭い・利し・敏し・すばしこし・すばしこい・すばしっこい・敏速・敏捷・機敏・捷速・軽快・捷急・剽疾

▽強く、かつすばやい　勁疾

▽人間とは思えないほどすばやい
神速

▽才知にすぐれ行動がすばやい
俊敏

▽身のこなしが軽くすばやい
軽快・軽捷・趫捷

▽仕事などを処理するのが
手早し・手早い・手捷い・手が早い

〔参〕「手が早い」には、女性と知り合うとすぐ関係を結ぶことや、すぐに暴力をふるうことなどの意もある。

▽出来ばえはともかく、仕事が
拙速

▽すばやい手並み　早業・早技

▽続いて敏速に行う　矢継ぎ早

▽はやく歩く
足早・早足・急ぎ足・速歩・長足・疾足・速歩

▽はやく走る　早駆け

▽足がはやい。また、その人
快足・駿足・俊足

▽少し　小早し・小早い

▽少し急ぐ　小早・小急ぎ

▽競技などで攻めるのが　速攻

▽情報などを人よりはやく聞きつける
耳疾し・耳聡し・耳聡い・耳早し・耳早い・耳はしこい・早耳・地獄耳

▽理解が
早呑み込み・速了・早分かり

▽よく理解しないうちに、分かったつもりになる
早合点・早合点・早呑み込み

▽判断が　速断・即断

▽決めるのが　速決・即決

▽話すのが
口疾し・舌疾し・早口・速口・口早・口速・早言・口疾・舌疾

▽答えるのが　速答・即答

▽早口でいう言葉
早口・早口言葉・早言葉・早言・早口そそり

▽文章や文字を書くのが

速筆・早筆
▽演説などを聞きながら、特別の符号を用いてすばやく書き取る
速記
▽物を見つけるのが
目敏し・目敏い・目聡し・目聡い・目早し・目早い・目敏・目早
▽目の覚めるのが
寝聡し・寝聡い・目敏し・目敏い・目聡し・目聡い
▽食べ方が　**早食い・早飯**
▽録画や録音したものを、通常の速度よりはやく進める
早送り・早回し
▽あらかじめ十分に準備しておく
早手回し
▽はやく行きつける道。またはてっとりばやい方法
早道・速道・近道・捷径・ショートカット
▽届けるのが　**速達**
▽特別にはやい飛脚　**早飛脚**
▽足のはやい馬
駿馬・駿逸・早馬
▽一日千里走るという駿馬
騏驎・千里の馬・千里の駒
▽はやく打ち鳴らす鐘　**早鐘**
▽鐘などをはやく打つ　**早打ち**
▽はやく告げ知らせる
早打ち・速報・急報・飛報
▽手ばやく衣服などを替えて転身する
早変わり・早替わり

「はやい」に関する成句

【**烏の行水**】
入浴を早ばやと済ませて出てしまうこと。
【**拍車をかける**】
物事の進行を一段と速める。
【**早いが勝ち**】
早いのが何よりもよいということ。
類「早い者勝ち」
【**目にも留まらぬ**】
見定められないほど、非常に早いようす。
【**脱兎の勢い**】
非常に素早いことのたとえ。「脱兎」は、逃げていくウサギの意。
【**一気呵成**】
(⇩「行う・行い」110ページ)
【**歳月人を待たず**】
(⇩「時・年月・期」427ページ)
【**疾風迅雷**】
行動や勢いが非常に素早く、激しいことのたとえ。「疾風」は速く激しい風、「迅雷」は激しく鳴る雷の意。
【**塵を絶つ**】
速く走り、しかも塵一つ立てない

こと。類「絶塵」

【電光石火】
素早い行動のたとえ。類「一刹那」

【早い者に上手なし】
仕事を手早く仕上げる者は、仕上がりが雑であるということ。類「早かろう悪かろう」「早いばかりが能ではない」

【早合点の早忘れ】
早呑み込みして分かったつもりでいる人は、忘れてしまうのも早いということ。類「早呑み込みの早忘れ」

【早飯も芸のうち】
食事を素早く済ますのも才能のうちだということ。類「早飯早糞早算用」「男の早飯早仕度」

【無常迅速】
人の世の移り変わりがきわめて早いこと。歳月は人を待たず、人の死の早く来ることにもいう。

春

暦の上での「春」

▽陰暦では一月〜三月、普通には三月〜五月の三か月間
春

▽二十四節気の一。二月四日ごろ。春の始まり
立春

▽二十四節気の一。二月十九日ごろ。雪・氷がとけて水となる
雨水

▽二十四節気の一。三月六日ごろ。冬ごもりしていた虫が地上に出てくるころ
啓蟄

▽二十四節気の一。三月二十一日ごろ。昼と夜の長さがほぼ同じ
春分

▽二十四節気の一。四月五日ごろ。すべての物が清くはつらつとしてくる時期
清明

▽二十四節気の一。四月二十日ごろ。春の雨が穀物を潤す時期
穀雨

▽陰暦の一月〜三月をいう
三春

▽春分を中心とする七日間
彼岸・春の彼岸

▽春分の日
中日・彼岸の中日

▽立夏の前十八日をいう
春の土用

季節・時からみた「春」

▽春の季節
春季・春月・春陽・青

春(しゅん)・春方(はるべ)・春つ方(はるつかた)・春永(はるなが)・日永(ひなが)

▽春の期間　春期(しゅんき)

▽春季の九十日間　九春(きゅうしゅん)

▽春季の三か月間　三春(さんしゅん)

▽春の初め　初春(しょしゅん)・初春(はつはる)・孟春(もうしゅん)・新春(しんしゅん)・早春(そうしゅん)・浅春(せんしゅん)・春初(しゅんしょ)・春首(しゅんしゅ)・春前(しゅんぜん)・春先(はるさき)・明けの春(あけのはる)

▽春の訪れ。また、花が咲いたことを知らせる便り　春信(しゅんしん)

▽春になる　春さる(はるさる)

▽春が始まる　春立つ(はるたつ)・春来る(はるきたる)

▽春らしくなる　春めく(はるめく)

▽春の中ごろ。陰暦二月の異称　仲春(ちゅうしゅん)・仲陽(ちゅうよう)

▽春の末　晩春(ばんしゅん)・暮春(ぼしゅん)・季春(きしゅん)・残春(ざんしゅん)・老いの春(おいのはる)・暮れの春(くれのはる)・行く春(ゆくはる)・春尽(しゅんじん)・春の限り(はるのかぎり)

▽行く春を惜しむ　惜春(せきしゅん)

▽今年の　今春(こんしゅん)

▽去年の　昨春(さくしゅん)

▽翌年の　来春(らいしゅん)・明春(みょうしゅん)・翌春(よくしゅん)

▽春の日。昼間の長い　春日(しゅんじつ)・春日(はるび)・永日(えいじつ)・春永(はるなが)・日永(ひなが)

▽春の日光　春陽(しゅんよう)・春日影(はるひかげ)

▽春の夜明け　春暁(しゅんぎょう)

▽春の夕　春宵(しゅんしょう)

▽春の夜　春夜(しゅんや)

▽新春を迎える　迎春(げいしゅん)

▽年が改まった春。また、新年　改春(かいしゅん)

▽年の初め・正月の祝い言葉　春永(はるなが)・日永(ひなが)

▽年老いて迎える新年の祝い言葉　老いの春(おいのはる)

▽年賀の挨拶として記す語　賀春(がしゅん)・頌春(しょうしゅん)

気象・様態などからみた「春」

▽立春後の寒さ。春まで残る寒さ　春寒(しゅんかん)・余寒(よかん)

▽春にぶり返す寒さ　寒の戻り(かんのもどり)・寒返り(かんがえり)

▽桜の花の咲くころの寒さ　花冷え(はなびえ)

▽桜の花の咲くころの曇天　花曇り(はなぐもり)

▽春の暖かさ　春暖(しゅんだん)・春暄(しゅんけん)

▽陽気に満ちた春　陽春(ようしゅん)

▽常に春のような陽気　常春(とこはる)・長春(ちょうしゅん)

▽春先にその年初めて吹く強い南風

春

春一番（はるいちばん）

▽春に吹く暖かい風　**春風**（しゅんぷう）・**春風**（はるかぜ）・**東風**（とうふう）・**東風**（こち）

▽春先に吹く強い風　**春嵐**（しゅんらん）・**春嵐**（はるあらし）・**春疾風**（はるはやて）

▽春の雲。また、茶の異称　**春雲**（しゅんうん）

▽春に多い薄曇り　**春曇り**（はるぐもり）

▽春に鳴る雷　**春雷**（しゅんらい）

▽春に降る雪　**春雪**（しゅんせつ）

▽春先の暴風雨　**春荒れ**（はるあれ）

▽春に降る雨。特に若芽の出るころの静かで、細かい雨　**春雨**（しゅんう）・**春雨**（はるさめ）

▽春の長雨　**春霖**（しゅんりん）・**菜種梅雨**（なたねづゆ）

▽春に降るにわか雨　**春時雨**（はるしぐれ）

▽春にたつ霞　**春霞**（しゅんか）・**春霞**（はるがすみ）・**春靄**（しゅんあい）・**春靄**（はるもや）・**春嵐**（しゅんらん）・**春の衣**（はるのころも）

▽春に氷や雪がとけて流れる豊かな水　**春水**（しゅんすい）

▽春のぬかるみ。特に雪解けによる　**春泥**（しゅんでい）

▽春ののどかな心持ち　**春意**（しゅんい）

▽春の物思い　**春思**（しゅんし）・**春愁**（しゅんしゅう）・**春心**（しゅんしん）

▽春の気分　**春気**（しゅんき）

▽春のおもむき　**春情**（しゅんじょう）・**春の情け**（はるのなさけ）

▽春のうららかな景色　**春景**（しゅんけい）・**春光**（しゅんこう）・**春ざれ**（はるざれ）・**春容**（しゅんよう）・**春色**（しゅんしょく）

自然と生活からみた「春」

▽春を迎えるため用意をする　**春営み**（はるいとなみ）

▽春に田畑を耕す　**春耕**（しゅんこう）

▽春に栽培する作物。また、春に収穫できる作物　**春作**（はるさく）

▽春に成熟する野菜　**春野菜**（はるやさい）

▽春に種をまく植物　**春蒔き**（はるまき）

▽一月から七月までにやる肥料　**春肥**（はるごえ）

▽春に萌（も）え出る草　**春草**（はるくさ）・**若草**（わかくさ）

▽春の陽光に満ちた野　**春野**（はるの）

▽春の郊外、野辺　**春郊**（しゅんこう）

▽ウグイスの異名　**春鳥**（しゅんちょう）・**春告鳥**（はるつげどり）

▽ニシンの異名　**春告魚**（はるつげうお）

［参］ニシンは三月から五月にかけて、北海道の西岸に近づくことから。関東や東海地区ではメバル、瀬戸内海ではサワラなども「春告魚」と呼ばれている。

▽春の風物を訪ね歩く　**探春**（たんしゅん）

▽正月あるいは三月に野外に出て遊ぶ　**春慰み**（はるなぐさみ）

▽春の夜の夢　**春夢**（しゅんむ）

▽春の夜の眠り　**春眠**（しゅんみん）

▽春に行う祭り　**春祭り**（はるまつり）

▽春になって着る衣服。また、年始に着る新しい着物

春着・春服・春の衣

▽春に多くの花が錦を織ったように美しく咲くさま

春の錦

▽春の七種の草花（セリ・ナズナ・ゴギョウ・ハコベラ・ホトケノザ・スズナ・スズシロ）

春の七草

▽学校の春季の学期休み　**春休み**

▽労働組合が労働条件改善の要求を掲げてする闘争

春闘

▽中学校を卒業して高等学校に入学する時期

十五の春

「春」に関する成句

【秋月春風】

（⇩「月」406ページ）

【春花秋月】

（⇩「月」406ページ）

【春日遅遅】

（⇩「太陽・日光」363ページ）

【春宵一刻値千金】

春の夜は月がおぼろにかすんで風情があり、そのうえ温暖で気分がよく、そのすばらしい眺めは、ほんのわずかな時間が千金にも値するほどだということ。出典は蘇軾の詩『春夜』。

【春風駘蕩】

春風がのどかに吹くさま。のどかな春景色の意から、人の態度・性格がのんびりしていて温和なことのたとえにもいう。「駘蕩」は、のどかで穏やかなようす。

【春眠暁を覚えず】

（⇩「寝る・眠る」453ページ）

【春に三日の晴れなし】

春の花どきの天気は三日と続かないということ。類「花曇り七日」

【一人娘と春の日はくれそうでくれぬ】

一人娘は親が手放すのを惜しんで、なかなか嫁にやらない。春の日も暮れそうで暮れないということ。「呉れる」と「暮れる」をかけている。

【冬来りなば春遠からじ】

（⇩「冬」523ページ）

晴れる・晴れ

天候からみた「晴れる・晴れ」

▽雲が散って青空が現れる

晴れる・霽れる・晴れ上がる・晴れ渡る・照る・晴れ退く

晴れる・晴れ

▽太陽が厳しく照る　照り付ける（てりつける）
▽明るい日光。また、ゆらぐ水面に輝く日光　晴光（せいこう）
▽晴れ始める　晴れ初める（はれそめる）
▽半ば晴れた　半晴（はんせい）
▽雲が切れて青空がのぞく　晴れ間（はれま）・雲間（くもま）
▽空が晴れ渡る　澄清（ちょうせい）
▽晴れた天気　晴天（せいてん）・青天（せいてん）・蒼天（そうてん）・日和（ひより）・天気（てんき）・好天（こうてん）・好晴（こうせい）
▽天気のよい日が続く　日和続き（ひよりつづき）
▽非常によく晴れた　快晴（かいせい）・上天気（じょうてんき）
▽空に雲一つない快晴　日本晴れ（にほんばれ）・上様日和（うえさまびより）
▽よく晴れ渡った空　晴天（せいてん）・青天（せいてん）・青空（あおぞら）・青空（せいくう）・晴空（せいくう）・碧空（へきくう）・碧天（へきてん）
▽空が晴れて穏やかな　晴和（せいわ）・長閑か（のどか）
▽日差しがやわらかでのどか　麗らか（うららか）
▽空が晴れて大気が澄む　晴朗（せいろう）
▽長く雨が降らない　日照り（ひでり）・旱（ひでり）・旱天（かんてん）
▽晴れと雨　晴雨（せいう）・照り降り（てりぶり）
▽晴れと曇り　晴曇（せいどん）・晴陰（せいいん）・陰晴（いんせい）
▽晴れた空に浮かぶ雲　晴雲（せいうん）
▽変わりやすい天気　一石日和（いちこくびより）・気紛れ天気（きまぐれてんき）・狐日和（きつねびより）
〔参〕「一石日和」は、定まらない天気を筑紫で「雨降るうごと（如く）、降るまいごと」という「ごと」にかけて、五斗と五斗で一石になることから。
▽雨が止んで急に　俄日和（にわかびより）
▽雪がやんで　雪晴れ（ゆきばれ）
▽朝霜が降りてよい天気になる　霜晴れ（しもばれ）・霜日和（しもびより）
▽夕方になって　夕晴れ（ゆうばれ）
▽朝のよい天気　朝日和（あさびより）
▽夕方の雨上がり　晩霽（ばんせい）・晩晴（ばんせい）
▽雨後の晴れた空の月　霽月（せいげつ）
▽晴れた日に山にただよう、かすかに青い霞　晴嵐（せいらん）
▽水面が晴れ渡って遠くまで見える川　晴川（せいせん）
▽洗濯によい　洗濯日和（せんたくびより）
▽郊外などで遊ぶのによい　行楽日和（こうらくびより）
▽遠くを見渡す　見晴らす（みはらす）・見霽るかす（みはるかす）・見晴るかす（みはるかす）
▽晴れて眺めがよい　晴好（せいこう）
▽晴れた日にはく歯の低い下駄

日和下駄（ひよりげた）

▽その人が出かけたり来たりすると晴れるといわれている人
晴れ男（はれおとこ）・晴れ女（はれおんな）

春夏秋冬の「晴れる・晴れ」

▽元日の　初晴れ（はつばれ）

▽春のよい天気　春日和（はるびより）

▽日光のやわらかな
麗らか（うららか）・麗ら（うらら）

▽うららかな日　麗日（れいじつ）

▽晴れて穏やかな
長閑か（のどか）・長閑けし（のどけし）・長閑（のど）やか

▽梅雨の晴れ間
梅雨晴れ（つゆばれ）・五月晴れ（さつきばれ）

▽雲も風もなく汗ばむような日照り
油照り（あぶらでり）・脂照り（あぶらでり）

▽晴れて太陽が厳しく照りつける
かんかん照り（でり）・直照り（ひたでり）・炎天（えんてん）

▽晴天が続く夏の
旱（ひでり）・旱空（ひでりぞら）・旱天（かんてん）

▽秋のよい天気　秋日和（あきびより）

▽秋の晴天　秋晴れ（あきばれ）・秋晴（しゅうせい）

▽晴れた秋の日のさわやかさ
爽やか（さわやか）・爽気（そうき）・秋爽（しゅうそう）・爽涼（そうりょう）・明けし（さやけし）・清けし（さやけし）

▽冬のよい天気
冬晴れ（ふゆばれ）・冬日和（ふゆびより）

▽初冬の穏やかな
小春（こはる）・小春日（こはるび）・小春日和（こはるびより）・小春空（こはるぞら）

〔参〕「小春」は陰暦十月の異称でもあり、春の季節には使わない。英語のインディアンサマーは「小春日和」に相当する。

▽雪の晴れ間
雪晴れ（ゆきばれ）・深雪晴れ（みゆきばれ）

わだかまりや疑いが解ける意の「晴れる・晴れ」

▽気が晴れて明るい
麗らか（うらら）・晴れやか（はれやか）

▽さっぱりとした気持ち
晴れ晴れ（はればれ）・晴晴（せいせい）・清清（せいせい）・清清（すがすが）

▽ふさいだ気持ちを晴らす
気晴らし（きばらし）・憂さ晴らし（うさばらし）

▽疑いを晴らす
面晴れ（めんばれ）・面晴れ（めんばれ）

▽誰にも遠慮をする必要がない
天下晴れて（てんかはれて）・晴れて（はれて）

▽自分の身にふりかかった疑いを晴らす
身晴れ（みばれ）

▽怒りが晴れる　霽威（せいい）

▽執念を晴らす　念晴らし（ねんばらし）

▽仕返しして恨みを晴らす

意趣晴らし

褻晴れの意からみた「晴れ」

▽儀礼や祭などの非日常　晴れ

▽たいそう表だってはなやか　晴れがましい

▽人前で何かを行う晴れがましい場面　晴れ舞台・晴れの舞台

▽晴れの場所に出るときの衣装　晴れ着・晴れ衣装・御晴れ・晴れ衣

▽晴れの場に立った姿　晴れ姿

▽日常と儀礼や祭など非日常　褻晴れ

「晴れる・晴れ」に関する擬態語・形容語

▽明るくさわやかで晴ればれしているさま　からっと・からりと

▽わだかまりがなく気持ちがよい　すっきり・すきっと

▽よく晴れてすがすがしくさわやか　すかっと

▽春の日の光が美しくのどかに照る　うらうら・うらら・うららか

▽太陽の光が明るくきらきらと輝く　燦燦・粲粲

▽太陽が急に明るく強く照りつける　かっと

▽太陽が持続的に強く照りつける　かっかと

▽太陽が強く照りつける　かんかん

▽太陽が焼けつくように強く照りつける　じりじり

「晴れる・晴れ」に関する成句

【気が晴れない】 気掛かりなことがあって、気分が重い。

【胸が晴れる】 不安や心配がなくなり気分がさわやかになる。

【晴耕雨読】 晴れの日には田畑を耕し、雨の日には家にこもって読書をする意から、のんびり気ままに暮らすことのたとえ。

【青天白日】 青空に輝く太陽の意からよく晴れた天気のこと。心にやましさがない。また、無実の罪が晴れること。

【台風一過】 台風が過ぎ去った後のよい天気。

判断（はんだん）

評価・評定の意からみた「判断」

▽物事の価値を定める　**評価（ひょうか）・評（ひょう）する**

▽ある基準によって物事の評価を決める　**評定（ひょうてい）**

▽判断してどちらかに　**判定（はんてい）**

▽物事のよしあしや価値などを評価・判定する　**批判（ひはん）**

▽よい悪いを論じて　**論判（ろんぱん）**

▽調べて　**査定（さてい）**

▽事実の有無などについて調べ認める　**認定（にんてい）**

▽見て判定する　**見做す（みなす）・看做す（みなす）**

▽差がないものとみなす　**同一視（どういつし）・同視（どうし）**

▽同じであると見極める　**同定（どうてい）**

▽物事の長短を論じて評価する　**評（ひょう）・批評（ひひょう）**

▽世間の人の批評　**評判（ひょうばん）・世評（せひょう）**

▽よい評判　**好評（こうひょう）・高評（こうひょう）**

▽よくない評判　**悪評（あくひょう）・不評（ふひょう）**

▽短くまとめた批評　**寸評（すんぴょう）・短評（たんぴょう）・コラム・レビュー**

▽内容を論じた　**論評（ろんぴょう）**

▽全体にわたるおおまかな　**概評（がいひょう）**

▽総まとめの　**総評（そうひょう）**

▽大勢でする　**合評（がっぴょう）**

▽多くの人の　**衆評（しゅうひょう）**

▽時事に関する　**時評（じひょう）**

▽その月ごとの　**月評（げっぴょう）**

▽多くの作品からよいものを選んでする　**選評（せんぴょう）**

▽細かい部分にわたっての　**細評（さいひょう）**

▽説明を加え、指導的な立場からする　**講評（こうひょう）**

▽適切な　**適評（てきひょう）**

▽手厳しい　**酷評（こくひょう）**

▽冷淡な　**冷評（れいひょう）**

▽見当違いの批評。自分のする批評の謙譲語　**妄評（もうひょう）・妄評（ぼうひょう）**

▽産物・製品・作品などのよしあしを決める　**品評（ひんぴょう）・品定め（しなさだめ）・評定（ひょうてい）**

▽決算などで在庫品の評価をする　**店卸し（たなおろし）・棚卸し（たなおろし）**

▽おおよその値段を見積もる　**値踏み（ねぶみ）**

▽能力や価値などによって段階をつける

判断

格付(かくづ)け

▽点数をつけて成績を決める　採点(さいてん)

▽演劇の批評　劇評(げきひょう)

▽書物についての　書評(しょひょう)

▽人物についての
月旦評(げったんひょう)・月旦(げったん)

▽公務員や会社員などの仕事ぶりで優劣を評価する
考課(こうか)・成果主義(せいかしゅぎ)

▽管理者が勤務態度などで
勤務評定(きんむひょうてい)・勤評(きんぴょう)

▽ある物事を他の物事と誤って
誤認(ごにん)

▽競技等で優劣などを判定する。また、その人
審判(しんぱん)・ジャッジ・レフェリー・アンパイア

▽審判の間違った
誤審(ごしん)・ミスジャッジ

識別の意から みた「判断」

▽物事の性質や種類などを見分ける
識別(しきべつ)

▽ある基準で選び分ける
選別(せんべつ)・選(え)り分(わ)ける・選(よ)り分(わ)ける・

▽条件に合ったものを選び分ける
篩(ふる)う

▽目的にあったものやよいものを選び出す
選択(せんたく)

▽事のよしあしや真偽などを見分けて決める
判断(はんだん)

▽はっきり見分ける　判別(はんべつ)・見境(みさかい)

▽違いを見つけて分ける
区別(くべつ)・区分(くぶん)

▽種類によって分ける
分別(ぶんべつ)・類別(るいべつ)・分類(ぶんるい)

▽厳しく区別する　峻別(しゅんべつ)

▽物事のよしあしを判定する
物定(ものさだ)め

▽物事の善悪などを見分けて区別する
弁別(べんべつ)・弁(べん)じる・弁ずる・弁(わきま)える・

▽よくわきまえる　明弁(めいべん)

▽調べて見分ける　鑑別(かんべつ)

▽物事の真偽や価値などを見分ける
鑑定(かんてい)・目利(めき)き・鑑識(かんしき)

▽すぐれた鑑識。自分の作品を見てもらうときの語
清鑑(せいかん)・清鑒(せいかん)

▽美醜を見分ける。また、その力
審美(しんび)・審美眼(しんびがん)

決定・決断の意から みた「判断」

▽方針や態度などをはっきりとさせる
決定(けってい)・決断(けつだん)・断(だん)じる・決(き)

まる・決める・決する・定まる・定める

▽心を決める　決意・決心・覚悟・思い固む・思い定める

▽覚悟する　処決・思い切る・期する

▽思い切って決心する　踏み切る・踏み切り・踏ん切り

▽死を覚悟して　決死

▽見て判断する　見立て・判じる・判ずる・見立てる・見て取る

▽議案などをよいと認めて決める　可決

▽はっきりと　断定

▽案を断定する　断案

▽早まった考え　早計

▽その場で素早くする　即決・速決・速断・即断・果決

▽論じて言い定める　論定

▽準備や計画が十分できないうちに始める　腰撓め

▽量り考えて　量定

▽よく考えて　勘決

▽すぐれた判断力で思い切って　英断

▽勇気をもってする　勇断・勇決・果断

▽自分だけの考えで勝手に決める　独断・独り決め・専断・擅断・決め込む

〔参〕「擅断」の「擅」はほしいままの意。ちなみに、「独壇場」は、「独擅場（どくせんじょう）」の書き誤りが定着したもの。

▽自分勝手な。軽がるしい　妄断・妄断

▽武力による　武断

▽間違いなくはっきりと決定する　確定

▽一時的な　暫定

▽内々の　内定

▽相談して　取り決め・取り極め

▽議論して下す　論断・論判

▽すでに決まっている　既定・既決

▽決まっていない　未定・未決

▽先に決める　先決

▽前もって決める　予定

▽前もってする判断　予断

▽仮に決定する　仮定・想定

▽推測によってする判断　推定・推断・臆断・憶断

▽誤った　誤断

▽占ってする

判断

占断(せんだん)・占定(せんてい)・卜定(ぼくじょう)・卜定(ぼくてい)

▽夢の吉凶を　夢判じ(ゆめはんじ)・夢判断(ゆめはんだん)

▽診察して　診断(しんだん)

▽天皇の　叡断(えいだん)・聖断(せいだん)

▽決心がつかず迷う
躊躇(ちゅうちょ)・逡巡(しゅんじゅん)・躊躇う(ためらう)

▽ためらって決断できない
猶予(ゆうよ)・遅疑(ちぎ)・狐疑(こぎ)

裁定・解決の意からみた「判断」

▽第三者が両者のどちらが正しいか、または悪いかを決める
裁く(さばく)・裁き(さばき)・裁判(さいばん)・断決(だんけつ)・処弁(しょべん)・判定(はんてい)

▽善悪や理非を裁いて決める
裁定(さいてい)・裁決(さいけつ)・裁断(さいだん)・判決(はんけつ)・処断(しょだん)

▽罪を裁いて決める
断罪(だんざい)・断獄(だんごく)

▽刑事訴訟の裁判。また、その判決　折獄(せつごく)

▽仲裁人が民事上の争いについてする裁決　仲裁判断(ちゅうさいはんだん)

▽権限をもつ者が可否を決める　決裁(けっさい)

▽裁いて始末する　処置(しょち)・処理(しょり)・処分(しょぶん)

▽事件を調べて裁く　審理(しんり)・審判(しんぱん)

▽理非を検察し罪を決める　検断(けんだん)

▽自分で裁く。また、ただちに裁決する　直裁(ちょくさい)

▽人の意見を聞かずひとりで決める　独裁(どくさい)

▽自分の考えで物事を処理する　裁量(さいりょう)

▽明快な裁断　明断(めいだん)

▽朝廷が下す裁定　朝裁(ちょうさい)

▽天皇が下す裁定　勅裁(ちょくさい)・親裁(しんさい)・聖断(せいだん)・聖裁(せいさい)・上裁(じょうさい)・宸断(しんだん)

▽天皇の命令で制定する　欽定(きんてい)

▽人為的な制定。また、その人かどうかを確かめる　人定(じんてい)

▽会議の決定　議決(ぎけつ)・決議(けつぎ)

▽手柄を述べ合って決める　論功(ろんこう)

▽議案を認めて　可決(かけつ)

▽議案を認めない　否決(ひけつ)

▽議論して　論決(ろんけつ)・論結(ろんけつ)・論定(ろんてい)・論断(ろんだん)・協定(きょうてい)

▽評議して　評決(ひょうけつ)・議定(ぎてい)・議定(ぎじょう)・評定(ひょうてい)・評定(ひょうじょう)

▽決をとって　採決(さいけつ)

▽議案の賛否を意思表示して　表決(ひょうけつ)

▽投票して　票決(ひょうけつ)

▽問題などを裁いて決まりをつける　**解決**

▽物事の決まりがつく　**決着**

▽最終的な　**結論・断案**

▽まだ解決されていない　**未解決**

「判断」に関する成句

【色眼鏡で見る】

片寄った先入観をもってものを見る。


【意を決する】

（⇒「意向・意志・意思」88ページ）


【海の物とも山の物とも付かない】

それがどういう性質のものか、これからどうなるか、まったく予測できない。


【黒白を争う】

事のよしあしをはっきりさせる。


【黒白を弁ぜず】

物事の是非や正邪の判断ができない。


【先入主となる】

最初に頭に入った考えが固定観念となる。


【盾の両面を見よ】

物事は一面だけを見て判断するのではなく、裏表の両面をよく見きわめてから判断せよ。


【断を下す】

きっぱりと決断する。


【鶴の一声】

大勢が議論してまとまりがつかないときに、有無を言わさず物事を決定する、有力者・権力者の一言。


【予断を許さない】

前もって判断することがむずかしい。


【一刀両断】

物事を思い切って処理すること。決断が早く鮮やかなこと。


【右顧左眄】

迷って、なかなか物事が決められないさま。「左顧右眄」も同じ。


【清水の舞台から飛び下りる】

重大な決意をして、思い切って物事を実行するたとえ。


【熟慮断行】

十分に考えた上で、思い切って実行すること。


【春秋の筆法】

判断が中正で厳しいこと。『春秋』は中国の五経の一つ。公正で厳しい批判的な態度で書かれている。


【進取果敢】

自分から進んで事を行い、決断力が強いこと。


【善は急げ】

（⇒「行う・行い」110ページ）


【即断即決】

時間をかけずに判断し、決めること。

火（ひ）

強弱・様態からみた「火」

▽物が熱・光をともなって燃える現象
火（ひ）・火（ほ）・真火（まひ）

▽気体が燃えて熱と光を出している部分
炎（ほのお）・焔（ほのお）・炎（ほむら）・火炎（かえん）・火焔（かえん）

▽火の気配　火の気（ひのけ）・火気（かき）

▽火をともす
点火（てんか）・着火（ちゃっか）・火点し（ひとも し）・火点し（ひとぼし）

▽燃え出す　発火（はっか）

▽人為的に火をつけていないのに発火する
自然発火（しぜんはっか）

▽燃え上がる　炎上（えんじょう）

▽空中に立ちのぼる炎
火柱（ひばしら）・火の柱（ひのはしら）

▽火と煙　火煙（ひけむり）・火煙（かえん）

▽燃え移る　引火（いんか）・火移り（ひうつり）

▽にわかに燃え上がる　急火（きゅうび）

▽盛んにおこっている　活火（かっか）

▽全体に火がついて燃え上がる
火達磨（ひだるま）

▽広い範囲で燃えているさまを海にたとえて
火の海（ひのうみ）

▽激しく燃える
烈火（れっか）・熱火（あつび）・猛火（もうか）・猛火（みょうか）・武火（ぶか）・炎火（えんか）

▽火が燃えるとき、飛び散る小さな火
火の粉（ひのこ）・火片（かへん）・火花（ひばな）・飛び火（とびひ）

▽ひらめく　閃火（せんか）

▽はじけて跳ね飛ぶ
跳ね火（はねび）・走り火（はしりび）

▽火を保つ　火持ち（ひもち）・火保ち（ひもち）

▽一つだけともっている
一つ火（ひとつび）・孤灯（ことう）

▽覆いなどがなく炎が露出している
裸火（はだかび）

▽火力が強い　強火（つよび）・急火（きゅうび）

▽火力が中ぐらいの　中火（ちゅうび）

▽火力が弱い
とろ火（とろび）・とろとろ火（とろとろび）・微温火（ぬるび）・緩火（ぬるび）・弱火（よわび）

▽火の勢いが衰える　下火（したび）

▽燃え残りの炎　余炎（よえん）

▽燃え残り　余燼（よじん）

▽消え残った
蛍火（ほたるび）・蛍火（けいか）・残り火（のこりび）・残火（ざんか）

火事からみた「火」

▽建物などが焼ける
火事（かじ）・火災（かさい）・火の事（ひのこと）・火（ひ）

の騒ぎ（さわぎ）

▽火事を忌んで言う　水流れ（みずながれ）

▽大きな　大火（たいか）・大火事（おおかじ）

▽小さな　小火（ぼや）・小火（しょうか）

▽火事を出す　出火（しゅっか）

▽急に燃え上がった　急火（きゅうか）

▽火の燃える勢い　火の手（ひのて）

▽火の燃え広がる速さ　火足（ひあし）・火脚（ひあし）

▽過ちで火事を出す　失火（しっか）・粗相火（そそうび）

▽人の過失による　人火（じんか）

▽自分の家から出た　自火（じか）

▽近所の　近火（きんか）・近火（ちかび）・急火（きゅうか）

▽火事の原因となる火の気のある所　火の元（ひのもと）・火元（ひもと）

▽原因不明の　不審火（ふしんび）・不審火（ふしんか）・怪火（かいか）

▽近所の火事で一緒に燃える　貰い火（もらいび）・類焼（るいしょう）・類火（るいか）

▽燃え広がる　延焼（えんしょう）

▽火の粉で離れた場所が火事になる　飛び火（とびひ）

▽風上の方へ燃え移る　後火（しりび）・尻火（しりび）

▽焼けてなくなる　焼失（しょうしつ）

▽全部焼ける　全焼（ぜんしょう）・丸焼け（まるやけ）

▽残らず焼き尽くす　焼尽（しょうじん）

▽家や草木が焼けて何もなくなった土地　焦土（しょうど）・焼け野原（やけのはら）

▽建物などが半分焼ける　半焼（はんしょう）

▽わざと火事を起こす　放火（ほうか）・付け火（つけび）・火付け（ひつけ）

▽山林の　山火（さんか）・山火事（やまかじ）

▽落雷による　雷火（らいか）

▽戦争による　兵火（へいか）・戦火（せんか）

▽防ぐ　防火（ぼうか）

▽消す　消火（しょうか）・火消し（ひけし）

▽消したり、火事の発生を防ぐ　消防（しょうぼう）

▽鎮まる　鎮火（ちんか）・鎮火（ひしずめ）

▽火事を起こさないように火の元に注意すること　火の用心（ひのようじん）

▽火事が起こらないよう警戒すること。また、その人　火の番（ひのばん）

種別からみた「火」

▽野原を焼く　野火（のび）・野火（やか）・野焼き（のやき）・火入れ（ひいれ）

▽ほた（木の切れ端）をたく　榾火（ほたび）

▽アシを燃やす　葦火（あしび）

▽アシ・カヤなどの枯れたものをたく　すくも火（すくもび）

▽わらを燃やす　藁火（わらび）

火

▽藻塩を作るのにたく　藻塩火（もしおび）

▽海人が藻くずやごみをたく　芥火（あくたび）

▽害虫駆除のためあぜの枯れ草をたく　畦火（あぜび）

▽蚊を追い払うための煙　蚊遣り火（かやりび）・蚊火（かび）・蚊遣り（かやり）

▽山焼きの　山火（やまび）

▽暖をとるため屋外でたく　焚き火（たきび）

▽庭でたく　庭火（にわび）・庭燎（にわび）・燎火（りょうか）・庭燎（ていりょう）

▽木をもみ込んでおこした。また、火打ち石でおこした　切り火（きりび）・鑽り火（きりび）・燧火（すいか）・打ち火（うちび）・擦り火（すりび）・摺り火（すりび）・石火（せっか）・石の火（いしのひ）・清火（きよび）

▽火を打ち出す。また、その道具　火打ち（ひうち）・燧（ひうち）・火打ち石（ひうちいし）・燧石（ひうちいし）

▽枯れたヒノキなどの木口に棒をあててすり込んで火をつくる　火鑽り（ひきり）・火切り（ひきり）・燧（ひきり）

▽音を立てずにする切り火　忍び火（しのびび）

▽火をおこすもとの　火種（ひだね）

▽灰の中に埋めた炭火　埋み火（うずみび）・埋け火（いけび）

▽赤く熱した炭火　燠火（おきび）・熾火（おきび）・熾し火（おこしび）・燠（おき）・熾（おき）

▽火桶の中の　桶火（おけび）

▽囲炉裏の中の　炉火（ろび）・炉火（ろか）

▽炭でおこした　炭火（すみび）

▽ともした　灯火（ともしび）・灯（ともしび）・燭（ともしび）・灯火（とうか）・燭火（しょっか）・灯（ともし）・点火（とぼし）・明かり（あかり）・灯（あかし）・燈（ひ）・灯（ひ）

▽火をおこすとき、準備されている　種火（たねび）

▽炭火の少ないとき、さらに炭火を加える　差し火（さしび）

▽油に灯芯（とうしん）をつけてともした　油火（あぶらび）

▽火をつけて照明とする　炬火（きょか）・炬火（こか）・炬（たいまつ）・松明（たいまつ）・松火（しょうか）・打ち松（うちまつ）・続松（ついまつ）・篝火（かがりび）・篝（かがり）

〔参〕「たいまつ」の語源には、「たきまつ（焚き松）」の音変化など諸説ある。枯れた松の松脂（まつやに）の多い部分を集めて、束にして作られた。

▽合図の　号火（ごうか）・煙火（えんか）・狼煙（のろし）・烽火（のろし）・狼煙（ろうえん）・狼火（ろうか）・烽火（ほうか）・烽（とぶひ）・飛ぶ火（とぶひ）

▽空中の放電で起こる光　電火（でんか）・雷火（らいか）・電光（でんこう）・稲光（いなびかり）・稲妻（いなずま）

▽魚をとるためにたく　漁火（ぎょか）・漁り火（いさりび）

▽鵜飼いのときにたく　鵜飼い火（うかいび）

▽熱や衝撃で爆発する物質　火薬（かやく）

▽火薬を爆発させるための

導火（どうか）・口火（くちび）

▽火薬の導火線　道火（みちび）・火縄（ひなわ）

▽筒に入れた火薬に点火して観賞する
花火（はなび）・煙火（はなび）・煙火（えんか）

▽灰の中に炭火を入れて、暖房などに用いる道具
火鉢（ひばち）・火桶（ひおけ）

▽火鉢などにまたがって暖をとる
股火（またび）・股火鉢（またひばち）

▽ふとんに入れて足をあたためる道具
行火（あんか）

▽火薬を使う武器。また、火鉢などの火を入れる器具
火器（かき）

▽火をおもちゃにする
弄火（ろうか）・火遊び（ひあそび）

▽直接火にあてて焼いたりする
直火（じかび）

▽蒸し焼きに使う器具
天火（てんぴ）・オーブン

▽歌舞伎で狐火（きつねび）や人魂（ひとだま）に見せる
樟脳火（しょうのうび）・焼酎火（しょうちゅうび）

▽歌舞伎で幽霊が出るときなどに使う
焔硝火（えんしょうび）

▽燃えてくる火に対してこちらから火をつけて火勢を弱める
向かい火（むかいび）

▽銃を撃つとき出る　銃火（じゅうか）

▽火砲を撃つとき出る　砲火（ほうか）

▽交差して飛び交う銃砲火
十字砲火（じゅうじほうか）・十字火（じゅうじか）

▽原子力エネルギー　第三の火（だいさんのひ）

▽火山の爆発で溶岩などが噴き出す
噴火（ふんか）

▽夜、海上に多くの光が点在して見える現象
不知火（しらぬい）・不知火（しらぬひ）・白縫（しらぬい）

神・仏・信仰からみた「火」

▽正体が分からない　怪火（かいか）

▽夜間、山野に見える青白い怪火
狐火（きつねび）・狐の提灯（きつねのちょうちん）・鬼火（おにび）・鬼火（きか）・青火（あおび）・野火（やか）・燐火（りんか）・陰火（いんか）

▽夜間、空中を飛んでいるような鬼火
火の玉（ひのたま）・火玉（ひだま）・人魂（ひとだま）・幽霊火（ゆうれいび）

▽天が下した
天の火（あめのひ）・天火（てんか）・天火（てんぴ）・神火（しんか）

▽仏前でたく焼香の　香火（こうか）

▽喪中の家の火で調理する。また、その調理したもの
合い火（あいび）

▽葬式の出棺後に門前でたく
門火（かどび）・跡火（あとび）・後火（あとび）

▽新盆の家または村共同でたく盆火
万灯火（まとび）・百八炬火（ひゃくはちたい）・百八

▽盂蘭盆（うらぼん）の初日にたく　迎え火（むかえび）
炬火（たい）

▽盂蘭盆の最後の夜にたく
送り火・施火・霊送り火
▽釈迦の教えを灯火にたとえる
法灯・法の灯・法の灯火
▽地獄の
獄火
▽全世界を焼き尽くすという大火
劫火・劫火
▽悪業が身を滅ぼすことを火にたとえる
業火
▽神聖な
聖火・浄火
▽聖火の種火を太陽の光から採る
採火
▽斎み清めた
斎火・忌火・斎火・忌火・斎火・忌火・浄火
▽汚れに触れない
別火・別火
▽神に誓い、熱した鉄を握り心のあかしとする
神文鉄火
▽火山噴火を神聖視していう
御神火
▽火災のないよう祈る祭り
火祭り・鎮火祭・鎮火の祭り

「燃焼」に関する動詞・複合動詞

▽火がついて炎が上がる
燃える・焼ける・燃え付く・燃え立つ・燃え上がる
▽火をつけて焼く
燃やす・燃す・焼く・焚く・くべる・焚き付ける
▽すっかり燃える
燃え尽きる
▽すべてを焼く
焼き尽くす
▽焼けないで残る
焼け残る
▽焼けてできあがる。また、すっかり焼ける
焼き上がる
▽盛んに燃える
燃え盛る・燃え広がる・熾る
▽よく燃えず煙が出る
燻ぶる・燻る・煙る・燻ぶる・燻ぼる
▽煙をゆっくりと立たせる
燻らす
▽煙が立つ
燻る
▽燃えて黒や茶色になる
焦げる
▽香をくゆらす
焚く・炷く
▽火が燃えなくなる
消える・滅する
▽火が消えず少し残る
消え残る
▽燃えているのを止める
消す・揉み消す・消し止める・吹き消す・打ち消す
［参］「揉み消す」には、自分に都合の悪い事やうわさなどを表沙汰にならないようにする意もある。

「燃焼」に関する擬音語・擬態語

▽激しく燃える　**がんがん**

▽盛んに煮えたぎる
ぐらぐら・ぐつぐつ

▽静かに煮立つ　**ことこと**

▽ちょうどよく焼けて、薄茶色になる
こんがり

▽脂などが焼ける
じーじー・じゅーじゅー

▽油で炒める
じゃーじゃー

▽急に高温のものを水に入れたとき出る
じゅっ

▽炎がわずかに上がっている
ちょろちょろ・ちろちろ

▽毛などが焼けて縮れる
ちりちり・じりじり

▽火の勢いが弱い　**とろとろ**

▽火花を散らしながら燃える
ぱちぱち

▽煙だけ出て燃える　**ぶすぶす**

▽火が勢いよく燃えている
ぼーぼー・めらめら

▽火が勢いよく燃え立つ
ぼっと・ぱっと

「火」に関する成句

【灰燼に帰す】

何もかも燃えて跡形もなく灰になってしまうこと。類「灰燼と化す」「焦土と化す」


【火が付く】

燃え始めること。また、騒ぎや争いが起こる。


【火を失する】

誤って火事を出す。


【火を付ける】
①点火する。また、放火する。②騒ぎのきっかけをつくる。類「火を掛ける」「火を放つ」

【火を通す】

焼いたり煮たりして熱が食べ物の内部まで行き渡るようにする。


【火を吐く】

火を吹き出す。また、弁論の激しいさま。


【火を吹く】

火を吹き出す。また、弾丸が発射される。また、かまどの火をおこすとき火吹き竹を吹く意から、炊事すること。


【火を振る】

灯火や燃え木をかきたてること。また、仲違いすること。


【火事と喧嘩は江戸の花】

火事と喧嘩は、はなやかな江戸を象徴する二大名物であるということ。「花」は、「華」とも書く。類「火事は江戸の花」「江戸の名物は火事、喧嘩、犬の糞」

評判

うわさ・世評からみた「評判」

▽世間で言い触らされている
噂・評判・沙汰・名・説

▽多くの人の言葉　衆口・衆説

▽世間の評判・うわさ
世評・風評・聞こえ・物の聞こえ・世間口・巷説・世説・巷議・世話・外聞・声聞・名聞・聞き耳・取り沙汰・下馬評・呼び声・口の端・人の口・人口・人言・物論・物議・街談・通り

〔参〕「下馬評」は、馬で登城した殿様を待つ供の者が、下馬先（馬をとめておく場所）で色々なうわさ話をしていたことから。

▽高い　高評・聞達

▽他人が聞いていだく
人聞き・外聞・聞こえ

▽物事が始まる前からの世間で言い触らされている
前評判

▽世の中に公然と知れ渡る
表沙汰

▽人物や物に対する世間の　声価

▽多くの人が認める
定評・極め付き

▽どこからともなく聞こえてくる
風聞・風声・風信・風の便り・音

〔参〕「風の便り」を「風のうわさ」とするのは誤り。小説のタイトルや歌謡曲の歌詞などにあるが、造語である。

▽伝え聞く　伝聞・人聞き

▽世間でよく口にされる俗な
下説・下世話

▽遠回しに分からせる　諷言

▽世間に広まっている根拠のない
風評・風説・浮説・流説・流言・飛語・飛言・浮言・浮評・虚説・虚聞・虚談・虚声・虚伝・虚名・空言・空言・蜚語・デマ

▽事実を偽った
誣説・誣言・誣言

▽よくない
醜聞・スキャンダル

▽つやっぽい、情事の
艶聞・艶名・浮き名・徒名・戯れ名

人気・名声からみた「評判」

▽世間一般の　人気（にんき）・受け（うけ）・気受け（きうけ）・人受け（ひとうけ）

▽世間一般が気に入る　世間受け（せけんうけ）・一般受け（いっぱんうけ）

▽非常によい評判を得る　大受け（おおうけ）

▽大衆が気に入る　俗受け（ぞくうけ）

▽客の　客受け（きゃくうけ）

▽仲間うちでの　仲間受け（なかまうけ）

▽世間の信頼・人気がある　人望（じんぼう）

▽世間から受ける信頼・期待　衆望（しゅうぼう）・輿望（よぼう）

▽名声と人望　声望（せいぼう）

▽信頼と人望　信望（しんぼう）

▽徳が高くて人望がある　徳望（とくぼう）

▽人望・名声が高い　名望（めいぼう）

▽よい評判　好評（こうひょう）・名声（めいせい）・声名（せいめい）・芳名（ほうめい）・芳声（ほうせい）・令名（れいめい）・佳名（かめい）・美名（びめい）・誉れ（ほまれ）・名（な）・称（しょう）・名誉（めいよ）

▽よい評判。また、他人の批評を敬って　高評（こうひょう）

▽特にすぐれた名声　英名（えいめい）・栄名（えいめい）・盛名（せいめい）・雷名（らいめい）・大名（たいめい）・栄誉（えいよ）

▽世間に名が知られている　有名（ゆうめい）・著名（ちょめい）

▽評価が高くて有名な　高名（こうめい）・高名（こうみょう）・名うて（なうて）・名代（なだい）

▽評判と声望　名聞（めいぶん）・名聞（みょうもん）

▽名目的な　美名（びめい）

▽勇気があるという　勇名（ゆうめい）・驍名（ぎょうめい）

▽才能があるという　才名（さいめい）

▽文章に巧みという　文名（ぶんめい）・文声（ぶんせい）

▽詩人としての　詩名（しめい）

▽武人としての　武名（ぶめい）

▽一家の　家名（かめい）・家声（かせい）

▽威光のある　威名（いめい）

▽花柳界でなまめかしくて美しい　嬌名（きょうめい）

▽評判と実質　名実（めいじつ）

▽その地域などで有名なもの　名物（めいぶつ）

▽死後まで残る誉れ　余栄（よえい）

▽悪い評判　悪評（あくひょう）・悪声（あくせい）・不評判（ふひょうばん）・不評（ふひょう）・汚名（おめい）・不人気（ふにんき）・不首尾（ふしゅび）・悪名（あくめい）・悪名（あくみょう）

▽恥となるような悪い　醜名（しゅうめい）

▽実質のない名声　空名（くうめい）・虚名（きょめい）

▽手柄を立てて手に入れた　功名（こうみょう）

流布などからみた「評判」

▽世間に広まる　流布（るふ）・普及（ふきゅう）・波及（はきゅう）

▽一時的に世間に広まる　流行（りゅうこう）・流行り（はやり）・トレンド

▽世間に広く知れ渡る　膾炙（かいしゃ）

評判

▽世間に伝わり広まる

流伝・流伝・伝播

▽広く世間に知られるようにする

響かせる・轟かせる・馳せる・広告・宣伝・売り込む・売名

▽名声・評判が広く世間に知れ渡る

鳴る・鳴り渡る・鳴り響く・響く・響き渡る・轟く

▽口伝てで広まる

口コミ

「評判」に関する成句

【悪事千里を走る】
悪い行いや評判はすぐ世間に知れ渡る。類「悪事千里を行く」

【一世を風靡する】
その時代で知らない人がいないほど知られる。

【浮名を流す】
男女の仲が評判になる。

【受けがよい】
周りの人の評判がよい。

【腕を鳴らす】
技術や能力で世間の評判を得る。

【音に聞く】
評判が高い。また、人づてに聞く。類「世に聞こえる」

【汚名を雪ぐ】
悪い評判をぬぐいさる。

【顔が売れる】
世の中に広く知られる。

【顔を売る】
世の中に広く知られるようにする。

【口に乗る】
世間の話題になる。類「口の端に上る」

【株が上がる】
世間の評判がよくなる。

【名流る】
評判が世間に伝わる。

【名に聞く】
うわさに聞く。

【名にし負う】
評判通りの。「名に負う」を強めた言い方。

【名に立つ】
うわさに立つ。評判になる。

【名に恥じない】
評判だけでなく、実質も伴っているようす。

【名を揚げる】
世の中の評判になる。

【名を汚す】
名誉や評判を傷つける。類「名を辱める」

【名を立てる】
あることで評判をとり、有名になる。類「名を馳せる」

【名を取る】
評判を受ける。有名になる。

【名を流す】

世間に評判を立てる。

【名を残す】
評判を後の世まで伝える。類「名を留める」

【名を広める】
評判になる。

【札付き】
世間の悪い定評。また、その人。

【不評を買う】
悪い評判を受ける。

【名実共に】
評判だけでなく実質も備わった。

【勇名を馳せる】
勇敢さが評判になる。

【衆口金を鑠す】
多くの人びとの言うことが一致すれば、たとえ固い金属であってもとかしてしまうということで、世間の評判や中傷には恐ろしい力があることのたとえ。

【人口に膾炙する】
広く世間の人びとにもてはやされ、評判になること。

【人の噂も七十五日】
世間の評判はそう長くは続かないものだということ。

【人の口に戸は立てられぬ】
世間のうわさは防ぎようがない。

【火のない所に煙は立たぬ】
（⇨「原因・結果」219ページ）

【流言飛語】
世間に言い触らされて広まっている根拠のないうわさ。「流言蜚語」とも書く。

夫婦

結婚した男女をいう
「夫婦」の様態

▽結婚した男女
夫婦・夫婦・夫婦・夫妻・夫妻・配偶・伉儷・匹偶・匹耦・妹背・妹脊・女男・女男・女夫・妻夫

▽夫婦をややくだけ、俗っぽく言って
連れ合い

▽夫婦の一方からみての他方
配偶者・パートナー

▽夫婦の間柄
夫婦仲・夫婦合い

▽夫婦間の愛情
夫婦愛

▽よい
好配・佳配

▽仲のよい
鴛鴦・鴛鴦夫婦
『参』実際のオシドリは、冬ごとに毎年相手を替える。また、抱卵はメスのみが行って、夫婦で協力することはない。

▽性格や趣味などが似かよっている
似た者夫婦

▽妻が夫より大柄な
蚤の夫婦

▽若い。また、親に対して息子夫婦、

夫婦

娘夫婦
若夫婦
▽正式な手続きを経ないでなった
出来合い夫婦・馴れ合い・馴れ合い夫婦・どれあい夫婦
▽夫婦が仲よく共に年老いるまで一緒に暮らす
偕老・共白髪・友白髪・諸白髪・床旧る
▽子どもがたくさんいる
子福・子福者
▽一人の夫に一人の妻がいるという婚姻形態
一夫一婦・一夫一妻
▽一人の夫に二人以上の妻がいる
一夫多妻
▽夫婦とする
添わす・合わす・添わせる・連れ合わせる・くっつける・配合・配偶
▽夫婦となる
連れ添う・くっつく・妹背結び
▽夫婦が一緒に出掛ける
夫婦連れ
▽夫婦間のいさかい　夫婦喧嘩
▽夫婦が婚姻を解消する
離婚・離縁・夫婦別れ
▽正式の夫婦ではないのに夫婦のように振る舞う
夫婦気取り

夫婦のうちの男性をいう「夫」の様態

▽夫婦のうち男の方
夫・夫君・良人・亭主・主・男・男・夫子・夫・夫・連れ合い・ハズバンド
▽妻が他人に自分の配偶者をいう
夫・主人・郎君・宅・良人・良人・己夫・ハズ
▽妻が夫を敬っていう
背の君・我が夫・夫君・旦那様
▽妻が親愛を込め、または俗っぽく夫を呼ぶ
内の人・亭主・旦つく・宿・宿六・御亭・此方の人・ダーリン
▽他人の夫をその妻に敬っていう
御主人様・御主人さん・旦那様・旦那さん
▽他人の夫をその妻に親愛を込めていう
夫君・御亭主
▽妻からみて夫がいる　有夫
▽正式に結婚した　本夫
▽他人の　他夫
▽二人の　両夫・二夫

▽遠くにいる、なかなか逢えない　遠夫（とおづま）

▽年をとった　老夫（ろうふ）

▽病気の　病夫（びょうふ）

▽前に連れ添った　先夫（せんぷ）・前夫（ぜんぷ）

▽亡くなった　亡夫（ぼうふ）

▽妻を失って再婚していない　鰥夫（やもお）・鰥夫（やもめ）・鰥夫（かんぷ）・男鰥（おとこやもめ）・寡夫（やもお）・寡夫（やもめ）・寡夫（かふ）

▽二度目の、二度目以降の　継夫（けいふ）・後夫（ごふ）

▽心中に深く夫と決めた相手　心夫（こころづま）

▽いとしい　思い夫（おもいづま）

▽家事や育児などを担う　主夫（しゅふ）

▽姉の　義兄（ぎけい）・姉婿（あねむこ）

▽姉妹の夫同士　相婿（あいむこ）・相聟（あいむこ）

▽娘の　婿（むこ）・聟（むこ）・壻（むこ）

夫婦のうちの女性をいう「妻」の様態

▽夫婦のうち女の方　妻（つま）・妻（さい）・妻女（さいじょ）・妻子（さいし）・妻室（さいしつ）・細君（さいくん）・女房（にょうぼう）・女房（にょうぼ）・夫人（ふじん）・家（か）内（ない）・家妻（かさい）・家（いえ）・室（しつ）・家婦（かふ）・主婦（しゅふ）・閨室（けいしつ）・家刀自（いえとじ）・家（いえ）刀自（とうじ）・連れ合い（つれあい）・ワイフ

▽妻のこと　嫁（よめ）・娵（よめ）・婦（よめ）・己妻（おのづま）

▽他人の　細君（さいくん）・正室（せいしつ）・内子（ないし）・人妻（ひとづま）

▽夫が他人に自分の配偶者をいう　妻（つま）・妻（さい）・家内（かない）・女房（にょうぼう）・女房（にょうぼ）・嫁（よめ）

▽夫が親愛を込め、また、俗っぽく妻を呼ぶ　室（しつ）・上さん（かみさん）・嚊（かかあ）・嬶（かかあ）・山の神（やまのかみ）

▽他人の妻をその夫に敬っていう　奥様（おくさま）・奥方（おくがた）・賢夫人（けんぷじん）・夫人（ふじん）・令閨（れいけい）・令夫人（れいふじん）・内室（ないしつ）・内儀（ないぎ）・令室（れいしつ）・内君（ないくん）・内方（うちかた）・室家（しつか）

▽他人の妻をその夫に親愛を込めていう　細君（さいくん）・御上さん（おかみさん）・奥さん（おくさん）・嫁さん（よめさん）

▽自分の妻のことを謙遜していう　細君（さいくん）・家内（かない）・愚妻（ぐさい）・愚婦（ぐふ）・内子（ないし）・寡妻（かさい）・荊妻（けいさい）・拙妻（せっさい）・山妻（さんさい）・内儀（ないぎ）

▽貴人・身分の高い人の　夫人（ふじん）・令夫人（れいふじん）・内室（ないしつ）・内方（うちかた）・奥方（おくがた）・裏方（うらかた）・御台所（みだいどころ）・御簾中（ごれんじゅう）・御簾中（ごれんちゅう）

▽夫からみて妻がいる　有婦（ゆうふ）

▽正式に結婚した　本妻（ほんさい）・正妻（せいさい）

▽内縁関係にある　内妻（ないさい）

▽よい、賢い　良妻（りょうさい）・賢妻（けんさい）・賢夫人（けんぷじん）

▽悪い　悪妻（あくさい）

▽若い、幼い

夫婦

幼妻(おさなづま)・若妻(わかづま)・若奥(わかおく)さん・御寮人(ごりょうにん)

▽結婚して間もない　新妻(にいづま)

▽恋愛結婚した　恋妻(こいづま)・恋女房(こいにょうぼう)・知音女房(ちいんにょうぼう)

▽口やかましい　山の神(やまのかみ)

▽夫が愛している。また、その夫　愛妻(あいさい)・愛妻家(あいさいか)

▽夫が頭の上がらない。また、その夫　恐妻(きょうさい)・恐妻家(きょうさいか)

▽博徒の親分・兄貴分などの　姉御(あねご)・姐御(あねご)

▽夫より年上の　姉女房(あねにょうぼう)・姉(あね)さん女房(にょうぼう)・姉(ねえ)さん女房(にょうぼう)

▽かいがいしく世話をする　世話女房(せわにょうぼう)

▽女性の方から積極的に男性に結婚を強いた　押(お)し掛(か)け女房(にょうぼう)

▽遠くにいる、なかなか逢えない　遠妻(とおづま)

▽年をとった　老妻(ろうさい)

▽病気の　病妻(びょうさい)・病婦(びょうふ)

▽前に連れ添った　先妻(せんさい)・前妻(ぜんさい)・前婦(ぜんぷ)

▽亡くなった　亡妻(ぼうさい)・亡室(ぼうしつ)・亡婦(ぼうふ)

▽夫を失って再婚しない　未亡人(みぼうじん)・寡(やもめ)・孀(やもめ)・寡婦(かふ)・寡婦(やもめ)・御家(ごけ)

▽二度目の、二度目以降の　後妻(ごさい)・後妻(うわなり)・次妻(うわなり)・後添(のちぞ)い・継室(けいしつ)・継妻(けいさい)・後連(のちづ)れ

▽心中に深く妻と決めた相手　心妻(こころづま)

▽いとしい　思(おも)い妻(づま)・愛妻(はしづま)・奥妻(おくづま)

▽僧侶の　梵妻(ぼんさい)・大黒(だいこく)

▽兄の　兄嫁(あによめ)・嫂(あによめ)

▽弟の　弟嫁(おとよめ)・弟嫁(おとうとよめ)・乙嫁(おとよめ)

▽兄弟の妻同士　相嫁(あいよめ)

▽息子の　嫁(よめ)・娵(よめ)・婦(よめ)

▽嫁の尊敬語　嫁御(よめご)

▽嫁を親しみをもって呼ぶ　嫁女(よめじょ)

「夫婦」に関する成句

【偕老同穴(かいろうどうけつ)】

「偕老」は、共に老いること。「同穴」は、死んで同じ墓に葬られることで、夫婦が年老いるまで仲よく連れ添うこと。夫婦仲がよいことをいう。出典は『詩経(しきょう)』。類「お前百(まえひゃく)までわしゃ九十九(くじゅうく)まで」


【関雎(かんしょ)の楽(たの)しみ】

夫婦の道が礼儀正しく行われ、家庭がよくおさまる楽しみ。「雎」は「雎鳩」の略で、ミサゴのこと。


【形影相伴(けいえいあいともな)う】

形と影がいつも一緒であるように、夫婦仲のよいことをいう。類「影(かげ)

の形に添う如し」

【琴瑟相和す】
琴と瑟の音がよく調和しているの意で、転じて、夫婦仲がむつまじいことをいう。

【糟糠の妻】
貧乏の中で、苦労を共にしてきた妻のこと。「糟糠」は酒かすと米ぬかのことで、粗末な食べ物のこと。出典は『後漢書』。

【亭主関白】
夫が家の中で絶対的な権威をもっていること。

【内助の功】
（⇩「たすける・たすけ」373ページ）

【女房は台所から貰え】
妻をめとるなら家柄を鼻にかける女性よりも、家計のやりくりが上手な女性をもらえの意。

【女房と鍋釜は古いほどよい】
使い慣れた鍋釜がなじむように、女房も長く連れ添った方がありがた味があるということ。

【破鏡再び照らさず】
夫婦の離婚など、一度壊れたものは元には戻らないことのたとえ。類「覆水盆に返らず」

【夫婦喧嘩は犬も食わない】
何にでも首を突っ込んで食いあさりをする犬でさえも夫婦喧嘩には見向きもしないということ。転じて、夫婦間の争いはちょっとしたことから起こる一時的なものですぐ仲直りするものだから止めに入る必要はないということ。類「夫婦喧嘩と夏の餅は犬も食わぬ」「夫婦喧嘩と西風は夜に入って治まる」

【夫婦喧嘩は貧乏の種蒔き】
夫婦仲がよくないところは、やがて貧乏になるということ。類「夫婦喧嘩は貧のもと」

【夫婦は合わせ物離れ物】
夫婦はもともと赤の他人が一緒になったものだから、別れることがあるのも仕方がないものだということ。類「夫婦は他人の集まり」

【夫婦は一心同体】
苦楽を共にする夫婦は、二人であっても一つの心、一つの体のように深く結びついているということ。類「夫婦は同じ体」

【夫婦は二世の契り】
赤の他人同士が一緒になった夫婦の絆は深く、この世ばかりでなく来世まで続くものであるということ。類「夫妻は輪廻の絆」

【夫唱婦随】
夫がまず唱え、妻がそれに従うのが、夫婦和合の道であるということ。夫婦仲がよいこと。

【良妻賢母】
夫に対してはよい妻であり、子に対しては賢い母であること。

【破れ鍋に綴じ蓋】
（⇩「結婚」217ページ）

【連理の枝】
深い愛情で結ばれた男女のこと。

夫婦の深い契りのこと。出典は白居易（はくきょい）の詩『長恨歌（ちょうごんか）』。類「鴛鴦（えんおう）の契（ちぎ）り」「比翼（ひよく）の鳥（とり）」「比翼連理（ひよくれんり）」

冬（ふゆ）

暦の上での「冬」

▽陰暦では十月～十二月、普通には十二月～二月
冬（ふゆ）

▽二十四節気の一。十一月八日ごろ。冬の始まり
立冬（りっとう）

▽二十四節気の一。十一月二十三日ごろ。それほど寒くなく、雪も少ない
小雪（しょうせつ）

▽二十四節気の一。十二月八日ごろ。雪の降る量が多い
大雪（たいせつ）

▽二十四節気の一。十二月二十二日ごろ。夜が一日で最長
冬至（とうじ）

▽二十四節気の一。一月六日ごろ。いよいよ寒くなる
小寒（しょうかん）

▽二十四節気の一。一月二十日ごろ。最高の寒さ
大寒（だいかん）

▽小寒から節分までの約三十日間
寒（かん）

▽寒に向かうこと
向寒（こうかん）

▽小寒の時季に入る
寒の入り（かんのいり）

▽小寒の初めから大寒の終わりまで
寒中（かんちゅう）

▽寒が終わって立春になる
寒明け（かんあけ）

▽立春の前十八日をいう
冬の土用（ふゆのどよう）

季節からみた「冬」

▽冬の季節
冬季（とうき）・冬月（とうげつ）・冬将軍（ふゆしょうぐん）・冬場（ふゆば）・玄冬（げんとう）・冬天（とうてん）・冬節（とうせつ）・短日（たんじつ）

▽冬の期間
冬期（とうき）

▽冬季の九十日間
九冬（きゅうとう）

▽冬季の三か月間
三冬（さんとう）

▽冬の初め
初冬（しょとう）・初冬（はつふゆ）・孟冬（もうとう）

▽冬がくる
冬立つ（ふゆたつ）

▽冬らしくなる
冬めく（ふゆめく）

▽冬の半ば
中冬（ちゅうとう）・仲冬（ちゅうとう）

▽冬の最も寒い時期
真冬（まふゆ）・盛冬（せいとう）

▽冬の末
晩冬（ばんとう）・季冬（きとう）

▽年のおしつまった
窮冬（きゅうとう）

▽今年の
今冬（こんとう）

▽去年の
昨冬（さくとう）・旧冬（きゅうとう）

▽前年末の冬。次の年の初めに使う
旧冬（きゅうとう）

気象・様態などからみた「冬」

▽一日の最低気温がセ氏零度未満になる日
冬日（ふゆび）

▽一日の最高気温がセ氏零度未満の日
真冬日（まふゆび）

▽冬の太陽、日光　**冬日**（とうじつ）

▽冬の天気、空模様
冬天（とうてん）・**寒天**（かんてん）・**冬空**（ふゆぞら）・**寒空**（さむぞら）・**冬晴れ**（ふゆばれ）・**冬日和**（ふゆびより）

▽冬に現れやすい気圧配置
西高東低型（せいこうとうていがた）

▽厳しい寒さの　**厳冬**（げんとう）

▽寒さに向かう　**向寒**（こうかん）

▽平年より寒い　**寒冬**（かんとう）

▽平年より暖かい　**暖冬**（だんとう）

▽冬の荒れ、さびれたおもむき
冬ざれ（ふゆざれ）

▽冬の寒ざむとした雲。雪模様の雲
凍雲（とううん）・**寒雲**（かんうん）

▽激しく降る雪。積もった雪
大雪（たいせつ）・**大雪**（おおゆき）

▽冬の雨　**凍雨**（とうう）・**寒雨**（かんう）

▽雪が雨にまじって降る　**霙**（みぞれ）

▽冬の初めころのうららかな空
小春空（こはるぞら）

▽冬の初めのころのうららかな日
小春日（こはるび）・**小春日和**（こはるびより）

▽晴れてうららかな冬の日
冬麗（とうれい）・**冬麗**（ふゆうらら）・**冬日和**（ふゆびより）・**冬晴れ**（ふゆばれ）

▽晩秋から初冬にかけて吹く冷たい北寄りの風
木枯らし（こがらし）

▽冬の終わりごろ、その年はじめて吹く強い南風
春一（はるいち）・**春一番**（はるいちばん）

自然と生活からみた「冬」

▽冬を越す　**越冬**（えっとう）・**冬越し**（ふゆごし）

▽冬の陣営。冬に陣営を張る。また、冬の寒さを越す準備
冬営（とうえい）

▽冬に備えての準備
冬支度（ふゆじたく）・**冬仕度**（ふゆじたく）・**冬構え**（ふゆがまえ）

▽冬、枯れずにいる草　**冬草**（ふゆくさ）

▽白菜・小松菜など冬に作る菜
冬菜（ふゆな）・**冬野菜**（ふゆやさい）

▽越冬して春に生育する芽
冬芽（とうが）・**冬芽**（ふゆめ）

▽冬に生育して、春または夏に収穫できる作物
冬作物（ふゆさくもつ）・**冬作**（ふゆさく）

▽冬の荒れた田　**冬田**（ふゆた）

▽冬に稲を刈る　**冬刈り**（ふゆがり）

▽冬になって草木が枯れる　**冬枯れ**（ふゆがれ）

▽冬枯れのいかにも寒そうな山
冬山（ふゆやま）

▽冬枯れになってさびしい野　**冬野**（ふゆの）

▽冬枯れの木立　**冬木立**（ふゆこだち）

▽冬枯れになる　**冬枯る**（ふゆがる）

▽冬の夜の月　**冬月**（とうげつ）

▽冬に凍った氷　**冬氷**（ふゆごおり）

▽雪が降り積もって、いかにも冬らしくなる　**冬化粧**（ふゆげしょう）**・雪化粧**（ゆきげしょう）

▽秋に来て越冬し、春に去っていく鳥　**冬鳥**（ふゆどり）

▽カエルやクマなどの動物が冬の間活動をやめ、土・穴の中で冬を越す　**冬眠**（とうみん）

▽冬の間、じっと引きこもる　**冬籠り**（ふゆごもり）

▽冬の寒い間着る衣服　**冬着**（ふゆぎ）**・冬衣**（ふゆぎぬ）**・冬衣**（ふゆごろも）**・冬服**（ふゆふく）**・冬物**（ふゆもの）

▽冬に着る袷（あわせ）や綿入れの羽織　**冬羽織**（ふゆばおり）

▽学校の冬季の休み　**冬休み**（ふゆやすみ）**・冬期休暇**（とうききゅうか）

▽冬、特に二月ごろにみられる商売の不振なこと　**冬枯れ**（ふゆがれ）

「冬」に関する成句

【冬至冬中冬始め】（とうじふゆなかふゆはじめ）
冬至のころは、暦の上では冬の真ん中に当たるが、実際の冬の寒さはそれ以後に始まるものだということ。

【冬来たりなば春遠からじ】（ふゆきたりなばはるとおからじ）
厳しい寒さの冬がやって来たならば、暖かい春はもうすぐ近くまで来ている。今、たとえ不幸でつらくともそれを耐え抜いたならば、前途には明るい希望が待っているということ。

【冬の雨は三日降らず】（ふゆのあめはみっかふらず）
冬の雨は三日と続かずに上がりやすいということ。

文章（ぶんしょう）

一般的な意味、執筆された「文章」

▽字を使って考えを書き表したもの　**文**（ぶん）**・文**（ふみ）**・文章**（ぶんしょう）**・文字**（もんじ）**・成文**（せいぶん）**・文**（ぶん）**・詞藻**（しそう）

▽文章の言葉　**文詞**（ぶんし）**・文辞**（ぶんじ）**・文言**（もんごん）**・文句**（もんく）

▽文章・言葉の修飾、あや　**詞藻**（しそう）**・文藻**（ぶんそう）**・文飾**（ぶんしょく）

▽同じ文章、同じ字。二つまたは二つ以上の同じ文章　**同文**（どうぶん）

▽文章を作る。また、その文章　**作文**（さくぶん）**・撰文**（せんぶん）**・綴文**（てつぶん）**・綴文**（ていぶん）

▽用例としてあげた　**文例**（ぶんれい）**・例文**（れいぶん）

▽文章の構想、下書き　文案(ぶんあん)・案文(あんぶん)・草稿(そうこう)・草案(そうあん)・ドラフト

▽もとの　原文(げんぶん)

▽明確に記された　明文(めいぶん)

▽文章に書き記された文句、内容　文面(ぶんめん)

▽話し言葉と　言文(げんぶん)

▽主な点以外を省略して書いた　略文(りゃくぶん)・略筆(りゃくひつ)

▽文章の字句を省略する。漢字の点・画を省略する　省文(せいぶん)・省筆(せいひつ)・省筆(しょうひつ)・省字(せいじ)

▽長い文章を縮めて簡単にする　約文(やくぶん)

▽切れぎれの　断編(だんぺん)・断篇(だんぺん)

▽間違って書き入れられたよけいな　衍文(えんぶん)

▽自分のかいた絵に自分で詩や和歌・文章を書き添える　自賛(じさん)・自讃(じさん)

▽文章を書いて報酬を得る　売文(ばいぶん)

▽文章に書き表さない　不文(ふぶん)

▽上から読んでも下から読んでも同じもの。また回覧用の文書　廻文(かいぶん)・廻文(かいもん)・回文(かいぶん)・回文(かいもん)

▽文章の構成、組み立て　構文(こうぶん)

▽文章の語句や文字の使い方　行文(こうぶん)

▽文章の読み方　句読(くとう)

形態からみた「文章」

▽江戸時代までの詩文　古文(こぶん)

▽平安時代の仮名文　中古文(ちゅうこぶん)

▽江戸時代中期から明治時代に、古代の文体を真似して作った　擬古文(ぎこぶん)・雅文(がぶん)

▽現代語を基本とした　現代文(げんだいぶん)・普通文(ふつうぶん)

▽口語体で書いた文。また、言文一致の　口語文(こうごぶん)

▽文語体で書いた　文語文(ぶんごぶん)

▽詩歌など一定の韻律を整えた　韻文(いんぶん)・律文(りつぶん)

▽韻律や定型をもたない普通の　散文(さんぶん)

▽会話形式の　会話文(かいわぶん)

▽そうでないと打ち消す　否定文(ひていぶん)

▽肯定の内容の　肯定文(こうていぶん)

▽事実をありのままに述べた普通の　平叙文(へいじょぶん)

▽命令・禁止を表す　命令文(めいれいぶん)

▽疑問・反語を表す　疑問文(ぎもんぶん)

▽長い　長文(ちょうぶん)

▽短い　短文(たんぶん)・一筆(いっぴつ)

▽普通とは違った文面　異文(いぶん)

▽韻文・候文(そうろうぶん)以外の　普通文(ふつうぶん)

▽世間の人が分かるように書いてある　通俗文(つうぞくぶん)

▽仮名で書いた文章や手紙

文章

仮名文（かなぶみ）・**仮名文**（かなぶん）

▽漢字で書いた文章や手紙　**漢文**（かんぶん）・**真名文**（まなぶみ）

▽横に書き並べた文章、特に欧米の　**横文**（おうぶん）・**欧文**（おうぶん）・**横文字**（よこもじ）

▽外国のものを翻訳した　**訳文**（やくぶん）・**翻訳文**（ほんやくぶん）・**訳筆**（やくひつ）

▽中国の文語調の現代文　**時文**（じぶん）

▽返り点・句読点・送り仮名などのない漢文　**白文**（はくぶん）・**素文**（そぶん）・**麁文**（そぶん）

▽漢文で、注釈に対して本文をいう　**素文**（そぶん）・**麁文**（そぶん）

▽漢文で、自分が思ったことを自由、大胆に述べる　**放胆文**（ほうたんぶん）

▽漢文で、語句を洗練し、筆法を遠回しにした　**小心文**（しょうしんぶん）

▽漢文を日本語の文法に従って読んだもの　**書き下し文**（かきくだしぶん）・**訓み下し文**（よみくだしぶん）・**漢文訓読文**（かんぶんくんどくぶん）

▽中国で、明末以降行われた短い　**小品**（しょうひん）・**小品文**（しょうひんぶん）

▽石碑や器物に刻みつけられた　**銘**（めい）・**銘文**（めいぶん）・**銘文**（めいもん）・**金石文**（きんせきぶん）

▽金属の容器・貨幣などに刻まれている　**金文**（きんぶん）

▽石碑に刻まれている　**石文**（いしぶみ）・**碑**（いしぶみ）・**碑文**（ひぶん）・**碑文**（ひもん）・**碑銘**（ひめい）

▽墓石に刻まれている　**墓碑銘**（ぼひめい）・**墓銘**（ぼめい）

▽死者の事跡などを石や金属の板に刻んだ　**墓誌**（ぼし）

▽墓誌の最後に付け加えられた銘や詩歌　**墓誌銘**（ぼしめい）

▽血で書かれた　**血文**（けつぶん）・**血書**（けっしょ）

内容からみた「文章」

▽相手によく理解させ、説得するための　**説明文**（せつめいぶん）

▽心に感じたり思ったりしたことを書き表した　**感想文**（かんそうぶん）

▽相手に書いて送る。手紙の文　**消息文**（しょうそくぶん）・**書簡文**（しょかんぶん）・**書翰文**（しょかんぶん）・**書牘文**（しょとくぶん）・**尺牘文**（せきとくぶん）・**手紙文**（てがみぶん）

▽手紙や葉書などで相手に用件や考えを伝える　**通信文**（つうしんぶん）

▽電報の　**電文**（でんぶん）

▽自分の考えや研究の結果などを論理を立てて述べた　**論文**（ろんぶん）・**論稿**（ろんこう）・**論考**（ろんこう）

▽物事の是非を論じたり、解説をしたりする

論説（ろんせつ）**・論説文**（ろんせつぶん）

▽新聞社などが自社の意見や主張として掲載する論説　**社説**（しゃせつ）

▽歴史・物語・記録などを順を追い、ありのままに書いた　**叙事文**（じょじぶん）

▽自分の感情を書き表した　**抒情文**（じょじょうぶん）**・叙情文**（じょじょうぶん）

▽風景を書き表した　**叙景文**（じょけいぶん）

▽自然や人事を客観的に見て、それを表現しようとする　**写生文**（しゃせいぶん）

▽旅の感想・記録などをつづった　**紀行文**（きこうぶん）

▽事実を書き記した　**記録**（きろく）**・記文**（きぶん）**・記事**（きじ）**・記事文**（きじぶん）**・記実文**（きじつぶん）

▽毎日の感想や出来事などを記録した　**日記**（にっき）**・日誌**（にっし）**・日録**（にちろく）

▽判決の事実、理由などを書いた　**判決文**（はんけつぶん）

▽会議・会合などで決定された事項を文章にしたもの　**決議文**（けつぎぶん）

▽条約・法令などの箇条書の　**条文**（じょうぶん）

▽証拠となる文書　**証文**（しょうもん）**・証書**（しょうしょ）

▽祭りのときに神前で奏する　**祭文**（さいもん）**・祭文**（さいぶん）

▽神かけて誓う　**神文**（しんもん）**・誓文**（せいもん）**・誓い文**（ちかいぶみ）**・誓紙**（せいし）**・誓書**（せいしょ）**・固め文**（かためぶみ）**・起請文**（きしょうもん）

▽神に祈る　**祝文**（しゅくぶん）

▽祝賀の意を書いた　**祝文**（しゅくぶん）**・祝文**（しゅくもん）**・祝詞**（しゅくし）**・賀詞**（がし）**・賀表**（がひょう）

▽神仏に願いを書いた　**願文**（がんもん）**・発願文**（ほつがんもん）

▽君主に奉る。文を奉る　**上表**（じょうひょう）**・上書**（じょうしょ）**・上疏**（じょうそ）**・奏書**（そうしょ）

▽天皇に事情、意見などを述べる　**上奏文**（じょうそうぶん）

▽天子が臣下に告げる。神に告げ奉る　**告文**（こうもん）**・告文**（こうぶん）**・告げ文**（つげぶみ）

▽思いのままに書き記した　**随筆**（ずいひつ）**・随筆文**（ずいひつぶん）**・随想**（ずいそう）**・漫文**（まんぶん）**・漫筆**（まんぴつ）**・漫録**（まんろく）**・雑文**（ざつぶん）**・エッセー**

▽たわむれに書いた　**戯文**（ぎぶん）

▽世間の人びとに自分の考えや主張を述べて決起を促す　**檄**（げき）**・檄文**（げきぶん）**・檄書**（げきしょ）**・羽檄**（うげき）**・羽書**（うしょ）**・飛檄**（ひげき）**・触れ文**（ふれぶみ）

▽弔いの心を述べた　**弔文**（ちょうぶん）**・弔詞**（ちょうし）**・弔辞**（ちょうじ）

▽散逸し今では伝わっていない。また、世に知られていない　**逸文**（いつぶん）**・佚文**（いつぶん）

▽死後に残された　**遺文**（いぶん）**・遺稿**（いこう）**・遺筆**（いひつ）

▽時事問題などの方策を論じた

論策（ろんさく）

▽本書のほかに、控えとして取っておく文書

写し（うつし）・**副書**（ふくしょ）・**コピー**

▽偽造された　**偽文書**（ぎぶんしょ）

▽演劇や映画などのせりふや動作を書き記した

脚本（きゃくほん）・**台本**（だいほん）・**シナリオ**

▽脚本で、登場人物の動作、場面の状況等を説明した

ト書き（とがき）

『参』頭に「ト」を付けて、「ト下手（しもて）へ退場する」、「ト急に暗くなる」のように書かれることから。

▽歌舞伎で、脚本の外題（げだい）の上部に七五調でその作の大要を述べた

語り（かたり）

▽薬などの効き目を書き記した

能書き（のうがき）・**効能書き**（こうのうがき）

▽問いに対する答え。また、それが記された紙

答案（とうあん）

分野別からみた「文章」

▽日本語で書かれた

国文（こくぶん）・**大和文**（やまとぶみ）・**和文**（わぶん）・**邦文**（ほうぶん）・**日本文**（にほんぶん）

▽仮名で書かれた　**仮名文**（かなぶん）

▽漢字で書かれた　**真名文**（まなぶん）

▽優雅な。また、大和言葉で書いた平安時代の仮名文

雅文（がぶん）

▽英語で書かれた　**英文**（えいぶん）

▽フランス語で書かれた　**仏文**（ふつぶん）

▽ドイツ語で書かれた　**独文**（どくぶん）

▽ロシア語で書かれた　**露文**（ろぶん）

▽オランダ語で書かれた　**蘭文**（らんぶん）

▽中国古来の、漢字で書かれた

漢文（かんぶん）・**漢書**（からぶみ）・**漢書**（かんしょ）・**漢書**（もろこしぶみ）・**唐土書**（もろこしぶみ）

▽平安時代以降に男子の日記・書簡に用いられた、日本化した漢文

変体漢文（へんたいかんぶん）

▽詩と文章。文学作品

詩文（しぶん）・**翰藻**（かんそう）

▽詩歌や文章の総称　**詞章**（ししょう）

▽ある人物や物などをほめたたえる詩や文

賛（さん）・**讃**（さん）

▽絵画に書き添える

賛（さん）・**讃**（さん）・**画賛**（がさん）・**画讃**（がさん）

▽俳諧の文章、俳諧趣味を基調として書かれた

俳文（はいぶん）

▽仏の教えを説いた　**法文**（ほうもん）・**経文**（きょうもん）

▽梵字（ぼんじ）で書かれた文章、経文（きょうもん）　**梵文**（ぼんぶん）

▽法律の条文。また韻律のある

律文（りつぶん）

▽法令が記載されている　**法文**（ほうぶん）

全体・前・途中・終わりでの「文章」

▽文章の全体　全文

▽文書の中での主要な　主文・本文・本文・テキスト

▽説明文などに対して文書の本文。正式の文章。また、国際条約などで解釈上の基準となる特定の　正文

▽条約などで正文にそえられる、解釈上の基準とならない　副文

▽文章上、分けられた部分　章・節・項・段・段落・文段・文段・件・条・条・パラグラフ

▽文章の一まとまり　一段

▽小説などで登場人物の会話を記した部分　会話文

▽小説などで会話以外の部分　地の文

▽文章の前の段落　前段

▽法令や規約などの前書き。また、前に記した　前文・上文・前書・冒頭

▽書物の初めに、成立事情・内容などを書き記した　序・序文・叙文・序言・端書き・前書き・緒言・緒言

▽短くて簡単な序文　小序

▽著編者が自分自身で書いた序文　自序

▽詩歌などの前に、その由来を書き記した　詞書・題詞

▽書物や絵画などの表題として書き記した　題辞・題詞

▽本文や語句についての補足説明や解説を書き記した　注・注記・補注・注釈・注解

▽「但」という字を付け加えて、前文の補足、例外など書き記した　但し書き

▽文章の後の段落　後段

▽文章の終わりの部分。手紙文の最後　末文・末筆

▽文章の結末　結文

▽書物や手紙などの終わりに書き添えた　後書き・後記・後序・跋・跋文

▽書物の終わりに著編者名・発行所・発行年月日などを記載した　奥書・奥付

▽官公庁などが書類の末尾に記載事項が正しいことを証明する　奥書

内容の程度、よしあしからみた「文章」

文章

▽雄渾（ゆうこん）な　**雄文**（ゆうぶん）

▽優雅な、正しい　**雅文**（がぶん）

▽すぐれた　**妙文**（みょうぶん）・**逸文**（いつぶん）

▽すぐれた。また、有名な　**名文**（めいぶん）

▽筋道のよく通った、上手な　**達文**（たつぶん）・**才筆**（さいひつ）

▽立派な。また、他人の手紙の尊敬語　**玉章**（ぎょくしょう）

▽美しい言葉で飾った　**美文**（びぶん）

▽内容のない　**死文**（しぶん）

▽法令・規則などで、ただあるだけで実際の役に立たない文章・条文　**空文**（くうぶん）・**死文**（しぶん）

▽くだらない内容の、また、俗語を用いて書かれた　**俗文**（ぞくぶん）

▽むずかしくて分かりにくい　**難文**（なんぶん）

▽乱れて、整っていない。また、自分の文章の謙譲語　**乱文**（らんぶん）

▽乱れた字、乱れて整っていない文　**乱筆乱文**（らんぴつらんぶん）

▽下手な。また、文脈が乱れて分かりにくい　**悪文**（あくぶん）・**迷文**（めいぶん）・**拙文**（せつぶん）・**駄文**（だぶん）・**腰折れ文**（こしおれぶみ）・**禿筆**（とくひつ）・**不文**（ふぶん）

▽脱落のある　**欠文**（けつぶん）・**闕文**（けつぶん）

▽無駄の多い。また、長たらしい　**冗文**（じょうぶん）

▽事実を曲げて書いた　**曲筆**（きょくひつ）・**舞文**（ぶぶん）

▽文章を書くのが上手　**能文**（のうぶん）

▽詩や文章を作る才能　**文藻**（ぶんそう）・**文才**（ぶんさい）・**才藻**（さいそう）・**詞藻**（しそう）

体裁や文体からみた「文章」

▽文章の体裁　**文体**（ぶんたい）・**文体**（ぶんてい）・**スタイル**

▽暗号化された　**暗号文**（あんごうぶん）

▽コンピュータネットワークで暗号化されていない　**平文**（ひらぶん）・**クリアテキスト**

▽国や公共団体が公文書などに用いる　**公用文**（こうようぶん）

▽商用に用いる一定の書式のある　**商用文**（しょうようぶん）

▽話し言葉で書かれた　**口語体**（こうごたい）

▽書き言葉で書かれた　**文語体**（ぶんごたい）・**文章体**（ぶんしょうたい）

▽和語（大和言葉）を多く使った　**和文体**（わぶんたい）

▽文章が漢文になっている文体。漢文の口調にならった　**漢文体**（かんぶんたい）

▽漢文を訓読して漢字仮名交じりにした　**漢文訓読体**（かんぶんくんどくたい）・**漢文崩し**（かんぶんくずし）

▽論説的な文章の　論文体

▽手紙に使う　書簡体・書牘体

▽文末に文語の丁寧語「候」を用いた　候文

▽文末を「です・ます」で結ぶ　敬体

▽文末を「だ・である」で結ぶ　常体

▽雅語と俗語の入り交じった　雅俗混淆体・雅俗折衷文

▽和文・漢文系の文語を混用して文章効果をねらった　和漢混淆文・和漢混交文

▽漢字と仮名を交えて書いた　仮名交じり文・漢字仮名交じり文

▽旅の途中の光景・旅情などをつづった韻文体の　道行き・道行き文

▽外国の文章を、その原文の字句・語法に忠実に訳した　直訳体

▽何を言おうとしているのか、その意味内容が不明確な表現手法　朦朧体

▽起こった事実を年代を追って書き記す歴史書の　編年体

▽本紀（帝王の年譜）と列伝（民族や個人の伝記）を中心に書き記した歴史書の　紀伝体

▽主語・述語の関係が一組だけで、従属節をもたない　単文

▽一つの単語でなりたつ　一語文

▽その文の成分中に従属節のある　複文

▽一つの文中に二つ以上の文が、並列的に含まれる　重文・合文

▽漢文の文体の一つで、物事の是非・真偽を見分けるのを目的とした　弁・辨

▽漢文の文体の一つで、理義を解釈しあるいは物事を借りて自分の考えを述べた　説

▽漢文の文体の一つで、多くは韻を含み、毎句の字数が同じ。人の功績をたたえた　銘

▽漢文の文体の一つで、四字句、六字句を対句として多く用いた　駢儷体・四六文・四六体・四六駢儷体

▽漢文の文体の一つで、対句を用い、韻脚を整えた　対偶声律

▽中国、明初～清末の文体の一つで、官吏登用試験の科目に用いられた　八股・八股文

「文章」に関する成句

【起承転結】漢詩の句の配列のしかた。特に絶句における句の配列で、第一句（起句）で言い起こし、第二句（承句）でそれを受け、第三句（転句）でその意を転じて変化を与え、第四句（結句）で全体をまとめていく。転じて、物事や文章の順序・組立。

【言文一致】話し言葉の表現と書き言葉の表現とを同じにすること。文章を話し言葉に近づけ、口語文体の完成を目指した明治初期の言文一致運動をいう。

【椽大の筆】屋根を支える垂木のように大きな筆のこと。転じて、堂々として立派な文章のことをいう。

【筆紙に尽くし難い】文章ではとても言い表せないということ。類「筆舌に尽くし難い」

【同文同種】使用する文字も同じ、人種も同じであること。類「同種同文」

【舞文曲筆】自分に都合のよいように巧みに文章や言葉を操ること。類「舞文弄法」「舞文巧法」

【文は人なり】文章は筆者の性格、考えが表れるものだから、書いた物を見ればその人物が判断できるということ。

【文は武に勝る】言論が人びとに訴える強さは、武力による強さよりずっと勝っている。類「ペンは剣よりも強し」

星

様態からみた「星」

▽晴れた夜空に点々と光る天体
星・星辰・辰星・星斗

▽太陽と　**日星・日星**

▽日と月と　**三光・三辰**

▽地球から見てその位置を変えない
恒星・定星

▽恒星の周りを公転する天体
惑星・遊星・迷い星・行星

▽太陽系内の木星・土星・天王星・海王星をいう
大惑星・木星型惑星

▽主に火星と木星の間にあり、太陽の周囲を公転している多くの小天体
小惑星・小遊星・アステロイド

▽太陽系で地球の軌道の内側に軌道をもつ惑星
内惑星

▽太陽系で地球の軌道の外側に軌道をもつ惑星
外惑星

▽太陽系で水星・金星・地球・火星をいう　**地球型惑星**（ちきゅうがたわくせい）

▽惑星の周囲を回る天体　**衛星**（えいせい）・**陪星**（ばいせい）・**添い星**（そいぼし）・**サテライト**

▽ロケットにより打ち上げられ地球を公転する人工の物体　**人工衛星**（じんこうえいせい）・**人工天体**（じんこうてんたい）

▽天の極に最も近く目印となる　**極星**（きょくせい）

▽天の極の周囲を回り地平線に沈まない　**周極星**（しゅうきょくせい）

▽月の近くに出る　**近星**（ちかぼし）

▽半径・光度の大きい恒星　**巨星**（きょせい）

▽巨星のうち、半径と光度が特別に大きい恒星　**超巨星**（ちょうきょせい）

▽半径や光度の小さい恒星　**矮星**（わいせい）

▽高密度で白色微光の恒星　**白色矮星**（はくしょくわいせい）

▽中性子からなる高密度の恒星　**中性子星**（ちゅうせいしせい）

▽太陽を焦点として公転するガス状の天体　**彗星**（すいせい）・**箒星**（ほうきぼし）・**帚星**（ははきぼし）・**戈星**（ほこぼし）・**桙星**（ほこぼし）・**コメット**

▽一定の周期をもって太陽に接近する彗星　**周期彗星**（しゅうきすいせい）

▽宇宙塵（うちゅうじん）が地球の大気圏に突入したとき発光する　**流星**（りゅうせい）・**流れ星**（ながれぼし）・**奔星**（ほんせい）・**婚星**（よばいぼし）・**夜這い星**（よばいぼし）・**走り星**（はしりぼし）

▽音を立てて落ちたりする大きな流星　**天狗星**（てんぐせい）

▽天球上のある点を中心に、放射状に出現する流星の一群　**流星群**（りゅうせいぐん）

▽著しい流星群　**流星雨**（りゅうせいう）・**星雨**（せいう）

▽流星の燃えかす　**隕石**（いんせき）・**隕星**（いんせい）・**星石**（ほしいし）・**星屎**（ほしくそ）

▽肉眼では一個に見えるが、実際は二個以上から成る　**重星**（じゅうせい）・**多重星**（たじゅうせい）

▽非常に近接した方向に見える二つの恒星　**二重星**（にじゅうせい）

▽天空に連なっている星　**列星**（れっせい）・**列宿**（れっしゅく）

▽二つの星が引力を及ぼし合って他の周りを公転する重星　**連星**（れんせい）

▽望遠鏡で二つの恒星と確認できる連星　**実視連星**（じっしれんせい）

▽望遠鏡ではわからないが、分光器で連星と認められる　**分光連星**（ぶんこうれんせい）

▽連星のうち明るい方の　**主星**（しゅせい）

▽連星のうち暗い方の　**伴星**（ばんせい）

▽二つの星が並んで見える　**双星**（そうせい）

星

▽明るさで分けた呼称　等星

▽肉眼による明るさで六段階に分けたもののうち最も明るい　一等星

▽星座の中で最も明るい　α星・首星

▽星座の中でα星に次ぐ明るい　β星

▽星座の中で三番目に明るい　γ星

▽明るさが変わる　変光星

▽不規則に明るさが変わる　不規則変光星

▽周期的に明るさを変える連星　食変光星・食連星

▽新星や彗星など、一時的に現れる　客星・客星・客星

▽急に輝き出し、のち薄れていく。また、新しく発見された　新星・ノバ

▽できたばかりの　原始星

▽恒星の進化の最後で大爆発を起こす　超新星・スーパーノバ

▽数十億光年以上遠くにあり、銀河の中心核が爆発していると考えられ星のように見える天体　準星・クェーサー

▽古代中国で大将になぞらえた　将星

種別からみた「星」

▽太陽系の第一惑星　水星・辰星・辰星・マーキュリー

▽太陽系の第二惑星　金星・明星・太白星・太白・ヴィーナス

▽われわれ人類が住む太陽系の第三惑星　地球・坤輿・渾円球・坤儀・アース

▽太陽系の第四惑星　火星・火夏星・熒惑星・熒惑星・熒惑・熒惑・熒惑・マース

▽太陽系の第五惑星　木星・歳星・太歳・徳星・ジュピター

▽太陽系の第六惑星　土星・鎮星・填星・サターン

▽太陽系の第七惑星　天王星・天王星・ウラヌス

▽太陽系の第八惑星　海王星・ネプチューン

▽太陽系の準惑星　冥王星・プルートー

〘参〙もとは太陽系の第九惑星だったが、二〇〇六年に惑星の定義が見直されて準惑星とされた。

▽地球をめぐる衛星　月・月・太陰・月輪・月

球・月魄・ムーン

▽天の北極に最も近い
北極星・子の星・天極・北辰

▽りゅうこつ座のα星、カノープス
南極星・老人星・寿星・南極老人

▽おおいぬ座のα星、シリウス
天狼星・天狼

▽わし座のα星、アルタイル
牽牛星・牽牛・彦星・男星・婿星・犬飼星

▽こと座のα星、ベガ
織姫星・織女・織女星・棚機つ女・織姫・棚機姫・梶の葉姫・細蟹姫

▽牽牛星と織女星
夫婦星・二星

▽北斗七星の柄にあたる先端の
揺光・破軍星

▽北斗七星の水をくむ部分の先端に当たる第一星
魁星

主な星座・星団からみた「星」

▽恒星を見かけの位置で分けたもの
星座・星宿・星の宿り・星の位・辰宿・星辰

▽星の密集した集団　星団

▽雲のように見える星の群れ
星雲・星霧

▽北天のおおぐま座にある七つの星
北斗七星・七星・七星・七星・北斗星・七座星・七つ星・七曜星・四三の星・北斗・軍星

▽おうし座にあるプレアデス星団
昴・昴・昴星・昴宿・六連星

▽おうし座のヒヤデス星団
釣り鐘星

▽オリオン座の中央部に直列する三つの恒星
三つ星・唐鋤星・犂牛星・参星・参・参宿・三連星

▽いて座の一部で六つの星
南斗六星・ひきつ星・ひつき星

▽はくちょう座のデネブを頂点とした五つの星による十字形
北十字星

▽カシオペア座のW形の五星
錠星・錨星

▽みなみじゅうじ座の十字形をなす四つの輝星
南十字星

▽夜空に長く白い帯状の星の群れ
天の川・天の河・安の河・銀河・銀漢・天漢・河漢・星河・雲漢・星漢・ギヤ

星

ラクシー・ミルキーウェー

▽小さい無数の　**糠星**（ぬかぼし）・**星屑**（ほしくず）

▽きらきら光る無数の

綺羅星（きらぼし）

▽多くの　**群星**（ぐんせい）・**衆星**（しゅうせい）

▽星が多く集まった所

星の林（ほしのはやし）・**星原**（ほしはら）

▽天空一面にある　**天満星**（あまみつぼし）

陰陽道・星占いからみた「星」

▽七つの星（日・月と火・水・木・金・土の各星）

七曜（しちよう）・**七曜星**（しちようせい）

▽七曜星に羅睺（らご）と計都（けいと）の二星を加えたもの。人の運命を占った

九曜星（くようせい）・**九曜**（くよう）

▽陰陽道で、生まれ年で決まり、その人の一生を支配する

年の星（としのほし）・**歳の星**（としのほし）・**属星**（ぞくせい）・**属星**（ぞくしょう）

▽陰陽道で運勢や吉凶を占う基準

九星（きゅうせい）

▽九星の中でその人の生年に当たる

本命星（ほんみょうしょう）

▽陰陽道で、北天にあり、兵乱・災害・生死を扱う

太一星（たいっせい）・**太乙星**（たいっせい）

▽星占いの「星座」

おひつじ座・おうし座・ふたご座・かに座・しし座・おとめ座・てんびん座・さそり座・いて座・やぎ座・みずがめ座・うお座

時・星の明かり・伝承からみた「星」

▽明け方の東の空に見える金星

明けの明星（あけのみょうじょう）・**一つ星**（ひとつぼし）・**明星**（あかぼし）・**赤星**（あかぼし）・**啓明**（けいめい）・**誰時星**（たれどきぼし）・**彼は誰星**（かはたれぼし）

▽夜明けの空に残っている

残星（ざんせい）・**晨星**（しんせい）・**有明けの星**（ありあけのほし）・**暁星**（ぎょうせい）・**暁天の星**（ぎょうてんのほし）

▽早朝にまだ残っている　**朝星**（あさぼし）

▽夕方になって西の空に見える金星

一番星（いちばんぼし）・**一つ星**（ひとつぼし）・**宵の明星**（よいのみょうじょう）・**長庚**（ちょうこう）・**長庚**（ゆうずつ）・**夕星**（ゆうずつ）

▽星の光　**星彩**（せいさい）・**星芒**（せいぼう）

▽星の光による明るさ

星明かり（ほしあかり）・**星影**（ほしかげ）

▽星の光が月のように明るい夜

星月夜（ほしづきよ）・**星月夜**（ほしづくよ）・**星夜**（せいや）

▽めでたい知らせの

瑞星（ずいせい）・**景星**（けいせい）・**徳星**（とくせい）

▽豊年の兆しに現れるという

穂垂れ星（ほたれぼし）

▽妖（あや）しい

妖星（ようせい）・**妖霊星**（ようれぼし）・**妖霊星**（ようれいぼし）

▽暁を知らせる金鶏が住むという

金鶏星

▽陰暦七月七日の星を祭る行事
星祭り・七夕・棚機・七夕祭り・棚機祭り・星迎え・星合い

ほめる……褒・誉

行為としてみた「ほめる」

▽すぐれたものだ、立派な行いだという気持ちを口や文章で伝える
誉む・誉める・褒む・褒める・称える・称う・称す・称する・賞す・賞する・賛す・賛する・賞誉・称美・褒美・賛美・褒誉・賛賞・讃賞

▽相手が恥ずかしくなるほど言葉多く
誉めちぎる・褒めちぎる

▽盛んに
誉め称う・誉め称える・褒め称う・褒め称える・誉めそやす・褒めそやす・誉め囃す・褒め囃す・囃す・誉め立つ・誉め立てる・褒め立つ・褒め立てる・言い囃す・言いそやす・持て囃す・持て栄やす・称揚・賞揚・賞賛・賞讃・称美・称賛・称讃・称誉・賞美・賛美・讃美・褒称・褒賞・賛称・讃称・礼賛・礼讃・称嘆・称歎

▽感心してほめたたえる
感ず・感じ入る・嘆ず・嘆ずる・嘆じる・歎ずる・歎じる・賞嘆・賞歎・嘆美・歎美・感賞・嘆称・歎称・嘆賞・歎賞・感嘆・感歎・嗟嘆・嗟歎・嗟賞・嗟称

▽深く感心して
賛嘆・讃嘆・賛歎・讃歎

▽何度も感心して
三嘆・三歎

▽熱烈に
熱賛・熱讃・絶賛・絶讃・激賞・べた褒め

▽脇から大勢がほめ立てる
囃す・栄やす・映やす・称揚す

▽声を出したり手をたたいたりしてほめそやす
喝采・やんや

▽手をたたき、大声で
拍手喝采

▽立ちあがって拍手喝采をする

スタンディングオベーション

▽ほめて相手をいい気にさせる
煽てる

▽ほめておだて上げる
持ち上ぐ・持ち上げる

▽口先だけで　空誉め・空褒め

▽目上の者が目下の者を
嘉す・嘉する・嘉賞・嘉尚

▽ある物を見て、もてはやす
見栄やす

▽深く心に感じたことを口に出して
詠嘆・詠歎

▽声を揃えて　謳歌

▽その人や物がよいと、人に向かって
推奨・推賞・推誉・推称・奨揚・奨誉・推薦・推挙

▽すぐれた、よいものとしてよく言われる
誉めらる・誉められる・褒めらる・褒められる・賞さる・賞される・称さる・称される・称えらる・称えられる・嘉さる・嘉される

▽すぐれた、よいものとして大いにほめられる
誉め称えらる・誉め称えられる・褒め称えらる・褒め称えられる

▽すぐれた、よいものとしてよく言い過ぎる
過賞・過称・誉め過ぎ・過誉・褒め過ぎ・溢美・過褒

▽そしることとほめること　毀誉

▽ほめたりけなしたりする　褒貶

▽相手に取り入ろうとするために
世辞・御世辞・おべっか・おべんちゃら

▽ほめるときに発する語　天晴

対象との関係からみた「ほめる」

▽功績などを　頌す・頌する

▽うやうやしく功徳を　奉頌

▽後からその功績を賞する　追賞

▽死後、故人の生前の業績などを
追頌

▽ほめ歌。また、神や仏徳をほめたたえる歌
頌歌

▽ほめ言葉
称え辞・賛辞・讃辞・オマージュ

［参］「オマージュ」はフランス語で尊敬や賛辞の意。文学や芸術では、尊敬する創作家や作品に捧げる影響を受けた作品を言うことが多い。

▽善行などを公にして　旌賞（せいしょう）
▽忠功をたたえて賞を与える　忠賞（ちゅうしょう）
▽徳を　頌徳（しょうとく）・称徳（しょうとく）
▽うやうやしくその徳を　推頌（すいしょう）
▽天子の徳を　叡聖（えいせい）
▽勲功を　勲賞（くんしょう）
▽多くの者の中から選んで賞する　抽賞（ちゅうしょう）
▽特別に賞する　特賞（とくしょう）
▽人に品物などを与えてその功を　勧賞（かんしょう）・勧賞（かんじょう）・勧賞（けんじょう）
▽ほめて与えるもの　褒美（ほうび）・褒賞（ほうしょう）・賞与（しょうよ）・勧賞（かんしょう）・勧賞（かんじょう）・勧賞（けんじょう）・感賞（かんしょう）・優賞（ゆうしょう）
▽褒美などを与える　行賞（こうしょう）
▽みだりに褒美を与える　濫賞（らんしょう）
▽食べ物をほめ味わう　賞味（しょうみ）
▽自分の行いなどを自ら　自賛（じさん）・自讃（じさん）・自画賛（じがさん）・自画讃（じがさん）・自画自賛（じがじさん）・手前味噌（てまえみそ）・手誉め（てぼめ）・手褒め（てぼめ）
▽自分や自分に関係のある物事を自ら　自慢（じまん）
▽ある物をほめて用いる　賞用（しょうよう）
▽美しい文章を賞して　珠玉（しゅぎょく）

「ほめる」に関する成句

【一字褒貶（いちじほうへん）】たった一字の使い分けで人をほめたり、けなしたりすること。

【一唱三嘆（いっしょうさんたん）】一人が歌って三人がこれに唱和すること。転じて、よい詩文・音楽をほめること。「一倡三歎（いっしょうさんたん）」とも書く。出典は『礼記（らいき）』。

【毀誉褒貶（きよほうへん）】ほめたりけなしたりすること。
類「上げたり下げたり」

【自画自賛（じがじさん）】自分でかいた絵を自分でほめること。転じて、自分の行いを自らほめること。

【手前味噌（てまえみそ）】自分のことをほめること。

【論功行賞（ろんこうこうしょう）】功績の有無やその程度などを論じ定めて、それにふさわしい賞を与えること。出典は『魏志（ぎし）』。

学ぶ・習う

教えを受ける様態からみた「学ぶ・習う」

▽知識や技能を身に付ける
学習・学問・学び・習学・習得・修業・修業・手習い・勉強・勉学・学業

▽自分で
自学・自習・自学自習・独学・独習・独修

▽前もって
予習・下調べ・下読み・下見

▽忘れないよう繰り返し
復習・復習・復習・御浚い・温習

▽技能などを短期間で
速習・速修

▽機会があるたびに　時習

▽全部を繰り返し
総浚い・総浚え・総復習

▽習字を繰り返し　復習書き

▽すでに学んだ　既習

▽まだ学んでいない　未習

▽文字を書くことを
習字・手習い・臨池

〔参〕「臨池」は、中国の後漢の書家だった張芝が池に臨んで書の練習に励んだことで、池の水が墨で黒になったという故事から。

▽文字を書くことをはじめて
手習い始め

▽よみならう　誦習

▽伝えられて　伝習

▽補うために　補習

▽慣れるために繰り返して　演習

▽技術などを教え習わせる　教習

▽学問・技芸などを研究し　講習

▽学芸などをきわめ　講修

▽実地の　演習・実習

▽実技ではなく講義で　座学

勉学の様態からみた「学ぶ・習う」

▽初めて　初学・初学び・新学び

▽好んで　好学

▽学問を熱心に　篤学

▽学問を研究し　講学

▽通って　通学

▽学校に入って　就学

▽同一の学校で　同学・同窓

▽男女が同じ学校で　共学

▽男女がそれぞれ別の学校で　別学

▽苦労して
苦学・蛍雪・蛍窓

〔参〕中国晋の時代、車胤と孫康は共に貧しくて、明かりをともす灯油が買えなかった。車胤は蛍を集めその光で、孫康は窓の雪の明かりで書物を読んだという故事から。のちに二人はともに高官になったといわれる。

▽その人に直接教えを受けてはいないが、慕って模範として　**私淑**

▽努め励んで　**勤学**

▽二つ以上の学問・宗義などを　**兼学**

▽故郷を出て　**遊学・留学**

▽地方から京都に出て　**京学**

▽学問に心を向けること　**向学・志学**

▽学問に励もうとする志　**向学心**

▽学問を研究し修める　**修学・学修・研学・勉学・参学・所学・研鑽**

▽一定の課程を修める　**履修**

▽自ら学問を修める　**自修**

▽物事を　**物学び**

▽仏教以外の事を　**外学**

▽学問に習熟している　**鴻学・碩学・博学・洪学**

▽学問が未熟　**浅学・末学・末学**

▽学問がない　**無学・非学**

▽学のあることを自慢する　**衒学・ペダンチック**

▽その時代に、正統でないとされた学問　**異学・偽学**

▽夜に　**夜学**

▽年をとってから　**晩学**

▽生涯を通じて　**生涯学習**

修業の様態からみた「学ぶ・習う」

▽修め　**修習**

▽学術・技芸などを修める　**修業・修業・習業・切磋・琢磨・切磋琢磨**

▽学芸を磨き修める。特に、職務上の知識や技能を高めるために学習する　**研修**

▽一つの事を修める　**専修**

▽二つ以上の事を修める　**兼修**

▽覚えて身に付ける　**修得**

▽習い覚える　**習得**

▽聞きかじって　**耳学・耳学問**

▽教えることと学ぶこと　**教学**

▽習い覚えて、身に付いている　**習熟**

練習・けいこなどの様態からみた「学ぶ・習う」

▽繰り返し

練習・練修・修練・習練・精練・演習・稽古・トレーニング

〔参〕「稽」は考えるの意で、「稽古」のもとの意は「古（いにしえ）を考える」こと。転じて学問を行うという意味で使われ、次第に技芸の修練をも意味するようになった。

▽繰り返し練習させる　**訓練**

▽実際に行う場所や場面での訓練　**実地訓練**

▽晴れの場でする事を前もって　**下稽古・内習し・予行演習・リハーサル**

▽師匠のもとに通ってするけいこ　**通い稽古**

▽寒中でのけいこ　**寒稽古**

▽部活動などの早朝の訓練　**朝練**

▽早朝のけいこ　**朝稽古**

▽特別な訓練　**特訓**

▽厳しい特訓　**猛特訓**

▽心身を鍛える　**鍛練・鍛錬・錬成・練磨・錬磨**

▽手近なところから　**下学**

▽水泳の練習　**水練**

▽軍隊での訓練　**教練**

▽兵士を訓練する　**調練・練兵**

▽実戦を想定した訓練　**演習**

仏道・芸道からみた「学ぶ・習う」

▽仏道を修め　**学道**

▽技芸を修め　**修技**

▽学問・技芸などの道を　**修道**

▽仏の道を実践する　**修行・修行・勤修・勤行**

▽仏の道を学んでいない　**非学**

▽煩悩を捨て切れず、まだ修行が必要な　**有学**

▽煩悩を捨て切って、もはや修行の必要がない　**無学**

▽修行と学問　**行学**

▽一つの行のみを修める。特に、念仏を修する　**専修**

▽禅を　**参禅・問禅・修禅**

▽仏教の学問に携わること　**参学**

▽仏教に関する学問　**内学**

▽仏教八宗の教義を　**八宗兼学**

▽教義を信仰のためでなく学問として　**依学**

▽僧が諸国をめぐって　**行脚**

▽武道を　**講武**

「学ぶ・習う」に関する動詞・複合動詞

▽教えを受けて知識や技能を習得する　**学ぶ・習う**

▽繰り返して練習して身に付ける

習う

▽見て覚える

見習う・見倣う

▽忘れないよう繰り返して習う

復習う・復習える

▽学問・技芸などを身に付ける

修める・修する

「学ぶ・習う」に関する成句

【腕に磨きを掛ける】
よりいっそう上達するように、練習・勉強をする。

【腕を磨く】
技術が上達するように習練する。

【学がある】
深い知識・見識がある。むずかしいことをよく知っている。

【習うより慣れろ】
物事は人に教えてもらうより、自分で体験を重ねる方がより身に付くということ。

【身に付く】
学んだことが自分のものとなる。

【教うるは学ぶの半ば】
（⇒「教える・教え」117ページ）

【下学して上達す】
日ごろから身近でやさしいことから学んでいって、やがて深遠な道理に達するということ。類「下学の功」

【学者と大木は俄かには出来ぬ】
多年の勉学・研究が実って初めて立派な学者となり、木も長い年月育ててようやく大木となる。学問は短い日時では大成できず、長い間の努力が必要であることの教え。

【学に老若の別なし】
学問に年齢は関係ない。何歳であっても学ぶべきものはたくさんあるということ。

【学若し成らずんば死すとも帰らず】
学問が成就しない限り、死んでも故郷に帰らないという、並々ならぬ決意を述べたもの。

【学問に王道なし】
学問には一足飛びに身に付く方法というものはなく、系統だてて積み重ねていくことによって成就できるものだということ。類「学問に近道なし」

【記問の学】
古い書物を読んでただ暗記している学問。自分自身で理解し生かすことができない。出典は『礼記』。

【曲学阿世】
真理を曲げて解釈した学問を利用して時勢や権力者にこび、へつらうこと。時勢に迎合するため学説を曲げる不正の学者を「曲学阿世の徒」という。出典は『史記』。

【習い性となる】

（⇩「性格・性質」333ページ）


【少年老い易く学成り難し】

若い時はまだ時間があると思っていもいつのまにか年をとってしまい、志している学問はなかなか進まないということ。時を惜しんで学問をせよ、という戒め。出典は朱熹の詩『偶成』とされていたが、近年の研究で室町時代の臨済宗の僧、観中中諦の作とする説が有力となっている。


【習うは一生】

人間の生涯は毎日毎日が勉強であり、死ぬまで学ぶことがある。学ぶことは無限だということ。


【習わぬ経は読めぬ】

知識も経験もないことは、やれと言われてもやれるものではないということ。


【故きを温ねて新しきを知る】

昔のことをよく研究して、そこから新しい知識を得ること。「温故知新」ともいう。出典は『論語』。


【学びて思わざれば則ち罔し】

学問をしていても自分で深く考えることがなければ、確かな知識として身に付くことはないということ。出典は『論語』。


【学びて時に之を習う亦説ばしからずや】

学んだ物事を機会のあるたびに思索して、より深い理解を得ることは何とうれしいことではないかという意。出典は『論語』。


【門前の小僧習わぬ経を読む】

寺の門前に住む子どもはいつも僧の読経を聞いているので、いつのまにか自然に経が読めるようになってしまう。つまり、人は環境によって影響されてしまうたとえ。

類「見よう見真似」


【六十の手習い】

六十歳で習字を始めるというように、年をとってから学問や芸事を習い始めること。

まもる・まもり……守・護・衛

守備・防衛からみた「まもる・まもり」

▽他から侵されないようにする
守る・護る・衛る・保つ・守り・護り・ガード

▽最後まで　**守り抜く**

▽敵の侵入を防ぎ
防衛・防御・防禦・防守・ディフェンス

▽他国への攻撃は行わず、攻撃を受けたとき自国を守るためのみに武力を行使する
専守防衛

▽敵の侵入を防ぐために備える
防備

▽戦って　**戦守**

- ▽敵の攻撃を防ぎ守って戦う　守戦(しゅせん)・防戦(ぼうせん)
- ▽立てこもって　拠守(きょしゅ)
- ▽いったん退いて　退守(たいしゅ)
- ▽攻めたり守ったりする　攻守(こうしゅ)・戦守(せんしゅ)・攻防(こうぼう)
- ▽固く　固守(こしゅ)・堅守(けんしゅ)
- ▽自分の力で　自守(じしゅ)
- ▽命懸けで　死守(ししゅ)
- ▽防ぎ守る態勢　守勢(しゅせい)
- ▽その地を占領して　占守(せんしゅ)
- ▽兵を駐屯させてその地を鎮め　鎮守(ちんじゅ)・鎮主(ちんじゅ)
- ▽世の中を鎮め国を　鎮護(ちんご)
- ▽自分で自分を　自衛(じえい)
- ▽国を　護国(ごこく)
- ▽不測の出来事による危機に対応する政策・体制　危機管理(ききかんり)・リスクマネジメント

- ▽城を　城守(じょうしゅ)
- ▽家人の外出中、家を守る。また、その人　留守(るす)・留守番(るすばん)・留守居(るすい)
- ▽国を守る軍人　干城(かんじょう)
- ▽敵の攻撃に対して備える　守備(しゅび)・備え(そなえ)・守り(まもり)・ディフェンス
- ▽警備を任務とする兵士　衛兵(えいへい)・衛卒(えいそつ)・番兵(ばんぺい)・番卒(ばんそつ)
- ▽軍隊の前方の　前衛(ぜんえい)
- ▽軍隊の後方の　後衛(こうえい)
- ▽遠地の守備につく。また、その人　征戍(せいじゅ)・防人(さきもり)
- ▽異常事態に備えて　守護(しゅご)・警固(けいご)・警備(けいび)・警衛(けいえい)
- ▽異常事態に備えて、未然に防ぐ用意をする　警戒(けいかい)
- ▽警戒を怠らずに　警守(けいしゅ)

- ▽気を付けてあたりを見る　張る(はる)・見張る(みはる)・守らう(まもらう)・見守る(みまもる)
- ▽見張る。また、その人　番(ばん)・見張り(みはり)・張り番(はりばん)・看守(かんしゅ)・守(も)・守る目(もるめ)・ガード
- ▽見張っている人　守り手(まもりて)・番人(ばんにん)・見張り番(みはりばん)・番方(ばんかた)・番衆(ばんしゅう)・番衆(ばんしゅ)・番士(ばんし)
- ▽夜に火事・盗難に備えて警戒する。また、その人　夜警(やけい)
- ▽夜通し寝ないで番をする。また、その人　不寝の番(ねずのばん)・不寝番(ねずばん)・不寝番(ふしんばん)
- ▽田の番をする　田守(たもり)
- ▽よく注意して見張る　監視(かんし)
- ▽保管して守る。また、その人　管守(かんしゅ)
- ▽木戸を守る。また、その人

木戸番（きどばん）

▽市中の辻々に設けた警固　辻固め（つじがため）

▽門を守る。また、その人　門番（もんばん）・門衛（もんえい）・守門（しゅもん）・門守（もんす）・門守（かどもり）

▽庭を守る。また、その人　庭番（にわばん）

『参』「御庭番（おにわばん）」は、江戸時代に八代将軍・徳川吉宗が創設した幕府の役職。江戸城奥庭の警護が表向きの任務だが、将軍の直接の命令により秘密裡に情報収集などを行っていた。

▽学校や会社などを警固する。また、その人　守衛（しゅえい）・警備員（けいびいん）・ガードマン

▽学校や会社などに、勤務者が泊まって警戒に当たる。また、その人　宿直（しゅくちょく）

守護・看護などからみた「まもる・まもり」

▽被害や傷などを受けないようにする　守る（まもる）・護る（まもる）・衛る（まもる）・庇う（かばう）・プロテクト

▽傷つけられないように　庇護（ひご）・回護（かいご）・擁護（ようご）

▽他人の庇護（ひご）の尊敬語　高庇（こうひ）・御陰（おかげ）・御蔭（おかげ）

▽危険などが及ばないように　保護（ほご）・保護（ほうご）・守護（しゅご）・護守（ごしゅ）

▽子どもなどを必要以上に　過保護（かほご）

▽助けて保護する　救護（きゅうご）・援護（えんご）

▽病人などの世話をして　看護（かんご）・介護（かいご）

▽愛して　愛護（あいご）

▽仏法を　護法（ごほう）

▽非行少年などを教育し　教護（きょうご）

▽子どもの面倒をみて　子守（こもり）・御守（おもり）

▽監督し　監護（かんご）

▽そばに仕えて　侍く（かしずく）・傅く（かしずく）

▽そばに付き添って。また、その人　護衛（ごえい）・衛護（えいご）・衛護（えご）・用心棒（ようじんぼう）・ボディーガード

▽宿泊して護衛する。また、その人　宿衛（しゅくえい）・宿直（とのい）

▽順番を決めて宿直などをする　結番（けつばん）・結番（けちばん）

▽貴人を護衛する　侍衛（じえい）

▽天皇・元首の護衛に当たる　近衛（このえ）・親衛（しんえい）

▽禁内（きんだい）を守る左右近衛府　内衛（ないえ）・外衛（げえ）

▽皇室を　藩屏（はんぺい）・藩翰（はんかん）・藩籬（はんり）

▽主君の守りとなる臣　爪牙（そうが）

▽用心して　警護（けいご）

▽心を戒めて　戒護（かいご）

▽危険がないように　養護（ようご）

▽被害が生じないように支えて

保障（ほしょう）

▽言葉によってその人の立場を　**弁護**（べんご）

▽力添えをして　**助成**（じょせい）

▽付き添い守って送り届ける　**護送**（ごそう）

▽神仏が力を添えて　**加護**（かご）

▽国家や人、寺院などを守ってくれる神　**守護神**（しゅごしん）・**守護神**（しゅごじん）・**守り神**（まもりがみ）

〔参〕「守護神」は、スポーツの世界でも何かを守る人を指す語として使われる。たとえば、野球の救援投手やサッカーのゴールキーパーなど。

▽身を守ってくれる仏　**護身仏**（ごしんぶつ）・**守り本尊**（まもりほんぞん）

▽仏・菩薩（ぼさつ）が行者を守る　**護念**（ごねん）

▽知らないうちに授かる神仏の加護　**冥加**（みょうが）・**冥助**（みょうじょ）

▽神仏が影のようになり身を　**影護**（ようご）

▽神仏が加護して災難などから守るという札　**護符**（ごふ）・**護符**（ごふう）・**守り札**（まもりふだ）・**御符**（ごふ）・**御符**（ごふう）・**札**（ふだ）・**御札**（おふだ）・**守り**（まもり）・**御守り**（おまもり）・**呪符**（じゅふ）・**霊符**（れいふ）・**御守り札**（おまもりふだ）・**護身符**（ごしんふ）・**護摩符**（ごまふ）

▽神社が配る守り札　**神符**（しんぷ）

▽虫などの害から守るお札　**虫除け**（むしよけ）・**虫除け守り**（むしよけまもり）

▽ひもに結び胸に垂らす子どもの守り札　**懸け守り**（かけまもり）・**筒守り**（つつまもり）

▽守り札を入れて身に付ける袋　**守り袋**（まもりぶくろ）

▽危険から身を　**護身**（ごしん）

▽敵の攻撃から味方の動きを　**援護**（えんご）・**掩護**（えんご）

▽自分の身を大切にする　**自愛**（じあい）・**自重**（じちょう）

〔参〕「自重」には、浮ついた軽はずみな言動を慎むという意もある。また、「自重（じじゅう）」と読むと、物質自身の重さのことで、自動車や航空機などの重さをいうときに使われる。

▽健康を守り、病気の予防・治療に努める　**衛生**（えいせい）

遵守・固執などからみた「まもる・まもり」

▽決められたことに従う　**守る**（まもる）

▽法律などに従い　**遵守**（じゅんしゅ）・**順守**（じゅんしゅ）・**遵奉**（じゅんぽう）・**コンプライアンス**

▽規則に則る　**準則**（じゅんそく）

▽法を尊び　**遵法**（じゅんぽう）・**順法**（じゅんぽう）

▽憲法を尊び　**護憲**（ごけん）

▽秘密を　**守秘**（しゅひ）

▽業務で知り得た秘密を守る義務　**守秘義務**（しゅひぎむ）

▽大切に保って　**護持**（ごじ）

▽厳しく　**厳守**（げんしゅ）

▽忘れずに　**服膺**（ふくよう）・**拳拳服膺**（けんけんふくよう）

まもる・まもり

『参』「拳拳」は両手で捧げ持つこと、「服膺」は胸につけること。「拳拳服膺」は、両手で物を捧げ持つように、人の言葉や教えなどを心に刻みつけて忘れないの意。

▽固く守り、変わらない　**墨守**(ぼくしゅ)

▽戒律を守って行いを正しくする　**持斎**(じさい)

▽仏法の戒めを　**持戒**(じかい)

▽戒律を　**持律**(じりつ)

▽戒律に従って修行する　**戒行**(かいぎょう)

▽旧来の物事を固く守ろうとする　**保守**(ほしゅ)・**守旧**(しゅきゅう)

▽旧習を頑固に守りいつまでも改めない　**因循**(いんじゅん)

▽人に対する義理を固く　**義理立て**(ぎりだて)・**心中**(しんじゅう)

▽固く義理を　**律義**(りちぎ)・**律儀**(りちぎ)

▽人との約束を最後まで　**心中立て**(しんじゅうだて)

▽約束を守り義を行う　**信義**(しんぎ)

▽正義に従う　**順義**(じゅんぎ)

▽信ずることを心に固く守り、変えない　**節操**(せっそう)・**操**(みさお)・**操守**(そうしゅ)

▽節操を　**守節**(しゅせつ)

▽固く節操を守り、世の中と相容れない　**狷介**(けんかい)・**耿介**(こうかい)

▽自分の意見を固く　**固執**(こしつ)・**固執**(こしゅう)・**執意**(しつい)

▽創業者の事業を、後を継いで　**守成**(しゅせい)

「まもる・まもり」に関する成句

【跡を守る】(あとをまもる)
親や師の死後、その家業や芸風などを継ぐこと。

【流れを汲む】(ながれをくむ)
ある人・系統の流儀を守る。

【尾生の信】(びせいのしん)
女と橋の下で会う約束をしていた尾生という男が、大雨で増水したために、杭にしがみついて約束を守り続けていたが、ついに溺死したことの故事から、愚直なまでに約束を守ることをいう。馬鹿正直で融通がきかないことのたとえにも使う。出典は『史記』。

【舟に刻みて剣を求む】(ふねにきざみてけんをもとむ)
時の移り変わるのを知らず、旧習を守り続けることの愚かさのたとえ。船から剣を落とした楚の人が、船の移動するのを知らずに船べりに目印を刻んだことの故事による。出典は『呂氏春秋』(りょししゅんじゅう)。類「刻舟」(こくしゅう)

【墨守】(ぼくしゅ)
墨子が楚の公輸盤(こうゆばん)の城攻めを九回にわたって退けたという故事から、自分の意見や習慣を頑固に守って、何と言われようと改めないこと。出典は『墨子』(ぼくし)。

水（みず）

性質・用途などからみた「水」

▽塩分を含まない　**淡水**（たんすい）・**真水**（まみず）

▽塩分を含む　**塩水**（えんすい）・**塩水**（しおみず）・**鹹水**（かんすい）

▽沸かしてない　**生水**（なまみず）

▽蒸留した　**蒸留水**（じょうりゅうすい）

▽不純物がきわめて少ない　**純水**（じゅんすい）

▽飲むための　**飲み水**（のみみず）・**飲料水**（いんりょうすい）・**飲用水**（いんようすい）・**上水**（じょうすい）

『参』ボトル入りの水や水道水は、前者が「食品衛生法における水質検査」に、後者は「水道法の水質基準に定める水質検査」に合格しなければならない。井戸水も飲用されているが、飲用井戸の衛生確保は、設置者の自己責任となっている。

▽飲むための冷たい　**御冷や**（おひや）

▽冷たい　**冷や水**（ひやみず）・**冷水**（れいすい）

▽氷をかき削り糖蜜などをかけたもの　**氷水**（こおりみず）・**氷水**（こおりすい）・**欠き氷**（かきごおり）

▽氷のかけらを入れて冷たくした　**氷水**（こおりみず）

▽きれいな　**清水**（せいすい）・**清水**（きよみず）・**清水**（しみず）・**浄水**（じょうすい）

▽名高い清水　**名水**（めいすい）

▽砂糖を溶かし煮詰めてさました。また、おいしい水をたとえて　**甘露水**（かんろすい）

▽貯えた　**貯水**（ちょすい）

▽汲んでおいた　**汲み置き**（くみおき）

▽浄化した　**浄水**（じょうすい）

▽濁った　**濁り水**（にごりみず）・**濁水**（だくすい）・**泥水**（どろみず）・**泥水**（でいすい）

▽少し濁る　**細濁り**（ささにごり）・**小濁り**（ささにごり）・**薄濁り**（ささにごり）

▽色のついた　**色水**（いろみず）

▽使用済みの汚れた　**汚水**（おすい）・**下水**（げすい）・**廃水**（はいすい）

▽飲料水などに利用できない　**悪水**（あくすい）

▽毒を含んだ　**毒水**（どくすい）

▽灰を溶かした　**灰水**（はいみず）・**灰汁**（あく）

▽ある物質を水に溶解させた液　**水溶液**（すいようえき）

▽炭酸ガスの水溶液　**炭酸水**（たんさんすい）・**ソーダ水**（すい）

▽消石灰（水酸化カルシウム）の水溶液　**石灰水**（せっかいすい）

▽カルシウム塩やマグネシウム塩などを多く含む　**硬水**（こうすい）

▽カルシウム塩やマグネシウム塩などをほどんど含まない　**軟水**（なんすい）

『参』「硬水・軟水」の基準には「硬度」という指標が用いられている。一般に、硬度100以下が軟水、300以上

水

が硬水とされ、中間は中硬水とされている。硬水は日本人の口には合わないとされていて、水道水はほとんどが軟水である。

▽濾過・沈殿・加熱殺菌以外の処理を行っていない地下水
天然水（てんねんすい）・**ナチュラルウォーター**

▽鉱物質を多く含む
鉱水（こうすい）・**ミネラルウォーター**

▽重水素を含む　**重水**（じゅうすい）

▽重水に対して普通の水　**軽水**（けいすい）

▽仏に供える
閼伽（あか）・**閼伽水**（あかみず）・**香水**（こうずい）

▽神に供える
神水（しんすい）・**神水**（じんすい）・**御供水**（ごくうすい）

▽死者の霊や神仏に供える
手向け水（たむけみず）

▽霊験のある　**霊水**（れいすい）

▽手や顔を洗う
手水（ちょうず）・**手洗い水**（てあらいみず）・**手水**（てみず）

▽神仏に参る前に手や口を清める
浄水（じょうすい）・**手水**（ちょうず）

▽神仏に参る前に浄水する所
手水所（ちょうずどころ）・**御手洗**（みたらし）・**御手洗**（みたらい）

▽汚れた足を洗う
洗足（せんそく）・**濯ぎ**（すすぎ）

▽香料をアルコールなどに溶かした化粧品
香水（こうすい）

▽鬢（びん）をなでるのに使う　**鬢水**（びんみず）

▽すずりの　**硯水**（けんすい）

▽物をとぐ　**研ぎ水**（とぎみず）・**磨ぎ水**（とぎみず）

▽米をといで白く濁った
研ぎ水（とぎみず）・**磨ぎ水**（とぎみず）・**白水**（しろみず）・**磨ぎ汁**（とぎじる）

▽飲料や灌漑（かんがい）に使う
用水（ようすい）・**疎水**（そすい）・**疏水**（そすい）

▽点茶のとき、茶碗をすすいだ水を捨てる道具
建水（けんすい）

▽力士が仕切りに入る前に口をすすぐ
力水（ちからみず）

▽他所からもらった　**貰い水**（もらいみず）

▽ポンプに入れて水を誘う
呼び水（よびみず）・**誘い水**（さそいみず）

▽臨終の人の口を潤す
死に水（しにみず）・**末期の水**（まつごのみず）

▽納棺前に死体を清める湯
逆さ水（さかさみず）

『参』葬儀に関係するものごとは、通常とは逆に行う「逆さごと」というものが行われる。「逆さ水」は、ぬるい湯を作る際、湯に水ではなく水に湯を注ぐもので、平常忌（い）まれる。

場所・状況からみた「水」

▽海の
海水（かいすい）・**潮水**（ちょうすい）・**潮**（しお）・**潮水**（しおみず）・**海潮**（かいちょう）・**潮**（うしお）

▽淡水と海水が混じり合った　**汽水**（きすい）

▽地球上で海水以外の　陸水（りくすい）

▽雨の　雨水（うすい）・雨水（あまみず）・天水（てんすい）

▽雨・雪など地上に降下した　降水（こうすい）

▽軒先などから落ちる雨の　雨垂れ（あまだれ）・雨垂り（あまだり）・雨滴り（あましたたり）・雨滴り（あましだり）・玉水（たまみず）・雨雫（あましずく）・雨滴（うてき）・点滴（てんてき）

▽川などの水が流れ出るもと　水源（すいげん）・源（みなもと）・源泉（げんせん）・源流（げんりゅう）

▽船底にたまった　淦（あか）・船湯（ふなゆ）・湯（ゆ）・淦水（かんすい）

▽井戸の　井戸水（いどみず）・井水（せいすい）・井水（いみず）・井泉（せいせん）

▽井戸から汲んだ　井戸水（いどみず）・汲み水（くみみず）

▽わき出る　湧き水（わきみず）・湧水（ゆうすい）・清水（しみず）・岩清水（いわしみず）・岩水（いわみず）・泉（いずみ）・泉水（せんすい）・苔清水（こけしみず）

▽山から出る　山水（やまみず）・山水（さんすい）

▽山の麓を流れる　山下水（やましたみず）

▽谷の　澗水（かんすい）・渓水（けいすい）・谿水（けいすい）

▽青色に深く澄んだ　碧水（へきすい）

▽地下を流れる　地下水（ちかすい）・地水（ちすい）

▽地層の中で地下水の流れている部分　水脈（すいみゃく）

▽流れている　流水（りゅうすい）・活水（かっすい）

▽地上の流水が一時地下に潜入して流れる　伏流水（ふくりゅうすい）

▽河川の　河水（かすい）・川水（かわみず）

▽早瀬の　湍水（たんすい）

▽大河の。また、揚子江の　江水（こうすい）

▽湖の　湖水（こすい）

▽池の　池水（ちすい）

▽沢の　沢水（さわみず）

▽さらさらと流れる　細れ水（さざれみず）

▽草木などの陰に隠れて見えない　埋もれ水（うもれみず）

▽野中や樹陰などに隠れて人知れず流れる　忘れ水（わすれみず）

▽川から揚げた　川揚げ水（かわあげみず）

▽水が漏れる。また、漏れた　漏水（ろうすい）

▽少しこぼれ出る　細小水（いさらみず）

▽こぼした　覆水（ふくすい）

▽流れずにたまっている　溜まり水（たまりみず）・止水（しすい）・死水（しすい）・静水（せいすい）

▽雨水などが一時的に浅くたまった　水溜まり（みずたまり）

▽竹の幹を切り、節にためた　神水（じんすい）

▽日向にあって、ぬるんでいる　日向水（ひなたみず）

▽公園などで装置によって水を吹き上げる　噴水（ふんすい）・噴泉（ふんせん）・吹き上げ（ふきあげ）

▽滞って流れない　滞水（たいすい）

▽底深くたたえられた　潭水（たんすい）

▽田の中の　田水（たみず）

水

▽庭園などに水を導き入れて流す
遣り水

▽庭園または山麓を曲がって流れる
曲水

人の暮らしからみた「水」

▽生活に必要な水を供給したり、不要な水を排水したりする施設
水道

▽飲料水などを供給する施設
上水・上水道

▽不要な汚れた水を排水する施設
下水・下水道

▽米を研いだり、食器を洗ったりして汚れた
雑水・雑水

▽生活排水や産業排水を処理して循環利用する
雑用水・中水道

▽水の流れをよくする。また、河川の水を利用する
利水

▽水流をよくして川の氾濫を防ぐ
治水

▽河川が氾濫して被害をもたらす
洪水・出水・出水・大水・大水

▽山間地の川が集中豪雨であふれ、急激に流れ下る
鉄砲水

▽洪水で田畑や道路が水をかぶる
冠水

▽川などの水量がふえる　**増水**

▽堤防などの決壊によって水が氾濫する
決水

▽水があふれ出る　**溢水**

▽水が入り込み、水に浸る
浸水・水浸し

▽水の流れ具合
水捌け・水吐き

▽水がひく　**退水**

▽不要な水を排除する
排水・除水

▽水による災難
水禍・水難・水害

▽水害を防御、軽減する　**水防**

▽河川などから水を取り入れる　**取水**

▽水を貯える　**貯水**

▽水をためておく容器。また、ためておく場所
水溜

▽水がいっぱいになる　**満水**

▽生活用水・灌漑用水が極端に不足する
水飢饉・渇水・水涸れ

▽水田の用水分配をめぐる争い
水争い・水喧嘩・水論・水論

▽地上にまく
撒水・散水・撒き水・撒

水（すい）・打ち水（うちみず）

▽農作物や草木に水を注ぎかける　**灌水（かんすい）**

▽田畑に水を供給する　**灌漑（かんがい）**

▽水田などに水をたたえる　**湛水（たんすい）**

▽水を導き流す　**導水（どうすい）**

▽水を注ぎ入れる　**注水（ちゅうすい）**

▽水を勢いよく出す。また、川やダムの水などを導き流す　**放水（ほうすい）**

▽水を注ぎ足す　**差し水（さしみず）**

▽飲料水などを供給する　**給水（きゅうすい）・配水（はいすい）**

▽水道やポンプで水を送る　**送水（そうすい）**

▽水路などに水を通す　**通水（つうすい）**

▽水を汲む　**汲水（きゅうすい）**

▽生物や機械などが水を吸う　**吸水（きゅうすい）**

▽汚れた水をこしてきれいにする　**濾水（ろすい）・濾過（ろか）**

▽水道の水がとまる　**断水（だんすい）**

▽水不足などで使用量を節約する　**節水（せっすい）**

▽水にぬれても水分が通らない。また、変質しない　**耐水（たいすい）**

▽水がしみとおる　**透水（とうすい）**

▽水がしみとおるを防ぐ　**防水（ぼうすい）**

▽水が漏れ出るのを防ぐ　**遮水（しゃすい）**

▽水をはじく　**撥水（はっすい）**

▽水との親和性がある。また、水に親しむこと　**親水（しんすい）**

▽水との親和性がない　**疎水（そすい）**

▽水で洗う。また、汚物を水で洗い流すトイレの略　**水洗（すいせん）**

▽燃料と飲用水　**薪水（しんすい）**

▽水中に溶けた物質が物などに付着するもの

水垢（みずあか）・水渋（みしぶ）・水銹（みさび）・水錆（みさび）

▽たらいに湯や水を入れて体を洗い流す　**行水（ぎょうずい）**

▽新造の船を水上に浮かべる　**進水（しんすい）**

▽水中に身を投じて自殺する　**入水（にゅうすい）・入水（じゅすい）**

▽水中に死者を葬る　**水葬（すいそう）・水葬式（みずそうしき）・水葬礼（みずそうれい）**

変化・変形からみた「水」

▽水の粒　**滴り（したたり）・水滴（すいてき）・滴（しずく）・雫（しずく）**

▽雨の滴り　**雨垂れ（あまだれ）・雨垂り（あまだり）・雨粒（あまつぶ）・雨滴（うてき）・点滴（てんてき）・玉水（たまみず）・雨雫（あましずく）**

▽雨が降った後の滴り　**余滴（よてき）・残滴（ざんてき）・余瀝（よれき）**

▽玉になった水滴　**水玉（みずたま）**

▽細かく飛び散る水玉
繁吹き(しぶき)・飛沫(しぶき)・水飛沫(みずしぶき)・飛沫(ひまつ)・水沫(すいまつ)・水煙(すいえん)・水煙(みずけむり)・迸り(とばしり)

▽そばにいて水しぶきを受ける
迸り(とばっち)・迸り(とばちり)・迸り(とばしり)

▽水などの液体が空気を包んでできる小さい玉
泡(あわ)・泡(あぶく)・水泡(すいほう)・水泡(みなわ)・水の泡(みずのあわ)・気泡(きほう)・泡沫(ほうまつ)・泡沫(うたかた)・水沫(みなわ)・バブル・フォーム

▽熱い水　湯(ゆ)

▽飲み水を沸かしただけの湯　白湯(さゆ)

▽煮え立った湯
煮え湯(にえゆ)・熱湯(ねっとう)・熱水(ねっすい)・沸湯(ふっとう)

▽煮えたぎる湯の泡　湯玉(ゆだま)

［参］沸騰した湯の泡は、水が沸騰して「水蒸気」になり上昇したもの。また、沸騰する前に現れる小さい泡は、おもに水の中に溶け込んでいる気体（塩素や二酸化炭素など）が追い出されたもの。

▽わきあがり煮え立つ　沸騰(ふっとう)

▽あたたかい湯　温湯(おんとう)

▽温度の低い湯
微温湯(ぬるまゆ)・微温湯(びおんとう)

▽さました湯　湯冷まし(ゆざまし)

▽沸かしたばかりの風呂の湯
新湯(さらゆ)・新湯(あらゆ)

▽風呂から出るときにかけるきれいな湯
上がり湯(あがりゆ)・陸湯(おかゆ)

▽翌日にも使う風呂の湯　留め湯(とめゆ)

▽気体に変わる　気化(きか)

▽気化した
水蒸気(すいじょうき)・蒸気(じょうき)・スチーム

▽水蒸気が水滴になって
湯気(ゆげ)・湯煙(ゆけむり)

▽空気中の水蒸気が凝結して　露(つゆ)

▽白く光った露　白露(はくろ)・白露(しらつゆ)

▽朝の草などについた露　朝露(あさつゆ)

▽夜の露　夜露(よつゆ)

▽木の茂みから落ちる露　下露(したつゆ)

▽雨と露　雨露(あめつゆ)・雨露(うろ)

▽凍りつく
凍結(とうけつ)・氷結(ひょうけつ)・結氷(けっぴょう)

▽滴が棒状に凍った氷
氷柱(つらら)・垂氷(たるひ)・懸氷(けんぴょう)・氷柱(ひょうちゅう)

▽雨が地表・草木などに凍結した透明な氷
雨氷(うひょう)

▽氷のかたまり　氷塊(ひょうかい)

▽流れる氷塊　流氷(りゅうひょう)

▽水に浮かぶ氷塊　浮氷(ふひょう)

▽涼をとるために立てる氷　氷柱(ひょうちゅう)

▽花を入れて凍らせた氷柱　花氷(はなごおり)

▽薄く張った氷
薄氷(はくひょう)・薄氷(うすごおり)・薄ら氷(うすらひ)・薄ら氷(うすらい)・薄ら氷(うすらび)

▽水蒸気が地面や地上の物体の上で白く結晶したもの

霜(しも)・霜柱(しもばしら)

春夏秋冬の「水・露・霜」

▽元旦に汲んで、お供え・洗面・飲料に使うめでたい
若水(わかみず)・初若水(はつわかみず)・若井(わかい)

▽元旦に海から汲んで神に供える
若潮(わかしお)

▽雪解けや降雨による豊かな
春の水(はるのみず)・春水(しゅんすい)

▽春先に霜解けや雨水などでできるどろんこ道
春泥(しゅんでい)

▽陸に起こる蜃気楼　**逃げ水(にげみず)**

▽雪が解けた
雪解け水(ゆきどけみず)・雪水(ゆきみず)・雪代(ゆきしろ)・雪代水(ゆきしろみず)・雪汁水(ゆきしるみず)・雪消水(ゆきげみず)・雪汁(ゆきしる)

▽春の川の増水　**桃花水(とうかすい)**

▽春の霜
忘れ霜(わすれじも)・遅霜(おそじも)・晩霜(ばんそう)・別れ霜(わかれじも)

▽露が多い　**露けし(つゆけし)**

▽時雨の後のように露が一面に降りている
露時雨(つゆしぐれ)

▽露が凍って霜になる　**露霜(つゆじも)・水霜(みずじも)**

▽秋の澄んだ水。また、澄み渡った水の流れ
秋の水(あきのみず)・秋水(しゅうすい)

▽台風や長雨による洪水　**秋出水(あきでみず)**

▽稲が実り、田水を落として田を干す
落とし水(おとしみず)

▽降雨量が少なく水が涸(か)れる時期
渇水期(かっすいき)

▽寒中の　**寒の水(かんのみず)・寒水(かんすい)**

▽寒九に汲む　**寒九の水(かんくのみず)**

［参］「寒九」は寒の入りから九日目。その日に汲んだ水で薬を飲めば、特に効果があるといわれる。また、日本酒の仕込み水などにも使われる。

「水」に関する動詞・複合動詞

▽地下水などが地中から出る
湧く(わく)・涌く(わく)

▽水などをすくい上げる
掬う(すくう)・汲む(くむ)・掬ぶ(むすぶ)

▽水などを流し入れる
注ぐ(つぐ)・注ぐ(そそぐ)・汲む(くむ)・酌む(くむ)

▽水などをいっぱいにする
湛える(たたえる)・満たす(みたす)

▽水がいっぱいになって
溢れる(あふれる)・溢れる(こぼれる)・零れる(こぼれる)

▽水などがすきまから外に出る
漏れる(もれる)

▽水滴などが落ちる
滴る(したたる)・落ちる(おちる)・垂れる(たれる)

▽水などが勢いよく飛び散る
迸る(ほとばしる)・迸る(とばしる)

▽水が低い所へ　**流**（なが）**れる・注**（そそ）**ぐ**

▽水が激しく流れ波立つ　**逆巻**（さかま）**く・渦巻**（うずま）**く・滾**（たぎ）**る・激**（たぎ）**る**

▽熱せられ湯になる　**沸**（わ）**く**

▽湯が煮え立つ　**滾**（たぎ）**る・激**（たぎ）**る・煮**（に）**え滾**（たぎ）**る・煮**（に）**え返**（かえ）**る・煮**（に）**え繰**（く）**り返**（かえ）**る**

▽水や雨がかかる　**濡**（ぬ）**れる**

▽びっしょりとぬれる　**濡**（そぼ）**つ・濡**（ぬ）**れそぼつ**

▽水気や湿り気を帯びる　**潤**（うるお）**う・潤**（うる）**む・湿**（しめ）**る**

▽水分を含んでふくれる　**潤**（ほと）**びる・ふやける**

▽水などの中に入れる　**浸**（ひた）**す・漬**（ひた）**す・浸**（つ）**ける・漬**（つ）**ける**

▽水などをふくませる　**浸**（ひた）**す**

▽水につけてふくれさせる　**潤**（ほと）**ばす・潤**（ほと）**ぼす・潤**（ほと）**ばかす・ふやかす**

▽水の汚れがなくなり透明になる　**澄**（す）**む**

▽水が汚れて透明感を失う　**濁**（にご）**る**

「水」の流れ・湿気などの擬音語・擬態語

▽水滴などが一滴落ちる　**ぽとり・ぽたり・ぽつり・ぽとん**

▽水滴などが少量、次々と落ちる　**ぽとぽと・ぽたぽた**

▽水滴などが多量に次々と落ちる　**ぼとぼと・ぼたぼた・ぼつぼつ**

▽口の小さな入れ物から水が流れ出る　**とくとく**

▽「とくとく」よりも盛んに、または粘り気のあるものが流れる　**どくどく**

▽水などが勢いよく流れ落ちる　**しゃーしゃー・しゃーっと**

▽水がひと揺れしたとき　**ぼちゃと・ぼちゃん**

▽水を大きく動かす　**ざぶざぶ・じゃぶじゃぶ**

▽少量の水が流れる　**ちょろちょろ**

▽きれいな水が少量流れる　**さらさら**

▽水が勢いよく流れる　**ざーざー・ざーっと・じゃーじゃー**

▽止められないほどの勢いで水が流れる　**だーっと**

▽液体に粘り気がある　**どろどろ・どろっと**

▽水などが冷たい　**ひんやり**

▽水が跳ねる
ぴちゃぴちゃ・ぴちぴち・ちゃぷちゃぷ

▽水がしきりに跳ね返る
びちゃびちゃ・びしゃびしゃ

▽雨や水で激しくぬれる
びしょびしょ・びちゃびちゃ・びっしょり・ずっぷり

▽汗や水で衣服などがぬれる
ぐしょぐしょ・ぐっしょり

▽湿度が高くて不快な
じめじめ・じとじと

▽湿り気を帯びてうるおいがある
しっとり・しっぽり

▽湿り気が多い　**じっとり**

▽湿り気が多い。また、すこしずつにじみ出る
じくじく・じゅくじゅく

「水」に関する成句

【茶は水が詮】

おいしい茶をたてるのには、結局、よい水を選ぶことが肝心であるということ。「詮」は大事なもの。


【所変われば水変わる】

異なった土地では飲み水の質が変わるから、自分の体質に合うかどうか注意すべきであるということ。また、土地が変われば風俗・習慣なども違うという意にも使われる。


【酔い醒めの水下戸知らず】

酒を飲んだあと、のどが渇いて飲む水のうまいことといったら酒を飲まない人には分からない。経験しなければその妙味が分からないたとえ。


【酔い醒めの水は甘露の味】

酔ったあと、眠りからさめて、渇いたのどを潤すために飲む水は、まるで甘露のようにおいしいということ。「甘露」は、王が仁政を施すと天から降るという甘い水。中国の伝説に由来する。

みち……道・路・途

地形・位置からみた「みち」

▽人や車などが通る所
道・道路・路・途・径・行路・行道・往来・往還・通り道・通り路・通り途・通路・通り・道途・道塗・道筋

▽市街の　**街路**

▽市街の主要な
表通り・本通り

▽裏手の　裏通り（うらどおり）・裏道（うらみち）

▽人家の間の狭い　路地（ろじ）・露地（ろじ）

〔参〕「露地」には、覆いのない地面の別意が、「路地・露地」には茶道での、茶室に付随する飛石や石燈籠などが配されている庭の別意がある。

▽街路樹が植えられた　並木道（なみきみち）・アベニュー

▽山間に通じる　山道（やまみち）・山道（さんどう）・山道（せんどう）・山路（さんろ）・山路（やまじ）

▽山に登るための　登山道（とざんどう）

▽山の中の小さい　山径（さんけい）

▽深い山の中の　深山路（みやまじ）

▽山の中の険しく細い　鳥道（ちょうどう）・鳥逕（ちょうけい）・鳥路（ちょうろ）

▽きこりの通う山の　樵路（しょうろ）・杣道（そまみち）

▽崖ぶちの険しい　崖路（がけみち）・崖路（がけじ）・崖路（ほきじ）

▽山の中の坂みち　山坂（やまさか）・山坂（やまざか）

▽森や林の中の。特に、材木を運ぶための　林道（りんどう）

▽松林の中の小さい　松径（しょうけい）

▽木陰など物の下に通じている　下道（したみち）・下道（したじ）

▽田舎の　田舎道（いなかみち）

▽農作業用に耕作地の間などに設けた　農道（のうどう）

▽田と田の間の　田道（たみち）・田路（たみち）・田圃道（たんぼみち）・畦道（あぜみち）・縄手（なわて）・畷（なわて）・畷道（なわてみち）・畷道（なわてじ）

▽畑の間を通っている　畑道（はたけみち）・畑道（はたみち）

▽野中の　野道（のみち）・野路（のみち）・野路（のじ）・野径（やけい）

▽湿地帯などに木材を渡して歩けるようにした　木道（もくどう）

▽陸上の　陸路（りくろ）・陸路（くがじ）

▽川に沿った　川路（かわじ）

▽浜辺の　浜路（はまじ）・浜道（はまみち）

▽海辺の　浦路（うらじ）・海道（かいどう）

▽磯辺の　磯路（いそじ）

▽東西に通じる　日の縦（ひのたたし）・日の経（ひのたて）

▽南北に通じる　日の横（ひのよこし）・日の緯（ひのぬき）

大小・広狭・様態などからみた「みち」

▽幅が広くて大きい　大道（だいどう）・大道（おおみち）・広小路（ひろこうじ）・大路（おおじ）・大路（たいろ）・大通り（おおどおり）・街道（かいどう）

▽幅の狭い　小道（こみち）・小路（こみち）・小路（こうじ）・細道（ほそみち）・小径（しょうけい）・小逕（しょうけい）・細径（さいけい）・細逕（さいけい）・隘路（あいろ）

▽平らな　平路（へいろ）・坦路（たんろ）・坦道（たんどう）・坦途（たんと）

▽険しい　険路（けんろ）・嶮路（けんろ）・難路（なんろ）・荒道（あらみち）・

▽狭くて険しい
岨道・杣道・岨道・峻路
隘路

▽傾斜している
坂・阪・坂道・坂路・坂路・阪路・スロープ

▽砂ばかりの
砂路・砂子路・砂路・真砂路

▽石の多い
石道・石路・石径

▽斜めになっている小さい　斜径

▽真っすぐな
直道・直路・直路・直路・直路・正道

▽曲がった
曲がり道・曲がり路

▽曲がり角の多い　隈路

▽分かれた
枝道・支路

▽分かれた。また、道の分かれているところ
岐路・岐路・分かれ道・別れ道・別れ路・別れ路・岐れ路・二股道・二道・二筋道

▽三つの小さい
三つの径・三径

▽丁字形になっている道路
丁字路・T字路

[参]もともとは「丁字路」。アルファベットの普及に伴い、「丁」と「T」の字形と音が似ていることから「T字路」の語ができた。道路交通法では「丁字路」という表現が使われている。

▽道路の三つ又に分かれている所
三叉路・三差路・三つ角・Y字路

▽道が十字形に交差する所
十字路・四つ辻・四つ角・道辻

▽主となっている
本道・本街道・表街道

▽本街道以外の支街道
脇街道・脇往還・裏街道

▽本道からそれた
脇道・脇路・避け道・側道・間道・横道

▽本道からそれた。また、ほかの
別路

▽本道に沿った　側道

▽道路が四方に通じている
四達・四通

▽早く到着できる
近道・早道・抜け裏・抜け道・捷径・捷路・漏路・匿路・漏路・匿路

▽重要な　要路

▽長い道のり
長道・長道・長途・長路・長路・遠路・鵬程

▽迂回する
迂路・回り道・回り路・

迂回道路（うかいどうろ）・バイパス

▽往きの　往路（おうろ）・行き道（ゆきみち）

▽帰りの　復路（ふくろ）・帰り道（かえりみち）・帰途（きと）・帰路（きろ）・帰り路（かえりみち）・戻り路（もどりみち）

▽家に帰る　家路（いえじ）

▽往か復か一方の　片道（かたみち）

▽一本しかない　一本道（いっぽんみち）

▽真ん中の　中道（なかみち）

▽行くべき方向　前途（ぜんと）・先途（せんと）・先途（せんど）・行く手（ゆくて）・前路（ぜんろ）・進路（しんろ）・針路（しんろ）・行方（ゆくえ）

▽往き来する　通い路（かよいみち）・通い路（かよいじ）・行き交い路（ゆきかいじ）

▽通行の途中に寄る　寄り道（よりみち）・道寄り（みちより）

▽歩きなれて、よく知っている　熟路（じゅくろ）

▽退却する　退路（たいろ）・逃げ道（にげみち）・遁路（とんろ）

▽闇夜の　闇路（やみじ）

▽夜の　夜道（よみち）

▽日陰の　陰路（かげじ）

▽雪の降り積もった　雪道（ゆきみち）・雪路（ゆきみち）・雪路（ゆきじ）

▽霜の降りている　霜道（しもみち）

▽旅の　旅路（たびじ）・征路（せいと）・征途（せいと）

▽泥でぬかっている　泥道（どろみち）・泥路（でいろ）・泥濘（ぬかるみ）

▽歩きにくい　悪道（あくどう）・悪路（あくろ）

▽険しい急な坂みち　急坂（きゅうはん）・胸突き八丁（むなつきはっちょう）

〔参〕「胸突き八丁」はもともと富士登山で使われていた言葉。頂上までの最後の八丁（約八七二メートル）の道が、息もできないほどの険しさだったことから。

▽相対する二つの坂のうち急な　男坂（おとこざか）

▽相対する二つの坂のうちゆるやかな　女坂（おんなざか）

▽奥深い小さな　幽径（ゆうけい）

▽イバラの茂った　棘路（きょくろ）

▽草などの茂った　繁道（しげじ）・繁路（しげじ）

▽シカやイノシシなどによって自然にできた　猪道（ししみち）・鹿道（ししみち）・獣道（けものみち）

▽新しく開いた　新道（しんどう）・新道（しんみち）・新路（しんみち）・墾道（はりみち）・新治道（にいばりみち）・新墾道（にいばりみち）

▽古い　古道（こどう）・古道（ふるみち）・旧道（きゅうどう）

▽廃止になった。また、荒れ果てた　廃道（はいどう）

▽寺社に通じる　参道（さんどう）

〔参〕神社の参道の中央は「正中（せいちゅう）」と呼ばれている。正中は神の通る道と考えられ、歩いてはいけないとされる。寺では気にする必要はない。

▽宮殿に通じる　宮道（みやじ）・宮路（みやじ）

▽天子の車が通る　輦道（れんどう）・輦路（れんろ）

▽徒歩で行く　徒路（かちじ）

▽陸上競技などで走者が走る　走路（そうろ）・コース

▽順序を決めた道筋　順路（じゅんろ）・順道（じゅんどう）

▽道に沿ったところ　沿道（えんどう）・沿路（えんろ）・道端（みちばた）・路傍（ろぼう）・路頭（ろとう）

▽通り抜けられる路地　抜け路地（ぬけろじ）・抜け露地（ぬけろじ）・抜け小路（ぬけこうじ）

▽通り抜けられない路地　袋道（ふくろみち）・袋小路（ふくろこうじ）

▽迷いやすい　迷路（めいろ）

▽道がまったくないところ　道なき道（みちなきみち）

管理・敷設からみた「みち」

▽公衆が通る　公道（こうどう）・公路（こうろ）

▽道路や線路など交通するための　交通路（こうつうろ）

▽交通機関の運行経路を線で示したもの　路線（ろせん）

▽個人が所有している　私道（しどう）

▽主要な地点を結ぶ重要な　幹線道路（かんせんどうろ）

▽国が管理する　国道（こくどう）

▽都道府県が管理する　都道府県道（とどうふけんどう）

▽都が管理する　都道（とどう）

▽道が管理する　道道（どうどう）

▽府が管理する　府道（ふどう）

▽県が管理する　県道（けんどう）

▽市が管理する　市道（しどう）

▽町が管理する　町道（ちょうどう）

▽村が管理する　村道（そんどう）

▽区が管理する　区道（くどう）

▽舗装した　鋪道（ほどう）・鋪道（ほどう）・鋪装道路（ほそうどうろ）・ペーブメント

▽がけに棚のようにつくった　懸け路（かけじ）・懸け路（かけみち）・懸け橋（かけはし）・掛け橋（かけはし）・桟道（さんどう）

▽木材で舗装された　鋪木道（ほぼくどう）

▽地中を掘って通した　地下道（ちかどう）・地道（ちどう）・隧道（ずいどう）・隧路（すいろ）・坑道（こうどう）・トンネル

▽散歩のためにつくった　遊歩道（ゆうほどう）・散歩道（さんぽどう）・プロムナード

▽登下校の安全の確保のために学校が指定する　通学路（つうがくろ）

▽人の通行する　人道（じんどう）・歩道（ほどう）

▽車が通る　車道（しゃどう）・自動車道（じどうしゃどう）

▽利用するのに料金が必要な　有料道路（ゆうりょうどうろ）

▽高速度で走る自動車専用

▽高速道路・高速道・高速・ハイウェー・アウトバーン（こうそくどうろ・こうそくどう・こうそく）

▽高速道路や幹線道路に沿った　**側道**（そくどう）

▽高速道路ではない一般の　**一般道**（いっぱんどう）・**下道**（したみち）

〔参〕「下道」は、高速道路の多くが高架や山の斜面など、高い場所にあるのに対して下にあることから。

▽森林開発公団によって整備された大規模な林道　**スーパー林道**（りんどう）

▽自転車専用の　**自転車道**（じてんしゃどう）・**自転車専用道**（じてんしゃせんようどう）・**サイクリングロード**

▽列車・電車の通る　**鉄道**（てつどう）・**線路**（せんろ）・**軌道**（きどう）・**軌条**（きじょう）

▽飛行機の離着陸する　**滑走路**（かっそうろ）

▽飛行場で、滑走路と駐機場とを結び飛行機を誘導する　**誘導路**（ゆうどうろ）

▽水を送るための　**水路**（すいろ）・**送水路**（そうすいろ）・**導水路**（どうすいろ）・**用水路**（ようすいろ）

▽飲料水などを供給するための　**上水道**（じょうすいどう）・**水道**（すいどう）

▽下水を流すための　**下水道**（げすいどう）・**下水**（げすい）

▽炊事・風呂などの廃水を再利用する水道　**中水道**（ちゅうすいどう）・**雑用水道**（ざつようすいどう）

▽雨水・汚水の排水処理のための　**排水路**（はいすいろ）

▽洪水防止など水量調節のための　**放水路**（ほうすいろ）

▽ダムなどで、余分な水を流すための　**余水路**（よすいろ）・**余水吐き**（よすいはき）

▽江戸時代に、江戸日本橋を起点とした主要な五つの街道　**五街道**（ごかいどう）

〔参〕東海道・日光街道・奥州街道・中山道（中仙道）・甲州街道の五つ。

▽五街道とそれに付属する街道　**本街道**（ほんかいどう）

▽本街道以外の支街道　**脇街道**（わきかいどう）・**脇往還**（わきおうかん）

空・海・川からみた「みち」

▽船舶や航空機運行の一定のみちすじ　**航路**（こうろ）

▽飛行機が飛ぶために設定された　**空路**（くうろ）・**航空路**（こうくうろ）

▽船の通う　**海路**（かいろ）・**澪**（みお）・**船路**（せんろ）・**海つ路**（うみつじ）・**海路**（うみじ）・**海路**（うなじ）・**船路**（ふなじ）・**潮路**（しおじ）・**波路**（なみじ）・**浪路**（なみじ）・**水路**（すいろ）・**水脈**（すいみゃく）・**水脈**（みお）・**水尾**（みお）

▽海流の流れる　**潮道**（しおみち）・**潮路**（しおじ）・**汐路**（しおじ）

▽はるかな潮の　**八重の潮路**（やえのしおじ）

▽多くの潮の　**八潮路**（やしおじ）

▽川水が流れる　河道（かどう）・川筋（かわすじ）

「みち」に関する成句

【紆余曲折（うよきょくせつ）】道が曲がりくねっているさま。「紆」も「余」も、折れ曲がるさま。また、事情が混み入って種々変化することもいう。

【四通八達（しつうはったつ）】道路や交通が四方八方に通じており、交通の便がよいこと。

【九十九折り（つづらおり）】幾重にも折れ曲がっている山道のこと。「葛折り（つづらおり）」とも書く。類「羊腸小径（ようちょうしょうけい）」

【鵬程万里（ほうていばんり）】遠い道のりのこと。鵬が飛び渡る道程という意で、鵬は想像上の鳥。翼の長さ三千里、一度に九万里を飛ぶという。

みる……見・視・観・覧・看・診

動作・方角からみた「みる」

▽目で　目視（もくし）・瞻視（せんし）・観覧（かんらん）

▽目の当たりに　目撃（もくげき）・正目（まさめ）・正眼（まさめ）

▽真っ正面から　正視（せいし）・直視（ちょくし）・直目（ただめ）

▽左を向いて　左顧（さこ）

▽後ろを振り向いて　後顧（こうこ）・回顧（かいこ）・回視（かいし）

▽ちょっと振り向いて　一顧（いっこ）

▽目だけ動かして後方を　後目（しりめ）・尻目（しりめ）

▽あたりを見回す　四顧（しこ）・顧望（こぼう）

▽仰ぎ　仰視（ぎょうし）・仰望（ぎょうぼう）

▽目だけで上の方を　上目（うわめ）・上目使い（うわめづかい）・上眼（うわめ）・空目（そらめ）・上目遣い（うわめづかい）

▽目だけで横の方を　横目（よこめ）・斜視（しゃし）・流し目（ながしめ）・流眄（りゅうべん）・流眄（りゅうめん）・側目（そくもく）

▽よそを　余所見（よそみ）・余所目（よそめ）・脇見（わきみ）・脇目（わきめ）・あからめ

▽脇の方から　傍観（ぼうかん）・傍視（ぼうし）・側目（そばめ）・傍目（おかめ）・岡目（おかめ）

▽遠くを　望見（ぼうけん）・遠見（えんけん）・遠見（とおみ）・遠望（えんぼう）・望遠（ぼうえん）・眺望（ちょうぼう）

▽遠くから見たようす　遠目（とおめ）

▽広く四方を　展望（てんぼう）・四望（しぼう）

▽見渡す限り　極目（きょくもく）

▽遠くの景色などをながめる　観望（かんぼう）

▽すぐれた景色を　覧勝（らんしょう）

▽ひと目で見渡す　**一望**（いちぼう）

▽見下ろす　**瞰下**（かんか）・**瞰視**（かんし）・**下瞰**（かかん）

▽高い所から広い範囲を　**俯瞰**（ふかん）・**鳥瞰**（ちょうかん）

〔参〕上空から鳥が見下ろしたように描いた図または地図を「俯瞰図」「鳥瞰図」といい、立体感や遠近感がよく表現できる。「鳥目絵（とりめえ）」ともいわれる。英語では「バードアイビュー」。

▽あちらこちらを　**流覧**（りゅうらん）・**左見右見**（とみこうみ）

▽あちこちに目を配る。どこから見てもにらんでいるように見える　**八方睨み**（はっぽうにらみ）

▽指差して　**指目**（しもく）・**指顧**（しこ）

▽肉眼で見える　**可視**（かし）

▽夜の暗い中で　**夜目**（よめ）

▽はっきり見える　**明視**（めいし）

▽目で見る方向　**視線**（しせん）・**目線**（めせん）

▽目に見える範囲　**視野**（しや）・**視界**（しかい）

態度・様態からみた「みる」

▽見る方法　**見方**（みかた）

▽見る立場　**視点**（してん）・**観点**（かんてん）・**視座**（しざ）

▽まともに　**正視**（せいし）・**直視**（ちょくし）

▽ちらっと　**一見**（いっけん）・**一目**（いちもく）・**垣間見**（かいまみ）・**一目**（ひとめ）・**一瞥**（いちべつ）・**瞥見**（べっけん）・**ちら見**（み）

▽ちょっと　**一寸見**（ちょっとみ）

▽ひと通り目を通す　**一覧**（いちらん）

▽すき間から　**覗き見**（のぞきみ）・**透き見**（すきみ）

▽こっそり　**盗み見**（ぬすみみ）・**盗視**（とうし）

▽透かして　**透視**（とうし）

▽うわの空で　**空見**（そらみ）

▽関わることなく、ただ　**黙視**（もくし）・**静観**（せいかん）・**傍視**（ぼうし）・**傍観**（ぼうかん）・**座視**（ざし）・**坐視**（ざし）

▽ざっと全体を　**概観**（がいかん）・**疎観**（そかん）

▽じっと一か所を　**凝視**（ぎょうし）

▽気を付けて　**注視**（ちゅうし）・**注目**（ちゅうもく）

▽重要なこととして注目する　**着目**（ちゃくもく）・**着眼**（ちゃくがん）

▽よく注意して　**刮目**（かつもく）・**刮眼**（かつがん）

▽詳しく　**細見**（さいけん）

▽目をみはって　**瞠目**（どうもく）・**瞠若**（どうじゃく）・**瞠視**（どうし）

▽目をいからせて　**瞋目**（しんもく）

▽にらみつけて　**睥睨**（へいげい）

▽鋭い目つきで　**虎視**（こし）

▽憎しみの目で　**疾視**（しっし）・**敵視**（てきし）

▽冷たい目で　**白眼視**（はくがんし）

▽重要なものだとして重く　**重視**（じゅうし）・**重要視**（じゅうようし）

▽重要ではないとして軽く　**軽視**（けいし）

▽見ていても、見ていないことにする　**無視**（むし）

▽好意的な見方　**贔屓目**（ひいきめ）

▽ねたましく　**嫉視**（しっし）

▽さげすんで　蔑視（べっし）

▽期待して　属目（しょくもく）・嘱目（しょくもく）

▽気のありそうな目つき　秋波（しゅうは）・流し目（ながしめ）・色目（いろめ）

〔参〕「秋波」は、秋の季節の澄んだ水波を美人の涼しげな目元にたとえた語で、転じて、男性に媚びる目つきの意となった。「秋波を送る」というように使われることが多い。

状況・対象から みた「みる」

▽はじめて　初見（しょけん）・見始め（みはじめ）

▽同じものをもう一度　再見（さいけん）

▽実際に　実見（じっけん）

▽必ず。また、見る価値がある　必見（ひっけん）

▽はじめて見つける　発見（はっけん）

▽あちらこちらで見かける　散見（さんけん）

▽見た事柄　所見（しょけん）

▽自由に　縦覧（じゅうらん）・縦覧（しょうらん）

▽調べて　閲覧（えつらん）

▽内々の閲覧　内閲（ないえつ）

▽順々に回して　回覧（かいらん）・廻覧（かいらん）

▽ひとつひとつ　歴覧（れきらん）

▽広く全体を　総覧（そうらん）・通覧（つうらん）・通観（つうかん）・大観（たいかん）

▽広く一般の人が　博覧（はくらん）

▽公開して多くの人に見せる　供覧（きょうらん）

▽並べて広く一般に見せる　展覧（てんらん）・展示（てんじ）

▽公開せず内々に　内見（ないけん）・内覧（ないらん）

▽借りて　借覧（しゃくらん）

▽他人が。また、他人に見せる　他見（たけん）

▽他人の見る目　余所目（よそめ）・人目（ひとめ）・人見（ひとみ）・傍目（はため）

▽世間の多くの人が　衆目（しゅうもく）・十目（じゅうもく）

▽外から見たようす　外観（がいかん）・外見（がいけん）・外見（そとみ）

▽現象を注意深く見きわめる　観察（かんさつ）

▽見間違える　僻目（ひがめ）

▽手紙など自身が開いて　親展（しんてん）・直披（じきひ）・直披（ちょくひ）

▽見ることが最後　見納め（みおさめ）・見収め（みおさめ）

見物の意から みた「みる」

▽実地にみて学ぶ　見学（けんがく）

▽見る価値のあるところ　見所（みどころ）・見処（みどころ）

▽興行物や場所を　見物（けんぶつ）・物見（ものみ）・観覧（かんらん）

▽演劇を　観劇（かんげき）

▽後援団体などが相撲・演劇などをそろって見物する　総見（そうけん）

▽高貴な人のお供をして　陪観（ばいかん）

▽立ったままで　立ち見（たちみ）

▽無銭で興行物を

伝法（でんぽう）・伝法（でんぼう）・青田（あおた）

〔参〕「伝法」は、江戸時代に浅草伝法院の奴（やっこ）が寺の威光を頼んで、乱暴な振る舞いをしたことから。「青田」は実らない稲田で収穫がないことから、無料で見物する客の意となったとされる。

▽授業などを　参観（さんかん）

▽試合などを　観戦（かんせん）

▽他の土地の風光を見て回る

観光（かんこう）・観風（かんぷう）

▽見て回って楽しむ　遊覧（ゆうらん）

▽月を　観月（かんげつ）・月見（つきみ）

▽雪を　雪見（ゆきみ）

▽桜を　観桜（かんおう）・花見（はなみ）

▽梅を　観梅（かんばい）・梅見（うめみ）

▽紅葉を

紅葉見（もみじみ）・観楓（かんぷう）・紅葉狩り（もみじがり）

▽菊を　観菊（かんぎく）・菊見（きくみ）

▽野鳥を探して

探鳥（たんちょう）・バードウォッチング

見守る・見張るの意からみた「みる」

▽しっかり注意して見守る　看視（かんし）

▽気を付けて番をする。また、その人

見張り（みはり）

▽警戒して見張る　監視（かんし）

▽敵の襲来を　哨戒（しょうかい）

▽あちこち注意深く　目配り（めくばり）

▽間違いがないかよく

熟視（じゅくし）・熟覧（じゅくらん）

▽その場所へ行って調べ見きわめる

視察（しさつ）

▽見回って歩く

巡回（じゅんかい）・巡廻（じゅんかい）・巡邏（じゅんら）・パトロール

▽巡回して

巡視（じゅんし）・巡見（じゅんけん）・巡覧（じゅんらん）

▽巡回して警戒する　警邏（けいら）

▽多くの人が周りで　環視（かんし）

▽見回って調べる

巡察（じゅんさつ）・巡検（じゅんけん）・巡閲（じゅんえつ）・巡按（じゅんあん）

▽立ち会って調べる　検分（けんぶん）・見分（けんぶん）

▽前もって調べる

下検分（したけんぶん）・下見（したみ）・下調べ（したしらべ）・内検（ないけん）

▽見ていながら、気付かないでそのままにする

見落とし（みおとし）・目溢れ（めこぼれ）

▽見ていながら、気付かないで、あるいは意識的に、そのままにする。

見逃し（みのがし）・目溢し（めこぼし）・看過（かんか）

▽わざと見逃す　目溢し（めこぼし）

▽病人の世話をする　看護（かんご）・看病（かんびょう）

見抜く・洞察の意からみた「みる」

▽物事の本質を見通す
洞察（どうさつ）・通察（つうさつ）・洞見（どうけん）・洞観（どうかん）
▽物事の本質を見きわめる
諦観（ていかん）・諦視（ていし）
▽見て本当のところを知る　看取（かんしゅ）
▽はっきりと見抜く　明察（めいさつ）
▽細かいことにこだわらず事の道理を見通す
達観（たっかん）
▽物事が起こる前にあらかじめ見通す
予察（よさつ）・予見（よけん）・予知（よち）
▽隠れたものを見抜く　看破（かんぱ）
▽ちょっとした先の見通し
目先（めさき）・目前（めさき）
▽推し量って
推察（すいさつ）・推量（すいりょう）・察知（さっち）
▽思いやりをもって
諒察（りょうさつ）・亮察（りょうさつ）・了察（りょうさつ）

「みる」の敬語・謙譲語など

▽みるの尊敬語。相手がみる
見行はす（みそなはす）・高覧（こうらん）・貴覧（きらん）・御覧（ごらん）・清覧（せいらん）・尊覧（そんらん）・上覧（じょうらん）
▽みるの謙譲語。自分がみる
拝見（はいけん）・拝観（はいかん）・拝覧（はいらん）
▽見逸れるの謙譲語。　御見逸れ（おみそれ）
〔参〕「見逸れる」には、評価などを誤り相手を低く見るの意があり、「御見逸れしました」の形で多く用いられる。
▽自分のものを相手に見てもらう
笑覧（しょうらん）
▽貴人が　台覧（たいらん）
▽天皇が　天覧（てんらん）・叡覧（えいらん）・聖覧（せいらん）
▽天皇に奏上してご覧に入れる
奏覧（そうらん）
▽神仏が　照覧（しょうらん）・照鑑（しょうかん）
▽神仏が常に衆生を
冥見（みょうけん）・冥鑑（みょうかん）・冥覧（みょうらん）

医者が患者を調べる意の「みる」

▽医者が患者の病状を調べる　診察（しんさつ）
▽病人の診察と治療をする　診療（しんりょう）
▽診察して病状などを判断する
診断（しんだん）
▽病気かどうかを調べる　検診（けんしん）
▽健康状態を調べる
健康診断（けんこうしんだん）・健診（けんしん）・メディカルチェック
▽診断を誤る　誤診（ごしん）
▽初めて診察する　初診（しょしん）
▽二度目以降の　再診（さいしん）
▽担当の医者に代わって
代診（だいしん）・代脈（だいみゃく）
▽病院や診療所などが診療を休む
休診（きゅうしん）

▽医者が病室を回って　回診（かいしん）
▽医者が患者の家に行って　往診（おうしん）
▽医者が患者の家に来て　来診（らいしん）
▽医者が自宅で患者を　宅診（たくしん）・内診（ないしん）
▽医者が患者に病状や病歴などを聞いて　問診（もんしん）
▽医者が指などで患者の体を叩き、その音を聴いて内臓を　打診（だしん）
▽医者が手や指で患者に触れて　触診（しょくしん）
▽医者が体内の音を聴いて　聴診（ちょうしん）
▽医者が肉眼で患者を　視診（ししん）

「みる」の擬態語・副詞など

▽急に目を大きく開いて　かっと
▽厳しくにらむ　きっと
▽視線をそらさず　じっと・しげしげ・まじまじ
▽無遠慮にしつこく　じろじろ
▽批判的な目で一瞥（いちべつ）する　じろっと
▽一瞬　ちらっと
▽落ち着きなくあちこち　きょろきょろ・きょときょと
▽大きな目玉であたりを　ぎょろぎょろ

「みる」に関する主な動詞・複合動詞

▽人が目にとめる。目に触れる　見（み）る
▽気をつけてよく目に入れる　視（み）る
▽念を入れてこまかに目に入れる　観（み）る
▽一通りざっと目を通す　覧（み）る
▽注意して番をする　看（み）る・見張（みは）る
▽人の世話をする　見（み）る・看（み）る
▽見物する　観（み）る
▽病状を調べ判断する　診（み）る
▽後方を振り向いて　顧（かえり）みる・見返（みかえ）る
▽下の方から上の方を　見上（みあ）げる
▽広く遠くを　見渡（みわた）す・見遣（みや）る・望（のぞ）む
▽遠くまで一気に　見通（みとお）す
▽広く四方を見渡す　見晴（みは）らす・見晴（みは）るかす・見霽（みはる）かす・眺（なが）め遣（や）る
▽遠くの景色などを　眺（なが）める
▽ちょっと　打（う）ち見（み）る
▽ちらっと。また、もののすき間からこっそりと　垣間見（かいまみ）る
▽そっとのぞいて　窺（うかが）う

▽すき間や穴から向こう側を　**覗く・覘く・垣間見る**

▽うっとりと　**見蕩れる・見惚れる・見惚れる**

▽目をそらさずじっと見続ける　**見入る・見据える・見詰める**

▽気を付けてよく　**見澄ます**

▽目を大きく開いて　**見張る・瞠る**

▽互いに相手を　**見合う・見合わせる・見交わす**

▽一部分を見ないままで終わる　**見残す**

▽余すところなく　**見尽くす**

▽最後まで確実に　**見届ける・見定める・見極める・見果てる**

▽目を離さず、気を付けて　**見守る**

▽あちこち見て歩く　**見回る・見廻る・見回る**

▽見ていながら気付かない　**見落とす・見過ごす・見過ぐす・見逃す・見逸れる**

▽見る機会を逸する　**見逃す・見損なう・見損じる**

▽間違えて　**見間違える・見誤る・見損なう・見違える**

▽物事の本質を見て知る　**見抜く・見通す**

▽物事の本質を見通す。また、透かして　**見透かす**

▽目にとめる　**見受ける・見掛ける**

▽見て本当のところをとらえる　**見て取る**

▽隠れたものを見抜く　**見破る**

▽見ているうちに飽きて、見たくなくなる　**見飽きる**

「みる」に関する成句

【穴の空くほど見つめる】 心を集中して、じっと一か所を見る。

【眼光人を射る】 鋭い目つきで人を見る。

【これ見よがし】 得意になって人に見せつけるようす。

【怖いもの見たさ】 恐ろしいものはかえって見たくなるという気持ち。

【視線を浴びる】 大勢の人から一斉に見られる。
類「脚光を浴びる」

【白い目で見る】

冷やかな目つきで見る。

【対岸の火事】
自分には関係がないこととして見る。類「高見の見物」

【空目を使う】
うわ目づかいに見る。

【矯めつ眇めつ】
いろいろな角度からよく見る。

【瞳を凝らす】
一点をじっと見つめる。類「目を凝らす」「目を据える」

【人目に晒す】
他人に見せる。

【見ると聞くとは大違い】
実際に見るのと、聞いていたこととは大きな差があるということ。

【見るに忍びない】
見ているのがつらくなるほど気の毒である。類「見るに見兼ねる」

【目が眩む】
強い光で、一瞬目が見えなくなる。心を奪われて正しい判断ができなくなることにもいう。

【目が据わる】
じっと一点を見つめたまま瞳が動かない。

【目に角を立てる】
（⇩「怒る・怒り」113ページ）

【目に染みる】
色彩などが鮮やかに見える。

【目に留まる】
目につく。目に印象づけられる。

【目に入る】
見える。類「目にする」「目に映る」「目に触れる」

【目の毒】
見ると欲しくなるもの。また、見ると害になるもの。

【目も当てられない】
あまりにもひどくて見ることができない。

【目も呉れない】
見ようともしない。類「見向きもしない」

【目もすまに】
目もそらさずに。目も休めないで。

【目を奪われる】
見とれさせられる。

【目を落とす】
下の方を見る。

【目を配る】
あちこちを注意して見る。

【目を皿にする】
目を大きく開けてよく見る。

【目を注ぐ】
注意して見る。

【目を側める】
正視しないで横目で見る。

【目を逸らす】
視線をそらす。類「目を背ける」

【目をつける】
特に気を付けてよく見る。類「目

を留める」

【目を通す】 ひと通り見る。

【目を光らす】 怪しいとにらんで見張りを怠らない。

【目を見張る】 感動・怒り・驚きなどで目を大きく見開く。

【目を遣る】 ある所に目を向ける。類「目を呉れる」

【余所に見る】 そのことに無関係の立場に立って眺める。

【鼬の目陰】 手を目の上にかざして見ること。

【眼光炯炯】 目が輝き、鋭く光るさま。物を見抜く力がすぐれていることにも使う。

【眼高手低】 物を見る目は肥えているが、物を作り出す腕は下手なこと。

【拱手傍観】 そばで手をこまぬいて見ているだけで、何もしないさま。「拱手」は「こうしゅ」とも読む。類「袖手傍観」

【心焉に在らざれば視れども見えず】 視線を向けていても、心が他のことにとらわれていては何も見えない。精神を集中して事に当たれという戒め。

【百聞は一見に如かず】 人から百回話を聞くよりも、自分で実際に一度見る方が確かであるということ。

【洞ヶ峠を決め込む】 どちらか有利な方につこうと、形勢を見ている態度のたとえ。「洞ヶ峠」は京都と大阪の境にある峠で、羽柴秀吉と明智光秀が山崎で対戦したとき、筒井順慶がここで戦況の有利な方に味方しようとようすを見ていたという伝説による。

【見ざる聞かざる言わざる】 人の欠点や過失は、見ない聞かない言わないというのが暮らしの知恵であるという戒め。目・耳・口を両手でふさいだ三匹の猿を「三猿」といい、「…ない」の「…ざる」と「猿」とをかけたもの。

【見ぬが花】 何事も心の中で想像しているうちはいいが、現実に見てしまうと落胆することが多いということ。

【見ぬもの清し】 見てしまえば汚いものでも、見ないうちは平気でいられるものだということ。

【見るは法楽】 美しいものを見るのは楽しく、心がなごむものだ。また、見るだけならただだということ。「法楽」とは、神仏を慰めるための音楽。転じて慰み・楽しみのこと。

山（やま）

高低・形状からみた「山」

▽平地から急に盛り上がっている高い土地　山（やま）・山岳（さんがく）・山巒（さんらん）

▽山の異称　雲根（うんこん）

▽山の尊称　御山（おやま）・御山（みやま）

▽大きな　大山（たいざん）・大山（おおやま）・大岳（たいがく）・大嶽（たいがく）

▽高い　高山（こうざん）・高山（たかやま）・泰山（たいざん）・岱山（たいざん）・太山（たいざん）

▽高くて大きな　岳（たけ）・嶽（たけ）・岳（だけ）・嶽（だけ）

▽その山脈や山地で主だった　主峰（しゅほう）・首峰（しゅほう）

▽最も高い　最高峰（さいこうほう）

▽高くて大きいさま　巍巍（ぎぎ）・巍峨（ぎが）

▽雄大な　雄峰（ゆうほう）

▽小さく低い　小山（こやま）・岡（おか）・丘（おか）・丘陵（きゅうりょう）・狭山（さやま）・低山（ていざん）・低山（ひきやま）

▽険しい　険山（けんざん）・嶮山（けんざん）・荒山（あらやま）

▽高くて険しい　峻岳（しゅんがく）・峻嶽（しゅんがく）

▽険しくそびえ立つさま　峨峨（がが）

▽高くて険しいさま　峻峭（しゅんしょう）

▽多くの　山山（やまやま）・群山（ぐんざん）・群山（むらやま）・諸山（しょざん）・群峰（ぐんぽう）

▽連なり続いた　連山（れんざん）・連峰（れんぽう）・山並み（やまなみ）・峰巒（ほうらん）・峰嶂（ほうしょう）

▽山の多い土地　山地（さんち）

▽脈状に長く連なった　山脈（さんみゃく）

▽山脈群が一系統をなしている　山系（さんけい）

▽山脈から離れ、周りを限られた山地　山塊（さんかい）

▽幾重にも重なった　八重山（やえやま）・百重山（ももえやま）・層巒（そうらん）・重巒（ちょうらん）・五百重山（いおえやま）

▽高低入り乱れて幾重にも重なった　乱山（らんざん）・乱峰（らんぽう）

▽山全体　満山（まんざん）・全山（ぜんざん）・一山（ひとやま）

▽ただ一つ離れている　孤山（こざん）・離山（りざん）・孤峰（こほう）

▽一方が急斜面の　片岡（かたおか）

▽横たわっている　横山（よこやま）

▽美しい形の　秀峰（しゅうほう）・名峰（めいほう）・名山（めいざん）

位置・地形・名称からみた「山」

▽山のてっぺん　峰（ね）・嶺（ね）・根（ね）・峰（お）・頂（いただき）・峰（みね）・

嶺・尾の上・小峰・山頂・山巓・山嶺・絶頂・峰巒・嶺ろ・峰頂・峰頭・山峰・ピーク・サミット

▽高くそびえる峰
高峰・高嶺・高根・高嶺

▽高く険しい峰
危峰・峻峰・峻嶺・険嶺・嶮嶺

▽大きな峰　**大峰**

▽小さい峰　**さ小峰・小峰**

▽鋭くそびえる峰　**鋭峰**

▽槍の穂先のようにとがっている峰
尖峰

▽珍しい形をした峰　**奇峰**

▽多くの峰々　**八峰**

▽山頂と山頂とをつなぐ峰伝いの線
峰・丘・尾根・山尾・山の尾・山稜・稜線

▽分水界をなしている山の峰
分水嶺

〔参〕異なる水系の境界線を「分水界（ぶんすいかい）」といい、山岳では稜線と分水界が一致していることが多く「分水嶺」と呼ばれる。太平洋と日本海を分かつ「分水嶺」は「中央分水嶺」と呼ばれている。

▽連山の端にある　**端山・外山**

▽ふもとにある小山　**裾山**

▽野と　**野山・山野**

▽家の裏の方にある　**裏山**

▽遠くに見える　**遠山・遠山**

▽近くにある　**根山**

▽人里離れた
奥山・深山・深山

▽人里に近い
地先山・端山・外山

▽人里に近く、薪の採取など生活に結びついた
里山

▽庭園などに築く小高い所
築山・仮山

▽山の下の方の部分
麓・山麓・岳麓・山裾・山足・山下・山脚・山下・山元・裾・袂

▽頂とふもととの間の部分
山腹・中腹

▽山腹とふもととの間　**山腰**

▽周囲より高く盛り上がり、表面が平坦な土地
高台・台地・卓状地・高地

▽高地にある平原　**高原**

▽岡と　**丘山・山丘**

▽海と　**山海・海山・海岳**

▽海辺と。また、海辺にある
浦山・磯山

▽海岸や河岸にできる階段状の地形
段丘

▽島の中の山。また、山からなる島
島山

山

▽平らな大洋底から隆起して海中にそびえた所　海山（かいざん）

▽海底が盛り上がり幅狭く長く連なっている所　海嶺（かいれい）・海底山脈（かいていさんみゃく）

季節・時・色彩からみた「山」

▽春の　春山（はるやま）

▽五月雨（さみだれ）のころの　五月山（さつきやま）・皐月山（さつきやま）

▽夏の　夏山（なつやま）

▽秋の　秋山（あきやま）

▽冬の　冬山（ふゆやま）

▽雪で覆われた　雪山（せつざん）・雪山（ゆきやま）・雪の山（ゆきのやま）・雪嶺（せつれい）・銀嶺（ぎんれい）

▽日暮れの　夕山（ゆうやま）・暮山（ぼざん）

▽緑の　翠巒（すいらん）

▽緑の山の峰　翠峰（すいほう）・翠嶺（すいれい）

▽緑にかすむ山のたとえ　翠黛（すいたい）

▽樹木の青々と茂った　青山（あおやま）・青山（せいざん）

▽遠くに青く見える　翠微（すいび）

▽青々とした山が囲んでいるさま　青垣（あおかき）

様態からみた「山」

▽草木の茂った　繁山（しげやま）

▽木が茂りみずみずしく美しい　瑞山（みずやま）

▽材木用樹木の茂った　杣（そま）・杣山（そまやま）

▽新しく材木や鉱物をとり始めた　新山（しんやま）

▽小さい雑木の生えた　柴山（しばやま）

▽芝の生えた　芝山（しばやま）

▽江戸時代、狩り・伐木を禁止した　立山（たてやま）・留山（とめやま）

▽江戸時代、狩り・伐木が許された　明山（あきやま）

▽草木が枯れてしまった　枯山（かれやま）・枯山（からやま）

▽山焼きしている山。また、山焼きで黒くなった　焼け山（やけやま）

▽草木のない　禿げ山（はげやま）・坊主山（ぼうずやま）・禿山（かぶろやま）・裸山（はだかやま）・兀山（こつざん）

▽松の生えた　松山（まつやま）・千歳山（ちとせやま）

▽岩の多い　岩山（いわやま）

▽石の多い　石山（いしやま）・崔嵬（さいかい）

▽岩肌が露出した峰　岩峰（いわみね）

▽雲のかかっている　雲山（うんざん）

▽雲のかかっている高い峰　雲嶺（うんれい）・雲居の峰（くもいのみね）

▽砂が堆積してできた丘　砂丘（さきゅう）・砂山（すなやま）

▽マグマが地表に噴出してできた　火山（かざん）・噴火山（ふんかざん）

▽過去1万年以内に噴火したか、現在活発な噴気活動のある　**活火山**（かっかざん）

▽現在は火山活動をしていない（近年この語は使われない）　**休火山**（きゅうかざん）・**熄火山**（そっかざん）

▽一度も火山活動した記録のない（近年この語は使われない）　**死火山**（しかざん）

『参』火山活動の年代測定法が進歩して、数万年に一度噴火するような火山があることが分かった。これにより、歴史時代の火山活動の有無だけでは、今後の噴火発生の有無を判断することが難しくなり、近年、「休火山」や「死火山」という分類はされていない。

▽火山の中腹や裾野に噴火してできた小火山　**側火山**（そっかざん）・**寄生火山**（きせいかざん）

▽天然ガスが水と一緒に泥を噴出してできた丘　**泥火山**（でいかざん）

▽いくつかの火山が組み合わさっている火山　**複合火山**（ふくごうかざん）

▽複合火山で、中央の火口を取り囲む環状の　**外輪山**（がいりんざん）

▽鉱物を産出する　**鉱山**（こうざん）・**山**（やま）・**金山**（かなやま）

▽金を産出する　**金山**（きんざん）・**金鉱**（きんこう）・**金坑**（きんこう）

▽銀を産出する　**銀山**（ぎんざん）・**銀鉱**（ぎんこう）・**銀坑**（ぎんこう）

▽銅を産出する　**銅山**（どうざん）

▽鉄を産出する　**鉄山**（てつざん）

▽石炭を採掘する　**炭山**（たんざん）

▽採掘中止の　**廃山**（はいざん）・**閉山**（へいざん）

▽選炭後の石ころなどを積んだ　**ぼた山**（やま）・**ずり山**（やま）

▽自分の住む　**我が立つ杣**（わがたつそま）

▽見晴らしがよいので船乗りがそこに登り、海の空模様を予想した　**日和山**（ひよりやま）

▽人のいないさびしい　**空山**（くうざん）

▽有名な　**名山**（めいざん）・**名峰**（めいほう）

▽だれもまだ頂上に登っていない　**未踏峰**（みとうほう）・**未登峰**（みとうほう）・**処女峰**（しょじょほう）

▽人に知られていなく高い　**秘峰**（ひほう）

信仰・伝説からみた「山」

▽相対する二つの山のうち、男性・夫に見立てた　**背山**（せやま）・**兄山**（せやま）・**男山**（おとこやま）

▽相対する二つの山のうち、女性・妻に見立てた　**妹山**（いもやま）・**女山**（おんなやま）

▽相対する二つの山を男女・夫婦に見立てた　**妹背山**（いもせやま）

▽入ることを忌む　**不入山**（いらずやま）

▽神仏をまつる
神山（しんざん）・神山（かみやま）・霊山（れいざん）・霊峰（れいほう）
▽峠や坂の上を通る旅人が安全を祈願する手向けの神をまつった
手向け山（たむけやま）・手向けの山（たむけのやま）
▽霊山の美称
蓬莱山（ほうらいさん）
▽霊山などにその年はじめて登る
初山（はつやま）
▽釈迦が法華経などを説いたとされる
霊鷲山（りょうじゅせん）・霊山（りょうぜん）・鷲の峰（わしのみね）・耆闍崛山（ぎじゃくっせん）
▽死後に至る
死出の山（しでのやま）
▽地獄にある針をいっぱい立て並べた
針の山（はりのやま）
▽仏教世界の中心の
須弥山（しゅみせん）・須弥山（すみせん）・蘇迷盧（そめいろ）
▽宝が豊富にある
宝の山（たからのやま）
▽中国で不老不死の仙人が住むという
藐姑射の山（はこやのやま）・姑射山（こやさん）

病む（や）・病（やまい）

体の異変からみた「病む・病」

▽体・精神に異常が起こること
病気（びょうき）・病（やまい）・疾（やまい）・患い（わずらい）・疾病（しっぺい）・疾患（しっかん）・病患（びょうかん）・病臥（びょうが）・病魔（びょうま）・不快（ふかい）・所労（しょろう）
▽貴人の病気
不例（ふれい）・不予（ふよ）
▽病気になる
発病（はつびょう）・病む（やむ）・病み付く（やみつく）・患う（わずらう）・患い付く（わずらいつく）・罹病（りびょう）・罹患（りかん）・寝込む（ねこむ）・臥せる（ふせる）・臥す（ふす）・倒れる（たおれる）
▽健康を失わせる、または、失う
害する（がいする）・損なう（そこなう）・害なう（そこなう）・当たる（あたる）・中る（あたる）・壊す（こわす）・毀す（こわす）・障る（さわる）・衰える（おとろえる）・弱る（よわる）・衰弱する（すいじゃくする）
▽病気の状態、ようす
病状（びょうじょう）・病態（びょうたい）・症状（しょうじょう）・容態（ようだい）・容体（ようだい）
▽病気の進み具合
病勢（びょうせい）
▽病気によって起こる変化
病変（びょうへん）
▽病気による苦しみ
病苦（びょうく）
▽病状が非常に重いようす
重篤（じゅうとく）
▽病状が非常に重くて、死にそうなようす
危篤（きとく）
▽病状が悪化する。危篤になる
革まる（あらたまる）・病革まる（やまいあらたまる）

様態からみた「病む・病」

▽すべての病気
万病（まんびょう）
▽仏教で、すべての病気
四百四病（しひゃくしびょう）
▽重い

大病(たいびょう)・重病(じゅうびょう)・大患(たいかん)・篤疾(とくしつ)

▽珍しい。また、原因や治療法が分からない　奇病(きびょう)

▽治りにくい　難病(なんびょう)・難治(なんじ)・難治(なんち)

▽身体の器官が何らかの原因により十分に機能しない　障害(しょうがい)・障碍(しょうがい)

▽長く治らない　長患い(ながわずらい)・長病み(ながやみ)・持病(じびょう)・痼疾(こしつ)・宿痾(しゅくあ)

▽急にかかる　急病(きゅうびょう)

▽病気やけがが回復した後も身体や精神に残る　後遺症(こういしょう)

▽治らない　死病(しびょう)・不治の病(ふじのやまい)

▽再び悪くなる　ぶり返す(かえす)・再発(さいはつ)

▽ある病気から別の病気が起こること。また、その病気　併発(へいはつ)・余病(よびょう)

▽うその　仮病(けびょう)・作り病(つくりやまい)

▽夏の体調不良　夏ばて(なつ)・夏負け(なつまけ)・暑さ負け(あつさまけ)・暑気中り(しょきあたり)・暑さ中り(あつさあたり)・霍乱(かくらん)

▽病気になっているところ　病巣(びょうそう)

▽漢方で、疳を起こすと考えられていた虫　疳の虫(かんのむし)・癇の虫(かんのむし)

▽病気になっている間　病中(びょうちゅう)

▽病気になっている間。また、病気が少しよくなっている間　病間(びょうかん)

▽病気が進行して行きつく結果　転帰(てんき)

▽病気が治った後　病後(びょうご)

▽病気が治ったばかり。また、その人　病み上がり(やみあがり)

▽病気をしない　無病(むびょう)

療養や治療からみた「病む・病」

▽病気やけがをなおす　治す(なおす)・癒やす(いやす)・治療(ちりょう)・療治(りょうじ)・診察(しんさつ)・診療(しんりょう)・医療(いりょう)・加療(かりょう)・対症療法(たいしょうりょうほう)・原因療法(げんいんりょうほう)・手術(しゅじゅつ)・オペ・臨床(りんしょう)・処置(しょち)・手当て(てあて)・リハビリテーション・リハビリ

〔参〕「対症療法」を「対処療法」とするのは誤り。「対症療法」は病気の症状を和らげ，苦痛を軽減するための治療法。病気の原因除去を目的とするのが「原因療法」。

▽手術をした後　術後(じゅつご)

▽病気や手術の経過についての見通し　予後(よご)

▽病気がよくなる　治る(なおる)・癒える(いえる)・快方(かいほう)・回復(かいふく)・快復(かいふく)・治癒(ちゆ)・快癒(かいゆ)・

平癒

▽病状の悪化がとまり、よい状態で安定する　**小康**

▽病気やけがが完全によくなる　**完治・全治・全快・全癒・根治・根治・快気・本復**

▽治療のために一定期間病院に入る　**入院**

▽入院していた患者が、治癒したなどで病院を出る　**退院**

▽病院に通って治療を受ける　**通院**

▽病人の寝ている床　**病床・病牀・病褥・病蓐**

▽病人のいる家　**病家**

▽病人などの世話をする　**看病・看護・介護・介抱・介添え・養護**

▽病人が治療に努める　**闘病・療養・養生・保養・静養**

▽薬を与える　**投薬・投与**

▽薬を飲む　**服用・内用・内服・服薬・喫する・服する・一服**

▽薬をその時一回で飲むこと　**頓服**

▽薬を決められた回数に分けて飲む　**分服**

▽医療に用いる薬　**医薬・薬剤・薬物・薬品**

▽医師が病状に応じて薬品の調合や服用法を指示する　**処方**

▽処方を指示した書類　**処方箋**

▽ある病気や症状に対して非常に効果のある薬　**特効薬・妙薬・秘薬**

▽中国から伝来した薬。また動植物などから採取した材料をそのまま薬として用いるもの　**漢方薬・生薬・生薬**

▽新しく開発された薬　**新薬**

▽新薬の特許期間が切れた後に、他の会社が同じ成分で製造する薬　**後発医薬品・ジェネリック医薬品**

▽病気を予防する薬　**予防薬**

▽家庭で常備している薬　**家庭薬・配置薬・置き薬**

▽処方箋なしで買える薬　**大衆薬・市販薬**

▽軽い病気やけがを大衆薬などを用いて自分で治療すること。また、自分で健康管理をすること　**セルフメディケーション・セルフケア**

▽病気の予防・早期発見などのための検査　**健康診断・メディカルチェック・人間ドック**

「病む・病」に関する成句

【薄紙を剝ぐよう】

病気がわずかずつよくなることのたとえ。


【鬼の霍乱】

「霍乱」は日射病や熱中症、暑気あたりのこと。ふだんから丈夫で病気などしそうにない人が病気になること。


【体に障る】

健康を損ねる原因となる。


【体を壊す】

病気になる。


【熱に浮かされる】

高熱のためにうわごとを言う。転じて、物事に夢中になることにもいう。


【腹も身の内】

胃腸も体の一部なのだから、無茶な大食をすれば調子を悪くするという戒め。類「腹八分に医者要らず」


【蒲柳の質】

「蒲柳」はカワヤナギの異名。秋になると早々に葉が枯れ落ちるところから、虚弱な体質のたとえ。


【薬餌に親しむ】

常に薬を飲む意から、病気がちであること。


【病は気から】

病気は気の持ちようで、よくも悪くもなるということ。


【医者の不養生】

患者に健康上の注意を説く医者自身が自分の健康には注意をしないこと。理屈が分かっていながら実行が伴わないことのたとえ。


【薬人を殺さず医師人を殺す】

薬が人を殺すのではなく、その薬の使い方を間違った医師が人を殺すということ。物は使いようが大切で、使う人によって害にもなるということのたとえ。


【薬も過ぎれば毒となる】

薬にも適量があって、飲み過ぎればかえって健康を損ねるということ。何事も度を過ごすのはよくないということのたとえ。


【薬より養生】

薬を飲むことで健康を保つよりも、日ごろの養生のほうが健康には効果があるということ。類「一に看病二に薬」


【酒は百薬の長】

適量の酒は、どんな薬よりも健康のためによい。出典は『漢書』。


【同病相憐れむ】

同じ病気、同じ苦しみに悩む者は、互いにいたわり合い同情し合う。出典は『呉越春秋』。類「同類相憐れむ」


【病膏肓に入る】

「膏」は心臓の下部、「肓」は横隔膜の上部。薬もきかず鍼も届かないので、ともに病気を治しにくいところとされた。病気が重くなって治る見込みがなくなる。転じて、物事に極端に熱中して、抜け出せなくなることにもいう。出典は『春秋左氏伝』

【病治りて医師忘る】 病気が治れば医者のありがたさを忘れるということ。苦しい時が過ぎれば、その時の苦痛も受けた恩も簡単に忘れてしまうことのたとえ。

【良薬は口に苦し】 よく効く薬は苦くて飲みにくいように、自分のためになる忠言は聞くのが辛いものである。出典は『孔子家語』。

友人・知人

親しくしている人からみた「友人」

▽親しく付き合う
交友・交際・交遊

▽親しく交際している相手
友・朋・伴・侶・友人・友達・友達・友垣・朋友・朋友・同朋・交友・友朋

▽うわべだけの　**面友**

▽友人間の気持ちのつながり
友情・友誼・交誼

▽互いに気心が知れた親しい
親友・親朋・仲良し・仲好し・執友・知友・知己・知音

▽気心のよく合った　**心友**

▽共に死を誓うほどの親しい　**死友**

▽一緒に物事を行う関係の
仲間・同類・朋輩・傍輩・儕輩・儕輩・輩・伴侶・連れ・友・侶伴・同士・類・連中・連中

▽仲間の蔑称
輩・一味・一類・手合い・徒輩・徒

▽気の合った　**同気**

▽いつも連れ立って歩く
常連・定連

▽互いになれ親しんだ　**馴染み**

▽志を同じくする
同友・同心・執友・同志・同腹・盟友・一派・徒党

『参』「徒党」は「徒党を組む」のように使われ、悪いことを行う意味合いで使われることが多い。

▽同じ趣味や傾向をもつ
同人・同人・仲間・同臭・同臭味

▽幼時の
幼友達・童友達・幼馴染み

▽遊びの

遊び友達・遊び相手・遊び敵・遊び伽

▽同じ学級の　級友・クラスメート

▽同じ学校の　学友・校友・学侶・スクールメート

▽読書を通じて古人と交わる　尚友

▽学問の上での　学友

▽学問や文学の　翰林

▽師と仰ぐ　師友

▽尊敬する　畏友

▽付き合うのが好ましい　良友・益友

▽よく意見や忠告をしてくれる　争友

▽付き合うと不利益な　損友

▽悪い。また、親しみを込めて親友や遊び仲間をいう　悪友

▽同じ会社の　社友

▽同じ職場で一緒に仕事をする　同僚・同輩・僚友・僚輩

▽同じ職場で一緒に仕事をする相手　相棒・パートナー

▽同じチームに所属する　チームメート

▽同じ官職にある　同僚・同役

▽年齢や地位・経験などが上の　先輩

▽年齢や地位・経験などがほぼ同じ　同輩

▽年齢や地位・経験などが下の　後輩

▽酒飲みの　酒友・飲み友達・呑み友達・飲み仲間・呑み仲間・削り友達・酒徒

▽釣りの　釣友

▽風雅の　清友

▽俳句の　俳友

▽詩歌の上での　詩友・吟友

▽同じ会に属する　会友

▽政治の上での　政友

▽同じ党派に属し、またはその党派を援助する　党友

▽うれいを共にする　同憂・同憂の士

▽互いに誓い合った　盟友

▽一緒に敵と戦った　戦友

▽共に療養に専念する　療友

▽亡くなった　亡友

▽父の　執友

▽年老いた　老友

▽年長の友に対する尊敬語　老兄

▽目上の友に対し、自分をへりくだる　辱友

▽友に対する尊敬語

畏友・盟兄

▽昔の親しい
旧友・旧故・昔馴染み・故友

▽古くからの
旧友・旧故・故友

▽同郷の　郷友

▽ときどき集まり茶を飲む
茶飲み友達・茶飲み仲間

▽古い友と親戚　親旧

▽先生と　師友

▽琴・酒・詩のこと
三友・三つの友

▽電子メールでやり取りをする
メール友達・メル友

▽公園や幼稚園などで子どもを通じて知り合った母親同士の
ママ友

付き合い方の深浅による「知人」

▽それほど深い付き合いではないが、互いに知っている
知人・知己・知り合い・知音・近付き・相識・面識・見知り・見知り合い・知る辺・知り人・知り人・顔見知り・顔馴染み

▽昔からの
故旧・旧知・旧識・旧相識

▽新しい　新知

▽互いに顔を知っている　面識

▽ほんのちょっと顔を知っている
一面識・半面識

▽以前から面識のある
身知り越し

▽非常に懇意にしている　心知り

▽非常に世話になった　恩人

▽隣りに住む　隣人

▽頼りになる
伝・縁故・手蔓・頼り・縁・縁・縁・因・便・寄る辺・寄る方・コネ・コネクション

▽知り合いの謙譲語　存じ寄り

▽その人と知人であることの謙譲語
辱知・辱交

「友人・知人」に関する成句

【竹馬の友】
竹馬に乗って遊び合ったような幼時からの親しい友人。幼友達。

【類は友を呼ぶ】
善悪に関わらず、性格や好みの似た者同士は、自然と集まるものだということ。

【益者三友損者三友】

交際して為になる友達に三種類あり、損をする友達に三種類あるの意。人と付き合う上で、どういう友達を選ぶべきかを説いたもの。「益者三友」は、正直・誠実・知識のある人、「損者三友」は、不正直・不誠実・口先が巧みな人のこと。出典は『論語』。


【己に如かざる者を友とするなかれ】

自分よりも劣った者は、自分の修行の上であまり役に立つこともないので、友としない方がよいということ。出典は『論語』。


【読書尚友】

書物を読むことによって昔の賢人を友とすること。出典は『孟子』。


【莫逆の友】

きわめて親しい友。無二の親友のこと。「莫逆」は、「ばくげき」とも読み、「逆らうこと莫し」の意。出典は『荘子』。類「心腹の友」「会心の友」


【刎頸の友】

きわめて親密で、堅い交わりを結ぶ友。「刎頸」は、頸を刎ねることで、相手のために首をはねられても悔いのない交わりの意。出典は『史記』。類「金蘭の友」


【文を以て友と会す】

学問をすることによって友人を集めること。学問を志す者が集まり、友として交わることをいう。出典は『論語』。


【方外の友】

世俗を離れて交わりを結んだ友。「方外」の「方」は世間・浮世の意。出典は『冷斎夜話』。


【忘年の友】

年齢の差など関係なく、親しく交わる友。出典は『後漢書』。


【朋有り遠方より来たる】

同学の友がはるばると遠い道のりを訪ねて来てくれた。このうれしさは、まさに格別であるということ。この後に「また楽しからずや」と続く。出典は『論語』。

雪・氷

様態・性状などからみた「雪」

▽大気中の水蒸気が氷結し地表に降る細かな結晶

雪(ゆき)・雪(よき)・六花(りっか)・六花(ろっか)・瑞花(ずいか)・玉屑(ぎょくせつ)・六出(りくしゅつ)・玉(たま)の塵(ちり)・玉塵(ぎょくじん)・六出花(りくしゅつか)・六(む)つの花(はな)・スノー

〔参〕「六」の字が使われるのは、雪の結晶が基本は六角形であることから。結晶の形はできるときの気温と水蒸気の量で異なり、角板・角柱・針状・樹枝状などもある。

雪・氷

▽雪の美称
み雪(ゆき)・深雪(みゆき)・白雪(しらゆき)・白雪(はくせつ)
▽積もった雪をたとえて　白銀(はくぎん)
▽積もった雪の美称　銀雪(ぎんせつ)
▽雪を花にたとえていう語
雪花(せっか)・雪華(せっか)
▽風と　風雪(ふうせつ)
▽雨と　雨雪(うせつ)
▽霜と　霜雪(そうせつ)
▽氷と　氷雪(ひょうせつ)
▽雲や霧から落ちる不透明の小さな氷の結晶
霧雪(むせつ)・霧雪(きりゆき)
▽ひとひらの　雪片(せっぺん)
▽風上の降雪地からまばらに吹かれてくる
風花(かざはな)・風花(かざばな)
▽雪が降る　降雪(こうせつ)
▽突然降り出してほどなく止む
俄雪(にわかゆき)

▽強い風に飛ばされて降る
飛雪(ひせつ)・雪吹雪(ゆきふぶき)・吹雪(ふぶき)・乱吹(ふぶき)・風雪(ふうせつ)・雪嵐(ゆきあらし)
▽積もった雪が強い風のために空中に吹き上げられる
地吹雪(じふぶき)
▽猛烈な吹雪　暴風雪(ぼうふうせつ)
▽風が激しく吹いて乱れ降る
吹雪く(ふぶく)・乱吹く(ふぶく)
▽激しく降り、風が吹きまくる
雪しまき(ゆきしまき)
▽まだらに降り積もった
斑雪(はだらゆき)・斑雪(はだれゆき)・斑(はだれ)・斑雪(まだらゆき)
▽雪の結晶に微細な氷の粒のついたものが降る
霰(あられ)・雪霰(ゆきあられ)
▽雪の降り出しそうなようす
雪模様(ゆきもよう)・雪催い(ゆきもよい)・雪気(ゆきげ)・雪意(せつい)・雪空(ゆきぞら)
▽降っているさなか　雪もよ(ゆきもよ)

▽風に舞う　回雪(かいせつ)
▽降り積もった　降雪(こうせつ)・積雪(せきせつ)
▽雪が電線や枝に付着する　着雪(ちゃくせつ)
▽雪が枝や葉に積もっている
雪持ち(ゆきもち)
▽松の枝葉に降り積もった
松の雪(まつのゆき)
▽物の上に積もる。また、その雪
冠雪(かんせつ)
▽樹木などに積もった雪をかぶりものに見立てた
綿帽子(わたぼうし)
▽笠の上に積もった　笠の雪(かさのゆき)
▽薄く積もった　淡雪(あわゆき)
▽餅や綿のようにふわふわした
餅雪(もちゆき)・綿雪(わたゆき)
▽山腹などの積雪が大量に崩れ落ちる
頽雪(たいせつ)・雪崩(なだれ)・雪傾れ(ゆきなだれ)・傾れ(なだれ)
▽山腹などの積雪が崩れ落ちる（雪崩(なだれ)より小規模のもの）

落雪（らくせつ）

▽木の枝などから落ちる　**垂り雪**（しずりゆき）

▽雪がとける

融雪（ゆうせつ）・**雪解け**（ゆきどけ）・**雪融け**（ゆきどけ）・**雪消**（ゆきげ）・**雪消え**（ゆきぎえ）

▽雪解けの水

雪水（ゆきみず）・**雪代**（ゆきしろ）・**雪代水**（ゆきしろみず）・**雪汁**（ゆきしる）・**雪汁水**（ゆきしるみず）・**雪消水**（ゆきげみず）

▽泡のようにとけやすい

泡雪（あわゆき）・**沫雪**（あわゆき）

▽人工的にとかす　**消雪**（しょうせつ）・**融雪**（ゆうせつ）

▽とけずに残っている

残雪（ざんせつ）・**宿雪**（しゅくせつ）

▽下積みになって雪解けまで残る

根雪（ねゆき）

▽高山などで一年中消えない

万年雪（まんねんゆき）

▽とけたり凍ったりを繰り返してできた

粗目雪（ざらめゆき）・**粗目**（ざらめ）

▽とけかかった雪が、夜間の寒さで凍りついた

堅雪（かたゆき）

▽雪を除く

除雪（じょせつ）・**排雪**（はいせつ）・**雪掻き**（ゆきかき）

▽屋根の上の雪をかき落とす

雪下ろし（ゆきおろし）

▽降雪や積雪に強い　**耐雪**（たいせつ）

▽積もった雪が踏み固められた

圧雪（あっせつ）

▽紅色になる現象

赤雪（せきせつ）・**赤雪**（あかゆき）・**紅雪**（こうせつ）

▽水気の多い

べた雪（べたゆき）・**濡れ雪**（ぬれゆき）・**湿雪**（しっせつ）・**湿り雪**（しめりゆき）

▽水気の少ない、さらさらとした

乾雪（かんせつ）

▽雨や風などに雪が交じっている

雪交じり（ゆきまじり）・**雪雑じり**（ゆきまじり）・**雪交ぜ**（ゆきまぜ）・**雪雑ぜ**（ゆきまぜ）

▽小さな氷粒が網目状の状態になっている積雪

締り雪（しまりゆき）

▽里に降る　**里雪**（さとゆき）

▽山に降る　**山雪**（やまゆき）

▽積雪で薄明るくなる　**雪明かり**（ゆきあかり）

▽雪模様で空が暗くなる。また、降りながら日が暮れる

雪暗れ（ゆきぐれ）・**雪暮れ**（ゆきぐれ）

▽降り積もってあたり一面が真っ白なさま

銀世界（ぎんせかい）

▽降雪で景色が美しく変化する

雪化粧（ゆきげしょう）

▽降雪や積雪の眺め　**雪景色**（ゆきげしき）

▽風などに舞って煙のように見える

雪煙（ゆきけむり）

▽めでたいしるしの　**瑞雪**（ずいせつ）

大小・降雪量などからみた「雪」

雪・氷

▽雪片の大きな
綿雪（わたゆき）・牡丹雪（ぼたんゆき）・ぼた雪（ゆき）・花弁雪（はなびらゆき）・太平ら雪（たびらゆき）・太平ら雪（だびらゆき）・段平雪（だんびらゆき）

▽細かに降る　細雪（ささめゆき）

▽粉のように細かな
粉雪（こなゆき）・粉雪（こゆき）・小米雪（こごめゆき）・パウダースノー

▽少し降る　小雪（こゆき）・微雪（びせつ）

▽大量に積もった
大雪（おおゆき）・大雪（たいせつ）・衾雪（ふすまゆき）・豪雪（ごうせつ）
〔参〕「衾雪」の「衾」は現在でいう掛布団のことで、「伏（ふ）す裳（も）」（寝るときの衣服の意）から。建具の「襖（ふすま）」ではない。

▽深く積もった　深雪（しんせつ）・深雪（みゆき）

▽一時に多量に降る　どか雪（ゆき）

季節・時期などからみた「雪」

▽その年にはじめて降る
初雪（はつゆき）・初雪（しょせつ）・新雪（しんせつ）

▽例年よりも早く降る　早雪（そうせつ）

▽その年最後の
終雪（しゅうせつ）・雪の果て（ゆきのはて）・雪の別れ（ゆきのわかれ）・雪の名残（ゆきのなごり）・忘れ雪（わすれゆき）

▽正月に降る　三白（さんぱく）

▽春になってから降ったり、春になっても残ったりしている
名残の雪（なごりのゆき）

▽春に降る　春雪（しゅんせつ）・春の雪（はるのゆき）

▽陰暦十二月に降る　臘雪（ろうせつ）

様態・成因などからみた「氷」

▽水が冷却して固体となったもの
氷（こおり）・氷（ひ）・冰（ひ）・氷（つらら）・凍み（しみ）・アイス

▽凍りつく　氷結（ひょうけつ）・結氷（けっぴょう）

▽氷のかたまり　氷塊（ひょうかい）

▽雪の一部がとけて雨交じりに降る
氷雨（ひさめ）・霙（みぞれ）

▽降水の一種で、水滴が凍る
霰（あられ）・氷霰（こおりあられ）

▽雷雲の中から降ってくる氷片　雹（ひょう）
〔参〕「雹」は直径五ミリ以上の、「霰」は直径五ミリ未満の氷の粒で、大きさによって区別される。「雹」はゴルフボール大の大きさになることもあり、一九一七年に埼玉県熊谷市でカボチャ大のものが降ったとの記録が残っている。

▽植物などについた雨がそのまま凍る
雨氷（うひょう）

▽水蒸気が凝結して微細な氷晶となり霧のように浮遊している現象
氷霧（こおりぎり）・氷霧（ひょうむ）

▽寒冷地で見られる極小氷晶の浮遊現象
細氷（さいひょう）・ダイヤモンドダスト

▽雪と　雪氷（せっぴょう）・氷雪（ひょうせつ）

▽積雪の表面が凍って氷のようになった
アイスバーン

▽氷の張った表面
氷面（ひょうめん）・氷面（ひも）

▽表面に薄く張った
上氷（うわごおり）

▽薄く張った
薄氷（はくひょう）・薄氷（うすごおり）・薄ら氷（うすらひ）・薄ら氷（うすらい）・薄ら氷（うすらび）

▽厚く張った　厚氷（あつごおり）・堅氷（けんぴょう）

▽樹枝に降り積もり氷がついたような霜
氷霜（ひょうそう）

▽空気中の冷却した微細な水滴が樹木などに凍りつき氷の層をつくる
樹氷（じゅひょう）・霧氷（むひょう）・粗氷（そひょう）

▽雨雪の水が軒や岩角などから滴り、凍って垂れ下がる
氷柱（つらら）・氷柱（ひょうちゅう）・垂氷（たるひ）・懸氷（けんぴょう）

▽夏に室内に立てておいて涼気を呼ぶ
氷柱（ひょうちゅう）・氷柱（こおりばしら）

▽中に花を入れて凍らせた氷柱
花氷（はなごおり）

▽人工的に水を冷却し、氷結させた
人造氷（じんぞうごおり）・氷室氷（ひむろごおり）

▽水を冷却し、人工的に氷をつくる
製氷（せいひょう）

▽氷を砕く　砕氷（さいひょう）

▽削った　削り氷（けずりひ）

▽小さく砕いた
打っ欠き（ぶっかき）・欠き氷（かきごおり）・かちわり

▽削り氷にシロップなどをかけた
欠き氷（かきごおり）・氷水（こおりみず）・氷水（こおりすい）・打っ欠き（ぶっかき）・フラッペ

▽氷のかけらを入れて冷たくした水
氷水（こおりみず）

▽圧力で水となった氷が圧力が除かれてまた氷となる現象
復氷（ふくひょう）

▽水蒸気や水しぶきが機体や船体に凍りつく。また、その氷
着氷（ちゃくひょう）

▽氷が一面に張りつめた海　氷海（ひょうかい）

▽海上に漂う氷のかたまり
流氷（りゅうひょう）・海氷（かいひょう）

▽水上に浮かぶ氷のかたまり
浮氷（ふひょう）

▽海岸に凍結し、そのまま固着して動かない海氷
定着氷（ていちゃくひょう）

▽高緯度や高山で氷のかたまりが次第に流れ下る
氷河（ひょうが）

▽大陸の広い面積を覆うきわめて厚い氷
大陸氷河（たいりくひょうが）・氷床（ひょうしょう）

▽氷河の末端などが海上に押し出されて浮遊しているもの
氷山（ひょうざん）

▽氷河による浸食作用
氷食（ひょうしょく）・氷蝕（ひょうしょく）

▽大陸氷河の縁部が海上に浮いている

氷原
棚氷・氷棚

▽厚い氷で覆われた原野
氷原・氷野

▽その年はじめて張る　**初氷**

▽夕方に張る　**夕氷**

▽氷がとける　**解氷**

［参］「「氷解」は、氷がとけて残らないように疑念や疑惑がなくなることで、氷が解けるの意では使われない。ただし、春の季語として「氷解（こおりどけ）」（川などに張っていた氷が春になって解ける）がある。

「雪」に関する擬音語・擬態語

▽絶えず降り続く　**こんこん**

▽軽く物にふれながら降る
さらさら

▽ひるがえりながら飛び散る
ちらちら

▽木の枝などから一時に落ちる
どさっと

▽軽やかに降る　**はらはら**

▽空中に漂う
ふわりと・ふわっと

「雪」に関する成句

【香炉峰の雪は簾を撥げて看る】香炉峰のすばらしい雪景色はすだれを上げて眺める意で、白居易が詩にうたった有名な一節。「香炉峰」は、中国江西省廬山の北峰。

【雪は豊年の瑞】雪の多く降った年は豊年になるということ。類「雪は豊年の例し」「雪は豊年の貢物」

【我が物と思えば軽し笠の雪】笠の上に降り積もった雪も、自分の物だと思えばさほど重くは感じないということ。苦しみも自分のためになることだと思えば苦痛には感じないということのたとえ。

ゆるす・ゆるし……許・免・赦・宥・恕

一般的な意味からみた「ゆるす・ゆるし」

▽願い・申し出を聞き入れる
許可・允許・印可・許容・容赦・聞き届け・聞き済み・許し・許与・聴許・聴容・聴納・パーミッション

▽認めて
認可・認許・認容・容認

▽天皇のゆるし、許可
勅許・勅免

▽君主が臣下の奏した案文を決裁して

許可する
裁許（さいきょ）・裁可（さいか）・勅裁（ちょくさい）・批准（ひじゅん）
▽特定の事を行うのを官公庁が許可する
免許（めんきょ）・官許（かんきょ）・公許（こうきょ）・ライセンス
▽仮に与えられる免許
仮免（かりめん）・仮免許（かりめんきょ）
▽免許の尊敬語　御免（ごめん）
▽特別に許可する。また、特定の人・会社などに特定の権利を与える行政行為
特許（とっきょ）・パテント
▽特別に　特免（とくめん）
▽仮に　仮免（かめん）
▽ゆるして与える　許与（きょよ）
▽暗黙のうちに
黙許（もっきょ）・黙認（もくにん）・見逃（みのが）し・看過（かんか）・仮借（かしゃく）・目溢（めこぼ）し・黙過（もっか）・見逃（みのが）し

▽義務や役目などを　免除（めんじょ）・除免（じょめん）
▽租税の一部または全部を
免租（めんそ）・免税（めんぜい）
▽服役・兵役を　免役（めんえき）
▽負担を軽減したり免除したりする。また、等級を下げるだけで免除する
減免（げんめん）
▽許可しない　不許可（ふきょか）・不許（ふきょ）
▽許可を得ていない　無許可（むきょか）
▽認可を得ていない　無認可（むにんか）
▽免許をもっていない　無免許（むめんきょ）
▽ゆるすことと、ゆるさないこと
許否（きょひ）

罪や過失を意味する「ゆるす・ゆるし」

▽罪を
赦（しゃ）・赦罪（しゃざい）・赦免（しゃめん）・免罪（めんざい）・宥免（ゆうめん）
▽赦免の尊敬語　高免（こうめん）・御免（ごめん）

▽裁判で決まった刑罰を政府がゆるし軽減する
恩赦（おんしゃ）
▽国家に慶事があったときの恩赦
大赦（たいしゃ）
▽特定の人に対して行われる恩赦
特赦（とくしゃ）
▽特別に罪を　特免（とくめん）
▽あわれんで　仁恕（じんじょ）
▽情けをかけて　恩宥（おんゆう）
▽ゆるして罪過を問わない
恕免（じょめん）・宥恕（ゆうじょ）
▽捕らえられている者をゆるして自由にしてやる
釈放（しゃくほう）・放免（ほうめん）・放赦（ほうしゃ）
▽一定の保証金を納めさせて勾留（こうりゅう）中の被告人を釈放する
保釈（ほしゃく）
▽刑罰をゆるす旨の書面
赦免状（しゃめんじょう）・赦状（しゃじょう）・赦書（しゃしょ）・許（ゆる）

し状(じょう)・許し文(ゆるしぶみ)・赦し文(ゆるしぶみ)

心の広さ・寛大さを意味する「ゆるす・ゆるし」

▽寛大な心で　寛恕(かんじょ)・宥恕(ゆうじょ)・寛仮(かんか)・寛容(かんよう)・寛宥(かんゆう)・宥免(ゆうめん)・海容(かいよう)・海恕(かいじょ)

▽事情を察して　諒恕(りょうじょ)・憐恕(れんじょ)

▽大目に見る。辛抱して　我慢(がまん)

▽大目に見て、仲良くする　宥和(ゆうわ)

▽怒りを抑えて　堪忍(かんにん)・勘弁(かんべん)

▽耐え忍んで　料簡(りょうけん)・了簡(りょうけん)・了見(りょうけん)

要求を聞き入れ認める意の「ゆるす・ゆるし」

▽相手の要求を入れてゆるし認める　許諾(きょだく)・承認(しょうにん)・認承(にんしょう)・承諾(しょうだく)・承知(しょうち)・了承(りょうしょう)・了解(りょうかい)・肯諾(こうだく)・領諾(りょうだく)・了諾(りょうだく)・応諾(おうだく)・一諾(いちだく)・然諾(ぜんだく)

▽よいと認める　是認(ぜにん)・肯定(こうてい)

▽認め聞き入れる。また、民事訴訟で、被告が原告の主張を正当だと認める　認諾(にんだく)

▽快く、聞き入れる　快諾(かいだく)

▽快く聞き入れること　二つ返事(ふたつへんじ)

〔参〕「はい、はい」という「はい」を二つ重ねる返事のこと。現代では、「はい」と一つはっきり言うのがよいとされている。「一つ返事」という言葉はなく、誤用されることが多い。

▽喜んで　欣諾(きんだく)

▽その場ですぐに　即諾(そくだく)

▽内々に　内諾(ないだく)・内許(ないきょ)

▽黙って　黙諾(もくだく)

▽約束して　約諾(やくだく)

▽固い約束、貴重な承諾　金諾(きんだく)

▽外国との条約を国家が承認する　批准(ひじゅん)

▽相手の提案や申し入れを正式に受け入れる　受諾(じゅだく)

▽人の言うことをそのまま承知する　唯諾(いだく)

▽物事が済んだあとで承知する　事後承諾(じごしょうだく)

「ゆるす・ゆるし」に関する動詞・複合動詞

▽願い・申し出を聞き入れる　許す(ゆるす)・差し許す(さしゆるす)・言許す(ことゆるす)

▽罪や過失を　赦す(ゆるす)

▽罪をゆるして自由にする。免除する　免す(ゆるす)・免ず(めんず)・免ずる(めんずる)・免じる(めんじる)・許る(ゆる)・聴る(ゆる)

▽大目に見る、ゆるめる　宥す(ゆるす)・宥める(なだめる)

▽思いやりをもって　恕す(ゆるす)・恕す(じょす)・恕する(じょする)

▽先方の望みを聞いて
聴す・聴く・聞き入れる・聞く・聞き届ける・聞き済ます

▽心の中で
思い許す

▽我慢して
堪える

▽厳しさをなくしていく
緩ぶ・緩める

▽見てそのままにしておく
見赦す・見逃す・見遁す・見過ごす・見過ぐす

▽承諾する
諾する・諾う・宜う・肯う・諒する・了する

「ゆるす・ゆるし」に関する成句

【大目に見る】
寛大に扱い、厳しくとがめることをしない。

【気を許す】
相手を信頼して警戒心をなくす。油断する。

【心を許す】
警戒心などをもたず、信頼して相手に接する。

【御免蒙る】
許しを得る。許しを得て退出する。断る。

【自他共に許す】
自分も他人もそうであると認める。

【手心を加える】
相手のことを考えて、厳しさをゆるめ、寛大に扱う。

【水に流す】
恨み・もめごとなどをなかったものとして、以後こだわらない。

【唯唯諾諾】
事のよしあしに関係なく、人の言うがままに従うこと。

【葷酒山門に入るを許さず】
強いにおいのある野菜と酒は、修行の妨げになるから寺の中に持ち込んではいけないということ。

【免許皆伝】
芸道の奥義を師からすべて弟子に伝えること。

容貌・容姿

美醜からみた「容貌・容姿」

▽顔の形やようす
顔・顔・顔・顔貌・顔容・顔様・顔様・顔様・顔立ち・顔付き・顔ばせ・顔持ち・顔貌・面影・面形・面差し・面立ち・面持ち・面輪・面構え・面付き・面相・

容貌・容姿

面体・面貌・面目・面容・容・容顔・容色・容儀・容貌・相形・相好・相貌・目鼻・目鼻立ち・眉目・眉目・見目・見目様・顔付き・俤・外貌・器量・姿貌・人相・形相・風貌・風丰

［参］「かんばせ」は「花のかんばせ」、「形相」は「鬼の形相」、「面差し」は「面差しが似ている」、「面影」は「面影が浮かぶ」などように慣用的に使われることが多い。

▽顔立ちを比喩的に　造作

▽面相をからかって　御面相

▽他人の容貌の尊敬語　尊容

▽女性の　女色・女色・女色

▽容貌が美しい
見目麗しい・見目好い・眉目良い・美貌・美容・佳容・妍容・娟容・玉容・美色・美顔・芳顔・美形・妍麗・娟麗・花顔・秀麗・端麗・美麗

▽容貌の美しい女性
美人・明眸・器量好し・見目好し・別嬪・別品・美女・シャン

▽美貌の男性
美男子・美男子・二枚目・ハンサム・美形・イケメン

▽もてる男性　色男

▽男性の凛凛しい顔の形容
苦み走る・野性的・ワイルド

▽大人の男性の魅力
渋い・ダンディ

▽顔立ちが整っている　端整

▽年若い男性の血色がよい　紅顔

▽容貌がみにくい
不器量・不細工・不細工・醜貌・醜容・醜怪

▽恐ろしい　険相・凶相

▽すがた、かたち
容姿・見目形・見目姿・形・態・振り・風・姿・様・姿形・形姿・姿態・形貌・形恰好・風姿・風貌・風采・風体・風体・容体・容態・形振り・風丰・風儀・姿色・容色・風骨・形相・姿貌・様子・恰好・格好・姿容・スタイル・プロポーション・シルエット

▽すがた、かたち（現在は、好ましくない状況で使う）
体たらく・為体

▽体の形やようす
体つき・体付き・背格好・体型・体格・体躯・

筋骨・恰幅・肉付き・丈姿・長姿

▽体型の整った
スマート・すらり・格好いい

〔参〕「格好いい」は、若者などの間では「かっこいい」「かっけえ」などのように崩されていわれることが多い。

▽体型のがっしりした
逞しい・筋骨隆々・マッチョ

▽女性の肉付きがよくあでやかな
グラマー

▽ほっそりとした　スレンダー

▽美しい女性の
美粧・妍容・娟容・麗容・麗姿・玉姿・花の姿・玉の姿・玉容

▽すっきりとして色気がある
粋・粋・垢抜け・洒脱・洒落・シック・スタイリッシュ

▽いきな姿
意気姿・粋姿・お洒落

▽いきでない
野暮・野暮ったい・ださい・田舎くさい・格好悪い

▽女性のあでやかな　色香

▽女性のしどけない　帯解き姿

▽女性のなまめいた
艶容・嬌容・艶姿・嬌姿・艶態・嬌態・媚態・艶姿

▽男らしい容姿や気性
男前・男振り・男付き・男っ振り・男姿

▽女らしい
女振り・女付き・女っ振り・女姿

▽言葉と容貌　言貌

▽人柄と容姿　品形

▽容姿と才知　才色

▽男性で、顔や体が並はずれて大きく立派である
魁偉

▽普通と違った容姿
異容・異形・異形・異相・異体・異体・異風・風変わり・異様・異様・グロテスク・エキセントリック・ユニーク

喜怒哀楽からみた「容貌・容姿」

▽人を恨むような
恨み顔・託ち顔

▽恋しく思っているような
思い顔

▽物思いの　思案顔

▽愛嬌のない

仏頂面・仏頂顔

▽うれいに沈んだ
愁眉・憂い顔・憂え顔

▽うれしそうな
にこにこ顔・恵比須顔・夷顔・嬉し顔・ほくほく顔

▽苦々しい
渋面・渋面・顰め面・顰めっ面・顰み面

▽心配そうな
事有り顔・心配顔・案じ顔・浮かぬ顔

▽気の毒そうな。また、おかしそうな
笑止顔

▽心配事がある　屈託顔

▽笑った
笑顔・笑い顔・笑み顔

▽気がのらないような
不請顔・不承顔

▽ものに飽きた　倦じ顔

▽不機嫌な
不興顔・むっと顔

▽怒った
尖り顔・尖り顔・仏頂面・仏頂顔・脹れ面・脹れっ面・膨れっ面・閻魔面・閻魔顔

[参]「仏頂面」は釈迦頭頂に宿る仏「仏頂尊」の面相が無愛想で不機嫌に見えることからとされる。また、嫌そうな顔つきの意の「不承面（ぶしょうづら）」からの転など諸説がある。

▽あきれた　呆れ顔

▽意外に思っている・不思議そうな
勿怪顔・物怪顔

▽挑戦するような　挑み顔

▽疑わしいと思っている　胡散顔

▽気後れした　臆面

▽自慢する、得意がる
手柄顔・誇り顔・したり顔・自慢顔・出来し顔・得たり顔・所得顔・優り顔・勝り顔・得意顔・どや顔

[参]「したり顔」の「したり」は、物事がうまく運んだ時に発する語。「どや顔」の「どや」は、関西地方の方言で「どうだ」の意。

▽まことしやかな　真顔

▽もったいぶった　しかつめ顔

▽優しい
恩顔・温顔・慈顔・温容

▽泣いている。また、今にも泣き出しそうな
泣き面・泣き顔・泣きっ面・吠え面

▽なみだで濡れた　涙顔

▽取り乱した　乱り顔

▽子どもなどの泣き面　べそ

▽子どもなどの、今にも泣きだしそうな
半べそ

▽柔和な

婉容（えんよう）・地蔵顔（じぞうがお）・仏顔（ほとけがお）
▽ものさびしく見えるすがた　孤影（こえい）
▽晴れがましい　晴れ姿（はれすがた）

状況からみた「容貌・容姿」

▽心に浮かぶ容姿　面影（おもかげ）・俤（おもかげ）・影（かげ）
▽さまざまな　百態（ひゃくたい）
▽見苦しい　醜態（しゅうたい）
▽何でも心得ているような顔付き　物知り顔（ものしりがお）・事知り顔（ことしりがお）・心得顔（こころえがお）
▽自分だけが知っているような　我知り顔（われしりがお）
▽もったいぶった　勿体顔（もったいがお）・勿体面（もったいづら）
▽訳ありげな　子細顔（しさいがお）・子細面（しさいづら）
▽分別のありそうな　心有り顔（こころありがお）・分別顔（ふんべつがお）
▽まじめくさった　澄まし顔（すましがお）
▽愚かそうな　間抜け面（まぬけづら）
▽厚かましい　強顔（きょうがん）・厚顔（こうがん）・鉄面皮（てつめんぴ）・野面（のづら）
▽恥じ入った　赤面（せきめん）・赤顔（せきがん）・汗顔（かんがん）
▽やつれた　衰顔（すいがん）
▽人を待っているような　人待ち顔（ひとまちがお）
▽厳かな　厳顔（げんがん）
▽聞き知っているような　聞き知り顔（ききしりがお）・聞き顔（ききがお）
▽そ知らぬ　つれなし顔（つれなしがお）・然らぬ顔（さらぬかお）・知らぬ顔（しらぬかお）・知らん顔（しらんかお）・知らず顔（しらずがお）
▽平然とした　納め顔（おさめがお）
▽人をばかにしたような　狸顔（たぬきがお）
▽悪事などを犯してそ知らぬふりの　何食わぬ顔（なにくわぬかお）
▽言葉につまり困った　然無顔（しかながお）
▽忠義ぶった　忠義顔（ちゅうぎがお）・御為顔（おためがお）
▽いかにもそうであるような　有り顔（ありがお）
▽寝ぼけた　寝惚け顔（ねぼけがお）・寝惚け面（ねぼけづら）
▽とぼけた　恍け顔（とぼけがお）・恍け面（とぼけづら）
▽打ち解けた　馴れ顔（なれがお）・打ち解け顔（うちとけがお）
▽打ち解けない　隔て顔（へだてがお）
▽横柄な　権柄面（けんぺいづら）
▽その場の状況に合わせた　作り顔（つくりがお）・仕立て顔（したてがお）
▽朝、起きたときの　寝起き顔（ねおきがお）・朝顔（あさがお）
▽寝ているときの　寝顔（ねがお）
▽舞台上の　舞台面（ぶたいづら）
▽自分のものだというような

容貌・容姿

我が物顔

▽自分に関係があるのに平然とした　**涼しい顔**

▽酒に酔った　**酔顔**

▽立っているすがた　**立ち姿・佇まい**

▽座っている　**居姿・居住まい**

▽朝、起きたばかりの　**朝姿・寝起き姿**

▽寝ている　**寝姿・寝腐れ姿**

▽打ち解けた　**打ち解け姿**

▽くつろいだ、だらしない　**真広げ姿・帯解き姿**

▽後ろからの　**後ろ姿・後ろ付き**

▽去って行く人の後ろの　**後ろ影**

▽あでやかな、なまめかしい　**艶姿・なよび姿**

▽いきではでな　**伊達姿**

「容貌・容姿」に関する成句

【小股の切れ上がった】

すらりとした粋な女性の姿の形容。


【苦虫を噛み潰した顔】

不機嫌で、にがりきった表情。


【風采が上がらない】

見た目に貫禄がなく弱々しく、どちらかというと平凡でみすぼらしい。


【身をやつす】

目立たないように、身なりをみすぼらしくする。


【装いを凝らす】

人にひけを取らないように、身なりにさまざまな工夫をする。


【色の白いは七難隠す】

色白の女性は、よく見ればそれほどの器量よしではなくても、美人に見えるものだということ。


【外面似菩薩内心如夜叉】

外面は菩薩に似て、内面は夜叉の如し。うわべは優しく見えるが、心の中は陰険な者のたとえ。「似」は「如」ともいう。


【千姿万態】

さまざまの姿とかたち。


【長身痩躯】

背が高く、やせているようす。


【眉目秀麗】

容貌が整っていて美しいさま。特に男性の場合にいう。


【見目は果報の基】

器量のよいことは、幸運を招く一番の要因であるということ。


【容姿端麗】

顔や姿形が整っていて美しいさま。特に女性の場合にいう。


【容貌魁偉】

顔かたちが人並はずれて大きくたくましいさま。


【夜目遠目笠の内】

女性は、夜暗いときや遠いところから、あるいは笠で半分顔を隠したときに見るのが一番美しく見えるということ。はっきりと見えない方がいいという皮肉な意味もある。類「遠目山越し笠の内」

よむ……読・詠

様態からみた「読む」

▽目で見た文字や文章を声にする。また、理解する
読む・読み

▽読むことの謙譲語　拝読・拝誦

▽謹んで　奉読

▽手にささげ持って　捧読

▽声を出して
音読・読誦・読誦・誦読・諷誦・諷誦・諷誦・唱える・称える・誦する

▽声高く
朗読・読み上げ・朗誦・朗唱

▽区切りや抑揚をつけずに一本調子で
棒読み

▽同じ本や文章を、多くの人が同時に声を出して
斉読

▽模範として声を出して　範読

▽声を出さないで　黙読

▽その人特有の読み方　読癖

▽書き物を見ないで
背読・暗誦・諳誦・暗唱・暗誦・諳誦・記誦・誦記・空読み

▽あらかじめ読んで調べておく
下読み・下見・予習

▽ひと通り、ざっと
一読・通読・斜め読み・走り読み・略読

▽必要な部分やおもしろそうな部分だけを
抜き読み・拾い読み・抄読

▽必ず読むべきこと。また、そのもの
必読

▽すでに読んだこと。また、そのもの
既読

▽まだ読んでいないこと。また、そのもの
未読

▽意味をよく考えて
熟読・味読・玩読・精読

▽意味をよく考えずに文字のみを
素読・素読み・素読み・白読・坊主読み

▽はじめから終わりまで
読破・読過・読み下し・

読了・卒読

▽詳しく　細読・精読

▽速く　速読

▽二つ以上のものを合わせて　併読

▽読み違えると、他の者がその続きを読む、という読み方　取り読み

▽好んで　愛読

▽内容を調べながら　閲読

▽文章など正しく　正読

▽間違えて　誤読・僻読み

▽読書し合って研究討論をする　会読・会読論講・会読輪講・読書会

▽書物などを回して　回読・回し読み・輪読

▽繰り返し書物を　復読・再読・読み返す

▽一緒に読んで確認する　相読み

▽書物を読んで意味を明らかにする　講読

▽文章を読んで、その意味を理解する　読解

▽書物を読んで文字の表面的意義のみを理解する　色読

▽文字の裏の真意まで読み取る　体読・裏読み

▽必要以上に読み取る　深読み

▽手当たり次第に　濫読・乱読・雑読・渉猟

▽夢中で　耽読

▽感動しながら　感読

▽たくさんの本を　多読

▽難解な文章・暗号などを　解読

▽読みがむずかしい　難読

▽推量して　判読

▽一字一字やっと　辿り読み

▽点字など指でさわって　触読

▽書状などをひらいて　展読・披読・披見・披閲

▽翻訳して　訳読

▽立ちながら　立ち読み

▽人に知られぬよう隠れて　盗み読み

▽書物など買って　購読

▽書物を買い集めるだけで積み重ねて置く　積ん読

▽他人に代わって　代読

▽書物などを読んだあと　読後

▽幼児や低学年の児童に、児童書などを読んで聞かせる　読み聞かせ

書物・文字・経からみた「読む」

▽本を　読書・本読み・書見・看

読・繙読・物読み・読み物・念書・繙く

▽書物や新聞などを読む人　**読者**

▽読書が好きな人。本をよく読む人
読書人

▽史書を　**読史・読史**

▽脚本を読んで聞かせる　**本読み**

▽文字を　**読字**

▽文字を読む方法。また、文章などを読んで内容を理解する方法
読み方

▽地図・図面などを読み取る　**読図**

▽漢字・漢文を字音で
音読み・音読

▽慣用音によって　**慣用読み**

『参』慣用音はもともと誤った音だったのが、使われているうち正しい音と認められたもの。「攪拌」の「攪（こう）」を「かく」、「消耗」の「耗（こう）」を「もう」と読むのが慣用読み。

▽漢字に和語をあてて

訓・訓読み・訓読・和訓・倭訓・国訓・大和訓・字訓

▽文字を対馬音である呉音で
対馬読み

▽熟語の上を音、下を訓で
重箱読み

▽熟語の上を訓、下を音で
湯桶読み

▽漢語の熟語を直訳的に訓読する
文字読み

▽返り点・送り仮名などを付けて
漢籍読み・漢書読み・漢書読み

▽漢文を訓点によって訓読する
点読

▽漢文などを返り点によって下から上へ
顚読

▽漢文などを返り点によらずに
棒読み・直読

▽漢文を和訳して　**和読・倭読**

▽漢文を日本文の語順にして
読み下し・訓み下し

▽文字を音読し、さらにその文字を訓読する読み方
文選読み

▽文の切れ目に打つ点　**読点・点**

▽文の終わりの記号　**句点・丸**

▽文の切れ目を間違って読む
ぎなた読み

▽声をあげて経文を
読経・読経・読誦・誦経・誦経・諷経

▽声を出さず経文を
観経・看経

▽経文の一部を略して全体を読んだことにする読み方
転読・転経・転経

▽経文を省略せずに　**真読**

▽勧進のため書物を読み金銭をもらう

勧進読み

詩歌からみた「詠む」

▽詩歌などを作る。また、うたう
詠む・詠ずる・詠じる・吟ずる・吟じる・吟詠・詠歌・詠歌・諷詠・詠吟

▽詩歌などを声高くうたう
朗詠・朗吟・吟誦・吟唱・吟嘯・詠誦・詠唱・高詠

▽力を込めて詩歌を作る。また、その作品
力詠

▽詩歌の詠みくせ、詠み方
詠み振り・詠み口

▽詩歌の会で詩歌を　披講

▽その場で詩歌を作る
即詠・即吟・即興

▽題を設けて詩歌を作る。また、その作品
題詠

▽題を決めずに詩歌を作る。また、その作品
雑詠

▽自然物の名を題として詩歌を作る。また、その詩歌
詠物

▽歴史上の事実を主題に詩歌を作る
詠史

▽近作の詩歌　近詠

▽心に思うことを　詠懐

▽偶然心に浮かんだことを
偶詠・偶吟

▽酒を飲み詩歌を吟ずる　觴詠

▽和歌に特定の文字を隠して詠み入れる
入れ文字

▽和歌で、古歌の意味や語句などを詠み入れる
本歌取り

▽詩歌の作者
詠人・読人・詠手・読手

▽他人に代わって詩歌を　代詠

▽歌の末句の言葉をとって次の初句とし、これを続けて
鎖題

▽他人の詩歌を敬っていう
玉詠・玉吟・芳詠・芳咏・芳吟・尊詠

▽自分の詩歌をへりくだっていう
拙詠・愚詠

▽死ぬ間際に詠んだ詩歌
絶詠・絶吟

▽故人の遺した詩歌　遺詠

▽知らないふりして歌を
知らず詠み

▽天皇や皇族が詩歌を作る。また、その詩歌
御詠

▽神が詠んだという和歌　神詠(しんえい)

▽宮中・神社などに詩歌を詠んで献上する　献詠(けんえい)・詠進(えいしん)

▽和歌の下書き　詠草(えいそう)・歌稿(かこう)

▽競技カルタで札を読む人　読手(よみて)・読手(どくしゅ)

「読む・詠む」の複合動詞

▽間違って　読(よ)み誤(あやま)る・読(よ)み違(ちが)える・読(よ)み損(そこ)なう

▽一つの文章を一人が読み、他の人が聞きながら誤りを直す　読(よ)み合(あ)わせる・読(よ)み合(あ)わす

▽心を込めて　読(よ)み入(い)る

▽読むべきところを読まずに抜かす　読(よ)み落(お)とす

▽もう一度　読(よ)み返(かえ)す

▽手当たり次第に　読(よ)み散(ち)らす・読(よ)み漁(あさ)る

▽ある漢字を別の読み方で　読(よ)み替(か)える

▽読み始める。また、途中まで　読(よ)み掛(か)ける

▽読んで聞かせる　読(よ)み聞(き)かせる・読(よ)み渡(わた)す

▽読み終わる　読(よ)み切(き)る

▽文章を終わりまでざっと読む。また、漢文を訓読して　読(よ)み下(くだ)す

▽読んで十分に理解する　読(よ)み熟(こな)す

▽熟読する　読(よ)み込(こ)む

▽詩歌などに事物の名などを入れて　詠(よ)み込(こ)む・詠(よ)み入(い)れる

▽読みかけて中途でやめる　読(よ)み止(さ)す

▽読んだだけでかえりみない　読(よ)み捨(す)てる

▽読まないで終わる　読(よ)み損(そこ)なう

▽声を立てて　読(よ)み立(た)てる・読(よ)み上(あ)げる

▽不明のところや興味のないところを抜かして先へ進む　読(よ)み飛(と)ばす

▽読んで内容を理解する。また、相手の心を知る　読(よ)み取(と)る

▽すらすら読む。また、ざっと目を通す　読(よ)み流(なが)す

▽読むことになれる　読(よ)み慣(な)れる

▽夢中になって　読(よ)み耽(ふけ)る・読(よ)み入(い)る

▽読み尽くす　読(よ)み破(やぶ)る

「よむ」に関する成句

【一目十行】

ひと目見ただけで十行の文章を読み取るという意で、非常に速い速度で本を読むこと。類「十行倶に下る」


【音吐朗朗】

声がさわやかで、よく通るさま。「音吐」は声の出し方、「朗朗」は声が大きくはっきりしている意。


【眼光紙背に徹する】

書物を読み、字句の解釈にとどまらず、その深意を汲みとる。


【熟読玩味】

文章を十分に読み、深く味わうこと。「玩味」は、意味をよく考えて内容を味わう意。


【灯火親しむべし】

秋になるとさわやかで夜長にもなるので、本を読むのには最適であることをいう。出典は韓愈の詩。


【読書三到】

本を読む際に役立つ三つの方法。本を読んで理解するには、まず目でよく見る（眼到）、ついで声を上げて読む（口到）、そして心を集中させて読む（心到）、以上の三つであるという。熟読のすすめ。出典は朱熹の『訓学斎規』。


【読書三昧】

読書に熱中すること。「三昧」は、仏教語で、心を一つに集中させるの意。


【読書三余】

本を読むのによい三つの余暇のことで、一年の余りの冬、一日の余りの夜、時の余りの雨の三つのことをいう。「三余」は、「三餘」とも書く。出典は『魏志』。


【読書百遍義自ずから見る】

書物は繰り返し繰り返し読めば、書かれた意味が自然に理解される。熟読の必要を説いている。出典は『魏志』。

よろこぶ・よろこび ……喜・慶・悦

状態・様態からみた「よろこぶ・よろこび」

▽うれしくて、楽しく思う
喜び・悦び・悦・歓・歓喜・歓悦・喜悦・悦喜・悦楽・悦予・欣悦・歓楽・歓娯・怡悦・怡怡

▽楽しみ
喜楽・愉悦

▽幸いに思って
欣幸

▽ありがたくよろこぶ。また、仏を信じありがたく思う
随喜

▽異常なまでに
狂喜

▽感じ入って　感喜（かんき）・感悦（かんえつ）

▽謹んで。他人に自分のよろこびを言う　恭悦（きょうえつ）・恐悦（きょうえつ）

▽仏を信じることによって感じる　法悦（ほうえつ）・法喜（ほうき）

▽手を打って　抃悦（べんえつ）

▽手を打ち、足を踏み鳴らして　抃舞（べんぶ）

▽よろこばしげなようす　喜気（きき）

▽思いがけないことに驚いて　驚喜（きょうき）

▽悲しみと　悲喜（ひき）

▽よろこびと憂い　喜憂（きゆう）・憂喜（ゆうき）

▽よろこびと恐れ　喜懼（きく）

▽よろこびと怒り　喜怒（きど）

▽よろこぶさま　欣然（きんぜん）・歓然（かんぜん）・怡然（いぜん）・欣欣（きんきん）

▽よろこび楽しむさま　嬉嬉（きき）・喜喜（きき）・嘻嘻（きき）

▽よろこびがあると思ったのにあてがはずれる　糠喜び（ぬかよろこび）・空喜び（そらよろこび）・空悦び（そらよろこび）

▽よろこんで躍り上がる　欣喜（きんき）・欣舞（きんぶ）・欣躍（きんやく）・雀躍（じゃくやく）・雀躍り（こおどり）・小躍り（こおどり）

▽よろこんで従う　喜服（きふく）・悦服（えっぷく）

▽よろこび遊ぶ　嬉遊（きゆう）・嬉戯（きぎ）

▽子どものようなよろこび。子どもが遊びたわむれる　児嬉（じき）

▽食べたい物を満足して食べられることの　食悦（しょくえつ）

▽うれしそうな顔付き　嬉し顔（うれしがお）

▽うれしく思わせる言葉・態度　嬉しがらせ（うれしがらせ）

▽うれしさのあまり泣く　喜び泣き（よろこびなき）・嬉し泣き（うれしなき）

▽うれしいような悲しいような気持ち　嬉し悲しい（うれしかなしい）・嬉し悲しい（うれしがなしい）

▽よろこんで寺社に進物し、また、貧しい人に施す　喜捨（きしゃ）

▽うれしくて出る涙　嬉し涙（うれしなみだ）

▽こっけいな出来事。人を笑わせながら人生を描く劇　喜劇（きげき）・コメディー

［参］「コメディー」は現代では笑える劇をさすが、もともとは古代ギリシアで発展した戯曲のジャンルの一つで、本来は喜劇を意味していたわけではなかった。例えば、中世に書かれたダンテの「神曲」の原題は「神のコメディー」である。

▽喜劇的な要素をもつ歌劇　喜歌劇（きかげき）・オペレッタ

▽よろこびを伝える使者　喜使（きし）

程度からみた「よろこぶ・よろこび」

▽大きな　大喜（だいき）・大喜び（おおよろこび）・大悦（たいえつ）・大（たい）

慶・欣喜・歓天喜地
▽心から　歓心
▽とても　驚喜・狂喜
▽満足して　満悦
▽うっとりする
法悦・恍悦・恍惚・エクスタシー

祝い事・慶事からみた「よろこぶ・よろこび」

▽よろこび祝う
賀・賀慶・嘉慶・嘉儀・慶賀・慶祝・祝賀・祝慶・祝儀・祝着
▽めでたい、よろこび事
吉慶・祥慶・祝い事・吉事・吉事・好事・寿・御慶・御慶・慶事・慶福・おめでた
▽自分も相手と同じくうれしい　同慶
▽新年の　新禧
▽新春の　慶春
▽皇居に行って　参賀
▽よろこび事と弔い　慶弔
▽よろこびの顔色・ようす
慶色・喜色
▽七十七歳の賀の祝い
喜寿・喜の字の祝い
▽官位に叙せられた礼を述べる
奏慶・慶び申し
▽めでたい儀式　慶典
▽慶事のときのあいさつ
おめでとう
▽めでたいことを祝福して唱える
万歳

「よろこぶ・よろこび」に関する動詞・形容詞

▽うれしく感じる
喜ぶ・嬉しがる・悦ぶ・歓ぶ・慶ぶ
▽うれしく感じさせる
喜ばす・嬉しがらせる
▽うれしくて勢い込む　喜び勇む
▽吉事のよろこびを述べる
祝う・賀す・賀する・寿ぐ・言祝ぐ・慶す・慶する
▽うれしくて飛び上がる
躍り上がる
▽うれしくて陽気になる
浮かれる・浮き立つ
▽うれしくて調子づく
浮かれ出す
▽うれしくて落ち着かない
浮つく・上付く
[参]「浮足立つ」をこの意で使うのは誤り。「浮足」はつま先だけ地面につけて、かかとが上がっている状態のことで、不安や恐れで落ち着きを失うことが「浮足立つ」の意。

▽快く楽しい
嬉しい・面白い

▽祝うべき、うれしい
めでたい・喜ばしい

「よろこぶ・よろこび」に関する擬態語

▽心が浮き立ち、よろこび勇む
いそいそ・浮き浮き

▽よろこびで満足する
うはうは・ほくほく

▽うれしさのあまり身が震える
ぞくぞく

▽よろこびで心が躍る
わくわく・るんるん

「よろこぶ・よろこび」に関する成句

【快哉を叫ぶ】

愉快な出来事に喜びの声を上げる。


【天にも昇る心地】

とてもうれしくて、浮き浮きした気持ち。


【眉を開く】

うれいや心配事がなくなってうれしい。


【一喜一憂】

状況が変わるたびに喜んだり心配したりすること。感情が振り回されること。


【喜色満面】

喜び・うれしさが顔いっぱいにあふれているさま。喜びの表情が顔全体に広がっている状態をいう。


【喜怒哀楽】

喜び・怒り・悲しみ・楽しみの四つ。人間がもつさまざまな感情のこと。


【恐悦至極】

相手の厚意に対し、とても喜び、感謝を表す言葉。「恐悦」は謹んで喜ぶ意。


【欣喜雀躍】

雀がぴょんぴょん跳ねるように、小躍りして喜ぶさまで、大喜びすることをいう。類「歓天喜地」「手の舞い足の踏む所を知らず」


【空谷の跫音】

人気のない寂しい谷間で響く人の足音の意から、予期しない珍しい人の訪れや便りがあることの喜びをいう。予期しない喜びのたとえ。出典は『荘子』。


【喜び極まれば憂いを生ず】

喜びが最高潮に達すると、そのあとは逆にもの悲しさや不安感が生じてくるということ。類「歓楽極まりて哀情多し」


【喜んで尻餅をつく】

物事が万事うまくいって大喜びし、あまり得意になり過ぎたために失敗してしまうことのたとえをいう。

料理

行為・行動からみた「料理」

▽食べ物をこしらえる
料理・調理・炊事・煮炊き・おさんどん・料る・割烹・クッキング

▽費用を考えて食べ物をこしらえる
賄う

▽料理をする人
料理人・板前・調理師・賄い・コック・シェフ

▽菓子を作る人
菓子職人・パティシエ

▽料理の準備をすること
下拵え・下準備・仕込み

▽食品から不要なものを取り除くさまざまな方法
灰汁抜き・塩出し・油抜き・血抜き

▽色を鮮やかにする
色止め

▽包丁で材料を処理するさまざまな方法
切る・刻む・削ぐ・剝く・叩く・切れ目を入れる・隠し包丁・飾り包丁・面取り・スライスする

▽材料を処理するさまざまな方法
戻す・おろす・練る・捏ねる・晒す

▽魚を処理するさまざまな方法
捌く・おろす・開く・叩きにする・節どりにする・締める

▽食材に調味料などを加えるさまざまな方法
振る・振り掛ける・塗す・散らす・振り入れる・和える・合わせる・漬ける

▽食品に熱を加えるさまざまな料理法
焼く・炒める・炙る・炒る・煎る・火を通す・焙じる・焦がす・焼き色をつける・焦げ目をつける・温める・チンする

［参］「チンする」は電子レンジで調理する意。初期の電子レンジは調理が終わったときに「チン」と音がしたことから（現在は「ピピピ」などの電子音が多い）。

▽食品を水や湯といっしょに熱を通すさまざまな料理法
煮る・煮付ける・煮染める・煮込む・煮含める・煮詰める・煮上げる・煮出す・煮切る・一煮立ち・茹でる・茹でる・茹でこぼす・下茹で・固茹で・塩茹で・炊く・湯搔く・湯引く・

湯通しする・湯煎する・ボイルする

▽食品に湯気をあてて調理する

蒸す・蒸かす・蒸らす・蒸し上げる

▽熱した油に入れて調理する

揚げる・フライにする・素揚げにする・油通しする

味を調えることからみた「料理」

▽煮たり水に浸したりして、材料のうまみを浸出させた汁

出し汁・出汁・ブイヨン・スープストック

▽味をととのえる、またそのための材料

調味・調味料・香辛料・スパイス・ハーブ

▽調理の前にあらかじめ材料に味をつける

下味

▽塩で味をととのえること

塩梅・塩塩梅・塩加減

▽味を引き立たせるために少量の調味料を入れる

隠し味

▽味を調和させる　なじませる

▽味を整えるために少し食べる

味見・味を見る

味からみた「料理」

▽舌に残る刺激

味・味わい・味気・風味・テイスト

▽味がよい

美味・美味しい・美味い・旨い

▽味がよくない　不味い

▽おいしく感じる　うま味

▽甘く感じる

甘い・甘美・甘露・甘味・甘口・スイート

▽度を超して甘い　甘ったるい

▽辛く感じる

辛い・辛味・辛口・ぴり辛・ホット

▽非常に辛い　激辛

▽甘さと辛さの混じった。特に、砂糖と醤油で味付けした

甘辛い

▽塩味を強く感じる

鹹い・塩辛い・塩っぱい・鹹味

▽塩味が薄めの　薄塩・甘塩

▽酸っぱく感じる

酸い・酸っぱい・酸味・サワー

▽甘みと酸味が混じった

甘酸っぱい

▽苦みを感じる
苦(にが)い・苦味(にがみ)・苦味(くみ)・ほろ苦(にが)い・ビター

▽渋みを感じる　**渋(しぶ)い・渋味(しぶみ)**

▽灰汁(あく)が強くてのどに刺激を感じる
刳(えぐ)い・えがらっぽい・刳味(えぐみ)

〔参〕味覚は、甘味・酸味・塩味・苦味・うま味の五つが生理学的に基本味とされている。辛みは味覚神経で感じるものではないが、一般的には味覚の一つとされることが多い。

▽あっさりと淡い　**薄味(うすあじ)・薄口(うすくち)**

▽醤油(しょうゆ)などの味や色が濃い　**濃口(こいくち)**

▽舌ざわりやのど越しがよい
なめらか

▽味に深みがある　**こくのある**

▽味が強くなくおだやか　**まろやか**

「料理」に関する擬音語・擬態語

▽程よく焼き色を付ける
こんがり

▽肉などが焼ける　**じゅうじゅう**

▽なべで煮る
ぐつぐつ・ことこと・ごとごと

▽揚げ物について
さくっと・からりと・からっと・かりっと・さくさく

▽弾力があって美味しそう　**ぷりっと・ぷりぷり**

▽腰が強く弾力がある　**もちもち**

▽芋などについて
ほくほく・ほっくり・ほっこり

▽熱い・できたての
ほかほか・ほっかほか・あつあつ

▽やわらかく、しなやか　**しんなり**

▽野菜などがみずみずしい
しゃきっと

▽豆などがやわらかい
ふっくら・ふっくり

▽水の分量などについて材料がやっとかぶるくらいに
ひたひた

▽よく冷えた
ぎんぎん・きんきん

「料理」に関する成句

【青菜(あおな)に塩(しお)】
青菜に塩をかけるとしんなりとするように、元気がなくしょげているようす。

【うまい汁(しる)を吸(す)う】
他人を利用して利益を得ること

【塩酢(えんそ)の世話(せわ)】
食事の世話のこと。

【大鍋(おおなべ)の底(そこ)は撫(な)でても三杯(さんばい)】

大鍋に入っている飯は底を突いたと思っても杓子に三杯分くらいはあるものである。規模の大きさを言うたとえ。

【酢が過ぎる】 度が過ぎる。

【酢でさいて飲む】 欠点をあげおろす。こきおろす。

【糠味噌臭い】 妻が所帯じみたさま。

【手前味噌】 自慢すること。類「味噌を上げる」

【胡麻を擂る】 へつらうこと。類「味噌を擂る」

【味噌を付ける】 失敗すること。へまをしてしくじること。

【名物に旨いものなし】 名物といわれて食べてみると期待したほどには旨くないこと。実が伴わないことのたとえ。

礼・礼儀

感謝の意を表す言葉や金品からみた「礼」

▽感謝の意を表す **謝礼・礼・謝辞・畏まり**

▽感謝の気持ち **謝意**

▽礼の丁寧語 **御礼・御礼**

▽謝意を表す礼儀 **謝儀**

▽礼の言葉を述べる **礼謝・拝謝・謝す・謝する**

▽ありがたく思い謝意を表す **感謝**

▽深く感謝する **深謝**

▽厚く礼を言う **鳴謝・万謝・厚謝・多謝**

▽面会して礼を言う **面謝**

▽謝意を込めた金品 **礼・御礼・謝儀・謝礼・礼物・礼物・謝物・進物**

［参］熨斗や祝儀袋には「御礼」「謝礼」と書くのが一般的。

▽差し出された品物などを断る **辞謝・辞退**

▽受けた礼に対して報いる **返礼・報礼**

▽謝礼の謙譲語 **薄謝・薄儀・寸志**

▽謝礼として出す金銭 **礼金・謝金**

▽人に贈る品物の謙譲語 **粗品・粗品・薄志・不腆**

▽医師に払う薬代・治療費 **薬礼**

▽お返しとして贈る品物 **返礼・礼返し**

▽入門などに際して贈る礼物 **束脩**

敬意を表す作法からみた「礼儀」

▽敬意を表す際の古来の決まり　礼儀(れいぎ)・典礼(てんれい)・礼典(れいてん)・儀礼(ぎれい)・礼式(れいしき)・法式(ほうしき)・作法(さほう)・骨法(こっぽう)・礼法(れいほう)・礼法(らいほう)・行儀(ぎょうぎ)・礼(れい)・節(せつ)・礼儀作法(れいぎさほう)・礼(れい)・マナー・エチケット

▽作法にかなった立ち居振る舞い　威儀(いぎ)

▽礼儀正しいさま　礼容(れいよう)・慇懃(いんぎん)

▽昔の礼式、作法　古礼(これい)・故実(こじつ)

▽うわべだけの　虚礼(きょれい)

▽さまざまな礼儀作法　諸礼(しょれい)

▽女性が心得るべき　女礼(じょれい)・女礼式(じょれいしき)

▽礼儀と節度　礼節(れいせつ)

▽客をもてなす　饗礼(きょうれい)・振る舞い(ふるまい)・馳走(ちそう)・饗設け(あるじもうけ)・客礼(かくれい)・客礼(きゃくれい)・賓礼(ひんれい)

▽即位の礼などの朝廷の重要な儀式　大礼(たいれい)

▽重大な儀式　大典(たいてん)・盛典(せいてん)・盛儀(せいぎ)

▽些細なことにこだわる　縟礼(じょくれい)

▽立ち居振る舞いなどの細かな　曲礼(きょくれい)・曲礼(きょくらい)

▽めでたいときの　嘉礼(かれい)・嘉典(かてん)・嘉儀(かぎ)・吉礼(きちれい)・吉礼(きつれい)

▽喪に服するときの　喪礼(そうれい)

▽正式な方式を略した　略儀(りゃくぎ)・略式(りゃくしき)

▽儀式・典礼の時に着る服装　礼服(れいふく)・礼装(れいそう)

▽礼法を記した書物　礼典(れいてん)

敬意を表す拝礼からみた「礼」

▽相手に対する敬意を形に表す　敬礼(けいれい)・礼(れい)・式礼(しきれい)・礼儀(れいぎ)・会釈(えしゃく)・挨拶(あいさつ)

▽軽く頭を下げて　辞儀(じぎ)・御辞儀(おじぎ)・辞宜(じぎ)・時宜(じぎ)・時儀(じぎ)・会釈(えしゃく)

▽頭を下げて　拝礼(はいれい)・拝礼(はいらい)

▽頭を低く垂れて　低頭(ていとう)

▽頭を手まで下げてうやうやしく　拝手(はいしゅ)

▽かしこまって　敬礼(けいれい)

▽最も丁重な　最敬礼(さいけいれい)

▽神仏を敬って　礼拝(れいはい)・礼拝(らいはい)

〔参〕「礼」の読みは、漢音では「れい」、呉音では「らい」。仏教関係の語は、多くは呉音で読まれ、仏教では「らいはい」と読まれることが多い。

▽二度続けて　再拝(さいはい)

▽三度続けて　三拝(さんぱい)

▽立って左右左、座って左右左、ひざまずいて二度、また立って一度頭を下げる　九拝(きゅうはい)

▽三拝の礼と九拝の礼。何度も続けて

三拝九拝（さんぱいきゅうはい）

▽目上の者の前にうつぶし、頭を地につけて、その人の足に拝する
頂礼（ちょうれい）・**頂礼**（ちょうらい）

▽手を組み合わせ上から下へおろす
長揖（ちょうゆう）
〔参〕「揖」は上で組み合わせた両手を下へおろして体の前に囲みを作り頭を下げる、「拝」よりも略式の礼。

▽手を組み合わせて礼をし、へりくだる
揖譲（ゆうじょう）

▽目を交わして　**目礼**（もくれい）

▽黙って　**黙礼**（もくれい）

▽起立して　**立礼**（りつれい）

▽座し身を起こして　**起拝**（きはい）

▽座ったまま　**座礼**（ざれい）・**坐礼**（ざれい）

▽両膝を地に、上半身を立てて　**長跪**（ちょうき）

▽頭を地につけて
叩首（こうしゅ）・**頓首**（とんしゅ）・**叩頭**（こうとう）

▽首が地につくまで両手をつき頭を地につけて
稽首（けいしゅ）・**啓首**（けいしゅ）・**平伏**（へいふく）・**平身**（へいしん）・**拝伏**（はいふく）・**平伏す**（ひれふす）

▽親指・人差し指・中指を床について
三つ指（みつゆび）

▽地面などにひざまずいて
跪拝（きはい）・**拝跪**（はいき）・**土下座**（どげざ）

▽笏を持ち頭を下げて　**深揖**（しんゆう）

▽返しの
答礼（とうれい）・**返礼**（へんれい）・**答の拝**（とうのはい）・**答拝**（とうはい）・**答拝**（たっぱい）

▽目上の者にお祝いを言う　**拝賀**（はいが）

▽年賀で回る
回礼（かいれい）・**年礼**（ねんれい）・**賀礼**（がれい）

▽礼儀を欠く
無礼（ぶれい）・**無礼**（ぶらい）・**無礼**（むらい）・**失礼**（しつれい）・**欠礼**（けつれい）・**非礼**（ひれい）・**失儀**（しつぎ）・**不敬**（ふけい）・**失敬**（しっけい）・**不遜**（ふそん）・**慮外**（りょがい）・**推参**（すいさん）・**無作法**（ぶさほう）・**不躾**（ぶしつけ）・**無仕付け**（ぶしつけ）・**不仕付け**（ぶしつけ）・**礼無し**（いやなし）・**礼無し**（えやなし）・**無礼し**（なめし）・**無礼げ**（なめげ）

「礼・礼儀」に関する成句

【威儀（いぎ）を正（ただ）す】
礼儀にかなった立ち居振る舞いをする。

【居住（いず）まいを正（ただ）す】
だらしなく座っていたのをきちんと座り直し、礼儀正しい態度を取る。

【折り目正（おりめただ）しい】
礼儀正しい。

【腰（こし）が低（ひく）い】
他人に対して控え目である。

【礼（れい）を失（しっ）する】
失礼な態度や発言をする。

【礼（れい）を取（と）る】
礼儀に則った対応をする。

【衣食足（いしょくた）りて礼節（れいせつ）を知（し）る】
人間は、着る物や食べ物の心配がなくなって初めて、礼儀などに心配りするようになるものだという

こと。出典は管子の『牧民』。類「礼儀は富足に生ず」

【温凊定省】
冬は暖かく、夏は涼しく、そして夕べには寝床を整え、朝にはその安否を尋ねる意から、父母に礼を尽くしてよく仕えること。

【慇懃無礼】
丁寧過ぎて、かえって失礼なこと。また、表面上の態度は礼儀正しく見えるけれども実は尊大なこと。

【三顧の礼】
蜀の劉備が諸葛孔明を軍師に迎えようと、三度その家を訪れたという故事による。上位の者が礼を尽くして、相手の協力を得ようと何度も足を運ぶこと。出典は諸葛亮の「前出師の表」。

【三尺去って師の影を踏まず】
弟子は師を尊敬して、いついかなるときでも礼を失してはいけないという教え。

【親しき仲にも礼儀あり】
どんなに親しい間柄でも、互いに守るべき礼儀はあるもので、それを軽んじると喧嘩や不仲の原因ともなるという戒め。類「心安いは不和の基」

【鳩に三枝の礼あり】
鳩の子は親鳥よりも三本下の枝に止まる礼儀を心得ているということから、人間は礼儀を重んじなければいけないという教え。

【門に入らば笠を脱げ】
他人の家を訪れたならば笠を脱いで挨拶をしなさいということで、人は時・場合の礼儀を失してはいけないという教え。

【礼も過ぎれば無礼になる】
礼儀正しいのは結構だが、それも度が過ぎると、かえって相手の目からすると無礼な奴と見られることがある。礼儀正しいのもほどほどにせよという戒め。

私・私達

自分のさまざまな呼称の「私」

▽男女を問わず、目上の人に対して、または少し改まって自分を言うときの語

私・私共・此方・此方・自分・手前

▽男女を問わず、一般に自分を言うときの語。「わたくし」のややくだけた言い方

私・私

▽男性が自分と同等ならびに同等以下の者に対して

僕

▽主として男性がややぞんざいに言うとき

俺・己・己・己等

▽主として男性が同等ならびに同等以

下の者に対してやや尊大に言うとき
私(わし)・儂(わし)・己様(おれさま)・俺様(おれさま)・乃公(だいこう)・我が輩(わがはい)・吾が輩(わがはい)・我(われ)・吾(われ)・我儕(わなみ)・吾儕(わなみ)

▽主として女性がややくだけた言い方で自分を言うとき
私(あたし)

▽主として職人や下町の男性が
私(あっし)・私(わっし)・私(わっち)・此方人(こちと)・此方人等(こちとら)

▽主として東京の下町の女性が用いたくだけた言い方
私(わたい)・私(あたい)

▽自分をへりくだって
私(わたくし)め・手前(てまえ)・手前(てめえ)・僕(やつがれ)・下名(かめい)・野拙(やせつ)・拙(せつ)・野生(やせい)・拙生(せっせい)・迂生(うせい)・迂拙(うせつ)・寒生(かんせい)・愚生(ぐせい)・不肖(ふしょう)・犬馬(けんば)・小生(しょうせい)・生(せい)・小弟(しょうてい)・小子(しょうし)

『参』「不肖」の「肖」は「肖像画」と使うように、「かたどる」こと。「不肖」とは親に似ない愚かな息子、師匠に似ない弟子を意味する。親が「不肖の息子ですが…」と言えば、「自分に似ず愚かな」と言っているようなもので、自尊していることになってしまう。

▽老人が自分をへりくだって
愚老(ぐろう)・老生(ろうせい)

▽若い女性がへりくだって
小妹(しょうまい)・少妹(しょうまい)

▽自分を卑下して　戯奴(わけ)

▽自分を誇って　鼻様(はなさま)

▽公務員が公の場で自分をへりくだって
小職(しょうしょく)・小官(しょうかん)

▽僧侶がへりくだって
愚僧(ぐそう)・拙僧(せっそう)・愚禿(ぐとく)

▽武士がへりくだって
拙者(せっしゃ)・拙子(せっし)・拙子(せっす)・拙下(せっか)

▽武士が同輩や同輩以下の者に対して
身共(みども)・身(み)・我(われ)・吾(われ)・我等(われら)・吾等(われら)

▽武士が同輩や目上の者に対して
某(それがし)・某(なにがし)・何某(なにがし)・己(おのれ)

▽主に武士が目下の者に対して
此の方(このほう)・此方(こち)

▽江戸時代、遊女・芸妓などが　私(わちき)

▽江戸時代、女性が自分をへりくだって
妾(わらわ)

▽主として公家の男女が上下を問わず
麿(まろ)・麻呂(まろ)

▽身分の高い武士などが　余(よ)・予(よ)

▽君主に対して自分を言うとき　臣(しん)

▽天皇や王が　朕(ちん)

自分達のさまざまな呼称の「私達」

▽男女を問わず、少し改まって自分たちのことを言うとき
私達(わたくしたち)・私共(わたくしども)・我我(われわれ)

▽男女を問わず、一般に自分たちを言うときの語。「わたくしたち」のややくだけた言い方
私達(わたしたち)

▽主として女性が自分たちのことを一般に言うとき
私達(あたしたち)

▽男性が同輩またはそれ以下の者に対して
僕達(ぼくたち)・**僕等**(ぼくら)・**俺達**(おれたち)・**俺等**(おれら)・**己達**(おれたち)・**己等**(おれら)・**儂達**(わしたち)・**儂等**(わしら)・**私達**(わしたち)・**私等**(わしら)

▽主として男性が少しぞんざいに
此方人(こちと)・**己等**(おいら)・**此方人等**(こちとら)・**己共**(おんども)

▽主に昔の男性がやや格式張って
我等(われら)・**吾人**(ごじん)・**吾曹**(ごそう)・**我が輩**(わがはい)・**吾が輩**(わがはい)・**我が輩**(わがともがら)・**吾が輩**(わがともがら)・**余輩**(よはい)・**予輩**(よはい)

▽商人などが自分たちや自分たちの店などを言うとき
手前共(てまえども)

「私」に関する成句

【**人は人我は我**】(ひとはひとわれはわれ)
人はどうであれ、おれはおれで関係ない、自分の信ずることや、やりたいことを行うということ。

【**我関せず**】(われかんせず)
自分は知らない、関係がない。

【**我に返る**】(われにかえる)
本来の自分に戻る。正気づく。

笑う・笑い

状態・様態からみた「笑う・笑い」

▽喜び、おもしろがって顔面がゆるむ。また、声に出す
笑い(わらい)・**笑まい**(えまい)・**笑み**(えみ)・**スマイル**

▽大きく口を開いて
哄笑(こうしょう)・**解頤**(かいい)

▽口を閉じて　**含み笑い**(ふくみわらい)

▽顔をしかめながら　**顰笑**(ひんしょう)

▽片頬で　**片笑み**(かたえみ)

▽えくぼをつくりながら　**靨笑**(えんしょう)

▽目もとだけで。また、目を見合わせて
目笑(もくしょう)

▽話しながら　**言笑**(げんしょう)・**談笑**(だんしょう)

▽泣きながら　**泣き笑い**(なきわらい)

▽ほがらかに　**朗笑**(ろうしょう)

▽たわむれに　**戯笑**(ぎしょう)

▽おろかに　**痴れ笑い**(しれわらい)

▽笑いを含んだ顔
笑顔(えがお)・**笑み顔**(えみがお)

▽笑い顔をする　**解顔**(かいがん)

▽喜び笑うさま　嬉嬉

▽笑いを含んださま　笑み笑み

▽笑う声　笑い声・笑声

▽笑って相手にしない　笑殺

▽他人を笑わせる　人笑わせ

▽にこにこしているさま　和やか・笑らか

▽思わずほほえんでしまうようなさま　微笑ましい

▽笑いだしそうな顔付き。また、気の毒と思う顔付き　笑止顔

▽笑うときの口付き　笑い口

▽笑うときの様子　笑い様

程度からみた「笑う・笑い」

▽ひどく　笑殺・捧腹・抱腹

▽大声を出して　大笑・大笑い・高笑い・高笑み・高笑・放笑・哄笑・絶笑・呵呵・馬鹿笑い

▽大勢でどっと　爆笑

〘参〙「ひとりで大きな声を出して笑う」のは、本来の意からは「爆笑」ではない。「爆」の字の持つ語感から、「大笑い」よりもさらに大きい笑いということで、ひとりの場合でも使われたと思われる。

▽倒れるほど　絶倒

▽にっこりと　微笑・微笑み・笑み・一笑・破顔・莞爾

▽軽蔑したように、少し　薄笑い・薄ら笑い

▽人に気付かれないように声を出さずに　忍び笑い・締め笑い

▽こっそり　盗み笑い

種別からみた「笑う・笑い」

▽喜び　歓笑・嬉笑・嬉笑

▽一度だけ　一笑・一粲

▽相手もなくひとりで　独り笑い・独り笑み

▽なんとなく　漫ろ笑み

▽人が笑うのにつられて　貰い笑い

▽思わず吹き出して　失笑・噴飯

〘参〙「失笑」を、笑いも出ないほどあきれるという意で使うのは誤用。「失笑」は、笑ってはいけないときにこらえきれずに笑ってしまうこと。

▽はにかみながら　照れ笑い

▽あでやかに媚を含んで　艶笑・嬌笑

▽愛嬌のある　巧笑・巧咲

笑う・笑い

▽おどけて　謔笑(ぎゃくしょう)

▽おかしくもないのに　空笑(そらわら)い・作(つく)り笑(わら)い・巧笑(こうしょう)・巧咲(こうしょう)

▽あわれみ　閔笑(びんしょう)・憫笑(びんしょう)・愍笑(びんしょう)

▽豪傑のような豪放な　豪傑笑(ごうけつわら)い

▽何かを思い出して　思(おも)い出(だ)し笑(わら)い・思(おも)い出笑(でわら)い

▽心の中で　窃笑(せっしょう)

▽ほほ笑みとも苦笑ともつかない　微苦笑(びくしょう)

▽なまめかしい。また、お世辞の　媚笑(びしょう)

▽あざけりの　嘲笑(ちょうしょう)・嘲(せせ)ら笑(わら)い・嘲笑(あざわら)い・冷笑(れいしょう)・冷(せせ)ら笑(わら)い・嗤笑(ししょう)・譏笑(きしょう)・似非笑(えせわら)い・鼻(はな)で笑(わら)う・鼻先(はなさき)で笑(わら)う

▽そしり　誹笑(ひしょう)

▽へつらいの　諂笑(てんしょう)・追従笑(ついしょうわら)い・愛敬笑(あいきょうわら)い・愛想笑(あいそわら)い・世辞笑(せじわら)い

▽苦々しく思いながら　苦笑(くしょう)・苦笑(にがわら)い

笑のつく別義からみた「笑い」

▽笑いを誘うもと　笑(わら)い種(ぐさ)・笑(わら)い草(ぐさ)・笑(わら)われ種(ぐさ)・笑(わら)い物(もの)・笑(わら)い道具(どうぐ)・御笑(おわら)い種(ぐさ)

▽世間から笑われる　物笑(ものわら)い・人笑(ひとわら)われ

▽あざけり笑われる人　笑(わら)われ者(もの)

▽世間から嘲弄(ちょうろう)される人　嘲斎坊(ちょうさいぼう)

▽人を笑わせる絵。また、春画　笑(わら)い絵(え)

▽笑い絵をのせた本　笑(わら)い本(ぼん)

▽飲むと笑い出すという薬　笑(わら)い薬(ぐすり)

▽笑いたくなること。また、笑って済ませるほどのこと　笑(わら)い事(ごと)

▽おかしくて笑いをとめられない　笑(わら)い癪(じゃく)

▽笑顔の老人の能面　笑尉(わらいじょう)

▽よく笑う人、酔うと笑う人　笑(わら)い上戸(じょうご)

▽笑ったとき口や目のまわりにできるしわ　笑(わら)い皺(じわ)

▽食べると笑いがとまらなくなる毒のある茸(きのこ)　笑茸(わらいたけ)

▽物を贈るときにへりくだって言う　笑納(しょうのう)

▽食べ物を贈るときにへりくだって言う　笑味(しょうみ)

▽自分の物を見てもらうときにへりくだって言う
笑覧

▽新年に初めて笑う
初笑い・笑い初め

▽漫才やコントなど笑わせることを目的とした演芸
御笑い

▽漫才やコントなどお笑いを主にしている人
御笑い芸人・御笑いタレント

▽正月に行う遊戯の一つ。目隠しをしてお多福などの顔絵を完成させる
福笑い

▽笑いながらする話。おもしろい、おかしい話
笑話・笑い話

「笑う・笑い」に関する動詞・複合動詞

▽口もとがゆるんで、にこにこする
笑う・笑む・綻びる・綻ぶ

▽自然に笑えてくる
笑える

▽笑い始める
笑い出す

▽おかしくて、にこにこさせる
笑わせる・笑わかす・笑かす・笑わす・綻ばす

▽ひどく
笑い崩れる・笑い転ける・笑い転げる・笑い入る

▽おかしさにこらえられずに
吹き出す

▽大口を開けて
咲笑う・笑み広ごる・笑み曲ぐ

▽片頬で
片笑む・片頬笑む

▽声を立てずに
微笑む・頬笑む・微笑む・頬笑む

▽笑い騒ぐ
笑いさざめく

▽思い通りにいったとひそかに
ほくそ笑む・ほくそ笑う

『参』「ほくそ笑む」は漢字では「北叟笑む」と書く。「北叟」は「北のおじいさん」の意味で、「人間万事塞翁が馬」の「塞翁」を指すといわれる。この老人は禍福どちらにも大騒ぎせず、少しほほえみを浮かべて受け入れたという。

▽笑って受け付けない
笑い飛ばす

▽あざけり
嗤う・嘲ら笑う・冷ら笑う・嘲笑う

「笑う・笑い」の擬音語・擬態語

▽大きく口を開けて
あはは・ははは

▽大きな声で
わはは・わっはっは

笑う・笑い

▽さわやかに声高（こわだか）に　**からから**

▽何の屈託もないようすで　**はっはっ**

▽そっと物静かに　**ほっほっ・ほほ・ほほほ**

▽こらえていた笑いが思わず出てしまう　**うふふ・うふっ**

▽思わず吹き出して　**ぷっ**

▽軽く息を吹くように　**ふっふっ**

▽女性が口をすぼめて軽く　**おほほ**

▽豪傑のように大きく、高く　**かんらかんら**

▽女性や子どもがふざけたり、おどけたりして　**きゃっきゃっ**

▽媚（こ）びるような、つくった　**えへへ**

▽卑屈になって　**ひひひ・いひひ**

▽相手を侮って　**ふふん**

▽照れ隠しに　**へっへっへっ**

▽大声でいつまでも　**げらげら・げたげた**

▽大勢の人が一斉に声を出して　**どっと**

▽周りを気にせず、甲高い軽い調子で　**けらけら**

▽うれしそうに　**にこり・にっこり・にこにこ**

▽おかしくて笑い転げる　**ころころ**

▽声を立てずに歯を見せて　**にっと・にやり**

▽一瞬ものあり気に　**にやっと**

▽うす気味悪く　**にたにた・にやにや**

［参］男が「にやにや」する意で「にやける」の語が使われることがある。本来、「にやける」は「若気（にやけ）る」で、男が女のように色っぽいさまをすること。

▽しまりがなく　**えへらえへら**

▽軽薄に　**けたけた**

▽だらしなく、むやみに　**へらへら**

▽声をひそめて　**くすくす・くっくっ・くくく**

▽含み笑いをする　**ふふふ**

▽思い通りになったときなどに、声を出さずに　**にんまり**

「笑う・笑い」に関する成句

【**顎（あご）を外（はず）す**】大きく口を開けて大笑いするさま。
類「顎（あご）が外（はず）れる」

【**一笑（いっしょう）に付（ふ）する**】つまらないことだと、笑って問題にしない。相手にしない。

【**一笑（いっしょう）を買（か）う**】

笑い者になる。

【笑壺に入る】
思い通りになって満足し笑わずにはいられなくなる。

【笑みの眉開く】
にこにこ笑って喜びが顔に出る。

【頤を解く】
下あごがはずれるほど、大口を開けて笑う。類「頤を外す」

【顔を綻ばせる】
嬉しくて笑い顔になる。

【失笑を買う】
つまらない失敗をして笑われてしまう。

【白い歯を見せる】
嬉しそうに笑顔を見せる。

【相好を崩す】
笑い顔になる。嬉しそうなようすを見せる。

【腹の筋を縒る】
あまりのおかしさに大笑いする。類「腹を抱える」「腹が捩れる」「腹を捩る」「腹を縒る」

【臍で茶を沸かす】
おかしくてたまらないようす。類「臍の宿がえ」

【頬が緩む】
嬉しさなどで思わずほほ笑む。

【目を細くする】
嬉しさや愛らしく思う気持ちで、顔に笑みがあふれる。類「目を細める」

【笑いが止まらない】
嬉しくてたまらず、自然に笑いがこみ上げてくる。

【笑いを噛み殺す】
笑いたいのをじっとこらえる。類「笑いを殺す」

【一顰一笑】
顔をしかめたり、笑ったりすることで、顔に表れる表情の変化、顔色のことをいう。

【呵呵大笑】
大声で笑うこと。豪快な笑いに使う。

【猿の尻笑い】
猿が他の猿の尻が赤いといって笑うということで、自分の欠点には気付かないで他人の欠点を嘲笑うことのたとえ。類「目糞鼻糞を笑う」「鍋が釜を黒いという」

【笑止千万】
ひどくばかげていておかしいこと。また、気の毒なさま。

【破顔一笑】
表情をほころばせて、うれしそうに笑うこと。

【捧腹絶倒】
腹を抱えて笑うこと。ひっくり返るほど大笑いすること。「抱腹絶倒」とも書く。

【来年の事を言えば鬼が笑う】
あれこれと来年のことを予測したり、期待したりしてものを言うと鬼が嘲笑するということ。人は将来について前もって知ることはできないというたとえ。類「明日の事を言えば鬼が笑う」「三年先の事を言えば鬼が笑う」

【笑いは人の薬】

笑うということは、人にとっては薬と同じように役立つものだということ。

【笑う顔に矢立たず】

穏やかな笑顔で接してくる人にはこちらが抱いていた悪意さえも消え失せてしまうということ。類「向かう笑顔に矢立たず」「怒れる拳笑顔に当たらず」「笑う顔は打たれぬ」「笑って損した者なし」

【笑う門には福来たる】

いつも明るく笑い声の絶えない家には、自然に幸福がやって来るものだということ。類「笑う家に福来たる」「祝う門に福来たる」「和気財を生ず」

主要季語選

❶この「主要季語選」は、俳句の季語（季題）となるものを、四季・新年別に時候・天文・地理・人事・動物・植物の六つの部に分類して掲載した。

❷四季・新年の範囲は、現行の歳時記に準じて左の通りとした。

【春】……陰暦一月・二月・三月
　　　　陽暦二月・三月・四月
【夏】……陰暦四月・五月・六月
　　　　陽暦五月・六月・七月
【秋】……陰暦七月・八月・九月
　　　　陽暦八月・九月・十月
【冬】……陰暦十月・十一月・十二月
　　　　陽暦十一月・十二月・一月
【新年】…新年に関する季語

春

時候

春・初春・立春・二月・旧正月・睦月・寒明け・早春・春浅し・冴え返る・余寒・春寒・遅春・春めく・春ざれ・雨水・二月尽・三月・如月・仲春・啓蟄・春分・彼岸・暖か・麗か・長閑・日永・遅日・花冷え・木の芽時・三月尽・四月・弥生・晩春・春社・春暁・春の朝・春昼・春の夕・春の宵・春の夜・花時・蛙の目借時・苗代時・穀雨・春深し・八十八夜・春暑し・夏近し・暮れの春・行く春・春惜しむ・弥生尽・四月尽

天文

春光・春の日・春日和・春色・春風・東風・貝寄風・涅槃西風・風光る・春一番・春疾風・春嵐・春北風・油まじ・春塵・霾る・春の空・春の雲・春の月・朧・朧月・春の星・春の闇・霞・陽炎・春陰・花曇り・鳥曇り・鰊曇り・蜃気楼・フェーン・春の夕焼け・春雨・春時雨・春霖・菜種梅雨・花の雨・春驟雨・春の雪・淡雪・斑雪・雪の果て・春の雹・春の霙・春の霰・春の霜・別れ霜・春の露・春の虹・初雷・春雷

地理

山笑う・春の山・春の野・焼け野・末黒野・春の水・水温む・春の川・春の池・春の沼・春の湖・春の海・春の波・春の潮・彼岸潮・潮干潟・春田・苗代・春園・春の土・春泥・逃げ水・残雪・雪間・雪崩・雪解け・雪しろ・春出水・凍解け・薄ら氷・氷解く・流氷

人事

春の服・春セーター・花衣・春外套・春ショール・春袷・春帽子・春手袋・春日傘・鶯餅・蕨餅・草餅・桜餅・椿餅・菱餅・五加飯・菜飯・山葵漬・桜漬・花菜漬・木の芽漬・木の芽和え・木の芽味噌・蕗味噌・団楽・若布和え・独活和え・田螺和え・青饅・鮒膾・蜆汁・蒸鰈・干鰈・目刺し・白子干し・干鱈・壺焼き・雛あられ・白酒・治聾酒・春の炉・春炬燵・春暖炉・春火鉢・炉塞ぎ・炬燵塞ぐ・暖炉納む・春灯・春障子・厩出し・北窓開く・目貼り剥ぐ・雪割り・霜除けとる・風除け解く・橇しまう・車組む・垣繕う・松の緑摘む・耕し・麦踏み・田打ち・畑打ち・畦塗り・種物・種選び・種浸し・種蒔き・種案山子・苗床・苗木市・苗札・植木市・南瓜蒔く・糸瓜蒔く・朝顔蒔く・

西瓜蒔く・牛蒡蒔く・茄子蒔く・蓮植う・芋植う・球根植う・馬鈴薯植う・木の実植う・苗木植う・果樹植う・野焼き・山焼き・畑焼く・芝焼く・農具市・接ぎ木・剪定・挿し木・根分け・慈姑掘る・若布刈る・海苔掻き・牧開き・羊の毛刈る・桑解く・桑摘み・蚕飼い・茶摘み・製茶・魞挿す・上り簗・磯開き・磯菜摘み・海女・木流し・野遊び・遠足・摘み草・蕨狩・梅見・花見・花筵・花守・花疲れ・磯遊び・潮干狩・観潮・踏青・猟期終わる・春スキー・ぶらんこ・都踊り・春場所・凧・風船・風車・石鹸

玉・鶯笛・雉笛・朝寝・春眠・春の夢・春興・春意・春愁・春の風邪・花粉症・建国記念日・緑の日・春分の日・曲水・初午・出代わり・針供養・桃の節句・雛市・雛祭・雛流し・雛納め・義士祭・釈奠・四月馬鹿・緑の週間・黄金週間・入学試験・春休み・進級・入学・卒業・新入社員・春闘・祈年祭・春祭・高山祭・先帝祭・涅槃会・聖霊会・修二会・お水取り・彼岸会・御影供・仏生会・花祭・御忌・壬生念仏・バレンタインデー・復活祭・良寛忌・義仲忌・実朝忌・兼好忌・西行忌・鳴雪忌・茂吉忌・利休忌・人麻呂忌・蓮如忌・放哉忌・虚子忌・啄木忌・康成忌

動物

若駒・仔馬・春の鹿・孕み鹿・落とし角・猫の恋・猫の子・お玉杓子・蛙・鶯・雉・小綬鶏・雲雀・鷽・頬白・燕・春の鳥・呼子鳥・山鳥・帰雁・引き鶴・引き鴨・残る鴨・鳥帰る・鳥雲に入る・囀り・鳥交る・孕み雀・雀の子・鳥の巣・古巣・巣箱・燕の巣・雀の巣・烏の巣・雲雀の巣・巣立ち・桜鯛・眼張・鰊・鰆・子持鯊・鱵・春鰯・鯥五郎・白魚・鱒・諸子・

公魚・桜鯎・柳鮠・初鮒・乗込鮒・若鮎・菜種河豚・蛍烏賊・花烏賊・飯蛸・栄螺・蛤・浅蜊・貽貝・月日貝・赤貝・馬珂貝・潮吹・桜貝・蜆・蜷・田螺・烏貝・桜蝦・望潮・寄居虫・磯巾着・雲丹・初蝶・蝶・蜂・蜂の巣・虻・春の蚊・春の蠅・蠅生まる・蚕・山繭・春蝉

植物

梅・紅梅・盆梅・椿・初花・彼岸桜・枝垂桜・桜・花・山桜・八重桜・遅桜・落花・残花・薔薇の芽・牡丹の芽・辛夷・連翹・沈丁花・三椏の花・海棠・ライラック・長春花・馬酔木の花・満天星の花・躑躅・山査子の花・こでまりの花・雪柳・木蓮・藤・山吹・桃の花・李の花・梨の花・杏の花・林檎の花・榠樝の花・伊予柑・ネーブル・八朔柑・木の芽・蘖・若緑・柳の芽・山椒の芽・楤の芽・枸杞の芽・桑の芽・五加木・柳・金縷梅・松の花・杉の花・楓の花・榛の木の花・白樺の花・猫柳・柳絮・枸橘の花・一位の花・桑の花・鈴懸の花・山帰来の花・竹の秋・春落葉・三色菫・黄水仙・華鬘草・雛菊・東菊・金盞花・勿忘草・アネモネ・フリージア・チューリップ・クロッカス・シクラメン・ヒヤシンス・君子蘭・芝桜・霞草・都忘れ・菜の花・大根の花・豆の花・豌豆の花・蚕豆の花・苺の花・葱坊主・茎立・春菜・鶯菜・菠薐草・如月菜・水菜・芥菜・壬生菜・三月菜・春大根・独活・アスパラガス・春菊・韮・蒜・胡葱・山葵・茗荷竹・慈姑・種芋・春の草・下萌え・草の芽・ものの芽・末黒の薄・双葉・若草・古草・草若葉・若芝・蔦若葉・葎若葉・菫・紫雲英・苜蓿・薺の花・蒲公英・土筆・繁縷・杉菜・桜草・洲浜

草・一輪草・二輪草・虎杖・翁草・酸葉・蕨・薇・芹・野蒜・犬ふぐり・山吹草・錨草・春蘭・熊谷草・金鳳華・一人静・二人静・母子草・父子草・蕗の薹・蓬・嫁菜・茅花・諸葛菜・片栗の花・灯台草・水草生う・蓴生う・蘆の角・真菰の芽・薊・座禅草・松露・若布・鹿尾菜・海雲・海松・海苔・角叉

夏

時候

夏・立夏・夏めく・初夏・五月・卯月・夏浅し・薄暑・麦の秋・小満・六月・皐月・仲夏・芒種・入梅・梅雨寒・夏至・半夏生・七月・水無月・晩夏・小暑・梅雨明け・夏の朝・夏の暁・炎昼・夏の夕・夏の宵・夏の夜・短夜・土用・冷夏・盛夏・三伏・暑し・大暑・極暑・溽暑・炎暑・熱帯夜・炎熱・灼く・涼し・夏深し・夏の果て・秋近し・秋を待つ・夜の秋・水無月尽

天文

夏の日・夏の空・梅雨空・夏の月・梅雨の月・夏の星・梅雨の星・旱星・夏の雲・雲の峰・雲海・卯月曇り・梅雨曇り・朝曇り・五月闇・御来迎・虹・梅雨晴れ・五月晴れ・朝焼け・夕焼け・日盛り・西日・炎天・油照り・片蔭・旱・夏の風・南風・やませ・黒南風・白南風・筍流し・青嵐・薫風・熱風・涼風・朝凪・夕凪・土用凪・風死す・夏の雨・緑雨・梅雨・走り梅雨・雨季・空梅雨・五月雨・虎が雨・夕立・驟雨・喜雨・雹・雷

地理

夏の山・夏富士・五月富士・雪渓・お花畑・夏野・夏の庭・代田・植田・田水沸く・

夏の水・泉・清水・滴り・夏の川・五月川・出水・滝・夏の湖・夏の海・夏の浜・夏の波・卯波・皐月波・土用波・夏の潮・青葉潮・苦潮・熱砂

人事

更衣・夏衣・夏服・白服・袷・ネル・単衣・セル・羅・浴衣・白絣・上布・縮布・夏羽織・夏シャツ・開襟シャツ・アロハシャツ・サマードレス・夏袴・甚平・すててこ・レース・海水着・夏帯・腹当て・夏帽子・夏手袋・夏足袋・白靴・サングラス・夏料理・船料理・麦飯・筍飯・豆飯・水飯・乾飯・鮨・冷素麺・冷麦・冷奴・瓜揉み・冷し瓜・冷し西瓜・茄子漬・鴫焼き・梅干し・洗膾・土用鰻・泥鰌鍋・生節・土用蜆・葛餅・葛饅頭・柏餅・粽・心太・甘酒・新茶・古茶・麦湯・葛水・ラムネ・氷水・氷じるこ・かちわり・氷菓・ビール・梅酒・焼酎・冷酒・夏館・夏座敷・夏蒲団・夏座蒲団・花茣蓙・寝茣蓙・簟・陶枕・網戸・日除け・青簾・夏暖簾・葭簀・葭戸・露台・籐椅子・ハンモック・水盤・蠅除け・蠅叩き・蠅取り器・蚊帳・蚊遣火・香水・暑気払い・天瓜粉・蚤取り粉・冷房・花氷・冷蔵庫・扇・団扇・扇風機・風鈴・釣忍・夏の灯・走馬灯・日傘・虫干し・日向水・打水・噴水・撒水車・行水・如露・シャワー・夜濯ぎ・麦刈り・麦扱き・麦打ち・新麦・麦藁・代掻き・草取り・田植え・早乙女・田下駄・田草取り・草刈り・干し草・菜種刈り・豆植う・溝浚え・牛馬冷す・雨乞い・早苗饗・藻刈り・昆布刈り・天草刈り・袋掛け・虫篝・誘蛾灯・虫送り・繭・川狩・鵜飼い・夜釣り・水中眼鏡・魚簗・鱚釣り・烏賊釣り・避暑・納涼・船遊び・海水浴・砂日傘・滝浴び・

主要季語選

森林浴・釣堀・夜店・金魚売り・花火・線香花火・野外演奏・夏場所・七月場所・ダービー・ナイター・水遊び・水鉄砲・水中花・昆虫採集・蛍狩・水玉・草笛・麦笛・ボート・ヨット・水上スキー・登山・キャンプ・サマーハウス・バンガロー・泳ぎ・波乗り・水球・端居・裸・素足・汗・髪洗う・日焼け・昼寝・寝冷え・暑気中り・水中り・夏痩せ・夏風邪・疫痢・日射病・汗疹・霍乱・水虫・メーデー・憲法記念日・子供の日・母の日・父の日・バードウィーク・時の記念日・端午・幟・鯉幟・吹流し・矢車・武者人形・菖蒲葺く・菖蒲湯・薬玉・黒船祭・パリ祭・山開き・川開き・海開き・朝顔市・鬼灯市・暑中見舞・暑中休暇・帰省・夏期講習会・林間学校・祭・神田祭・葵祭・三社祭・祇園会・野馬追・那智火祭・天満祭・夏越・住吉祭・安居・四万六千日・四迷忌・たかし忌・花袋忌・四明忌・業平忌・多佳子忌・桜桃忌・茅舎忌・秋桜子忌・河童忌・露伴忌・谷崎忌

動物

鹿の子・蝙蝠・亀の子・雨蛙・河鹿・蟇・山椒魚・蠑螈・守宮・蜥蜴・蛇・蛇衣を脱ぐ・羽抜鳥・時鳥・郭公・筒鳥・仏法僧・慈悲心鳥・夜鷹・青葉木菟・老鶯・雷鳥・葭切・翡翠・鷭・鳧・鵜・水鶏・青鷺・白鷺・大瑠璃・小瑠璃・黄鶲・野鶲・瑠璃鶲・夏燕・駒鳥・虎鶫・赤腹・眼白・四十雀・五十雀・山雀・日雀・小雀・海猫・金魚・緋鯉・熱帯魚・目高・濁り鮒・鯰・鮎・岩魚・山女・黒鯛・初鰹・鰹・鯖・鯵・鱚・べら・飛魚・虎魚・赤鱏・鯒・穴子・鰻・章魚・鮑・海酸漿・帆立貝・蜊蛄・蝦蛄・蟹・船虫・海月・海鞘・蛾・夏蚕・蚕

蛾・毛虫・尺蠖・夜盗虫・火取虫・蛍・兜虫・鍬形虫・天牛・玉虫・金亀子・天道虫・穀象・斑猫・米搗虫・源五郎・鼓虫・水馬・田亀・蝉・空蟬・蜻蛉生まる・糸蜻蛉・川蜻蛉・蠅・蛆・蚊・孑孑・ががんぼ・蚋・草蜉蝣・優曇華・蟻地獄・油虫・紙魚・蚤・虱・蟻・羽蟻・白蟻・螻蛄・蜘蛛・百足虫・蚰蜒・蛭・蛞蝓・蝸牛・蚯蚓・夜光虫

植物

薔薇・利休梅・牡丹・石楠花・紫陽花・百日紅・杜鵑花・繍線花・未央柳・繍毬花・金雀枝・夾竹桃・仏桑花・野牡丹・茉莉花・余花・葉桜・梔子の花・泰山木の花・南天の花・凌霄の花・青梅・木苺・楊梅・早桃・李・杏子・巴旦杏・枇杷・バナナ・蜜柑の花・柚子の花・橙の花・栗の花・柿の花・石榴の花・柿若葉・青胡桃・青葡萄・青林檎・桜桃の実・卯の花・忍冬の花・桐の花・橡の花・水木の花・朴の花・槐の花・アカシアの花・合歓の花・沙羅の花・木斛の花・新樹・若葉・青葉・新緑・茂り・万緑・木下闇・緑蔭・若楓・土用芽・病葉・玫瑰・夏茱萸・夏桑・青桐・若竹・桑の実・竹落葉・竹の皮脱ぐ・杜若・菖蒲・一八・芍薬・ダリア・向日葵・葵・布袋草・夏水仙・雛罌粟・芥子・坊主・夏菊・矢車草・除虫菊・石竹・カーネーション・月下美人・孔雀草・睡蓮・百合・含羞草・金魚草・花魁草・縷紅草・松葉牡丹・サルビア・アマリリス・日日草・百日草・小判草・玉巻く芭蕉・芭蕉の花・苺・甘草・鉄線花・絹糸草・瓜苗・胡瓜苗・糸瓜苗・茄子苗・夕顔・瓜の花・茄子の花・馬鈴薯の花・甘藷の花・独活の花・山葵の花・豌豆・蚕豆・筍・蕗・瓜・甜瓜・胡瓜・メロン・茄

子・トマト・甘藍・高菜・不断草・夏蕪・夏大根・新藷・新馬鈴薯・若牛蒡・夏葱・玉葱・辣韮・パセリ・蓼・紫蘇・青山椒・蓮の花・蓮の葉・麦・烏麦・早苗・帚木・麻・草茂る・草いきれ・夏草・青芝・青蔦・青芒・青蘆・葎・夏萩・夏蓬・石菖・竹煮草・紫蘭・鈴蘭・昼顔・月見草・水芭蕉・真菰・沢瀉・河骨・水葵・菱の花・藺の花・藺・太藺・蒲・浜木綿の花・夏薊・羊蹄の花・現の証拠・蕺菜・車前草の花・踊子草・姫女苑・都草・捩花・靫草・鷺草・麒麟草・一つ葉・浜豌豆・浦島草・野蒜の花・烏瓜の花・蛇苺・夏蕨・芹の花・鋸草・浜菅・夕菅・蠅取草・岩桔梗・風知草・苔の花・苔茂る・萍・金魚藻・蛭蓆・蓴菜・木耳・天草・海蘿・昆布・荒布

秋

時候

秋・秋めく・秋さぶ・今朝の秋・初秋・八月・文月・立秋・秋浅し・秋暑し・残暑・八月尽・新涼・爽やか・九月・葉月・九月尽・十月・長月・八朔・白露・秋分・秋の朝・秋の昼・秋の暮れ・秋の宵・秋の夜・夜長・晩秋・秋澄む・秋麗ら・秋気・寒露・やや寒・そぞろ寒・秋寒・肌寒・冷やか・身に沁む・夜寒・朝寒・霜降・秋深し・暮れの秋・行く秋・秋惜しむ・冬隣

天文

秋の日・秋空・秋の色・天高し・秋日和・秋晴れ・秋旱・秋光・秋の雲・鯖雲・鰯雲・霧・露・秋時雨・露時雨・秋霖・秋の雨・秋曇り・秋の風・初嵐・野分・台風・盆東風・高西風・黍嵐・雁渡し・青北風・富士の初雪・秋の雪・秋の雷・

稲妻・秋の虹・秋の夕焼け・露霜・秋の霜・月・盆の月・初月・二日月・三日月・夕月夜・待宵・名月・良夜・無月・十六夜・立待月・居待月・臥待月・更待月・宵闇・有明月・後の月・秋の星・星月夜・天の川・流星

地理

秋の山・秋の野・花野・秋園・花畑・花圃・水澄む・秋の水・秋の川・秋出水・秋の田・刈田・穭田・落とし水・秋の潮・秋の海・秋の湖・初潮・高潮・盆波・秋の浜・不知火・秋の沼・秋の土

人事

秋袷・秋の服・秋羽織・夜食・秋渇き・新米・新麹・零余子飯・栗飯・松茸飯・橡餅・柚餅子・柚子味噌・干柿・枝豆・浅漬・氷頭・膾・鱲子・衣被・とろろ汁・新蕎麦・新豆腐・新酒・古酒・濁り酒・葡萄酒醸す・菊酒・灯火親しむ・秋の灯・秋扇・秋簾・灯籠・秋の宿・障子洗う・障子貼る・冬支度・松手入れ・火恋し・秋耕・種採り・菜種蒔く・大根蒔く・豌豆蒔く・蚕豆蒔く・添水・案山子・鳴子・鳥威し・稲刈り・稲干し・稲架・稲扱き・籾・秋収め・豊年・凶作・新藁・夜なべ・新絹・豆引く・蘆刈り・蘆火・桑括る・小鳥網・囮・牧閉す・鳩吹く・下り簗・網代打ち・鮭打ち・鰯引く・鯊釣り・紅葉狩・秋の野遊び・茸狩・菊人形・月見・秋場所・草相撲・秋興・秋意・秋思・秋の愁い・敬老の日・秋分の日・重陽・原爆忌・終戦記念日・震災記念日・赤い羽根・体育の日・国民体育大会・芸術祭・美術の秋・七夕・星合・牽牛・織女・佞武多・竿灯・盆路・盆花・盆休み・盆支度・盂蘭盆・苧殻・精霊火・迎え火・送り火・生身魂・門

火・墓参り・施餓鬼・大文字・精霊舟・風の盆・中元・鹿の角切り・おくんち・べったら市・運動会・秋祭・吉田火祭・金刀比羅祭・鞍馬の火祭・時代祭・秋遍路・六斎念仏・六道参り・地蔵盆・菊供養・宗祇忌・鬼貫忌・草田男忌・定家忌・去来忌・子規忌・蛇笏忌

動物

馬肥ゆる・猪・鹿・蛇穴に入る・秋の蛙・燕帰る・雁・渡り鳥・小鳥・色鳥・坂鳥・椋鳥・連雀・稲雀・秋雀・鵙・啄木鳥・懸巣・鶸・鵯・鶫・鶉・獦子鳥・鶲・鶺鴒・鵲・鴫・初鴨・鷹渡る・蜻蛉・赤蜻蛉・蜉蝣・蜩・法師蟬・虫・竈馬・蟋蟀・螽蟖・松虫・鈴虫・草雲雀・邯鄲・鉦叩き・馬追い・轡虫・螇蚸・蝗・蟷螂・茶立虫・蓑虫・芋虫・螻蛄鳴く・地虫鳴く・落ち鮎・紅葉鮒・木葉山女・江鮭・鰍・鯔・鱸・鯊・秋鯖・秋鯵・鰯・太刀魚・秋刀魚・鮭

植物

秋芽・秋果・柿・林檎・梨・桃・石榴・葡萄・栗・無花果・木の実・杉の実・橡の実・樫の実・椎の実・榧の実・黐の実・団栗・銀杏・菩提子・無患子・衝羽根・橘・玄圃梨・桐の実・紫式部・枸杞の実・山椒の実・木天蓼・梅擬・秋茱萸・秋桑・山葡萄・野葡萄・通草・蔦・竹の春・棗の実・胡桃・柚子・柑子・金柑・檸檬・榲桲・紅葉・初紅葉・薄紅葉・照葉・黄葉・黄落・楓・柏黄葉・漆紅葉・銀杏黄葉・桜紅葉・柿紅葉・桐一葉・銀杏散る・五倍子・新松子・木犀の花・木槿・芙蓉・秋薔薇・木瓜の実・椿の実・枳殻の実・梔子の実・芭蕉・破れ芭蕉・サフラン・蘭・朝顔・朝顔の実・夜顔・鶏頭・葉鶏頭・

コスモス・白粉花・秋海棠・鬼灯・鳳仙花・菊・晩菊・残菊・紫苑・木賊・弁慶草・西瓜・南瓜・冬瓜・糸瓜・瓢・オクラ・秋茄子・馬鈴薯・甘藷・芋・芋茎・自然薯・長薯・仏掌薯・零余子・貝割菜・間引菜・辣韮の花・茗荷の花・紫蘇の実・唐辛子・生姜・稲・稲の花・陸稲・早稲・中稲・晩稲・落穂・稗・玉蜀黍・黍・粟・蕎麦の花・大豆・畦豆・隠元豆・刀豆・小豆・落花生・麻の実・ホップ・胡麻・煙草の花・棉・棉吹く・秋草・草の花・草の穂・草の実・秋の七草・末枯れ・萩・尾花・芒・荻・葛・葛の花・女郎花・男郎花・藤袴・萱・刈萱・蘆の花・泡立草・数珠球・郁子・藪枯し・撫子・野菊・磯菊・鉄道草・浜菊・旋覆花・田村草・めはじき・狗尾草・牛膝・藪虱・曼珠沙華・桔梗・吾亦紅・水引の花・美男葛・竜胆・大文字草・杜鵑草・松虫草・露草・千振・車前草・思草・忍草・蓼の花・溝蕎麦・茜草・烏瓜・菱の実・茸・松茸・椎茸・占地・舞茸・岩茸・毒茸・紅茸・猿茸

冬

時候

冬・冬めく・冬に入る・冬来る・初冬・十一月・神無月・神有月・立冬・冬ざれ・冬暖か・冬麗ら・冬浅し・小春・小雪・仲冬・十二月・霜月・大雪・冬至・年の暮れ・年の内・行く年・年惜しむ・小晦日・大晦日・除夜・年の夜・年越し・一月・師走・寒の入り・小寒・大寒・寒の内・寒土用・冬の日・冬の朝・冬の暮れ・短日・冬の夜・寒夜・霜夜・冷たし・寒し・

主要季語選

冱つ・冴ゆ・底冷え・しばれる・厳寒・寒波・冬深し・三寒四温・日脚伸ぶ・春待つ・春近し・冬尽く・節分

天文

冬日・冬日向・寒月・冬晴れ・冬凪・冬旱・冬の空・冬の雲・冬の月・冬の星・寒昴・冬の風・凩・北風・空風・北颪・寒風・鎌鼬・隙間風・虎落笛・神渡し・時雨・初時雨・寒の雨・霰・霙・霜・初霜・霧氷・樹氷・雨氷・露凝る・雪催い・雪・初雪・雪晴れ・風花・吹雪・雪しまき・雪女郎・雪起し・冬の雷・冬霞・冬の霧・冬の靄・冬の虹・冬夕焼け

地理

冬の山・山眠る・冬野・枯れ野・冬田・枯れ園・冬景色・水涸るる・寒の水・冬の川・冬の海・冬の湖・冬の波・寒潮・冬の浜・霜柱・凍土・初氷・氷柱・氷壁・氷湖・氷海・御神渡り

人事

冬の服・冬着・衾・蒲団・ちゃんちゃんこ・褞袍・ねんねこ・冬シャツ・ジャケツ・外套・コート・冬羽織・毛皮・毛布・重ね着・着ぶくれ・股引・もんぺ・雪合羽・アノラック・頭巾・綿帽子・冬帽子・防寒帽・耳袋・ショール・襟巻・マスク・手袋・足袋・毛糸編む・湯豆腐・焼鳥・凍豆腐・煮凝・寒卵・おでん・寄鍋・鋤焼き・桜鍋・ちり鍋・鮟鱇鍋・石狩鍋・蕪蒸し・風呂吹き・ホットドリンク・葛湯・生姜湯・蕎麦湯・蕎麦搔き・鍋焼き・釜揚げ饂飩・寒造り・熱燗・鰭酒・玉子酒・生姜酒・松葉酒・河豚汁・三平汁・のっぺい汁・納豆汁・薩摩汁・葱汁・粕汁・巻繊汁・闇汁・塩汁・餅・寒餅・氷餅・茎漬・酢茎・千枚漬・海鼠腸・酢海鼠・新海苔・

雑炊・芋粥・焼き芋・今川焼き・鯛焼き・冬構え・冬籠り・目貼り・霜除け・雪囲い・雁木・藪巻き・雪吊り・雪踏み・雪搔き・雪下し・冬座敷・冬の灯・暖房・暖炉・ストーブ・スチーム・埋み火・煉炭・炬燵・炉・火鉢・手焙り・行火・懐炉・湯婆・干菜湯・雪沓・樏・雪下駄・橇・雪上車・焚火・火の番・賀状書く・古日記・古暦・冬耕・蕎麦刈り・大根引き・大根干す・大根洗い・蒟蒻掘る・蓮根掘る・麦蒔き・寒肥・狐罠・鷹狩・柴漬・牡蠣剥く・砕氷船・炭焼き・注連作り・寒天造る・紙漉き・避寒・

雪見・探梅・牡蠣船・寒釣り・竹馬・縄飛び・九州場所・押しくら饅頭・綾取り・雪像・雪達磨・雪投げ・スキー・スケート・アイスホッケー・ラグビー・湯ざめ・風邪・咳・嚔・水洟・息白し・悴む・手足荒るる・皹・凍傷・凍死・雪焼け・雪眼・日向ぼっこ・勤労感謝の日・新嘗祭・七五三・針供養・年の市・羽子板市・御用納め・冬休み・門松立つ・柚子湯・冬至粥・熊祭・歳暮・餅搗き・注連飾る・掃き納め・年の湯・晦日蕎麦・年取り・豆撒き・厄落とし・酉の市・神楽・札納め・和布刈神事・除夜詣・除夜の鐘・寒詣・寒念仏・クリスマス・感謝祭・芭蕉忌・嵐雪忌・白秋忌・波郷忌・近松忌・一葉忌・漱石忌・蕪村忌

動物

熊・狐・狸・兎・狼・竈猫・羚羊・鼬・むささび・冬眠・鷹・鷲・隼・木菟・梟・鳰・千鳥・鴨・都鳥・白鳥・鴛鴦・鷦鷯・鶴・七面鳥・寒禽・冬の雁・寒雀・寒鴉・田鳧・冬鴎・凍鶴・鮪・鱈・鰤・鮟鱇・氷下魚・河豚・海鼠・牡蠣・鰰・旗魚・鯥・甘鯛・金目鯛・鮃・柳葉魚・寒鰤・寒鯛・寒鯉・寒鮒・

鱈場蟹・ずわい蟹・寒蜆・綿虫・冬の虫・凍蝶・冬の蠅

植物

蜜柑・椪柑・冬林檎・青木の実・枇杷の花・早梅・臘梅・帰り花・山茶花・八つ手の花・茶の花・室咲き・冬至梅・冬薔薇・冬牡丹・寒椿・寒木瓜・寒菊・仙蓼・万両・水仙・葉牡丹・カトレア・枯れ菊・枯れ芭蕉・枯れ蓮・冬紅葉・木の葉・枯れ葉・落葉・冬木・立・枯れ木・冬枯れ・冬芽・雪折れ・冬菜・白菜・芽キャベツ・葱・大根・人参・蕪・セロリ・麦の芽・冬草・枯れ草・枯れ尾花・枯れ葦・枯れ真菰・枯れ芝・枯れ葎・藪柑子・石蕗の花・冬蕨・冬菫・寒葵・寒蘭・冬芒・寒菅・冬萌え・寒茸・榎茸・滑子・寒海苔

新年

時候

新年・正月・初春・今年・去年・年立つ・年迎う・元日・元朝・元旦・初旦・小正月・七日正月・二十日正月・二日・三日・三が日・四日・五日・六日・七日・松の内・松過ぎ・女正月

天文

初空・初日・初日影・初東雲・初茜・初曙・初晴れ・初風・初東風・初凪・初霞・初明かり・淑気・御降り

地理

初富士・初筑波・初比叡・初浅間・初景色・初山河・初波

人事

春着・春小袖・初衣桁・年酒・喰積み・屠蘇・数の子・草石蚕・結び昆布・田作り・小殿原・鱓・開き

豆・雑煮・芋頭・鏡餅・御鏡・七種粥・七日粥・小豆粥・大福茶・太箸・箸紙・箸・門松・飾り松・門飾・年木・松飾り・鬼打木・注連飾り・七五三飾り・掛莚・福藁・穂垂・繭玉・年賀・年玉・賀状・節振舞・賀客・回礼・新年会・七種・若菜摘み・松納め・飾り取る・鏡開き・蔵開き・寝正月・寝積む・歌留多・双六・初占い・福笑い・羽子板・胡鬼板・追羽子・独楽・福引・毬杖・獅子舞・大黒舞・猿回し・松囃子・なまはげ・左義長・かまくら・えんぶり・万歳・初詣・初参り・鷽替え・

十日戎・恵方詣・初戎・初天神・初薬師・初閻魔・初観音・初大師・初不動・初庚申・初伊勢・初金毘羅・初卯詣・破魔弓・破魔矢・福達磨・卯杖・節男・年男・若水・初手水・初炊ぎ・俎始め・着衣始め・掃き初め・書初め・初座敷・初湯・初暦・初電話・初写真・初笑い・初夢・初寝覚め・泣き初め・梳き初め・初髪・初鏡・日記始め・初乗り・成人の日・出初め・初場所・初芝居・歌会始め・講書始め・稽古始め・初出勤・仕事始め・御用始め・織り初め・縫い初め・鍬始め・初山・初漁・初市・初商い・初荷・初売り・初買い・大発会

動・植物

初鶏・初雀・丹頂・初鴉・初烏・初鶯・初鳩・春駒・嫁が君・伊勢海老・橙・福寿草・若菜・薺・御行・仏の座・菘・蘿蔔・歯朶・譲葉・穂俵・子の日草・神馬藻

分類キーワード目次

人生・生活と家族・人間関係

人生・運命・生活・信仰

家族・人間関係

状態・程度と評価・比較

状態・様子・程度

評価・比較

行為・動作と心情・感情

行為・動作

心情・感情

知的活動と言語生活・伝達

意志・認識・思考・学習

言語生活・伝達

分類キーワード目次

自然・自然物・自然現象

天文・気象

季節・暦日

地勢・地理・景観

自然物・自然現象

からだ・感覚と性格・才能

からだ・感覚・容姿・健康

性格・才能

新版 日本語使いさばき辞典

2014年7月14日　第1刷発行
2023年4月18日　第4刷発行

東京書籍編集部　編
発行者　渡辺能理夫
発行所　東京書籍株式会社
〒114-8524　東京都北区堀船2-17-1
電話　03-5390-7531（営業）
03-5390-7455（編集）

編集協力　あすとろ出版株式会社
株式会社さくら工芸社
後神容子
装丁　麻生隆一（東京書籍ＡＤ）
本文デザイン　澤田千尋
本文組版　ハイマウント
印刷・製本　図書印刷株式会社

ISBN978-4-487-73237-1　C0581

出版情報　https://www.tokyo-shoseki.co.jp
乱丁・落丁の場合はお取り替えいたします。

和の色＊赤系

001…茜色（あかねいろ）

002…緋色（ひいろ）

003…深緋（こきひ）

004…蘇比（そひ）

005…朱色（しゅいろ）

006…埴（はに）

007…紅（くれない）

008…紅梅色（こうばいいろ）

009…一斤染（いっこんぞめ）

010…退紅（あらぞめ）

011…桜色（さくらいろ）

012…今様色（いまよういろ）

013…鴇色（ときいろ）

014…珊瑚色（さんごいろ）

さくらいろに衣はふかくそめてきむ
花のちりなむのちのかたみに
（紀有朋・古今集）

015…蘇芳色（すおういろ）

016…葡萄色（えびいろ）

017…臙脂色（えんじいろ）

018…檜皮色（ひわだいろ）

019…紅殻色（べんがらいろ）

020…代赭色（たいしゃいろ）

021…樺色（かばいろ）

022…丹色（にいろ）

023…黄丹（おうに）

024…朱華（はねず）

025…照柿（てりがき）

026…柿渋色（かきしぶいろ）

027…洗朱（あらいしゅ）

028…東雲色（しののめいろ）

ほととぎす鳴出づべきしののめも、
海のかたよりしらみそめたるに…
（芭蕉・笈の小文）

和の色＊黄系

032…山吹色（やまぶきいろ）

031…支子色（くちなしいろ）

030…刈安色（かりやすいろ）

029…萱草色（かんぞういろ）

036…琥珀色（こはくいろ）

035…承和色（そがいろ）

034…鬱金色（うこんいろ）

033…黄蘗色（きはだいろ）

038…朽葉色（くちばいろ）

037…黄櫨染（こうろぜん）

040…木蘭色（もくらんいろ）

039…枯色（かれいろ）

042…山鳩色（やまばといろ）

041…鶸色（ひわいろ）

やまぶきのにほへる妹がはねず色の
赤裳の姿夢にみえつつ
（万葉集）

043…海老茶（えびちゃ）

044…落栗（おちぐり）

045…金茶（きんちゃ）

046…雀色（すずめいろ）

047…白茶（しらちゃ）

048…百塩茶（ももしおちゃ）

049…千歳茶（せんざいちゃ）

050…媚茶（こびちゃ）

051…璃寛茶（りかんちゃ）

052…芝翫茶（しかんちゃ）

053…路考茶（ろこうちゃ）

054…煤竹色（すすたけいろ）

055…丁子色（ちょうじいろ）

056…香色（こういろ）

さびしさや小春日和の雀いろ
（草司・風やらい）

和の色＊緑系

057…萌黄色（もえぎいろ）

058…青丹（あおに）

059…海松色（みるいろ）

060…緑青（ろくしょう）

061…白緑（びゃくろく）

062…柳色（やなぎいろ）

063…常盤色（ときわいろ）

064…青竹色（あおたけいろ）

065…若竹色（わかたけいろ）

066…老竹色（おいたけいろ）

067…木賊色（とくさいろ）

068…千種色（ちぐさいろ）

069…苔色（こけいろ）

070…鶯色（うぐいすいろ）

山かげの岩間をつたふ苔水の
かすかに我はすみわたるかも
（良寛）

071…瑠璃色（るりいろ）

072…群青（ぐんじょう）

073…白群（びゃくぐん）

074…呉須色（ごすいろ）

085…秘色（ひそく）

076…藍色（あいいろ）

077…露草色（つゆくさいろ）

078…縹色（はなだいろ）

079…褐色（かちいろ）

080…浅葱色（あさぎいろ）

081…瓶覗（かめのぞき）

082…御納戸色（おなんどいろ）

083…鉄色（てついろ）

084…新橋色（しんばしいろ）

露草にそめぬ衣のいかなれば
うつし心もなくなしつらん
（和泉式部）

和の色＊紫系

085･･･濃色（こきいろ）

086･･･薄色（うすいろ）

087･･･半色（はしたいろ）

088･･･二藍（ふたあい）

089･･･滅紫（けしむらさき）

090･･･藤色（ふじいろ）

091･･･紅藤（べにふじ）

092･･･杜若色（かきつばたいろ）

093･･･紫苑色（しおんいろ）

094･･･菖蒲色（あやめいろ）

095･･･桔梗色（ききょういろ）

096･･･江戸紫（えどむらさき）

097･･･京紫（きょうむらさき）

098･･･紫紺（しこん）

藤の花色のかぎりににほふには
春さへ惜しくおもほゆるかな
（宇津保物語）

099…濡色（ぬれいろ）

100…藍墨茶（あいすみちゃ）

101…憲法色（けんぽういろ）

102…卯花色（うのはないろ）

103…鳥の子色（とりのこいろ）

104…亜麻色（あまいろ）

105…鈍色（にびいろ）

106…青鈍（あおにび）

107…空五倍子色（うつぶしいろ）

108…灰汁色（あくいろ）

109…銀鼠（ぎんねず）

110…利休鼠（りきゅうねず）

111…深川鼠（ふかがわねず）

112…鳩羽鼠（はとばねず）

にび色の空のもと
ほど近い海の匂ひ
茫洋とした川口の引き潮どきを
家鴨一羽流れてゆく
（三好達治・南窗集）